警察情境實務
執法案例研析

許福生／主編

五南圖書出版公司 印行

許福生、蔡庭榕、劉嘉發、鄭善印、許義寶、張維容、傅美惠／等著

推薦序

　　由擅長行政法或刑事法的幾位警政專業學者，分別擇定14個當前警察實務上常發生且重要的案型，依其事實、爭點，以及執法依據、程序、成果與救濟等詳予研析，經舉辦公開學術研討會廣徵意見後，再修改編輯成書，用心良苦。本書歸整相同或類似案例為議題類型的研究方法，為開啟警察法學門戶提供另一把鑰匙，值得應兼具理論與實務內涵，且被期待需抱持允執厥中態度的警察執法者之正視。

　　曩昔自我定位為「單純執法者」的警政界，較期盼的是能快速得到問題具體的解方，往往認為有系統且深入的學術研究緩不濟急，從而乞靈於行政函釋與規則，且奉為上命下從之圭臬。如今則已漸能體會，若不就問題的本質，以學術客觀的開放態度去追根究底或探本溯源，除易落入「頭痛醫頭，腳痛醫腳」的反覆外，欲速而不達所形成的瑕疵行政，反而會虛耗社會成本與司法資源，進而減損警察專業形象。而本書所採的情境實務執法案例研究法，來回巡禮於互為表裡的「實踐的理論」與「理論的實踐」兩端，再從中粹取認事用法的原則與準據，執兩用中的結果，相信能同時嘉惠警察執法的理論與實務領域。

　　本書若能獲得讀者的肯定而有再精進的機會，應能收拋磚引玉之效，吸引其他學者專家投入，再接再厲的擇取更多元及前瞻議題研析為文，逐步厚植警察法學基礎，禪益人權保障及治安維護。為本書穿針引線亦為作者之一的許福生教授，對此展現拓墾者勇往直前的精神，邀余作序，因樂觀其成而欣然從之，謹序如上。

司法院前大法官

李震山

2021年1月10日

許序

　　警察勤務是推行警察業務，達成警察任務所採取的方法（手段），所以勤業務作爲與民眾生活作息關係密切，倘若警察執法過程不遵守正當法律程序，不只可能侵害人權，也可能因違反相關規定而無法實現正義。因此爲使警察處理情境實務有所遵循，展現其專業素養，提升執法品質，內政部警政署頒訂「警察機關分駐（派出）所常用勤務執行程序彙編」，以標準作業程序方式來作爲勤業務的管理，達到厚植專業執法能力及提高執法品質，使警察情境實務執法的處理能更「有順序性」、「可預測性」及「明確性」，兼顧人權保障及執法效能。

　　中央警察大學爲加強了解警察面臨的行政、保安、防治、刑事、交通等勤業務規劃與執行，在警察面臨實務狀況時，能依人權保障及正當法律程序與執法倫理原則，以及兼顧執勤安全及執法效能之適切作爲，於2019年7月及11月分別舉辦兩場「警察情境實務執法案例研析研討會」，針對警察日常活動及與人民密切關連之實務案例，如使用警械、實施攔檢、取締酒駕或妨害風化、處理交通違規或聚眾活動或鬥毆或家暴或性騷擾或涉外案件、執行拘提逮捕或搜索扣押等，進行相關警察情境實務執法案例之研討。研討會論文發表後，立即受到各界肯定並來電索取，爲與讀者共享，徵求所有發表老師同意，重新檢視修正每篇文章，彙集成書，名爲「警察情境實務執法案例研析」，並承五南圖書出版社慨然付梓出版。

　　本書共分爲十四章，分別爲第一章員警執行職務使用槍械案例研析由許福生教授撰寫；第二章員警實施治安攔檢案例研析由蔡庭榕副教授撰寫；第三章員警實施全面攔檢酒駕案例研析由蔡庭榕副教授撰寫；第四章員警取締酒駕案例研析由劉嘉發副教授撰寫；第五章員警處理交通違規案例研析由鄭善印教授撰寫；第六章員警處理聚眾活動案例研析由許義寶教授撰寫；第七章員警處理街頭鬥毆案例研析由鄭善印教授撰寫；第八章員警處理互相鬥毆案例研析由許義寶教授撰寫；第九章員警取締妨害風化案例研析由劉嘉發副教授撰寫；第十章員警處理家庭暴力案例研析由張維容助理教授撰寫；第十一章員警處理性騷擾案例研析由傅美惠副教授撰寫；

第十二章員警執行拘提逮捕案例研析由傅美惠副教授撰寫；第十三章員警執行搜索扣押案例研析由許福生教授撰寫；第十四章員警處理涉外案例研析由張維容助理教授撰寫。每章體例大致依循案例事實、爭論焦點、相關規範與處理程序（SOP）、實務判決、研析及結論與建議，以期達到人權保障與執法效能並重。

　　本書的完成與出版，要感謝的人很多，特別是中華警政研究學會林德華理事長及五南圖書公司劉靜芬副總編輯，在兩次研討會中全程參與，並大力支持本書出版。書中所述，或有不周，或有謬誤，尚請各界先進及讀者不吝指正，作者今後也將為本書之完善持續努力，希望本書的出版，能對國內警察情境實務執法案例研析有所助益。最後，謹以本書獻給最摯愛的母校—中央警察大學，因為有母校的孕育，本書才得以完成。

中央警察大學警察政策所教授
中華警政研究學會秘書長

許福生　謹誌
2021.01.01於警大

目 錄

第一章
員警執行職務使用槍械案例研析

許福生

第一節　前言

　　近年來在台灣一個備受實務矚目的阻卻違法事由，便是通緝犯拒捕員警開槍致該名通緝犯死亡的案例。此類案例討論的主要重點在於，員警在面臨急迫狀況下，其槍擊通緝犯的行為，是否符合依法令之行為或正當防衛？特別是警察法第9條第6款規定警察有依法使用警械之職權，同法施行細則第10條第1項第5款規定使用警械依警械使用條例之規定行之，警械使用條例第12條則規定警察人員依本條例使用警械之行為，為依法令之行為，而刑法第21條第1項規定依法令之行為，不罰。故警察人員依警械使用條例之規定使用警械之行為，為依法令之行為，而依法令之行為，不罰。至於員警是否依警械使用條例之規定使用警械，其判斷標準何在？倘若員警之開槍行為不符合警械使用條例之規定不能阻卻違法，而主張正當防衛時有無防衛情狀時如何判斷？又若是通緝犯拒捕當時有服用毒品會不會影響對防衛情狀成立與否之判斷？以及在警察誤認通緝犯有傷害或殺害自己的現在不法侵害時，應該如何判斷誤想防衛的法律效果？均值探討。

　　本此理念，本章即以最高法院105年台非字第88號判決與其歷審裁判為基礎，探討員警誤擊拒捕通緝犯是否真的用槍過當？因此，本章在結構上分為如下幾個部分：首先說明本章之動機與構想，接著論述本案例事實及相關爭點、相關使用槍械之規範與作業程序，之後探討歷審法院之實務判決並提出評析，以作為本章之結論與建議。

第二節　案例事實

　　員警甲輪值轄區巡邏勤務，接獲值班警員通報疑似有人變賣贓物後到場，發現在場車輛之車主乙是通緝犯，且因竊盜案件通緝中，乃向附近住戶探詢是否有見到車主，住戶示意乙剛已返回車上，員警甲立即基於逮捕通緝犯之意思，趨前至該自用小客車左後方，並持警槍上膛警戒，惟此

際乙已發動引擎並倒車準備離去，員警甲見狀旋即衝上駕駛座旁將該車前左側車門打開，乙見身著員警制服之員警甲開其車門，立即將車門拉回關上，員警甲再度打開該車門，喝令乙「停車」、「不要動」，乙不聽制止，員警甲遂對空鳴開1槍示警，乙仍不理，續踩油門迅速倒車，以順時針方向倒車繞過員警甲欲逃離現場。

甲誤認乙倒車是要撞擊自己，故基於防衛自身及制止乙脫逃之意思，對乙之腿部近距離接續射擊3槍，乙遭受槍傷後，仍持續倒車拒捕，並於完成倒車後加速駛離現場逃逸，員警甲隨即騎乘警用機車沿乙逃逸之方向追捕，旋在距離上址約560公尺外，發現乙所駕車輛已偏離道路而墜入左側田埂間，乙坐在駕駛座內並陷入昏迷狀態，員警甲見狀隨即主動通知值班警員上情並請救護人員到場救治，後雖經救護車緊急送醫急救，仍因損傷下肢動靜脈血管出血致出血性休克死亡，惟事後鑑定通緝犯乙在事件發生當下有服用安非他命。

第三節 相關爭點

壹、員警在執行職務面對拒捕犯人使用槍械導致其死亡結果，其屬於依法令行為正當化之界限為何？特別是比例原則判斷標準為何？

貳、倘若不能主張依法令之行為阻卻其違法性而主張正當防衛時，有無防衛情狀如何判斷？特別是犯人有吸毒是否會影響防衛情狀之判斷？

參、現若客觀上不存在現在不法侵害，但主觀上卻誤認有不法侵害之情事存在之誤想防衛，其法律效果為何？

第四節 相關使用槍械之規範與作業程序

壹、聯合國執法人員使用武力和槍械的基本原則

　　鑒於執法人員的工作是項極其重要的社會服務，有必要維護其工作條件和地位並在需要時加以改善，而對執行人員生命和安全的威脅必須看成是對整個社會安定的威脅，所以在適當關心執法人員個人安全的情況下，應該從司法工作、保護生命、自由和人身安全的權利、擔負維護公眾安全和社會安定的責任及其資格、培訓和行為的重要性等方面，考慮執法人員的作用。然而，執法人員只有在確有必要並為其執行公務所必須的情況下方能使用武力，且執法人員使用武力和槍械時應相應注意對人權的適當尊重，因而1990年聯合國第八屆預防犯罪和罪犯待遇大會，便通過「聯合國執法人員使用武力和槍械的基本原則」（Basic Principles on the Use of Force and Firearms by Law Enforcement Officials）[1]。

　　「聯合國執法人員使用武力和槍械的基本原則」，包含一般條款、特別條款、對非法集會行使公權力、對被拘禁或扣押人員行使公權力、資格、培訓和指導及報告和審查程序等項目，共計26個條文。該基本原則第1條至第4條便規定：1.各國政府和執法機關應制定和執行關於執法人員對他人使用武力和槍械的規章條例，且應對與使用武力和槍械有關的道德倫理問題不斷進行審查研究；2.應盡可能廣泛地發展一系列手段並用各類武器彈藥裝備執法人員，以便可以在不同情況下有區別地使用武力和槍械；3.認真評價非致命但可使抵抗能力喪失的武器的發展和部署，以儘量減少危及無關之人，並應認真控制這類武器的使用；4.執法人員在執勤時應盡可能採用非暴力手段，最後不得已方求諸使用武力或槍械；他們只能在其他手段起不到作用或未能達到預期的結果時，方可使用武力和槍械。

　　緊接著該基本原則規定：1.在不可避免合法使用武力和槍械時，執法

---

[1] 有關此基本原則的中譯本，可參考https://www.ohchr.org/CH/Issues/Documents/other_instruments/45.PDF，最後瀏覽日：2020年2月18日。

人員應：(1)對武力和槍械的使用有所克制並視犯罪行為的嚴重性和所要達到的合法目的而行事；(2)儘量減少損失和傷害並尊重和保全人命；(3)確保任何受傷或有關人員儘早得到援助和醫護；(4)確保儘快通知受傷或有關人員的親屬或好友；2.執法人員使用武力或槍械造成傷亡時，應立即向其上級報告並確保進行有效的審查；3.確保對執法人員任意使用或濫用武力或槍械的情況，按本國法律作為刑事犯罪予以懲處；4.各種非常情況諸如國內政局不穩或任何其它緊急狀況，均不得作為任何違背各項基本原則的理由；5.執法人員不得對他人使用槍械，除非為了自衛或保衛他人免遭迫在眉睫的死亡或重傷威脅，為了防止給生命帶來嚴重威脅的特別重大犯罪，為了逮捕構成此類危險並抵抗當局的人，或為了防止該人逃跑，並且只有在採用其他非極端手段不足以達到上述目標時，才可使用槍械。無論如何，只有在為了保護生命而確實不可避免的情況下才可有意使用致命槍械；6.執法人員在使用槍械的各種情況下，應表明其執法人員的身分並發出要使用槍械的明確警告，並且留有足夠時間讓對方注意到該警告，除非這樣做會使執法人員面臨危險，或在當時情況下顯然是不合適的或毫無意義的；7.有關執法人員使用槍械的規章條例應包括之準則事項；8.有關對非法集會及對被拘禁或扣押人員行使公權力時應遵守之原則；9.有關資格、培訓和指導，特別強調重視警察道德倫理和人權問題，及應對參與使用武力或槍械場面的執法人員，提供疏緩緊張情緒的指導；10.有關報告和審查程序，特別要求各國政府執法機關應確保進行有效的審查，並確保獨立的行政或檢控部門可以在適當情況下行使管轄權；在造成有死亡和重傷或其它嚴重後果時，應立即向負責行政審查和司法管理的主管當局送交詳細報告。

從此基本原則前4條的條文規定可發現，聯合國要求各國執法人員在使用武力和槍械時，除需有明確法律依據外，並應不斷的審查研究，且優先使用非暴力之手段來完成執法目的。之後，聯合國又要求各國執法人員，使用致命武器，應限於最後手段或不得已時始能使用，且表明其身分並發出明確警告，對受傷之人提供醫護援助及儘快通知其親友，並應立即向其上級報告及確保進行有效的審查，況且在培訓時也特別重視警察道德

倫理和人權問題及應對參與使用武力的執法人員提供緩和情緒的指導等。
如此規範,確實可供我國未來警械使用條例修法之參考。

貳、警械使用條例

警察法第9條第6款規定警察有依法使用警械之職權,同法施行細則第10條第1項第5款規定使用警械依警械使用條例之規定行之,警械使用條例第12條則規定警察人員依本條例使用警械之行為,為依法令之行為,而刑法第21條第1項規定依法令之行為,不罰。故警察人員依警械使用條例之規定使用警械之行為,為依法令之行為,而依法令之行為,不罰。

又依警械使用條例第4條之規定:「警察人員執行職務時,遇有下列各款情形之一者,得使用警刀或槍械:一、為避免非常變故,維持社會治安時。二、騷動行為足以擾亂社會治安時。三、依法應逮捕、拘禁之人拒捕、脫逃,或他人助其拒捕、脫逃時。四、警察人員所防衛之土地、建築物、工作物、車、船、航空器或他人之生命、身體、自由、財產遭受危害或脅迫時。五、警察人員之生命、身體、自由、裝備遭受強暴或脅迫,或有事實足認為有受危害之虞時。六、持有凶器有滋事之虞者,已受警察人員告誡拋棄,仍不聽從時。七、有前條第一款、第二款之情形,非使用警刀、槍械不足以制止時。前項情形於必要時,得併使用其他經核定之器械。」(本條例第3條第1款之情形為:協助偵查犯罪,或搜索、扣押、拘提、羈押及逮捕等須以強制力執行時。第2款之情形為:依法令執行職務,遭受脅迫時)。

換言之,警察人員在執行職務,客觀上有使用警刀或槍械之情事存在時,即得使用警刀或槍械,必要時得併使用其他經核定之器械。惟使用警刀或槍械時,仍應遵守如下使用警械之程序及注意事項[2]:

一、事前:(一)出示身分(本法第1條第2項);(二)先命停止舉動或高舉雙手(本法第5條);(三)判斷有無急迫需要(本法第6條前

---

[2] 有關警械使用條例之詳細內容,可參閱黃清德,警械使用條例與案例研究,收錄於許福生主編,警察法學與案例研究,五南,初版,2020年2月,頁347-384。

段）[3]。

二、事中：（一）手段合理即使用警械應符合比例原則（本法第6條後段）；（二）警察人員使用警械之原因已消滅者應立即停止使用（本法第7條）；（三）警察人員使用警械時應注意勿傷及其他之人（本法第8條）；（四）警察人員使用警械時如非情況急迫應注意勿傷及其人致命之部位（本法第9條）[4]。

三、事後：（一）應將經過情形，即時報告該管長官，但使用警棍指揮者，不在此限（本法第10條）；（二）使用警械因而致人受傷、死亡或財產損失之補償或賠償措施（本法第11條）[5]。

總之，使用警械的法定程序，其思考架構依序為（如圖1-1）：1.形式要件，乃指本條例第1條的警戒種類及使用警械之形式外觀，原則上需滿足讓民眾初始信賴的外觀，接續方有審查使用警械法定要件之餘地；2.法定要件係指立法者預設使用警械的規範與事實（此事涉事實存否與法律構成要件是否該當之判斷問題可稱「判斷餘地」）；3.決定裁量係指完足法定要件後決定是否使用警械，倘是，接續選擇裁量（對法律效果選定的裁量可稱「行政裁量」，而行政裁量基本類型又可分為「決定裁量」與「選擇裁量」）；4.選擇裁量係指決定使用警械後，選擇本條例中何種警械（如警棍或槍械）；5.使用過程中需符合公法比例原則及本條例使用限

---

[3] 接警械使用條例以法定程序得自兩個方向來加以思考，一是情境不同需履行不同程序；二是需先合於法定要件後再審查比例原則，所以本條例第5條與第2條至第4條規定使用警械的法定情境有所不同。換言之，立法者認為本條例第5條警察單純為取締、盤查等勤務時，並不需要隨意使用警械，可先選擇「命其停止舉動或高舉雙手」、「檢查是否持有兇器」等職權先加以行使，與本條例第2條至第4條具有特殊情境得以直接使用相對應的警械有所不同。參照陳良豪，警察勤務新論（下）－實務工作者與法律的對話，五南，2018年8月，頁257。

[4] 決定要使用警械後，其程序思考遞次為「先合法」、「再論方法」。「先合法」係指符合本條例第2條至第4條的法定要件，「再論方法」係比例原則的展現。至於使用警械的比例原則，可分為公法上比例原則（如本條例第6條、警察職權行使法第3條第1項及行政程序法第7條所稱之適當性、必要性及衡平性），以及本條例使用限制規定之比例原則（如本條例第7條至第9條之規定）。參照陳良豪，警察勤務新論（下）－實務工作者與法律的對話，五南，2018年8月，頁257。

[5] 依據「聯合國執法人員使用武力和槍械的基本原則」及警政署2016年訂定「警察人員使用槍械規範」，縱使本條例無規定，但使用槍械後之即時處置，仍應包含如現場有人員傷亡時應迅速通報救護或送醫、通知受傷或死亡者之家屬或指定之親友、協助保全現場及蒐集證據、指派專人協助警察人員涉訟法律輔助並提供心理諮商輔導等。

制之事由，並有注意義務[6]；6.事後應即時報告長官及協助保全現場，致人傷亡應迅速通報救護及辦理補償或賠償措施。

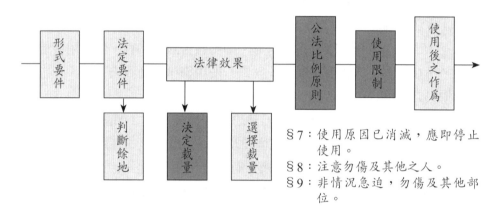

圖1-1 使用警械思考架構

資料來源：陳良豪，警察勤務新論（下）－實務工作者與法律的對話，五南，2018年8月，頁258。

參、警察人員使用槍械規範

警政署為迅速排除對社會治安及人民之急迫危害，並保障警察人員執勤安全，使警察人員合理、合法使用槍械，於2016年訂定「警察人員使用槍械規範」，雖然只是行政規則位階，無拘束法院效力，惟仍可作為法院判斷員警用槍是否合法參考。該規範要求各機關對於警察人員使用槍械適法性之判斷基準，應以用槍當時警察人員之合理認知為主，事後調查或用槍結果為輔。且警察人員執行職務使用槍械，應就現場所認知之全般情況，審酌下列情形綜合判斷：1.使用對象：(1)暴力行為或犯罪危害程度；

---

[6] 參照陳良豪，警察勤務新論（下）－實務工作者與法律的對話，五南，2018年8月，頁258-271。

(2)持有武器或危險物品種類；(3)有無使用酒類或毒品；(4)當時心理及精神狀態；2.現場參與人數多寡；3.現場人、車及建築物等密集程度；4.使用其他非致命性武器或攔截圍捕等替代方式之可行性。又該規範區分員警使用槍械類型為「持槍警戒」、「鳴槍制止」、「逕行射擊」等三類，並根據其個別類型分別規範其使用情形如下：

一、持槍警戒：警察人員執行各項職務時，研判自身或他人可能遭受襲擊時，得持槍警戒。

二、鳴槍制止：警察人員執行職務時，遇有下列各款情形之一者，得鳴槍制止：（一）發生暴力犯罪且持續進行時；（二）群眾聚集挑釁、叫囂、互毆或意圖包圍警察人員，情勢混亂時；（三）犯罪嫌疑人意圖逼近、挾持、攻擊警察人員或他人，或有其他不當舉動時；（四）犯罪嫌疑人意圖駕駛交通工具攻擊警察人員或他人，或駕駛行為將危及其他人、車時；（五）犯罪嫌疑人持有凶器或其他危險物品，受警察人員告誡拋棄，仍不遵從時；（六）警察人員防衛之重要設施有遭受危害之虞時；（七）其他治安事件於警察人員或他人有遭受危害之虞時。

三、逕行射擊：警察人員執行職務時，遇有下列各款情形之一者，得逕行射擊：（一）持有致命性武器或危險物品或以暴力、交通工具等攻擊、傷害、挾持、脅迫警察人員或他人時；（二）有理由認為犯罪嫌疑人持有致命性武器或危險物品或以暴力、交通工具等意圖攻擊警察人員或他人，不及時制止將危及警察人員或他人生命或身體安全時；（三）持有致命性武器或危險物品之犯罪嫌疑人拒捕脫逃，將危及警察人員或他人生命或身體安全時；（四）意圖奪取警察人員配槍或其他可能致人傷亡之裝備時；（五）其他危害警察人員或他人生命或身體安全，情況急迫時。

警察人員使用槍械後，應於用槍現場為下列之即時處置：1.現場有人員傷亡時，應迅速通報救護或送醫，並作必要之保護或戒護；2.通報並協助保全現場及蒐集證據；3.將經過情形報告該管長官。並且警察人員用槍致人傷亡時，所屬警察機關應立即辦理下列事項：1.通知受傷或死亡者之家屬或指定之親友；2.成立處理小組進行事實調查及用槍適法性之審查；3.指派專人協助警察人員涉訟法律輔助，並提供心理諮商輔導；4.依法進

行賠償或補償等相關事宜。又各警察機關辦理用槍教育訓練，應結合警械使用條例及本規範之規定。遇有使用槍械造成重大或敏感之案件，應主動撰寫案例，報由本署彙編訓練教材，以辦理射擊教官講習及提供各警察機關實施訓練，增進警察人員正當、合理用槍之正確觀念，及加強現場執勤時之快速反應能力。

肆、執行職務使用槍械作業程序

警政署依據警械使用條例第1條、第3條至第10條及第12條之規定，制定有執行職務使用槍械作業程序如下：

執行職務使用槍械作業程序

(第一頁,共三頁)

一、依據:

(一)警械使用條例第一條、第三條至第十條及第十二條

(二)內政部警政署七十二年九月七日警署刑(司)字第三二二二○號函(不服交通稽查而逃逸之單純交通違規事件,不得任意開槍,以免造成人車危險)

(三)內政部警政署九十五年十月二十七日警署刑鑑字第○九五○○○五七二五號函(使用警械致人傷亡,應一律比照重大刑案現場勘察採證)

二、分駐(派出)所流程:

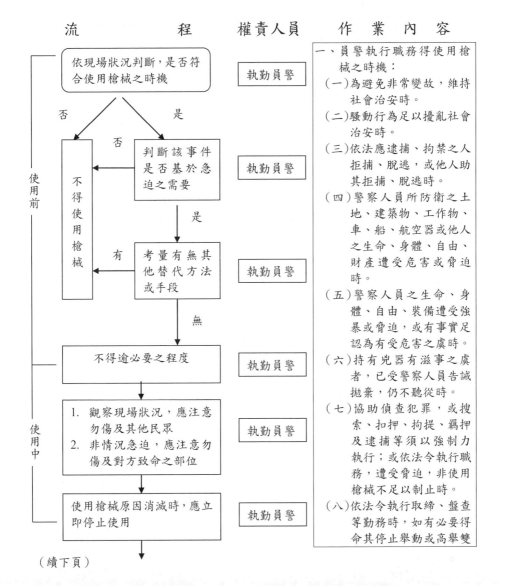

流　　程	權責人員	作　業　內　容
依現場狀況判斷,是否符合使用槍械之時機	執勤員警	一、員警執行職務得使用槍械之時機:
判斷該事件是否基於急迫之需要	執勤員警	(一)為避免非常變故,維持社會治安時。
不得使用槍械		(二)騷動行為足以擾亂社會治安時。
考量有無其他替代方法或手段	執勤員警	(三)依法應逮捕、拘禁之人拒捕、脫逃,或他人助其拒捕、脫逃時。
不得逾必要之程度	執勤員警	(四)警察人員所防衛之土地、建築物、工作物、車、船、航空器或他人之生命、身體、自由、財產遭受危害或脅迫時。
1. 觀察現場狀況,應注意勿傷及其他民眾 2. 非情況急迫,應注意勿傷及對方致命之部位	執勤員警	(五)警察人員之生命、身體、自由、裝備遭受強暴或脅迫,或有事實足認為有受危害之虞時。
使用槍械原因消滅時,應立即停止使用	執勤員警	(六)持有兇器有滋事之虞者,已受警察人員告誡拋棄,仍不聽從時。

作業內容(續):

(七)協助偵查犯罪,或搜索、扣押、拘提、羈押及逮捕等須以強制力執行;或依法令執行職務,遭受脅迫,非使用槍械不足以制止時。

(八)依法令執行取締、盤查等勤務時,如有必要得命其停止舉動或高舉雙

流程左側標示:使用前、使用中

(續下頁)

（續）執行職務使用槍械作業程序

（第二頁，共三頁）

流　　程	權責人員	作業內容
將經過情形即時報告所屬長官	執勤員警及單位主管	手，並檢查是否持有兇器。如遭抗拒，而有受到突擊之虞時。
填寫工作紀錄簿	執勤員警	二、發生上開各款情形之一，認為以使用警棍制止為適當者，得使用警棍制止之。於必要時，得併使用其他經核定之器械。 三、使用槍械應注意事項如下： （一）應基於急迫需要，合理使用槍械，不得逾越必要程度。 （二）應注意勿傷及其他之人。 （三）如非情況急迫，應注意勿傷及其人致命之部位。 （四）用槍之原因已消滅時，應立即停止使用。 四、使用槍械後應將經過情形即時報告該管長官並填寫工作紀錄簿備查。

（使用後）

三、分局流程：

流　　程	權責人員	作業內容
獲知所屬員警使用槍械或接獲使用警械報告	督察人員或業務承辦人	一、分局督察人員或業務承辦人於獲知所屬員警使用槍械或接獲使用警械報告後，對於本案有關之其他後續事宜，應給予協助。
1. 即時協助員警處理後續事宜 2. 如有致人傷亡情形，比照重大刑案現場勘察	1. 督察人員或業務承辦人 2. 刑事鑑識人員	二、遇有致人傷亡情形時，應一律比照重大刑案現場勘察採證，強化槍擊現場有關跡證物之蒐集。
調查案件始末，釐清事件經過情形，層報警政署督察室彙辦	督察人員或業務承辦人	三、對於案件發生之始末，應詳細調查，釐清責任歸屬，層報警政署督察室彙辦。

（續下頁）

（續）執行職務使用槍械作業程序
（第三頁，共三頁）

四、使用表單：員警工作紀錄簿

五、注意事項：

（一）使用槍械時，須依規定穿著制服，或出示足資識別之警徽或身分證件。但情況急迫時，不在此限。

（二）使用槍械，應基於「急迫需要」為之，即指依現場狀況，有迫切之需要使用槍械外，別無其他適切之方法可達成任務；另所謂「不得逾必要之程度」者，係指依比例原則之要求，於使用槍械前及使用時均應考量下列各款情形：

    1. 衡量犯罪者惡性之大小。

    2. 衡量犯罪者所侵害法益之大小。

    3. 衡量犯罪者之體格、人數及所持器械之殺傷力。

    4. 注意當時情勢是否異常急迫。

    5. 僅以能達到任務為限。

（三）依據內政部警政署七十二年九月七日警署刑（司）字第三二二二○號函規定：「凡不服交通稽查而逃逸之單純交通違規事件，不得任意開槍，以免造成人車危險。」

（四）九十一年六月二十六日修正警械使用條例，刪除須事先警告（對空鳴槍）之規定；惟員警使用槍械前，應確認是否符合警械使用條例規範之使用時機，使用時則應注意比例原則，不得逾必要程度，並顧及各應注意事項，且保持高度警覺，小心謹慎，正確使用槍械，以保障自身及民眾之安全。

第五節　實務判決

壹、一、二審之判決

本案一[7]、二審[8]事實認定與法律效果並沒有太大差別，因此就以二審判決作為整理重點如下。

一、員警甲槍擊造成乙出血休克是主要死因

針對乙之死亡，二審依鑑定意見，死者遭槍擊致共造成10個槍口，

7　參照台灣桃園地方法院103年度矚訴字第19號刑事判決。

8　參照台灣高等法院104年度上訴字第787號刑事判決。

主要造成大腿血管破裂出血，內臟血液會流光達出血性休克，明確認定出血性休克為直接之主死因，並非因被害人服用甲基安非他命，而使原不可能發生死亡結果之被害人產生死亡結果之情形，被告此項辯解，為不足採。被告本件槍擊行為與被害人之死亡結果間，具有相當因果關係甚明。被告所辯因被害人施用高劑量甲基安非他命始造成死亡一節，不足採。

二、用槍過當不得以依法令行為阻卻違法

　　縱使員警甲的槍擊行為是造成乙出血休克主要死因，接續需討論的是甲造成乙死亡的行為，能否適用任何阻卻違法事由？二審法院考量了「依法逮捕犯罪嫌疑人之公務員，遇有抵抗時，雖得以武力排除之，但其程度以能達逮捕之目的為止，如超過其程度，即非法之所許，不得認為依法令之行為（最高法院30年上字第1070號判例參照）」。

　　由於甲在逮捕過程中使用了警槍，故法院進一步討論警械使用條例相關規定指出：按警察人員執行職務時，遇有依法應逮捕、拘禁之人拒捕、脫逃時，得使用槍械，固為警械使用條例第4條第1項第3款所明定。惟同條例第6條亦規定：「警察人員應基於急迫需要，合理使用槍械，不得逾越必要程度。」二審法院並進而表示「比例原則」之內涵包括：「適合性原則」，即使用槍械必須基於急迫需要，且能有效達成行政目的；「必要性原則」，即依當時情況，必須沒有其他侵害法益較小之方式時，始得使用槍械，並非警察人員為逮捕拒捕或脫逃之現行犯即得毫無限制使用槍械，且縱有使用之需要，仍應選擇侵害人民法益最小之方式為之；「利益相當原則」，即所欲達成之行政目的，必須與不得不侵害之法益輕重相當。

　　至於「比例原則」之具體操作二審法院認為：被告欲將其逮捕，既遇被害人拒捕，不聽對空鳴槍之警告仍極力脫逃，於此急迫情形下，雖得依上開條例第4條第1項第3款規定使用槍械，且使用槍械亦能有效達成逮捕被害人之目的，惟當時被害人並未持械，也未對被告施以任何攻擊之行為，被告實際上未受到任何立即之危害，此業如前述，且欲執行逮捕，本應斟酌情形使用不致危及人命之追捕方式達成，衡以被害人倒車拒捕之過

程中，被告始終站立於被害人車輛之駕駛座車門旁，距離甚近之情形，則被告原可選擇避開汽車，再迅速透過巡邏警網圍捕，或趁周遭無波及他人之危險而可持槍朝被害人車輛之輪胎射擊，以阻止被害人駕車逃離，並非有立即使用槍械對人身射擊之必要。

最終，二審法院認定：被告因積極執行職務以求行政目的之達成，其出發點固無不當，然其未選擇對被害人侵害最小之方式，即率而對人下肢連開3槍，用槍之方式逾越必要程度，致所欲達成之行政目的，與侵害之法益輕重失衡，是被告使用槍械之行為未合乎上揭警械使用條例第6條之規定，不為法律所容許，不得以依法令之行為主張阻卻其違法性。惟其逾越必要程度用槍，仍應審酌有無阻卻違法事由之錯誤情形。

三、不能主張正當防衛但有誤想防衛情形

本案甲雖然不能主張依法令之行為阻卻其違法性，但仍可考慮正當防衛的阻卻違法事由，惟構成正當防衛必須先有防衛情狀，甲必須客觀上面臨現在不法侵害[9]。二審調查相關證據後法院認為：被害人雖有倒車拒捕之舉動，然因現場有建築物及雜物堆砌，被害人僅得以倒車方式退至後方聯外道路上始能逃離……觀諸其倒車行徑，係刻意以順時針方向繞過被告，顯然被害人當時意在離開現場，實際上並無對被告直接衝撞或攻擊之情形……且被害人以順時針方向倒車，避開左側車門外之被告，事實上並無對被告衝撞之故意，從而本案被害人之倒車拒捕行為，對被告實際上並未造成生命、身體之不法侵害，亦即事實上當時尚無現在不法侵害之情事存在，被告因而無從以正當防衛主張可以對被害人身體開槍射擊。

換言之，法院認為乙倒車行徑不會直接衝撞甲，且主觀上也無衝撞被告之故意，故無現在不法侵害之情事存在，惟法院接著論述甲主觀認知指出：當時被告與被害人二人短暫接觸，被告急於使被害人停車就範，被害人則急於駕車逃逸，緊急之間，被告本能性反應產生被害人極可能直線倒車（而非實際上之順時針方向倒車），預見立即有遭車門直接撞倒之危

---

9 許恒達，員警槍擊拒捕通緝犯的正當防衛爭議—評最高法院105年度台非字第88號刑事判決與其歷審裁判，月旦法學雜誌第276期，2018年5月，頁26。

險，而有誤想防衛之情形，此想法，客觀而言，並無不合理之處。亦即法院認為甲開槍致乙死亡的行為構成誤想防衛。

至於誤想防衛的法律效果，二審法院認為：誤想防衛本非正當防衛，蓋其欠缺正當防衛要件之現在不法侵害，故誤想防衛不阻卻違法性，然而對於此種情形，即不知所實行者為違法行為，是否得以阻卻故意，因學說對於容許構成要件錯誤之評價所持理論的不同，而異其後果。在採限縮法律效果之罪責理論者，認為容許構成要件錯誤並不影響行止型態之故意，而只影響罪責型態之故意，亦即行為人仍具構成要件故意，但欠缺罪責故意，至於行為人之錯誤若係出於注意上之瑕疵，則可能成立過失犯罪。最高法院院29年上字第509號判例意旨以行為人出於誤想防衛（錯覺防衛）之行為，難認有犯罪故意，應成立過失罪責，論以過失犯，即與上開學說之見解相仿（參考最高法院102年度台上字第3895號判決）。

四、負業務過失致人於死罪責且符合自首要件

最後二審法院認定被告員警甲：其傷害行為因欠缺違法性認識，阻卻犯罪之故意，而不構成傷害罪或傷害致死罪；惟被告對於依職權使用槍枝，仍有一定之注意義務，是應審酌被告是否違反該注意義務致造成被害人法益侵害之結果，而應負過失責任。且被告係警員，持警槍執行查緝犯罪勤務，為其日常業務之一部，係從事業務之人，其於執行業務中，因過失致被害人於死亡，核其所為，係犯刑法第276條第2項之業務過失致人於死罪[10]。又被告於開槍肇事後，隨即通知值班警員上情並請求救護人員到場救治被害人，此有流程時序表及通聯紀錄……足認被告符合自首之要件，依刑法第62條前段規定減輕其刑。

---

[10] 刑法第276條規定已於2019年5月29日修正公布並於同月31日生效，將刑法第276條第2項之：「從事業務之人，因業務上之過失犯前項之罪者，處五年以下有期徒刑或拘役，得併科三千元以下罰金。」之規定予以刪除，修正後刑法第276條規定為：「因過失致人於死者，處五年以下有期徒刑、拘役或五十萬元以下罰金」。

貳、三審之判決

　　二審法院判決後，檢察官與被告均上訴至最高法院，乃因檢察官認為本案應構成故意犯而非過失犯且量刑過輕，而被告則主張應構成正當防衛且持槍射擊乙下肢，並未逾越必要程度。惟最高法院仍從形式上觀察，原判決並無違背法令之情形存在，且並無認定事實未憑證據之情形，屬事實審法院自由裁量之事項，既未逾法定刑度，且無違背公平正義情形，故直接駁回上訴，本案即告確定[11]（如表1-1）。

表1-1　歷審法院判斷員警誤擊拒捕通緝犯用槍是否過當思維

用槍當時情境	竊盜通緝犯拒捕遭員警對空鳴槍示警，仍不理續踩油門迅速以順時針方向倒車繞過員警欲逃離現場，後遭近距離接續射擊大腿3槍後仍逃逸約560公尺後傷重致死。
員警用槍與通緝犯死亡是否有因果關係？	是。 員警甲槍擊造成通緝犯出血休克是主要死因。
是否符合得使用警槍之時機？（警械使用條例第4條）	是。 通緝犯正要倒車逃跑，且有衝撞員警之可能，符合警械使用條例第4條第1項第3款所明定之用槍時機。
有無急迫需要？（警械使用條例第6條前段）	是。 員警欲將其逮捕但仍拒捕不聽對空鳴槍之警告仍極力脫逃，於此急迫情形下得依規定使用槍械，且使用槍械亦能有效達成逮捕被害人之目的。
手段是否合理、必要？（警械使用條例第6條後段）	否。 未選擇對通緝犯侵害最小之方式，即率而對人下肢連開3槍，用槍之方式逾越必要程度，致所欲達成之行政目的，與侵害之法益輕重失衡，是員警使用槍械之行為未合乎警械使用條例第6條之規定。
是否阻卻違法？（依法令之行為或正當防衛）	否。 不得以依法令之行為阻卻違法，惟其逾越必要程度用槍雖不能主張正當防衛，但有誤認有不法侵害之情事存在，符合誤想防衛情形。
認定結果	有罪。 欠缺罪責故意，成立業務過失致死罪。

資料來源：作者自繪

---

[11]　參照最高法院104年度台上字第3901號刑事判決。

參、非常上訴之判決

檢察總長在本案確定後，又針對乙在本案發生前，曾經施用安他命而喪失行車控制能力一事，認為原審並未詳細審視影響甲刑責的證據，而從提起非常上訴。檢察總長認為：上開鑑定報告所稱被害人達「中毒性休克」、「意識不清」之狀況，是否表示被害人已無判斷行為之能力？若被害人已無行為判斷能力，則其遇警攔截，自己都未能控制、預測其下一步之舉動，能否排除其亦有衝撞被告之可能？以當時被告與被害人對峙時間甚短，能否由被害人駕車離開現場之情形於事後推論被害人之倒車拒捕行為對被告實際上並未造成生命、身體之不法侵害？此攸關被告是否正面臨生命、身體之不法侵害及被告應採取之防衛方法之判斷，原審未予查明，不無於審判期日調查之證據而未予調查之違法。

不過，最高法院並未接受檢察總長意見，認為：羅某於案發前不僅能駕駛自用小客車至案發現場，於案發當時亦能辨識穿著警察制服之被告，並判斷自己因案遭通緝，惟恐遭被告逮捕，而能順利操作、啟動自用小客車，並以順時針方向倒車欲往聯外道路行進……況羅某當時是否有上述「中毒性休克」及「意識不清」之情形，僅係其當時主觀上之生理與意識狀況，尚不足以影響原確定判決依憑第一審勘驗筆錄，而據以認定「羅某當時並無駕車對被告衝撞或攻擊之動作，且羅某係以順時針方向倒車欲往聯外道路行進，並繞過左側車門旁之被告而急速駕車駛離現場，被告站立於開啟之駕駛座左側車門外，事實上並無遭碰撞或拖行之情形，其生命、身體並未遭受實際之傷害」之客觀事實，亦不足以改變原確定判決對於被告當時所為尚不符合正當防衛之判斷結果。基此最高法院認為並無應於審判期日調查之證據而未予調查之違法情形，故駁回非常上訴[12]。

---

[12] 參照最高法院105年度台非字第88號刑事判決。

第六節 評析

壹、依法令行為正當化事由之界限

一、依法令行為正當化之事由

本案前提事實存在有二正當事由的可能情狀,一為依法令行為,一為正當防衛行為。然而,歷審判決法院均認定員警開槍致通緝犯死亡結果的情況,均無正當化事由之存在,其既已逾越警械使用條例用槍之界限;同時亦非屬於正當防衛的情形,故自應為有罪之認定。或許本案自始並非所謂正當防衛的問題,蓋通緝犯欲開車逃逸,並無想衝撞員警的具體情事,是以非屬現在不法之侵害,亦無警械使用條例第4條第1項第5款警察人員之生命、身體、自由、裝備遭受強暴或脅迫,或有事實足認為有受危害之虞之情事,但員警係為逮捕欲行脫逃的通緝犯,且具體情況係屬於防止脫逃的急迫狀況,依法本得以使用槍械,此並非無依法令之事由,倘若遽以造成死亡之結果,而以結果遽然論以逾越法律授權的界限,恐論據上仍有未足[13]。

警察人員執行職務,知有犯罪嫌疑者,依刑事訴訟法第229條至第231條之規定,應即開始調查,遇到通緝犯或是現行犯時,應以逮捕,又當其抗拒拘提、逮捕或脫逃者,得用強制力拘提或逮捕之,但不得逾必要之程度,此乃刑事訴訟法所授權警察人員之行為,原則上為刑法第21條第1項依法令之行為,阻卻違法。但是一旦逮捕行為超越侵害犯人人身自由,若使用警械施行逮捕行為以回應犯人之攻擊時,就不能單純只用刑事訴訟法判斷警械使用之合法性,此時應以警械使用條例之規定,認定警察人員使用槍械之情形是否在條例的許可範圍內。

依警械使用條例之規定,警察人員執行職務,在得使用槍械時,仍應基於急迫之需要,且不得逾越必要之程度,以防止濫用槍械而侵害人民權

---

13 柯耀程,用槍過當?—評最高法院一〇四年度台上字第三九〇號、台灣高等法院一〇四年度上訴字七八七號、桃園地方法院一〇三年度矚訴字第一九號刑事判決,月旦裁判時報第45期,2016年3月,頁35。

益。觀之本件具體事實，員警甲乃本於逮捕通緝犯之事由，遇有通緝犯正要倒車逃跑，且有衝撞員警之可能時，此時槍械之使用，在對應於警械使用條例第4條第1項第3款之前提事實上，應屬符合用槍時機；況且員警欲將其逮捕但仍拒捕不聽，並對空鳴槍警告卻仍極力脫逃時，在此急迫需要下，員警甲用槍亦遵守警械使用條例第9條的規定要求：勿傷及其人致命之部位而槍擊下肢，本質上應非必然性之致命部位，惟卻因該名通緝犯仍續踩油門迅速倒車脫逃，導致損傷下肢動靜脈血管出血致出血性休克死亡的結果，最後卻以結果論推翻行為之正當性，反推員警未選擇對通緝犯侵害最小之方式，即率而對人下肢連開3槍，用槍之方式逾越必要程度，而未合乎警械使用條例第6條之規定，如此恐有「反果為因」的錯誤邏輯存在。

因此，從本案員警使用槍械的行為觀察，員警具有得使用槍械的前提事由，且其使用警械之行為，合乎急迫需要與手段合理之法律要求，即先行警告對空鳴槍與不直接傷及致命部位（射擊下肢）之要求，在行為的要求上應屬合於刑法第21條第1項所規定之依法令行為，不罰。況且刑法依法令行為的正當與否，本非單以法益衡量作為是否逾越的單一標準，觀察具體行為是否有逾越法令授權的界限，應先從依法令的行為著眼，而非逕從結果遽認逾越界限[14]。

二、比例原則之判斷

本案所以論定用槍過當，而需承擔業務過失致人於死罪責，其主要論據，還是在於「比例原則」之判斷。本案歷審實務見解均認為警械使用條例第4條第1項第3款以及第6條是比例原則之展現，且進而表示「比例原則」之內涵包括如下：

（一）「適合性原則」，即使用槍械必須基於急迫需要，且能有效達成行政目的。

---

14 柯耀程，用槍過當？－評最高法院一〇四年度台上字第三九〇一號、台灣高等法院一〇四年度上訴字七八七號、桃園地方法院一〇三年度矚訴字第一九號刑事判決，月旦裁判時報第45期，2016年3月，頁36。

（二）「必要性原則」，即依當時情況，必須沒有其他侵害法益較小之方式時，始得使用槍械，並非警察人員為逮捕拒捕或脫逃之現行犯即得毫無限制使用槍械，且縱有使用之需要，仍應選擇侵害人民法益最小之方式為之。

（三）「利益相當原則」，即所欲達成之行政目的，必須與不得不侵害之法益輕重相當。

確實，對於具有強制力授權的公務員，於執行職務時，雖得使用強制力，但干預的程度仍不得逾越必要之程度並符合利益相當原則，此為國家權力運作當然之理。惟對於具體情況下，所為權利干預的作用，並不能一概而論，倘若公權力的干預，僅屬於一般行政目的的干預，其自然須符合如判決所示比例原則的基本要求，但具體個案如係對於犯罪行為的問題，屬於實現國家刑罰權的認定，其層次並非僅屬於一般行政目的實現的目的，此觀之行政程序法第3條規定，刑事案件犯罪偵查程序不適用行政程序法之程序規定便知。此時若仍堅持對於拒捕通緝犯脫逃用槍，用槍結果必須符合用槍時預定之必要損害程度始能免責，倘若超出此程度而生「加重」結果，如本案因射中腿部造成通緝犯失血過多致死，便稱用槍之方式逾越必要程度且與侵害之法益輕重失衡，而不得以依法令之行為主張阻卻其違法性，相當不妥[15]。

如此，必然會發生是否即須容忍所有任由應逮捕拘禁之人脫逃，均不能使用警槍之事實發生，最後只能如判決所言：「再迅速透過巡邏警網圍捕，或趁周遭無波及他人之危險而可持槍朝被害人車輛之輪胎射擊，以阻止被害人駕車逃離，並非有立即使用槍械對人身射擊。」如此是否能實現國家刑罰權所賦予得使用強制力的目的？恐令人疑慮！因此，對於對抗犯罪所允許的強制手段，其干預強度的授權，應較一般行政目的實現的行為，會有更大的寬容性；同時執行刑罰權所生的強制權力，原則上並非完全以「利益相當原則」作為界限判斷的基準，而是在憲法第23條法律保留

---

15 黃朝義，警察用槍規範與審查機制—兼論其他警械使用，警大法學論集第29期，2015年4月，頁33。

的前提下，所採取的強制處分手段，其背後均是以刑罰權，作爲支撐的依據[16]。

況且，依警械使用條例之條文觀之，對拒捕人使用槍械，須符合「急迫需要」、「手段合理」這二要件，又可槍擊人體致命處，僅限於「最急迫」時情況，方可爲之。因而判斷時必須考量具體情況的急迫性以及個別手段的合理性，進行個案審查，比例原則雖然重要，但比例原則只能判斷手段和目的之間的妥適性，卻無法具體地處理個別情況的急迫性，尤其是當通緝拒捕時採取的反應方式更爲強烈時，理論上應許可員警使用更爲強大的警用火力回應，二審法院單憑比例原則，恐怕無法考量急迫性的需求[17]。

判斷員警用槍是否過當？應先從使用警械的法律授權條件觀察，若屬正當法律授權的範圍，即使於使用或不用之間，仍有具體選擇時，卻不能因有選擇用與不用之情狀，而遽認使用不當，應視爲使用槍械屬於具有授權正當性的前提存在。又警械的使用，除授權條件之外，其使用行爲是否遵守誡命上的要求（警械使用條例第6條至第9條規定），亦即使用槍械的行爲是否正當，若具體所爲的情狀若非遽爲人命之剝奪，其行爲乃屬正當行爲，縱使所生之侵害結果，非屬預期，仍不能倒果爲因而科以刑責，否則所謂依法令之行爲不罰，將淪爲空談[18]。

特別是作爲刑法的正當化事由，包括依法令之行爲、業務上正當行爲及正當防衛行爲等，但在層次上應有所差異，依法令之行爲是依法律授權直接可以做；業務上正當行爲必須遵守執行業務的作業程序方屬適法；正當防衛必須公權力來不及保護才可以防衛反擊。由於警械的使用時機，

---

[16] 柯耀程，用槍過當？—評最高法院一○四年度台上字第三九○一號、台灣高等法院一○四年度上訴字七八七號、桃園地方法院一○三年度矚訴字第一九號刑事判決，月旦裁判時報第45期，2016年3月，頁37。

[17] 許恒達，員警槍擊拒捕通緝犯的正當防衛爭議—評最高法院105年度台非字第88號刑事判決與其歷審裁判，月旦法學雜誌第276期，2018年5月，頁30。

[18] 柯耀程，用槍過當？—評最高法院一○四年度台上字第三九○一號、台灣高等法院一○四年度上訴字七八七號、桃園地方法院一○三年度矚訴字第一九號刑事判決，月旦裁判時報第45期，2016年3月，頁39。

大部分出於緊急情形，警械使用條例授權警察人員得使用警械，如造成傷亡，司法必須以「寬容原則」來認定是否違法，較為適當，倘若法院的認定與正當防衛等正當事由同等視之，在法條的適用上不同，而無層次之分，其判決可能違背法令[19]。

三、對比台北市張姓員警案之判斷

相較於本案，另一受矚目的台北市警察局漢中街所張姓員警，射擊不聽從喝令倒車試圖逃逸之黎員致死乙案，最終法院認為本案案發當時確有使用警用槍械制止黎員拒捕倒車行為之急迫需要，被告用槍時機符合前揭警械使用條例相關規範，屬合理使用，且已注意勿傷及致命之部位，並未逾越必要程度，是被告客觀上並無違反注意義務，主觀上亦已盡其注意之能事，自難認有何過失可言，而判決張姓員警無罪。

至於本案法院對於「急迫需要」之認定，認為黎員其拒捕脫逃之意志甚堅，並承受極大之精神壓力，自不能以正常駕駛行為評估黎員，不能排除黎員在情急之下，會突然用力踩踏油門急速倒車以擺脫警方追捕之可能性，則在黎員所可能造成之危害甚鉅，不可控制之風險甚高時，身為警員之被告自得依警械使用條例第4條第1項第3、4款之規定，採取使用警槍射擊黎員所駕自小客車等方式，以制止其倒車脫逃之行為。

另外，對於「手段合理」之認定，認為縱使被告係直接朝該擋風玻璃編號8彈孔位置射擊，因該處非常靠右，一般人之認知應不致於射中在車身左側之駕駛而造成嚴重傷害（實際上依前所述，乃係彈頭射中擋風玻璃後，因其材質特性產生彈道偏向而擊中黎員），可徵其已儘量注意勿傷及致命部位……是衡酌當時情況之急迫性，所可能成造成危害之嚴重性等情後，法院認縱使被告係開槍射擊該擋風玻璃編號8位置彈孔，亦屬合理，並未逾越必要程度……況此一風險之產生，乃係因黎員拒絕遵從執法警員命令下車，一再拒捕並欲倒車逃離致危害人群及用路人安全所致，理應自行承擔，而非由為保護民眾生命、身體安全而開槍制止之執法警員承擔此

---

[19] 方文宗，警械使用正當性之刑法界限，東海大學法學研究第57期，2019年5月，頁51-61。

項注意義務，方屬事理之平[20]。

　　因此，員警執勤時使用槍械射擊，應以員警當下所處位置及面臨之具體情狀綜合加以判斷是否符合警械使用條例之規定，而非以其後面產生之結果來反面推斷衡量所侵害法益與使用之手段是否必要合理，否則員警將永遠無法判斷當下是否符合使用警槍之時機，而須俟使用後所侵害法益的結果論斷，則國家法律將永遠無法告知警察人員何時為正確的用槍時機及方式，警械使用條例也將無法律明確性可言，也不符當初警械使用條例第12條規定「警察人員依本條例使用警械之行為，為依法令之行為」之立法精神，係為保障警察人員依該條例行使使用警械之職權行為，不受國家刑罰權之處罰而列為專條，明確予以規定，以利公務，俾免紛擾[21]。

貳、正當防衛防衛情狀之判斷

　　本案雖然沒明確對員警居於國家的地位行使公權力，可否主張正當防衛這個爭點進行分析，但是法院從來沒有任何懷疑就討論正當防衛之態度中得知，是採取肯定說。至於學說上有肯定與否定二說，否定說認為警察乃執行公權力，其行為合法與否之判斷優先考慮以比例原則，檢視其行為是否符合法令，乃著眼點在於法治國原則對國家行為控制的效能，而不在於保護個別公務員；肯定說認為警察縱然在執行公權力，但也不可以排除警察有保護個人法益之需求，而且正當防衛的法條規定、警察法之規定都沒有排除國家機關的適用。多數見解是採取肯定說，乃認為在一般執行勤務之情形下固然要遵循比例原則，但正當防衛是發生在危及重要法益之特別情形，仍然應該認為警察有保護自我的需求，沒有理由要求警察放棄保護自身的反擊手段[22]。

---

[20]　最高法院108年度台上字第1017號刑事判決；台灣高等法院107年度上訴字第242號刑事判決。

[21]　最高法院96年度台上字第5765號刑事判決認為，警察人員執行職務，而得使用槍械時，仍應基於急迫之需要，且不得逾越必要之程度，以防止濫用槍械而侵害人民權益。至於是否合於急迫之需要及必要之程度，則須綜合全部之主、客觀情況資以判斷，而非僅以事後察知之客觀事實以檢討判斷其是否合於槍械之正當使用。如此看法，符合本文之主張。

[22]　許恒達，員警槍擊拒捕通緝犯的正當防衛爭議—評最高法院105年度台非字第88號刑事判決

　　確認本案員警甲得適用正當防衛阻卻違法後，接下來需討論是否符合正當防衛的要件，首先須確認本案究竟有無現在不法侵略之防衛情狀存否？對於侵害人之行為是否侵害法益構成防衛情狀，向來分成事前判斷標準與事後判斷標準。事前判斷標準是指在事件發生當下，以一般人所能認知的事實情況，以及防衛者的特殊認知判斷之；事後判斷標準則是以法院所能蒐集的一切證據為基礎，從事後角度予以評價。在本案中，若以事前角度判斷乙的倒車行為，因為不能排除向員警甲駛去的可能，肯認存在防衛情狀。然而，歷審法院皆採取事後判斷之角度，基於事後調查得知乙有順時針倒車避過甲，否定存在防衛情狀。有學者同意上述實務見解，仍基於通說認為正當防衛具有對不法行動的法確證性效果，故在個案中必須確定侵害行為的不法性，若是無從確認其不法性，應無由賦予私人相應的合法施行暴力的權利。為了確認是否不法，應在事後依法院所能蒐集的一切證據為基礎判斷，始滿足法確證原則[23]。

　　然而，縱使採取事後判斷標準則，惟法院在其所能蒐集的一切證據為基礎在事後從事評價時，仍須審酌警察是否遭受立即危害存否防衛情狀時，應以身歷其境之「理性警察」的觀點加以判斷，而非後見之明。據此，最高法院29年上字第509號判例謂「被告充當聯保處壯丁，奉命緝捕盜匪，正向被人誣指為匪之某甲盤問，因見其伸手撈衣，疑為取槍抗拒，遂向之開槍射擊，當時某甲既未對被告加以如何不法之侵害，則被告之防衛權，根本無從成立，自無防衛行為過當之可言。」即以事後調查得知某甲並未攜槍之資訊推斷被告開槍時情況並非急迫而係出於「誤想防衛」成立過失犯罪，未以當時「理性警察」客觀情況合理加以審酌，殊有檢討之必要[24]。

　　況且，縱使從事後角度判斷乙有順時針倒車避過甲，惟通緝犯車已發

　　與其歷審裁判，月旦法學雜誌第276期，2018年5月，頁30-32。

23　許恒達，員警槍擊拒捕通緝犯的正當防衛爭議—評最高法院105年度台非字第88號刑事判決與其歷審裁判，月旦法學雜誌第276期，2018年5月，頁32-33。

24　黃朝義，警察用槍規範與審查機制—兼論其他警械使用，警大法學論集第29期，2015年4月，頁34-35。

動駛駕中，下一秒方向盤會如何轉動真能準確預測？再加上事後驗出通緝犯乙在倒車當下有吸毒，而科學的證據也顯示吸毒者對自己的行為控制能力可能弱化，有較高的機率會損害他人，在此危急的場景下，一位「理性客觀的警察」真的會相信乙順時針方向倒車繞過員警甲逃離現場，不會有任何的反擊行為？在此危急的情況下，真的不存在防衛情狀？難道真的要等到通緝犯突然轉向衝撞員警而造成員警死傷才能判斷存在防衛情狀？故本案本章認為構成正當防衛且持槍射擊乙下肢，並未逾越必要程度。

參、誤想防衛之法律效果

倘若依法院之認定，確認乙的倒車行為尚不構成現在不法侵害，惟主觀上卻基於防衛意思而對乙開槍以保護自己，乃是誤想防衛，或稱容許構成要件錯誤。針對誤想防衛的法律效果，學說上有下列三種見解：第一種是嚴格罪責理論，誤想防衛的行為人是出於故意侵害他人法益，就該當構成故意犯的不法行為，只是基於欠缺現實不法意識，必須比照禁止錯誤的法律效果處理，因而依刑法第16條，視其錯誤可否避免阻卻罪責。第二種是限制罪責理論，認為容許構成要件錯誤同是事實層面之錯誤，而類推適用構成要件錯誤之法理，評價為阻卻故意，只能轉論以過失犯。第三種是限制法律效果之罪責理論，主張容許構成要件錯誤並不影響構成要件故意，但會影響故意罪責，亦即在不法層次不受錯誤的影響，而是在罪責層次會阻卻故意之成立，而至多成立過失罪責，通說採此說[25]。

此件判決最後依通說見解，採取限制法律效果之罪責理論，認為容許構成要件錯誤並不影響行止型態之故意，而只影響罪責型態之故意，亦即行為人仍具構成要件故意，但欠缺罪責故意，至於行為人之錯誤若係出於注意上之瑕疵，則可能成立過失犯罪。至於甲是否成立過失犯，仍需處理構成要件階段有注意義務違反，罪責階段個人有遵守義務能力與預見可能性。縱使本案甲有違反「正確選擇因應手段」的執法義務違反，符合構

25 許恒達，員警槍擊拒捕通緝犯的正當防衛爭議—評最高法院105年度台非字第88號刑事判決與其歷審裁判，月旦法學雜誌第276期，2018年5月，頁35-38。

成要件階段有注意義務違反，但在罪責上需具體考慮甲有無「正確認知無防衛情狀之能力」。現就本案判斷，甲雖然發生誤會，但這種發生於緊急狀態下的誤會，從甲個人能力以觀，實在無從避免，陷於突發狀態中的甲，在乙倒車當下，恐怕根本不可能正確且果斷地判斷乙根本無意撞甲，此時即可認為，甲對於構成「不存在防衛情狀」欠缺預見可能性，如此便無法構成過失犯的罪責，法院只能判甲無罪。而非只是像判決書簡單地交待「被告在誤想防衛及依法令執行逮捕而用槍之情形下，應注意、『能注意』採侵害人民法益最小之方式為之，卻未注意，而貿然對被害人之下肢連開3槍，致被害人下肢動靜脈血管出血致死，被告應負業務過失致死罪責」[26]。

第七節 結論與建議

壹、結論

確實，警察人員執行職務，在得使用槍械時，仍應基於急迫之需要，且不得逾越必要之程度，以防止濫用槍械而侵害人民權益。最終本案法院的判決仍認為員警甲槍擊造成乙出血休克是主要死因，用槍過當不得以依法令行為阻卻違法，不能主張正當防衛但有誤想防衛情形，最後應負業務過失致人於死罪責。至於判決評價基礎是被告使用槍械之行為未合乎警械使用條例第6條之規定，即合法使用槍械須符合「急迫需要」、「手段合理」這二要件，又可槍擊人體致命處，僅限於「最急迫」時情況，方可為之，況且基於事後調查得知乙有順時針倒車避過甲，否定存在防衛情狀，但有誤想防衛情形存在。誠然，國家授權公權力的強制作用，應以最小的侵害為準則，但最小之侵害，不能僅以結果論為判斷方式，否則若仍堅持對於拒捕通緝犯脫逃用槍，用槍結果必須符合用槍時預定之必要損害

---

26 許恒達，員警槍擊拒捕通緝犯的正當防衛爭議─評最高法院105年度台非字第88號刑事判決與其歷審裁判，月旦法學雜誌第276期，2018年5月，頁38-40。

程度始能免責，倘若超出此程度而生「加重」結果，如本案因射中腿部造成通緝犯失血過多致死，便稱用槍之方式逾越必要程度且與侵害之法益輕重失衡，而不得以依法令之行為主張阻卻其違法性。如此，必然會發生是否即須容忍所有任由應逮捕拘禁之人脫逃均不能使用警槍之事實發生，而只能如判決所言：「再迅速透過巡邏警網圍捕，或趁周遭無波及他人之危險而可持槍朝被害人車輛之輪胎射擊，以阻止被害人駕車逃離，並非有立即使用槍械對人身射擊。」如此是否能實現國家刑罰權所賦予得使用強制力的目的？恐令人疑慮！對於對抗犯罪所允許的強制手段，其干預強度的授權，應較一般行政目的實現的行為，會有更大的寬容性。

因此，判斷員警用槍是否過當？應先從使用警械的法律授權條件觀察，若屬正當法律授權的範圍，且其使用行為也遵守誡命上的要求，則其行為便屬正當行為，縱使所生之侵害結果，非屬預期，仍不能倒果為因而科以刑責，否則所謂依法令之行為不罰，將淪為空談。此外，判斷是否逾越法令之授權，應從身歷其境「理性警察」的行為作為判斷基準，結果僅是參考輔助作用之一而已，而非已後見之明判斷。如同「警察人員使用槍械規範」，要求各機關對於警察人員使用槍械適法性之判斷基準，應以用槍當時警察人員之合理認知為主，事後調查或用槍結果為輔。同樣地，最高法院96年度台上字第5765號刑事判決，亦認為是否合於急迫之需要及必要之程度，則須綜合全部之主、客觀情況資以判斷，而非僅以事後察知之客觀事實以檢討判斷其是否合於槍械之正當使用。是以，本案之判決，仍有檢討之處。

貳、建議

一、增設「警械使用審查委員會」

警察為達成警察任務，保障人民生命、身體、自由、財產之安全，特賦予警察人員於必要時得依據警械使用條例之規定使用警械之職權，然警械使用屬干預強度極高之強制措施，涉及人民生命權、身體權或財產權，因而警械使用條例明定各種警械使用之要件、時機、程序及使用後的法律

責任；又警政署為迅速排除對社會治安及人民之急迫危害，並保障警察人員執勤安全，制定「警察人員使用槍械規範」及「執行職務使用槍械作業程序」，以使警察人員能更合理判斷當下事實是否符合本條例所規定之法定要件及遵守公法比例原則與本條例之使用限制，以合法使用槍械。

確實，目前司法實務對員警是否依法令行為使用槍械之判斷，基於警械使用條例之規定，警察人員執行職務，在符合得使用槍械之法定要件時，仍應基於急迫之需要，且不得逾越必要之程度，以符合公法比例原則與本條例之使用限制，

防止濫用槍械而侵害人民權益。至於是否合於急迫之需要及必要之程度，應需綜合全部之主、客觀情況資以判斷，而非僅以事後察知之客觀事實以檢討判斷其是否合於槍械之正當使用，否則便會有以後見之明，來判斷是否符合「急迫需要」及「手段合理」之遺憾，導致員警在執行職務使用槍械後是否過當之爭議層出不窮，員警擔心動輒得咎，對於槍械使用多有顧忌而致影響執法，甚至危及警察人員人身安全；況且每生警械使用爭議時，因欠缺專業之警械使用審查機關提供審查意見，當個案進入司法偵審程序時，屢屢陷入民眾、警察人員與司法機關相互間的猜疑與指摘，嚴重影響政府公信。因此，為消解第一線執勤員警對於使用槍械之疑慮，增加證據認定的客觀性，提供進行個案調查及責任釐清之參考，保障員警與相關當事人權利，建立公正、透明之警械使用審查機制，增設「警械使用審查委員會」，確實有必要。

本此觀念，立法院在第9屆期間（2016.02.01-2020.01.31），分別有張宏陸立法委員等人提出增訂「警械使用審查委員會」，林麗蟬立法委員等人提出增訂「警械使用鑑定委員會」，徐榛蔚立法委員等人提出增訂「警械使用爭議事件鑑定委員會」，親民黨黨團提出增訂「警械使用鑑定委員會」，以及2020年5月行政院函請審議「警械使用條例部分條文修正草案」則提出「警械使用調查小組」等案[27]。

---

27 此次政院版草案主要考量行政效率及資源有限性，以有死亡或重傷的重大爭議案件為限，且為保持彈性「警械使用調查小組」功能、組成及運作方式，授權內政部以行政規則訂之。只是此審查機制直接對外發生一定法律效果，應有明確法律授權依據較妥，故未來立法上應在

本章參考聯合國「執法人員使用武力和槍械的基本原則」，較認同張宏陸立法委員等所提出的增訂「警械使用審查委員會」。亦即，「警械使用審查委員會」，不只可針對使用警械所造成人員傷亡或財產損失事件，進行獨立公正之調查以釐清事實及責任歸屬外，亦可就警察人員所作之警械使用報告，定期進行通案性審查與分析，而所作之結論與建議，亦可提供作爲警察教育訓練及勤務改進之參考[28]。如此之規範，也可符合聯合國「執法人員使用武力和槍械的基本原則，要求各國政府和執法機關應對與使用武力和槍械有關的道德倫理問題不斷進行審查研究，以及各國政府執法機關應確保進行有效的審查，並確保獨立的行政或檢控部門可以在適當情況下行使管轄權，在造成有死亡和重傷或其它嚴重後果時，應立即向負責行政審查和司法管理的主管當局送交詳細報告等規範。

二、增定「警察人員使用槍械規範」之授權依據

　　聯合國「執法人員使用武力和槍械的基本原則」，將警察人員使用致命武器，應限於最後手段或不得已時始能使用，且表明其身分並發出明確警告，對受傷之人提供醫護援助及儘快通知其親友，況且在培訓時也應特別重視警察道德倫理和人權問題，以及應對參與使用武力的執法人員提供心理諮商輔導等納入規範中。縱使現行警政署所訂定「警察人員使用槍械規範」，已有將上述聯合國「執法人員使用武力和槍械的基本原則」納入此規範中，但畢竟此規範只是單純行政規則，有必要未來在修正警械使用條例時，將此授權依據明定於本條例母法中，以提升其法律位階，以作爲

本條例中明定「調查小組之功能、組成及運作方式，由內政部定之」，採用法規命令而非行政規則爲宜。

[28] 張宏陸立法委員等人所提的警械使用條例部分條文修正草案，主張增訂第10條之1規定：「內政部應設警械使用審查委員會，辦理下列事項：一、定期審查警察人員依第十條所作之使用警械報告中，涉及人員傷亡及財產損失達一定標準者，提出審查結論與建議報告，並就警械使用時機、程序與標準，訂定統一規範或指導，以供作爲培訓及執勤參考。二、警察人員因使用警械而致人受傷、死亡或財產損失者，應調查其事實與警械使用之適法性，並應提供司法機關參考。三、辦理其他主管機關囑託鑑定使用強制力器械之爭議案件。第一款所稱涉及人員傷亡及財產損失達一定標準者，其標準由警械使用審查委員會另訂之。警械使用審查委員會之組織規程及相關作業規定，由內政部擬訂，報請行政院核定後發布之。」參照立法院第9屆第6會期第15次會議議案關係文書，2018年12月26日印發，頁121-126。

執法及判斷之具體遵照標準，兼顧執法後盾與人權保障[29]。

三、修訂「執行職務使用槍械作業程序」

　　目前警政署所訂定「警察人員使用槍械規範」，已將聯合國「執法人員使用武力和槍械的基本原則」納入此規範中，有關警察人員使用槍械後應於用槍現場為下列之即時處置，如現場有人員傷亡時應迅速通報救護或送醫、通知受傷或死亡者之家屬或指定之親友、協助保全現場及蒐集證據、指派專人協助警察人員涉訟法律輔助並提供心理諮商輔導等，惟此相關規範卻無納入警察人員「執行職務使用槍械作業程序」中。又該規範要求警察人員執行職務使用槍械，應就現場所認知之全般情況，審酌下列情形綜合判斷：（一）使用對象：1.暴力行為或犯罪危害程度；2.持有武器或危險物品種類；3.有無使用酒類或毒品；4.當時心理及精神狀態；（二）現場參與人數多寡；（三）現場人、車及建築物等密集程度；（四）使用其他非致命性武器或攔截圍捕等替代方式之可行性等，比起現行之「執行職務使用槍械作業程序」規定於使用槍械前及使用時均應考量下列各款情形：（一）衡量犯罪者惡性之大小；（二）衡量犯罪者所侵害法益之大小；（三）衡量犯罪者之體格、人數及所持器械之殺傷力；（四）注意當時情勢是否異常急迫；（五）僅以能達到任務為限等更具體。因此有關現行之「執行職務使用槍械作業程序」，應配合「警察人員使用槍械規範」規定修訂之。

---

29 張宏陸立法委員等人所提的警械使用條例部分條文修正草案，便主張於第6條增訂第3項規定：「使用槍械時所應注意之安全事項、使用時機及使用後所應辦理事項等規定，由內政部擬訂後，報請行政院核定之。」其草案總說明即指出：就現行條文所稱「合理使用槍械」及「不得逾越必要程度」之法律概念，僅屬概念性訓示文字，使警察人員在面臨複雜多變的執法現場，多所顧忌與制肘，反生危險；且查警政署現雖訂有「警察人員使用槍械規範」，惟此規範並無法律授權，僅屬於內部管理之命令性質，亦無依中央法規標準法第7條規定送立法院使依職權審查，顯對警察人員及相關民眾權益保障不足；是以針對使用槍械應注意事項、用槍時機及使用槍械後之應辦理事項等事宜，在兼顧人權保障及有效應對治安情勢變化，故以法律授權方式，由內政部訂定使用槍械規定，並報請行政院核定之。參照立法院第9屆第6會期第15次會議議案關係文書，2018年12月26日印發，頁121-126。

第二章
員警實施治安攔檢案例研析

蔡庭榕

第一節 前言

　　警察為達成法定任務，必須執行職務，行使職權，得採取之作用或行為方式與類型極多，一般而言，可類分為意思表示之決定，如警察處分及相關物理力執法措施，如查證身分之攔停、詢問、令出示證件、檢查身體或隨身攜帶的物件等作為屬之。在民主法治國原則下，屬於干預人民自由或權利之執法作為應有明確的法律授權。司法院釋字第535號解釋文首段即揭示：「臨檢實施之手段：檢查、路檢、取締或盤查等不問其名稱為何，均屬對人或物之查驗、干預，影響人民行動自由、財產權及隱私權等甚鉅，應恪遵法治國家警察執勤之原則。實施臨檢之要件、程序及對違法臨檢行為之救濟，均應有法律之明確規範，方符憲法保障人民自由權利之意旨。」其實在此解釋文之前，1997年行政院全國治安會報即決議應研定警察干預性職權之法律，主管機關遂於1999年1月由內政部警政署委託研究，始有「警職法」（以下簡稱「警職法」）草案[1]之誕生，故此號解釋在警職法之立法程序上具有推波助瀾之功效。例如，本號解釋文最後一段所指：「現行警察執行職務法規有欠完備，有關機關應於本解釋公布之日起二年內依解釋意旨，且參酌社會實際狀況，賦予警察人員執行勤務時應付突發事故之權限，俾對人民自由與警察自身安全之維護兼籌並顧，通盤檢討訂定。」因此，「警職法」於2003年6月25日完成立法，並同年12月1日施行。警職法第1條即首揭：「為規範警察依法行使職權，以保障人民權益，維持公共秩序，保護社會安全，特制定本法。」旨在規範警察為達成法定任務，所採取之各項物理措施之警察職權（Police Powers），並進而保障人民權益（Individual Rights）。

　　因警職法對於過去警察「臨檢」之概括用語[2]，依據解釋意旨，予以

---

[1]　李震山等，警察職務執行法草案之研究，內政部警政署委託研究，1999年6月。

[2]　「臨檢」乃警察勤務條例第11條所定的六種警察勤務方式之一。其法定內容為：「三、臨檢：於公共場所或指定處所、路段，由服勤人員擔任臨場檢查或路檢，執行取締、盤查及有關法令賦予之勤務。」其中臨檢之「檢查或路檢，執行取締、盤查」均屬「有名詞無定義」或「有菜單無食譜」之欠缺要件內容、職權程序及救濟規定，故大法官釋字第535號解釋文

明確規定為查證身分之要件、程序及救濟方式，使其在法律保留原則下，亦符合明確性規定。特別是在警察執行職務行使職權時，亦提供查證身分之各種干預性措施所需使用之判斷基準。警察執法應基於「事出有因、師出有名」之法定正當合理之「因」與「名」，並以整體考量法則進行以五官六覺之違法要件該當與否及職權行使程度之判斷與裁量，旨在貫徹警職法第1條[3]之衡平警察職權行使與人權保障衡平之立法目的。再者，對於警察職權行使所可能造成人民權利受影響，亦於警職法規定得提起之救濟方式，如當場異議、訴願、訴訟、國家賠償或損失補償等。法隨時轉則治，而民主法治國要求「依法行政」。然徒法不足以自行，尚有賴全體警察同仁了解規範，並藉由教育訓練，以民主法治理念，明確執法規範，達成共知共識，因勢專業利導，精緻執法判斷，貫徹實施法治，形成全民遵守警察執法措施之共知共識，一體遵行，以充分保障人權與維護良好社會治安之雙贏局面。

按本章之「治安攔檢」係有別於「酒駕攔檢」，前者係依據警職法第6條及第7條所為治安目的之臨檢；而後者係依據同法第8條規定之取締酒後駕車為目的之臨檢。警察依警職法第6條規定之查證身分要件，執行同法第7條之措施。雖警職法公布施行已十七年，在警察情境實務運用上，仍不無問題。因此，本章乃思以1998年李○○（李○君）被台北市警局保安大隊（以下簡稱「北市保大」）臨檢爭議而肇致司法院釋字第535號解釋警察臨檢之要件、程序及救濟應有明確法律規範一案，繼而在二十年後，則有2017年3月19日當時任客家委員會主委李○○（以下簡稱「李主委」）在台北轉運站因遭警方攔檢盤查而被譏為「警察國家」之爭議案[4]（以下簡稱「李主委案」）最為大眾所知悉。故將上述二案加以比較析論，並進一步再以台灣桃園地方法院2019年10月30日之107年度簡字第

乃指出，實施臨檢之要件、程序及對違法臨檢行為之救濟，均應有法律之明確規範，然現行警察執行職務法規有欠完備，……，應通盤檢討訂定。

[3] 警職法第1條：「為規範警察依法行使職權，以保障人民權益，維持公共秩序，保護社會安全，特制定本法。」

[4] 穿夾腳拖像壞人？李永得遭警盤查！（有話好說），https://www.youtube.com/watch?v=U-yTB8gp7a0，最後瀏覽日：2020年5月18日。

106號判決爲例進行分析探討。因此，本章將以上述各該案例事實深入探討警察攔檢相關爭點、法令規範、提出評析及建議。

第二節　案例事實

　　本章僅舉一司法實務判決書（桃園地院107年度簡字第106號判決）之內容探討警察實施治安攔檢之法律適用問題。另有前述選擇以相隔二十年而引起司法院釋字第535號之1998年北市保大警察臨檢李○君案及2017年北市保大警察臨檢李主委案加以析論，雖李主委案並未有法院介入，但因曾引起社會極大爭議，且可對照二十年前之李○君案，乃有比較研析價值，遂擇選爲本章探討案例。因此，茲舉三件警察治安攔檢之代表案例之案例事實或司法判決書重要內容摘要如下：

案例一：散步要帶證件[5]？警察執法依「警察勤務條例」第11條之臨檢有何問題？

　　按李○君因長期患有精神分裂症而爲精神耗弱之人，於1998年1月15日晚間9時5分行經台北市士林區重陽橋上時，因北市保大員警2人在該處執行道路臨檢勤務，見李○君夜晚獨自1人行走，即要求李某出示身分證件檢查，李○君答以未帶證件，拒絕出示任何證件，經員警2人自其衣褲外盤檢是否攜帶證件或其他物品時，李○君竟以「幹你娘」（閩南語）辱罵依法執行臨檢職務之員警2人難堪。案經台北市政府警察局士林分局移請台灣士林地方法院檢察署檢察官偵查起訴。

5　散步要帶證件？535號釋憲故事　背後有洋蔥，https://news.tvbs.com.tw/local/714840，最後瀏覽日：2020年11月1日。

案例二：什麼樣的人才算可疑？警察是如何判斷以實施對人之攔檢？

按2017年3月19日李主委在台北京站轉運站因遭台北市警局保大警察攔檢盤查時[6]，要求他出示證件，李主委向警方表示他只是購物沒有帶身分證，而在警方進一步要求他報上身分證字號時，李主委要求警方告知盤查的理由與相關法令，當時並有一路人某甲介入，並與警方發生爭論，當時李主委並未告知其姓名、官職、身分證字號或其他身分證明，警方攔停李主委查證其身分，在經過雙方爭議之後，即停止盤查，未有進一步的強制作為，並讓李主委與路人甲自由離去。事後李主委在其臉書PO文痛批台北市何時變成警察國家[7]。此案經媒體大肆報導，北市保大警察亦提供其隨身攝錄現場爭執內容約8分多鐘的影片，指出李主委穿夾腳拖鞋、手提裝有運動飲料塑膠袋，以及遇見警察時特別看了警察一眼等三項「行為因素」，以及一項情狀因素，即「北市保大指稱該轉運站是經常查獲違法案件的犯罪熱點」，此警察攔檢爭議案件，當時現場有6位員警在進行攔檢盤查。事後，李主委及其擔任立委之妻指稱警察臨檢的方式與法定程序及要件不合法，而北市警察認為依法執行攔檢，並無不妥。因此，本案產生對警察攔檢如何依法執行的許多爭議，茲將相關爭點及法令規範分別摘要如下，以進一步析論之。

案例三：警察搜索、臨檢之證據蒐集過程欠缺法律依據，違反正當法律程序與比例原則

本案之事實概要為原告L君於2018年4月15日凌晨2時許，駕駛車自用小客貨車（下稱系爭車輛），至桃園市○○區○○街○○號前，原告未下車而將系爭車輛停放該址路邊，被告為桃園市警局所屬保安警察大隊員警

---

6 李永得遭警盤查 民眾力挺警察，蘋果日報，2018年3月20日，https://tw.appledaily.com/local/20170320/Z6KPGGACJY2VSZNBWI4GKULVR4/，最後瀏覽日：2020年11月10日。

7 穿拖鞋遭攔查李永得：北市變警察國家？，https://news.ltn.com.tw/news/focus/paper/1087329，最後瀏覽日：2020年12月10日。

依職權盤查原告，且經原告同意後，搜索其身體及系爭車輛，於該車中央扶手置物處內扣得白色粉末1包（含袋毛重0.66公克），並於同日2時40分經原告同意後採集尿液檢體，同年月17日委託台灣檢驗科技股份有限公司檢驗結果，白色粉末呈愷他命陽性反應，及尿液呈愷他命陰性反應，被告嗣以2018年6月26日桃警刑字第1070041093號處分書（下稱原處分），認定原告無正當理由持有第三級毒品愷他命，依毒品危害防制條例第11條之1第2項及第18條第1項規定，裁處原告新臺幣（下同）2萬元罰鍰、毒品危害講習6小時並對於扣押之第三級毒品愷他命1包沒入銷燬。原告不服，提起訴願遭駁回後，遂提起本件行政訴訟。按原告L君起訴主張：被告稱員警盤查係經原告同意等語，事實並非如此，當時是原告把系爭車輛停放路邊坐在車上抽煙，員警不問青紅皂白，未得原告同意就逕行搜索貨車與原告身體。原告從未吸毒，也沒錢買毒，何來持有毒品？員警自導自演，又稱原告坦承毒品為原告所有，事實並非如此。做筆錄時員警口口聲聲說只要原告承認，事情才不會麻煩，否則所有工人都要檢查，事情會更麻煩，涉嫌恐嚇訊問，員警一直強調繳2萬元就沒事，何必找麻煩。原告並未犯法，何須繳納2萬元？筆錄供詞是員警命令原告說的，並非坦承，員警命令原告說毒品是在KTV時朋友給原告的，但是原告並未去KTV，又何來毒品？如果當時不按照員警要求坦承，只會更不利，警察人員如此作為，豈為百姓之福？原告並未吸毒，豈有持有毒品之理等語。並聲明：原處分與訴願決定均撤銷。被告則以：本案警方於事實概要欄所述之查獲時、地依職權盤查原告，且經原告當場同意後搜索渠身體及所駕駛之系爭車輛，隨後於系爭車輛中央扶手處查扣白色粉末1小包（含袋毛重0.66公克），另經原告同意採集尿液後，將白色粉末及尿液檢體送交台灣檢驗科技股份有限公司，以EIA酵素免疫分析法初步檢驗及GC/MS氣相層析／質譜儀法確認檢驗，結果白色粉末呈現愷他命陽性反應，尿液呈現愷他命陰性反應。至原告於107年4月15日3時50分於被告保安警察大隊所製作之調查筆錄，原告向警方坦承為警所扣毒品證物係渠本人所有，並供稱毒品乃是渠在桃園市桃園區正光路附近工地外（地址不詳）由一不知名男子無償提供，惟毒品尚未施用即為警方查獲，足證原告持有第三級毒品愷他命

之行為，爰依毒品危害防制條例第11條之1第2項、毒品危害事件統一裁罰基準及講習辦法第5條第1項之法定裁量範圍內，裁處原告最低額度2萬元罰鍰及毒品危害講習6小時，認事用法並無違誤。原告之訴顯無理由，應予駁回。並聲明：原告之訴駁回。查法院調查猶如事實概要欄所述之事實，除後述爭點外，餘為兩造所不爭，並有原告受警詢調查筆錄（原處分卷第11-14頁）、臨檢單位臨檢採證所攝之照片（原處分卷第25頁）、台灣檢驗科技股份有限公司藥物檢驗報告及尿液檢驗報告（原處分卷第7-8頁）、原處分（原處分卷第2頁）、訴願決定（本院卷第18-20頁）在卷可稽，堪信為真實。兩造以前詞爭執，是本件爭點端在於：原處分以臨檢採集自系爭車輛中央扶手之白色粉末送鑑驗呈「愷他命」陽性反應，即認原告持有第三級毒品，是否合法？

第三節　相關爭點

按上述三案之爭點分別有：

案例一之爭點：警察實施臨檢欠缺法律明確規定之執行要件、程序與救濟，是否符合憲法保障人民自由權利之意旨？否。

案例二之爭點：員警執行臨檢除符合全面進行集體攔檢之法定要件外，得否於欠缺合理懷疑有犯罪嫌疑或有犯罪之虞時，實施治安攔檢而查證其身分？否。

案例三之爭點：對交通工具尚無已生危害或易生危害之情而進行攔檢酒測合法嗎？否。

第四節　相關執行治安攔檢之規範與作業程序

因警職法對於過去警察臨檢之概括用語，依據大法官釋字第535號解

釋意旨，予以明確規定為查證身分之要件、程序及救濟方式，使其在法律保留原則下，亦符合明確性規定。特別是在警察執行職務行使職權時，亦提供查證身分之干預性措施所需使用之判斷基準。警職法於第2條第2項明確定義「警察職權」：「本法所稱警察職權，係指警察為達成其法定任務，於執行職務時，依法採取查證身分、鑑識身分、蒐集資料、通知、管束、驅離、直接強制、物之扣留、保管、變賣、拍賣、銷毀、使用、處置、限制使用、進入住宅、建築物、公共場所、公眾得出入場所或其他必要之公權力之具體措施。」並進一步在第6條至第31條分別明定各項職權措施之要件、程序與救濟內容，以要求警察執法應基於「事出有因、師出有名」之法定正當合理之「因」與「名」，並以整體考量法則進行判斷，以決定警察職權行使是否符合警職法明文授權規範。警職法除了因臨檢所衍生之查證身分職權規範外，在警職法草案當時研擬時即採前瞻立法，對於資料蒐集方式，如公共活動之攝錄影、監視器、跟監、警察線民、通知、與治安顧慮人口之查訪等治安資料蒐集作為，以及蒐集後之資料傳遞、利用、與註銷或銷毀、即時強制方式與要件、及各職權措施之救濟，均於警職法規範之。尤其是警職法第6、7條之治安攔檢與第8條之交通攔檢有別，本章係以前者之警察實施治安攔檢情境實務案例為析論基礎，來探討警職法中查證身分職權措施之要件、程序與救濟，進行警察攔檢之法規範與執法實務相關議題分析。

壹、治安攔檢規範性質與職權措施及適用原則

一、治安攔檢之規範性質

　　警職法屬於警察職權作為授權之「行政作用法」，對警察干預性勤務作為之要件、程序與其救濟規範，然警察與司法實務多將之適用於刑事犯罪案件之偵查，甚至在司法實務上，亦作為檢證海岸巡防機關或法務部調查機關犯罪偵查程序之法令規範。警察法規體系由警察行政危害防止與刑事犯罪偵查之雙重任務所形成，依據我國警察法第2條（任務）與第9條（職權）規定，警察任務有行政危害防止（含犯罪預防）與刑事犯罪偵查

作用，乃形成警察具有行政與刑事雙重任務。警察法屬於組織法之性質；作用法則可區分爲制裁（處罰）、職權程序及執行（強制）之法定類型，除個別立法已經有其規定外，有共通性質或規定不足者，可由屬於集中式立法之普通法補充其適用。具有構成要件及法律效果而屬於制裁、處罰法性質者有社會秩序維護法、集會遊行法、槍砲彈藥刀械管制條例或毒品危害防制條例等；又屬於職權或程序法性質者有警職法、警械使用條例；屬於執行法性質者爲行政執行法；另爭訟法則有分散於個別法中之救濟規定與普通法性質之訴願法與行政訴訟法。至於刑事罰體系以行政刑罰（集會遊行法第29條至第31條）、類似特別刑罰之槍砲彈藥刀械管制條例或一般刑罰之刑法總則爲主，其程序適用「刑事訴訟法」，其執行與爭訟更有刑事法之特別規定。區分行政違規與刑事犯罪案件之執法之初，常有難以區分究竟是在進行違規調查或犯罪偵查程序之情形，例如，在取締酒駕的警察勤務上，警察以五官六覺判斷了解各種實務情境因素，被取締的當事人顯示出有可疑爲酒駕情狀，但在取締現場往往難以直接區分其是否屬於呼氣值未達0.25mg/l之違反道路交通處罰條例或超過該值而屬於違反刑法規定之刑事犯罪行爲。由於歐陸法系之二元法院體系有別英美法系之一元法院體系，我國屬於前者，故在執法案件乃有分殊而爲之必要。

　　大法官釋字第535號及第570號解釋打破「有組織法即有行爲法」之迷思。一般而言，有任務不能推論爲有職權，有職權應可推論爲有任務。警察在任務領域內，若經干預之授權，則得行使其職權。若非經干預之授權，在任務範圍內，警察對人民僅得採行非強制力之措施。經由其同意或承諾採行干預性措施，固非法所不許，但難免會對相對人造成心理困擾，立法論上，仍以制定法律加以規範爲宜。規範警察任務與職權法制，性質上區分爲「組織法」與「行爲法」。警察任務係規定警察得作爲之領域或目的範圍，警察法第2條爲警察任務的概括條款，警察亦有由其他法律賦予它的任務（組織法範疇）。警察職權係警察機關爲執行職務，採取某種手段作爲或措施，以達成任務之公權力。警職法規定有若干類型化之職權，如警職法第2條第2項將「警察職權」類型可略加區分爲：含對人（第6條至第8條查證身分、鑑識身分；第9條至第13條蒐集資料；第14條

通知；第19條至第20條管束；第27條驅離、直接強制）；對物（第21條扣留；第22條保管；第23條至第24條變賣、拍賣、銷毀；第25條使用、處置、限制其使用）、對處所（第26條進入）及對其他（第15條定期查訪；第16條資料傳遞；第17條資料利用；第18條註銷或銷毀；第28條概括規定）之職權行為法規範。至於，其他個別法律若賦予警察任務，原則上，亦應分別賦予達成任務相應之職權。另一方面，警察法第9條有關警察職權之規定，固應配合警職法或基他法律之規定，盡可能將各種警察職權，予以臚列，但應僅具宣示性之意義，不得作為干預人民自由權利之授權基礎。本章旨在評析警職法第6、7條之警察攔檢案例。

二、治安攔檢之職權措施

警察採行干預人民自由權利之措施，應符合法律保留原則及明確性原則，而且須合比例的授權基礎。只要警察的行為，會妨礙到人民自由權利的行使，會危及到自由權利的狀態，不論是事實上的行為或法律上的行為，直接或間接的行為，抑且不論是否具有強制性，均係屬於自由權利的干預，應有憲法第23條之適用。警職法第2條第2項有關「警察職權」之界定內涵包括警察對人、對物、對處所、及對其他之職權措施之授權，更特別的是為符合法律明確性之法治原則，配合於警職法第二章查證身分與蒐集資料及第三章即時強制對各項警察職權措施之一般要件或特別要件予以詳細明確規定之。比較警職法制定前，僅有以「警察勤務條例」之概括性授權警察「臨檢」作為，故被大法官釋字第535號解釋指明欠缺要件、程序、與救濟，顯已有大幅改善。因此，本章乃以警察執行勤務時所遇到的警察對李主委行使攔檢職權之案例為評析基礎。

三、治安攔檢規範之適用原則

（一）特別法優先於普通法之原則

特別法規之職權規定優先於警職法之適用：警職法第1條除立法目的之規定外，並無警職法與其他法律間適用關係之明文。行政院版草案第1條第2項規定：「警察執行職務，依本條例之規定；本條例未規定者，適

用其他法律之規定。」原上述草案規定旨在藉由警職法之立法，彌補現行相關法律，僅賦予警察任務，卻未相應賦予必要職權之缺罅。雖不符法律適用之基本原則（參照中央法規標準法第16條），但卻爲法制未完備前，不得已之措施。然而，該條草案並未獲得立法通過。故警職法僅於各該法律職權規定不足部分，作爲補充法而爲適用。換言之，警察爲執行其他法律賦予之任務，應具有該法所規定之職權，若該法律未規定警察職權，則警察尚有警職法所規定之警察職權。

（二）職權特別條款優先適用於概括條款之原則

警職法之職權條款規定於第6條至第28條，其中第6條至第27條爲職權特別條款，第28條有關「得採取其他必要之措施」之明文，則爲職權概括條款之規定。依警職法第28條第1項規定之文義，概括條款與特別條款之適用，似得由警察裁量選擇。惟依法理，概括條款應僅具補充性及承接性之功能。必須特別條款不能適用時，概括條款始得作爲警察行使職權之依據。至於依職權概括條款所謂得採取其他必要之措施爲何，則由警察視具體狀況，依比例原則判斷，決定一個合適而不過度之措施。警職法第28條第1項規定，警察得行使職權或採取措施，其規範意旨，主要係在因應社會變遷而衍生，且爲現行法律一時無以因應規範之新興危害。但因同條第2項之限制性明文，使得警察採取措施應付新興危害，僅得限於必須「爲制止或排除危害」，且「其他機關無法或不能即時制止或排除者」爲限。如此立法體例，固然回應了行政危害防止任務，依「危害急迫性」及「不可遲延性」，如何分配於警察與一般行政機關之間之問題。但亦衍生了屬於警察任務範圍內之新興危害，警察卻無干預授權之窘境，值得斟酌。

貳、警察行使治安攔檢職權之程序要件

警察攔檢應注意遵守警職法規定之程序要件：一、警職法第4條第1項之規定行使職權必須表明身分並告知事由。否則，人民得拒絕之（警職法第4條第2項）。警職法相關預防性之犯行抗制措施，本質上多屬隱匿性

而不為當事人所察覺。警職法第4條第1項未作除外規定，立法顯有瑕疵。但解釋上，採行上開措施不適用前揭規定，是事務本質所致，應可接受。惟為貫徹前揭規定意旨，措施結束後，警察應有告知之義務；二、比例原則考量：職權行使必須合適而不過度（警職法第3條第1項）；遵守適時結束之原則（警職法第3條第2項）；三、誠信原則考量：禁止引誘教唆違法手段（警職法第3條第3項之規定）。一般係以執行對象原有無犯意區分為「誘捕偵查」與「陷害教唆」；論者認前者係對原有犯意者之「提供機會型」，實務上認為係屬執法技巧，並非法所不許；後者係對於原無犯意之人民「構陷」（Entrapment）入罪之「創造犯意型」，應屬不法。因此，考量上，只要被誘使人並未因此淪為國家行為之客體的情況下，為誘使行為應是被允許的。至於何種情況構成所謂國家行為之客體，則要在個案上考量被誘使人的既有嫌疑程度，誘使行為的影響方式、強度及目的，被誘使人對自我行為之決定能力等狀況，綜合判斷後方能決定；四、履行救助救護之義務（警職法第5條）。

參、警察執行攔檢職權之類型

一、治安或交通攔檢

警職法對於警察攔檢各種干預性職權之措施與其要件，主要係規定於第二章的第6條至第8條授權方式，係以「查證身分」名之，其係屬於警察攔檢以蒐集資料之集合性名詞，內含第7條的五種職權措施（攔停、詢問、令出示證件、檢查身體或攜帶物件及帶往勤務處所等）及第8條交通攔檢的六種措施（攔停交通工具、查證駕駛及乘客身分、查證車分、酒測檢定、強制離車及檢查交通工具等）之授權。依據警職法第7條及第8條有關攔停之不同規定，本章將之區分為第7條「治安攔停」與第8條之「交通攔停」，而治安攔停又可區分為「刑事攔停」與「行政攔停」。其分類如圖2-1所示：

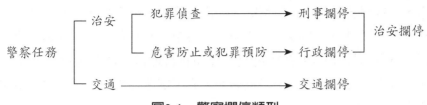

圖2-1　警察攔停類型

資料來源：作者自繪。

有關警職法規範內容與體系問題，林明鏘教授即指出：警職法第6、7條與第8條分別就公共場所或交通工具之臨檢，作不同之實體要件規範，造成範圍重疊、寬鬆不一等問題，並進一步指出，對於使用交通工具者之臨檢，應同時累積適用第8條（優先）及第6條（補充）之要件規定，並且建議在立法上，將第6條與第8條合併規定。其意見非常值得參探，由於第8條並非研究草案之原始草擬條文，亦非立法委員版本之條文，而係於行政院版草案第7條，主要基於社會大眾均強烈要求酒醉者不可駕車，以維護交通安全的原則下，將此條文列入，造成與第6條及第7條規定之扞格。因此，從立法目的以論，本條主要在於維護交通秩序，而授權攔停交通工具之職權措施及明定其要件，可稱之為「交通攔停」；警職法第6條及第7條之攔停車輛係以犯罪預防目的為基礎，可稱之為「治安攔停」，與本條之交通違法（規）之特定目的，顯有不同。

相對於第7條第1項第6款及第2項之全面「治安攔停」規定，特別值得注意的是全面性「交通攔檢」並未有法律授權。警職法第8條第1項本文，既已明文規定攔檢之要件，係以「已發生危害或依客觀合理判斷易生危害」之「交通工具」，作為判斷準據。則昔日全面交通攔檢之作法，顯已不符規範之要求，自應予以避免，以免觸法。固然行駛中之車輛，有無攔檢之危害要件，判斷不易，但為了確認危害要件是否存在，而採行全面攔檢，顯將手段與目的錯置，亦不符比例原則。警職法未賦予警察實施全面交通攔檢，值得注意。若欲進行全面交通攔檢或酒測檢定，則可參考美國作法，另行修法明定授權規範。美國聯邦最高法院在*Michigan Department of State Police v. Sitz*一案，認為在道路上設置檢查點，進行全面攔檢駕駛人是否酒醉駕車，即使對個別駕駛人沒有「合理懷疑」，仍不

違憲，然警察若要進一步對駕駛人作酒精測試，則需有「合理懷疑」作為基礎要件。又另在*Delaware v. Prouse*一案中，判定警察不得在無合理懷疑下任意或隨機路檢攔車查驗駕照，然如有合理懷疑無照駕駛、無車籍登記、或其觸犯交通法規時，得以攔檢，亦不排斥各州政府自行規範定點阻路攔車（Road Block-Type）之方式路檢（Spot Check）。對於以輕微侵擾（Less Intrusion），非恣意性之選擇或任意、隨機或全面攔檢，是可受允許的。

另一方面，交通警察亦得因行政危害防止之治安任務而執行路檢攔查措施：警職法第6條第1項第6款及第2項合併第7條第1項第1款規定，作為路檢，實施攔停採取措施之可能性，然仍應以治安目的為考量，亦即本章所稱之「治安攔檢」。例如發生重大肇事逃逸案件，應可認為符合警職法第6條第2項規定之「處理重大公共安全或社會秩序事件」。此時，應可依警職法第6條第1項第6款及第2項合併第7條第1項第1款規定，於經主管長官指定特定之路段，對於符合肇事逃逸特徵之車輛或交通工具，即得實施全部攔停查證，不受警職法第8條第1項本章攔停要件之限制。但實務執法上，應特別注意：（一）路段之指定，應依合義務性之裁量，審慎決定；（二）若非符合肇事逃逸特徵之車輛或交通工具，應不在得予攔停之範圍，如無其他依法得予攔停之原因，任意攔停，即屬恣意執法，應予避免。

至於本條有關實務問題或案例解析，如警察可否基於警職法第6條之要件，進行全面攔停？攔停是否區分刑事及行政攔停之適用？按本條有關查證身分之各款規定，係以影響治安危害之考量，得據以進行第7條之各項措施，若是符合本條第1項第6款及第2項之規定，係基於「防止犯罪，或處理重大公共安全或社會秩序事件而有必要者，並由警察機關主管長官指定之公共場所、路段或管制站，則得因治安任務而合於本條要件據以實施全面攔檢，如「319總統候選人槍擊案」由警察機關主管長官立即下令對密切與該治安維護案件有關之區域予以封鎖攔檢。有如本案北市保安大隊6位員警於京站轉運站對李主委進行警職法之攔檢，竟究係由員警於執法取締現場基於對於實務情境經五官六覺之判斷，而警察覺得李主委有

被「合理懷疑」或「有事實足認」有犯罪嫌疑或有犯罪之虞的「個別攔檢」，抑或屬於警職法第6條第1項第6款進行「全面攔檢」？雖法律有明文規定，然在警察情境實務如何正確有效，在本案適用上即發生極大爭議，遂引起媒體大幅報導及社會輿論的許多關注，本章將於後述將本案爭議各點加以評析之。

二、執法檢查之類型

警職法所規定之檢查，依其性質，可區分為二：（一）維護人身安全之檢查。其依警職法規定內容觀之，仍可區分為：攔停後之身體與所攜帶物件檢查（第7條第1項第4款）及管束之附帶檢查（第19條第3項）；（二）交通工具檢查：亦可區分為車籍稽查（第8條第1項第2款）及蒐證檢查（第8條第2項）。簡要列示如圖2-2：

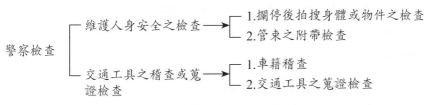

圖2-2　警察「檢查」之類型

資料來源：作者自繪。

茲就警職法規定授權警察檢查之類型分析如下：

（一）維護人身安全之檢查

1.**攔停後拍搜身體或物件之檢查**：依據警職法第7條第1項第4款規定，警察為查證身分而攔停之人，若有明顯事實足認其有攜帶足以自殺、自傷或傷害他人生命或身體之物者，得檢查其身體及所攜帶之物。此處所稱之「檢查」係指從受檢者衣服外部或對其所攜帶而回身可及之物件之拍觸檢查，美國稱為警察之「拍搜」。因執法者恐因受檢查者攜有刀、槍、或其他危險物，足以自殺、自傷、或傷害他人生命、身體之物者為合理依據，其檢查行為係以雙手做衣服外部由上而下之拍搜，惟不得對其為一般之搜索，例如不得翻動檢查口袋內之物品。再者，對於受攔檢人所攜帶之

物件之檢查，亦僅及於給拍搜者立即可觸及範圍內之物爲限，並不及於其他所有物。另外須注意的是拍搜有別於一般爲取得犯罪證據或基於證據保全目的之傳統搜索，亦非逮捕後之附帶搜索，其檢查之深度，亦不得如刑事訴訟法所授權「搜索」的徹底搜查之程度。至於「檢查」與「搜索」之區隔及其進行時所需之合理性程度差異，應依據所建立之身分查證措施之合理性基礎爲之。

2. 管束之附帶檢查：警職法第19條第3項規定：「警察依第1項規定爲管束時，得檢查受管束人之身體及所攜帶之物。」管束係基於特定之目的，在一定條件情形，違反當事人意願或未經其同意，暫時拘束其人身自由之即時措施。管束措施之執行，爲一時拘束當事人之人身自由。管束因已對人身自由造成干預，非基於特別重大理由以及非基於形式之法律授權，不得爲之。「管束」含有保護、制止、限制行動自由之意，爲預防危害之必要，對行爲人之人身自由予以暫時限制。在此，須防止以保護之名，而行使爲其他目的之限制人身自由，因此，在法定要件上之規定，須符合明確性。

（二）交通工具之稽查或蒐證檢查

1. **車籍稽查：**警職法第8條第1項第2款規定：「檢查引擎、車身號碼或其他足資識別之特徵。」道路交通管理處罰條例對於一般性的稽查執法，缺乏明確干預性執法之授權基礎。交通攔檢之目的係在維護交通安全與秩序，本條屬於交通攔檢規定，本款所規範之車籍稽查，其主要立法目的有二：(1)確定車籍資料，作爲取締已經發生危害或依客觀合理判斷易生危害之交通工具之執法基礎，另一方面，亦可查察該車輛是否失竊或其他涉及違法之情事。因此，本款規定亦寓有蒐集違法證據之目的；(2)執行車籍稽查執法：道路交通管理處罰條例第7條第1項固然賦予交通勤務警察稽查執法之任務，然並無強制性稽查執法措施之授權。若欲執行強制性之稽查，依法治國家法律保留及授權明確之原則以觀，除符合同條例相關特別職權行使要件之規定者外，欲援引第7條第1項之任務規範，以爲職權行使之依據，並不合宜。基於警職法具有之補充性及承接性之功能，以及

警職法第8條之立法意旨，該第8條之規定，自得作爲當前警察道路交通稽查執法之一般性職權之補充依據。

2. **交通工具之蒐證檢查**：警職法第8條規定，警察對於已發生危害或依客觀合理判斷易生危害予以攔停之交通工具，因有事實足認其有犯罪之虞者，並得檢查交通工具。然而，其特別要件爲「有事實足認其有犯罪之虞者」。從其性質觀之，此處「檢查」雖與刑事訴訟法規定之「搜索」不同，亦與警職法第7條對於攔停之人身或其所攜帶之物進行之「檢查」及第19條第3項規定對於受管束人之身體及其所攜帶之物件所爲之檢查，均有差異。然其立法目的，則爲蒐集犯罪證據而設。刑事訴訟法之搜索，除緊急搜索外，應依據該法第122條之要件規定，並應依法聲請搜索令狀。至於警職法第7條所規定之檢查係指爲避免危及安全所爲衣服外部或所攜帶物件之拍觸，不得進行深入性搜索。至於對管束人之身體及其所攜帶物件之檢查，係爲避免管束人之自殺或自傷之危險而爲之。然而，本條之「檢查」交通工具之要件爲「有事實足認其有犯罪之虞者」，必須以合義務性裁量爲之。因此，依此規定從事檢查交通工具之置物箱或後車箱，必須以「有事實足認其有犯罪之虞者」爲前提，始得爲之。例如，依法攔停時，以一目瞭然（Plain View）法則發現車內有注射針筒，經詢問而無正當理由時，因而有事實足認其用來施打毒品，而得以進一步檢查交通工具，要求其開啓置物箱（含後車箱）接受檢查，但不得達搜索之程度（或可稱之爲「準搜索」性質）。又如發現車內有血跡，經詢問駕駛人卻無正當理由足以說明其來源時，得進一步檢查其交通工具是。就駕駛人及乘客之身分查證而言，警職法第6條及第8條，均有得爲查證身分之授權規定。惟第6條之身分查證職權，係爲一般治安危害防止任務而設，非在維護交通安全與秩序。是以，該項職權之行使，自應受其立法目的之拘束，自不得作爲警察道路交通稽查執法之授權依據。然而，警職法第8條規定得作爲一般性道路交通執法之授權基礎。

肆、警察治安攔檢職權規範之主要內涵

警職法對於警察治安攔檢各種干預性職權之措施與其要件，主要係規定於第二章的第6條至第7條授權方式，係以「查證身分」名之，其係屬於警察攔檢以蒐集資料之集合性名詞，內含第7條的5種職權措施（攔停、詢問、令出示證件、檢查身體或攜帶物件及帶往勤務處所等）之授權，茲配合本案有關警察攔檢李主委之實務情境，乃評析該案攔檢執法過程如下：

不論是警職法第6條及第7條所定以防止危害及預防犯罪之治安目的，或是警職法第6條規定之以維護交通秩序及預防交通危害為目的；兩者均以攔停措施為開始，亦均以公共安全與秩序受到損害之威脅，而進行危害之防制為職權啟動基礎。固然警職法各種職權行使之要件，對於所要保護之法益、危害之程度及損害發生可能性之等級，各有不同之要求。但必須有危害之存在，警察方有依警職法行使職權之可能。以警職法第6條規定為例，各款規定授權之法理基礎，即有不同。例如，損害未發生前，採取措施，旨在預防「潛在性或抽象性危害」（如第6條第1項第4至6款）或「具體危害」（如第6條第1項第1至3款）。若損害已形成，但未全然完成或結束，則屬正發生實害中，則有滋擾之制止與排除之問題，得依據個別法規範要件與程序處置之，其規範法理可示之如圖2-3。

抽象危害 ━━━━━━▶ 具體危害 ━━━━━━▶ 實害
（第6條第1項第4至6款）　　　（第6條第1項第1至3款）　　　（個別法規定）

圖2-3　警察職權行使之規範法理

資料來源：作者自繪。

警察在日常勤務運作中，執行臨檢、盤查人民身分之情形相當頻繁，因涉及人民自由權利，其權力發動要件及時機，允宜法律明確授權，爰於警職法第6條第1項明定，共分6款規定得以查證身分之要件（事由），以作為實施第7條查證身分措施之判斷基礎，亦即得作為警察攔停之授權。第6條第1項第1款至第3款係為防止具體危害或預防犯罪；第4款、第5款係為防止抽象（潛在）危害或犯罪，而專針對易生危害之處所

爲身分查證「個別攔檢」之執法判斷基準；第6款則授權由「警察機關主管長官」依據實際情況，爲防止犯罪，或處理重大公共安全或社會秩序事件而有必要者，得指定公共場所、路段及管制站，對行經者實施臨檢。然亦有論者認爲該第6款之概括規定，未能以「合理懷疑」爲其前提要件，顯然不當。惟值得注意的是第6款之合理正當性基礎與本條前述各款規定有所不同，第6款係得以進行全面性「集體攔檢」之依據，並非如前述規定，必然須經由現場員警個別判斷是否有危害或犯罪之虞，而是授權由警察主管機關以本條第二項之要件判斷，於事前即下令爲之，故對於受檢者而言，或許並無受警察合理懷疑或有任何事實足以引起警察懷疑，僅係基於時間性及空間性的合致，依法必須接受攔檢，此乃本案警察對李主委攔檢時究竟基於何種「違法要件」及「職權要件」之主要爭議。此時警察攔檢之合理正當性基礎係以抽象或潛在危害爲考量，但警察機關主管長官必須合於第6條第2項之要件規定，始得指定公共場所、路段或管制站，而非第一線個別員警依據現場之情況所爲之判斷而採行攔停之職權措施。茲就警職法授權第6條身分查證之要件與第7條身分查證措施，分別說明之。

一、身分查證之要件

　　警職法第6條之立法旨在明確規範查證身分之要件及程序，以作爲警職法第7條採行查證身分各項措施之合理性或正當性基礎。本條第1項共分6款規定得以查證身分之要件（事由），以作爲實施第7條查證身分措施之判斷基礎。本條第1項第1款、第2款爲防止犯罪；第3款係爲防止具體危害；第4款、第5款係爲防止潛在危害，而專針對易生危害之處所爲身分查證；第6款則授權由「警察機關主管長官」依據實際情況，認有爲防止犯罪，或處理重大公共安全或社會秩序事件而有必要者，得指定公共場所、路段及管制站，對行經者實施臨檢。因此，查證身分之正當合理性事由，亦即本條規定得以進行查證身分之要件，以作爲執法判斷之基礎，有些要件內容屬於不確定法律概念之抽象性規定，更應注意以整體事實狀況依法判斷之，茲將警職法第6條各要件分述如下：

（一）合理懷疑其有犯罪之嫌疑或有犯罪之虞者：「合理懷疑」[8]其有犯罪之嫌疑或有犯罪之虞者。由於「合理懷疑」係一種作為得否進行本條規定查證身分之判斷基準，係不確定之法律概念，必須依據個案之整體事實狀況判斷決定之。因此，內政部警政署頒行「警職法逐條釋義」釋明「合理懷疑」係指「必須有客觀之事實作為判斷基礎，根據當時的事實，依據專業（警察執法）經驗，所做成的合理推論或推理，而非單純的臆測。」並進一步例示說明「合理懷疑之事實基礎有：一、情報判斷之合理懷疑；二、由現場觀察之合理懷疑；三、由環境與其他狀況綜合研判之合理懷疑；四、由可疑行為判斷之合理懷疑。」亦有訂定「執行路檢攔檢身分查證作業程序」及「執行臨檢場所身分查證作業程序」等相關標準作業程序，以提供員警參酌，值得肯定。惟以上僅是例示而非列舉，仍有不勝枚舉之情形，為合理懷疑之判斷基礎，必須依據員警之經驗，現場之狀況，其他相關異常或可疑現象作為綜合判斷基礎。例如，美國*United States v. Arvizu*（2002）一案，聯邦最高法院認為警察之合理懷疑之基礎係源於其經驗認知「整體狀況」（The Totality of the Circumstances）法則，而非個別單一因素之考量。Black's Law Dictionary對「合理懷疑」原則之解釋為：「正當化警察因美國憲法第4增補案之目的所為之於公共場所攔停被告，是其懷疑之認知總量足以使一位普通的謹慎小心之人在該情形下相信犯罪行為即將發生。」至於「犯罪之嫌疑」應是已有犯罪發生，某人被警察合理懷疑係其所為，而成為犯罪嫌疑人，為預防犯罪，而得以查證其身分。另對於「有犯罪之虞者」，指犯罪雖發生，然基於警察合理懷疑即將有犯罪之可能時，得以防止犯罪之理由，對之進行查證身分。例如，見警即逃，是否構成合理懷疑程度，而可以進行攔停措施？美國聯邦

8　蔡庭榕，論警察攔檢之法規範，警大法學論集第6期，2001年8月，頁8以下；陳瑞仁，如何由法制面提升警察之辦案品質，月旦法學雜誌第56期，2001年1月，頁51-53；王兆鵬，路檢、盤查與人權，2001年6月，頁96以下；蔡庭榕（發言內容），警察臨檢行為法制化（釋字第五三五號解釋座談會紀錄），月旦法學雜誌第81期，2002年2月，頁35-36；林俊義，臨檢與搜索，月旦法學雜誌第81期，2002年2月，頁18-19。蔡庭榕，論警察臨檢之發動門檻－「合理懷疑」與「相當理由」，警察法學，內政部警察法學研究中心暨內政部警政署印行，92年1月，頁33-48。

最高法院表示，是否有合理懷疑，應依人類之行為習慣，進行合乎一般常理之推論判斷之。因此，行為人之緊張與逃避行為，得作為判斷是否具有合理懷疑之相關因素之一，因為合理懷疑是由「整體考量」形成之心證程度。故聯邦最高法院於*Illinois v. Wardlow*（2000）即作出與州最高法院不同之判決，而於該案支持見警即逃已經足以構成「合理懷疑」其有危害或犯罪之虞，得進行攔停等相關查證身分之措施。

（二）**有事實足認其對已發生之犯罪或即將發生之犯罪知情者**：警職法第6條第1項第2款所稱「有事實足認……」與同項第1款之「合理懷疑」同屬於抽象規範，必須藉由行使職權之執法人員依據事實狀況做出判斷，認知其合理性之程度，以決定是否採取何種公權力措施。按德國警察法中對於「有事實足認……」之要件，可分為需視事情是否發生而定及無須視事情是否發生而定。其中，「有事實者」尚未達於所指之處所將有犯罪發生之「有事實根據」程度，僅需有一具體之嫌疑，或者在該概念範圍內存在有嫌疑狀況。然而，「有實際根據者」不待事件發生，即可採取措施。由於「合理懷疑」及「有事實足認」均於同一條文相同項次中規範，其心證程度應屬相近不遠，然均無須高於刑事訴訟法中得以對第三人進行搜索「相當理由」門檻。例如，得以依據警職法進行查證身分措施之本款規定之相關事實，如其他單位提供之消息（或勤務指揮中心之無線電通知）、查緝專刊、民眾舉報、執法者親自觀察等。本款之規定，從積極性而言，旨在以法律明定課以人民對於治安工作有協力或負擔之提供治安情報義務者之身分確證，並進一步研判其與案件之關連性。從消極性考量，係避免對提供情報者身分不明，而致情報錯誤卻無從查證。

（三）**有事實足認為防止其本人或他人生命、身體之具體危害，有查證其身分之必要者**：此為警職法第6條第1項第3款規定之要件，係參考德國「聯邦與各邦統一警察法標準草案」第9條第1項第1款：「為防止危害，警察得查證身分。」而來，其係指對於肇致危害之人得行使盤查權，該危害則僅限於「具體危害」，不得任意擴張。「具體危害」係指「在具體案件中之行為或狀況，依一般生活經驗客觀判斷，預料短期間內極可能形成傷害的一種狀況。」因此，案件必須具體，危害發生需有不可遲延

性、可能性及傷害性，具體危害要件方能構成，警察盤查權之發動才有依據。此外，基於合理的理由，盤查對象、時間、地點之選擇，並非漫無限制。為防止警察權濫用或過度擴張，立法者乃將警察應防止之危害界限於「具體危害」，此種原則性之規定，大都適用於警察消極排除危害，或防止危害之工作領域；但某些特殊工作領域上，警察尚須致力於「預防危害工作」，此時若受制於警察僅得防止具體危害，則無法將觸角延伸至危害可能產生之前期階段。為調和兩者關係，立法者乃以例外規定來彌補原則規定之不足，並強調「例外正是用以確認原則」。以下所述，正是法律特別授權，警察所防止之危害，得不限於「具體危害」，而擴及「潛在危害」，但必須合乎一定嚴格要件。因此，若以警職法第6條之要件區分，例如第1款規定「合理懷疑有犯罪嫌疑或有犯罪之疑者」應屬於「具體危害」性質；而滯留於需有停居留許可而無停居留許可者，或滯留於有人犯藏匿之處所者，尚屬於「潛在危害」之情形。

（四）滯留於有事實足認有陰謀、預備、著手實施重大犯罪或有人犯藏匿之處所者：本款規定之目的，在於防止潛在危害。對滯留於有事實足認有陰謀、預備、著手實施重大犯罪或有人犯藏匿之處所者，係屬滯留於「易生危害地點」之人，雖其未必然為肇致「具體危害」之人，但基於該地點產生危害可能性極高，警察權若不能適時介入，恐貽誤事機，事後再處理，事倍功半。故為預防危害發生，乃授權得進行查證身分措施。「易致危害地點」依「德國聯邦與各邦統一警察法標準草案」第9條第1項第2款規定為：「依據實際線索與經驗認為(a)約定、預備，實施犯罪行為之地，(b)聚有無停（居）留許可證明人之地，(c)有人犯藏匿之地，或(d)賣淫之地。」德國警察正是以此款規定為依據，作為集體盤查之依據。「集體盤查」，乃是由警察暫時封鎖某地，集體對滯留該地之人行使盤查之依據。上述規定，雖然限制「易生危害地點」之範圍，但彈性仍極大，對警察打擊犯罪，防止危害實務工作而言，有其正面意義，相對的就需自我節制，避免濫權。集體盤查之對象不僅及於肇致危害之有責任人，尚且及於無責任人，若欲要求無責任人作為或不作為時，應充分顧及警察法上之比例性、適當性及必要性等原則。所以除非在無法提出證明或拒絕陳述之例

外情形下，才得將無責任人帶往警所，在這之前，必要性原則更應充分受到考量。

（五）**滯留於應有停（居）留許可之處所，而無停（居）留許可者**：本條款規定亦係為防止潛在危害，而針對易生危害之處所，對於未經主管機關許可而進入停留或居留者，得進行身分查證。然而，並非僅指對於外國人或大陸地區人民等之無停、居留許可之情形，而是指廣義的應經許可，始得停、居留之處所，而滯留於該處所未取得許可者，均屬於本款之適用範圍。可參考「德國聯邦與各邦統一警察法標準草案」第9條第1項第3款明白授權，警察得於「易遭危害地點」行使盤查權，所謂易遭危害之地點特別是指，有交通設施、重要民生必需品生產儲存設施、大眾交通工具、政府辦公大樓等標的物所在之地點。當有人滯留該標的物之內或附近，有事實足以認為，將可能實施犯罪，且將危及該地點之物或人時，警察方得行使其盤查權。警察於「易遭危害地點」行使盤查權，不以「具體危害」構成為要件，只要該標的物將有可能遭到犯罪行為之破壞則可，譬如，有事實足認為某郵局將受爆炸威脅，但該威脅必須與該「標的物」之功能，任務運作有直接關係，假若只準備在郵局內偷竊，則不能構成盤查要件。因此，本款對於滯留於應有停留或居留許可之特定處所之人員，因其身分與停留地點不相符稱時，即得對其行使查證身分之職權措施，避免其遭致危害。例如，機場之管制區、國營事業之油庫、電廠、海岸或山地管制區等，若任意滯留於該處所，警職法授權得對之進行查證身分措施。

（六）**行經指定公共場所、路段及管制站者**：本款規定可作為必要時全面攔檢之依據，然而其攔停查證身分之合理性基礎，以非如前述要件，由值勤員警依據個案判斷之心證程度為原則，而是將之提前至攔檢勤務出發或進行前，其地點（如公共場所、路段、及管制站）由「警察機關主管長官」指定之，至於營業場所之臨檢則未於警職法中授權，詳細分析請參見後述「四、查證身分之地點」。然而，第6條第1項第6款之指定要件，於同條第2項明定以防止犯罪，或處理重大公共安全或社會秩序事件而有必要者為限。故依此規定，警察機關主管長官指定公共場所、路段及管制站者，除必須有「防止犯罪，或處理重大公共安全或社會秩序事件」之要

件合致外，尚須考慮比例原則之適用。因此，警察機關依據警職法固可實施全面攔停進行治安檢查，但必須其決定地點之程序與要件均需受到本款之拘束，否則，不問時間、地點、或對象之設置管制站作全面攔檢，或不加判斷其合理性要件之任意或隨機攔檢，均非合法，亦爲司法院大法官第535號解釋所無法肯認。因此，在設置管制站進行攔檢時，「合理懷疑」之檢視時點，應往前拉至「設置時」，如果設置時有其合法性，例如，有情報來源指出有大範圍之具體危害（如飆車、集體械鬥等）可能發生時，則得依據本款指定地點對所有人車進行攔阻檢查，惟仍應注意必要性與比例原則之遵守。

二、身分查證之措施

　　警職法第7條主要係承繼第6條明確規定得以查證身分之一般要件之後，據以清楚規範警察於符合要件時，得進行何種查證身分之一連串措施及其範圍，包括攔阻、詢問、令出示文件、檢查、帶往警所等，爰於第1、2項予以明定。並進一步對於部分個別職權措施增定其特別要件，例如，除依據第6條之一般要件得進行本條第1至3款之攔停、詢問、令出示證件查證身分之職權措施外，檢查及帶往勤務處所之職權措施需進一步遵守其特別要件及其程序規定，始得執行之。由於本條所定查證身分之各種措施，均屬干預性質，對人民權利影響深遠，乃予以明定其要件與程序，明顯將過去「警察勤務條例」之「臨檢」予以法律明確化與具體化，以符合法治國之法律保留與明確性原則。茲先就警職法所定警察查證身分之職權措施析論如下：

　　（一）**攔停（Stop）**：指「將行進中之人、車、船及其他交通工具，加以攔阻，使其停止行進；或使非行進中之人，停止其動作而言。」攔停措施爲查證身分首先採取之必要步驟。依據警職法第7條第1項第1款規定，警察爲查證身分而攔停之對象爲人、車、船及其他交通工具。攔停（Stop）並非逮捕（Arrest），需有合理懷疑受攔停人有警職法第6條第1項各款情形之一者，得對之進行攔停。因非逮捕，其對於人權之侵擾極爲輕微，故無須達於「相當理由」之程度，亦無須申請令狀及法官介入，惟

須依法爲之，即得依據警職法第7條規定，對之施行攔停作爲，人民有配合及忍受之義務。

（二）**詢問（Questioning）**：指對於依法攔停人、車、船或航空器之後，立即依據實際狀況進行詰問依法應受查證身分之人。詢問之範圍則依據警職法第7條第1項第2款規定，警察爲查證身分而攔停之人，僅得加以詢問其姓名、出生年月日、出生地、國籍、住居所及身分證統一編號等。人民經依法攔停之後，基於人別之了解，有查證身分之必要，故得進一步詢問被攔停人之基本身分識別資料，若不爲答覆或爲不實答覆，將可依據「社會秩序維護法」第67條第1項第2款規定處罰之。亦即，於行政調查時，受調查人不得保持緘默而拒絕陳述其姓名及住居所，或爲不實陳述，否則將有該條款之適用。然而亦有持反對態度者。按詢問（Questioning）尚非訊問（Interrogation），對於訊問則可問及案情及其涉案之可能性或其程度。故詢問無須先行給予「米蘭達警告」（Miranda Warning），訊問則可問及案情，除應給予「米蘭達警告」之外，受訊問者並得有保持緘默權。本條規定屬於一般攔停後之詢問，因尚非有單一具體犯罪個案之涉嫌，且多僅是查證身分及現場釋疑之一般詢問，尚無像米蘭達警告之刑事訴訟訊問之必要程序。

（三）**令出示身分證明文件**：警察依法查證身分得令關係人交付其應攜帶之證件，或要求其他資料比對或求證方式，使警察得以辨識其眞實身分。依據警職法第7條第1項第3款規定，警察爲查證身分而攔停之人，經詢問其基本資料之後，仍得基於確定身分，避免造成因實施職權措施時，客體之錯誤，爰規定得令其出示身分證明文件。除了一般身分證件外，對特定人而言，亦有提供特殊身分證明之義務，如核電廠員工，在其廠區管制範圍內，即有應要求出示服務證或通行證之必要。我國現行法令僅對於外國人有攜帶護照之義務，而汽、機車駕駛人有攜帶駕、行照之規定。然而，對國人之一般性質之查證身分，則以國民身分證爲基礎。我國法令雖有規定：「國民身分證應隨身攜帶，……。」然並無附隨罰則，以致一般人民未帶或不予提供國民身分證供查證，亦無強制效力。故雖本條規定得令其出示身分證明文件，若未帶而無法出示，僅得以口頭詢問，並以其他

方法查證之，例如，透過無線電查對電腦相關資料，或以電話向其親友查證，若於現場窮盡各種可能查證身分之方法仍不可得時，若有必要，則得依法將之帶往警察勤務處所，作進一步查證。參考美國實例，若行為人已有違法之事實，經警察要求提出相關證明文件，卻拒絕或無法提供，將形成警察裁量是否逮捕因素之一。例如，*Atwater et al. v. City of Lago Vistaetal.*一案，被告未繫安全帶駕車，致違反交通規則，經警要求駕照及保險資料，Atwater無法提供，而被警察逮捕。

（四）**檢查：**依據警職法第7條第1項第4款規定，警察為查證身分而攔停之人，若有明顯事實足認其有攜帶足以自殺、自傷或傷害他人生命或身體之物者，得檢查其身體及所攜帶之物。此處所稱之「檢查」應是僅止於美國法規範警察之「拍搜」（Frisk），因執法者恐因受檢查者攜有刀、槍、或其他危險物，足以自殺、自傷、或傷害他人生命、身體之物者為合理依據，其檢查行為係以雙手做衣服外部由上而下之拍搜；對於所攜帶之物件之檢查，僅及於給拍搜者立即可觸及範圍內之物為限，並不及於其所有物。而且檢查之深度，亦不得如刑事訴訟法所授權「搜索」的徹底搜查之程度。至於「檢查」與「搜索」之區隔及其進行時所需之合理性程度差異，應依據所建立之身分查證措施之合理性基礎為之。美國授權警察之拍搜檢查，是基於維護執法者之安全，在Terry案中所允許的範圍僅限於衣服外表輕拍，除非合理的感覺到衣服內部藏有武器，始得以伸入衣服內部將其取出，但若盤查時事先已知道武器藏匿之詳細位置則可直接取出，未必需要先做衣服外部搜身。在*Terry v. Ohio*案，刑警基於合理懷疑Terry等有犯罪之虞時，將之攔停，並基於安全需求與考量，所為之拍搜檢查所獲之違法槍械，得作為證據，據證據能力，並將Terry審之以法。然而，在*Minnesota v. Dickerson*案，警察基於合理懷疑將身著大衣走在路上之Dickerson攔停，並為驅除安全威脅，對其拍搜檢查，於其大衣內部之上衣口袋碰觸到一四方形硬盒，警察直覺反應是該人攜有毒品，經伸手取出後，果然為毒品，並將之起訴判刑。被告不服經以違反憲法第4增補條款之非法搜索及扣押，經上訴到聯邦最高法院，最高法院以毒品對警察無立即危險，且大衣內之硬盒所裝為毒品之懷疑心證程度甚低，無法構成

得以進行搜索之「相當理由」之程度，其職權措施實施之合理性顯然不足，而認定警察之取證作爲已屬於「搜索」之程度，爲憲法所不許。由美國以上兩個案例比較可知，警察職權措施發動之合理性要件非常重要，如何取得證據之程序，將是未來我國法院交互詰問時，被告律師最可能詰問之重點。

（五）**帶往勤務處所**：警職法第7條第2項規定，在經過警察以詢問或令其出示證件，表明身分方式，仍顯然無法查證其身分時，可將之帶往警察勤務機構，以進一步進行查證，亦即一般所稱之「同行」。爲應注意自攔停時起，不得逾3小時，除非遇有抗拒，否則，不得使用強制力，並應報告勤務指揮中心，並通知其指定之親友或律師。警職法原草案第10條定有同行至警所後，得進行鑑識措施，以進一步查證確定其身分。然而，並未獲得通過，帶往警所若仍無法查證其身分者，則應注意避免逾越其時效。原則上，同行必須先有依法得進行查證身分之要件爲前提，始得爲之。惟兩者規定尚有不同的是上述警職法所規定之「同行」，係以能否達成之目的性原則（以「顯然無法查證身分」爲考量），而未考慮是否對當事人將有不利影響或妨礙交通、安寧之情形等，或其他因素不適合在現場查證時，亦得要求「同行」。因其並非顯然不能查證，而是在場查證對當事人將有顯然不利之情形。例如，日本警察官職務執行法第2條之「同行」規定其要件，應爲在現場盤問對本人不利、或有礙交通或其他不適宜在現場實施之情形，始得要求同行。

實務執法上，若是第6條而爲第7條之指定全面攔檢，則得爲之，屬於執行措施之運用。如我國警察曾經圍捕要犯張錫銘案、319總統候選人槍擊案，或是美國警察基於圍捕波士頓馬拉松爆炸案主嫌之一而將水城（Water Town）加以全面封鎖進行攔檢圍捕，尚可以輔助器物協助全面攔檢，應屬合法。然爲達成警察任務之勤務執行，必須賦予警察職權，始能克盡其功。無論是犯罪偵查、危害防止或交通秩序維護之警察職權行使，均不免先予「攔檢」，亦即依法進行「攔停」與進行可能之「檢查」，以下分別論述之。

伍、警察治安攔檢職權之標準作業程序

　　為有效落實警職法第6、7條所定之警察攔檢查證身分規定，使成為警察執行治安攔檢之標準作業程序。內政部警政署特訂定「執行巡邏勤務中盤查盤檢人車作業程序修正規定」如下：

執行巡邏勤務中盤查盤檢人車作業程序修正規定

（第一頁，共五頁）

一、依據：

（一）警察職權行使法第三條、第四條、第六條至第八條及第二十九條。

（二）警察勤務條例第十一條第二款。

（三）司法院釋字第五三五號解釋。

（四）提審法第二條及第十一條。

（五）傳染病防治法。

（六）嚴重特殊傳染性肺炎防治及紓困振興特別條例。

二、分駐（派出）所流程：

流程	權責人員	作業內容

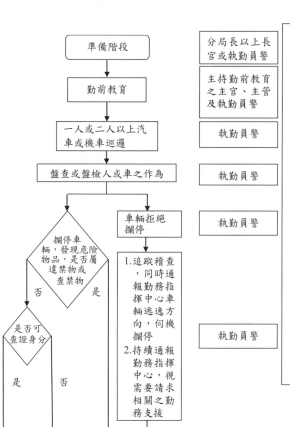

分局長以上長官或執勤員警

主持勤前教育之主官、主管及執勤員警

執勤員警

執勤員警

執勤員警

執勤員警

一、準備階段：

（一）裝備（視勤務需要增減）：

1. 手槍、子彈、無線電、警用行動電腦、照相機、錄音機、警銬、防彈衣、頭盔、安全帽及警棍等，夜間勤務必須攜帶手電筒。

2. 單警出勤前，應自行檢查應勤裝備；雙警出勤前，應相互檢查應勤裝備。

（二）勤前教育：所長親自主持。

1. 人員、服儀及攜行裝具檢查。

2. 任務提示。

3. 宣達勤務紀律與要求及應遵守事項。

（三）防疫期間，如與有感染嚴重特殊傳染性肺炎之虞者接觸時，應配戴口罩、手套等必要防護裝備。

（四）盤查或盤檢人或車之要件：

1. 對人之要件（警察職權行使法第六條第一項）：

（1）合理懷疑其有犯罪之嫌疑或有犯罪之虞者。

（2）有事實足認其對已發生之犯罪或即將發生之犯罪知情者。

（續下頁）

（續）執行巡邏勤務中盤查盤檢人車作業程序
（第二頁，共五頁）

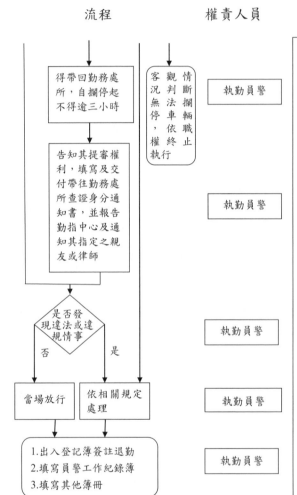

| 流程 | 權責人員 | 作業內容 |

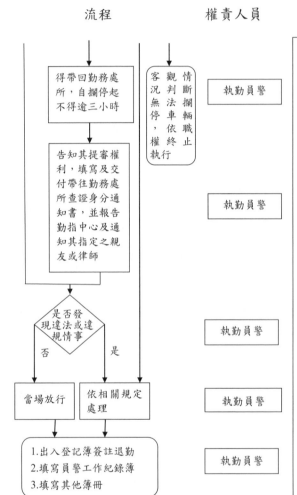

流程部分：

得帶回勤務處所，自攔停起不得逾三小時

情斷攔輛職止
客況無停，
觀判法車依
權執行終

告知其提審權利，填寫及交付帶往勤務處所查證身分通知書，並報告勤指中心及通知其指定之親友或律師

是否發現違法或違規情事

否　　是

當場放行　　依相關規定處理

1.出入登記簿簽註退勤
2.填寫員警工作紀錄簿
3.填寫其他簿冊

權責人員：執勤員警（各段）

作業內容：

（3）有事實足認為防止其本人或他人生命、身體之具體危害，有查證其身分之必要者。
（4）滯留於有事實足認有陰謀、預備、著手實施重大犯罪或有人犯藏匿之處所者。
（5）滯留於應有停（居）留許可之處所，而無停（居）留許可者。
（6）行經指定公共場所、路段及管制站者。
2. 對交通工具之要件（警察職權行使法第八條）：
（1）已發生危害。
（2）依客觀、合理判斷易生危害。
（3）有事實足認駕駛人或乘客有犯罪之虞者。
二、執行階段：
（一）巡邏中應隨時注意勤務中各警網通訊代號，並瞭解其實際位置，必要時，呼叫請求支援。
（二）行車途中應注意沿途狀況，遇有可疑徵候時，依刑事訴訟法等相關法令規定，實施必要之偵查，並將狀況隨時報告勤務指揮中心。
（三）遇可疑人或車，實施盤查時，得採取必要措施予以攔停，並詢問基本資料或令出示證明文件；有明顯事實足認有攜帶傷害生命身體之物，得檢查身體及所攜帶之物。

（續下頁）

（續）執行巡邏勤務中盤查盤檢人車作業程序

（第三頁，共五頁）

流程	權責人員	作業內容
		（四）受盤查人未攜帶身分證件或拒絕出示身分證件或出示之身分證件顯與事實不符，而無從確定受檢人身分時，得帶往警察局、分局或分駐所、派出所查證，且其時間自攔停起，不得逾三小時，並應即報告勤務指揮中心。
		（五）告知其提審權利，填寫及交付帶往勤務處所查證身分通知書，並通知受盤查人及其指定之親友或律師。
		（六）受盤查人當場陳述理由，表示異議：
		1.異議有理由：立即停止，當場放行；或更正執行行為。
		2.異議無理由：繼續執行。
		3.受盤查人請求時，填寫警察行使職權民眾異議紀錄表一式三聯，第一聯由受盤查人收執、第二聯由執行單位留存、第三聯送上級機關。
		（七）遇攔停車輛駕駛人拒絕停車受檢時，經員警以口頭、手勢、哨音或開啟警鳴器方式攔阻，仍未停車者，得以追蹤稽查方式，俟機攔停；必要時，通報勤務指揮中心請求支援，避免強行攔檢，以確保自身安全。
		（八）客觀情況判斷無法攔停車輛時，依警察職權行使法第三條第二項終止執行，並依車牌號碼等特徵通知車輛所有人到場說明。
		（九）檢查證件時，檢查人員應以眼睛餘光監控受檢查人。發現受檢人係通緝犯或現行犯，應依刑事訴訟法規定拘提或逮捕之。防疫期間，現場行為人涉有犯罪嫌疑，為現行犯或準現行犯逮捕時，依據本署一百零九年二月二十七日警署刑偵字第一○九○○○一一○七號函辦理。

（續下頁）

（續）執行巡邏勤務中盤查盤檢人車作業程序

（第四頁，共五頁）

（十）防疫期間，到場後始知悉現場有嚴重特殊傳染性肺炎者（下稱罹患者），應即通報勤務指揮中心調派防護衣等必要防護裝備到場。

（十一）遇有衝突或危險情況升高時，應手護槍套；必要時，拔出槍枝，開保險，槍口向下警戒，使用槍械應符合警械使用條例、警察人員使用槍械規範之規定及用槍比例原則。

（十二）逮捕現行犯，遇有抗拒時，先上手銬後附帶搜索其身體、隨身攜帶之物件、所使用之交通工具及其立即可觸及之處所。查獲違禁物或查禁物時，應分別依刑法、刑事訴訟法或社會秩序維護法等相關規定處理。

（十三）緝獲犯罪嫌疑人，應回報勤務指揮中心請求支援，禁止以機車載送犯罪嫌疑人，以保障執勤員警安全。

（十四）防疫期間，現場行為人為罹患者、疑似罹患者或違反居家隔離、居家檢疫者，於勤務結束後，應清潔消毒應勤裝備，以保持衛生安全。

三、分局流程：無。

四、使用表單：
- （一）巡邏簽章表。
- （二）員警出入登記簿。
- （三）員警工作紀錄簿。
- （四）警察行使職權民眾異議紀錄表。
- （五）帶往勤務處所查證身分通知書

五、注意事項：

（一）有關應勤裝備，應依下列規定攜帶：

1. 械彈攜行：依勤務類別，攜帶應勤械彈，並符合械彈領用規定。

2. 依內政部警政署（以下簡稱本署）函頒警察人員執行勤務著防彈衣及戴防彈頭盔規定，執行巡邏勤務著防彈衣及戴防彈頭盔規定如下：

（1）汽車巡邏：車內及車外均著防彈衣；防彈頭盔置於隨手可取之處，下車執勤時，由帶班人員視治安狀況決定戴防彈頭盔或勤務帽。

（2）機車巡邏：

a. 防彈頭盔部分：戴安全帽，不戴防彈頭盔；執行特殊勤務時，由分局長視治安狀況決定。

b. 防彈衣部分：日間（八時至十八時）由分局長視天候及治安狀況決定；夜間應著防彈衣。

（3）徒步或腳踏車巡邏：由分局長視天候及治安狀況決定。但執勤時發現可疑情事，應適時通報勤務指揮中心處理。

（續）執行巡邏勤務中盤查盤檢人車作業程序

（第五頁，共五頁）

（二）依據警察職權行使法第四條規定：警察行使職權時，應著制服或出示證件
表明身分，並應告知事由。警察未依前項規定行使職權者，人民得拒絕之
。

（三）警察依據警察職權行使法第六條規定攔檢民眾查證身分時，民眾未攜帶證
件或拒不配合表明身分，執行員警得透過查詢車牌號碼、警用電腦或訪談
週邊人士等方法查證該民眾身分，仍無法查證時，或於現場繼續執行恐有
不利影響或有妨礙交通、安寧者，得依據同法第七條第二項規定帶往勤務
處所查證身分，帶往時非遇抗拒不得使用強制力，其時間自攔停起不得逾
三小時，並應即向勤務指揮中心報告及通知其指定親友或律師。

（四）警察執行帶往勤務處所查證身分措施適用提審法之規定，乃在踐行提審法
第二條所定之法律告知事項，其未告知者，依提審法第十一條第一項規定
，得科新臺幣十萬元以下罰金。

（五）依據警察職權行使法第七條及第八條規定，對於已發生危害或依客觀合理
判斷易生危害之交通工具，得予以攔停並檢查引擎、車身號碼或其他足資
識別之特徵，遇駕駛人或乘客有異常舉動，警察合理懷疑其將有危害行為
時，得強制其離車。因此，為維護執勤員警及公眾安全，要求駕駛人熄火
離車，符合警察職權行使法第三條之比例原則。

（六）警察為落實身心障礙者權利公約及人權保障，執行盤查或盤檢時，應注意
受盤查人是否為身心障礙者，並使用其可以理解之用語詢問及溝通，同時
得主動告知法律服務等團體提供之協助；如有必要，可轉介社政機關或社
會福利機構，以提供社會救助。

　　按本作業程序係依據：（一）警職法第3條、第4條、第6至8條及第
29條；（二）警察勤務條例第11條第2項；（三）司法院釋字第535號解
釋；（四）提審法第2條及第11條、傳染病防治法及嚴重特殊傳染性肺炎
防治及紓困振興特別條例等規定訂定之。本作業程序規定警察攔檢執行階
段之前、中、後的標準程序略述如下：

　　（一）執行前：1.執行人員於出入登記簿簽註出勤，到達現場後向勤
務指揮中心通報；2.執行人員應著制服，著便衣者應出示證件、表明身分
並告知事由。

　　（二）執行中：1.受臨檢、身分查證人同意：實施現場臨檢、身分查

證；2.受檢人未攜帶身分證件或拒絕出示身分證件或出示之身分證件顯與事實不符，而無從確定受檢人身分時，帶往警察局、分局、分駐所或派出所查證。並應即報告勤務指揮中心；3.帶往勤務處所查證身分時非遇抗拒不得使用強制力，且其時間自攔停起不得逾3小時；4.告知其提審權利，填寫及交付帶往勤務處所查證身分通知書並通知受檢人及其指定之親友或律師；5.受檢人雖同意受檢，於查證身分過程中，復對警察查證身分職權措施不服，並當場陳述理由表示異議，相關程序與不同意受檢程序相同，依警職法第29條第2項規定辦理；6.防疫期間，到場後始知悉現場有嚴重特殊傳染病肺炎者，應即通報勤務指揮中心調派防護衣等必要防護裝備到場；7.受臨檢、身分查證人不同意時，當場陳述理由，表示異議：(1)異議有理由：停止臨檢、身分查證，任其離去；或更正執行臨檢、身分查證之方法、程序或行為後，繼續執行之；(2)異議無理由：續行臨檢、身分查證，執行程序與同意受檢相同；(3)受檢人請求時，填具警察行使職權民眾異議紀錄表一式三聯，第一聯由受檢、身分查證人收執、第二聯由執行單位留存、第三聯送上級機關；(4)自攔停起不得逾3小時；8.帶往勤務處所查證身分，受檢人為居家隔離或居家檢疫者：(1)要求其配戴口罩；(2)通知衛生機關派遣救護車協送帶回警察機關（如實際上未能支援者，事後須注意勤務車輛之清潔消毒）；(3)至勤務處所是當地方查證身分；(4)受路檢、攔檢或身分查證人為罹患嚴重特殊傳染病肺炎者，依傳染病防治法、嚴重特殊傳染性肺炎防治及紓困振興特別條例及內政部警政署109年2月17日警署刑偵字第1090001107號函辦理。

（三）執行後：1.身分查明後，未發現違法或違規情事，任其離去；2.發現違法或違規情事，依相關規定處理（例如發現受檢人違反刑事法案件，應即轉換依刑事訴訟法規定執行，並告知其刑事訴訟法第95條第1項各款訴訟權利）。

（四）相關注意事項：本作業規定第3點：「依據警職法第四條規定：警察行使職權時，應著制服或出示證件表明身分，並應告知事由。警察未依前項規定行使職權者，人民得拒絕之。」另警政署101年8月1日警署行字第1010114914號函規定，警察行使職權時應著制服或出示證件表明

身分，遇民眾仍有質疑或要求時，在不影響執勤安全之情形下，警察仍應出示證件，以化解民眾疑慮。第4點規定：「警察依據警職法第六條規定攔檢民眾查證身分時，民眾未攜帶證件或拒不配合表明身分，執行員警仍得透過查詢警用電腦、訪談週邊人士等方法查證該民眾身分，仍無法查證時，或於現場繼續執行恐有不利影響，得依據同法第七條第二項規定帶往勤務處所查證身分，帶往時非遇抗拒不得使用強制力，其時間自攔停起不得逾三小時，並應即向勤務指揮中心報告及通知其指定親友或律師。第5點：「警察執行帶往勤務處所查證身分措施適用提審法之規定，乃在踐行提審法第二條所定之法律告知事項，其未告知者，將被科新臺幣十萬。」

第五節　相關見解或實務判決

　　有關警察或司法實務有關警察實施治安攔檢之前述3件案例，茲就其問題之結論發現或司法重要判決內容，其中以第1案有關臨檢李○君案例之分析內容，除舉述台灣高院判決分析外，亦進一步析論司法院釋字第535號之解釋意旨；再者，第2案有關臨檢李主委案例，雖無判決書，將以專家、學者及輿論重要意見為探討基礎；第3案有關員警臨檢毒品案例，則是以司法判決書為論證內容。茲分別摘要分析如下：

壹、警察臨檢要件與程序及救濟欠缺法律明確規範

　　上述第1案對李○君實施臨檢之2警員當日係依警察勤務條例第11條第3款所定臨檢規定（按當時尚無警職法或其他授權臨檢規定），執行道路臨檢勤務，判決指對臨檢對象自衣物外緣檢查是否確實未攜帶證件或有無其他危險物品，尚未逾越法定臨檢勤務之必要範圍，雖被告李○君指陳警員當時未持搜索票執行搜索，然其亦與刑事訴訟法所定就特定處所、身體或物件所為搜查、尋索強制處分之「搜索」不同，應屬警員依法執行職務無誤，自難以未持有搜索票遽認警員執行之臨檢係違法搜索行為。於偵查

及原審審理時供證甚詳,並有警員所寫之報告1份及錄音帶1卷可資佐證。惟按法院係審酌被告因患有精神分裂症致其對外界事物判斷較常人減弱、失控,致一時失慮辱罵警員,受警員盤檢時並無其他違法舉動,及其品行、犯罪動機、目的、手段、態度等一切情狀,量處拘役貳拾日,如易科罰金以參佰元折算壹日,又以被告前無任何犯罪前科,有台灣高等法院檢察署刑案紀錄簡覆表1份在卷可憑,其因遭警員臨檢一時情緒失控出言辱罵,雖屬不當,惟被告確實患有精神分裂症,犯後至台北市立療養院住院治療已大有改善,且警員2人亦具狀表明不予告訴追究,堪信被告歷此教訓,已知警惕而無再犯之虞,因認對被告所處之刑,以暫不執行為適當,爰併宣告緩刑二年,以啓自新。台灣高等法院指士林地院判決認事用法,核無違誤,量刑亦甚妥適,並宣告緩刑,以示矜恤。李○君上訴意旨,仍執陳詞,任意指摘原判決不當,為無理由,應予駁回。因此,台灣高等法院刑事判決88年度上易字第881號乃判決「上訴駁回」,而維持原審之「拘役」判決,本案遂告定讞。然本案經窮盡相關救濟程序後,李○君依法提起司法院之違憲審查,遂有司法院釋字第535號解釋。

貳、治安攔檢欠缺合理懷疑有犯罪嫌疑或犯罪之虞

上述第2案係北市保大員警於京站客運轉運站內對李主委實施治安攔檢而查證其身分,現場執法時及事後輿論發生極大爭議,雖未擴大亦未提起爭訟,相關見解仍值得重視。按本案李主委在台北京站轉運站遭警察攔檢盤查,究係因其手攜塑膠袋裝的運動飲料、腳穿脫鞋及瞄看值勤警察一眼而遭警察「合理懷疑」其有犯罪嫌疑或有犯罪之虞,進而加以「個別攔檢」查證;抑或是因該轉運站經常查獲毒品犯罪案件而經警察機關主管長官指定」為全面「集體攔檢」盤查?按警察攔檢李主委案應係適用警職法第7條查證身分方式,並進而採取對李主委進行第1項之第1至3款的攔停、詢問及令出示證件等措施,在引起受檢人之拒絕及爭議後,並未進一步採取第4款「檢查其身體及所攜帶之物」,亦無適用第2項規定將受檢人以顯然無法查證身分時,並未進一步將受檢人帶往勤務處所查證及其他強制

力進行查證，故並無違法之情形。惟在媒體報導後，引起輿論廣泛討論，茲就警察執行本攔檢案相關問題析述如下：本攔檢案應釐清「違法要件」與「職權要件」之涵攝規定：例如，警職法第6條第1款規定：「一、合理懷疑其有犯罪之嫌疑或有犯罪之虞者。」因而得以採取第7條之攔檢措施。則本款內容中之「合理懷疑」（Reasonable Suspicion）乃職權要件，而「其有犯罪之嫌疑或有犯罪之虞」乃是「違法要件」。故執法員警依據本款執行攔檢並進行查證身分時，應以五官六覺對於攔檢現場之人的行為、物的狀況或整體環境（Totality of Circumstances）考量，而執法員警有「合理懷疑」（職權要件）受檢人有何違法要件該當（如本款之「犯罪之嫌疑或有犯罪之虞」，始得以依法採取攔檢措施。

再者，「個別攔檢」與「集體攔檢」之性質、要件與程序上均有不同。前者係依據警職法第6條第1至5款之要件判斷其採取執法措施之心證程度（Level of Proof）來決定採取「個別攔檢」。例如，本案在台北京站轉運站遭警察攔檢盤查李主委一案，顯係因某甲手攜塑膠袋裝的運動飲料、腳穿脫鞋及瞄看值勤警察一眼而遭警察「合理懷疑」其有犯罪嫌疑或有犯罪之虞，進而加以「個別攔檢」查證，而非警職法第6款「行經指定公共場所、路段及管制站者」之全面「集體攔檢」之情形。至於「集體攔檢」應依據同條第2項規定：「前項第六款之指定，以防止犯罪，或處理重大公共安全或社會秩序事件而有必要者為限。」此時攔檢之判斷事由已非由現場個別員警判斷，而是依據本條第2項規定：「其指定應由警察機關主管長官為之。」此時，其為全面「集體攔檢」盤查之合理性程度已經大幅提高如本項要件，執法員警並得因此對經過之人、車進行全面攔檢。故本案由員警之隨身攝錄資料可知，對於「個別攔檢」與「集體攔檢」法令適用之分辨，尚待進一步提升。

參、治安攔檢有違正當程序與比例原則應予撤銷

上述第3案之法院判決指出該治安攔檢有違正當程序與比例原則之情形，相關調查及論證內容述之甚詳，雖查獲毒品，但治安臨檢程序違法，

乃判決撤消原處分，值得參考，特引述如下：

一、關於本件被告所屬臨檢單位採得原告L君之系爭車輛中央扶手有不明白色粉末，經檢驗後雖證實屬第3級毒品，但此證據之採集過程，依臨檢單位在場執行臨檢之員警到庭證稱：「（法官問：當時為何去攔查原告之0000-T0號自小客貨車？）證人：因為當時時間是屬於清晨，然後原告又獨自在車上，所以我們覺得形跡可疑，才會去執行盤查。（法官問：你們攔停原告車輛的法令依據為何？）證人：警職法第6條第1項合理懷疑其有犯罪嫌疑或有犯罪之虞者。（法官問：本件原告當時有何犯罪嫌疑或有犯罪之虞？）證人：因為原告當時於清晨獨自一人，我們問他獨自一人在做什麼，原告講不清楚，我們就盤查。（法官問：當時有無其他事證可證原告有犯罪嫌疑或有犯罪之虞？）證人：我不記得了。」等語明確（本院卷第103頁背面-104頁）。

二、綜合證人上述證言可知，臨檢單位當日是因為原告於凌晨時分將系爭車輛停放路邊，而對系爭車輛實施臨檢，惟該路段位在橋下附近之一般公共道路旁，有Google街景服務相片（院卷第82-85頁）在卷可證，客觀上顯非易生危害之處所，原告僅將系爭車輛停放路邊獨自坐在車上，即使該處為紅線禁止停車路段，亦不該當警職法第6條第1項第1款合理懷疑其有犯罪嫌疑或有犯罪之虞情形，且當時正值深夜凌晨，往來車輛甚少，亦非屬警職法第8條第1項所定「已發生危害之交通工具」或「依客觀合理判斷易生危害之交通工具」，故不能對任何車輛進行恣意、概括、隨機式地臨檢。再者，原告既非刑事訴訟程序被告，僅將車輛停放路邊獨自坐在車上，顯非犯罪嫌疑人，或有其他事實足認其有犯罪之虞，臨檢員警也未掌握任何事證，足有相當理由可信系爭車輛藏有其他刑案被告或犯罪嫌疑人，或者有應扣押之物或電磁紀錄存在，則警職法第6條第1款得查證其身分、第8條第2項得檢查交通工具，與刑事訴訟法第122條第1項、第2項規定得對物件進行搜索之要件，均完全不存在，揆諸前開說明，不論原告是否自願同意接受搜索，都不得無故對當下顯示為無任何犯罪嫌疑、亦無發生

危害、亦無易生危害之一般民眾之原告的系爭車輛進行檢查、搜索。姑不論受檢者在同意前，是否已受充分之資訊告知，明瞭其有拒絕之權利，或其是否明瞭受搜索之依據等，與其同意是否爲出於資訊充分下之眞實任意，都暫且不論，其臨檢、搜索之行爲，顯然欠缺法律依據，且早已逾越原始爲依警職法第6條第1項查證身分，或爲依同法第8條第1項查察原告是否有危害交通安全之目的，形成對原告行動自由與隱私權之不必要侵害。

三、本件臨檢單位欠缺法律依據下，任意隨機搜索檢查系爭車輛中央扶手，妨礙人民行動自由在先，更出於主觀、僥倖隨機之查察需求，即侵害人民隱私權，對受違法搜索、臨檢人民之行動自由、隱私權危害甚巨，而其違法蒐證所取得之證據，縱使能證明原告違法責任成立，也只能論原告非法持有第3級毒品，以落實禁止無正當理由持有、流通第3級毒品之目的，兩者利益權衡下，本件違法蒐證所欲達成之行政目的，即所欲保護之法益，並未明顯大於人民自由權利之受害，爲保障人民自由權利不受行政機關恣意違反正當法律程序之侵害，並使類如臨檢單位之警察機關明瞭其執法應受正當法律程序之羈束，不得以踐踏人民受憲法保障之自由權利爲行政目的之代價，應認警方在系爭車輛中央扶手違法搜索後扣得之不明白色粉末，並不具證明原告持有毒品之證據適格性。則縱該粉末經鑑驗結果呈現愷他命之陽性反應，亦不得以此佐證原告持有第3級毒品之行政違法事實。

因此，綜上所述，按法院之判斷本件臨檢單位警察搜索、臨檢之證據蒐集過程欠缺法律依據，違反正當法律程序與比例原則，所採得粉末及送驗結果之證據，均欠缺證據適格性，不得用以證明原告持有毒品，原處分認事用法，均有違誤，於法不合，訴願決定未予糾正，亦有未合，原告訴請撤銷訴願決定及原處分關於罰鍰及令接受毒品危害講習部分，爲有理由，應予准許。至扣得之白色粉末既經鑑定呈愷他命陽性反應，原處分依據毒品危害防制條例第18條第1項予以沒入銷燬，應無違誤，原告就此訴請撤銷爲無理由，應予駁回。

第六節 評析

針對上述3件案例之事實與相關爭點，茲分別提出評析如下：

壹、警察實施治安攔檢要件與程序應有法律明確規範

第1案關於臨檢李○君案經提起司法院釋字第535號解釋，解釋意旨雖未指摘本案臨檢違憲，解釋文內容則強調警察勤務條例第11條第3款規定之臨檢自屬警察執行勤務方式之1種。臨檢實施之手段：檢查、路檢、取締或盤查等不問其名稱為何，均屬對人或物之查驗、干預，影響人民行動自由、財產權及隱私權等甚鉅，應恪遵法治國家警察執勤之原則。實施臨檢之要件、程序及對違法臨檢行為之救濟，均應有法律之明確規範，方符憲法保障人民自由權利之意旨。並進一步強調上開條例有關臨檢之規定，並無授權警察人員得不顧時間、地點及對象任意臨檢、取締或隨機檢查、盤查之立法本意。除法律另有規定外，警察人員執行場所之臨檢勤務，應限於已發生危害或依客觀、合理判斷易生危害之處所、交通工具或公共場所為之，其中處所為私人居住之空間者，並應受住宅相同之保障；對人實施之臨檢則須以有相當理由足認其行為已構成或即將發生危害者為限，且均應遵守比例原則，不得逾越必要程度。臨檢進行前應對在場者告以實施之事由，並出示證件表明其為執行人員之身分。臨檢應於現場實施，非經受臨檢人同意或無從確定其身分或現場為之對該受臨檢人將有不利影響或妨礙交通、安寧者，不得要求其同行至警察局、所進行盤查。其因發現違法事實，應依法定程序處理者外，身分一經查明，即應任其離去，不得稽延。更指出現行警察執行職務法規有欠完備，有關機關應於本解釋公布之日起二年內依解釋意旨，且參酌社會實際狀況，賦予警察人員執行勤務時應付突發事故之權限，俾對人民自由與警察自身安全之維護兼籌並顧，通盤檢討訂定，併此指明。因此，乃對於完成「警職法」之立法具有推波助瀾之功效，而該法內容即有符合司法院釋字第535號意旨，特別是治安攔檢乃依據該法第6條之要件得實施第7條之措施，並應遵守第2

條至第5條之程序，以及第29條至第31條之救濟規定。

貳、警察臨檢判斷與裁量應有法定合理性與證據完備

　　第2案關於臨檢李主委所衍生出的警察實施治安攔檢之判斷問題，乃警察值勤上常會發生的情形，值得深究之。有關警察執法對於什麼樣的人、什麼樣的車才算可疑？依據在哪裡?依據司法院大法官釋字第535號於2001年12月14日該解釋案由司法院秘書長公布的記者會及司法院自製的「釋憲一甲子」影片內容首例均指出上述問題，司法院大法官並於釋字第535號解釋文內容明確要求：「……有關臨檢之規定，並無授權警察人員得不顧時間、地點及對象任意臨檢、取締或隨機檢查、盤查之立法本意。除法律另有規定外，警察人員執行場所之臨檢勤務，應限於已發生危害或依客觀、合理判斷易生危害之處所、交通工具或公共場所為之，其中處所為私人居住之空間者，並應受住宅相同之保障；對人實施之臨檢則須以有相當理由足認其行為已構成或即將發生危害者為限，且均應遵守比例原則，不得逾越必要程度。臨檢進行前應對在場者告以實施之事由，並出示證件表明其為執行人員之身分。臨檢應於現場實施，非經受臨檢人同意或無從確定其身分或現場為之對該受臨檢人將有不利影響或妨礙交通、安寧者，不得要求其同行至警察局、所進行盤查。其因發現違法事實，應依法定程序處理者外，身分一經查明，即應任其離去，不得稽延。」並指出：主管機關應於解釋公布後二年內檢討制定明確的警察臨檢法制，因此，而有警職法及相關警察攔檢的標準作業程序的規定，以作為警察執法判斷與裁量之依據。因此，警察攔檢應有效落實警職法第6、7條所定之警察攔檢查證身分及相關程序規定，並於執法時遵照內政部警政署訂定「執行巡邏勤務中盤查盤檢人車作業程序修正規定」為之。

　　再者，警職法授權警察攔檢盤查之判斷確證程度與採取強制力的比例性，從單純徵兆（Hunch）、合理懷疑（Reasonable Suspicion）、相當理由（Probable Cause）到毋庸置疑（Beyond Reasonable Doubt）等違法與否之心證程度不同，所得採取之強制力執法措施即有不同。故本案員

警在受檢人拒絕配合身分查證時，警察應有信心告知其攔檢盤查之正當合理性（Justification），亦即經判斷後之「違法要件」及「職權要件」為採取何種執法措施之依據，並於執行中即配合蒐集其違法「證據」（Evidence）。而且在執法程序上，應依法出示證件、表明身分及告知攔檢之法律事由，攔檢執法應盡量以法律要件與程序之專業用語回應，以攔檢執法之依法與專業。因此，如何在警察執法實務上落實警察攔檢盤查之法律規定之判斷裁量與正當程序及安全保障，以確保警察執法安全與威信，乃警察提升執法專業與能力之重要一環，允宜在其常訓或勤教時，落實案例式情境實務研析與檢討，藉以有效改進執法作為，將使警察執法更加專業與精進。

參、警察治安攔檢欠缺法據並違正當程序與比例原則

第3案係警察因治安臨檢L君，員警臨檢執法僅以民眾於凌晨時分單獨一人在車上而未明確說明其原因，即進行檢查或搜索其交通工具，實有許多可議之處。法院乃指出其不宜逕予臨檢之法理如下：

一、按人民行動自由、財產權及隱私權為憲法所保障之自由與基本權利，臨檢與對人民所有物件之搜索，則係對上述自由與基本權利之限制，自應以法律有行為法（作用法）之授權依據，並符合依法行政原則，尤其比例原則（警職法第3條、刑事訴訟法第122條參照）為前提，方屬合法之臨檢與搜索，否則即屬對人民自由權利之違法侵害。又法律對警察機關臨檢或搜索定有應遵循之要件與程序規定者，其目的即在保護人民行動自由、財產權與隱私權不受警察機關之恣意侵害，核其性質乃正當法律（行政）程序之一環，而對人民自由、權利之限制，不限於人身自由，人民應有請求行政機關應依法定正當程序執法之權利，亦屬法治國原則下，人民受憲法所保障之基本權利一環，亦屢經司法院釋字第491號、第535號、第588號、第636號、第708號、第709號、第710號等解釋闡釋甚明。其中就臨檢之正當法律程序而言，司法院釋字第535號解釋理由更謂：「行政機關行使職

權，固不應僅以組織法有無相關職掌規定為準，更應以行為法（作用法）之授權為依據，始符合依法行政之原則，警察勤務條例既有行為法之功能，尚非不得作為警察執行勤務之行為規範。依該條例第11條第3款：「臨檢：於公共場所或指定處所、路段，由服勤人員擔任臨場檢查或路檢，執行取締、盤查及有關法令賦予之勤務」，臨檢自屬警察執行勤務方式之一種。惟臨檢實施之手段：檢查、路檢、取締或盤查等不問其名稱為何，均屬對人或物之查驗、干預，影響人民行動自由、財產權及隱私權等甚鉅。人民之有犯罪嫌疑而須以搜索為蒐集犯罪證據之手段者，依法尚須經該管法院審核為原則（參照刑事訴訟法第128條、第128條之1），其僅屬維持公共秩序、防止危害發生為目的之臨檢，立法者當無授權警察人員得任意實施之本意。是執行各種臨檢應恪遵法治國家警察執勤之原則，實施臨檢之要件、程序及對違法臨檢行為之救濟，均應有法律之明確規範，方符憲法保障人民自由權利之意旨。上開條例有關臨檢之規定，既無授權警察人員得不顧時間、地點及對象任意臨檢、取締或隨機檢查、盤查之立法本意。除法律另有規定（諸如刑事訴訟法、行政執行法、社會秩序維護法等）外，警察人員執行場所之臨檢勤務，應限於已發生危害或依客觀、合理判斷易生危害之處所、交通工具或公共場所為之，其中處所為私人居住之空間者，並應受住宅相同之保障；對人實施之臨檢則須以有相當理由足認其行為已構成或即將發生危害者為限，且均應遵守比例原則，不得逾越必要程度，儘量避免造成財物損失、干擾正當營業及生活作息。至於因預防將來可能之危害，則應採其他適當方式，諸如：設置警告標誌、隔離活動空間、建立戒備措施及加強可能遭受侵害客體之保護等，尚不能逕予檢查、盤查。臨檢進行前應對受臨檢人、公共場所、交通工具或處所之所有人、使用人等在場者告以實施之事由，並出示證件表明其為執行人員之身分。臨檢應於現場實施，非經受臨檢人同意或無從確定其身分或現場為之對該受臨檢人將有不利影響或妨礙交通、安寧者，不得要求其同行至警察局、所進行盤查。其因發現違法事實，應依法定程序處理者外，身分一經查明，即應任

其離去，不得稽延。前述條例第11條第3款於符合上開解釋意旨範圍內，予以適用，始無悖於維護人權之憲法意旨。」是以，警職法第8條規定：「（第1項）警察對於已發生危害或依客觀合理判斷易生危害之交通工具，得予以攔停並採行下列措施：一、要求駕駛人或乘客出示相關證件或查證其身分。二、檢查引擎、車身號碼或其他足資識別之特徵。三、要求駕駛人接受酒精濃度測試之檢定。（第2項）警察因前項交通工具之駕駛人或乘客有異常舉動而合理懷疑其將有危害行為時，得強制其離車；有事實足認其有犯罪之虞者，並得檢查交通工具。」乃司法院釋字第535號解釋公布後，立法者依解釋意旨所制定對於警察臨檢要件與程序之規範，自屬正當法律程序之一環，警察機關執行臨檢時，當切實遵守之，以避免恣意侵害人民行動自由、財產權、隱私權等自由與基本權利。至於警職法第6條第1項第6款固規定：「警察於公共場所或合法進入之場所，得對於下列各款之人查證其身分：六、行經指定公共場所、路段及管制站者。」經核與前揭警察勤務條例11條第3款稱：「臨檢：於公共場所或指定處所、路段，由服勤人員擔任臨場檢查或路檢，執行取締、盤查及有關法令賦予之勤務」之規定相仿，僅增加「行經指定公共場所、路段及管制站」之要件，然參酌司法院釋字第535號上開解釋意旨，立法者當無授權警察人員，得因人民僅行經指定公共場所、路段及管制站，即得對之任意實施臨檢、取締或隨機檢查、盤查之本意。除法律另有規定（諸如刑事訴訟法、行政執行法、社會秩序維護法等）外，警察人員執行場所之臨檢勤務，仍應限於已發生危害或依客觀、合理判斷易生危害之處所、交通工具或公共場所為之，方屬合法。且所謂指定公共場所、路段及管制站，是否屬依客觀、合理判斷易生危害之處所，仍應由法院就個案情形進行司法審查以認定，非謂得由警察機關自行指定者，即一概認屬易生危害之處所。再者，憲法法治國原則強調依法行政，行政機關為調查人民違法事實，仍應遵循正當法律程序，倘其調查事實程序違反正當法律程序在先，已造成人民自由與基本權利受違法侵害之事實，人民除得依法救濟外，該違法取得之證據，得否繼續用以

證明人民違法事實，亦即該證據適格性之問題，則應考量違法事實之查明、取締及後續行政處置（如裁罰）原雖欲達成一定之行政目的，但不應以恣意犧牲人民自由權利為代價，兩者間仍應維持適當比例關係，而為利益衡量，唯有採證所欲達成之行政目的，即所欲保護之法益，明顯大於人民自由權利之受害者，始得承認違法取得證據之證據適格性，並用以證明人民違法事實，維護行政取締所欲保護之法益，另方面容許人民就違法採證對其自由權利侵害尋求救濟（例如請求國家賠償），以資平衡。惟若違法採證所欲保護之法益並未明顯大於人民自由權利之受害者，自不應承認該證據之適格性，以避免行政機關輕忽正當法律程序對行政之羈束，恣意侵犯人民受憲法保障之寶貴自由權利為其行政目的之代價。

二、依刑事訴訟法對物件進行搜索之實體要件，依該法第122條規定，必須屬該物件刑事訴訟程序之被告，或有犯罪嫌疑人者，始得於必要時，對之搜索；至於對非被告或犯罪嫌疑人之第三人的物件搜索，則以有相當理由可信為被告或犯罪嫌疑人或應扣押之物或電磁紀錄存在時為限，得搜索之。且此搜索權發動之實體要件，與搜索令狀原則不同，自不得以搜索已先經受搜索人自願性同意，例外無庸先取得法院核發之搜索票（同法第131條之1規定參照），即得無視刑事訴訟法第122條上開搜索權發動之實體要件，恣意對非被告又尚無犯罪嫌疑之第三人，在無相當理由可信為被告或犯罪嫌疑人或應扣押之物或電磁紀錄存在時，遽而搜索。

三、無正當理由持有或施用第3級或第4級毒品者，處新臺幣1萬元以上5萬元以下罰鍰，並應限期令其接受4小時以上8小時以下之毒品危害講習。固為毒品危害防制條例第11條之1第2項所定明。核此規定立法目的，雖透過禁止持有毒品，使毒品成為禁止持有、流通之違禁物品，藉以有效防制毒品危害，維護國民身心健康。且此制裁性處罰，性質上僅屬行政罰，而行政罰之主觀責任要件，雖不以故意為必要，過失違反行政法上義務者，亦得處罰（行政罰法第7條第1項參照）。但持有第1級、第2級毒品者，依毒品危害防制條例第11條規定，為犯罪行

為，係以主觀上故意持有為犯罪成立與科處刑罰之前提，立法者既考量第3級毒品、第4級毒品對國民身健康危害性稍低，而容許僅以行政罰之方式禁止防制之，舉重以明輕，亦應僅以故意持有第3級、第4級毒品為科處行政罰之主觀責任要件。否則因過失持有第一級、第二級毒品者，其持有違禁物品對立法者設定防制毒品之法益危害更高，但依同條例規定，既無刑事責任，亦無行政罰得以制裁；然而因過失持有第3級、第4級毒品者，若因行政罰法第7條第1項總則責任要件規定，即謂應處以行政罰者，無異輕重失衡，有違平等原則。是以，針對違反毒品危害防制條例第11條之1第1項所定「不得無正當理由擅自持有第3級、第4級毒品」之行政法上義務者，得依同條第2項科處行政罰者，當僅以「故意」無正當理由擅自持有者為限，倘因過失而無正當理由持有者，依毒品危害防制條例之體系性解釋與平等原則之拘束，仍屬不得裁罰之行為。又且關於上開行政罰要件事實之客觀舉證責任，基於依法行政下之行政合法及合要件性要求，應歸於裁罰（行政）機關。如原告行為是否符合行政法上裁罰之構成要件，經法院依職權調查結果，事實仍陷於真偽不明者，其不利益即應歸於被告。且所謂「事實真偽不明」與否，與事實判斷所要求證明度高低息息相關。行政訴訟法第189條第1項所規定之「判斷事實之真偽」，雖未明白規定證明度，鑒於行政訴訟對人民權利保障及行政合法性的控制，原則上當裁判認定之「事實」的真實性愈高時，愈能達成，因而行政訴訟所要求的證明度應是高度的蓋然性，也就是「沒有合理可疑」蓋然性程度的確信。否則倘經法院依職權調查證據，仍存有合理可疑，認待證事實真偽不明者，即應由被告負擔敗訴之風險。

第七節　結論與建議

壹、結論

　　警察職權行使應基於「事出有因、師出有名」之法定正當合理之「因」與「名」，並以整體考量法則進行判斷，以形諸裁量是否採取攔停與檢查措施之基礎。警職法第6條及第7條所規範之治安攔檢，尚可進一步分為刑事攔停與行政攔停。攔停之後，可運用一目瞭然法則與開放空間（Open Field Doctrine）法則，進行執法判斷，並確切了解法定攔停與檢查要件之抽象危害、具體危害或實害為授權基礎，將抽象且具有不確定之法律概念予以正確地適用於實務執法上。至於警職法第7條規定之「檢查」授權，旨在維護人身安全，關於警察檢查，雖警職法在行政危害或犯罪預防之運用時，在案件性質上究屬行政或刑事攔檢常無法明確區分，故僅須依據其比例性考量執法強度並釐清行政與刑事作為應有之判斷基準與法律不同規範，若已達「相當理由」符合刑事訴訟法得以進行犯罪偵查時，即應轉而適用該法程序。司法院大法官釋字第535號解釋未禁止警察「臨檢」，而是禁止「任意、隨機臨檢」或無合理性基礎之全面臨檢。警職法之制定施行後，將使警察執行職務，行使職權，從不明確到明確安全，減少任意全面、隨機臨檢，提高自主判斷，並強化情報能力與巡邏動態攔檢、盤查。警察為執行法定職務，依法行使攔檢職權，除具有民主法治觀念外，更需在實務案件上依據警職法規定之攔檢措施、要件、程序與救濟為之，並落實攔檢相關標準作業程序，以營造警、檢、審、辯、民之共知共識。最後，徒法不足以自行，尚有賴全體警察同仁了解規範，並藉由教育訓練，以民主法治理念，明確執法規範，因勢專業利導，精緻執法判斷、貫徹實施法治，形成全民遵守警察執法措施，一體遵行，依法行政，以充分保障人權與維護良好社會治安之雙贏局面。

貳、建議

一、警察攔檢應明確立法，貫徹執法。建立警察攔檢職權之實質與程序正當程序，以及培育警察攔檢之判斷與裁量能力；執法情境實務上，警察攔檢應專業適法，加強訓練其實務上之判斷與應變能力，經常利用勤教或常年訓練時，以警察平常所攜帶的隨身攝錄器所記錄之攔檢案件為討論研析案例，以警察攔檢之法令與標準作業程序為基礎，將法令與實務個案有效涵攝探討，始能正確有效依法行使警察攔檢之執法職權，以達成治安任務與保障人權。

二、警察應建立有效執法安全與威信。建立警察攔檢執法標準作業程序，以確保員警執法安全與威信。警察執法常需針對人或車加以攔檢執法調查，而有攔停以發現真實與蒐集資料之必要，亦在攔檢過程中防衛安全之必要而使用警械。因此，在警察攔檢執法有使用強制力之必要時，因主要考量一目的、二安全、三步驟之程序，首先使用強制力之目的，旨在使攔檢執法對象失能（Incapable）不致反抗而可遵守執法程序，以確保執法安全；再者，達到警察執法人員之身體與法律安全（亦即身安與法安）。因此，警察實務機關應有效訓練與要求警察確實執行法令規定之執法程序，例如，警職法之攔檢措施、要件、程序與救濟，更在攔檢時貫徹「警械使用條例」第5條之攔檢盤查程序之基本安全條款，亦即必須依法實施3步驟（亦即警察攔檢安全應注意三個基本程序），亦即：（一）安全掩護；（二）安全距離；（三）警察、不准動、高舉雙手三要項（Police, Freeze, Raise your hands up）乃警械使用條例第1條及第5條所明定，並透過隨身微型攝錄器保全所有證據，以確保警察攔檢執法之安全，並減免警察執法之法律責任，藉由正當執法程序加上明確保全證據提供法庭舉證，則可確保警察執法安全與威信。此些有效提升警察執法安全與威信之要項，允宜於警察每日勤教或常訓時，以警察實務情境個案分析，共同探討攔檢職權之專業執法作為，以有效提升警察執法安全與威信，圓滿達成任務與維護人權。

第三章

員警實施全面攔檢酒駕案例研析

蔡庭榕

第一節 前言

　　警察執法攔檢職權發動時，包括實施行政或刑事攔檢之作為，常屬干預、限制或剝奪人民之自由或權利，故須有法律之授權規定，亦即符合「法律保留」與「明確性」之職權授予，始得據以依法執法，採行干預性強制措施。因此，為確保人權與維護治安之有效衡平，乃配合司法院釋字第535號解釋文第1段首揭意旨[1]而推波助瀾順利制定了「警察職權行使法」（以下簡稱「本法」）[2]，以達到本法第1條之立法目的：「規範警察依法行使職權，保障人民權益。」來達到警察法第2條之「維持公共秩序，保護社會安全」的警察任務[3]。而且，警察任務之達成常有賴其勤務之順利遂行，而警察勤務常須藉由物理力之警察職權之強制作為，特別是警察對民眾違法酒駕攔檢措施即屬之，尤其我國警察經常實施全面（或集體）方式之酒駕攔檢，影響人民權利較大，在警察與司法實務上，不乏發生爭議之案例。又有鑑於司法院拍攝「釋憲一甲子」影片[4]中即以警察臨檢為首例，亦首揭：「什麼樣的人與車才算可疑？依據在哪裡？警察如何在短短幾秒鐘內做成「臨檢」職權措施之判斷與決定？這是人權團體最常

---

[1] 司法院釋字第535號解釋文首段略以：「臨檢實施之手段：檢查、路檢、取締或盤查等不問其名稱為何，均屬對人或物之查驗、干預，影響人民行動自由、財產權及隱私權等甚鉅，應恪遵法治國家警察執勤之原則。實施臨檢之要件、程序及對違法臨檢行為之救濟，均應有法律之明確規範，方符憲法保障人民自由權利之意旨。」

[2] 內政部警政署委託李震山教授（前大法官）為研究召集人，於1998年10月起進行研擬「警察職權行使法草案」，研究人員包括鄭善印、許文義、蔡庭榕、簡建章、許義寶、李泰澄等齊心協力完成。警察職權行使法（以下簡稱警職法）立法研擬過程，依時序推移可分為以下五個階段：一、學者研究階段（1998年10月至1999年6月）；二、警政署研擬階段（2000年1月至2001年1月）；三、內政部法規會審查階段（2001年2月至2002年4月）；四、行政院審查階段（2002年4月至2002年12月）；五、立法審查階段（2003年3月至2003年6月5日）。參考：李震山、蔡庭榕、簡建章、李錫棟、許義寶等合著，警察職權行使法逐條釋論，五南，3版1刷，2020年9月，頁1；亦請參考：李震山，警察行政法論—自由與秩序之折衝，修訂5版1刷，2020年9月，頁249。

[3] 李震山氏指出，本法之立法目的旨在：「一、促使警察權行使遵守依法行政原則；二、集中立法優於分散立法；三、莫再等司法院大法官做成違憲解釋才被動修法。」參考：李震山、蔡庭榕、簡建章、李錫棟、許義寶等合著，警察職權行使法逐條釋論，五南，3版1刷，2020年9月，頁3-5。

[4] https://www.youtube.com/watch?v=6cnh8xtXU9w，最後瀏覽日：2020年9月12日。

質疑的。」另一方面，中華警政研究學會[5]於2020年9月29日亦針對「警察攔檢盤查酒駕之實務爭點分析」進行論壇討論，因筆者參與論壇研討並深入分析相關爭點，乃思以「員警實施全面攔檢酒駕案例研析」為題撰文探討，以提供學術研究與實務適用參考。

由於警察攔檢所發生的爭議案件，有因不服全面酒測攔檢而當場依法提出異議，並有進一步提起訴願或訴訟者，最後經判決撤銷原處分或以無罪論結均不乏其例。另一方面，亦有些直接訴諸媒體，經大幅報導而影響警察形象。按警察攔檢作為係國家干預性措施的一種，為警察於危害防止或刑事追訴之際，經常用以查證身分之手段。依本法行使攔檢權之合法措施，原則上包括攔停、詢問、令當事人出示身分證件，甚且於必要時，警察得因相對人拒絕答詢或提示身分證件，而將當事人攜往警察勤務處所查察之職權。更有進一步依據本法第7條之規定：「有明顯事實足認其有攜帶足以自殺、自傷或傷害他人生命或身體之物者，得檢查其身體及所攜帶之物。」以維護執法主體與客體及第三人之安全。因此，警察於值勤中多藉由五官六覺判斷或其他情資而有「違法要件」之嫌疑或之虞者，或對行經警察機關主管長官指定之處所、路段或管制站，亦即符合「職權要件」行使時，得採取法定警察職權措施，遵守法治國原則，達成公益公序，亦保障人權。

因此，本章即分別以三則不同之法院判決作為基礎，探討員警實施全面攔檢酒駕之法律規範及其適用所應遵守的法定程序。茲在結構上區為如下幾個部分：首先，說明本章之動機與構想，接著論述本案例事實及相關爭點，以及執行全面攔檢酒駕之規範與作業程序，再探討此實務判決之心證重點，並進一步舉述警察實務之執法情境疑義，配合以提出相關法規範及其適用之評析，並藉以構思本章之結論與建議。本章僅聚焦警察實施全面攔檢酒駕之研析，將不可避免地將會兼論到個別攔檢酒測之相關情形，至於對人治安攔檢之爭議問題，則非本章研析範圍。本章除對全面攔檢酒

5　中華警政研究學會之「中華警政知識庫」，http://www.acpr.org.tw/KnowledgeBase.php，最後瀏覽日：2020年9月15日。

駕之現行法制與規範法理與判決案例進行深入論述外，再進一步緣引該次論壇由警察分局所提出之四個攔檢酒駕執法爭點分析，並分別舉出警察與司法實務案例加以說明，以了解現行相關警察酒測攔檢之法制規範問題，並提出有效對策，以求法規範之修正或警察執法或司法實務之精進，達到治安維護與人權保障的有效衡平。

第二節　案例事實

　　有關司法實務判決書之內容對於警察實施全面攔檢酒駕，雖未必有拘束力，實有其導引方向或作為判準之功能，茲舉3件警察全面攔檢酒駕之代表案例之司法判決書重要內容摘要如下：

案例一：攔檢酒駕是否應以「已發生危害或依客觀合理判斷易生危害」為執法要件？抑或得以警職法第6條第1項第6款為要件實施全面攔檢酒駕？

　　台灣桃園地方法院行政訴訟判決102年度交字第293號判決書[6]摘錄事實概要：原告G君於夜間11時20分許，駕駛其自用小客車，經某警察分局所屬之派出所員警於執法時，認G君「有汽車駕駛人駕駛汽車行經警察機關設有告示執行第35條第1項測試檢定之處所，拒絕第35條第1項各款測試之檢定」之違規，遂當場舉發並填製舉發違反道路交通管理事件通知單，記載應到案日期，並移送分局轉權責單位處理。再按本件係員警在路檢點架設停車受檢全面攔檢酒駕路檢點（如影片位置0分30秒檢點『停車受檢、違者受罰』警示燈），以手勢及哨音示意自小客車駕駛人G君停車受檢，惟該車駕駛人並未立即停車，將該車駛至○○路○○○號前始停妥，警員趨前盤查，請其配合實施吹氣酒測，惟G君表示無飲酒且無違法

6　台灣桃園地方法院行政訴訟判決102年度交字第293號判決內容。

情事，拒絕接受酒測（影片位置6分13秒我就是拒絕），經員警共2次告知拒絕酒測罰（影片位置8分9秒、10分），並於檢附舉發現場（長度24分6秒）錄影光碟以為佐證，舉發程序應屬合法。汽車駕駛人，駕駛汽車行經警察機關設有告示執行第1項測試檢定之處所，經員警告知拒絕酒測罰則，汽車駕駛人「當場」明確表示拒絕接受第一項測試檢定之行為，已構成道路交通管理處罰條例第35條第4項之處罰要件。原告G君遂依時到案並陳述不服舉發，經被告查證明確後，認原告前開之違規屬實，爰以壢監裁字第裁○○○號裁決書裁處原告罰鍰新臺幣9萬元，吊銷普通小型車駕駛執照，三年內不得考領駕駛執照。原告不服，遂提起本件行政訴訟。

案例二：警察攔檢地點是否屬經警察機關主管長官指定合法設置之酒測路段或酒測管制站？

　　本案例係台灣台北地方法院108年度交字第251號判決[7]，此案例事實概要略以：警察分局所屬派出所員警於在國三甲下匝道處設置酒測路檢點，對行經車輛集體攔停。員警逐行舉發原告C君駕駛自小客車，「行經設有告示執行酒精濃度測試檢定處所，不依指示停車接受稽查」，違反道路交通管理處罰條例第35條第4項規定，對原告處罰鍰新臺幣9萬元、吊銷駕駛執照及施以道路交通安全講習。原告不服原處分，於同年6月11日向本院提起行政訴訟。原告C君起訴主張：原告係佛教徒不飲酒，且系爭車輛係原告賴以維生之交通工具，原告無不接受酒測臨檢之理由。被告提供之影片完全未見違規車輛之車牌號碼，僅憑員警於車輛經過後喊出「0000-E0」，作為原處分之依據，無法證明該車輛係原告所有之系爭車輛等語，並聲明：原處分撤銷。被告則以：本件經舉發機關檢視員警提供之錄影蒐證資料及舉發員警陳述內容，員警依規定於路檢站前擺設「酒測攔檢」告示牌，並以指揮棒明確示意系爭車輛停車受檢，惟系爭車輛通過酒測路檢站未減速停車受檢，且不顧員警於後方追喊仍往前駛離，本件全

---

[7]　台灣台北地方法院108年度交字第251號行政判決，裁判日期：民國108年11月22日。

程錄音錄影存證，員警依法舉發尚無違誤，故原處分核無違誤，原告之訴為無理由，應予駁回等語置辯，並聲明：原告之訴駁回。因此，本案係上列當事人間交通裁決事件，原告不服被告之裁決，提起之行政訴訟。

案例三：有無正當理由合理相信原告駕駛系爭車輛已發生具體危害或易生危害？

按台灣台北地方法院108年度交字第261號判決[8]事實概要略以：原告H君駕駛普通重型機車，在台北市某路口停等紅燈，經警察分局所屬派出所員警騎乘機車在原告後方停等紅燈，並以小電腦查詢原告有酒駕前科後，於紅燈期間對原告隨機攔停，繼而持酒精檢知器請原告吐氣，因呈酒精反應，員警遂對原告實施酒精濃度檢測，測得原告呼氣酒精濃度為每公升0.18毫克，員警遂以原告有「駕車5年內酒精濃度超過規定標準2次以上（第2次0.15以上未滿0.25mg/l）」之違規事實，當場舉發原告違反道路交通管理處罰條例第35條第3項規定對原告裁處罰鍰新臺幣9萬元、吊銷駕駛執照及施以道路交通安全講習。原告起訴主張：員警一開始機車停在我後面，我由後照鏡看見員警在玩手機，之後員警即至我身旁欲檢查我駕駛之系爭車輛，員警不得對等候紅燈之駕駛人全面逐一無區別以酒精檢知器測試民眾有無酒駕，爰請求撤銷原處分等語，並聲明：原處分撤銷。被告則以：本件舉發過程依規定錄音、錄影，符合取締酒後駕車作業程序規定，酒測器亦無故障或操作失誤之情，故原告本件違規行為，堪以認定。原告確實5年內再度酒後駕車，原處分並無違法，原告之訴為無理由，應予駁回等語置辯，並聲明：原告之訴駁回。因此，本件係上列當事人間交通裁決事件，原告不服被告之裁決，提起之行政訴訟。

8　台灣台北地方法院108年度交字第261號行政判決，裁判日期：民國108年10月28日。

第三節 相關爭點

按上述三案之爭點分別有：案例一之爭點：警察於無合理懷疑之前提下即強令原告配合接受酒測是否合法？否；案例二之爭點：非經警察機關主管長官指定合法設置「酒測路段或管制站」之全面攔檢酒測合法嗎？否；案例三之爭點：對交通工具尚無已生危害或易生危害之情而進行攔檢酒測合法嗎？否。因此，基於上述三案例之爭點與判決撤銷之結果，茲將相關爭點劃分如下：

一、何謂交通工具之攔檢？何謂酒駕攔檢？何謂全面酒駕攔檢？

二、何謂個別攔檢？何謂集體或全面攔檢？兩者有何區別？

三、可否全面攔停而再個別擇檢？欠缺警職法第8條之「已發生危害或依客觀合理判斷易生危害」得否對交通工具之駕駛人全面或任意攔檢酒測？

四、警職法或相關法規範與司法或警察實務上之問題何在？

第四節 相關執行治安攔檢之規範與作業程序

壹、執行全面攔檢酒駕之規範

依據我國警職法第8條規定：「警察對於已發生危害或依客觀合理判斷易生危害之交通工具，得予以攔停並採行下列措施。」此規定係警察執法藉由交通工具外顯情狀而客觀合理判斷有無危害及可能性，而由法律授權加以攔檢求證，除該條第3款之「酒測檢定」之攔檢係「酒駕攔檢」，以及全面將交通工具攔停對駕駛人酒測係「全面酒駕攔檢」之外，其他因係透過交通工具外顯情形而得以判斷出之各種可能違法（含違規與犯罪）之行為，均得以加以攔檢，即可謂「交通工具之攔檢」，常屬於「個別攔檢」。至於警察實務上常有「全面攔停再個別擇檢」之情形，係屬法定之個別與集體攔檢之變體，是否合宜，不無疑義。

　　警察攔檢酒駕之現行規定，警察全面與個別攔檢酒駕之規範有其差異。警察執法攔檢之目的係為預防與偵查犯罪或取締違規，以達維護公共安全與秩序，相對地警察攔檢措施極可能影響人民行動自由、財產權及隱私權等基本權利[9]，法定授權乃在衡平上述公益與私權之衡平。再者，有關我國法制對於取締酒駕之相關法規含括行政違規與刑事犯罪領域，又涉有實體處罰要件（稱之為「違法要件」）與職權程序（稱之為「職權要件」）之差異。前者之違法要件如道路交通管理處罰條例第35條第1項之規定，汽機車駕駛人，駕駛汽機車經測試檢定，酒精濃度超過規定標準而依法罰鍰、當場移置保管該汽機車及吊扣（或吊銷）其駕駛執照之行政違規處分，並於同條第4項明定拒絕或不依告示停車接受稽查，將處以更重之行政罰；另一方面，刑法第185條之3規定略以：「駕駛動力交通工具而有吐氣所含酒精濃度達每公升零點二五毫克或血液中酒精濃度達百分之零點零五以上，處以犯罪之刑事制裁[10]。」而後者之職權要件乃警察依警職法或相關職權法之授權，而經由五官六覺之執法判斷其是否加以進行偵查犯罪或取締違規之執法程序。然而，如為有效取締酒後駕車之目的，是否即得進行全面性之集體攔檢酒測，或個案判斷之攔檢酒測，抑或全面攔停

9　警察勤務條例規定警察機關執行勤務之編組及分工，並對執行勤務得採取之方式加以列舉，已非單純之組織法，實兼有行為法之性質。參考：司法院釋字第535號解釋文首段。

10　現行酒後駕車標準及罰則：（一）道路交通安全規則第114條：汽車駕駛人有下列情形之一者，不得駕車：飲用酒類或其他類似物後其吐氣所含酒精濃度達每公升0.15毫克或血液中酒精濃度達0.03%。（二）道路交通管理處罰條例第35條：1.汽車駕駛人，駕駛汽車經測試檢定有酒精濃度超過規定標準者，處新臺幣1萬5,000元以上9萬元以下罰鍰，並當場移置保管該汽車及吊扣其駕駛執照1年；附載未滿12歲兒童或因而肇事致人受傷者，並吊扣其駕駛執照2年；致人重傷或死亡者，吊銷其駕駛執照，並不得再考領。2.汽車駕駛人於5年內違反第1項規定2次以上者，處新臺幣9萬元罰鍰，並當場移置保管該汽車及吊銷其駕駛執照；如肇事致人重傷或死亡者，吊銷其駕駛執照，並不得再考領。3.汽車駕駛人，駕駛汽車行經警察機關設有告示執行第一項測試檢定之處所，不依指示停車接受稽查，或拒絕接受第一項測試之檢定者，處新臺幣9萬元罰鍰，並當場移置保管該汽車、吊銷該駕駛執照及施以道路交通安全講習；如肇事致人重傷或死亡者，吊銷該駕駛執照，並不得再考領。（三）刑法第185條之3：1.駕駛動力交通工具而有下列情形之一者，處2年以下有期徒刑，得併科20萬元以下罰金：一、吐氣所含酒精濃度達每公升0.25毫克或血液中酒精濃度達0.05%以上。2.因而致人於死者，處3年以上10年以下有期徒刑；致重傷者，處1年以上7年以下有期徒刑。參考：內政部網頁，https://www.moi.gov.tw/chi/chi_faq/faq_detail.aspx?t=2&n=9270&p=64&f=，最後瀏覽日：2020年9月12日。

再個別擇檢？常在警察法制與實務運用上屢屢發生爭議，乃有加以研析釐清之必要。

　　在行政作用法之警察勤務程序有關職權規定中，警察實施全面攔檢之現行規定，主要係本法第6條規定，警察於公共場所或合法進入之場所，依據本法第6條第2項規定，以防止犯罪，或處理重大公共安全或社會秩序事件而有必要者爲限，而得指定同條第1項規定對行經指定公共場所、路段及管制站者，實施第7條查證其身分之措施，而其指定應由警察機關主管長官爲之。因此，本法第6條及第7條所係以防止危害及預防犯罪之治安目的，或是本法第8條規定之以維護交通秩序及預防交通秩序危害爲目的；兩者均以攔停措施爲開始，亦均以公共安全與秩序受到損害之威脅，而進行危害之防制爲職權啓動基礎。然而，僅有本法第6條授權「長官保留」來指定，得實施全面對人進行治安目的之查證身分相關措施，本法或相關法規是否有授權得以全面攔檢酒測，實不無疑義。

　　另一方面，道路交通管理處罰條例第35條[11]第1項規定：「汽機車駕駛人，駕駛汽機車經測試檢定有下列情形之一，機車駕駛人處新臺幣一萬五千元以上九萬元以下罰鍰，汽車駕駛人處新臺幣三萬元以上十二萬元以下罰鍰，並均當場移置保管該汽機車及吊扣其駕駛執照一年至二年；附載未滿十二歲兒童或因而肇事致人受傷者，並吊扣其駕駛執照二年至四年；致人重傷或死亡者，吊銷其駕駛執照，並不得再考領：一、酒精濃度超過規定標準。」另同條第4項規定：「汽機車駕駛人有下列各款情形之一者，處新臺幣十八萬元罰鍰，並當場移置保管該汽機車、吊銷其駕駛執照及施以道路交通安全講習；如肇事致人重傷或死亡者，吊銷其駕駛執照，並不得再考領：一、駕駛汽機車行經警察機關設有告示執行第一項測試檢定之處所，不依指示停車接受稽查。二、拒絕接受第一項測試之檢定。」雖上述第35條第1項與第4項均屬於制裁處罰要件與法效果之規範，卻缺乏得以採取職權措施之明確法律規定，似乎從本條第4項之：「一、駕駛汽機車行經警察機關設有告示執行第一項測試檢定之處所，不依指示停車接

---

[11] 2019年4月17日修正之內容。

受稽查。」似乎有準授權警察全面攔檢酒測職權之規定，然因為道路交通管理處罰條例鮮少有執法程序與職權之規定，此規定內容與方式，亦不屬於一般職權程序法之規定方式，其內容亦不夠明確作為警察酒測攔檢之主要依據。

貳、「全面」與「個別」攔檢之差異

本法第6條規定，警察於公共場所或合法進入之場所，得基於法定之六種合理事由，進行查證身分。亦即，警察於依法執行職務，基於本法第6條所定之六種查證身分要件之一，即得依法進行相關查證身分之職權措施。然而，依本條規定之職權要件內容可區分為只要符合前述法定授權，即得實施全面攔檢。相對地，同條項第1款至第3款則是「個別攔檢」之要件授權依據，必須由個別員警依據執法現場狀況，例如人的行為、物的狀況或整體環境考量，進行警察專業判斷與裁量進行依法執法。因此，警察執法攔檢得依法律規定與實務執行運作而區分為「全面」與「個別」攔檢。前者係無差別的全面攔停並全面檢查，亦即警方對某處所之所有在場人進行攔檢，或設置管制站對所有過往之人車進行攔檢；後者是指警察因基於「合理懷疑」等法定職權要件而有可能或確定合致於「違法要件」之人或車進行攔檢。例如，被攔檢之汽機車有無蛇行、大燈不亮、車窗破裂等異狀。

本法第6條第1項第6款規定可作為必要時全面攔檢之依據，然而其攔停查證身分之合理性基礎，已非如前述要件，由值勤員警依據個案判斷之心證程度為原則，而是將之提前至攔檢勤務出發或進行前，其地點（如公共場所、路段、及管制站）由「警察機關主管長官」指定之，至於營業場所之臨檢則未於本法中授權。然而，第6條第1項第6款之指定要件，於同條第2項明定「指定」攔檢路段或設置攔檢站之要件。故依此規定，警察機關主管長官指定公共場所、路段及管制站者，除必須有「防止犯罪，或處理重大公共安全或社會秩序事件」之要件合致外，尚須考慮比例原則之適用。因此，警察機關依據本法固可實施全面攔停進行治安檢查，但必須

其決定地點之程序與要件均需受到本款之拘束，否則，不問時間、地點、或對象之設置管制站作全面攔檢，或不加判斷其合理性要件之任意或隨機攔檢，均非合法，亦為司法院大法官第535號解釋所無法肯認。

本條賦予警察行使職權時得查證人民之身分，但因查證身分恐侵害人民隱私等權利，是故須符合「法律保留原則」，方得以進行查證。惟縱使基於危害防止之警察任務，而進行查證身分工作，亦非毫無限制地、任意地不論何時何地皆得為之[12]。就本法第6條第1項第6款之「行經指定公共場所、路段及管制站者」之治安攔檢之授權，得否作為第8條之攔停要件而均得以作為全面性攔檢酒駕之依據，恐有疑義，矧第8條即有規定「已發生危害或依客觀合理判斷易生危害之交通工具」作為得以攔停之「職權要件」，應不宜再任意援引其他規定。再者，因全面攔檢會影響人民權益甚鉅，故必須加以限縮。基此，依據本條第6項之規定，其「指定」應由警察機關主管長官為之；且係為防止犯罪，或處理重大公共安全或社會秩序事件而有必要者為限。加上這些要件後，始符合比例原則與限制警察之裁量權限，以防止人民權益受無限制之侵害。因此，若上述任意或以無授權全面攔檢酒駕，恐易造成如本章所引述之撤銷原處分三件判決個案的結果，應值得警察人員執法之參考。

參、警察全面攔檢之規範法理與執法原則

一、警察全面攔檢之規範法理

警察全面攔檢酒駕職權屬於警察干預性勤務措施，應有法律明確規定為基礎。警察法規體系由警察依法所擔負的「行政危害防止」與「刑事犯罪偵查」之雙重任務所形成[13]。依據司法院大法官釋字第535號解釋文首段指出：「臨檢實施之手段：檢查、路檢、取締或盤查等不問其名稱為何，均屬對人或物之查驗、干預，影響人民行動自由、財產權及隱私權等

---

12 林明鏘，警察職權行使法之基本問題研究，月旦法學教室第56期，2005年，頁128。

13 依據我國警察法第2條（任務）與第9條（職權）規定，警察任務有行政危害防止（含犯罪預防）與刑事犯罪偵查作用，乃形成警察具有行政與刑事雙重任務。

甚鉅，應恪遵法治國家警察執勤之原則。實施臨檢之要件、程序及對違法臨檢行為之救濟，均應有法律之明確規範，方符憲法保障人民自由權利之意旨。」而且，有關臨檢之規定，並無授權警察人員得不顧時間、地點及對象任意隨機或全面加以臨檢、取締或檢查。除法律另有規定外，警察人員執行場所之臨檢勤務，應限於已發生危害或依客觀、合理判斷易生危害之處所、交通工具或公共場所為之，且均應遵守比例原則，不得逾越必要程度，始無悖於維護人權之憲法意旨。特別是在警察執行攔檢勤務，常需行使干預性職權之判斷與裁量，亦即提供「查證身分與蒐集資料」及「即時強制」之干預性措施所需使用之判斷基準。警察執法應基於「事出有因」與「師出有名」之法定正當合理之「因」與「名」（亦即與涉及違反法律規定義務之構成要件的可能程度，例如本法第6條之判斷要件即屬之），並以「整體考量」（The Totality of Circumstances）法則[14]進行實際判斷，以涵攝法定之違法構成要件考量是否符合本法明文授權之警察職權行使基礎。警察執法常需在急迫情況中且極為短暫之時間內做成決定，故如何明確相關法令授權規定，使警察執法之「判斷」與「裁量」能更易於操作之原則或判準，縱然是依法得以全面攔檢執法，亦需有其正當合理性與法律明確授權，始得為之，以有助於兼顧執法公益與私權保障。

　　本法亦授權警察全面攔檢，其規範法理係對於警察職權行使之法律授權，作為警察行使基本權干預之合法性依據。旨在使警察全面攔檢執法時，有明確法律授權規定，以保障下列有關人民之基本權利：（一）行動自由權：人民依憲法第22條擁有此基本權利，屬於非列舉權，應依法保障之；（二）隱私權：依據憲法第22條：「凡人民之其他自由及權利，不妨害社會秩序公共利益者，均受憲法之保障。」保障之未列舉權，即包括隱私權，由司法院釋字第603號解釋中即認為隱私權雖非憲法明文列舉之權

---

[14] 美國警察執法係以此「整體考量」法則為判斷案件可確證之「心證程度」，例如，是否執法者是否具有「合理懷疑」及「相當理由」等。亦參考：元照書局出版之「英美法詞典」係以「總體情況標準」譯之，並以「美國刑事訴訟中據以確定傳聞（Hearsay）證據的可靠性是否足以使逮捕證或搜查證的簽發存在可成立理由（Probable Cause）的標準。依據該標準，傳聞證據的可靠性要根據可成立理由宣誓書中陳述的全部情況來判斷，而不是僅僅考慮其中某一特定因素。

利，惟基於人性尊嚴與個人主體性之維護及人格發展之完整，並為保障個人生活私密領域免於他人侵擾及個人資料之自主控制，隱私權乃為不可或缺之基本權利，而受憲法第22條所保障。在警察執行攔檢勤務中，無可避免地皆會侵犯人民之隱私權，故非依法發動要件及行使相關程序，不得為之；（三）財產權：依據憲法第15條之規定：「人民之生存權、工作權及財產權，應予保障。」，在警察執行臨檢、攔檢勤務時，難免會影響人民工作，抑或是其他成本因素，人民亦有財產權不受非法干預之法理期待性。綜上，警察執行攔檢勤務，將影響人民基本權利，此乃係須以法令進行規範之目的所在，唯有依據適切之作業程序，才能夠保障人民上述之權益。

二、警察全面攔檢酒駕之相關執法原則

警察行使本法職權有關執法原則之遵守，應注意：（一）本法第4條第1項之規定行使職權必須「表明身分並告知事由」。否則，人民得拒絕之（本法第4條第2項）；（二）比例原則考量：職權行使必須合適而不過度（本法第3條第1項）；遵守適時結束之原則（本法第3條第2項）；（三）誠信原則考量：禁止引誘教唆違法手段（本法第3條第3項之規定）。一般係以執行對象原有無犯意區分為「誘捕偵查」與「陷害教唆」；司法實務上認前者係對原有犯意者之「提供機會型」，實務上認為係屬執法技巧，並非法所不許；後者係對於原無犯意之人民「構陷」（Entrapment）入罪之「創造犯意型」，應屬不法。因此，考量上，只要被誘使人並未因此淪為國家行為之客體的情況下，為誘使行為應是被允許的。至於何種情況構成所謂國家行為之客體，則要在個案上考量被誘使人的既有嫌疑程度，誘使行為的影響方式、強度及目的，被誘使人對自我行為之決定能力等狀況，綜合判斷後方能決定；（四）履行救助救護之義務（本法第5條）。

由於警察執法係「判斷」與「裁量」的連結過程。經由警察執法人員之五官六覺的判斷事實是否違反法律規定之義務（構成要件該當否），再據以進行「決定裁量」（ob或if；即是否採取執法作為）與「選擇裁量」

（wie或how；即採取何種執法措施）。從「判斷」事實上是否已發生危害或犯罪、即將發生危害或犯罪，到「決定」是否採取執法作為及採取何種執法措施（含採取正當措施及適當處分），乃是一連串之判斷與裁量過程。特別是警察維護治安任務常兼有行政危害防止及刑事犯罪偵查之雙重特性；警察任務在於達到保障人權與維護治安之雙重目的。然而，警察執法規範之構成要件（執法判準）常有「不確定法律概念」或「概括條款」，加上違規與犯罪事實亦常非客觀確定之情況。是以，警察執法過程中，常須將抽象法律條文內容涵攝於個案事實上，遵守法律及一般法律原則。不論是事實判斷上之正當合理性（Justification）考量，以使警察強制力得合宜地適用於執法客體，抑或經證據（Evidence）蒐集後之法律效果裁量，均無不植基於「比例原則」之適用。根據我國憲法第23條規定，國家「為防止妨礙他人自由、避免緊急危難、維持社會秩序或增進公共利益」，得在『必要』範圍內，以法律限制人民基本權利」。其中「必要」即是「比例原則」，「比例原則亦屬憲法層次之效力，拘束立法、行政及司法。因此，法律、行政行為及裁判均不得違反比例原則。另外，在劃清基本權之界限時，亦即在衡量個人自由與公益，以劃清個人自由之界限時，亦應受比例原則之拘束[15]」。然而，「比例原則並非一範圍廣泛之『裁量權』，而是執法者『法益衡量』應遵循之『義務』，行政裁量既屬一項『權力』，行使時又必須『合義務性』，如行政裁量權中之選擇裁量，若違反比例原則，則屬裁量濫權而違法[16]」。另一方面，亦可能有「裁量權萎縮至零」之情形，如行政裁量在某些特殊情況下，被限縮到只能做成某一決定，也只有該決定才會被認為是無裁量瑕疵之決定[17]。

　　司法院釋字第535號解釋並未禁止警察攔檢盤查，而是不許違法「全面」與「任意」攔檢。因此，警察實務上除依法而有嚴格必要性之外，應避免非依法或不必要之全面攔檢，而且分局長以上之主管長官更應禁止浮濫指定授權全面攔檢。因全面攔檢係無差別考量而均予以攔查，幾乎屬於

15　林錫堯，行政法要義，法務通訊雜誌社，初版，1991年1月，頁43。
16　李震山，行政法導論，三民書局，修訂第11版，2019年2月，頁291-292。
17　同上註，頁288。

流刺網釣魚式（碰機會式）執法，既不符合比例原則，其能達成取締或偵查犯罪績效百分比例應不高，自然比起由執法者基於現場事實狀況來涵攝法令，基於合理懷疑或有事實足認有犯罪嫌、危害嫌疑或有犯罪、危害之虞者，始予攔檢之效果爲低。因此，全面攔檢之心證保留密度極高，應非司法院釋字第535號所肯認，應注意及之。因此，除非依本法第6條第1項第6款及第2項規定及其他相關法律規定，否則恐有合法性之疑慮。再者，警察攔檢酒駕執法，不可隨機任意或非依法之全面攔檢。警察攔檢執法宜儘量提高執法之自主判斷，或是強化情報能力，始進行警察攔檢，抑或在嚴格心證程度符合法定要件下，始進行全面性之集體攔檢。如此經由判斷而攔檢之績效，其取締效果之比率應遠大於全面攔檢酒駕之概率，而且動態攔檢不但績效概率提高，亦對提高員警工作之成就感與榮譽心，有所助益。警察執法除應從比例原則之適當性、必要性及狹義比例原則考量外，亦可要求執法者不得有「報復性」（Punitive）或「懲罰性」（Punish）執法手段，而必須爲「必要性」（Necessary）執法措施。

　　綜上，警察全面攔檢酒駕之行政行爲應遵守法律（依法行政）及一般法律原則（平等、比例、誠信、信賴保護、禁止不當連結、與合義務性裁量原則及正當法律程序之遵守）[18]。而且警察全面攔檢執法之判斷與裁量，應有事出有因與師出有名之合理正當性原則，其因與名應於執法時空中，藉由五官六覺涵攝法律規定之違法與職權要件爲之，亦即以證據爲基礎之合理正當性判斷及裁量。執法時應先尋求執法之正當性基礎，發揮警察專業與運用明確之執法程序，應有明確性法律規範與執法之法律正當程序，來使警、檢、審、辯、民等形成全共知共識。

肆、執行取締酒後駕車作業程序

　　茲引介內政部警政署依據警察職權行使法、刑法及道路交通管理處罰條例之相關規定，訂定有執行「取締酒後駕車作業程序修正規定」如下：

---

[18] 行政程序法第4條至第10條。

取締酒後駕車作業程序修正規定

109 年 4 月 21 日修正

（第一頁，共八頁）

一、依據：
（一）警察職權行使法。
（二）刑法第一百八十五條之三。
（三）道路交通管理處罰條例第七條之二、第三十五條、第六十七條、第八十五條之二。
（四）道路交通安全規則第一百十四條。
（五）違反道路交通管理事件統一裁罰基準及處理細則第十條至第十二條、第十六條、第十九條之一、第十九條之二。
（六）刑事訴訟法第八十八條、第九十五條。

二、分駐（派出）所流程：

流程	權責人員	作業內容

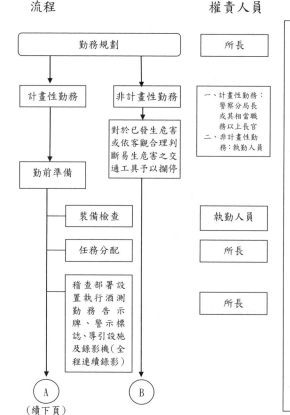

流程圖：

勤務規劃 ── 所長

計畫性勤務　｜　非計畫性勤務

（非計畫性勤務）對於已發生危害或依客觀合理判斷易生危害之交通工具予以攔停

一、計畫性勤務：警察分局長或其相當職務以上長官
二、非計畫性勤務：執勤人員

勤前準備

裝備檢查 ── 執勤人員

任務分配 ── 所長

稽查部署設置執行酒測勤務告示牌、警示標誌、導引設施及錄影機（全程連續錄影）── 所長

A（續下頁）　B

作業內容：

一、勤務規劃：
（一）計畫性勤務：應由地區警察分局長或其相當職務以上長官，指定轄區內經分析研判易發生酒後駕車或酒後肇事之時間及地點。
（二）非計畫性勤務：執行前揭以外之一般警察勤務。
二、準備階段：
（一）裝備（視需要增減）：警笛、防彈頭盔、防彈衣、無線電、反光背心、槍械、彈藥、手銬、警用行動電腦、手電筒、指揮棒、酒精濃度測試器（以下簡稱酒測器）、酒精檢知器、照相機、攝影機、交通錐、警示燈、告示牌（執行酒測勤務）、刺胎器、舉發單、刑法第一百八十五條之三第一項第二款案件測試觀察紀錄表、警察行使職權民眾異議紀錄表。
（二）任務分配：以四人一組為原則，分別擔任警戒、指揮攔車、盤查、酒測及舉發，並得視實際需要增加。
（三）計畫性勤務稽查部署：
　1.稽查地點前方應設置告示牌及警示設施（如警示燈、交通錐），告知駕駛人警察在執行取締酒後駕車勤務。
　2.視道路條件、交通量及車種組成等，得以「縮減車道方式」，執行酒測勤務，並設置警示、導引設施，指揮車輛減速、觀察，並注意維護人車安全。
　3.於稽查地點適當位置設置攝影機，全程錄影蒐證。

(續)取締酒後駕車作業程序(第二頁,共八頁)

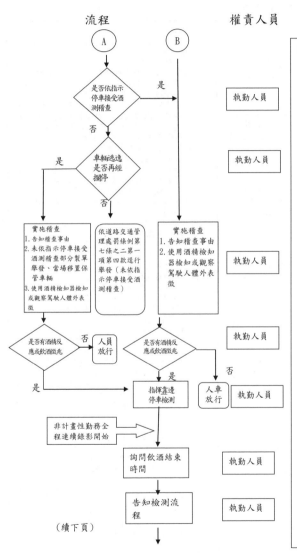

流程	權責人員

三、執行階段:

(一)非計畫性勤務:對於已發生危害或依客觀合理判斷易生危害之交通工具攔停實施交通稽查。

(二)計畫性勤務:

1. 勤務規劃應妥適引導車流,由指揮人員指揮其暫停、觀察,其餘車輛應指揮迅速通過,以免影響行車秩序。

2. 行經設有告示執行酒測勤務處所,未依指示停車接受酒測稽查之車輛:

(1)對於逃逸之車輛經攔停者:

　A.員警著制服或出示證件表明身分,告知其行經設有告示執行酒測勤務處所,未依指示停車接受酒測稽查。

　B.針對未依指示停車接受酒測稽查部分製單舉發,並當場移置保管其車輛。

　C.研判駕駛人無飲酒徵兆,人員放行。

　D.研判駕駛人有飲酒徵兆,經詢問飲酒結束時間後,依規定對其實施酒測及辦理後續相關事宜。

(2)對於逃逸之車輛無法攔停者:

　A.對於逃逸之車輛,除依道路交通管理處罰條例第七條之二第一項第四款逕行舉發,並依道路交通管理處罰條例第三十五條第四項第一款規定論處。

　B.棄車逃逸者,除依前開規定舉發外,並當場移置保管該車輛。

(三)觀察及研判:

1. 指揮車輛停止後,執勤人員應告知駕駛人,警方目前正在執行取締酒後駕車勤務,並以酒精檢知器檢知或觀察駕駛人體外表徵,辨明有無飲酒徵兆,不得要求駕駛人以吐氣方式判別有無飲酒。

2. 研判駕駛人有飲酒徵兆,則指揮車輛靠邊停車,並請駕駛人下車,接受酒精濃度檢測。

3. 研判駕駛人未飲用酒類或其他類似物,則指揮車輛迅速通過,除有明顯違規事實外,不得執行其他交通稽查。

(續下頁)

(續)取締酒後駕車作業程序(第三頁,共八頁)

流程	權責人員	作業內容

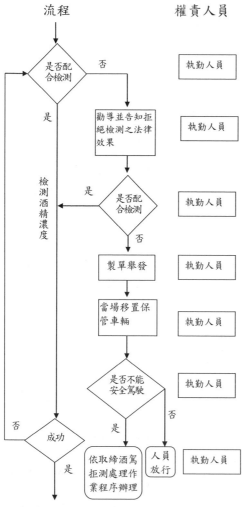

（四）檢測酒精濃度：
執行酒精濃度測試之流程及注意事項：
1. 檢測前：
(1)全程連續錄影。
(2)詢問受測者飲用酒類或其他類似物結束時間,其距檢測時已達十五分鐘以上者,即予檢測。但遇有受測者不告知該結束時間或距該結束時間未達十五分鐘者,告知其可於漱口或距該結束時間達十五分鐘後進行檢測;有請求漱口者,提供漱口。
(3)準備酒測器,並取出新吹嘴:
(4)應告知受測者事項:
　A.告知酒測器檢測之流程及注意事項。
　B.請其口含吹嘴連續吐氣至酒測器顯示取樣完成。受測者吐氣不足致酒測器無法完成取樣時,應重新檢測。
2. 檢測開始:插上新吹嘴,請駕駛人口含吹嘴吐氣。
3. 檢測結果:
(1)成功:酒測器取樣完成。
(2)失敗:因酒測器問題或受測者未符合檢測流程,致酒測器檢測失敗,應向受測者說明檢測失敗原因,請其重新接受檢測。
（五）告知檢測結果:
告知受測人檢測結果,請其在酒測器列印之檢測結果紙上簽名確認。拒絕簽名時,應記明事由,並依規定黏貼管制,俾利日後查核。
（六）駕駛人拒測:
1. 駕駛人未肇事致人重傷或死亡時,應當場告知拒絕檢測之法律效果,內容如下:
(1)拒絕接受酒精濃度測試檢定者,處新臺幣十八萬元罰鍰,吊銷駕駛執照。
(2)如於五年內第二次違反道路交通管理處罰條例第三十五條第四項第一款或第二款規定者,處新臺幣三十六萬元罰鍰,第三次以上者按前次所處罰鍰金額加罰新臺幣十八萬元,吊銷駕駛執照。
2. 駕駛人肇事致人重傷或死亡時,應當場告知拒絕檢測之法律效果,內容如下:
(1)拒絕接受酒精濃度測試檢定者,處新臺幣十八萬元罰鍰,吊銷駕駛執照,並得沒入車輛。
(2)如於五年內第二次違反道路交通管理處罰條例第三十五條第四項第一款或第二款規定者,處新臺幣三十六萬元罰鍰,第三次以上者按前次所處罰鍰金額加罰新臺幣十八萬元,吊銷駕駛執照,並得沒入車輛。

(續下頁)

（續）取締酒後駕車作業程序（第四頁，共八頁）

流程	權責人員	作業內容

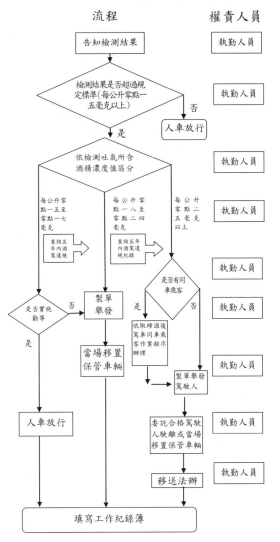

流程圖權責人員欄位依序標示：執勤人員、執勤人員、執勤人員、執勤人員、執勤人員、執勤人員、執勤人員、執勤人員、執勤人員

流程：告知檢測結果 → 檢測結果是否超過規定標準（每公升零點一五毫克以上）→ 否 → 人車放行 ／ 是 → 依檢測吐氣所含酒精濃度值區分 → 每公升零點一五至零點一七毫克／每公升零點一八至零點二四毫克／每公升零點二五毫克以上 → 查詢五年內酒駕違規／查詢五年內酒駕違規紀錄 → 是否實施勸導（否→製單舉發；是→人車放行）／製單舉發→當場移置保管車輛／是否有同車乘客（是→依取締酒後駕車同車乘客作業程序辦理；否→製單舉發駕駛人）→ 委託合格駕駛人駛離或當場移置保管車輛 → 移送法辦 → 填寫工作紀錄簿

作業內容：

3. 對於有其他情事足認服用酒類或其他相類之物，致不能安全駕駛者，已符合刑法第一百八十五條之三第一項第二款之要件，應依規定移送法辦。

四、結果處置：

（一）無飲用酒類或其他類似物或未超過標準者：人車放行。

（二）勸導代替舉發：駕駛人未嚴重危害交通安全、秩序且情節輕微，其吐氣所含酒精濃度達每公升零點一五毫克以上未滿每公升零點一八毫克之未肇事案件，且無不能安全駕駛情形者，得對其實施勸導，免予舉發，當場填製交通違規勸導單，並人車放行。

（三）違反交通法規未觸犯刑法者：駕駛人吐氣所含酒精濃度達每公升零點一八毫克以上未滿每公升零點二五毫克或血液中酒精濃度達百分之零點零三以上未滿百分之零點零五者，製單舉發，並當場移置保管其車輛。

（四）觸犯刑法者：駕駛人吐氣所含酒精濃度達每公升零點二五毫克以上或血液中酒精濃度達百分之零點零五以上者，應移送法辦，並製單舉發，委託合格駕駛人駛離或當場移置保管其車輛；對於有其他情事足認服用酒類或其他相類之物，致不能安全駕駛者，已符合刑法第一百八十五條之三第一項第二款之要件，也應依規定移送法辦。

（五）駕駛人吐氣所含酒精濃度達每公升零點二五毫克以上或血液中酒精濃度達百分之零點零五以上，同車乘客依取締酒後駕車同車乘客作業程序辦理。

五、駕駛人或行為人對警察行使前揭職權之方法、應遵守之程序或其他侵害利益之情事，當場提出異議時，依下列規定給予表單：

（一）製單舉發而對於交通違規稽查有異議者，應於通知單記明其事件情節及處理意見。

（續下頁）

(續)取締酒後駕車作業程序(第五頁,共八頁)

流程	權責人員	作業內容

(二)對於非屬交通違規稽查之其他職
　　權行使,有異議者,並經其請求
　　時,應填寫警察行使職權民眾異議
　　紀錄表交付之。
六、救濟程序:
　　民眾對舉發違規事實不服者,應委
　　婉予以說明,仍表不服者,應告知
　　其陳述規定與程序。
七、將未依指示停車接受稽查、拒絕接受
　　酒測案件登記於工作紀錄簿。

三、分局流程:無。
四、使用表單:
(一)舉發違反道路交通管理事件通知單。
(二)交通違規勸導單。
(三)受理各類案件紀錄表。
(四)刑法第一百八十五條之三第一項第二款案件測試觀察紀錄表。
(五)警察行使職權民眾異議紀錄表。
(六)工作紀錄簿。
五、注意事項:
(一)操作酒測器應注意事項:
　　1.出勤前應先檢查日期、時間是否正確,經濟部標準檢驗局「檢定合格標章」是否逾期、污
　　　損及「檢驗合格證書」(影本)是否隨機攜帶。
　　2.實施檢測,應於攔檢現場為之,且實施檢測過程應全程連續錄影。但於現場無法或不宜實
　　　施檢測時,得向受測者說明,請其至勤務處所或適當場所檢測。如受測者拒絕,應予勸告
　　　將依道路交通管理處罰條例第三十五條第四項第二款規定處罰。而除有法律規定之依據或
　　　其有客觀事實足以顯示其有觸犯刑法第一百八十五條之三之情節外,不得任意將受測者強
　　　制帶離。
　　3.駕駛人吐氣所含酒精濃度經執勤員警依本作業程序完成檢測後,不論有無超過規定標準,
　　　不得實施第二次檢測。但遇檢測結果出現明顯異常情形時,應停止使用該酒測器,改用其
　　　他酒測器進行檢測,並應留存原異常之紀錄。
　　4.有客觀事實足認受測者無法實施吐氣酒精濃度檢測時,得於經其同意後,送由受委託醫療
　　　或檢驗機構對其實施血液之採樣及測試檢定。
　　5.酒測器每年須送經濟部標準檢驗局檢驗一次,或使用一千次後必須送廠商校正及檢定,以
　　　符施檢規範之規定。

(續)取締酒後駕車作業程序(第六頁,共八頁)

(二)移送法辦應注意事項:

　1. 逮捕現行犯或準現行犯:

　(1) 依刑事訴訟法第八十八條規定予以逮捕。

　(2) 逮捕詢問時,應先告知其犯罪嫌疑及所犯所有罪名(如涉嫌觸犯刑法第一百八十五條之三)、得保持緘默、得選任辯護人、得請求調查有利證據等事項。

　2. 對於駕駛人酒後駕車,有刑法第一百八十五條之三情形,依下列說明事項辦理:

　(1) 有刑法第一百八十五條之三第一項第一款(吐氣所含酒精濃度達每公升零點二五毫克或血液中酒精濃度達百分之零點零五以上)之情形者,其經測試(檢測)事證明確,則檢具相關事證移送法辦,無需再檢附「刑法第一百八十五條之三第一項第二款案件測試觀察紀錄表」。

　(2) 有刑法第一百八十五條之三第一項第二款(其他情事足認服用酒類或其他相類之物,致不能安全駕駛)之情形者,或經員警攔檢駕駛人拒絕吐氣酒精濃度測試,且有「刑法第一百八十五條之三第一項第二款案件測試觀察紀錄表」所列之客觀情事,判斷足認其有不能安全駕駛之情形,均需檢附該紀錄表及相關佐證資料,依法移送法辦。

　3. 對已達移送標準事證明確,顯不能安全駕駛者,輔以錄音、錄影(照相)方式存證,連同調查筆錄、吐氣或血液酒精濃度檢測數值資料,併案移送。

　4. 調查違法事證時,應依相關規定辦理,佐以犯罪嫌疑人(駕駛人)不能安全駕駛之客觀情事,記載於筆錄,以強化證據力,提供辦案參考。

　5. 調查詢問,應遵守刑事訴訟法第一百條之三規定:

　　「司法警察官或司法警察詢問犯罪嫌疑人,不得於夜間行之。但有下列情形之一者,不在此限:

　(1) 經受詢問人明示同意者。

　(2) 於夜間經拘提或逮捕到場而查驗其人有無錯誤者。

　(3) 經檢察官或法官許可者。

　(4) 有急迫之情形者。

　　犯罪嫌疑人請求立即詢問者,應即時為之。稱夜間者,為日出前,日沒後。」

　6. 完成詢問後,將犯罪嫌疑人連同筆錄、舉發違反道路交通管理事件通知單(移送聯影本)、酒精測定紀錄單二份(影本)及刑法第一百八十五條之三第一項第二款案件測試觀察紀錄表依刑案程序移送該分局偵查隊處理。

(三)汽車駕駛人肇事拒絕接受檢測或肇事無法實施吐氣酒精濃度檢測者,應將其強制移由受委託醫療或檢驗機構對其實施血液或其他檢體之採樣及測試檢定。

(四)「酒駕肇事駕駛人移送法辦原則」如下:

　1. 吐氣所含酒精濃度未達每公升零點一五毫克或血液中酒精濃度未達百分之零點零三者:原則上不依刑法第一百八十五條之三規定移(函)送檢察機關。但如有其他證據足以證明其確實不能安全駕駛者,應向當地管轄地檢署檢察官報告,並依其指示辦理。

　2. 吐氣所含酒精濃度達每公升零點一五毫克以上或血液中酒精濃度達百分之零點零三以上者:檢附「刑法第一百八十五條之三第一項第二款案件測試觀察紀錄表」及相關佐證資料移(函)送檢察機關。

(續)取締酒後駕車作業程序(第七頁，共八頁)

(五)駕駛人因不勝酒力於路旁車上休息，未當場查獲有駕駛行為者，應補充相關證據足可證明其有駕駛行為，始得依法舉發；如駕駛人係因發覺警察執行稽查勤務，始行駛至路邊休息，仍應依規定實施檢測。

(六)執勤技巧：

1. 出勤前應落實勤前教育，帶班幹部應明確任務分工，並確實檢查應勤裝備、停車受檢警示燈及酒測器是否正常運作。

2. 攜帶足夠之安全器材（如交通錐、警示燈、指示牌、刺胎器等），並擺放於明顯、容易辨識之位置，確實開啟車輛警示燈，並依規定擺放停車受檢指示牌（警示燈）、交通錐等設備，使駕駛人能提前發現攔檢點，並依序停車受檢。

3. 攝影機取景宜涵蓋現場全貌，並將執行酒測勤務告示牌、車輛通行過程、車牌號碼完整入鏡，俾利完整蒐證不依指示停車接受酒測稽查逃逸車輛之違規事實。

4. 執勤人員路檢盤查駕駛人時，應離開車道至安全處所，並以警車在後戒護，以達到安全維護措施。

5. 路檢盤查勤務，應有敵情觀念，擔任警戒人員，應提高警覺，防範駕駛人無預警襲擊，攔檢時發現車速過快車輛，特別注意人身安全，保持安全反應距離，遇攔檢不停車輛應迅速閃避，不可強行攔阻，以維自身安全。

6. 攔下受檢車輛，應讓受檢車輛靠路邊停放，避免他車追撞，造成傷亡，或避免突然於高速行駛中攔車，以免發生危險或造成交通壅塞。

7. 執勤人員攔檢車輛時，以觀察駕駛人外貌辨明有無飲酒徵兆為主，不得將頭探入車窗內，以避免危害自身安全。

8. 執行取締酒駕勤務遇夜間、陰雨、起霧等天候不佳或視線不良時，需有更充足的夜間照明、導引及反光設備，避免民眾無法明確目視員警攔停手勢，致接近路檢點時才緊急煞車致生危險。

9. 善用執法裝備器材，對於錄影、錄音等應勤裝備應確實攜帶，並注意執勤態度，遇有酒醉藉故滋事之駕駛人，應注意使用錄影器材全程蒐證，以確保同仁及民眾應有權益。

10. 酒醉者常有失控及具攻擊性之行為，處理時應小心應對，對酒後駕車當事人依法有執行逮捕、管束或強制到場之必要時，應加強注意戒護，防止脫逃、自殺或其他意外事端，並注意自身安全，避免遭受傷害；當事人如有傷痕或生命危險時，應注意蒐證，避免日後糾紛。

11. 對於依法應予逮捕而抗拒逮捕或逃逸者，得使用強制力及依法使用警械，但應符合比例原則，不得逾越必要程度。

(續)取締酒後駕車作業程序(第八頁,共八頁)

(七)駕駛人拒絕停車受檢,意圖衝撞路檢點及執勤員警時應注意事項:

1. 勤前教育時應明確分配各路檢人員任務(包含指揮管制、檢查、警戒、蒐證等)及其站立位置。

2. 攔檢車輛之執勤地點,應選擇空曠且明亮位置。

3. 到達稽查點,帶班人員應考量執勤地點之道路狀況,妥適安排現場巡邏車及警示設施之擺放位置,並開啟警示燈及依序擺放電子告示牌、交通錐或預防衝撞設施(如刺胎器)等,擺放時應面向車流,注意往來行車狀況,以確保自身安全。

4. 攔檢點警示燈及路檢告示牌至巡邏車擺設距離,應保持適當之安全距離,擺放要明顯且齊全,員警應注意自身及民眾站立之相關位置,並立於安全警戒區內,以利即時反應、迴避任何突發危險狀況。

5. 路檢時員警應提高警覺,注意被攔檢車輛動態,採取必要措施,勿以身體擋車強行攔停,且每一次攔檢以一部車輛為原則。

6. 攔檢指揮管制手勢要明確,對於行車不穩、顯有酒後駕車徵兆之車輛,以手勢配合警笛聲指揮並攔停檢查。

7. 使用錄影(音)設備蒐證。

(八)如屬非計畫性勤務時,得不受前揭專屬於固定地點執勤所需之各項裝備器材等規範限制,惟仍應提高警覺注意安全。

(九)因應嚴重特殊傳染性肺炎(COVID-19)疫情期間,應注意事項:

1. 避免民眾及員警遭受感染之風險,暫停使用酒精檢知器進行初篩檢測。

2. 同仁執行酒測勤務時,應一律佩戴口罩。攔停駕駛人後,應保持一定距離,觀察過濾駕駛人有無飲酒徵兆,有飲酒徵兆者,則指揮車輛靠邊停車熄火,並請駕駛人下車接受酒精濃度檢測,執行檢測時,應一律戴防護手套。

3. 使用酒測器前,酒測器應予適當消毒(以1:100比例稀釋過後的漂白水進行外觀擦拭,不可使用酒精擦拭,以避免產生偽陽性結果或酒測器無法歸零校正)。

4. 取出全新未拆封之新吹嘴,並向受測者說明酒測器檢測流程後執行,使用過之吹嘴,應用塑膠袋包覆後卸除,並妥善處理,不可隨便丟棄。

5. 實施檢測後,同仁應以肥皂水、洗潔液或乾洗手液清潔,避免民眾吹氣時,飛濺口沫殘留在手部,造成事後接觸到口鼻傳染,以保護員警自身安全。

6. 駕駛人涉有犯罪嫌疑或違犯社會秩序維護法,為現行犯或準現行犯需予以逮捕時,應參照本署偵查「嚴重特殊傳染性肺炎及紓困振興特別條例」刑責案件應注意事項辦理。

7. 駕駛人為罹患或違反居家隔離、居家檢疫者,應即通報勤務指揮中心調派防護衣到場並通知衛生機關處理;於勤務結束後,應清消應勤裝備,以保持衛生安全。

8. 民眾確有配合返回駐地處理之必要者,進入駐地前一律先測量額溫,額溫超過三十七點五度或不配合測量者,不得進入駐地,應擇駐地外適當地點處理。

第五節 實務判決

有關司法實務有關警察全面攔檢酒駕之前述三件案例之司法重要判決內容，茲分別摘要分析如下：

壹、無合理懷疑之強制酒測違法而撤銷原處分

案例一之判決理由：經摘錄台灣桃園地方法院行政訴訟判決102年度交字第293號判決[19]之「理由」（七）略以：「系爭規定（指道交條例第35條）就警察機關攔停汽機車而實施酒測之實體與程序要件，未置一詞，參諸司法院釋字第535號及第570號等解釋，應可認定系爭條例第35條第1項並非實施酒測之授權依據。既無實施酒測之授權基礎，如何課予人民接受酒測之義務？從而系爭條例第35條第4項拒絕酒測應受處罰之規定，恐將失所附麗。因此，本件解釋找到警察職權行使法第8條第1項第3款規定作為依據，即警察對於已發生危害或依客觀合理判斷易生危害之交通工具，得予以攔停，要求駕駛人接受酒精濃度測試之檢定，並自行加上『疑似酒後駕車』要件，作為警察執行酒測的法律依據，從而認為駕駛人有依法配合酒測之義務。然此舉恐將滋生以下疑義，首先，系爭規定係針對『未肇事』之拒絕酒測者而處罰，並不會符合『已發生危害』之要件。其次，實務上酒測若非採取隨機而係集體攔停方式，受測者往往需排隊受檢，自非每部受檢車輛皆與『依客觀合理判斷易生危害之交通工具』之要件有直接關係，因為該條規定係以『交通工具』外顯之危險或危害狀態為判斷準據，自難據以精確判斷駕駛人是否『疑似酒駕』。最後，該條規定並未賦予警察實施全面交通攔檢之權，至於同法第6條與第7條則是為一般危害防止攔檢人車查證身分，亦非為維護交通安全與秩序而設。」「本院於釋字第535號解釋中已破除『既然沒有違法行為，何懼臨檢與盤查』官方說詞的魔咒，以致『目的正當不能證立手段的合法』、『實質正當法律

---

[19] 台灣桃園地方法院行政訴訟判決102年度交字第293號判決內容。

程序包括實體內容及程序要件』、『公權力要先管好自己才能取得指導、取締人民的正當性』等實質法治國的精靈，紛紛從行政威權主義的桎梏中解放出來，警察職權行使法亦適時順勢地堂堂問世。……是以員警如僅係設置路檢站，即對過往車輛一律攔停臨檢，因尚無所謂「已發生危害或依客觀合理判斷易生危害。」可言，只能請求駕駛人搖下車窗，配合臨檢。此時駕駛人如拒絕配合搖下車窗，警方既尚未有合理懷疑之「合法酒測」行為，自不能僅以拒絕配合臨檢即構成「拒絕酒測」。除非在臨檢後發現「已生危害」（例如有人車禍受傷）或「依客觀合理判斷易生危害」（如車內酒氣十足、駕駛人神智不清等），始得謂有合理懷疑程度，可懷疑駕駛人有酒駕情事，此時要求其接受酒測，即通過合理懷疑之門檻。切記絕不能單以行為人若無飲酒，何需拒絕酒測為由，強制其接受酒測，如此不僅違反「不自證己罪原則」，亦違反已具國內法效力的公民與政治權利國際公約第14條第3項第7款規定：「不得強迫被告自供或認罪。」於是該審法官乃綜上所述，本件舉發警察於無合理懷疑之前提下即強令原告配合接受酒測，不符警察職權行使法第8條規定「已發生危害或依客觀合理判斷易生危害」之合理懷疑為要件，原告自有拒絕的權利（也只有這樣微薄的權利），即使警察有完整且明確的踐行事前告知拒絕酒測之處罰效果，被告據此處以本條例第4項之處罰自有違法。原告訴請撤銷原處分為有理由，應將原處分予以撤銷，始為合法。

貳、非依法指定酒測站之集體攔檢違法而撤銷原處分

案例二之判決理由：警察攔檢地點非屬經警察機關主管長官指定合法設置之酒測路段或酒測管制站，而經判決撤銷原處分。本件主要爭點有二：一則原告有無於事實概要欄所載時間，行經系爭地點？二則係是否係經警察機關主管長官指定合法設置之「酒測路段」或「酒測管制站」？最後判決以：一、本件尚難認定原告有於事實概要欄所載時間行經系爭地點。法院乃以本件現場夜間視線不佳，該車輛迅速行經酒測路檢點，除一名員警外，其餘員警均未目擊，則由目擊員警陳員再次與其他員警確認車

牌號碼之舉，以及Toyota廠牌車輛於道路上十分常見以觀，實難單以系爭車輛廠牌與員警所見車輛為同廠牌，即率予推斷員警所見車輛即為系爭車輛。再觀諸本院勘驗筆錄所附擷取照片（見本院卷第141至149、161至175頁），完全無法清楚見及該行經酒測管制站未停車車輛之車牌號碼，員警事後復未調閱該車輛行經路徑之監視器，佐證該車輛即為系爭車輛，自難僅憑單一員警在夜間短暫片刻之記憶，認定系爭車輛有行經酒測路檢點，不依指示停車接受稽查之情事；二、本件尚難認定系爭地點屬經警察機關主管長官指定合法設置之酒測路段或酒測管制站，員警不得對行經系爭地點之駕駛人集體攔停，原告亦無依指示停車接受稽查之義務。從而，原告訴請撤銷原處分，洵有理由，應予准許。

參、員警違反正當程序攔停舉發而撤銷原處分

　　案例三之判決理由：無正當理由合理相信原告駕駛系爭車輛已發生具體危害或易生危害而經法院判決撤銷原處分。按判決書內容略以：「員警對駕駛人『實施酒測（包含以簡易酒精檢知器及酒測器酒測）』，無論駕駛人先前係經『集體攔停』或『隨機攔停』，依警察職權行使法第8條第1項第3款規定，警察均須『合理懷疑』交通工具已發生具體危害或依客觀合理判斷易生危害，始得對駕駛人實施酒測（關於「隨機攔停」交通工具及『實施酒測』所要求之『合理懷疑』心證程度，詳細請參本院於107年度交字第352號判決五之（一）之說明）。」該判決並進一步示明：「至關於『合理懷疑（reasonable suspicion）』之概念，參考美國聯邦最高法院在 Terry v. Ohio 案【392 U.S. 1 (1968)】、Alabama v. White 案【496 U.S. 325 (1990)】之見解，係指高於直覺（hunch），低於相當理由（probable cause）之標準，只要員警考量整體情況（totality of the circumstances），依其個人經驗有正當理由合理相信行為人之行為已發生具體危害或易生危害，即屬之。又所謂『已發生具體危害』，係指已發生交通事故或肇致人員傷亡、財物毀損；『依客觀合理判斷易生危害』，則指危害尚未發生，

但依具體個案情況，認有發生危害之危險者。」更進一步指出：「單以交通工具外觀而論，例如車輛有搖晃、蛇行、飆速、逆向、忽快忽慢、隨意變換車道、驟踩煞車等違反道路交通安全規則之危險駕駛行為。另因駕駛人之行為，依客觀合理判斷交通工具易生危害之情形，則因駕駛人所駕駛之車輛為汽車或機車而有所不同。於『機車』之情形，因機車在空間上並非密閉，本身所具有之合理隱私期待較低，員警如未隨機攔停機車，靠近機車即可嗅得駕駛人身上或嘴巴散發酒味，或駕駛人有眼睛充血、濕潤、滿臉通紅、步伐不穩，以及其他依員警個人經驗判斷，合理相信駕駛人有服用酒類之情形，自可合理懷疑駕駛人服用酒類而使駕駛之機車易生危害，員警因此對該機車駕駛人隨機攔停並實施酒測，自屬合法。」然而，本案判決指出：員警對原告H君隨機攔停酒測要屬違法。該判決書載明：員警當天騎乘機車至原告系爭車輛後方時，原告已在停等紅燈，無違反道路交通安全之危險駕駛行為，有擷取照片可（見本院卷第175頁），是綜合上開各節，難認員警由系爭車輛外觀及原告之行為，已有正當理由合理相信原告駕駛系爭車輛已發生具體危害或易生危害，員警僅憑其主觀上之直覺、臆測，遽認原告有酒駕之可能，進而對原告隨機攔停，揆諸首揭說明，員警對原告隨機攔停自未達「合理懷疑」程度，其攔停洵屬違法。本案例之最後判決係以：「員警無正當理由合理相信原告駕駛系爭車輛已發生具體危害或易生危害，故員警對原告隨機攔停，要屬違法又因攔停程序屬立法者所定之正當行政程序，員警違法攔停所為之舉發，自違反正當行政程序，以舉發為基礎之裁決亦應予以撤銷。」

第六節 評析

警察全面攔檢酒駕執法發生爭議屢經媒體披露而時有所聞，本章乃選擇曾經由媒體登載重要爭議及其相類似之上述三案件，並依司法判決情形分析之法學資料檢索系統，查閱法院裁判相關案件之內容，分析警察與司

法實務上有關全面攔檢酒駕之認知或見解差異，並進一步探討在法規範與實務運作上之問題何在，著眼於其「法規範」之妥適性與警察實務運作上之研析，探討為何警察全面攔檢酒駕卻遭致法院裁判原處分撤銷之相關事由。

壹、前述相關個案判決之綜合評析

　　警察攔檢規範與執行常與民眾自由與權利密切相關，惟警察對交通工具之攔檢執法究竟是全面無差別或個別合理判斷始予以攔檢，常有爭議。茲針對上述例舉三個案之法官對警察全面攔檢酒駕之判決內容評析如下：

一、明確要求攔檢酒駕之職權要件應符合「已發生危害或依客觀合理判斷易生危害」之要件：判決嚴格要求警察實施攔檢酒測應符合本法第8條第1項，如：發生交通事故；抑或是依客觀合理判斷易生危害，如：行車不穩、蛇行等。始具有進行攔停，並進而對駕駛人進行酒測，否則便屬於違法得撤銷之瑕疵。從上述法官對警察全面攔檢酒駕之判決內容可知，不論刑事或行政訴訟案件之判決，近年來大多數法官已經逐漸趨向採取如台灣桃園地方法院行政訴訟判決102年度交字第293號判決之「事實及理由」，亦即認定若警察於無合理懷疑之前提下即強令原告配合接受酒測，不符警察職權行使法第8條規定「已發生危害或依客觀合理判斷易生危害」之合理懷疑為要件，而認定原告自有拒絕的權利。更且，該判決結果與內容事後引起媒體與大眾的極大關注，亦導引了之後幾年來的判決之心證方式與程度漸趨一致，而採取攔檢（含全面攔檢）應有合理性為前提，而攔檢後之酒駕呼氣調查亦應另有合理懷疑之已發生危害或依據客觀合理判斷易生危害之可疑情形，始得為之。近來更多法官見解趨於一致而主張於非路檢點對於車輛之攔檢，不得以集體攔停，而屬個別判斷攔檢，而判斷之職權要件為是否有「已發生危害，或依客觀合理判斷易生危害之交通工具」。因此，許多法官認為無合理懷疑攔檢與酒測，認定警察之執法行為違反「正當行政程序」或「正當法律程序」，而予以撤銷原處分。

二、相對地，尚有些判決內容仍同意警察對於行經指定「酒測路段」或
「酒測管制站」之駕駛人，得以依據本法第6條第1、2項由分局長以
上長官來指定路段或設置管制站以全面攔檢。亦即此種判決趨向於
無須合理懷疑即得依警察職權行使法第6條第1項第6款規定查證其身
分，並對人及交通工具為「集體攔停」，惟該指定之酒測路段、酒測
管制站形式上須經警察機關主管長官指定，實體上亦須符合「防止犯
罪」或「處理重大公共安全或社會秩序事件」而有必要之情形。亦即
以本法第6條之全面集體攔停後，接續依據本法第8條實施酒測措施，
甚至並未依據本法第7條查證其身分，而僅依據第8條酒測檢定而無飲
酒現象時，即任令其離去。然仍應審酌該酒測路段、酒測管制站之設
置是否違法？而有判決見解主張員警不得對行經違法設置酒測路段或
酒測管制站之駕駛人集體攔停。

再者，「全面攔檢」與「個別攔檢」應屬二個極大不同層次之法定
授權，應不可混用，因二者之授權合理性與心證程度及其程序均有差異，
其影響人權程度亦不等同。再者，亦不可全面攔停而個別擇檢，因「全面
攔檢」係依據第6條第1項第6款及其第2項規定，其違法犯罪之要件保留密
度極高，符合該職權要件，始得以依此長官保留授權其指定全面集體攔檢
（即應全面不遺漏的攔檢，不可再選擇性執法）。例如，319槍擊案未能
封街全面攔檢及做好現場保全[20]，以及如美國封鎖水城進行大規模搜索以
逮捕波士頓馬拉松歹徒案[21]。否則，即應屬於由個別員警在執法現場以其
五官六覺對人的行為、物的狀況或整體環境的事實現象考量（Totality of
Circumstances）是否具有法定之違法要件，並依據執法者對確定符合違法
要件之心證程度（Level of Proof）（亦即：職權要件）來進行執法判斷與
裁量。故警察執法判斷應具有二種要件：「違法要件」（該當違法三性：

---

[20] 李昌鈺版319槍擊案調查報告摘要（上）（台灣日報記者彭華幹整理），2004年12月，http://www.taiwancenter.com/sdtca/articles/12-04/3.html，最後瀏覽日：2020年9月3日。

[21] Police and FBI Comb Watertown for Bombing Suspect, Heavily armed FBI and police SWAT teams combed through Watertown, Mass. in a massive manhunt for Boston Marathon bombing suspect Dzhokhar Tsarnaev, See: https://www.youtube.com/watch?v=0A5vfyFyptQ, last visited: 2020/9/3.

構成要件合致性、有責性與違法性）與「職權要件」（違法確證程度，以衡平警察採取干預強制力程度）。亦即先有違法構成要件作為判準，若有有合理懷疑以上之心證程度認定已經有犯罪或危害嫌疑，抑或有犯罪或危害之虞時，則可依法定授權採取調（偵）查措施。

貳、警察實務對全面攔檢酒駕所提問題之研析

再者，按「中華警政研究學會」2020年9月29日於某警察分局舉辦「警察攔檢盤查實務爭點」實務論壇，有鑒於類似於上述判決個案之情形經常發生而困擾實務執法，乃由分局針對警察實務上全面攔檢酒測執法之主要問題，其所提出之相關情境事實與爭點與上述三個法院判決案例有異曲同工或意圖藉由論壇研討以進一步了解抽象規範與實務適用之涵攝過程如何因應，茲乃一併提供研析，以求對警察實務執法有所助益。故由實務提出相關問題背景之情境敘述與爭點內容及研析分別如下：

一、問題情境背景：員警依據「警察勤務條例」、「警察職權行使法」等相關規定，由警察機關主管長官指定，經客觀、合理判斷，對於行經指定公共場所、路段及管制站者，以減縮車道的方式，過濾、攔停車輛，並採初步查證受檢人身分及全般狀況裁量，倘發現可疑情事，再將車輛移至受檢區域，若無違法情事，就指揮迅速通過之情形。其目的在於確保道路交通安全、取締違法，以防止更大危害，而採最小侵害手段，保護大眾權益。惟釋字第535號解釋保障人民行動自由與隱私權利之意旨，要求警察人員「不得不顧時間、地點及對象任意臨檢、取締或隨機檢查、盤查」，因此闡釋關於警察臨檢之對象，必須對「已發生危害或依客觀合理判斷易生危害之交通工具」。是以，員警於執行攔檢盤查中值勤方式之適法性為何？

二、相關問題爭點：爭點一：於盤查點前方，未停車前尚在駕駛系爭車輛之情形，到達盤查點時，員警示意駕駛搖下車窗，以肉眼檢視車內人員狀況，或以以鼻聞、與駕駛對話以判斷有無酒氣，與警察職權行使法第8條規定（攔停交通工具採行措施）是否有違？爭點二：員警因

設立盤查點，造成途經該處之車輛大排長龍，倘員警並無對全數車輛逐一盤查，僅依經驗判斷，則部分車輛示意駕駛搖下車窗，以肉眼檢視車內人員狀況，或以鼻聞、與駕駛對話，已判斷有無酒氣或其他違法，餘則示意快速通過，有否不當？爭點三：巡邏中或對停等紅燈人車（尚無交通違規、危險駕駛情形）隨機攔查與無差別攔查，是否相當？爭點四：員警於執行勤務中，因滋事者或被攔查人抗拒盤查而大聲喧鬧，員警遂以強制力執行公權力，其在旁觀看之民眾，出聲喝斥員警，質疑員警執法過當，甚或言語叫囂，有無違法？

三、分析：首先，先釐清依警職法第8條是否授權「全面（或集體）攔檢酒測？再者，可否依同法第6、7條進行酒測攔檢？或可否併用第6條＋第8條進行全面酒測？茲析論如下：

（一）爭點一之分析：警職法第8條是否授權「全面（或集體）攔檢酒測？按僅依第8條應尚不得全面集體攔檢酒測，因該條明定有攔檢判斷要件：「警察對於已發生危害或依客觀合理判斷易生危害之交通工具，得予以攔停並採行下列措施」。故仍應依第8條個別判斷是否該車已發生危害或依客觀合理判斷易生危害。因該條文並無全面攔檢授權；又查道交條例第35條第1項第1款「一、酒精濃度超過規定標準」係違法要件，非職權要件（大法官釋字第699號、台灣桃園地方法院行政訴訟判決102年度交字第293號判決內容參照（如附錄）；惟若經逮捕，則另按刑事訴訟法第205條之2：「檢察事務官、司法警察官或司法警察因調查犯罪情形及蒐集證據之必要，對於經拘提或逮捕到案之犯罪嫌疑人或被告，得違反犯罪嫌疑人或被告之意思，採取其指紋、掌紋、腳印，予以照相、測量身高或類似之行為；有相當理由認為採取毛髮、唾液、尿液、聲調或吐氣得作為犯罪之證據時，並得採取之。」則可依法酒測之。再者，可否依同法第6、7條進行攔檢並酒測？因依第6條進行攔檢而得行第7條職權（攔停、詢問、令出示證件、檢查身體或物件、帶往勤務處所）而僅為「查證身分」之目的（第6條＋

第7條僅得查證身分），並無授權其他干預性措施，其中之第7條授權之職權措施並無「酒測」之授權規定。而且，依據「明示其一，排除其他」之法律原則，既然本法第8條已經明定酒測授權，應依據該條行使酒測職權。另一方面，可否併用警職法第6條＋第8條進行全面酒測？如前所述，第8條已經明定酒測職權措施及其判斷要件，即應依該規定為之，應不宜併用第6條＋第8條。然警察應可依法攔停後為任意性之五官六覺判斷，而有合致刑事訴訟法或其他相關法規之職權規定時，得依轉換依其規定為之。例如，因本法第6條基於治安而有全面攔檢時，於實施集體逐一檢查過程中，發現有犯罪情事，包括刑法第185條之3酒駕之嫌疑時，則得依前述之刑事訴訟法第205條之2逮捕處置之。

（二）爭點二之分析：按本爭點情境所述，若是「全部攔停」並無本法第8條之授權，又若如上所述：「倘員警並無對全數車輛逐一盤查」則是全面攔停，卻未全面檢查。又若「員警因設立盤查點，……僅依經驗判斷，則部分車輛示意駕駛搖下車窗，以肉眼檢視車內人員狀況，或以鼻聞、與駕駛對話，以判斷有無酒氣或其他違法，餘則示意快速通過」則是「全面攔停，個別擇檢」，然警職法或相關法律並無授權「全面攔停而個別擇檢」，以如前述。全面攔檢之正當合理性來自於法定之「長官保留」，而個別攔檢之合理性來自於員警在執法現場的「個別判斷」。因此，若執法對象對全面攔檢有不服，救濟時應檢視分局長以上長官「指定」攔檢之正當合理性是否合法，而個別攔檢而應檢視決定與實施攔檢之個別員警的「合理懷疑」（Reasonable）或「有事實足認」（Specific and Articulable Facts）等確證程度與所採干預措施及強制程度是否合法。因全面與個別攔檢影響人民自由或權利極為不同，應注意及之。

（三）爭點三之分析：是否得以「任意、隨機」攔檢？參照司法院釋字第535號解釋文第1段明定：「實施臨檢之要件、程序及對

違法臨檢行為之救濟，均應有法律之明確規範，方符憲法保障人民自由權利之意旨。」以及同解釋文第2段略以：「有關臨檢之規定，並無授權警察人員得不顧時間、地點及對象任意臨檢、取締或隨機檢查、盤查之立法本意。」因此，依法應不得「任意、隨機」攔檢。

（四）爭點四之分析：對於路人甲之叫囂或暴力、脅迫行為，得依個案判斷依法執法之。員警仍得依現場狀況個案蒐證，若該民眾已經有違法行為，仍得依法執法而取締或逮捕之。不論攔檢或使用警械均屬判斷與裁量之過程，應有執法的正當性與證據為之。在執法過程中，更應確保警察執法「雙安」，亦即「身安」與「法安」，避免因懼怕「法安」而致不利於「身安」，亦不可因確保「身安」而過度「執法」導致影響「法安」，招致背負意外之法律責任。

參、警察全面攔檢酒駕之法律規範問題與改進建議

一、警察全面攔檢酒駕之法律規範問題

如前述之研析內容，警察執法之判斷與裁量應有正當合理性及證據為基礎。係明定之違法（違規或犯罪）要件；後者，乃執法現場五官六覺所見所聞違法事實之可能程度，而執法者判斷與裁量的過程乃是法律「涵攝」過程，以上為個別攔檢之思維。若是「全面攔檢」則僅得依據警職法第6條第1項第6款：「行經指定公共場所、路段及管制站者。」及同條第2項：「前項第六款之指定，以防止犯罪，或處理重大公共安全或社會秩序事件而有必要者為限。其指定應由警察機關主管長官為之。」因此，本案情境仍依法為個別攔檢，尚不宜以本法第6條實施「全面攔停」而再以第8條來實施「個別擇檢」。因本法第6條第1項第6款與同條第2項係全面集體攔檢之規定，其規範密度及條件甚高，並應由分局長以上長官保留，是否得以變體方式採「全面攔停，個別擇檢」，恐有疑義！另有論者指出本法第8條關於酒駕之檢測與本法的法律性質不符合，應予以刪除，渠認為酒

駕之處罰要件規範在道路交通管理處罰條例，則法規明定處罰者，則其相關檢查程序與職權要件應規範在同一部法令之中[22]。然我國是否有此法制規範，仍不無疑義；倒是若能有一部「行政調查法」來將各相關行政共同（通）之調查職權做一通案性立法，類似於刑法之於刑事訴訟法是，則對於行政干預性執法調查職權與程序，將甚有助益。

再者，以本法第6條第1項第6款規定可作為必要時全面攔檢之依據，然而其攔停查證身分之合理性基礎，以非如前述要件，由值勤員警依據個案判斷之心證程度為原則，而是將之提前至攔檢勤務出發或進行前，其地點（如公共場所、路段、及管制站）由「警察機關主管長官」指定之。然而，第6條第1項第6款之指定要件，於同條第2項明定以防止犯罪，或處理重大公共安全或社會秩序事件而有必要者為限。故依此規定，警察機關主管長官指定公共場所、路段及管制站者，除必須有「防止犯罪，或處理重大公共安全或社會秩序事件」之要件合致外，尚須考慮比例原則之適用。因此，警察機關依據本法固可實施全面攔停進行治安檢查，但必須其決定地點之程序與要件均需受到本款之拘束，否則，不問時間、地點、或對象之設置管制站作全面攔檢，或不加判斷其合理性要件之任意或隨機攔檢，均非合法，亦為司法院大法官第535號解釋所無法肯認。因此，在設置管制站進行攔檢時，「合理懷疑」之檢視時點，應往前拉至「設置時」，如果設置時有其合法性，例如，有情報來源指出有大範圍之具體危害（如飆車、集體械鬥等）可能發生時，則得依據本款指定地點對所有人車進行攔阻檢查，惟仍應注意必要性與比例原則之遵守。

二、警察全面攔檢酒駕法律規範之改進建議

現行警察相關法規並無授權警察全面攔檢酒駕執法，相關問題檢討，已如前述。相關改進之道應可修正本法第8條內容，將原條文之「警察對於已發生危害或依客觀合理判斷易生危害之交通工具，得予以攔停並採行下列措施」修正為「警察依第6、7條查證身分後，必要時得採行下列

---

22 鄭羽軒，警察職權行使法諸問題之研究，中央警察大學警察政策研究所博士論文，2018年1月，頁112。

措施」或「警察對於已發生危害或依客觀合理判斷易生危害，或是行經指定公共場所、路段及管制站之交通工具，得予以攔停並採行下列措施」；抑或修正本法第7條第1項中增加第5款：「要求駕駛人接受酒精濃度測試之檢定。」如此則可為如本研討議題所列情境為全面攔檢酒測，應屬適法。然而，在此民主、法治思潮下，是否能獲得代表民意之國會議員支持而立法通過，則仍須具備足夠的合理性與證據予以說服之。

第七節　結論與建議

壹、結論

　　警察實施攔檢酒駕應注重執法程序，貫徹實質規範。保障人權貴在理念、態度與實踐，而非只在法令規範，然遵守法治國之依法行政的法律保留原則，卻可促進「職權」行使時，依法執法確保人權保障，亦即達到政府公權力（Governmental Power）與人民私權利（Individual Rights）的有效衡平。警察執法於法定要件符合，而依執法當時現場整體考量判斷，認為符合「防止犯罪，或處理重大公共安全或社會秩序事件而有必要者」，得指定公共場所、路段及管制站，實施全面性之集體攔檢，其指定應由警察機關主管長官為之職權要件而有行使法定干預性措施之必要時，本法以「長官保留」方式授權由警察分局上以上長官指定處所、路段或設置管制站，以依法實施全面無差別攔檢人、車、船及其他交通工具。因此，警察職權行使應基於「事出有因、師出有名」之法定正當合理之「因」與「名」，亦即違法構成要件合致，並以整體考量法則進行判斷，配合人的行為、物的狀況及全體環境及事實考量，以形諸裁量是否採取個別或全面攔停與檢查措施之基礎。

　　法院之判決，係作為執法人員之重要參考，可用來填補司法與實務上之鴻溝，於法院之判決中，可發現法院在裁判警方執行攔檢是否合法或違法時，時常以「非指定路檢點」與「缺乏已發生危害或依客觀合理判斷

易生危害要件」作為警方敗訴之理由，前者，係警方過度擴張警察機關主管長官指定合法設置之路檢點；後者則係警方所提出之攔檢事證並未達到法官所認定之心證程度。前者，明確事實證明警方確實有過失所在，惟後者所提及法官心證程度，則為警方無所適從之原因之一，應以具體、明確之方式，使警方執行攔檢能大膽且同時保障自身與民眾之權益。再者，設置管制站之要件應趨於嚴謹[23]，雖依警職法第6條第2項規定，其管制站之設置以防止犯罪或處理重大公共安全或社會秩序事件而有必要者為限，然而此種管制站之設置要件過於抽象，實務上常遭濫用或誤用，而對人民權益造成侵害。因此，應對此進行修法，將其具體化，並且使其設置範疇限縮。

本法之制定施行後，已使警察執行職務，行使職權，從不明確到明確安全，儘量減少全面或任意隨機攔檢，提高自主判斷，並強化情報能力與巡邏動態攔檢、盤查。最後，徒法不足以自行，尚有賴全體警察同仁了解規範，並藉由教育訓練，以民主法治理念，明確執法規範、達成共知共識，因勢專業利導，精緻執法判斷、貫徹實施法治，形成全民遵守警察執法措施之共知共識，一體遵行，依法行政，以充分保障人權與維護良好社會治安之雙贏局面。在執法上，更希望達到明確立法與貫徹執法，專業判斷裁量之職權行使，取得警民共知共識，以保障基本人權維護良好治安。

貳、建議

一、警察全面攔檢酒駕之執法實務方面

（一）應檢討改進警察長久以來養成了全面進行集體攔檢之執法文化：如前所論述，我國相關警察法規並無授權全面進行集體攔檢酒駕，而全面攔檢執法效果有限，且影響人民自由與權利較大；若經由客觀合理判斷有之已發生危害或易生危害時，依法予以攔檢酒測，則執法效果佳，又影響人權較小。

---

23 邱珮菁，警察攔檢權限之比較研究，中央警察大學警察政策研究所，2015年6月。

（二）員警偏重績效考量，對於法令與正當程序認識或重視不足：基於理性選擇，員警自以容易取得績效考量，然對於「全面攔檢」或「個別攔檢」之認識不足或涵攝錯誤。

（三）員警喜好以酒精感知器對於路口停等紅燈之車輛逐一檢測：警察執法人員既為快速攔檢，又懼路口嚴重塞車，因而採取變體之執法方式，先以酒測感知器於路口採取無合理懷疑之無差別對停等紅燈之駕駛人，要求其配合吹氣測試酒精度，以確定其是否有酒駕違規或犯罪情形。

二、警察全面攔檢酒駕實務作為之改進建議

（一）應強化員警正確認識酒測法令之教育訓練：近年來，相關法院對於警察全面攔檢取締酒駕之案件之司法實務判決上許多已經逐漸採取如同上述之台灣桃園地方法院行政訴訟判決102年度交字第293號判決之見解，而採取無合理懷疑之全面或任意攔檢或酒測，均認為不符合法定要件，而遭判決撤銷原處分，應值得警察執法上注意與重視。

（二）避免任意設置管制站進行攔檢酒測：除非符合本法第6條之分局長以上長官因偵辦嚴重治安要件需求而「指定」之全面攔檢路段或管制站，始得全面性攔檢，若兼而發現有合理懷疑酒駕情事，即得依法取締。否以則宜有「合理懷疑」「已經發生危害或依客觀合理判斷易生危害之交通工具」，始得以攔檢酒測之。

（三）警察主管機關應在研議攔檢酒駕之授權法令使之明確化之必要：本法第8條警察對於已發生危害或依客觀合理判斷易生危害之交通工具，得予以攔檢酒測。然而，學者認本條充斥著過多不確定法律概念，而使執法標準趨於浮動[24]，而致執法者認定不易，時而衍生與民眾認知爭議，甚至於法庭上亦得不到法官之肯認。再者，現行有關警察攔檢酒駕之法令與標準作業程序對於得否全面攔檢酒測，仍為有一致性之明確依據，以致於警察執法實務及司法審判均有認知或法律見解不一致之情形。例

---

[24] 吳景欽，從Terry Stop到釋字第535號解釋，台灣法學雜誌第327期，2017年9月14日，頁7-13。

如，台北高等行政法院109年交上字第193號裁定[25]以「原判決所持法律見解，雖與本院105年度交上字第131號裁定相同，惟與高雄高等行政法院105年度交上字第5號判決及本院108年度交上字第117號裁定之見解歧異，且有確保裁判見解統一之必要，自應依首揭規定，送請最高行政法院統一裁判見解」，乃裁定移送於最高行政法院。

（四）「取締酒後駕車作業程序」在「計畫性勤務」上之判斷基準未明確：在警察實務上，有關警察「取締酒後駕車作業程序」之勤務規劃，區分為「計畫性勤務」與「非計畫性勤務」二種，在該程序修正規定[26]中明定，前者之「計畫性勤務」係明定「應由地區警察分局長或其相當職務以上長官，指定轄區內經分析研判易發生酒後駕車或酒後肇事之時間及地點為基礎；而後者之「非計畫性勤務」係執勤人員「對於已發生危害或依客觀合理判斷易生危害之交通工具予以攔停」為執法作業準備流程。

在警察實務運作中，因攔檢酒駕「績效」對員警值勤激勵工作力可以提高許多，由於取締酒後駕車績效列為重要項目，故許多執行警察人員執行攔檢之目的乃在於發現酒駕犯罪者。惟過於重視績效，而忽視法律規定者，恐有不宜。誠如判決書內容所述，警察實務上出現易「缺乏已發生危害或依客觀合理判斷易生危害要件」之執行瑕疵。亦有越來越多法官判決警察全面攔檢酒後駕車後經拒絕吹氣被處以行政罰而遭撤銷之情形，主要係因無合理懷疑攔停而要求酒測被拒絕，認因警察不符合法定要件攔停，已是違法在先，甚至以不符合程序規定而排除後來酒測之證據適用。另一方面，雖符合全面攔停，卻行使無差別均要求被攔停者酒測，亦屬於不符合本法第8條之判斷基準而遭撤銷原處分。因為全面攔停及全面酒測並無法律規定授權為之，又若全面攔停不符合法定要件，則隨之而來的酒測亦不符合法定內涵，將遭致法官撤銷原處分。因此，有關主管長官指定合法設置之路檢點來進行全面攔檢酒駕，以我國現行法制，尚不無疑義，且為近來法官判決有趨於全面攔檢酒測違反法定程序之共識趨向，應注意之。

---

[25] 台北高等行政法院109年度交上字第193號裁定，裁判日期：民國109年07月08日。
[26] 參考內政部警政署函頒「取締酒後駕車作業程序修正規定」，2020年4月21日修正。

第四章

警察取締酒駕案例研析

劉嘉發

第一節 前言

我國警察法第2條規定之警察任務爲依法維持公共秩序，保護社會安全，防止一切危害，促進人民福利，此係實定法上之警察任務。至於學理上之警察任務，有學者認爲可分爲保障人權與維護治安任務，其中維護治安任務又可區分爲危害防止與犯行追緝任務兩大類[1]。而危害防止任務主要適用行政法令，犯行追緝任務則依據刑事法令[2]。但兩者亦有可能產生競合情形，從行政程序轉換爲犯罪偵查程序等，此即爲傳統上警察具有雙重功能（Doppelfunktion）之角色所致[3]。而警察取締酒醉駕車之行爲，正是這種產生法令適用上之競合，以及危害防止與犯行追緝兩種任務轉換最典型之事例。事實上，吾人若再從警察主要工作內涵觀察，不外乎「治安」與「交通」兩大類，但警察機關向來之勤務策略卻是「重治安而輕交通」的。對於刑事案件汲汲營營，所謂「警察績效」通常亦以刑事案件之偵破爲主要評鑑指標，至於交通安全與秩序之維護，則未受到應有的重視。然而每年警察機關舉發交通違規行爲之案件數實遠大於刑事案件數，且交通事故死亡人數亦大於刑事案件死亡人數（殺人罪）[4]。故警察究應重治安或交通？答案應無庸再辯。事實上，警察實務機關業已正視此一問題，逐漸瞭解交通執法之重要性，因此，乃改弦更張「對等」重視治安與交通[5]，甚至應再提升對交通執法關切之程度。

而在諸多交通違規舉發案件中，酒醉駕車之取締無疑地是警察一項主

---

[1] 李震山，警察行政法論—自由與秩序之折衝，元照，4版1刷，2016年10月，頁337以下。

[2] 劉嘉發等著，蔡震榮主編，警察法總論，一品，4版，2020年5月，頁13。

[3] 鄭善印，日本法制上警察之行政質問與司法偵查權之糾葛，法與義—教授七十大壽祝賀論文集，五南，2000年，頁457-490；梁添盛，行政警察活動與司法警察活動，法學論集第9期，2004年，頁1-44；吳景欽，從憲法上正當程序的觀點檢視行政警察與司法警察之區分—警察行爲在危險防禦與刑事訴追任務間法規範適用上的交錯，輔仁大學法律學研究所碩士論文，2000年，頁140以下。

[4] 劉嘉發，論警察取締交通違規之職權—以酒醉駕車爲例，中央警察大學學報第42期，2005年7月，頁52-53。

[5] 「交通」與「治安」走向平衡——丁署長於季報期勉扭轉重治安輕交通之傳統觀念與作法，警光雜誌第521期，1999年12月。

要的工作，其占警察交通違規舉發總件數有一定之比例。而許多交通事故傷亡的原因，亦肇因於駕駛人酒醉駕車行為所致。可見酒醉駕車之行為對交通安全危害之程度嚴重，吾人不得不加以正視。況且酒醉駕車之行為，不僅是違反交通法令之行政不法行為；如駕駛人酒精濃度過量，尚且可能涉及刑法第185條之3公共危險罪，而屬於刑事不法之行為。因此，警察在取締酒醉駕車時，其職權之行使也就不僅止於行政調查行為，亦將涉及犯罪偵查行為。惟兩者如何明確區分？其構成要件如何？應遵守之程序？須受到何種法律原則之制約？如何避免「以行政調查之名，行犯罪偵查之實」等問題？顯有探究之必要。

而在警察職權行使法（以下簡稱警職法）公布施行後，該法第8條已有關交通工具攔停與酒精濃度檢測之規定，是否能填補以往道路交通管理處罰條例（以下簡稱道交條例）之不足？乃有待探究。又有關警察攔停車輛之發動要件是否僅限於警職法第8條之規定？得否結合該法前開第6條及第7條之規定，以相互為用？此外，警察得否依其他法令規定發動攔停車輛之職權？另有關警察執行取締酒駕之法律性質，究為行政調查或屬犯罪偵查措施？警察於攔停車輛後，在何種要件下方得對駕駛人實施酒測？如遇有駕駛人拒絕酒測時，應如何處置？又應踐行那些程序方得舉發其違規行為等問題，均有辯明之必要。再者，警察機關現行取締酒醉駕車之內部作業程序規範，在警職法與道交條例歷經新定與修正後，其內容是否已有不合時宜之處？也有必要一併予以檢討[6]。

故本文乃先針對警察取締酒駕之法令規範，分別從行政法與刑事法兩個面向加以分析。其次，再就警察取締酒駕之內部作業程序規範加以介紹。進而挑選兩個警察取締酒駕之司法實務案例加以檢討評析，並就前開所提之相關問題，結合理論與實務綜合評析。期能透過理論與實務之對話，探究警察取締酒醉駕車相關議題，俾利警察執行酒醉駕車之取締，提升警察交通執法品質，是為至盼。

---

6 劉嘉發，論警察取締交通違規之職權—以酒醉駕車為例，中央警察大學學報第42期，2005年7月，頁53。

第二節 案例事實

壹、案例一

被上訴人於民國102年4月7日6時20分許，騎乘車號○○○-○○○重型機車，行經台北市○○路○○○街口時，遭警攔檢並有拒絕接受酒精濃度測試檢定之違規行為，經台北市政府警察局中正第一分局博愛派出所員警以被上訴人違反道路交通管理處罰條例（下稱道交條例）第35條第4項之規定，予以製單舉發。嗣被上訴人於舉發違反道路交通管理事件通知單上所載應到案日期前（即102年4月22日前）到案接受裁決，上訴人乃依道交條例第35條第4項及違反道路交通管理事件統一裁罰基準表之規定，於102年4月8日以北市裁罰字第裁22-AEZ605695號裁決，裁罰被上訴人新臺幣（下同）9萬元、吊銷駕駛執照（3年內不得考領駕駛執照），並應參加道路交通安全講習。被上訴人於當日收受裁決書後，仍表不服，遂提起行政訴訟。經台灣台北地方法院以102年度交字第153號行政訴訟判決撤銷原處分關於裁處應參加道路交通安全講習部分，並駁回被上訴人其餘之訴。上訴人不服，提起上訴。台北高等行政法院認本件有確保裁判見解統一之必要，乃以102年度交上字第148號裁定移送最高行政法院審理（被上訴人敗訴部分未上訴已確定）[7]。

貳、案例二

本案被上訴人於民國105年10月19日1時49分許，駕駛車號000-0007號車輛（下稱系爭車輛）在台北市○○○○○段○○○號前（下稱舉發地點），遭台北市政府警察局大安分局（下稱舉發機關）執勤員警以「行經設有告示執行酒精濃度測試檢定處所，不依指示停車接受稽查」逕行舉發在案。被上訴人代車主向上訴人申訴，舉發機關查復違規屬實，上訴人於

---

[7] 最高行政法院103年度判字第174號判決。

105年12月9日以北市裁申字第10543217800號函回復車主違規屬實依法裁處，被上訴人不服，於106年1月19日向上訴人申請開立裁決書，復經被上訴人不服上訴人106年1月19日裁決而提起行政訴訟。復經上訴人重新檢視舉發機關查復結果及相關資料，因案內違規事實與裁決書所載舉發違規事實內容不服，於106年3月24日以北市裁申字第10632440000號函自行撤銷原裁決，並同函副知被上訴人改依道路交通管理處罰條例第35條第4項「拒絕接受酒精濃度測試之檢定」規定裁處，被上訴人不服，於106年3月31日向上訴人申請開立裁決書，上訴人遂作成106年3月31日北市裁罰字第22-AEZ912482號裁決書。裁處被上訴人罰鍰新臺幣（下同）9萬元，吊銷駕駛執照，並應參加道路交通安全講習，及依同條例第67條第2項規定3年內不得重新考領駕駛執照，並於當日由被上訴人本人簽收完成送達。復經被上訴人不服原處分，提起行政訴訟。經台灣新竹地方法院106年度交字第62號判決撤銷原處分，上訴人不服，遂提起本件上訴[8]。

第三節　相關爭點

　　從上述二案例判決要旨分析，其主要涉及之爭議焦點約有下列數端：

一、警察攔停交通工具之發動要件為何？是否僅限於警察職權行使法第8條之規定？得否結合該法前開第6條及第7條之規定，以相互為用？

二、又除警察職權行使法上開規定之外，得否另依道路交通管理處罰條例，乃至刑事法令相關之規定攔停車輛？

三、警察於攔停車輛後，在何種要件下方得對駕駛人實施酒測？

四、又警察實施酒測其應遵守之正當法律程序為何？

五、如遇駕駛人拒絕酒測時，應如何處置？其應踐行那些程序方得舉發其違規行為？

8　台北高等行政法院106年度交上字第247號行政判決。

六、酒測攔檢與人權保障界限何在？

第四節　警察取締酒駕之法令規範

　　警察人員取締酒駕主要之法令依據，不外乎道路交通管理處罰條例、警察職權行使法、刑法、刑事訴訟法、道路交通安全規則（以下簡稱道安規則）、違反道路交通管理事件統一裁罰基準及處理細則（以下簡稱道安處理細則）等法律或法規命令。由於酒駕行為所涉及之違法行為，可能單純僅為行政不法之交通違規行為，但亦有可能涉及刑事不法之公共危險罪行為，故本文針對警察取締酒駕之法令規範，擬分別從行政法與刑事法兩個面向加以分析說明之。

壹、行政法

一、道路交通管理處罰條例

　　道路交通管理處罰條例與取締酒駕相關之條文，主要為第35條針對汽機車及第73條有關慢車酒駕之處罰規定，茲說明如下：

（一）第35條

　　依道交條例第35條規定：「汽機車駕駛人，駕駛汽機車經測試檢定有下列情形之一，機車駕駛人處新臺幣一萬五千元以上九萬元以下罰鍰，汽車駕駛人處新臺幣三萬元以上十二萬元以下罰鍰，並均當場移置保管該汽機車及吊扣其駕駛執照一年至二年；附載未滿十二歲兒童或因而肇事致人受傷者，並吊扣其駕駛執照二年至四年；致人重傷或死亡者，吊銷其駕駛執照，並不得再考領：一、酒精濃度超過規定標準。二、吸食毒品、迷幻藥、麻醉藥品及其相類似之管制藥品。（第1項）汽車駕駛人有前項應受吊扣情形時，駕駛營業大客車者，吊銷其駕駛執照；因而肇事且附載有未滿十二歲兒童之人者，按其吊扣駕駛執照期間加倍處分。（第2項）本條例中華民國一百零八年三月二十六日修正條文施行之日起，汽機車駕駛

人於五年內第二次違反第一項規定者，依其駕駛車輛分別依第一項所定罰鍰最高額處罰之，第三次以上者按前次違反本項所處罰鍰金額加罰新臺幣九萬元，並均應當場移置保管該汽機車、吊銷其駕駛執照及施以道路交通安全講習；如肇事致人重傷或死亡者，吊銷其駕駛執照，並不得再考領。（第3項）汽機車駕駛人有下列各款情形之一者，處新臺幣十八萬元罰鍰，並當場移置保管該汽機車、吊銷其駕駛執照及施以道路交通安全講習；如肇事致人重傷或死亡者，吊銷其駕駛執照，並不得再考領：一、駕駛汽機車行經警察機關設有告示執行第一項測試檢定之處所，不依指示停車接受稽查。二、拒絕接受第一項測試之檢定。（第4項）本條例中華民國一百零八年三月二十六日修正條文施行之日起，汽機車駕駛人於五年內第二次違反第四項規定者，處新臺幣三十六萬元罰鍰，第三次以上者按前次違反本項所處罰鍰金額加罰新臺幣十八萬元，並均應當場移置保管該汽機車、吊銷其駕駛執照及施以道路交通安全講習；如肇事致人重傷或死亡者，吊銷其駕駛執照，並不得再考領。（第5項）汽機車駕駛人肇事拒絕接受或肇事無法實施第一項測試之檢定者，應由交通勤務警察或依法令執行交通稽查任務人員，將其強制移由受委託醫療或檢驗機構對其實施血液或其他檢體之採樣及測試檢定。（第6項）汽機車所有人，明知汽機車駕駛人有第一項各款情形，而不予禁止駕駛者，依第一項規定之罰鍰處罰，並吊扣該汽機車牌照三個月。（第7項）汽機車駕駛人，駕駛汽機車經測試檢定吐氣所含酒精濃度達每公升零點二五毫克或血液中酒精濃度達百分之零點零五以上，年滿十八歲之同車乘客處新臺幣六百元以上三千元以下罰鍰。但年滿七十歲、心智障礙或汽車運輸業之乘客，不在此限。（第8項）汽機車駕駛人有第三項、第四項、第五項之情形，肇事致人重傷或死亡，得依行政罰法第七條、第二十一條、第二十二條、第二十三條規定沒入該車輛。（第9項）汽機車駕駛人有第一項、第三項或第四項之情形，同時違反刑事法律者，經移置保管汽機車之領回，不受第八十五條之二第二項，應同時檢附繳納罰鍰收據之限制。（第10項）前項汽機車駕駛人，經裁判確定處以罰金低於第九十二條第四項所訂最低罰鍰基準規定者，應

依本條例裁決繳納不足最低罰鍰之部分。（第11項）[9]」

（二）第73條

依道交條例第73條第2項規定：「慢車駕駛人，駕駛慢車經測試檢定酒精濃度超過規定標準者，處新臺幣六百元以上一千二百元以下罰鍰。」同條第3項復規定：「慢車駕駛人拒絕接受前項測試之檢定者，處新臺幣二千四百元罰鍰。」查道交條例針對慢車駕駛人酒駕加以處罰之規定，最早係出現於2014年1月8日修正公布，並自同年3月31日施行之第73條，其原條文規定為：「慢車駕駛人，有下列情形之一者，處新臺幣三百元以上六百元以下罰鍰：……七、酒精濃度超過規定標準。（第1項）慢車駕駛人拒絕接受前項第七款測試之檢定者，處新臺幣一千二百元罰鍰。（第2項）」當初新增慢車酒駕處罰條款，其規範目的主要係為防止自行車駕駛人因一面駕駛，一面使用行動電話，使視覺及聽覺分神，或酒醉駕車而造成交通意外事故，乃參照道交條例第31條之1及第35條立法體例，對行進間以手持方式使用行動電話、電腦或其他相類功能裝置進行撥接或通話之自行車駕駛人及酒醉騎乘自行車者處以罰鍰，第1項爰增訂第6款及第7款。並增訂第2項，明定慢車駕駛人拒絕接受酒精濃度測試之檢定者，處新臺幣1,200元罰鍰[10]。嗣後，因有鑑於自行車肇事事故及傷亡人數逐年攀升，其中自行車酒駕肇事案件亦有增加趨勢，然按原法規所處罰鍰之額度實屬過低。為提升自行車交通安全，並促使民眾注意騎乘安全，爰將拒絕酒測提高處以2,400元罰鍰。道交條例乃於2019年4月17日修正公布為現行第73條條文規定，並自2019年7月1日正式施行。

二、警察職權行使法

警察職權行使法與取締酒駕相關之條文，主要為第6條至第8條之規

9　現行道路交通管理處罰條例第35條條文，主要係於2019年4月17日所為之修正，尤其針對酒醉駕車及拒絕酒測之行為提高其處罰金額，對累犯者加重處罰，並處罰同車乘客。另如有肇事致人重傷或死亡，得依行政罰法相關規定沒入該車輛。惟當時立法院朝野立法委員及各黨團針對本條文修正之提案頗多，最後經數次黨團協商而通過現行條文。立法院公報，第108卷第26期，黨團協商紀錄。立法院公報，第108卷第26期院會紀錄，頁185以下。

10　立法院公報，第102卷第84期院會紀錄，頁287-288。

定，茲說明如下：

（一）第6條

依警職法第6條規定：「警察於公共場所或合法進入之場所，得對於下列各款之人查證其身分：一、合理懷疑其有犯罪之嫌疑或有犯罪之虞者。二、有事實足認其對已發生之犯罪或即將發生之犯罪知情者。三、有事實足認為防止其本人或他人生命、身體之具體危害，有查證其身分之必要者。四、滯留於有事實足認有陰謀、預備、著手實施重大犯罪或有人犯藏匿之處所者。五、滯留於應有停（居）留許可之處所，而無停（居）留許可者。六、行經指定公共場所、路段及管制站者。項第六款之指定，以防止犯罪，或處理重大公共安全或社會秩序事件而有必要者為限。其指定應由警察機關主管長官為之。警察進入公眾得出入之場所，應於營業時間為之，並不得任意妨礙其營業。」

（二）第7條

依警職法第7條規定：「警察依前條規定，為查證人民身分，得採取下列之必要措施：一、攔停人、車、船及其他交通工具。二、詢問姓名、出生年月日、出生地、國籍、住居所及身分證統一編號等。三、令出示身分證明文件。四、若有明顯事實足認其有攜帶足以自殺、自傷或傷害他人生命或身體之物者，得檢查其身體及所攜帶之物。依前項第二款、第三款之方法顯然無法查證身分時，警察得將該人民帶往勤務處所查證；帶往時非遇抗拒不得使用強制力，且其時間自攔停起，不得逾三小時，並應即向該管警察勤務指揮中心報告及通知其指定之親友或律師。」

（三）第8條

依警職法第8條規定：「警察對於已發生危害或依客觀合理判斷易生危害之交通工具，得予以攔停並採行下列措施：一、要求駕駛人或乘客出示相關證件或查證其身分。二、檢查引擎、車身號碼或其他足資識別之特徵。三、要求駕駛人接受酒精濃度測試之檢定。警察因前項交通工具之駕駛人或乘客有異常舉動而合理懷疑其將有危害行為時，得強制其離車；有事實足認其有犯罪之虞者，並得檢查交通工具。」

三、道路交通安全規則

道路交通安全規則與取締酒駕相關之條文，主要為第114條之規定。按道交條例第35條規定，汽機車駕駛人，駕駛汽機車經測試檢定其「酒精濃度超過規定標準」者，機車駕駛人處新臺幣1萬5,000元以上9萬元以下罰鍰，汽車駕駛人處新臺幣3萬元以上12萬元以下罰鍰，並均當場移置保管該汽機車及吊扣其駕駛執照一年至二年；附載未滿12歲兒童或因而肇事致人受傷者，並吊扣其駕駛執照二年至四年；致人重傷或死亡者，吊銷其駕駛執照，並不得再考領。然遍查道交條例全部條文並未就其所稱酒精濃度超過之「規定標準」，再進一步加以明確規範，而係透過屬法規命令性質之道路交通安全規則來定其標準。依道安規則第114條規定：「汽車駕駛人有下列情形之一者，不得駕車：……二、飲用酒類或其他類似物後其吐氣所含酒精濃度達每公升零點一五毫克或血液中酒精濃度達百分之零點零三以上。……。」

因此，一般所稱「酒醉駕車」，必須駕駛人飲酒後駕車，其吐氣所含酒精濃度「達」每公升0.15毫克或血液中酒精濃度「達」百分之零點零三以上（含），方屬之。若其吐氣所含酒精濃度「未達」每公升0.15毫克或血液中酒精濃度「未達」百分之零點零三者，即非屬超過規定標準，自不得舉發。

四、違反道路交通管理事件統一裁罰基準及處理細則

違反道路交通管理事件統一裁罰基準及處理細則與取締酒駕相關之條文，主要為第10至第12條、第16條、第19條之1、第19條之2等規定。

依道交處理細則第12條規定：「行為人有下列情形之一，而未嚴重危害交通安全、秩序，且情節輕微，以不舉發為適當者，交通勤務警察或依法令執行交通稽查任務人員得對其施以勸導，免予舉發：……十二、駕駛汽車或慢車經測試檢定，其吐氣所含酒精濃度超過規定之標準值未逾每公升零點零二毫克。……（第1項）行為人發生交通事故有前項規定行為，除本條例第十四條第二項第二款、第二十五條第二項、第六十九條第二項或第七十一條之情形外，仍得舉發。（第2項）執行前二項之勸導，

依下列規定辦理：一、應先斟酌個案事實、違反情節及行為人之陳述，是否符合得施以勸導之規定。二、對得施以勸導之對象，應當場告知其違規事實，指導其法令規定與正確之駕駛或通行方法，並勸告其避免再次違反。三、施以勸導時，應選擇於無礙交通之處實施，並作成書面紀錄，請其簽名。（第3項）對於不聽勸導者，必要時，仍得舉發，並於通知單記明其事件情節及處理意見，供裁決參考。（第4項）第一項及第二項之情形，有客觀事實足認無法當場執行勸導程序時，得免予勸導。（第5項）」

又依同細則第16條規定：「舉發汽車所有人、駕駛人違反道路交通管理事件，依下列規定當場暫代保管物件：……三、當場暫代保管其駕駛執照：……（六）汽車駕駛人酒精濃度超過規定標準、吸食毒品、迷幻藥、麻醉藥品及其相類似之管制藥品因而肇事致人重傷或死亡。（七）汽車駕駛人有本條例第三十五條第二項、第三項前段之情形。（八）汽車駕駛人，駕駛汽車行經警察機關設有告示執行本條例第三十五條第一項測試檢定之處所，不依指示停車接受稽查，或拒絕接受本條例第三十五條第一項之測試檢定。…五、當場暫代保管其車輛：……（四）有本條例第三十五條第九項之情形。……（第1項）第一項當場暫代保管物件，由交通勤務警察或依法執行交通稽查任務人員辦理之。（第3項）」

再者，依同細則第19條之1規定：「汽車駕駛人駕駛汽車行經警察機關設有告示執行本條例第三十五條第一項測試檢定之處所，不依指示停車接受稽查，除依法舉發外，並當場移置保管汽車。（第1項）前項汽車駕駛人不服從指揮或稽查逕行離開現場或棄車逃逸者，交通勤務警察或依法令執行交通稽查任務之人員得為下列處置：一、依本條例第七條之二第一項第四款及第四項規定，逕行舉發汽車所有人。二、棄車逃逸者，並逕行移置保管該汽車。（第2項）」

此外，依同細則第19條之2規定：「對汽車駕駛人實施本條例第三十五條第一項第一款測試之檢定時，應以酒精測試儀器檢測且實施檢測過程應全程連續錄影，並依下列程序處理：一、實施檢測，應於攔檢現場為之。但於現場無法或不宜實施檢測時，得向受測者說明，請其至勤務處

所或適當場所檢測。二、詢問受測者飲用酒類或其他類似物結束時間，其距檢測時已達十五分鐘以上者，即予檢測。但遇有受測者不告知該結束時間或距該結束時間未達十五分鐘者，告知其可於漱口或距該結束時間達十五分鐘後進行檢測；有請求漱口者，提供漱口。三、告知受測者儀器檢測之流程，請其口含吹嘴連續吐氣至儀器顯示取樣完成。受測者吐氣不足致儀器無法完成取樣時，應重新檢測。四、因儀器問題或受測者未符合檢測流程，致儀器檢測失敗，應向受測者說明檢測失敗原因，請其重新接受檢測。（第1項）實施前項檢測後，應告知受測者檢測結果，並請其在儀器列印之檢測結果紙上簽名確認。拒絕簽名時，應記明事由。（第2項）實施第一項檢測成功後，不論有無超過規定標準，不得實施第二次檢測。但遇檢測結果出現明顯異常情形時，應停止使用該儀器，改用其他儀器進行檢測，並應留存原異常之紀錄。（第3項）有客觀事實足認受測者無法實施吐氣酒精濃度檢測時，得於經其同意後，送由受委託醫療或檢驗機構對其實施血液之採樣及測試檢定。（第4項）汽車駕駛人拒絕配合實施本條例第三十五條第一項第一款檢測者，應依下列規定處理：一、告知拒絕檢測之法律效果：（一）拒絕接受酒精濃度測試檢定者，處新臺幣十八萬元罰鍰，吊銷駕駛執照；肇事致人重傷或死亡者，並得沒入車輛。（二）如於五年內第二次違反本條例第三十五條第四項第一款或第二款規定者，處新臺幣三十六萬元罰鍰，第三次以上者按前次違反本項所處罰鍰金額加罰新臺幣十八萬元，吊銷駕駛執照；肇事致人重傷或死亡者，並得沒入車輛。二、依本條例第三十五條第四項或第五項製單舉發。三、有肇事者，強制移由受委託醫療或檢驗機構對其實施血液或其他檢體之採樣及測試檢定。（第5項）」

貳、刑事法

一、刑法

查刑法第185條之3其條文原規定：「服用毒品、麻醉藥品、酒類或其他相類之物，不能安全駕駛動力交通工具而駕駛者，處二年以下有期徒

刑、拘役或科或併科二十萬元以下罰金。（第1項）因而致人於死者，處一年以上七年以下有期徒刑；致重傷者，處六月以上五年以下有期徒刑。（第2項）」

由於所謂「不能安全」駕駛動力交通工具之用語，要屬不確定之法律概念[11]，完全欠缺明確的判斷標準，在具體案件審判適用時，經常產生不同的判斷結果。故本條文乃於2013年6月11日修正為：「駕駛動力交通工具而有下列情形之一者，處二年以下有期徒刑，得併科二十萬元以下罰金：一、吐氣所含酒精濃度達每公升零點二五毫克或血液中酒精濃度達百分之零點零五以上。二、有前款以外之其他情事足認服用酒類或其他相類之物，致不能安全駕駛。三、服用毒品、麻醉藥品或其他相類之物，致不能安全駕駛。（第1項）因而致人於死者，處三年以上十年以下有期徒刑；致重傷者，處一年以上七年以下有期徒刑。（第2項）」其修正主要理由即在於：1.不能安全駕駛罪係屬抽象危險犯，不以發生具體危險為必要。爰修正原條文第1項，增訂酒精濃度標準值，以此作為認定「不能安全駕駛」之判斷標準，以有效遏阻酒醉駕車事件發生；2.至於行為人未接受酒精濃度測試或測試後酒精濃度未達前揭標準，惟有其他客觀情事認為確實不能安全駕駛動力交通工具時，仍構成本罪，爰增訂第2款；3.修正原條文第2項就加重結果犯之處罰，提高刑度，以保障合法用路人之生命身體安全[12]。

嗣後，本條文復於2019年6月19日增訂第3項規定：「曾犯本條或陸海空軍刑法第五十四條之罪，經有罪判決確定或經緩起訴處分確定，於五年內再犯第一項之罪因而致人於死者，處無期徒刑或五年以上有期徒刑；致重傷者，處三年以上十年以下有期徒刑。」此項條文新增理由主要考量如下：1.行為人有本條或陸海空軍刑法第54條之行為，因不能安全駕駛，

---

11 有論者認為動力交通工具的動力僅限於由「引擎驅動」，至於由人力或任由自然物理力（例如在坡道滑行）驅動者，不包括在內。若是欲將後面兩者納入不能安全駕駛罪的規制範疇，有必要透過修法方式將「動力交通工具」修訂為「交通工具」。古承宗，論不能安全駕駛罪之解釋與適用－以刑法第185條之3第1項第1款為中心，刑事政策與犯罪防治研究專刊第22期，2019年9月，頁3-11。

12 立法院公報，第102卷第26期院會紀錄，頁91以下。

除有提高發生交通事故之風險外，更有嚴重危及用路人生命身體安全之虞。若行為人曾因違犯本條，而經法院判決有罪確定或經檢察官為緩起訴處分確定，則其歷此司法程序，應生警惕，強化自我節制能力，以避免再蹈覆轍。倘又於判決確定之日起或緩起訴處分確定之日起五年內，再犯本條之罪，並肇事致人於死或重傷，則行為人顯具有特別之實質惡意，為維護用路人之安全，保障人民生命、身體法益，有針對是類再犯行為提高處罰之必要性，以抑制酒駕等不能安全駕駛行為之社會危害性，爰增訂第3項；2.至於犯本條之罪並肇事，倘綜合一切情狀足以證明行為人對於其行為造成他人死亡、重傷或傷害之結果，有第13條直接故意或間接故意之情形，本即應依第22章殺人罪或第23章傷害罪各條處斷，附此敘明。

二、刑事訴訟法

因酒醉駕車行為亦有可能涉及違反前開刑法185條之3公共危險罪嫌，故警察於進行該條犯罪偵查時，即須適用刑法之程序法──刑事訴訟法。其中相關之條文，如刑事訴訟法第88條規定：「現行犯，不問何人得逕行逮捕之。犯罪在實施中或實施後即時發覺者，為現行犯。有左列情形之一者，以現行犯論：一、被追呼為犯罪人者。二、因持有兇器、贓物或其他物件、或於身體、衣服等處露有犯罪痕跡，顯可疑為犯罪人者。」同法第95條規定：「訊問被告應先告知下列事項：一、犯罪嫌疑及所犯所有罪名。罪名經告知後，認為應變更者，應再告知。二、得保持緘默，無須違背自己之意思而為陳述。三、得選任辯護人。如為低收入戶、中低收入戶、原住民或其他依法令得請求法律扶助者，得請求之。四、得請求調查有利之證據。無辯護人之被告表示已選任辯護人時，應即停止訊問。但被告同意續行訊問者，不在此限。」又其第122條規定：「對於被告或犯罪嫌疑人之身體、物件、電磁紀錄及住宅或其他處所，必要時得搜索之。對於第三人之身體、物件、電磁紀錄及住宅或其他處所，以有相當理由可信為被告或犯罪嫌疑人或應扣押之物或電磁紀錄存在時為限，得搜索之。」此外，依第130條規定：「檢察官、檢察事務官、司法警察官或司法警察逮捕被告、犯罪嫌疑人或執行拘提、羈押時，雖無搜索票，得逕行搜索其

身體、隨身攜帶之物件、所使用之交通工具及其立即可觸及之處所。」

第五節　警察取締酒駕之相關作業程序

壹、取締酒後駕車作業程序

取締酒後駕車作業程序於2010年10月1日訂定，並經六次修正。茲為因應嚴重特殊傳染性肺炎（COVID-19）疫情，爰於2020年4月21日修正本作業程序，以符實需。

取締酒後駕車作業程序修正規定

109 年 4 月 21 日修正

（第一頁，共八頁）

一、依據：
（一）警察職權行使法。
（二）刑法第一百八十五條之三。
（三）道路交通管理處罰條例第七條之二、第三十五條、第六十七條、第八十五條之二。
（四）道路交通安全規則第一百十四條。
（五）違反道路交通管理事件統一裁罰基準及處理細則第十條至第十二條、第十六條、第十九條之一、第十九條之二。
（六）刑事訴訟法第八十八條、第九十五條。

二、分駐(派出)所流程：

流程	權責人員	作業內容

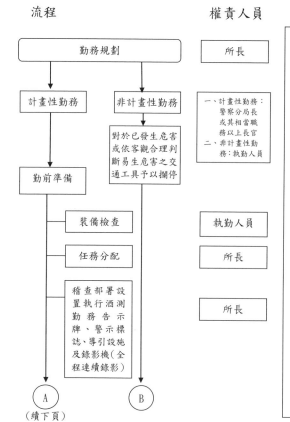

作業內容（右欄）：

一、勤務規劃：
（一）計畫性勤務：應由地區警察分局長或其相當職等以上長官，指定轄區內經分析研判易發生酒後駕車或酒後肇事之時間及地點。
（二）非計畫性勤務：執行前揭以外之一般警察勤務。

二、準備階段：
（一）裝備(視需要增減)：警笛、防彈頭盔、防彈衣、無線電、反光背心、槍械、彈藥、手銬、警用行動電腦、手電筒、指揮棒、酒精濃度測試器(以下簡稱酒測器)、酒精檢知器、照相機、攝影機、交通錐、警示燈、告示牌（執行酒測勤務）、刺胎器、舉發單、刑法第一百八十五條之三第一項第二款案件測試觀察紀錄表、警察行使職權民眾異議紀錄表。
（二）任務分配：以四人一組為原則，分別擔任警戒、指揮攔車、盤查、酒測及舉發，並得視實際需要增加。
（三）計畫性勤務稽查部署：
　1. 稽查地點前方應設置告示牌及警示設施（如警示燈、交通錐），告知駕駛人警察在執行取締酒後駕車勤務。
　2. 視道路條件、交通量及車種組成等，得以「縮減車道方式」，執行酒測勤務，並設置警示、導引設施，指揮車輛減速、觀察，並注意維護人車安全。
　3. 於稽查地點適當位置設置攝影機，全程錄影蒐證。

(續)取締酒後駕車作業程序(第二頁,共八頁)

流程	權責人員	作業內容

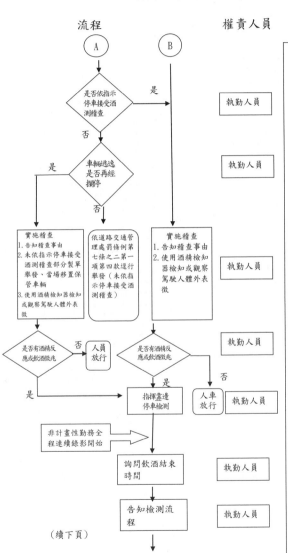

三、執行階段:
(一)非計畫性勤務:對於已發生危害或依客觀合理判斷易生危害之交通工具攔停實施交通稽查。
(二)計畫性勤務:
1.勤務規劃應妥適引導車流,由指揮人員指揮其暫停、觀察,其餘車輛指揮迅速通過,以免影響行車秩序。
2.行經設有告示執行酒測勤務處所,未依指示停車接受酒測稽查之車輛:
(1)對於逃逸之車輛經攔停者:
　A.員警著制服或出示證件表明身分,告知其行經設有告示執行酒測勤務處所,未依指示停車接受酒測稽查。
　B.針對未依指示停車接受酒測稽查部分製單舉發,並當場移置保管其車輛。
　C.研判駕駛人無飲酒徵兆,人員放行。
　D.研判駕駛人有飲酒徵兆,經詢問飲酒結束時間後,依規定對其實施酒測及辦理後續相關事宜。
(2)對於逃逸之車輛無法攔停者:
　A.對於逃逸之車輛,除依道路交通管理處罰條例第七條之二第一項第四款逕行舉發,並依道路交通管理處罰條例第三十五條第四項第一款規定論處。
　B.棄車逃逸者,除依前開規定舉發外,並當場移置保管該車輛。
(三)觀察及研判:
1.指揮車輛停止後,執勤人員應告知駕駛人,警方目前正在執行取締酒後駕車勤務,並以酒精檢知器檢知或觀察駕駛人體外表徵,辨明有無飲酒徵兆,不得要求駕駛人以吐氣方式判別有無飲酒。
2.研判駕駛人有飲酒徵兆,則指揮車輛靠邊停車,並請駕駛人下車,接受酒精濃度檢測。
3.研判駕駛人未飲用酒類或其他類似物,則指揮車輛迅速通過,除有明顯違規事實外,不得執行其他交通稽查。

(續下頁)

(續)取締酒後駕車作業程序(第三頁,共八頁)

流程	權責人員	作業內容

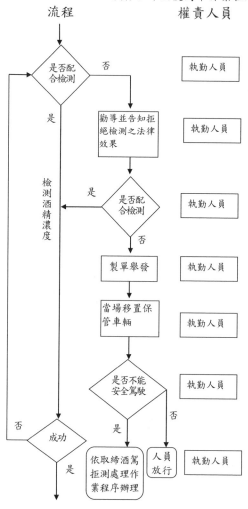

流程部分：

是否配合檢測 — 否 → 勸導並告知拒絕檢測之法律效果 → 是否配合檢測 — 否 → 製單舉發 → 當場移置保管車輛 → 是否不能安全駕駛 — 是 → 依取締酒駕拒測處理作業程序辦理 / 否 → 人員放行

檢測酒精濃度 → 成功 — 否 / 是

權責人員： 執勤人員

作業內容：

(四)檢測酒精濃度：
　　執行酒精濃度測試之流程及注意事項：
1.檢測前：
(1)全程連續錄影。
(2)詢問受測者飲用酒類或其他類似物結束時間,其距檢測時已達十五分鐘以上者,即予檢測。但遇有受測者不告知該結束時間或距該結束時間未達十五分鐘者,告知其可於漱口或距該結束時間達十五分鐘後進行檢測;有請求漱口者,提供漱口。
(3)準備酒測器,並取出新吹嘴。
(4)應告知受測者事項:
　A.告知酒測器檢測之流程及注意事項。
　B.請其口含吹嘴連續吐氣至酒測器顯示取樣完成。受測者吐氣不足致酒測器無法完成取樣時,應重新檢測。
2.檢測開始:插上新吹嘴,請駕駛人口含吹嘴吐氣。
3.檢測結果:
(1)成功:酒測器取樣完成。
(2)失敗:因酒測器問題或受測者未符合檢測流程,致酒測器檢測失敗,應向受測者說明檢測失敗原因,請其重新接受檢測。
(五)告知檢測結果:
　　告知受測人檢測結果,請其在酒測器列印之檢測結果紙上簽名確認。拒絕簽名時,應記明事由,並依規定黏貼管制,俾利日後查核。
(六)駕駛人拒測:
1.駕駛人未肇事致人重傷或死亡時,應當場告知拒絕檢測之法律效果,內容如下:
(1)拒絕接受酒精濃度測試檢定者,處新臺幣十八萬元罰鍰,吊銷駕駛執照。
(2)如於五年內第二次違反道路交通管理處罰條例第三十五條第四項第一款或第二款規定者,處新臺幣三十六萬元罰鍰,第三次以上者按前次所處罰鍰金額加罰新臺幣十八萬元,吊銷駕駛執照。
2.駕駛人肇事致人重傷或死亡時,應當場告知拒絕檢測之法律效果,內容如下:
(1)拒絕接受酒精濃度測試檢定者,處新臺幣十八萬元罰鍰,吊銷駕駛執照,並得沒入車輛。
(2)如於五年內第二次違反道路交通管理處罰條例第三十五條第四項第一款或第二款規定者,處新臺幣三十六萬元罰鍰,第三次以上者按前次所處罰鍰金額加罰新臺幣十八萬元,吊銷駕駛執照,並得沒入車輛。

(續下頁)

(續)取締酒後駕車作業程序(第四頁,共八頁)

| 流程 | 權責人員 | 作業內容 |

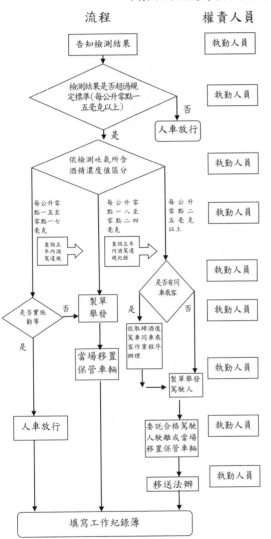

流程 / 權責人員

告知檢測結果 — 執勤人員

檢測結果是否超過規定標準(每公升零點一五毫克以上) — 執勤人員
→ 否 → 人車放行

是

依檢測吐氣所含酒精濃度值區分 — 執勤人員

每公升零點一五至零點一七毫克 / 查詢五年內酒駕違規
每公升零點一八至零點二四毫克 / 查詢五年內酒駕違規紀錄
每公升零點二五毫克以上 — 執勤人員

是否有同車乘客 — 執勤人員

是否實施勸導 — 否 → 製單舉發

製單舉發 — 執勤人員

當場移置保管車輛

依取締酒後駕車同車乘客作業程序辦理 — 執勤人員
製單舉發駕駛人

委託合格駕駛人駛離或當場移置保管車輛 — 執勤人員

人車放行

移送法辦 — 執勤人員

填寫工作紀錄簿

作業內容

3. 對於有其他情事足認服用酒類或其他相類之物,致不能安全駕駛者,已符合刑法第一百八十五條之三第一項第二款之要件,應依規定移送法辦。

四、結果處置:

(一)無飲用酒類或其他類似物或未超過標準者:人車放行。

(二)勸導代替舉發:駕駛人未嚴重危害交通安全、秩序且情節輕微,其吐氣所含酒精濃度達每公升零點一五毫克以上未滿每公升零點一八毫克之未肇事案件,且無不能安全駕駛情形者,得對其施以勸導,免予舉發,當場填製交通違規勸導單,並人車放行。

(三)違反交通法規未觸犯刑法者:駕駛人吐氣所含酒精濃度達每公升零點一八毫克以上未滿每公升零點二五毫克或血液中酒精濃度達百分之零點零三以上未滿百分之零點零五者,製單舉發,並當場移置保管其車輛。

(四)觸犯刑法者:駕駛人吐氣所含酒精濃度達每公升零點二五毫克以上或血液中酒精濃度達百分之零點零五以上者,應移送法辦,並製單舉發,委託合格駕駛人駛離或當場移置保管其車輛;對於有其他情事足認服用酒類或其他相類之物,致不能安全駕駛者,已符合刑法第一百八十五條之三第一項第二款之要件,也應依規定移送法辦。

(五)駕駛人吐氣所含酒精濃度達每公升零點二五毫克以上或血液中酒精濃度達百分之零點零五以上,同車乘客依取締酒後駕車同車乘客作業程序辦理。

五、駕駛人或行為人對警察行使前揭職權之方法、應遵守之程序或其他侵害利益之情事,當場提出異議時,依下列規定給予表單:

(一)製單舉發而對於交通違規稽查有異議者,應於通知單記明其事件情節及處理意見。

(續下頁)

(續)取締酒後駕車作業程序(第五頁,共八頁)

流程	權責人員	作業內容

(二)對於非屬交通違規稽查之其他職權行使,有異議者,並經其請求時,應填寫警察行使職權民眾異議紀錄表交付之。

六、救濟程序:
　民眾對舉發違規事實不服者,應委婉予以說明,仍表不服者,應告知其陳述規定與程序。

七、將未依指示停車接受稽查、拒絕接受酒測案件登記於工作紀錄簿。

三、分局流程:無。

四、使用表單:

(一)舉發違反道路交通管理事件通知單。

(二)交通違規勸導單。

(三)受理各類案件紀錄表。

(四)刑法第一百八十五條之三第一項第二款案件測試觀察紀錄表。

(五)警察行使職權民眾異議紀錄表。

(六)工作紀錄簿。

五、注意事項:

(一)操作酒測器應注意事項:

1. 出勤前應先檢查日期、時間是否正確,經濟部標準檢驗局「檢定合格標章」是否逾期、污損及「檢驗合格證書」(影本)是否隨機攜帶。

2. 實施檢測,應於攔檢現場為之,且實施檢測過程應全程連續錄影。但於現場無法或不宜實施檢測時,得向受測者說明,請其至勤務處所或適當場所檢測。如受測者拒絕,應予勸告將依道路交通管理處罰條例第三十五條第四項第二款規定處罰。而除有法律規定之依據或其有客觀事實足以顯示其有觸犯刑法第一百八十五條之三之情節外,不得任意將受測者強制帶離。

3. 駕駛人吐氣所含酒精濃度經執勤員警依本作業程序完成檢測後,不論有無超過規定標準,不得實施第二次檢測。但遇檢測結果出現明顯異常情形時,應停止使用該酒測器,改用其他酒測器進行檢測,並應留存原異常之紀錄。

4. 有客觀事實足認受測者無法實施吐氣酒精濃度檢測時,得於經其同意後,送由受委託醫療或檢驗機構對其實施血液之採樣及測試檢定。

5. 酒測器每年須送經濟部標準檢驗局檢驗一次,或使用一千次後必須送廠商校正及檢定,以符施檢規範之規定。

(續)取締酒後駕車作業程序(第六頁,共八頁)

(二)移送法辦應注意事項:

1. 逮捕現行犯或準現行犯:

（1）依刑事訴訟法第八十八條規定予以逮捕。

（2）逮捕詢問時,應先告知其犯罪嫌疑及所犯所有罪名(如涉嫌觸犯刑法第一百八十五條之三)、得保持緘默、得選任辯護人、得請求調查有利證據等事項。

2. 對於駕駛人酒後駕車,有刑法第一百八十五條之三情形,依下列說明事項辦理:

（1）有刑法第一百八十五條之三第一項第一款(吐氣所含酒精濃度達每公升零點二五毫克或血液中酒精濃度達百分之零點零五以上)之情形者,其經測試(檢測)事證明確,則檢具相關事證移送法辦,無需再檢附「刑法第一百八十五條之三第一項第二款案件測試觀察紀錄表」。

（2）有刑法第一百八十五條之三第一項第二款(其他情事足認服用酒類或其他相類之物,致不能安全駕駛)之情形者,或經員警攔檢駕駛人拒絕吐氣酒精濃度測試,且有「刑法第一百八十五條之三第一項第二款案件測試觀察紀錄表」所列之客觀情事,判斷足認其有不能安全駕駛之情形,均需檢附該紀錄表及相關佐證資料,依法移送法辦。

3. 對已達移送標準事證明確,顯不能安全駕駛者,輔以錄音、錄影(照相)方式存證,連同調查筆錄、吐氣或血液酒精濃度檢測數值資料,併案移送。

4. 調查違法事證時,應依相關規定辦理,佐以犯罪嫌疑人(駕駛人)不能安全駕駛之客觀情事,記載於筆錄,以強化證據力,提供辦案參考。

5. 調查詢問,應遵守刑事訴訟法第一百條之三規定:

「司法警察官或司法警察詢問犯罪嫌疑人,不得於夜間行之。但有下列情形之一者,不在此限:

（1）經受詢問人明示同意者。

（2）於夜間經拘提或逮捕到場而查驗其人有無錯誤者。

（3）經檢察官或法官許可者。

（4）有急迫之情形者。

犯罪嫌疑人請求立即詢問者,應即時為之。稱夜間者,為日出前,日沒後。」

6. 完成詢問後,將犯罪嫌疑人連同筆錄、舉發違反道路交通管理事件通知單(移送聯影本)、酒精測定紀錄單二份(影本)及刑法第一百八十五條之三第一項第二款案件測試觀察紀錄表依刑案程序移送該分局偵查隊處理。

(三)汽車駕駛人肇事拒絕接受檢測或肇事無法實施吐氣酒精濃度檢測者,應將其強制移由受委託醫療或檢驗機構對其實施血液或其他檢體之採樣及測試檢定。

(四)「酒駕肇事駕駛人移送法辦原則」如下:

1. 吐氣所含酒精濃度未達每公升零點一五毫克或血液中酒精濃度未達百分之零點零三者:原則上不依刑法第一百八十五條之三規定移(函)送檢察機關。但如有其他證據足以證明其確實不能安全駕駛者,應向當地管轄地檢署檢察官報告,並依其指示辦理。

2. 吐氣所含酒精濃度達每公升零點一五毫克以上或血液中酒精濃度達百分之零點零三以上者:檢附「刑法第一百八十五條之三第一項第二款案件測試觀察紀錄表」及相關佐證資料移(函)送檢察機關。

(五)駕駛人因不勝酒力於路旁車上休息,未當場查獲有駕駛行為者,應補充相關證據足可證明其有駕駛行為,始得依法舉發;如駕駛人係因發覺警察執行稽查勤務,始行駛至路邊休息,仍應依規定實施檢測。

(續)取締酒後駕車作業程序(第七頁,共八頁)

(六)執勤技巧:

1. 出勤前應落實勤前教育,帶班幹部應明確任務分工,並確實檢查應勤裝備、停車受檢警示燈及酒測器是否正常運作。

2. 攜帶足夠之安全器材(如交通錐、警示燈、指示牌、刺胎器等),並擺放於明顯、容易辨識之位置,確實開啟車輛警示燈,並依規定擺放停車受檢指示牌(警示燈)、交通錐等設備,使駕駛人能提前發現攔檢點,並依序停車受檢。

3. 攝影機取景宜涵蓋現場全貌,並將執行酒測勤務告示牌、車輛通行過程、車牌號碼完整入鏡,俾利完整蒐證不依指示停車接受酒測稽查逃逸車輛之違規事實。

4. 執勤人員路檢盤查駕駛人時,應離開車道至安全處所,並以警車在後戒護,以達到安全維護措施。

5. 路檢盤查勤務,應有敵情觀念,擔任警戒人員,應提高警覺,防範駕駛人無預警襲擊,攔檢時發現車速過快車輛,特別注意人身安全,保持安全反應距離,遇攔檢不停車輛應迅速閃避,不可強行攔阻,以維自身安全。

6. 攔下受檢車輛,應讓受檢車輛靠路邊停放,避免他車追撞,造成傷亡,或避免突然於高速行駛中攔車,以免發生危險或造成交通壅塞。

7. 執勤人員攔檢車輛時,以觀察駕駛人外貌辨明有無飲酒徵兆為主,不得將頭探入車窗內,以避免危害自身安全。

8. 執行取締酒駕勤務遇夜間、陰雨、起霧等天候不佳或視線不良時,需有更充足的夜間照明、導引及反光設備,避免民眾無法明確目視員警攔停手勢,致接近路檢點時才緊急煞車致生危險。

9. 善用執法裝備器材,對於錄影、錄音等應勤裝備應確實攜帶,並注意執勤態度,遇有酒醉藉故滋事之駕駛人,應注意使用錄影器材全程蒐證,以確保同仁及民眾應有權益。

10. 酒醉者常有失控及具攻擊性之行為,處理時應小心應對,對酒後駕車當事人依法有執行逮捕、管束或強制到場之必要時,應加強注意戒護,防止脫逃、自殺或其他意外事端,並注意自身安全,避免遭受傷害;當事人如有傷痕或生命危險時,應注意蒐證,避免日後糾紛。

11. 對於依法應予逮捕而抗拒逮捕或逃逸者,得使用強制力及依法使用警械,但應符合比例原則,不得逾越必要程度。

(七)駕駛人拒絕停車受檢,意圖衝撞路檢點及執勤員警時應注意事項:

1. 勤前教育時應明確分配各路檢人員任務(包含指揮管制、檢查、警戒、蒐證等)及其站立位置。

2. 攔檢車輛之執勤地點,應選擇空曠且明亮位置。

3. 到達稽查點,帶班人員應考量執勤地點之道路狀況,妥適安排現場巡邏車及警示設施之擺放位置,並開啟警示燈及依序擺放電子告示牌、交通錐或預防衝撞設施(如刺胎器)等,擺放時應面向車流,注意往來行車狀況,以確保自身安全。

（續）取締酒後駕車作業程序（第八頁，共八頁）

4. 攔檢點警示燈及路檢告示牌至巡邏車擺設距離，應保持適當之安全距離，擺放要明顯且齊全，員警應注意自身及民眾站立之相關位置，並立於安全警戒區內，以利即時反應、迴避任何突發危險狀況。

5. 路檢時員警應提高警覺，注意被攔檢車輛動態，採取必要措施，勿以身體擋車強行攔停，且每一次攔檢以一部車輛為原則。

6. 攔檢指揮管制手勢要明確，對於行車不穩、顯有酒後駕車徵兆之車輛，以手勢配合警笛聲指揮並攔停檢查。

7. 使用錄影（音）設備蒐證。

（八）如屬非計畫性勤務時，得不受前揭專屬於固定地點執勤所需之各項裝備器材等規範限制，惟仍應提高警覺注意安全。

（九）因應嚴重特殊傳染性肺炎（COVID-19）疫情期間，應注意事項：

1. 避免民眾及員警遭受感染之風險，暫停使用酒精檢知器進行初篩檢測。

2. 同仁執行酒測勤務時，應一律佩戴口罩。攔停駕駛人後，應保持一定距離，觀察過濾駕駛人有無飲酒徵兆，有飲酒徵兆者，則指揮車輛靠邊停車熄火，並請駕駛人下車接受酒精濃度檢測，執行檢測時，應一律戴防護手套。

3. 使用酒測器前，酒測器應予適當消毒（以1：100比例稀釋過後的漂白水進行外觀擦拭，不可使用酒精擦拭，以避免產生偽陽性結果或酒測器無法歸零校正）。

4. 取出全新未拆封之新吹嘴，並向受測者說明酒測器檢測流程後執行，使用過之吹嘴，應用塑膠袋包覆後卸除，並妥善處理，不可隨便丟棄。

5. 實施檢測後，同仁應以肥皂水、洗潔液或乾洗手液清潔，避免民眾吹氣時，飛濺口沫殘留在手部，造成事後接觸到口鼻傳染，以保護員警自身安全。

6. 駕駛人涉有犯罪嫌疑或違犯社會秩序維護法，為現行犯或準現行犯需予以逮捕時，應參照本署偵辦「嚴重特殊傳染性肺炎及紓困振興特別條例」刑責案件應注意事項辦理。

7. 駕駛人為罹患或違反居家隔離、居家檢疫者，應即通報勤務指揮中心調派防護衣到場並通知衛生機關處理；於勤務結束後，應清消應勤裝備，以保持衛生安全。

8. 民眾確有配合返回駐地處理之必要者，進入駐地前一律先測量額溫，額溫超過三十七點五度或不配合測量者，不得進入駐地，應擇駐地外適當地點處理。

貳、取締酒駕拒測處理作業程序

取締酒駕拒測處理作業程序（以下簡稱本作業程序）於2013年6月18日函頒，並經三次修正。茲為因應實務需求及嚴重特殊傳染性肺炎（COVID-19）疫情，爰於2020年4月21日修正本作業程序，以符實需。

取締酒駕拒測處理作業程序修正規定

109 年 4 月 21 日修正

（第一頁，共四頁）

一、依據：
（一）警察職權行使法。
（二）刑法第一百八十五條之三。
（三）道路交通管理處罰條例第三十五條、第八十五條之二。
（四）道路交通安全規則第一百十四條。
（五）刑事訴訟法第八十八條、第九十五條、第二百零四條之一、第二百零五條之一、第二百零五條之二。
（六）取締酒後駕車作業程序。
（七）檢察機關辦理刑事訴訟案件應行注意事項第八十二點。

二、分局及分駐(派出)所流程：

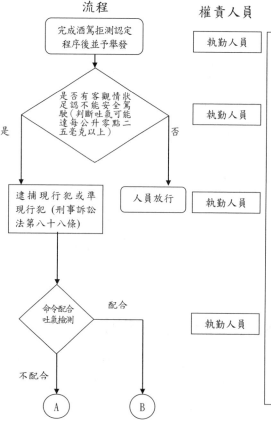

流程	權責人員	作業內容

流程

完成酒駕拒測認定程序後並予舉發

是否有客觀情狀足認不能安全駕駛（判斷吐氣可能達每公升零點二五毫克以上）

是 / 否

逮捕現行犯或準現行犯 (刑事訴訟法第八十八條)

人員放行

命令配合吐氣檢測

配合 / 不配合

A   B

（續下頁）

權責人員

執勤人員

執勤人員

執勤人員

執勤人員

作業內容

一、本作業程序係依「取締酒後駕車作業程序」完成酒駕拒測認定及舉發。
二、執行階段：
（一）客觀情狀足認不能安全駕駛：
依駕駛人有車行不穩、蛇行、語無倫次、口齒不清或有其他異常行為、狀況等客觀情事，判斷足認有不能安全駕駛（駕駛人酒精濃度有達每公升零點二五毫克以上之可能）之情形。
（二）逮捕現行犯或準現行犯：
1.逮捕時，應先告知其犯罪嫌疑及所犯所有罪名（如涉嫌觸犯刑法第一百八十五條之三）、得保持緘默、得選任辯護人、得請求調查有利證據等事項。
2.依刑事訴訟法第八十八條規定予以逮捕。
（三）命令其作吐氣檢測：
依刑事訴訟法第二百零五條之二規定。
1.犯罪嫌疑人配合：
完成吐氣檢測後，依規定製作調查筆錄及刑法第一百八十五條之三第一項第二款案件測試觀察紀錄表及吐氣酒精濃度檢測數值等資料，並隨案移送檢察官偵辦。

（續） 取締酒駕拒測處理作業程序（第二頁，共四頁）

流程	權責人員	作業內容

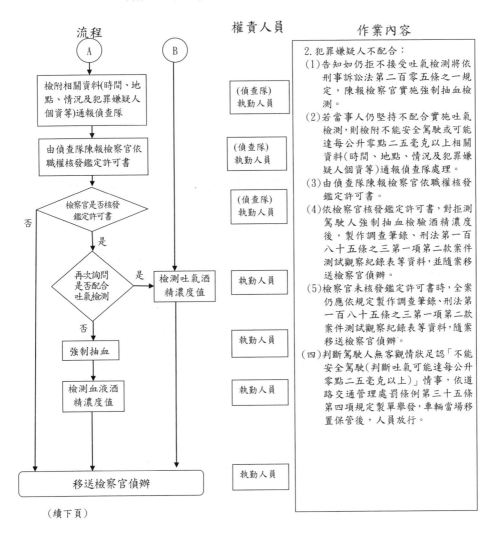

流程

A　　　B

檢附相關資料(時間、地點、情況及犯罪嫌疑人個資等)通報偵查隊

由偵查隊陳報檢察官依職權核發鑑定許可書

檢察官是否核發鑑定許可書　否

是

再次詢問是否配合吐氣檢測　是 → 檢測吐氣酒精濃度值

否

強制抽血

檢測血液酒精濃度值

移送檢察官偵辦

（續下頁）

權責人員

(偵查隊)執勤人員

(偵查隊)執勤人員

(偵查隊)執勤人員

執勤人員

執勤人員

執勤人員

執勤人員

作業內容

2.犯罪嫌疑人不配合：
(1)告知如仍拒不接受吐氣檢測將依刑事訴訟法第二百零五條之一規定，陳報檢察官實施強制抽血檢測。
(2)若當事人仍堅持不配合實施吐氣檢測，則檢附不能安全駕駛或可能達每公升零點二五毫克以上相關資料(時間、地點、情況及犯罪嫌疑人個資等)通報偵查隊處理。
(3)由偵查隊陳報檢察官依職權核發鑑定許可書。
(4)依檢察官核發鑑定許可書，對拒測駕駛人強制抽血檢驗酒精濃度後，製作調查筆錄、刑法第一百八十五條之三第一項第二款案件測試觀察紀錄表等資料，並隨案移送檢察官偵辦。
(5)檢察官未核發鑑定許可書時，全案仍應依規定製作調查筆錄、刑法第一百八十五條之三第一項第二款案件測試觀察紀錄表等資料，隨案移送檢察官偵辦。
(四)判斷駕駛人無客觀情狀足認「不能安全駕駛(判斷吐氣可能達每公升零點二五毫克以上)」情事，依道路交通管理處罰條例第三十五條第四項規定製單舉發，車輛當場移置保管後，人員放行。

(續) 取締酒駕拒測處理作業程序(第三頁,共四頁)

三、使用表單:

(一)工作紀錄簿。

(二)刑案陳報單。

(三)逕行逮捕通知書。

(四)調查筆錄。

(五)刑法第一百八十五條之三第一項第二款案件測試觀察紀錄表。

(六)舉發違反道路交通管理事件通知單。

(七)交通違規勸導單。

(八)受理各類案件紀錄表。

四、注意事項:

(一)為強化證據力,對於酒後駕車當事人拒絕酒測時,應全程錄音、錄影,蒐集相關事證,並佐以駕駛人精神狀態(如胡言亂語、意識不清)等行為,記載於筆錄或刑法第一百八十五條之三第一項第二款案件測試觀察紀錄表,提供司法機關參考。

(二)對於拒絕酒測已逮捕之準現行犯,勤務單位需檢附之相關資料除時間、地點、情況外,應有犯罪嫌疑人之姓名、性別、出生年月日、身分證統一編號、住居所及應鑑定事項等資料通報偵查隊,由偵查隊陳報檢察官依職權核發採取血液鑑定許可書。

(三)檢察官核發鑑定許可書後,由偵查隊將許可書通報勤務單位,勤務單位立即將犯罪嫌疑人帶至指定鑑定機關強制抽血後,依規定製作調查筆錄、刑法第一百八十五條之三第一項第二款案件測試觀察紀錄表等資料,併同鑑定報告書及相關證物,解送至偵查隊辦理移送作業。

(四)如檢察官未核發鑑定許可書時,仍應於調查完畢後檢附相關調查筆錄、刑法第一百八十五條之三第一項第二款案件測試觀察紀錄表、證物等,隨案解送至偵查隊辦理移送事宜。

(五)犯罪嫌疑人移送至偵查隊辦理移送作業前,勤務單位仍應注意本身及人犯安全。

(六)因應嚴重特殊傳染性肺炎(COVID-19)疫情期間,應注意事項:

　　1.避免民眾及員警遭受感染之風險,暫停使用酒精檢知器進行初篩檢測。

　　2.同仁執行酒測勤務時,應一律佩戴口罩。攔停駕駛人後,應保持一定距離,觀察過濾駕駛人有無飲酒徵兆,有飲酒徵兆者,則指揮車輛靠邊停車熄火,並請駕駛人下車接受酒精濃度檢測,執行檢測時,應一律戴防護手套。

3. 使用酒測器前,酒測器應予適當消毒(以1:100比例稀釋過後的漂白水進行外觀擦拭,不可使用酒精擦拭,以避免產生偽陽性結果或酒測器無法歸零校正)。

4. 取出全新未拆封之新吹嘴,並向受測者說明酒測器檢測流程後執行,使用過之吹嘴,應用塑膠袋包覆後卸除,並妥善處理,不可隨便丟棄。

5. 實施檢測後,同仁應以肥皂水、洗潔液或乾洗手液清潔,避免民眾吹氣時,飛濺口沫殘留在手部,造成事後接觸到口鼻傳染,以保護員警自身安全。

6. 執勤人員如有將犯罪嫌疑人帶至指定鑑定機關強制抽血之必要,陪同送醫時務必配戴口罩、防護手套等防護裝備,離開醫療院所返回駐地時,應丟棄口罩、防護手套、換洗衣物、消毒車輛。

7. 駕駛人涉有犯罪嫌疑或違犯社會秩序維護法,為現行犯或準現行犯需予以逮捕時,應參照本署偵處「嚴重特殊傳染性肺炎及紓困振興特別條例」刑責案件應注意事項辦理。

8. 駕駛人為罹患或違反居家隔離、居家檢疫者,應即通報勤務指揮中心調派防護衣到場並通知衛生機關處理;於勤務結束後,應清消應勤裝備,以保持衛生安全。

9. 民眾確有配合返回駐地處理之必要者,進入駐地前一律先測量額溫,額溫超過三十七點五度或不配合測量者,不得進入駐地,應擇駐地外適當地點處理。

第六節　案例評析

壹、案例一評析

　　案例一之所以引起之爭端,主要係肇因於司法院大法官於2012年5月18日作成釋字第699號解釋,該號解釋理由書中提及:「警察應先行勸導並告知拒絕之法律效果,如受檢人仍拒絕接受酒測,始得加以處罰。」同時內政部警政署亦函頒訂有警察「取締酒後駕車作業程序」,要求警察人員於實施酒測前,應先行勸導受檢人,並告知拒絕酒測之法律效果。基於上開釋憲意旨與警政署所訂頒的作業規定,警察人員在執行酒測勤時,如未完整告知受測人拒絕酒測之「全部」法律效果,得否裁罰?至於拒絕酒測之「法律效果」,究竟包括有那些內涵?行政法院過去歷年來之判決見解頗為分歧,有採肯定說,亦有採否定者,基層行政法院實務判決見解不

一，爭議不斷。因此，最高行政法院乃於103年4月3日作成判字第174號判決，期能統一見解，並作爲各級行政法院在審理相關案件時之參考依據。

依據最高行政法院上開判決理由中提及：「行使國家司法權之最高級法院，負有統一法律見解及從事法續造之任務。其中統一法律見解，乃爲免因司法裁判見解分歧，而損害法治國家所要求之法律預測可能性及法律秩序之安定性。行政法院組織法第16條第3項：『最高行政法院之裁判，其所持之法律見解，各庭間見解不一致者，於依第1項規定編爲判例之前，應舉行院長、庭長、法官聯席會議，以決議統一其法律見解。』即是本此意旨而規定。甚且，非由最高級法院作爲終審法院之事件，爲免下級法院確定裁判之法律見解發生歧異，無法自行統一，行政訴訟法第235條之1第1項乃規定高等行政法院受理適用簡易訴訟程序之上訴或抗告事件，認有確保裁判見解統一之必要者，應以裁定移送本院裁判之，此依行政訴訟法第237條之9第2項規定，亦準用於交通裁決事件。」由此可見，本號判決乃以行政訴訟制度中「最高級法院」之地位，針對拒絕酒測汽車駕駛人，如警察未盡一定內容之告知義務，即不得處罰前提下，進一步確立「未告知即不得處罰」與「未告知亦得處罰」之範圍如何？以求統一法律見解，俾作爲下級行政法院在審理相關案件時重要之參考依據。在本判決出爐後，其他下級行政法院，包括地方法院行政訴訟庭及高等行政法院，已出現不少判決一再援引最高行政法院本號判決之見解，作爲其裁判立論之依據。例如台北高等行政法院104年度交上字第74號裁定、台中地方法院103年度交字第287號行政訴訟判決、台中地方法院103年度交字第139號行政訴訟判決、彰化地方法院103年度交字第39號行政訴訟判決、台灣台北地方法院103年度交字第180號行政訴訟判決等。因此，本號判決並非普通判決，實質上顯然已等同「判例」之地位，吾人尤應加以重視[13]。

綜觀本號判決，最高行政法院法官認爲：按司法院釋字第699號解釋理由書指出主管機關「訂定取締酒後駕車作業程序，規定警察對疑似酒後

---

13 劉嘉發，警察行使交通攔停與酒測職權之研究——以司法裁判爲例，2015年警察權理論與實際學術研討會論文集，中央警察大學行政警察學系主辦，2015年5月，頁90。

駕車者實施酒測之程序，及受檢人如拒絕接受酒測，警察應先行勸導並告知拒絕之法律效果，如受檢人仍拒絕接受酒測，始得加以處罰。」並以此作為道交條例第35條第4項、第67條第2項前段、第68條合憲之重要理由。據此可認對汽車駕駛人，如其拒絕接受酒測，警察未告知拒絕之法律效果，則不得加以處罰。然既曰「處罰」，則其所告知拒絕之法律效果，應是對拒絕接受酒測處罰之直接法律效果規定。詳言之，該法律效果是受行政處罰所直接產生者，如非屬行政罰之法律效果，或僅是法律另行以該行政罰為構成要件，規定發生其他之法律效果，則不在「告知始得處罰」之範圍。因此其判決要旨結論如下：

（一）道交條例第35條第4項直接規定之法律效果或措施為「處新臺幣9萬元罰鍰」、「當場移置保管該汽車」、「吊銷該駕駛執照」及「施以道路交通安全講習」。「處罰鍰」為行政罰之法律效果，「當場移置保管該汽車」則非行政罰之法律效果，當無疑問。所以「處罰鍰」在「告知始得處罰」之範圍，「當場移置保管該汽車」，不在此範圍。

（二）「吊銷駕駛執照」，司法院釋字第699號解釋謂「故職業駕駛人因違反系爭規定而受吊銷駕駛執照之處罰者，即不得因工作權而受較輕之處罰」，係認其為行政罰。此部分可認屬於「告知始得處罰」之範圍。

（三）道交條例第67條第2項規定有駕駛執照之汽車駕駛人經此吊銷駕駛執照者，三年內不得考領駕駛執照，係法律以吊銷駕駛執照處分為構成要件之法律效果，雖對汽車駕駛人之權利有所限制，然其究是直接基於法律規定所發生之法律效果，並非主管機關以具意思表示為要素之單方行政行為，所作成之行政罰處分，自非「處罰」，不能認屬於「告知始得處罰」之範圍。交通裁決機關雖在違反道路交通管理事件裁決書上的「處罰主文」欄載：「駕駛執照吊（註）銷後，自吊（註）銷之日起三年內不得重新考領駕駛執照。」惟此乃重申法律規定，即令無該主文之記載，仍然發生三年內不得考領駕駛執照之法律效果。該部分主文並無何規制效力，無所謂處罰之問題。

又雖然取締酒後駕車作業程序規定：「經執勤人員勸導並告知拒測之處罰規定（處新臺幣九萬元罰鍰，並吊銷駕駛執照，三年不得再考領）

後，如受測人仍拒絕接受檢測，即依道路交通管理處罰條例『第三十五條第四項規定製單舉發』。」然此是機關內部之業務處理之規定，屬於行政程序法第159條第2項第1款之範圍，依同法第160條第1項規定，係下達下級機關或屬官，不直接對外發生效力，不成為人民信賴之對象[14]。另實務上有無警察未為該等內容（即「處新臺幣9萬元罰鍰，並吊銷駕駛執照，3年不得再考領」）之告知，即不予舉發之行政慣行，以致因行政自我拘束原則，而得出非經該等內容之告知即不得舉發之法律拘束力，尚有疑問。即使認主管機關受此作業程序之拘束，亦是屬於能否依道交條例第35條第4項舉發之問題，亦不影響道交條例第67條第2項直接依法律規定之法律效果之發生。是以「三年內不得考領駕駛執照」並不屬於「告知始得處罰」之範圍。「三年內不得考領駕駛執照」既不屬於「告知始得處罰」之範圍，更不能因未為此項告知，而不能對拒絕酒測者處罰吊銷駕駛執照。苟警察已告知吊銷駕駛執照之處罰法律效果，而予以吊銷駕駛執照，僅因未告知三年內不得考領駕照之限制，而謂不生三年內不得考領駕照限制之法律效果，此反而與道交條例第67條第2項之法律規定相牴觸。反之，如警察未告知吊銷駕駛執照之處罰法律效果，不得對拒絕酒測者吊銷駕駛執照，既無吊銷駕駛執照處分之存在，對有駕駛執照之汽車駕駛人即不發生三年內不得考領駕照之限制，此際有無告知「三年內不得考領駕駛執照」，亦不重要。

（四）行政罰法第2條：「本法所稱其他種類行政罰，指下列裁罰性之不利處分：……四、警告性處分：警告、告誡、記點、記次、講習、輔

---

[14] 有學者認為：若謂此類作業規定不具直接的對外拘束力，則其中所訂之「警察應先行勸導並告知拒絕之法律效果，如受檢人仍拒絕接受酒測，始得加以處罰」，即難謂構成所謂之正當「法律」程序，更遑論具有憲法之位階。蓋理論上及實際上，「主管機關」隨時可能因為主客觀條件之改變，或為因應新的社會情事，而修改作業方式。例如酒駕肇事案件激增、拒絕規避酒測的問題日益嚴重，而刪除應先行勸導並告知拒絕之法律效果的作業要求。於此情事，建立在「等者等之」基礎上的（間接）規範效力，即失所附麗，此亦是平等原則的相對性與有時而窮的規範特質。準此以觀，單從「取締酒後駕車作業程序」的規範屬性，斷難推導出「警察應先行勸導並告知拒絕之法律效果，如受檢人仍拒絕接受酒測，始得加以處罰」。若要提升其法律位階及憲法分量，使之成為絕對必要之法律正當程序，必須另尋憲法上之理據，始堪當之。參見李建良，拒絕酒測與吊銷駕照的合理關聯與正當程序—釋字第699號解釋，台灣法學雜誌第235期，2013年11月1日，頁36。

導教育或其他相類似之處分。」據此，不利處分內容雖爲「講習」，仍應具「裁罰性」，始得謂其爲行政罰。查汽車駕駛人以動力交通工具在道路上從事交通活動，對於第三人之安全有造成危害之危險。因此道路交通法令對汽車駕駛人有具安全駕駛適格之要求。此項適格包括對於交通法令之了解及遵守。苟汽車駕駛人之違規行爲顯現出此項適格之欠缺，除著眼於過去違規行爲之違法及可責加以非難之處置，此項處置具裁罰性外，另爲使違規行爲人增進其安全駕駛適格，確保其如再從事汽車駕駛之交通安全而令其爲一定行爲，此下命行爲並非在制裁違規行爲人，而是在預防未來危險之發生，不具裁罰性，雖不利於違規行爲人，然非行政罰。道交條例第35條第4項原已有處罰鍰及吊銷駕駛執照之處罰規定，102年1月30日修正增訂不利效果遠低於處罰鍰及吊銷駕駛執照之「施以道路交通安全講習」，立法者當無以此再作爲處罰手段之意思。而違反道交條例第35條第4項之道路交通安全講習，爲定期講習，每次以不超過1天爲原則，採集體方式講習之，而定期講習講授內容得依講習對象區分爲駕駛道德、交通法令、高速公路行駛要領、肇事預防與處理及法律責任、車輛保養、安全防禦駕駛、酒精對人體健康之心理及醫學分析、行人交通安全、青少年交通行爲之探討、兒童交通安全與乘車保護方法、兒童福利法、親職角色與責任或其他與定期講習調訓對象有關之交通安全教材依道交條例第92條第3項授權訂定之道路交通安全講習辦法第5條第1項第4款、第11條及第13條第1項）。足見此種講習係爲增進受講習人之安全駕駛適格，確保其未來從事道路交通之安全，預防未來危險之發生，並非在究責，不具裁罰性，雖不利於汽車駕駛人，尙非行政罰，自不在「告知始得處罰」之範圍[15]。

---

15 但有學者認爲道交條例規定之「道路交通安全講習」，應按其參加講習之原因及講習內容不同，再區分爲「行政罰」與「觀念通知」（事實行爲）二種類型：1.屬行政罰性質之講習：此種講習係因當事人違反交通法上一定之義務（如未善盡監護義務），或有特定之違規行爲（如第24條第1項各款行爲），而由交通裁罰機關通知當事人接受一定時數之道路交通安全講習，受通知人如有不服，得依該條例第87條規定提起救濟。因之，此種「道路交通安全講習」處分，係一種不利益之「行政處分」，因其通知本身已具有裁罰性，故應屬「行政罰」之一；2.屬事實行爲性質之講習：例如本條例第24條第2項規定：「公路主管機關對於道路交通法規之重大修正或道路交通安全之重要措施，必要時，得通知職業汽車駕駛人參加道路交通安全講習。」此時之「道路交通安全講習」，其講習目的乃在於使職業汽車駕駛人能對道

換言之，警察對拒絕酒測之汽車駕駛人，雖未先告知拒絕酒測有「施以道路交通安全講習」之法律效果，仍得令其參加道路交通安全講習。

依上開最高行政法院見解分析，吾人得知結論如下：1.屬「須告知始得處罰」（未告知即不得處罰）之範圍者有二：(1)處新臺幣9萬元罰鍰；(2)吊銷該駕駛執照；2.非屬「須告知始得處罰」（未告知亦得處罰）之範圍者有三：(1)當場移置保管該汽車；(2)施以道路交通安全講習；(3)3年內不得考領駕駛執照。

嗣後由於受到本號判決見解之影響，以及為配合前揭道交條例等相關條文之修正，警政署亦同時修正「取締酒後駕車作業程序」與「取締酒駕拒測處理作業程序」。目前警察人員執行取締酒駕勤務時，針對拒絕接受酒測之駕駛人，應告知拒測之法律效果已修正其內容如下：

1. 駕駛人未肇事致人重傷或死亡時，應當場告知拒絕檢測之法律效果，內容如下：

   (1) 拒絕接受酒精濃度測試檢定者，處新臺幣18萬元罰鍰，吊銷駕駛執照。

   (2) 如於五年內第二次違反道路交通管理處罰條例第35條第4項第1款或第2款規定者，處新臺幣36萬元罰鍰，第三次以上者按前次所處罰鍰金額加罰新臺幣18萬元，吊銷駕駛執照。

2. 駕駛人肇事致人重傷或死亡時，應當場告知拒絕檢測之法律效果，內容如下：

   (1) 拒絕接受酒精濃度測試檢定者，處新臺幣18萬元罰鍰，吊銷駕駛執照，並得沒入車輛。

   (2) 如於五年內第二次違反道路交通管理處罰條例第35條第4項第1款或第2款規定者，處新臺幣36萬元罰鍰，第三次以上者按前次所處罰鍰金額加罰新臺幣18萬元，吊銷駕駛執照，並得沒入車輛。

路交通法規之重大修正有所瞭解，並非針對職業汽車駕駛人的一種處罰決定。因其通知本身並不具裁罰性，僅係一種單純的「觀念通知」行為，故應屬「事實行為」性質之講習，而非「行政罰」之性質。參見劉嘉發等著，蔡震榮主編，警察法總論，一品，4版，2020年5月，頁370-371。

惟依道交條例第35條第4項規定：汽機車駕駛人拒絕接受酒測者，須處新臺幣18萬元罰鍰，並當場移置保管該汽機車、吊銷其駕駛執照及施以道路交通安全講習；如肇事致人重傷或死亡者，吊銷其駕駛執照，並不得再考領。其中針對：1.當場移置保管其車輛；2.施以道路交通安全講習；3.3年內不得考領駕駛執照等，本文認為執行取締之警察人員如能再加以告知，應能提醒駕駛人審慎考量是否受測，如此不僅可避免無謂之爭議，更進而有助於提升警察取締酒駕之執法品質。

貳、案例二評析

按照憲法預設的價值，人民本是自由的，並沒有「無端」接受酒測之義務，非法實施的酒測，人民當然可予拒絕。故必先有「合法」實施之酒測，才有「拒絕酒測」之處罰可言。所謂「合法酒測」，必須恪遵酒測的「正當法律程序」。參照司法院釋字第699號解釋揭示「警察對於已發生危害或依客觀合理判斷易生危害之交通工具，得予以攔停，要求駕駛人接受酒精濃度測試之檢定」、「受檢人如拒絕接受酒測，警察應先行勸導並告知拒絕之法律效果，如受檢人仍拒絕接受酒測，始得加以處罰。」之重要意旨，唯有踐行前述程序，要求人民酒測之法律依據與程序，方符合憲法要求。警察針對車輛駕駛人酒測固然在追求重要公益；但另一面亦同時侵犯到人民的自由，因此，兩者界限或平衡點何在？此在法治國家，是個極須慎重思考的問題。綜合分析案例二台北高等行政法院之判決見解要旨如下：

（一）警察職權行使法第8條第1項第3款關於警察得攔停交通工具並對駕駛人實施酒測之要件，參酌司法院釋字第535號解釋保障人民行動自由與隱私權利之意旨，要求警察人員「不得不顧時間、地點及對象任意臨檢、取締或隨機檢查、盤查」，因此闡釋關於警察臨檢之對象，必須針對「已發生危害或依客觀合理判斷易生危害之交通工具」。

但吾人認為諸多論者與司法審判觀點，每每以警職法第8條條文規定而主張警察得攔停交通工具之要件，應僅限於「已發生危害」或「依客觀

合理判斷易生危害」之交通工具」，恐係狹隘之見[16]。因為在交通執法實務上，警察於車水馬龍的街頭決定攔停某一輛車，通常最主要的原因，即是該車輛業已違反道路交通安全規則，至於是否已發生危險或危害則在所不論。且不必以具體之危害發生為要件，僅須存在有抽象之危害情形，警察即得加以攔停，且一般交通違規行為多以後者之情形居多。例如，警察人員發現汽車闖紅燈、超速，汽車駕駛人未繫安全帶，騎機車未帶安全帽者，均屬已違反交道規則之行為；再者，如汽車行駛忽快忽慢、駕駛人反應遲鈍等現象，則警察即有「合理懷疑」其可能會發生交通違規之行為，或易致生交通危害之可能。因此等理由，警察即得對之發動攔停[17]。簡言之，警察在取締交通違規時，其發動攔停交通工具之要件應是：1.已違反交通安全規則者；2.依客觀合理判斷可能將違反交通安全規則者[18]，只是現行道交條例相關條文並未加以具體明定而已。

（二）本件依原審法院勘驗舉發過程蒐證錄影光碟結果，認定本件舉發員警係依被上訴人駕駛系爭車輛，在前設有酒測臨檢站，針對行經路段所有車輛，隨機、概括、無差別地進行酒測之前，即自行路邊停車，因而主觀先認定被上訴人有意規避酒測臨檢處所，有酒後駕車或其他犯罪之嫌疑，故而上前，對於已經路邊停妥車輛之被上訴人，進行盤查。然依被上訴人未停車前尚在駕駛系爭車輛之情形，該交通工具現實上並未發生有危害，且無其他蛇行、車速異常、不穩等「相當合理之客觀事由」，可資建立被上訴人有酒駕之合理可疑性，等同因被上訴人不願順服前往接受上述無差別性、概括、隨機性之臨檢措施，即主觀臆測凡任何不服膺此警察威權之國民，均屬可疑酒駕之人，尚欠缺客觀合理之基礎，與警察職權行使法第8條規定有違。

---

16 蔡庭榕，我國警察實施全面攔檢酒駕之適法性研析，警政論叢第20期，2020年12月，頁50。
17 劉嘉發，論警察取締交通違規之職權—以酒醉駕車為例，中央警察大學學報第42期，2005年7月，頁62。
18 故有學者認為我國警察職權行使法實施後，加上原來道路交通管理處罰條例之規定，警察發動交通路檢，共有以下三種情形：1.以違規為稽查之發動；2.已發生危害或依客觀判斷易生危害；3.防止犯罪或處理重大公共安全或社會秩序事件有必要者。參見蔡震榮，交通路檢之程序，警光雜誌第578期，2004年9月，頁2。

（三）原審法院依上開光碟勘驗結果，認定被上訴人雖有由內側車道變換至外側車道，並持續減速之行為，然此乃因被上訴人欲於路邊停車而為之正當駕駛行為，無從得見被上訴人有何驟然變換車道或驟然減速之情形，故被上訴人並無異常駕駛行為。認上訴人主張被上訴人有異常駕駛行為，並非可採。

（四）原審法院依光碟勘驗結果，認定舉發機關員警在上前對被上訴人進行盤查時，被上訴人既早已自行停妥車輛，顯然員警並非對向在行進中之車輛攔停要求進行酒測，斯時被上訴人更非客觀上已發生危害，或有客觀合理依據易生危害交通工具之駕駛人，也無從對駕駛危險交通工具行為進行攔停，此與警察職權行使法第8條第1項第3款規定之要件更有不合，其要求被上訴人接受酒測檢定並非合法，被上訴人拒絕酒測，並未違反行政法上義務，尚不得依處罰條例第35條第4項規定處罰。

第七節　結論與建議

綜合本文針對警察取締酒駕法令規範之分析，以及警政署函頒取締酒駕相關行政作業程序之引介，吾人實無法樂觀地如部分論者以為：警察職權行使法頒布後，交通執法將更為完備。以往對於車輛檢查以及酒測程序，道路交通管理處罰條例並無完善之規定，警察職權行使法第8條規定有補充道路交通管理處罰條例不足之處[19]。易言之，既使在警察職權行使法公布施行後，該法第8條有關交通工具攔停與酒精濃度檢測之規定，並無法完全填補以往道交條例規範之不足。而有關警察攔停車輛之發動要件，亦並非僅限於警職法第8條之規定，在理論與實務上均得再結合該法前開第6條及第7條之規定，以相互為用。甚至依據道交條例針對已違反道路交通安全規則之車輛加以攔停，或者就犯罪偵查目的而攔停車輛亦屬適法。事實上，警察執行取締酒駕之法律性質，應可能包括了行政調查與

19　蔡震榮，交通執法與警察職權行使之探討，警政論叢第3期，2003年12月，頁13。

犯罪偵查之措施。而警察在攔停車輛後，如進一步發覺相關客觀情狀，達「合理懷疑」駕駛人有酒駕之嫌時，方得再對之實施酒測，而非如以往採取全面性、無差別之方式進行酒測。同時，如遇有駕駛人拒絕酒測時，警察應告知拒絕酒測之法律效果後再行舉發。

綜合本文前開論述，並參照現行相關法令規定，警察人員在執行取締酒駕勤務時，針對拒絕接受酒測之駕駛人，依個案是否肇事致人重傷或死亡為據，其應當場告知拒絕檢測之法律效果可區分如下：（一）未肇事致人重傷或死亡時，應告知內容如下：1.拒絕接受酒精濃度測試檢定者，處新臺幣18萬元罰鍰，吊銷駕駛執照；2.如於五年內第二次違反道路交通管理處罰條例第35條第4項第1款或第2款規定者，處新臺幣36萬元罰鍰，第三次以上者按前次所處罰鍰金額加罰新臺幣18萬元，吊銷駕駛執照；（二）肇事致人重傷或死亡時，應告知內容如下：1.拒絕接受酒精濃度測試檢定者，處新臺幣18萬元罰鍰，吊銷駕駛執照，並得沒入車輛；2.如於五年內第二次違反道路交通管理處罰條例第35條第4項第1款或第2款規定者，處新臺幣36萬元罰鍰，第三次以上者按前次所處罰鍰金額加罰新臺幣18萬元，吊銷駕駛執照，並得沒入車輛。

進言之，警察在取締酒駕時，針對拒測之駕駛人，如未肇事或雖肇事但僅致人輕傷時，其應當場告知拒測之法律效果主要有：1.處新臺幣18萬元罰鍰；2.吊銷駕駛執照；3.如於五年內第二次違反時，加重處新臺幣36萬元罰鍰，第三次以上者按前次所處罰鍰金額加罰新臺幣18萬元，並吊銷駕駛執照。至如已肇事且致人重傷或死亡時，其應當場告知拒測之法律效果則有：1.處新臺幣18萬元罰鍰；2.吊銷駕駛執照；3.得沒入其車輛；4.如於五年內第二次違反時，處新臺幣36萬元罰鍰，第三次以上者按前次所處罰鍰金額加罰新臺幣18萬元，吊銷駕駛執照，並得沒入車輛。

然而除上開知告內容外，依據道交條例等相關條文規定，汽機車駕駛人拒絕接受酒測者，其後續應受之不利益處分或警察得採取之措施尚有：1.當場移置保管其車輛；2.施以道路交通安全講習；3.3年內不得考領駕駛執照等。故本文認為執行取締之警察人員如能再加以告知，應能提醒駕駛人審慎考量是否受測，如此不僅可避免無謂之爭議，亦有助於提升警察取

締酒駕之執法品質。

由於現行交通執法法制混亂，徒使第一線的警察人員「奔走」於行政法與刑事法之間，不斷「換軌」的結果，如稍有不慎，即可能「出軌」，徒增警察人員執法錯誤或不當之風險，亟待整合相關法制。事實上，交通違規行為就如同「一個拿著尖刀在人群中揮舞」的行為一樣，隨時都有可能危及他人的生命、身體、財產安全，甚至於傷害到自己的生命。正當使用刀械或遵守交通規則駕駛車輛，有時尚不免發生死傷意外，更遑論是飆車、超速、酒醉駕車的行為。如此看來，對於酒醉駕車行為的高度危險性，也許應該形容為「拿著霰彈槍對著人群掃射」，亦不為過[20]。

單純地想要藉由行政罰或刑法的規範，建立國民的守法意識，並獲得具體效果，那是不可能的[21]。抽象危險構成要件的運用還必須配合其他措施，才可能有大效果；根據研究，透過大眾傳播媒體的影響，宣導酒醉駕車的危險性，加強取締臨檢，針對有酒癮的駕駛人強制診療，吊銷或吊扣其駕駛執照，對於酒醉駕車的防治特別具有成效。因為惟有越多人接受喝酒不開車的觀念，才能使大眾的交通安全獲得到更多的保障。使台灣成為交通秩序的天堂而非地獄，真正成為交通安全的美麗之島。

---

[20] 王幸男，酒醉駕車非犯罪行為的迷思，警光雜誌第522期，2000年1月，頁18-19。

[21] 既使警察戮力取締酒後駕車之違規行為，但酒醉（後）駕駛失控每年卻仍高居交通事故A1類肇事的主要原因之一。參見警政統計月報，內政部警政署編印，2005年1月，頁73。此外，依司法實務機關統計數據觀察，90~93年度地方法院檢察署收到違反刑法第185條之3之刑事案件，及執行違背安全駕駛案件裁判有罪之人數，並無明顯降低。參見法務部就「司法及行政機關執行酒測臨檢杜絕酒駕成效」專案報告，立法院第6屆第1會期司法委員會，2005年4月6日，頁4-5。由此可見，僅片面加強執法取締與處罰，對於遏抑酒醉駕車並無顯著的成效。

第五章
員警處理交通違規案例研析

鄭善印

第一節　案例事實

　　媒體報導不但會影響執政方向，也會影響各機關團體的名譽，更會形成一般人的日常知識。以下有關交通違規的報導，就容易形成一般人對於交通違規，警察將會如何處理的知識。故若有錯誤，警察機關或公關系統實在應該出面說明或請記者平衡報導，否則日積月累後，將形成對警察機關處理交通違規的負面印象。

壹、違規拒檢落跑案

　　華視CTS新聞2020年10月12日／記者洪立文／新北市綜合報導：「騎車在路上違規被警察攔下後，最好配合警方稽查，若擅自離開有可能會罰更多！新北市一名機車騎士違規遭警方攔下，卻趁員警在攔截其他車輛時自行離去，結果被警察加開罰單，但機車騎士不服提行政訴訟遭駁回，不僅要繳罰鍰，還被吊扣駕照6個月。新北市交通事件裁決處處長表示，依當時情形這名機車騎士已靠邊停車，顯然已知道員警示意他停車接受稽查，但卻在員警未同意的情況下直接離開，依據道路交通管理處罰條例（以下在本文皆簡稱為道交條例）第60條規定，駕駛汽機車有違規行為，經警察或交通稽查人員制止或攔下時，不聽制止或拒絕停車接受稽查而逃逸者，除原本違規的處罰之外，至少還要多罰1至3萬元及吊扣駕駛執照6個月。

　　新北市交通事件裁決處統計，今年上半年度汽機車駕駛人拒絕攔檢而逃逸的違規案件就有660件；裁決處提醒，警方執行勤務攔查，駕駛人依法有配合義務，如確有違規行為時，也應配合受檢，不要心存僥倖逃逸，若因此而發生交通事故恐得不償失。」

　　上述報導顯然有提醒駕駛人遭警攔截時，不可拒檢逃逸，否則加重處罰的功效，但亦不無對拒檢逃逸者竟達660件之多，表達憂心之意。

貳、警察酒後開車案

2020年12月25日聯合報／記者劉星君／屏東縣報導：「屏東縣警內埔分局偵查隊小隊長，本月22日晚間『騎機車轉彎未打方向燈』，被屏東警分局員警攔下，嗅到酒味；被攔人當場表明警察身分，拒絕酒測，員警通報並開出18萬拒測罰單，查扣車輛。縣警局將被攔人記一大過調職，並連坐懲處內埔分局長和偵查隊長，追究責任。」

此報導顯示出，只要是輕微違規被警察攔下後，聞到酒味，就會有後續的酒測程序；若拒測，將會開出18萬罰單及扣車，無論是誰都一樣，包含警察人員酒後開車。

參、誤申述為聲明異議案

2020年11月27日自由時報／記者張瑞楨／台中報導：「台中市許姓機車騎士，本月23日晚間騎機車於台中市文心路上，被中市六分局何安派出所警員發現大燈（近燈）故障，警員擔心安全，要拔車牌暫時禁止他騎乘這輛機車，許男不服認為處置太嚴重，要求填寫異議單，警員表示沒有帶異議單，請其自行去申訴，許男堅持要填寫異議單，雙方僵持不下。對此，六分局說，許男機車近燈無法開啟（故障），依道交條例第20條舉發，並扣留牌照，責令修復檢驗合格後發還之，民眾不服的話，可依道交條例第9條應於30日內，向處罰機關陳述意見提出申訴。」

上述報導顯示出，違規人對於警察究係依警察職務執行法（以下在本文皆簡稱警職法）行使攔檢盤查等職權，或係依道交條例進行交通違規舉發，無法辨識，以至於要求員警，開立「聲明異議書」，而不是直接「向處罰機關陳述意見」。

爰以警職法第29條第1、2項規定：「義務人或利害關係人對警察依本法行使職權之方法、應遵守之程序或其他侵害利益之情事，得於警察行使職權時，當場陳述理由，表示異議。（第1項）前項異議，警察認為有理由者，應立即停止或更正執行行為；認為無理由者，得繼續執行，經義務人或利害關係人請求時，應將異議之理由製作紀錄交付之。（第2

項）」此即為聲明異議書，但以警察攔停盤查有犯罪嫌疑或危害情形時為限。

　　但警察若依道交條例處理一般交通違規，行為人有不服時，應依該條例第9條第1項規定：「本條例所定罰鍰之處罰，受處罰人接獲違反道路交通管理事件通知單（按即警察現場開立之紅單）後，於三十日內得不經裁決，逕依第九十二條第四項之罰鍰基準規定，向指定之處所繳納結案（按即自動向監理處繳納罰鍰）；『不服舉發事實者，應於三十日內，向處罰機關（按即各縣市政府交通局下的監理處）陳述意見（按即警察所稱之申述）』；其不依通知所定期限前往指定處所聽候裁決，且未依規定期限繳納罰鍰結案或向處罰機關陳述意見者，處罰機關得逕行裁決之。」

　　上述違規人，顯然是將不服交通違規舉發之救濟程序，誤認為不服警職法之救濟程序。

肆、法院撤銷免罰案

　　2020年12月20日聯合報／記者曾健祐／桃園報導：「桃園陳姓男子疑酒駕被桃園警分局攔查，多次吹酒測器失敗，警方認為陳男消極拖延，依拒絕接受酒測開罰18萬元，陳男不服提行政訴訟，主張自己答應驗血，沒有拒測；法院勘驗六段監視器畫面，除了二段時間有連續，其餘都是非連續，可見警方對陳男實施酒測過程未『全程連續錄影』，違反處理細則規定的正當行政程序，也因為沒全程錄影，使本案沒有影像或其他證據，可證明警方已履行宣讀拒絕酒測所應受法律效果，程序有瑕疵，撤銷原處分，免罰。」

　　上述報導，將警察辦理刑事案件所需的「全程連續錄音或錄影」的規定，也適用在行政調查上，是否合理？可能有不同意見。但警察機關充耳不聞，好像事不關己一般，假以時日，一般民眾就會有更多類似的知識，包含上述屏東的酒駕警察，也會做同樣要求，而主張沒有全程連續錄音錄影就不能處分他。

第二節　爭論焦點

由上述媒體報導可知，除一般交通違規拒檢逃逸案例外，交通違規後的取締程序經常會與酒測結合在一起，交通違規取締程序更常與攔停盤查競合，而拒絕酒測若未依程序舉發更有可能被法院判決撤銷免罰。在這一連串的程序問題中，有許多值得爭議的焦點，爭議原因在於交通法規繁雜、處罰事項太多、母法與子法偶有規定不同情形、應由母法規定事項卻移至子法規定、牽涉機關包含交通與警察，又常與刑法、社會秩序維護法、警職法重疊有關。

例如，上述警察酒駕案，一旦違規人被攔截，經常會因事件的發展而陸續被進行酒測、拒檢逃逸、拒絕酒測，或者被員警勸導放行、逕行舉發、追車稽查，即使員警攔截舉發，也會出現違規人不服舉發、不收受舉發單、要求開立聲明異議書等等問題。

由於攔截之後出現的問題及爭議不少，故警政署亦相應頒布了許多作業程序。例如「取締一般交通違規作業程序」、「取締酒後駕車作業程序」、「取締酒駕拒測處理作業程序」、「交通違規不服稽查取締執法作業程序」、「取締危險駕車作業程序」、「執行路檢攔檢追緝車輛作業程序」，更有「執行圍捕作業程序」等。

再加上違規人不服，提出行政訴訟後，法官有時會出現驚人之判，卒至於交通違規案例頻出爭議。爭議判決出現後，由於處罰機關亦即被告機關乃交通局轄下的交通事件裁決所，取締警察至多不過出庭作證而已，故一旦法庭做出有利原告判決，幾乎無任何機關願意再行爭訟，導致願意爭訟者得利，不願惹事者自認倒楣的不公平現象。

在諸多爭議中，要想凝聚出幾個具有敘述價值的爭議，必須以某一作業程序為主軸，若將相關作業程序都列為闡述對象，必定越理越亂。經本文作者考慮後，決定以「取締一般交通違規作業程序」為主軸，理由在於若未出現違規跡象，在川流不息的交通車流中，警察不可能無端攔截車輛。一旦攔截，必定出現本作業程序所指出的「接受指揮稽查」、「逕行

舉發」事項，其後才有「酒測、製單、扣車」，或者「勸導放行」、「於通知單上記名異議事由」或「依警職法開立聲明異議書」等事項。有鑒於此，本文乃以「取締一般交通違規作業程序」爲主軸，其餘爲輔，凝聚出以下幾個爭議事項：

壹、何謂一般交通違規事項？

貳、交通違規舉發方式是否包含職權舉發？職權舉發爲何不在作業程序內？

參、拒檢逃逸得否以照片證明？

肆、道交條例之酒精濃度檢測程序，與警職法之酒精濃度測試程序，是否競合？

伍、酒側與拒絕酒測程序之法律性質爲何？若未全程連續錄影，是否能撤銷該裁罰？

茲即依序論述如下。

壹、何謂一般交通違規事項？

一個法律概念恆有對立概念，其作用在於區分兩對立概念之不同，而異其處理方式，以達不同事務不同處理、相同事務相同處理的平等原則。既然如此，則本文主軸的所謂「取締一般交通違規作業程序」，即出現何謂「一般交通違規」的爭議，難道還有另類交通違規是屬於「特別交通違規」事項的？但遍查「道交條例」，並無一般交通違規事項或特別交通違規事項之區分。故出現本作業程序爲何自稱「一般交通違規」之問題。

本文認爲，這個問題有可能是作業人員爲求將「攔截舉發程序」與「取締酒後駕車程序」作區別，故將遇有交通違規的初始「攔截舉發」作業，稱爲「一般交通違規」作業，以有別於「取締酒後駕車作業程序」、「取締酒駕拒測處理作業程序」等程序。假若如此，倒不如把「一般交通」改稱爲「攔截舉發」，因爲攔截舉發本就是道交條例舉發方式的原則，既爲原則，則將之放在所有舉發之前並作爲所有作業程序的領頭名稱，應該較能讓人望文生義。因爲法學方法講究「望文生義及一文不得有兩種含意」，假若不是如此，則本文上述文字即爲錯誤推論。

貳、交通違規舉發方式是否包含職權舉發？職權舉發為何不在作業程序內？

警察專科學校陳俊宏副教授曾經認為[1]：所謂（交通違規）舉發，係指交通違法者以外之第三人或交通執法人員，因執行職務知有交通違規情事，向交通主管機關報告交通違規事實之謂。依舉發者分類，可分為「機關舉發」與「民眾舉發」。交通違規之舉發，以機關舉發為主，民眾舉發為輔。機關舉發，又可分為「（當場）攔截舉發」與「逕行舉發」（按指道交條例第7條之2之規定）；另有「鑑定舉發」（按指道交條例第90條及道交條例裁處細則第15條規定之汽車肇事致人受傷或死亡案件，因肇事責任不明送請鑑定，警察機關於鑑定終結後據以查

明違反條例之行為，而予以舉發之規定）；以及「職權舉發」（按指道交條例裁處細則第6條、同規則第15條之規定）。故依上揭相關規定，有關交通違規之舉發方式，計有「攔截舉發」、「逕行舉發」、「鑑定舉發」、及「職權舉發」四種。

但陳副教授又認為：「職權舉發」並非（當場）攔截舉發，亦非逕行舉發，裁決機關多以道交條例第7條第1項規定，再依道交條例裁處細則第6條第2項規定，作為「職權舉發」之依據。司法實務上，交通裁罰機關與交通法庭之判決，則有肯定與否定之見解。

一、肯定說

肯定說之見解，即肯認舉發機關對於違規事實，得以事後再補製通知單，作為裁處之依據，此有台灣新竹地方法院101年1月15日101年度交字第27號行政訴訟判決為據。該判決認為：依道交條例裁處細則第1條規定：「本細則依道交條例第92條第4項規定訂定之。」第2條第1項規定：「處理違反道路交通管理事件之程序及統一裁罰基準，依細則之規定辦

1　陳俊宏，交通違規舉發方式相關爭議之探討，file:///C:/Users/user/Downloads/%E4%BA%A4%E9%80%9A%E9%81%95%E8%A6%8F%E8%88%89%E7%99%BC%E6%96%B9%E5%BC%8F%E7%9B%B8%E9%97%9C%E7%88%AD%E8%AD%B0%E4%B9%8B%E6%8E%A2%E8%A8%8E_%20(1).pdf，最後瀏覽日：2020年12月10日。

理」。核以上規定，係「基於母法之授權」而訂定，且其內容並未牴觸母法，被告據以適用，於法並無不當。

二、否定說

否定說之見解，係以「法律保留原則」作為論述基礎。例如台灣新北地方法院102年1月24日101年度交字第83號行政訴訟判決，即認為：人民如有違反道交條例之行為，原則上應採當場、攔截舉發，例外如符合道交條例第7條之2規定之情形，方得依法定程序逕行舉發，交通裁決機關爰引道交條例裁處細則第6、10、30、33條規定另補為製單舉發。本院認為，道交條例裁處細則係依道交條例第92條第4項所授權訂定，其內容自不得逾越母法規定意旨，而立法者基於法律保留（國會保留）特別於「當場舉發」程序外，於道交條例明定特別之「逕行舉發」程序，除此兩種舉發程序外，遍尋本條例或裁處細則之規定，難以發現有第三種法定舉發程序。至有關裁處細則第6條第2項所謂「依職權舉發」之規定，毋寧僅係賦予或明定公路主管及警察機關，有本於職權舉發違反道路交通管理行為之「義務」，立法者目前並無容許第三種舉發程序，是依道交條例裁處細則第6條第2項規定，可職權舉發之逕行舉發案件，自仍應符合道交條例第7條2之規定為限。

三、學者意見

陳副教授則認為，目前警察機關在舉發交通違規之實務上，交通勤務警察之舉發方式，依處罰條例之規定，僅有「（當場）攔截舉發、逕行舉發及鑑定舉發」三種，尚無所謂之「職權舉發」。警察執法必須遵守法律的正當程序，有關「職權舉發」之爭議，允宜在母法之處罰條例明文規定，以避免實務上公路主管及警察機關權責不明、互相推諉，而形成一國兩制之情形。

陳副教授又以為，舉發方式牽涉到對人民的裁罰，自以有母法明文依據為是，該肯定見解讓裁決所將事後舉發責任推卸到警察機關來，乃未顧及「法律保留」及警察業務限於法律明文之法理。雖然如此，但最高行政法院卻有不同判決。

　　不論職權舉發有無母法依據，因職權舉發與鑑定舉發均屬「事後舉發」，必須經過若干查證後方能確定有無違規事實，此與現場攔截舉發或因不宜攔截舉發所採之逕行舉發不同，故職權舉發與鑑定舉發，因與民眾無直接及現場之接觸，均不必在舉發作業程序上出現，僅依內部程序處理即可。

參、拒檢逃逸人得否以照片證明？

　　現場攔截舉發時，常遇拒檢逃逸情形，員警為維護執法尊嚴，常有追車行動，但此舉頻生危險，有時亦常危及逃逸人、路人甚至員警自己。例如汐止警察分局汐止派出所31歲警員薛定岳，即於2019年8月28日追捕逃避攔檢的王姓男子時，因機車失控，高速衝撞分隔島殉職。故，道交條例第7條之2第1項乃規定：「不服指揮稽查而逃逸者，得逕行舉發」，但逕行舉發除「應記明車輛牌照號碼、車型等可資辨明之資料」外，得否以照片或監視器攝得之照片作為補強證據？

　　有關本問題有正反兩說。例如，立法院有關「拒檢逃逸蒐證舉發問題之研析」，即認為：

一、肯定說

　　汽車駕駛人涉有違反道交條例行為，經員警攔查而不聽制止或拒絕停車接受稽查而逃逸者，若符合「當場不能或不宜攔截製單舉發」之要件，實務上認屬道交條例第7條之2第1項第4款所定「不服指揮稽查而逃逸」之情形，得依同條第4項規定「記明車牌號碼、車型等可資辨明之資料」，以汽車所有人為被通知人逕行製單舉發。此外，為加強證明力，仍得以科學儀器取得證據資料後再行製單舉發。

二、否定說

　　利用監視器或密錄器進行蒐證舉發，除容貌、特徵、舉措、聲音等個人資訊外，透過連結不同監視器或科技設備（如人臉辨識系統）並可獲取特定個人之行蹤動態，此將造成隱私權、資訊自主權及行為自由等人民基

本權利之干預，應符合憲法第23條規定及正當法律程序原則之要求。

此外，警職法（下稱警職法）第10條第1項規定：「警察對於經常發生或經合理判斷可能發生犯罪案件之公共場所或公眾得出入之場所，為維護治安之必要時，得協調相關機關（構）裝設監視器，或以現有之攝影或其他科技工具蒐集資料。」是依上開規定裝設之監視器或使用之攝影（蒐證）科技工具，其目的係為「維護治安」，與道交條例第1條所定「維護交通秩序、安全」之宗旨有別。由是，員警依上開規定利用監視器或密錄器進行蒐證舉發，恐涉及目的外之利用個人資料行為，而有違反「目的拘束原則」及警職法第17條、個人資料保護法第16條規定之嫌。經查警職法就上述特定目的外之利用行為，似無明確之要件規範，故實務上如確有相關執法必要（例如用於舉發駕駛人拒檢逃逸之交通違規行為），應於該法就其目的外利用之具體情形，明定特定要件及範圍，以符合「目的拘束原則」及相關法律之要求。另員警如欲利用密錄器蒐證舉發駕駛人拒檢逃逸之違規行為，依警職法第4條規定，亦應使當事人有所知悉（事前或事後告知），以免違反正當法律程序之要求。[2]

肆、道交條例之酒精濃度檢測程序，與警職法之酒精濃度測試程序，是否競合？

2017年11月16日台北高等行政法院新聞稿指出：本院受理106年度交上第247號交通裁決事件，於民國106年11月8日判決（上訴駁回）後，部分媒體報導有失客觀公允，為正視聽，避免社會誤解，特予說明如下：

一、事實概要

（一）本件被上訴人（即汽車駕駛人）於民國105年10月19日1時49分許，駕車在台北市市民大道4段前，遭台北市政府警察局大安分局（下稱舉發機關）執勤員警以「行經設有告示執行酒精濃度測試檢定處所，不

---

2 彭文暉，立法院議題研析，https://www.ly.gov.tw/Pages/Detail.aspx?nodeid=6590&pid=199064，最後瀏覽日：2020年12月10日。

依指示停車接受稽查」逕行舉發在案。

　　（二）嗣經上訴人（台北市交通事件裁決所）作成106年3月31日北市裁罰字第22-AEZ912482號裁決書（下稱原處分），裁處被上訴人罰鍰新臺幣（下同）9萬元，吊銷駕駛執照，並應參加道路交通安全講習，及依同條例第67條第2項規定三年內不得重新考領駕駛執照。被上訴人不服原處分，提起行政訴訟，經台灣新竹地方法院106年度交字第62號判決（下稱原審判決）撤銷原處分，上訴人不服，提起本件上訴。

二、澄清重點

（一）酒測之正當法律程序

　　按照憲法預設的價值，人民本是自由的，並沒有「無端」接受酒測之義務，非法實施的酒測，人民當然可予拒絕。故必先「合法實施」酒測，才有「拒絕酒測」的處罰可言。所謂「合法酒測」，必須恪遵酒測的「正當法律程序」。參照司法院釋字第699號解釋揭示「警察對於已發生危害或依客觀合理判斷易生危害之交通工具，得予以攔停，要求駕駛人接受酒精濃度測試之檢定」、「受檢人如拒絕接受酒測，警察應先行勸導並告知拒絕之法律效果，如受檢人仍拒絕接受酒測，始得加以處罰。」之重要意旨，唯有踐行前述程序，要求人民酒測之法律依據與程序，方符合憲法要求。

（二）得否任意攔停酒測

　　酒測攔檢與人權保障界限何在？酒測固然在追求重要公益；但另一面亦同時侵犯到人民的自由，因此，兩者界限或平衡點何在？此在法治國家，是個極須慎重思考的問題。

三、本院判決已論明

　　（一）警職法第8條第1項第3款關於警察得攔停交通工具並對駕駛人實施酒測之要件，參酌司法院釋字第535號解釋保障人民行動自由與隱私權利之意旨，要求警察人員「不得不顧時間、地點及對象任意臨檢、取締或隨機檢查、盤查」，因此闡釋關於警察臨檢之對象，必須針對「已發生危害或依客觀合理判斷易生危害之交通工具」。

　　（二）本件依原審法院勘驗舉發過程蒐證錄影光碟結果，認定本件舉

發員警係依被上訴人駕駛系爭車輛，在前設有酒測臨檢站，針對行經路段所有車輛，隨機、概括、無差別地進行酒測之前，即自行路邊停車，因而主觀先認定被上訴人有意規避酒測臨檢處所，有酒後駕車或其他犯罪之嫌疑，故而上前，對於已經路邊停妥車輛之被上訴人，進行盤查。然依被上訴人未停車前向在駕駛系爭車輛之情形，該交通工具現實上並未發生有危害，且無其他蛇行、車速異常、不穩等「相當合理之客觀事由」，可資建立被上訴人有酒駕之合理可疑性，等同因被上訴人不願順服前往接受上述無差別性、概括、隨機性之臨檢措施，即主觀臆測凡任何不服膺此警察威權之國民，均屬可疑酒駕之人，尚欠缺客觀合理之基礎，與警職法第8條規定有違。

（三）原審法院依上開光碟勘驗結果，認定被上訴人雖有由內側車道變換至外側車道，並持續減速之行為，然此乃因被上訴人欲於路邊停車而為之正當駕駛行為，無從得見被上訴人有何驟然變換車道或驟然減速之情形，故被上訴人並無異常駕駛行為。認上訴人主張被上訴人有異常駕駛行為，並非可採。

（四）原審法院依光碟勘驗結果，認定舉發機關員警在上前對被上訴人進行盤查時，被上訴人既早已自行停妥車輛，顯然員警並非對向在行進中之車輛攔停要求進行酒測，斯時被上訴人更非客觀上已發生危害，或有客觀合理依據易生危害交通工具之駕駛人，也無從對駕駛危險交通工具行為進行攔停，此與警職法第8條第1項第3款規定之要件更有不合，其要求被上訴人接受酒測檢定並非合法，被上訴人拒絕酒測，並未違反行政法上義務，尚不得依處罰條例第35條第4項規定處罰。

（五）本院認原審上述證據調查與事實認定，尚與證據法則或經驗法則等無違，亦符合上述司法院解釋及法律規範意旨，並無判決不適用法規或適用不當或判決理由不備及矛盾等違背法令之情形，認上訴無理由，判決駁回上訴。特此說明。

上述台北高等行政法院之判決，主要係以司法院釋字第699號解釋揭示之「（警職法第8條規定之）警察對於已發生危害或依客觀合理判斷易生危害之交通工具，得予以攔停，要求駕駛人接受酒精濃度測試之檢定」

為準。並因認為被舉發人之行為未有「危害」，故警察舉發不合法。

然而，我國道交條例第35條第1項規定：「汽機車駕駛人，駕駛汽機車經『測試檢定』有下列情形之一，機車駕駛人處新臺幣一萬五千元以上九萬元以下罰鍰，汽車駕駛人處新臺幣三萬元以上十二萬元以下罰鍰，並均當場移置保管該汽機車及吊扣其駕駛執照一年至二年；附載未滿十二歲兒童或因而肇事致人受傷者，並吊扣其駕駛執照二年至四年；致人重傷或死亡者，吊銷其駕駛執照，並不得再考領：一、酒精濃度超過規定標準。二、吸食毒品、迷幻藥、麻醉藥品及其相類似之管制藥品。」

同條第4項又規定：「汽機車駕駛人有下列各款情形之一者，處新臺幣十八萬元罰鍰，並當場移置保管該汽機車、吊銷其駕駛執照及施以道路交通安全講習；如肇事致人重傷或死亡者，吊銷其駕駛執照，並不得再考領：一、駕駛汽機車行經警察機關設有告示執行第一項『測試檢定之處所』，不依指示停車接受稽查。二、拒絕接受第一項測試之檢定。」

此外，有關測試檢定處所問題，尚有違反道路交通管理事件統一裁罰基準及處理細則（以下簡稱道交處理細則）第19條之1之規定：「汽車駕駛人駕駛汽車行經警察機關『設有告示』執行本條例第三十五條第一項測試檢定之處所，不依指示停車接受稽查，除依法舉發外，並當場移置保管汽車。（第1項）前項汽車駕駛人不服從指揮或稽查逕行離開現場或棄車逃逸者，交通勤務警察或依法令執行交通稽查任務之人員得為下列處置：一、依本條例第七條之二第一項第四款及第四項規定，『逕行舉發』汽車所有人。二、棄車逃逸者，並逕行移置保管該汽車。（第2項）」

上述規定，與警職法第6條規定：「警察於公共場所或合法進入之場所，得對於下列各款之人查證其身分：……六、行經指定公共場所、路段及管制站者。（第1項）前項第六款之指定，以『防止犯罪』，或處理重大公共安全或社會秩序事件而有必要者為限。其指定應由警察機關主管長官為之。（第2項）」，有競合情形。

從而可知，依釋字第699號解釋理由書部分意旨，依警職法第8條，固得攔停「已發生危害或依客觀合理判斷易生危害之交通工具」，以進行酒測，即使依道交條例第35條第1項及第4項並同道交處理細則第19條之1

規定，亦得設告示以執行酒測檢定，並且對違規人予以逕行舉發。例如，有些縣市每個月監理站固定會與警察執行「監警聯合稽查」作業，取締改裝汽機車及噪音、污染等違規，稽查時常訂立告示牌逐車目視檢定，故依道交條例相關規定，本可訂定告示牌後測試檢定。只是，依道交條例訂立的測試檢定「告示」，經常與警職法第6條第1項第6款之「管制站」，競合而已；既為競合，則若有不願接受檢定之駕駛人，即使運用各種理由規避，仍然屬於道交條例第35條第4項第2款「拒絕接受第一項測試之檢定」之範圍。此時，當然可以不依警職法第8條進行酒測，而依道交條例第35條4項第2款並同道交處理細則第19條之1規定取締。

即使認定係個別違規而不符該款規定，亦有道交條例第7條第1項：「道路交通管理之『稽查』，違規紀錄，由交通勤務警察，或依法令執行交通稽查任務人員執行之。」之規定，以作為稽查個別違規人之依據。是故，警職法與道交條例的酒測規定乃競合條款，法院僅偏重警職法而完全不顧道交條例相同功能之規定，實不合理。

伍、酒測與拒絕酒測程序之法律性質為何？若是未全程連續錄影，能否撤銷該裁罰？

道交條例民國108年3月26日的重要修正，大都圍繞在如何解決「酒駕累犯」、「拒絕酒測」、「吊照照開」這三個焦點上，而其所開立之解決方法，不外：一、加重處罰各類違規行為及拒絕酒測；二、累犯者加重罰鍰；三、連坐者處行政罰；四、致人於死或重傷者沒入車輛；五、創設酒精鎖制度；六、除提高慢車酒駕罰鍰，亦提高慢車拒絕酒測之罰鍰。

例如道交條例第35條第1項規定：「汽機車駕駛人，駕駛汽機車經測試檢定有下列情形之一，機車駕駛人處新臺幣一萬五千元以上九萬元以下罰鍰，汽車駕駛人處新臺幣三萬元以上十二萬元以下罰鍰，並均當場移置保管該汽機車及吊扣其駕駛執照一年至二年；附載未滿十二歲兒童或因而肇事致人受傷者，並吊扣其駕駛執照二年至四年；致人重傷或死亡者，吊銷其駕駛執照，並不得再考領：一、酒精濃度超過規定標準。二、吸食毒品、迷幻藥、麻醉藥品及其相類似之管制藥品。」

同條第3項復規定：「本條例中華民國一百零八年三月二十六日修正條文施行之日起，汽機車駕駛人於五年內第二次違反第一項規定者，依其駕駛車輛分別依第一項所定罰鍰最高額處罰之，第三次以上者按前次違反本項所處罰鍰金額加罰新臺幣九萬元，並均應當場移置保管該汽機車、吊銷其駕駛執照及施以道路交通安全講習；如肇事致人重傷或死亡者，吊銷其駕駛執照，並不得再考領。」

同條第4項有關「拒絕酒測」，更規定：「汽機車駕駛人有下列各款情形之一者，處新臺幣十八萬元罰鍰，並當場移置保管該汽機車、吊銷其駕駛執照及施以道路交通安全講習；如肇事致人重傷或死亡者，吊銷其駕駛執照，並不得再考領：一、駕駛汽機車行經警察機關設有告示執行第一項測試檢定之處所，不依指示停車接受稽查。二、拒絕接受第一項測試之檢定。」

類此高額處罰是否有違比例原則，不無可疑。從而，司法機關可能因此才轉而要求正當程序，凡不符合取締酒駕之正當程序者，即予撤銷處罰。而正當程序中，尤以取締酒駕必須「全程連續錄影」之規定最為醒目。例如，違反道路交通管理事件統一裁罰基準及處理細則第19條之2即規定：「對汽車駕駛人實施本條例第三十五條第一項第一款測試之檢定時，應以酒精測試儀器檢測且實施檢測過程『應全程連續錄影』，並依下列程序處理：……。」若「酒測」未全程連續錄影即違反程序規定，則「拒絕酒測」過程，更應連續錄影，否則即違程序規定。[3]

有鑒於此，故有關「全程連續錄影」之規定，其性質為何？若違反該規定而舉發酒測本身，是否會成為行政訴訟撤銷之訴的標的？乃有不同說法。有認為舉發酒測本身為行政處分，故可成為撤銷之訴標的者；亦有認為舉發本身非行政處分者。

最高行政法院108年裁字第1798號裁定明確指出：「……（警察機關之）舉發，僅係對違規事實的舉報，乃舉發單位將稽查所得有關交通違規

3　但應注意者乃，本處理細則第19條之2應全程連續錄影之規定，僅限於「對汽車駕駛人」實施測試之檢定時，而不及於「對機車駕駛人」，此種規定恐係遺漏而非有意，蓋因母法第35條區分汽車與機車之修正，時間為民國108年3月26日，可以推測施行細則尚未隨之修正。

行為時間、地點及事實等事項記載於舉發通知單，並告知被舉發者，屬處罰機關裁決前的行政行為之一，性質上為「觀念通知」，並非行政處分（最高行政法院94年度裁字第568號裁定、107年度判字第349號判決意旨參照）。」

雖然如此，但此觀念通知被裁罰機關作為行政處分之基礎後，裁罰機關之裁決，是否能作為撤銷處分之標的，亦即有瑕疵的舉發程序，如「未全程連續錄影」一事，是否能成為撤銷行政處分之理由，乃有諸說。例如，台灣台北地方法院108年交字第271號判決即認為，司法實務上有正反二說。

（一）肯定說

員警對人民攔停、酒測，因處理細則第19條之2第1項已明定「對汽車駕駛人實施酒測之過程應全程連續錄影」，實務判決乃有以員警未全程連續錄影，違反正當行政程序而撤銷原處分之情形。

（二）否定說

惟亦有見解認為，全程連續錄影之目的僅係作為證明行政處分合法性之證據方法，如有證人證述或其他證據方法可資證明處分之合法性，即不得單以無全程連續錄影而否定處分之合法性；另亦有見解認為法院就實施行政程序之公務員違背法定程序取得之證據，應依個案具體情況，審酌人權保障及公共利益之均衡維護，決定應否賦予證據能力。

第三節　相關規範與處理程序（SOP）

有關員警在街道上發現一般交通違規後之處理程序，也就是警政署頒發的交通違規處理SOP，雖然種類繁多，但重要的以及具邏輯性的，本文認為有三種：一為「取締一般交通違規作業程序」，二為「取締酒後駕車作業程序」，三為「取締酒駕拒測處理作業程序」。至於「取締危險駕車作業程序」、「執行路檢攔檢追緝車輛作業程序」、「執行圍捕作業程序」等，則非必要於本文論述。

以下即將警政署上三項作業程序臚列於後。

現行規定

取締一般交通違規作業程序

(第一頁,共四頁)

一、依據:
(一)道路交通管理處罰條例。
(二)社會秩序維護法第六十七條第一項第二款。
(三)警察職權行使法第四條、第八條、第二十九條。
(四)道路交通安全規則。
(五)違反道路交通管理事件統一裁罰基準及處理細則。
(六)道路交通違規車輛移置保管及處理辦法。

二、分駐(派出)所流程:

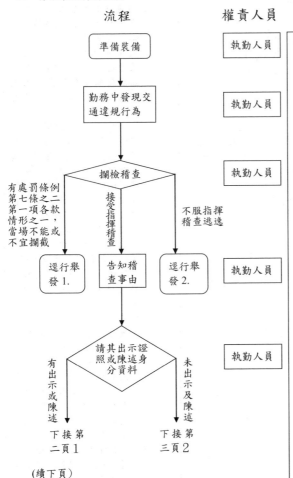

流程	權責人員	作業內容

作業內容

一、準備階段:
(一)執行勤務時,應服裝整齊,儀容端正,攜帶必要之應勤裝備。
(二)裝備(視需要增減):警笛、防彈衣、無線電、反光背心、槍械、彈藥、手銬、舉發單、警用行動電腦、手電筒、指揮棒、酒精測試器、酒精檢知器、照相機、錄音機、攝影機、交通錐、警示燈、交通違規勸導單、防護型噴霧器及警察行使職權民眾異議紀錄表。

二、執行階段:
(一)當場舉發:
1.勤務中發現交通違規行為。
2.攔檢稽查時應告知事由,請其出示證照或陳述提供相關身分資料。
3.違規行為是否屬違反道路交通管理事件統一裁罰基準及處理細則(以下簡稱處理細則)第十二條得施予勸導免予舉發之情形。屬得施以勸導免予舉發之情形,依該條規定處理,有客觀事實足認無法當場執行勸導程序時,得免予勸導;非屬得勸導之違規情形,填製舉發違反道路交通管理事件通知單(以下簡稱通知單)舉發。

流程圖文字:
- 準備裝備(執勤人員)
- 勤務中發現交通違規行為(執勤人員)
- 攔檢稽查(執勤人員)
- 接受指揮稽查
- 有處罰條例第七條之二第一項各款情形之一,當場不能或不宜攔截
- 不服指揮稽查逃逸
- 逕行舉發1.
- 告知稽查事由(執勤人員)
- 逕行舉發2.
- 請其出示證照或陳述身分資料(執勤人員)
- 有出示或陳述
- 未出示及陳述
- 下接第二頁1
- 下接第三頁2

(續下頁)

(續)取締一般交通違規作業程序(第二頁，共四頁)

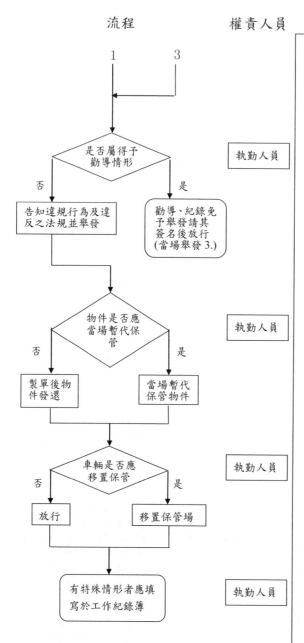

| 流程 | 權責人員 | 作業內容 |

流程

1　　3

是否屬得予勸導情形

否 → 告知違規行為及違反之法規並舉發

是 → 勸導、紀錄免予舉發請其簽名後放行（當場舉發3.）

物件是否應當場暫代保管

否 → 製單後物件發還

是 → 當場暫代保管物件

車輛是否應移置保管

否 → 放行

是 → 移置保管場

有特殊情形者應填寫於工作紀錄簿

權責人員

執勤人員

執勤人員

執勤人員

執勤人員

作業內容

4. 查核是否有處理細則第十六條第一項應當場暫代保管物件之情形。當場暫代保管物件時，應於通知單之代保管物件欄，明確記載該代保管物件之名稱、數量、證照號碼、引擎或車身號碼，或物件之特徵；代保管汽車號牌者，並記明「限當日駛回」。

5. 被查獲之駕駛人或行為人為受處分人時，應於填記通知單後將通知聯交付該駕駛人或行為人簽名或蓋章收受之；拒絕簽章者，仍應將通知聯交付該駕駛人或行為人收受，並記明其事由及交付之時間；拒絕收受者，應告知其應到案時間及處所，並記明事由及告知事項，視為已收受，並將該通知聯連同移送聯一併移送處罰機關；非當場舉發案件或受處分人非該場被查獲之駕駛人或行為人，舉發機關應另行送達之。

6. 依道路交通管理處罰條例（以下簡稱處罰條例）相關規定執行移置保管車輛（必要時應照相或錄影存證）時：
   (1) 清車：請違規駕駛人自行將車內重要文件或重要財物攜回保管，避免日後引起遺失或侵占之爭議。
   (2) 貼封條：需移置保管車輛，於違規駕駛人清車完畢後，應於各車門（含後行李廂），張貼封條並簽章以昭公信。
   (3) 移置保管：各項手續完成後，拖吊進保管場所內空地妥為保管，嚴防車輛機件被竊或被破壞。

（續下頁）

(續)取締一般交通違規作業程序(第三頁,共四頁)

流程	權責人員	作業內容

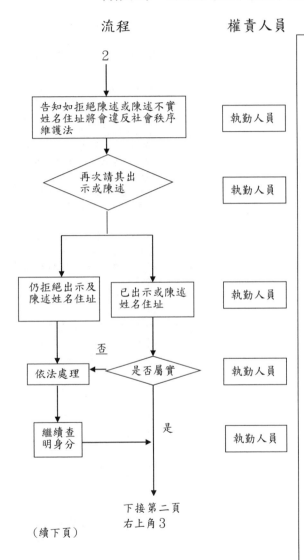

流程 / 權責人員:

2

告知如拒絕陳述或陳述不實姓名住址將會違反社會秩序維護法 — 執勤人員

再次請其出示或陳述 — 執勤人員

仍拒絕出示及陳述姓名住址 ／ 已出示或陳述姓名住址 — 執勤人員

依法處理 ／ 否 是否屬實 — 執勤人員

繼續查明身分 ／ 是 — 執勤人員

下接第二頁右上角3

(續下頁)

作業內容:

(4)填製移置保管車輛收據給當事人。

7. 依處罰條例規定而移置保管,且未經裁處沒入之車輛,於保管原因消失後,所有人或其委託之第三人申請領回時,應依規定程序發還。但依處罰條例第三十五條規定移置保管之車輛,應依同條第十項、第八十五條之二第二項及第三項辦理。

8. 駕駛人或行為人對交通稽查之方法、程序或其他侵害當事人利益情事,提出異議時,依下列規定給予表單:

(1)對於交通違規稽查有異議者,應於通知單記明其事件情節及處理意見。

(2)對於非屬交通違規稽查行使職權部分,受盤查人當場陳述理由,表示異議,並經其請求時,應填具警察行使職權民眾異議紀錄表交予當事人。

(二)逕行舉發:

1. 汽車駕駛人有處罰條例第七條之二第一項各款所列情形,當場不能或不宜攔截製單舉發者,依規定逕行舉發。舉發時應記明車輛牌照號碼、車型等可資辨明之資料,以汽車所有人為被通知人製單舉發。

2. 汽車駕駛人,駕駛汽車有違反處罰條例之行為,經制止時,不聽制止或拒絕停車接受稽查而逃逸者,若已獲得舉發必要資訊,依處罰條例第七條之二第一項第四款逕行舉發,

(續)取締一般交通違規作業程序(第四頁,共四頁)

流程	權責人員	作業內容

應於通知單之違規事實欄分別填記原違規行為,及不聽制止或拒絕停車接受稽查而逃逸之事實,於違反條款欄一併填記原違規條款及第六十條第一項。

3. 針對交通違規不服稽查取締逃逸行為,是否實施追蹤稽查之執法程序,依本署交通違規不服稽查取締執法作業程序規定辦理。

三、結果處置:

(一)於警察人員依法調查或查察時,就其姓名、住所或居所為不實之陳述或拒絕陳述時,依社會秩序維護法第六十七條第一項第二款處理。

(二)移置保管車輛應依處罰條例第八十五條之二及第八十五條之三等規定辦理;應沒入之車輛、物品當場暫代保管,並隨案移送處罰機關。

(三)舉發單位舉發後,應依處理細則第二十八條於舉發當日或翌日午前,將該舉發違反道路交通管理事件有關文書或電腦資料連同有暫代保管之物件,送由該管(上級)機關,於舉發之日起四日內移送處罰機關。

(四)有特殊情形者,應填寫於工作紀錄簿。

三、分局流程:無。

四、使用表單:

(一)舉發違反道路交通管理事件通知單。

(二)交通違規勸導單。

(三)工作紀錄簿。

(四)警察行使職權民眾異議紀錄表。

(五)移置保管車輛收據。

五、注意事項：
（一）執勤時：
　　1. 取締交通違規之攔停位置宜妥適考量違規駕駛人反應時間及適當空間，選擇不妨礙交通處所執行，並注意本身及駕駛人安全。
　　2. 駕駛非警用汽(機)車或非著制服實施交通稽查，須經主官核准或指派。
（二）處罰條例第七條之二規定以科學儀器取得違規證據：
　　1.「固定式」科學儀器：
　　　(1)測速照相地點設置宜經警察機關規劃，或透過直轄市、縣、市道安會報或該管交通主管機關決議設置。
　　　(2)設置地點應定期於機關網站公布設置地點，如有異動並隨時更新。
　　　(3)測速照相設備外箱至基座間之支柱表面以黑黃相間線條漆劃。
　　2.「非固定式」科學儀器採證違規之執勤地點、項目，應由機關主官核定後執行。
　　3. 各警察機關得依轄區狀況訂定固定式及非固定式測速照相執勤規定，作為管理及考核依據。
　　4. 各單位宜依據取締件數及肇事率定期（固定式每半年、非固定式每個月）檢討評估成效，並視需要調整設置或執勤地點。
（三）輕微違規勸導：
　　1. 須審視事實及行為人陳述理由，認為以勸導為宜者，隨即實施勸導避免因猶豫而衍生困擾。
　　2. 執行勸導，宜於無礙交通之處實施，當場告知其違規事實，指導其法令規定與正確之駕駛或通行方法，並勸告其避免再次違反，並作成書面紀錄。
　　3. 對於不聽勸導者，必要時，仍得舉發，並於通知單記明其事件情節及處理意見，供處罰機關參考。
（四）填製通知單：
　　1. 須確認路口交通標誌、標線、號誌設置、車道佈設、實際駕駛行為等因素，查明車籍、駕籍、違規人員身分，依法律構成要件援引正確之條文舉發。
　　2. 確認處罰對象及是否應分別舉發，以正確填寫被通知人完成送達。

取締酒後駕車作業程序修正規定

109 年 4 月 21 日修正

(第一頁，共八頁)

一、依據：
（一）警察職權行使法。
（二）刑法第一百八十五條之三。
（三）道路交通管理處罰條例第七條之二、第三十五條、第六十七條、第八十五條之二。
（四）道路交通安全規則第一百十四條。
（五）違反道路交通管理事件統一裁罰基準及處理細則第十條至第十二條、第十六條、第十九條之一、第十九條之二。
（六）刑事訴訟法第八十八條、第九十五條。

二、分駐(派出)所流程：

流程	權責人員	作業內容

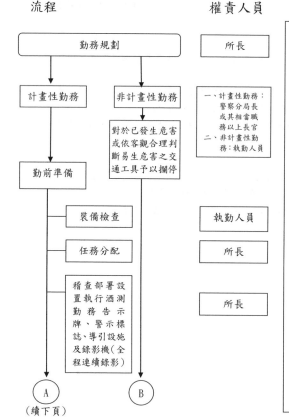

		一、勤務規劃：
勤務規劃	所長	（一）計畫性勤務：應由地區警察分局長或其相當職務以上長官，指定轄區內經分析研判易發生酒後駕車或酒後肇事之時間及地點。
計畫性勤務　非計畫性勤務	一、計畫性勤務：警察分局長或其相當職務以上長官　二、非計畫性勤務：執勤人員	（二）非計畫性勤務：執行前揭以外之一般警察勤務。
對於已發生危害或依客觀合理判斷易生危害之交通工具予以攔停		二、準備階段： （一）裝備(視需要增減)：警笛、防彈頭盔、防彈衣、無線電、反光背心、槍械、彈藥、手銬、警用行動電腦、手電筒、指揮棒、酒精濃度測試器(以下簡稱酒測器)、酒精檢知器、照相機、攝影機、交通錐、警示燈、告示牌（執行酒測勤務）、刺胎器、舉發單、刑法第一百八十五條之三第一項第二款案件測試觀察紀錄表、警察行使職權民眾異議紀錄表。
裝備檢查	執勤人員	（二）任務分配：以四人一組為原則，分別擔任警戒、指揮攔車、盤查、酒測及舉發，並得視實際需要增加。
任務分配	所長	（三）計畫性勤務稽查部署：
稽查部署設置執行酒測勤務告示牌、警示標誌、導引設施及錄影機(全程連續錄影)	所長	1. 稽查地點前方應設置告示牌及警示設施(如警示燈、交通錐)，告知駕駛人警察在執行取締酒後駕車勤務。 2. 視道路條件、交通量及車種組成等，得以「縮減車道方式」，執行酒測勤務，並設置警示、導引設施，指揮車輛減速、觀察，並注意維護人車安全。 3. 於稽查地點適當位置設置攝影機，全程錄影蒐證。

A　　　　B

(續下頁)

(續)取締酒後駕車作業程序(第二頁,共八頁)

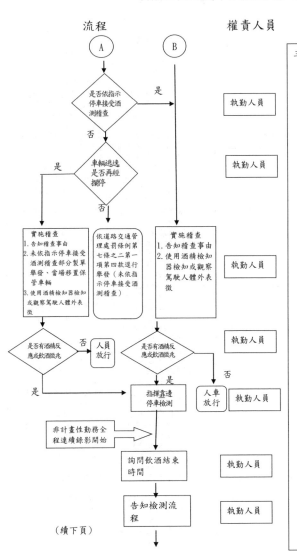

流程	權責人員	

作業內容

三、執行階段:
(一)非計畫性勤務:對於已發生危害或依客觀合理判斷易生危害之交通工具攔停實施交通稽查。
(二)計畫性勤務:
1. 勤務規劃應妥適導引車流,由指揮人員指揮其暫停、觀察,其餘車輛應指揮迅速通過,以免影響行車秩序。
2. 行經設有告示執行酒測勤務處所,未依指示停車接受酒測稽查之車輛:
(1)對於逃逸之車輛經攔停者:
 A. 員警著制服或出示證件表明身分,告知其行經設有告示執行酒測勤務處所,未依指示停車接受酒測稽查。
 B. 針對未依指示停車接受酒測稽查部分製單舉發,並當場移置保管其車輛。
 C. 研判駕駛人無飲酒徵兆,人員放行。
 D. 研判駕駛人有飲酒徵兆,經詢問飲酒結束時間後,依規定對其實施酒測及辦理後續相關事宜。
(2)對於逃逸之車輛無法攔停者:
 A. 對於逃逸之車輛,除依道路交通管理處罰條例第七條之二第一項第四款逕行舉發,並依道路交通管理處罰條例第三十五條第四項第一款規定論處。
 B. 棄車逃逸者,除依前開規定舉發外,並當場移置保管該車輛。
(三)觀察及研判:
1. 指揮車輛停止後,執勤人員應告知駕駛人,警方目前正在執行取締酒後駕車勤務,並以酒精檢知器檢知或觀察駕駛人體外表徵,辨明有無飲酒徵兆,不得要求駕駛人以吐氣方式判別有無飲酒。
2. 研判駕駛人有飲酒徵兆,則指揮車輛靠邊停車,並請駕駛人下車,接受酒精濃度檢測。
3. 研判駕駛人未飲用酒類或其他類似物,則指揮車輛迅速通過,除有明顯違規事實外,不得執行其他交通稽查。

(續下頁)

(續)取締酒後駕車作業程序(第三頁,共八頁)

流程	權責人員	作業內容

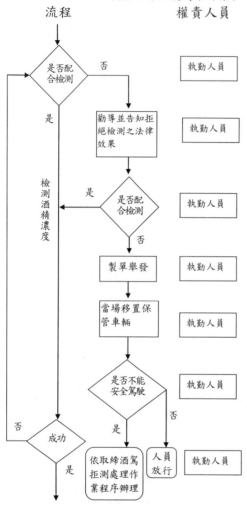

(四)檢測酒精濃度:
　　執行酒精濃度測試之流程及注意事項:
1. 檢測前:
(1)全程連續錄影。
(2)詢問受測者飲用酒類或其他類似物結束時間,其距檢測時已達十五分鐘以上者,即予檢測。但遇有受測者不告知該結束時間或距該結束時間未達十五分鐘者,告知其可於漱口或距該結束時間達十五分鐘後進行檢測;有請求漱口者,提供漱口。
(3)準備酒測器,並取出新吹嘴。
(4)應告知受測者事項:
　A.告知酒測器檢測之流程及注意事項。
　B.請其口含吹嘴連續吐氣至酒測器顯示取樣完成。受測者吐氣不足致酒測器無法完成取樣時,應重新檢測。
2. 檢測開始:插上新吹嘴,請駕駛人口含吹嘴吐氣。
3. 檢測結果:
(1)成功:酒測器取樣完成。
(2)失敗:因酒測器問題或受測者未符合檢測流程,致酒測器檢測失敗,應向受測者說明檢測失敗原因,請其重新接受檢測。
(五)告知檢測結果:
　　告知受測人檢測結果,請其在酒測器列印之檢測結果紙上簽名確認。拒絕簽名時,應記明事由,並依規定黏貼管制,俾利日後查核。
(六)駕駛人拒測:
1. 駕駛人未肇事致人重傷或死亡時,應當場告知拒絕檢測之法律效果,內容如下:
(1)拒絕接受酒精濃度測試檢定者,處新臺幣十八萬元罰鍰,吊銷駕駛執照。
(2)如於五年內第二次違反道路交通管理處罰條例第三十五條第四項第一款或第二款規定者,處新臺幣三十六萬元罰鍰,第三次以上者按前次所處罰鍰金額加罰新臺幣十八萬元,吊銷駕駛執照。
2. 駕駛人肇事致人重傷或死亡時,應當場告知拒絕檢測之法律效果,內容如下:
(1)拒絕接受酒精濃度測試檢定者,處新臺幣十八萬元罰鍰,吊銷駕駛執照,並得沒入車輛。
(2)如於五年內第二次違反道路交通管理處罰條例第三十五條第四項第一款或第二款規定者,處新臺幣三十六萬元罰鍰,第三次以上者按前次所處罰鍰金額加罰新臺幣十八萬元,吊銷駕駛執照,並得沒入車輛。

(續下頁)

(續)取締酒後駕車作業程序(第四頁,共八頁)

流程	權責人員	作業內容

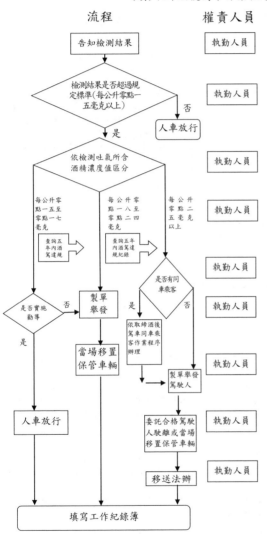

流程圖：

告知檢測結果 — 執勤人員

檢測結果是否超過規定標準(每公升零點一五毫克以上) — 執勤人員
→ 否 → 人車放行
→ 是

依檢測吐氣所含酒精濃度值區分 — 執勤人員

每公升零點一五至零點一七毫克 / 每公升零點一八至零點二四毫克 / 每公升零點二五毫克以上 — 執勤人員

查詢五年內酒駕違規 / 查詢五年內酒駕違規紀錄

是否有同車乘客 — 執勤人員
→ 是 → 依取締酒後駕車同車乘客作業程序辦理
→ 否

是否實施勸導 — 執勤人員
→ 否 → 製單舉發
→ 是 → 人車放行

製單舉發 → 當場移置保管車輛 — 執勤人員

製單舉發駕駛人

委託合格駕駛人駛離或當場移置保管車輛 — 執勤人員

移送法辦 — 執勤人員

填寫工作紀錄簿

(續下頁)

作業內容：

3. 對於有其他情事足認服用酒類或其他相類之物,致不能安全駕駛者,已符合刑法第一百八十五條之三第一項第二款之要件,應依規定移送法辦。

四、結果處置:
(一)無飲用酒類或其他類似物或未超過標準者:人車放行。

(二)勸導代替舉發:駕駛人未嚴重危害交通安全、秩序且情節輕微,其吐氣所含酒精濃度達每公升零點一五毫克以上未滿每公升零點一八毫克之未肇事案件,且無不能安全駕駛情形者,得對其施以勸導,免予舉發,當場填製交通違規勸導單,並人車放行。

(三)違反交通法規未觸犯刑法者:駕駛人吐氣所含酒精濃度達每公升零點一八毫克以上未滿每公升零點二五毫克或血液中酒精濃度達百分之零點零三以上未滿百分之零點零五者,製單舉發,並當場移置保管其車輛。

(四)觸犯刑法者:駕駛人吐氣所含酒精濃度達每公升零點二五毫克以上或血液中酒精濃度達百分之零點零五以上者,應移送法辦,並製單舉發,委託合格駕駛人駛離或當場移置保管其車輛;對於有其他情事足認服用酒類或其他相類之物,致不能安全駕駛者,已符合刑法第一百八十五條之三第一項第二款之要件,也應依規定移送法辦。

(五)駕駛人吐氣所含酒精濃度達每公升零點二五毫克以上或血液中酒精濃度達百分之零點零五以上,同車乘客依取締酒後駕車同車乘客作業程序辦理。

五、駕駛人或行為人對警察行使前揭職權之方法、應遵守之程序或其他侵害利益之情事,當場提出異議時,依下列規定給予表單:
(一)製單舉發而對於交通違規稽查有異議者,應於通知單記明其事件情節及處理意見。

(續)取締酒後駕車作業程序(第五頁,共八頁)

流程	權責人員	作業內容

> (二)對於非屬交通違規稽查之其他職權行使,有異議者,並經其請求時,應填寫警察行使職權民眾異議紀錄表交付之。
> 六、救濟程序:
> 　　民眾對舉發違規事實不服者,應委婉予以說明,仍表不服者,應告知其陳述規定與程序。
> 七、將未依指示停車接受稽查、拒絕接受酒測案件登記於工作紀錄簿。

三、分局流程:無。

四、使用表單:

(一)舉發違反道路交通管理事件通知單。

(二)交通違規勸導單。

(三)受理各類案件紀錄表。

(四)刑法第一百八十五條之三第一項第二款案件測試觀察紀錄表。

(五)警察行使職權民眾異議紀錄表。

(六)工作紀錄簿。

五、注意事項:

(一)操作酒測器應注意事項:

1. 出勤前應先檢查日期、時間是否正確,經濟部標準檢驗局「檢定合格標章」是否逾期、污損及「檢驗合格證書」(影本)是否隨機攜帶。

2. 實施檢測,應於攔檢現場為之,且實施檢測過程應全程連續錄影。但遇現場無法或不宜實施檢測時,得向受測者說明,請其至勤務處所或適當場所檢測。如受測者拒絕,應予勸告將依道路交通管理處罰條例第三十五條第四項第二款規定處罰。而除有法律規定之依據或其有客觀事實足以顯示其有觸犯刑法第一百八十五條之三之情節外,不得任意將受測者強制帶離。

3. 駕駛人吐氣所含酒精濃度經執勤員警依本作業程序完成檢測後,不論有無超過規定標準,不得實施第二次檢測。但遇檢測結果出現明顯異常情形時,應停止使用該酒測器,改用其他酒測器進行檢測,並應留存原異常之紀錄。

4. 有客觀事實足認受測者無法實施吐氣酒精濃度檢測時,得於經其同意後,送由受委託醫療或檢驗機構對其實施血液之採樣及測試檢定。

5. 酒測器每年須送經濟部標準檢驗局檢驗一次,或使用一千次後必須送廠商校正及檢定,以符施檢規範之規定。

(續)取締酒後駕車作業程序(第六頁,共八頁)

(二)移送法辦應注意事項:

1. 逮捕現行犯或準現行犯:

(1) 依刑事訴訟法第八十八條規定予以逮捕。

(2) 逮捕詢問時,應先告知其犯罪嫌疑及所犯所有罪名(如涉嫌觸犯刑法第一百八十五條之三)、得保持緘默、得選任辯護人、得請求調查有利證據等事項。

2. 對於駕駛人酒後駕車,有刑法第一百八十五條之三情形,依下列說明事項辦理:

(1) 有刑法第一百八十五條之三第一項第一款(吐氣所含酒精濃度達每公升零點二五毫克或血液中酒精濃度達百分之零點零五以上)之情形者,其經測試(檢測)事證明確,則檢具相關事證移送法辦,無需再檢附「刑法第一百八十五條之三第一項第二款案件測試觀察紀錄表」。

(2) 有刑法第一百八十五條之三第一項第二款(其他情事足認服用酒類或其他相類之物,致不能安全駕駛)之情形者,或經員警攔檢駕駛人拒絕吐氣酒精濃度測試,且有「刑法第一百八十五條之三第一項第二款案件測試觀察紀錄表」所列之客觀情事,判斷足認其有不能安全駕駛之情形,均需檢附該紀錄表及相關佐證資料,依法移送法辦。

3. 對已達移送標準事證明確,顯不能安全駕駛者,輔以錄音、錄影(照相)方式存證,連同調查筆錄、吐氣或血液酒精濃度檢測數值資料,併案移送。

4. 調查違法事證時,應依相關規定辦理,佐以犯罪嫌疑人(駕駛人)不能安全駕駛之客觀情事,記載於筆錄,以強化證據力,提供辦案參考。

5. 調查詢問,應遵守刑事訴訟法第一百條之三規定:

「司法警察官或司法警察詢問犯罪嫌疑人,不得於夜間行之。但有下列情形之一者,不在此限:

(1) 經受詢問人明示同意者。

(2) 於夜間經拘提或逮捕到場而查驗其人有無錯誤者。

(3) 經檢察官或法官許可者。

(4) 有急迫之情形者。

犯罪嫌疑人請求立即詢問者,應即時為之。稱夜間者,為日出前,日沒後。」

6. 完成詢問後,將犯罪嫌疑人連同筆錄、舉發違反道路交通管理事件通知單(移送聯影本)、酒精測定紀錄單二份(影本)及刑法第一百八十五條之三第一項第二款案件測試觀察紀錄表依刑案程序移送該分局偵查隊處理。

(三)汽車駕駛人肇事拒絕接受檢測或肇事無法實施吐氣酒精濃度檢測者,應將其強制移由受委託醫療或檢驗機構對其實施血液或其他檢體之採樣及測試檢定。

(四)「酒駕肇事駕駛人移送法辦原則」如下:

1. 吐氣所含酒精濃度未達每公升零點一五毫克或血液中酒精濃度未達百分之零點零三者:原則上不依刑法第一百八十五條之三規定移(函)送檢察機關。但如有其他證據足以證明其確實不能安全駕駛者,應向當地管轄地檢署檢察官報告,並依其指示辦理。

2. 吐氣所含酒精濃度達每公升零點一五毫克以上或血液中酒精濃度達百分之零點零三以上者:檢附「刑法第一百八十五條之三第一項第二款案件測試觀察紀錄表」及相關佐證資料移(函)送檢察機關。

(續)取締酒後駕車作業程序(第七頁,共八頁)

(五)駕駛人因不勝酒力於路旁車上休息,未當場查獲有駕駛行為者,應補充相關證據足可證明其有駕駛行為,始得依法舉發;如駕駛人係因發覺警察執行稽查勤務,始行駛至路邊休息,仍應依規定實施檢測。

(六)執勤技巧:

1. 出勤前應落實勤前教育,帶班幹部應明確任務分工,並確實檢查應勤裝備、停車受檢警示燈及酒測器是否正常運作。

2. 攜帶足夠之安全器材(如交通錐、警示燈、指示牌、刺胎器等),並擺放於明顯、容易辨識之位置,確實開啟車輛警示燈,並依規定擺放停車受檢指示牌(警示燈)、交通錐等設備,使駕駛人能提前發現攔檢點,並依序停車受檢。

3. 攝影機取景宜涵蓋現場全貌,並將執行酒測勤務告示牌、車輛通行過程、車牌號碼完整入鏡,俾利完整蒐證不依指示停車接受酒測稽查逃逸車輛之違規事實。

4. 執勤人員路檢盤查駕駛人時,應離開車道至安全處所,並以警車在後戒護,以達到安全維護措施。

5. 路檢盤查勤務,應有敵情觀念,擔任警戒人員,應提高警覺,防範駕駛人無預警襲擊,攔檢時發現車速過快車輛,特別注意人身安全,保持安全反應距離,遇攔檢不停車輛應迅速閃避,不可強行攔阻,以維自身安全。

6. 攔下受檢車輛,應讓受檢車輛靠路邊停放,避免他車追撞,造成傷亡,或避免突然於高速行駛中攔車,以免發生危險或造成交通壅塞。

7. 執勤人員攔檢車輛時,以觀察駕駛人外貌辨明有無飲酒徵兆為主,不得將頭探入車窗內,以避免危害自身安全。

8. 執行取締酒駕勤務遇夜間、陰雨、起霧等天候不佳或視線不良時,需有更充足的夜間照明、導引及反光設備,避免民眾無法明確目視員警攔停手勢,致接近路檢點時才緊急煞車致生危險。

9. 善用執法裝備器材,對於錄影、錄音等應勤裝備應確實攜帶,並注意執勤態度,遇有酒醉藉故滋事之駕駛人,應注意使用錄影器材全程蒐證,以確保同仁及民眾應有權益。

10. 酒醉者常有失控及具攻擊性之行為,處理時應小心應對,對酒後駕車當事人依法有執行逮捕、管束或強制到場之必要時,應加強注意戒護,防止脫逃、自殺或其他意外事端,並注意自身安全,避免遭受傷害;當事人如有傷痕或生命危險時,應注意蒐證,避免日後糾紛。

11. 對於依法應予逮捕而抗拒逮捕或逃逸者,得使用強制力及依法使用警械,但應符合比例原則,不得逾越必要程度。

(續)取締酒後駕車作業程序(第八頁，共八頁)

(七)駕駛人拒絕停車受檢，意圖衝撞路檢點及執勤員警時應注意事項：

　1. 勤前教育時應明確分配各路檢人員任務(包含指揮管制、檢查、警戒、蒐證等)及其站立位置。

　2. 攔檢車輛之執勤地點，應選擇空曠且明亮位置。

　3. 到達稽查點，帶班人員應考量執勤地點之道路狀況，妥適安排現場巡邏車及警示設施之擺放位置，並開啟警示燈及依序擺放電子告示牌、交通錐或預防衝撞設施（如刺胎器）等，擺放時應面向車流，注意往來行車狀況，以確保自身安全。

　4. 攔檢點警示燈及路檢告示牌至巡邏車擺設距離，應保持適當之安全距離，擺放要明顯且齊全，員警應注意自身及民眾站立之相關位置，並立於安全警戒區內，以利即時反應、迴避任何突發危險狀況。

　5. 路檢時員警應提高警覺，注意被攔檢車輛動態，採取必要措施，勿以身體擋車強行攔停，且每一次攔檢以一部車輛為原則。

　6. 攔檢指揮管制手勢要明確，對於行車不穩、顯有酒後駕車徵兆之車輛，以手勢配合警笛聲指揮並攔停檢查。

　7. 使用錄影（音）設備蒐證。

(八)如屬非計畫性勤務時，得不受前揭專屬於固定地點執勤所需之各項裝備器材等規範限制，惟仍應提高警覺注意安全。

(九)因應嚴重特殊傳染性肺炎（COVID-19）疫情期間，應注意事項：

　1. 避免民眾及員警遭受感染之風險，暫停使用酒精檢知器進行初篩檢測。

　2. 同仁執行酒測勤務時，應一律佩戴口罩。攔停駕駛人後，應保持一定距離，觀察過濾駕駛人有無飲酒徵兆，有飲酒徵兆者，則指揮車輛靠邊停車熄火，並請駕駛人下車接受酒精濃度檢測，執行檢測時，應一律戴防護手套。

　3. 使用酒測器前，酒測器應予適當消毒(以 1：100 比例稀釋過的漂白水進行外觀擦拭，不可使用酒精擦拭，以避免產生偽陽性結果或酒測器無法歸零校正)。

　4. 取出全新未拆封之新吹嘴，並向受測者說明酒測器檢測流程後執行，使用過之吹嘴，應用塑膠袋包覆後卸除，並妥善處理，不可隨便丟棄。

　5. 實施檢測後，同仁應以肥皂水、洗潔液或乾洗手液清潔，避免民眾吹氣時，飛濺口沫殘留在手部，造成事後接觸到口鼻傳染，以保護員警自身安全。

　6. 駕駛人涉有犯罪嫌疑或違犯社會秩序維護法，為現行犯或準現行犯需予以逮捕時，應參照本署偵處「嚴重特殊傳染性肺炎及紓困振興特別條例」刑責案件應注意事項辦理。

　7. 駕駛人為罹患或違反居家隔離、居家檢疫者，應即通報勤務指揮中心調派防護衣到場並通知衛生機關處理；於勤務結束後，應清消應勤裝備，以保持衛生安全。

　8. 民眾確有配合返回駐地處理之必要者，進入駐地前一律先測量額溫，額溫超過三十七點五度或不配合測量者，不得進入駐地，應擇駐地外適當地點處理。

取締酒駕拒測處理作業程序修正規定

109 年 4 月 21 日修正

(第一頁,共四頁)

一、依據:
 (一)警察職權行使法。
 (二)刑法第一百八十五條之三。
 (三)道路交通管理處罰條例第三十五條、第八十五條之二。
 (四)道路交通安全規則第一百十四條。
 (五)刑事訴訟法第八十八條、第九十五條、第二百零四條之一、第二百零五條之一、第二百零五條之二。
 (六)取締酒後駕車作業程序。
 (七)檢察機關辦理刑事訴訟案件應行注意事項第八十二點。
二、分局及分駐(派出)所流程:

流程	權責人員	作業內容

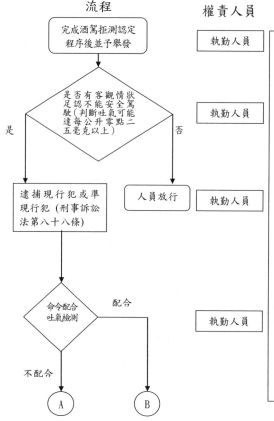

一、本作業程序係依「取締酒後駕車作業程序」完成酒駕拒測認定及舉發。
二、執行階段:
 (一)客觀情狀足認不能安全駕駛:
　依駕駛人有車行不穩、蛇行、語無倫次、口齒不清或有其他異常行為、狀況等客觀情事,判斷足認不能安全駕駛(駕駛人酒精濃度有達每公升零點二五毫克以上之可能)之情形。
 (二)逮捕現行犯或準現行犯:
　1. 逮捕時,應先告知其犯罪嫌疑及所犯所有罪名(如涉嫌觸犯刑法第一百八十五條之三)、得保持緘默、得選任辯護人、得請求調查有利證據等事項。
　2. 依刑事訴訟法第八十八條規定予以逮捕。
 (三)命令其作吐氣檢測:
　依刑事訴訟法第二百零五條之二規定。
　1. 犯罪嫌疑人配合:
　完成吐氣檢測後,依規定製作調查筆錄及刑法第一百八十五條之三第一項第二款案件測試觀察紀錄表及吐氣酒精濃度檢測數值等資料,並隨案移送檢察官偵辦。

(續下頁)

（續） 取締酒駕拒測處理作業程序（第二頁，共四頁）

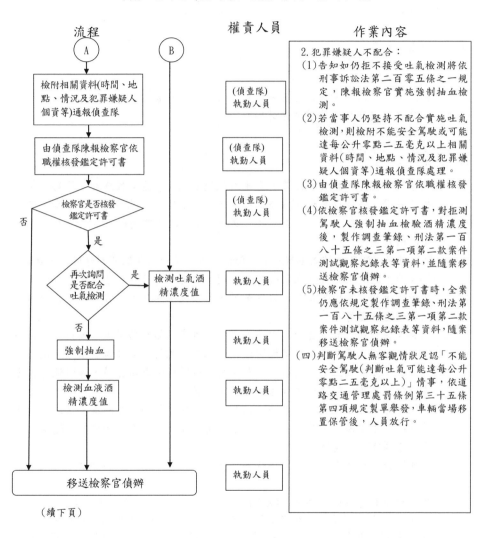

流程　　　　　　　　　權責人員　　　　　作業內容

A　　　B

檢附相關資料(時間、地點、情況及犯罪嫌疑人個資等)通報偵查隊 ─ (偵查隊)執勤人員

由偵查隊陳報檢察官依職權核發鑑定許可書 ─ (偵查隊)執勤人員

檢察官是否核發鑑定許可書 ─ (偵查隊)執勤人員
　否

再次詢問是否配合吐氣檢測　是→ 檢測吐氣酒精濃度值 ─ 執勤人員
　否

強制抽血 ─ 執勤人員

檢測血液酒精濃度值 ─ 執勤人員

移送檢察官偵辦 ─ 執勤人員

（續下頁）

2.犯罪嫌疑人不配合：
(1)告知如仍拒不接受吐氣檢測將依刑事訴訟法第二百零五條之一規定，陳報檢察官實施強制抽血檢測。
(2)若當事人仍堅持不配合實施吐氣檢測，則檢附不能安全駕駛或可能達每公升零點二五毫克以上相關資料(時間、地點、情況及犯罪嫌疑人個資等)通報偵查隊處理。
(3)由偵查隊陳報檢察官依職權核發鑑定許可書。
(4)依檢察官核發鑑定許可書，對拒測駕駛人強制抽血檢驗酒精濃度後，製作調查筆錄、刑法第一百八十五條之三第一項第二款案件測試觀察紀錄表等資料，並隨案移送檢察官偵辦。
(5)檢察官未核發鑑定許可書時，全案仍應依規定製作調查筆錄、刑法第一百八十五條之三第一項第二款案件測試觀察紀錄表等資料，隨案移送檢察官偵辦。
(四)判斷駕駛人無客觀情狀足認「不能安全駕駛(判斷吐氣可能達每公升零點二五毫克以上)」情事，依道路交通管理處罰條例第三十五條第四項規定製單舉發，車輛當場移置保管後，人員放行。

（續） 取締酒駕拒測處理作業程序（第三頁，共四頁）

三、使用表單：

（一）工作紀錄簿。

（二）刑案陳報單。

（三）逕行逮捕通知書。

（四）調查筆錄。

（五）刑法第一百八十五條之三第一項第二款案件測試觀察紀錄表。

（六）舉發違反道路交通管理事件通知單。

（七）交通違規勸導單。

（八）受理各類案件紀錄表。

四、注意事項：

（一）為強化證據力，對於酒後駕車當事人拒絕酒測時，應全程錄音、錄影，蒐集相關事證，並佐以駕駛人精神狀態（如胡言亂語、意識不清）等行為，記載於筆錄或刑法第一百八十五條之三第一項第二款案件測試觀察紀錄表，提供司法機關參考。

（二）對於拒絕酒測已逮捕之準現行犯，勤務單位需檢附之相關資料除時間、地點、情況外，應有犯罪嫌疑人之姓名、性別、出生年月日、身分證統一編號、住居所及應鑑定事項等資料通報偵查隊，由偵查隊陳報檢察官依職權核發採取血液鑑定許可書。

（三）檢察官核發鑑定許可書後，由偵查隊將許可書通報勤務單位，勤務單位立即將犯罪嫌疑人帶至指定鑑定機關強制抽血後，依規定製作調查筆錄、刑法第一百八十五條之三第一項第二款案件測試觀察紀錄表等資料，併同鑑定報告書及相關證物，解送至偵查隊辦理移送作業。

（四）如檢察官未核發鑑定許可書時，仍應於調查完畢後檢附相關調查筆錄、刑法第一百八十五條之三第一項第二款案件測試觀察紀錄表、證物等，隨案解送至偵查隊辦理移送事宜。

（五）犯罪嫌疑人移送至偵查隊辦理移送作業前，勤務單位仍應注意本身及人犯安全。

（六）因應嚴重特殊傳染性肺炎（COVID-19）疫情期間，應注意事項：

1. 避免民眾及員警遭受感染之風險，暫停使用酒精檢知器進行初篩檢測。

2. 同仁執行酒測勤務時，應一律佩戴口罩。攔停駕駛人後，應保持一定距離，觀察過濾駕駛人有無飲酒徵兆，有飲酒徵兆者，則指揮車輛靠邊停車熄火，並請駕駛人下車接受酒精濃度檢測，執行檢測時，應一律戴防護手套。

3. 使用酒測器前，酒測器應予適當消毒(以 1：100 比例稀釋過後的漂白水進行外觀擦拭，不可使用酒精擦拭，以避免產生偽陽性結果或酒測器無法歸零校正)。

4. 取出全新未拆封之新吹嘴，並向受測者說明酒測器檢測流程後執行，使用過之吹嘴，應用塑膠袋包覆後卸除，並妥善處理，不可隨便丟棄。

5. 實施檢測後，同仁應以肥皂水、洗潔液或乾洗手液清潔，避免民眾吹氣時，飛濺口沫殘留在手部，造成事後接觸到口鼻傳染，以保護員警自身安全。

6. 執勤人員如有將犯罪嫌疑人帶至指定鑑定機關強制抽血之必要，陪同送醫時務必配戴口罩、防護手套等防護裝備，離開醫療院所返回駐地時，應丟棄口罩、防護手套、換洗衣物、消毒車輛。

7. 駕駛人涉有犯罪嫌疑或違犯社會秩序維護法，為現行犯或準現行犯需予以逮捕時，應參照本署偵處「嚴重特殊傳染性肺炎及紓困振興特別條例」刑責案件應注意事項辦理。

8. 駕駛人為罹患或違反居家隔離、居家檢疫者，應即通報勤務指揮中心調派防護衣到場並通知衛生機關處理；於勤務結束後，應清消應勤裝備，以保持衛生安全。

9. 民眾確有配合返回駐地處理之必要者，進入駐地前一律先測量額溫，額溫超過三十七點五度或不配合測量者，不得進入駐地，應擇駐地外適當地點處理。

第四節　實務判決

前節作業程序與實體法律有關的疑義部分，大約有四：

一、警察得否「職權舉發」？

二、警察對拒檢逃逸者得否「以照片逕行舉發」？

三、依警職法逐車攔停酒測時，遇有個別規避者得否逕行舉發？

四、取締拒絕酒測者，是否應「全程連續錄影」？

至於「何謂一般交通違規事項」之疑義，因屬名詞定義問題，較無實體法上的爭議，也少見有實務判決，故本文予以省略。

以下專就上述四個疑義部分，分別舉出一個實務判決，作為本文下節分析之基礎。

壹、警察得否職權舉發？（最高行政法院104年度判字第666號判決）

本爭議的實益在於，所謂機關舉發，在道交條例母法及施行細則上，原有「攔截舉發、逕行舉發、鑑定舉發」三種，但警察機關常有在初步研判交通事故責任後，製單舉發違規事項，此事後舉發行為通稱為「職權舉發」，但因無明顯規定，故有無此種舉發權常生爭議，若無，則警察除非攔截時一併舉發，否則即無舉發權，以其舉發為基礎的裁罰處分必將被撤銷。

一、爭點之事實

楊○志駕駛車號○○○-○○○○號自用小客車於民國103年3月8日22時23分許，沿台北市中山區吉林路往德惠街（南向北）方向行駛，行至吉林路與德惠街口時向左迴轉，與同向由陳○宇駕駛之車號○○○-○○○號重型機車碰撞，台北市政府警察局交通警察大隊以楊○志有未注意往來車輛擅自迴轉及違反道路交通安全規則肇事致人受傷兩項違章，於103年3月25日開立北市警交大字第A1A166840號舉發違反道路交通管理事件通知單予以舉發，並予移送。楊○志被依道交條例第49條第5款、第61條第3項及第63條第1項第1款規定，以103年5月13日北市裁罰字第22-A1A166840號裁決書裁處罰鍰新臺幣600元，並記違規點數4點之處分。楊○志不服，遂提起本件行政訴訟，經台灣台北地方法院103年度交字第181號判決撤銷原處分，台北交通事件裁決所不服，提起上訴，經台北高等行政法院認本件有確保裁判見解統一之必要，以104年度交上字第49號裁定移送本院。

二、正反意見

（一）否定說

原處分所認定楊○志未注意往來車輛擅自迴轉及肇事致人受傷之違章情節，非屬道交條例第7條之2第1項所列得逕行舉發之事由，且楊○志於事發後在現場停等員警到場，並無「不能或不宜攔截」之情形，是本件舉發亦非屬「逕行舉發」。依道交條例第7條之2之立法理由可知，關於違反

道交條例之違章，原則上應當場攔停，製單舉發，僅在特定之違規事由，且符合當場不能或不宜攔截製單舉發之情形，始得逕行舉發，是非屬道交條例第7條之2第1項所列得逕行舉發之事由者，自不得以所謂「職權舉發」創設警察機關之舉發權限，規避道交條例第7條之2第1項所列舉之事由。又違反道路交通管理事件統一裁罰基準及處理細則（以下簡稱道交處理細則）第6條第2項之規定，毋寧係明定主管機關有本於職權舉發違反道交條例違章行為之義務。至於舉發方式及程序，自應回歸道交條例所定之當場舉發及逕行舉發。處理細則第6條第2項之規定，尚不能認為有創設當場舉發及逕行舉發以外之第三種舉發程序，否則將與法律保留原則相違。

（二）肯定說

道交條例全文，其行政罰並非侷限於在道路上行駛之違規行為，諸如同條例第15條第1項第2款之領用試車或臨時牌照期滿未繳還、第16條第1項第1款之各項異動不依規定申報登記、第17條之汽車不依限期參加定期檢驗或臨時檢驗、第26條之職業汽車駕駛人不依規定期限參加駕駛執照審驗、第36條第3項計程車駕駛人不依規定期限辦理執業登記事項之異動申報或參加年度查驗等，此類違規行為，均非屬道交條例第7條之2第1項第1款至第6款所列舉之特定違規事項，亦與同條項第7款規定「經以科學儀器取得證據資料證明其行為違規」之情形不符，若認交通主管機關因此無舉發之權，則法如具文。另關於同條例第62條之汽車駕駛人肇事後逃逸，顯亦無當場或攔停舉發之可能；路權歸屬之爭議，通常係在發生交通事故後始產生，交通警員必須透過現場蒐證（人證、物證）始得判定。此等已造成實害之違規行為，倘亦謂因不符合道交條例第7條之2規範而無舉發之權，似與此等違規通常本無法當場攔檢稽查及事後單純以科學儀器判定之情狀相悖。（台灣高等法院101年度交抗字第402號、98年度交抗字第2257號、93年度交抗字第789號裁定等）（按，原文出自：台灣台北地方法院103年度交字第181號判決）。

（三）本案判決（採肯定說）

判決理由[4]：「關於道路交通管理之稽查及違規紀錄，依同條例第7條第1項之規定，主要仍係由交通勤務警察及輔以依法令執行交通稽查任務人員執行，此係因應實際交通現場之環境特性，需由具有規模、組織及機動性之警察機關始得勝任此項任務……所謂交通舉發，乃交通執法人員因執行職務，知有交通違規情事，而將交通違規事實告知被舉發人，並向管轄之處罰機關為移送舉報之程序，核此程序包含交通違規之調查取締及舉報移送，而舉發之事實則作為處罰機關裁決所應參酌之事項，故交通裁罰可謂始於舉發程序，處罰條例就交通違規處罰權限之規定，雖由公路主管機關及警察機關分別掌理，惟交通勤務警察執行道路交通管理之稽查及違規紀錄，並行使舉發職權，依道交條例第7條第1項之規定，並未限制僅得於警察機關可為裁罰之範圍內執行，故就公路主管機關處罰範圍之違規行為，除由公路主管機關自行舉發處罰者外，警察機關亦得予舉發並移送公路主管機關處罰，事實上依現行實務及公路主管機關之組織觀察，大部分之交通違規裁罰，均係始於警察機關之舉發。而行政機關本應積極主動，自行擬定執行其行政任務之方法，故正確執行交通違規舉發之職權，使違規行為人均可依處罰條例受公平之處理裁決，始符處罰條例之規範目的。道交條例第92條第4項將該條例有關舉發事項之處理細則，授權由交通部會同內政部定之，應係考量交通秩序之管理維護重在因地制宜與反應交通實際運作之狀況，且舉發僅係交通違規裁決前之行政程序而非處罰之構成要件，宜賦予行政權較多自主決定空間，故道交處理細則第6條第2項關於公路主管機關及警察機關就其主管業務，查獲違反道路交通管理之行為者，應本於職權舉發或處理之規定，核無違處罰條例授權之目的，尚難認與法律保留原則相違。

依道交條例第7條之2規定，雖有當場舉發與逕行舉發之分類，惟細繹該條所謂『當場不能或不宜攔截製單舉發者』，就當場舉發應如何進行之法定程序，並無明文，實係委諸處理細則補充，……考量交通勤務警察

---

[4] 最高行政法院104年度判字第708號判決等，均有相同看法。

因實施稽查而對道路使用人使用道路狀態檢視查察，固得於執行勤務時確認交通違規事實及違規行為人，而得為當場舉發，然交通稽查現場係大量人車迅速交錯移動之複雜環境，交通勤務警察或有於稽查現場僅發現部分違規跡證；或係稽查人員於民眾報案後始抵現場，或因肇事責任不明而有鑑定必要者，雖其身處事發當場亦可能無以立即判斷違規事實，核此均屬尚須查證始得確認交通違規事實及違規行為人之情形，此觀諸行為時處理細則第15條規定，將『受處分人非該當場被查獲之駕駛人或行為人』及『道路交通事故肇事原因無法立即查明，需經研判分析或鑑定始確認有違反本條例之行為』等情形之舉發，適用與一般當場舉發不同之應到案日期，即可知除當場舉發及逕行舉發外，仍有其他舉發型態之存在。……就非當場舉發之情形，違規行為人雖未能當場向舉發之交通勤務警察陳述意見，惟處理細則亦已規範處罰機關於裁決前，應給予違規行為人陳述之機會，核無違正當法律程序之要求。……故道交處理細則第6條關於公路主管機關及警察機關就其主管業務查獲之違反道路交通管理之行為，應本於職權舉發或處理之規定，與處罰條例尚無牴觸，亦符合處罰條例之立法設計及規範目的，核與法律保留無違，應可適用。」

（四）本文心得

司法實務既承認機關舉發除「攔截舉發、逕行舉發、鑑定舉發」之外，尚有職權舉發，則於「取締一般交通違規作業程序」上，應將「職權舉發」及「勸導放行」等一併臚列，並予扼要說明，使基層員警得以知悉，攔截前後機關舉發共有幾種，以便能將法條規定及執行方式融會貫通。

貳、警察對拒檢逃逸者得否「以照片逕行舉發」？（台北高等行政法院108年度交上字第136號判決）

警察對拒檢逃逸者，若不能以監視器錄得之照片等逕行舉發，則勢必追車或放棄舉發，前者對警察、違規者及路人均有相當危險，後者則有失執法尊嚴，均不可取。故有是否得以照片逕行舉發之問題。

一、爭點之事實

梁○燕所有○○○○-○○號自用小客車,於107年5月6日,經駕駛在彰化縣北斗鎮中山路與舜耕路口,而有「闖紅燈(左轉)」、「闖紅燈(直行)」、「遇有閃黃燈之路口未依規定減速」、「不服攔查取締加速逃逸」、「自北斗鎮中山路與舜耕起沿途高速行駛、蛇行超車、闖紅燈並拒檢逃逸,直到溪州鄉溪林路脫離本轄,全長4.1公里僅費時2分鐘,平均速率123KM/H,危險駕駛」、「危險駕車,吊扣汽車牌照3個月」等違規行為,經彰化縣警察局北斗分局依道交條例第53條第1項(共4筆)、第60條第1項(1筆)、第44條第1項第5款(1筆)、第43條第1項第1款(1筆)及43條第4項(1筆)之規定逕行舉發。上訴人則於107年6月21日、7月30日向台北市交通事件裁決所陳述意見,並提起行政訴訟。經台北地方法院107年度交字第593號判決後,梁○燕不服,遂提起本件上訴。

二、正反意見

(一)否定說

路口監視器之設置,係供刑事偵防之用,不得逾越其蒐集、使用目的而為使用,且道路交通裁罰事件僅屬一般行政案件,亦與國家安全、個人重大權益無涉,亦無個資法第16條但書之情形。因此,監視器畫面無作為認定上訴人車輛有闖紅燈之證據能力要屬當然。

(二)肯定說

路口監視器錄影檔案所示系爭機車於上開時地闖紅燈違規行為事實,已如前述,足認舉發警員確實目睹原告所有系爭汽車經駕駛發生上開違規行為,核屬實在,原告系爭汽車確實有經舉發之違規行為,洵可認定。

三、本案判決(採肯定說)

判決理由:「以監視器取得違規影像,是否侵害隱私權及得據以檢舉?查梁○燕違反交通規則及相關之道交條例,經檢視相關路口監視器畫面就車牌辨識影像及車牌全景影像,僅與上訴人所使用之車輛相關,並非

私密敏感事項或易與其他資料結合爲詳細之個人檔案，兩相權衡下，尚未過度侵害上訴人隱私權之虞，原處分據此查得上訴人上揭違章事實，當屬有據，梁○燕此部分之主張尚難採憑。」

四、本文心得

路口監視器之功能並非僅限於偵查犯罪，應及於偵查其他不法事務，包括交通違規及其他有作證需要之事務。台北高等行政法院既承認路口監視器照片之證明功能，則往後對於逕行舉發事件，即不必追車，而逕以路口監視器拍得照片證明違規後拒檢逃逸即可。

參、依警職法逐車攔停酒測時，遇有個別規避者得否逕行舉發？（台北高等行政法院106年度交上字第247號判決）

雖然，道交條例第35條所規定之「檢測處所」，與警職法第6條所規定之「管制站」競合，且警察經常以設立管制站執行逐車攔停檢查及酒側，亦即以管制站方式執行警職法授與之職權，及道交條例之檢查測試，故遇有規避行爲時，究應依警職法第8條處理？或依道交條例第7條處理？不無疑義。

一、爭點之事實

劉○旺於民國105年10月19日1時49分許，駕駛車號○○○-○○○○號車輛在台北市市○○道○段○○○號前，遭台北市政府警察局大安分局執勤員警以「行經設有告示執行酒精濃度測試檢定處所，不依指示停車接受稽查」逕行舉發在案。劉○旺不服，認爲因當時夜深原告甚感疲累，爲避免導致疲勞駕駛，即尋覓路邊停車位，並於市○○道○段○○○號前停放。車輛停妥後原告未開啓車門即曲身向後座方向平躺休息，停車地點距離光復南路口尚有200-300公尺，原告並未發現該處設有員警酒測攔截點。當時原告於後座平躺休息並戴上耳機，原告車輛後座寬敞幾可平躺休息，該車隔音甚佳，窗戶貼有黑色隔熱紙，由外往內難以看見車內情況，

且原告因應酬多時甚感疲憊，隨即闔眼休息進入睡眠狀態，期間未曾察覺車外有任何人接近或曾有任何人要求原告離車受檢之舉動。警員取締前，應告知拒絕酒測後果，但警察皆未告知，故而提起本件行政訴訟。

二、正反意見

（一）否定說（台灣新竹地方法院106年度交字第62號判決見解）

對於汽車駕駛人拒絕接受酒測者，欲依道交條例第35條第4項規定予以裁罰，自應先以警察機關依法有要求駕駛人接受酒測之權限，亦即汽車駕駛人有接受酒測之法定義務爲前提。此參酌司法院釋字第699號解釋關於道交處罰條例第35條第4項合憲性之解釋，其解釋理由亦謂：「依法維持公共秩序，保護社會安全，防止一切危害，促進人民福利，乃警察之任務（警察法第二條規定參照）。警察對於已發生危害或依客觀合理判斷易生危害之交通工具，得予以攔停，要求駕駛人接受酒精濃度測試之檢定（以下簡稱酒測；警職法第八條第一項第三款、刑法第一百八十五條之三、道交條例第三十五條及道路交通安全規則第一百十四條第二款規定參照），是駕駛人有依法配合酒測之義務。而主管機關已依上述法律，訂定取締酒後駕車作業程序，規定警察對疑似酒後駕車者實施酒測之程序，及受檢人如拒絕接受酒測，警察應先行勸導並告知拒絕之法律效果，如受檢人仍拒絕接受酒測，始得加以處罰。」等語，亦揭示：警察必須首先依警職法第8條第1項第3款規定，得「對於已發生危害之交通工具」或「依客觀合理判斷易生危害之交通工具」具有加以攔停，並要求駕駛人接受酒測之權限，亦即依法令駕駛人負有接受酒測之行政法上義務，方有進一步對拒絕受檢者依相關作業程序規定進行勸導、告知拒絕之法律效果後，再依法對拒測者加以處罰之餘地。再者，警職法第8條第1項第3款關於警察得攔停交通工具並對駕駛人實施酒測之要件，參酌司法院釋字第535號解釋保障人民行動自由與隱私權利之意旨，要求警察人員「不得不顧時間、地點及對象任意臨檢、取締或隨機檢查、盤查」，因此闡釋關於警察臨檢之對象，必須針對「已發生危害或依客觀合理判斷易生危害之交通工具」，此亦警職法第8條第1項之立法基礎。則關於警察機關依本條項規定，對

交通工具予以攔停並要求實施酒測者，自應回歸本號解釋之意旨，不得不顧時間、地點及對象，任意臨檢、取締或隨機檢查、盤查，而必須依個案具體實際情狀，判斷審查臨檢、盤查、取締之交通工具是否確有「已發生危害」之情形，例如已駕車肇事；或有「依客觀合理判斷易生危害」之情形，例如車輛蛇行、猛然煞車、車速異常等。換言之，無論「已發生危害」或者「依客觀合理判斷易生危害」，皆必須具有「相當事由」或「合理事由」，可資建立駕駛人有酒駕之合理可疑性（參見湯德宗大法官於司法院釋字第699號解釋之協同意見書），警察機關方得要求人民接受酒測。

是以，警察機關在所謂「易肇事路段」，以抽象性時間、地點標準，於道路上設置路障，要求該時段經過該特定道路之交通工具，行經警察機關設有告示執行酒測檢定之處所，如不依指示停車接受稽查，固已直接違反道交處罰條例第35條第4項規定而得予處罰；但若非此等情形，倘汽車駕駛人在未行經該告示執行檢測檢定處所前，即已自行停止駕駛行為者，警察機關僅得依警職法第8條第1項規定，對於「已發生危害之交通工具」或「依客觀合理判斷易生危害之交通工具」等，始有予以攔停，並要求駕駛人接受酒測檢定之權限，且不能因駕駛人不願順服前往接受此無差別性、概括、隨機性之臨檢措施，即主觀臆測凡任何不服膺此警察威權之國民，均屬可疑酒駕之人，甚至在駕駛人已無任何駕駛交通工具之行為無從攔停之情形下，仍強令其接受酒測，忽視警職法對其權限行使之限制，並架空司法院釋字第699號、第535號解釋對於警察攔停交通工具進行酒測所要求關於酒駕懷疑之客觀合理關聯性。否則，即屬違法濫權盤檢取締，遭檢查人民依法並無配合接受酒測之義務，亦不得以道交處罰條例第35條第4項規定予以處罰。

（二）肯定說（台北市交通事件裁決所意見）

舉發機關執勤員警於105年10月18日23時至同月19日3時於台北市市民大道與光復南路口擔服防制危險駕車及取締酒後駕車夜間執法勤務，並於該處設置攔檢點。約19日0時59分許，系爭車輛由市民大道西往東行

駛，發現前方設有酒測臨檢點，行進間屢踩刹車、立即變換車道後將該車停於路邊，員警見該車輛顯有異狀且停滯路邊即趨前查看，並多次輕敲該車車窗示意駕駛配合稽查，但該車駕駛均不予理會，並在駕駛座講行動電話，員警即要求支援並持續敲車窗要求駕駛配合，該車駕駛隨後由駕駛座爬到後座躺下，對於警方的告示均不予理會。員警於1時35分以第1次勸導警告書勸導，約1時45分第2次勸導警告後，該車駕駛仍不予理會，員警爰將第1次及第2次勸導警告書夾於該車前擋風玻璃並宣讀相關事項，並以警告方式告知駕駛人配合接受酒測稽查及宣讀拒絕接受酒測各項法律效果，惟系爭車輛駕駛人仍不開啓車（窗）門配合接受酒測稽查。本案舉發過程均有錄音錄影，爰舉發機關依法製單舉發並無違誤。

復按道交條例第35條第4項之立法目的，在於不使拒絕酒精濃度測試檢定之駕駛人反而獲得寬典，否則無異鼓勵駕駛人拒絕接受測試。

三、本案判決（採否定說，台北高等行政法院106年交上字第247號判決）

判決理由：「1.經查：本件依原審勘驗本件舉發過程蒐證錄影光碟結果，認定本件舉發員警係依劉○旺駕駛系爭車輛，在前設有酒測臨檢站，針對行經路段所有車輛，隨機、概括、無差別地進行酒測之前，即自行路邊停車，因而主觀先認定劉○旺有意規避酒測臨檢處所，有酒後駕車或其他犯罪之嫌疑，故而上前，對於已經路邊停妥車輛之劉○旺，進行盤查。然依被上訴人未停車前尙在駕駛系爭車輛之情形，該交通工具現實上並未發生有危害，且無其他蛇行、車速異常、不穩等『相當合理之客觀事由』，可資建立劉○旺有酒駕之合理可疑性，等同因劉○旺不願順服前往接受上述無差別性、概括、隨機性之臨檢措施，即主觀臆測凡任何不服膺此警察威權之國民，均屬可疑酒駕之人，參酌前述說明，其認被上訴人有酒駕嫌疑之判斷，並進而行使警察臨檢盤查之職權，已欠缺客觀合理之基礎，與警職法第8條規定有違。原審依上開光碟勘驗結果，認定被上訴人雖有由內側車道變換至外側車道，並持續減速之行為，然此乃因被上訴人欲於路邊停車而為之正當駕駛行為，無從得見被上訴人有何驟然變換車道

或驟然減速之情形，故被上訴人並無異常駕駛行為。

2. 次查：原審依上開光碟勘驗結果，認定舉發機關員警在上前對劉○旺進行盤查時，劉○旺既早已自行停妥車輛，顯然員警並非對尚在行進中之車輛攔停要求進行酒測，斯時劉○旺更非客觀上已發生危害，或有客觀合理依據易生危害交通工具之駕駛人，也無從對駕駛危險交通工具行為進行攔停，此與警職法第8條第1項第3款規定之要件更有不合。是員警臨檢盤查違反警職法第8條之規定，其要求被上訴人接受酒測檢定並非合法，被上訴人拒絕酒測，並未違反行政法上義務，尚不得依處罰條例第35條第4項規定處罰。足認原判決對上訴人在原審之主張如何不足採之論證取捨等事項，已詳為論斷，其所適用之法規與該案應適用之法規並無違背，與解釋、判例亦無牴觸，並無所謂判決不適用法規或適用不當或判決理由不備及矛盾等違背法令之情形。」

四、本文心得

判決對於警察得否「設立酒測臨檢站」，針對行經該站所有車輛，隨機、概括、無差別地進行酒測，存有不同意見，並認為僅能對已生危害或依客觀事實易生危害車輛攔檢，亦即此無差別酒測之權力，僅能引用警職法第8條，不得引用第6條。此明顯出現，行政與司法間的裂縫。

此種見解若依警職法第6條第2項規定：「前項第六款（行經指定公共場所、路段及管制站者）之指定，以『防止犯罪』，或處理重大公共安全或社會秩序事件而有必要者為限。」來看，並不合理。蓋因設管制站逐車酒測者，既屬防止酒後開車的犯罪行為，則無需依同法第8條，只要依同法第6條即已足夠。同法第6條程序又與道交條例第35條之檢測酒精濃度程序相競合，但法院仍然採用釋字第535號解釋意旨，認為警察無此逐車攔檢之權，對於釋535號以後訂定的警職法絲毫不顧，顯屬「非依法審判」。

對於此種判決，交通裁罰機關實應據理力爭，在出現其他類似案例時，宜再次強調合理法律見解，尤其執行機關的掌舵者警政署交通組，更不應自甘沉默，否則即屬不論對錯皆臣服於司法之下，實有虧職守。

肆、取締拒絕酒測者，是否應「全程連續錄影」？

本文於民國110年1月9日以「未就原告酒測過程全程連續錄影」為檢索字詞，進入司法院法學資料檢索系統的裁判書查詢網站查詢，發現共有11筆資料。其中台北地方法院2筆，新北地方法院1筆，桃園地方法院8筆，茲僅以桃園地方法院民國109年12月9日裁判的一筆為例，闡述本爭議。

一、爭點之事實（台灣桃園地方法院109年度交字第317號判決）

陳○儒於民國109年6月8日20時29分許，騎乘車牌號碼○○○-○○○號之普通『重型機車』行經桃園市○○區○○路○○○號時，因行車不穩及變換車道未使用方向燈，經桃園市政府警察局桃園分局員警攔查，復因陳○儒散發酒味，員警遂要求對陳○儒實施酒精濃度檢測，嗣因陳○儒有消極不配合接受酒測之情事，乃當場以掌電字第D1RC10948號舉發違反道路交通管理事件通知單，舉發陳○儒有「拒絕接受酒精濃度測試之檢定」之違規事實，違反道交條例（下稱道交條例）第35條第4項第2款規定，並載明應於同年7月8日前到案。嗣陳○儒於109年6月10日向桃園市政府交通事件裁決處陳述意見，經裁決處於109年8月24日以於上開時、地，騎乘系爭機車，有「拒絕接受酒精濃度測試之檢定」之違規事實，依道交條例第35條第4項第2款規定，以桃交裁罰字第58-D1RC10948號違反道路交通管理事件裁決書對陳○儒裁處罰鍰新臺幣18萬元，並吊銷駕駛執照及施以道路交通安全講習，原處分則於同日對陳○儒為送達。陳○儒不服原處分，於同日向台灣桃園地方法院提起行政訴訟。

二、正反意見

（一）舉發員警之否定說

依警方密錄器錄影畫面顯示，原告多次以不吹氣、吹氣過短及要求抽血等方式，消極推諉拖延接受酒精濃度測試檢定，拒絕接受酒精濃度測試之違規事實明確。原告即應配合受檢，不得無故拒絕。原告拒絕接受酒精濃度測試，原處分自無違誤，原告之訴為無理由，應予駁回。

（二）受處罰人之肯定說

當時變換車道未使用方向燈被員警攔停後，警察馬上請求其他員警支援，隨後並要求受處罰人進行酒測，但無法測得數值，受處罰人馬上表明願意回去派出所處理並自費抽血檢測。員警在過程中侮辱受處罰人是故意演戲、是不是男人、畜生不如、人渣等不雅詞語，而員警鄭○廷一度遠離現場，並非全程錄影，其他員警也有全程開密錄器可證明受處罰人並無消極不配合，受處罰人乃請求調閱所有在場員警之密錄器全程錄影畫面。

三、本案判決（採肯定說）

判決理由：「……憲法上正當法律程序原則之內涵，應視所涉基本權之種類、限制之強度及範圍、所欲追求之公共利益、決定機關之功能合適性、有無替代程序或各項可能程序之成本等因素綜合考量，由立法者制定相應之法定程序，業經司法院釋字第689、709、739號解釋闡述甚明。道交條例第92條第4項既就該條例舉發處理程序之處理細則，授權由交通部會同內政部定之，處理細則第19條之2第1項並明定：『對汽車駕駛人實施道交條例第35條第1項第1款測試之檢定時，應以酒精測試儀器檢測且實施檢測過程應全程連續錄影，並依下列程序處理』，則處理細則所規定酒測之程序，依前開大法官解釋，自屬正當行政程序之一環，如警察未踐行前開程序，即不符合正當行政程序。

……主管機關並已依上述法律，訂定取締酒後駕車作業程式，規定警察對疑似酒後駕車者實施酒測之程式，及受檢人如拒絕接受酒測，警察應先行勸導並告知拒絕之法律效果，如受檢人仍拒絕接受酒測，始得加以處罰。』；準此，警察縱有客觀事實可資認定駕駛人確有飲酒後駕車之行為，但在要求駕駛人實施酒測時，仍須依照上開說明為之，並在駕駛人明瞭拒絕酒測將吊銷駕駛人所有駕駛執照並禁止考照3年等法律效果後，仍拒絕酒測時，始可就駕駛人拒絕酒測之行為加以裁罰吊銷駕照之處罰，且應立即製單舉發。依上開說明，足見該號解釋亦將警察機關有無踐行『事前告知義務』，作為是否處罰吊銷駕駛執照，且3年不得考領之前提要件，且此部分解釋理由，亦已在處理細則第19條之2第5項明定之。

　　……依影像畫面所見之錄影時間，可見上開6段影像中，除第2、3段之時間為連續外，其餘錄影之時間均非連續。足認員警對受處罰人實施酒測之過程未全程連續錄影，違反處理細則第19條之2第1項所定正當行政程序無疑。復因員警對原告實施酒測之過程未全程連續錄影之故，使本案沒有影像或其他證據可證明員警已履行宣讀拒絕接受酒測所應受法律效果之事前告知義務，此部分之舉證責任分配應由被告負擔，卷內卻查無相關證據，堪認此乙節亦有違反前揭大法官會議解釋所闡明之正當行政程序。

　　……刑罰與行政罰均係處罰人民違反法律之規範，刑罰與行政罰僅具有量之區別，並無質之差異，惟刑事訴訟之目的係在確保國家刑罰權之實現，檢察官之起訴或自訴人之自訴，尚待法院對起訴、自訴之犯罪事實認定，故刑事訴訟在訴訟要件具備之情形下，如檢察官所提證明被告犯罪之證據，係實施刑事訴訟程序之公務員違背法定程序取得之證據，因法院仍應確定刑罰權之有無及範圍，故涉及者僅係證據不具證據能力應加排除之問題。而行政訴訟中之撤銷訴訟，行政機關已對人民為一具體之行政處分，行政法院係在審查行政機關所為之行政處分是否合法，以達保障人民權益、確保國家行政權之合法行使、增進司法功能之目的。如行政機關所為行政處分違背行政程序，因行政法院審查之標的為行政機關所為之行政處分是否合法，而非限於行政處分所依據之事實是否存在，則無論該行政處分係程序上違法，抑或係實體上事實認定有誤、裁量違法，為保障人民權益、確保國家行政權之合法行使，行政法院均應予以審查，重點在違反之程序是否屬於正當行政程序、該程序違法之瑕疵程度（瑕疵是否輕微而無關緊要、是否屬於重大明顯一望即知之瑕疵、瑕疵得否事後補正等），而非單純在實體事實認定部分討論該程序上違法取得之證據是否排除之問題。

　　……查本件舉發機關員警既未全程錄影，亦未向受處罰人充分說明拒測之各項法律效果，而有違反上開正當行政程序之要求，是本件違反酒測程序所為之舉發，非屬無關緊要、重大明顯無效或得補正之瑕疵，而屬違法得撤銷之瑕疵。」

（四）本文心得

台灣桃園地方法院109年交字第317號判決理由，雖引經據典、擲地有聲，執法員警實應捧讀再三、徹底奉行，桃園市政府交通事件裁決處也應遵循判決理由，於裁處前確實檢視，舉發拒絕酒測員警，是否完全遵循道交處理細則第19條之1、19條之2之規定？惟受處罰人所駕車輛乃普通『重型機車』而非汽車，道交條例第35條拒絕酒測規定，已將「汽車與機車分別規定，異其處罰」，照理道交處理細則第19條之1、19條之2也應一併修正，可惜仍維持未修正前之「汽車駕駛人」文字。故若依法論法，對於機車拒絕酒測時之處理方式，恐不必依道交處理細則第19條之2之規定。從而，本判決引用該條文字撤銷處分，是否完全恰當，實有疑慮。

第五節　研析

本文旨在探討員警處理交通違規之案例及其作業程序是否得當，因此必須以現有警政署頒發之交通違規處理作業程序為基準。在多項作業程序中，又以交通違規最常適用的「取締一般交通違規作業程序」為主軸，「取締酒後駕車作業程序」、「取締酒駕拒測處理作業程序」為副題。

壹、何謂「一般交通違規」之分析

在取締一般交通違規作業程序上，本文分析出所謂「一般交通違規」這一概念，實無任何對立概念如「特別交通違規」等，足以讓其範圍確定下來，故這一名稱只有製造困擾而已，無法讓基層員警據以簡易執行。因為法律概念講究「望文生義」，一個概念只能代表一個意義，不能一文兩意，否則只有製造混亂而已。故本文認為，不如用道交條例第7條之2的法定用語「攔截舉發」一詞，來代替「一般交通違規」。

這一名稱又可與警職法第7條第1項第1款的「『攔停』人、車、船及其他交通工具」；第2項的「其時間自『攔停』起」；第8條第1項的「得

予以『攔停』並採行下列措施」等作出區別。蓋因道交條例的稽查、測試檢定，與警職法的攔停、已發生危害的交通工具或管制站等，經常競合與混用，導致不只民眾不知警察進行的是何一程序，而將「只能向裁罰機關陳述意見」誤為「可以要求警察現場交付聲明異議書」；即使執法警察亦可能不知，自己執行的是哪一種程序，以至於最後都受制於法官意見；就算是法官，依本文分析的幾個判決，可能也向未將兩種程序分辨清楚。分不清楚的原因，除了警察實務太常實施管制站措施以執行酒駕，導致法官不以為然外，基礎原因應在刑事與行政及中間的攔停盤查程序混淆不清之故。若欲將幾種程序區分清楚，本文以為應先從名稱開始，亦即區分「攔截、逮捕與攔停」三個法律概念，其後才有諸種不同程序的不同名稱及不同的法律效果。（但道交處理細則第10條第2項的「一、當場舉發：違反本條例行為經『攔停』之舉發」，則應予修正為攔截）。

貳、警察具有「職權舉發」權限之分析

最高行政法院已有確定見解，認為警察有職權舉發權。既然如此，則機關舉發的「攔截舉發、逕行舉發、職權舉發、鑑定舉發、勸導放行」，應一併在「取締一般交通違規作業程序」的第一線列出，如此方可讓員警了解，一旦發現車輛駕駛有問題，經攔截後，其能作的稽查行為就是上述五種，而不是直接就要酒測或向檢察官申請對拒絕酒測者抽血等。

此外，上述作業程序中的幾種名稱，如「攔檢稽查」，應改為法條用語的「攔截舉發」；「告知稽查事由」，應改為「告知攔截事由」等，又因整個程序就是道交條例第7條的「稽查」，故於作業程序中不要再有「接受指揮稽查」等名稱，改為「接受指揮」即可。

上述作業程序的流程2，有「告知如拒絕陳述或陳述不實姓名住址將會違反社會秩序維護法」一項，有無必要於程序中舉出，實堪考慮。例如，台北高等行政法院106年交上字第247號判決的受處罰人劉○旺，其於拒絕酒測時藏身汽車之內對外不理不睬，員警對其毫無辦法，只能逕行舉發，更不用說當面告知違反社會秩序維護法等事項了。即使社會秩序維護

法第67條第1項第2款確有相同規定，但執法員警對吞吞吐吐不願直率說出自己姓名的人，除語帶恐嚇外，又能對不說姓名的人如何？作業程序中說是「依法處理」，卻不說怎麼處理，難道是以現行違反社會秩序維護法名義強制帶回警所？本文認為，在現今整個社會尤其是法官，都在強調人權的時刻，實在不必慫恿基層員警經常以強權方式執法，不是依道交處理細則第19條之1第2項逕行舉發即可嗎？

再者，上述作業程序之作業內容中的8.(1)與(2)，區分「於通知單記明其事件情節及處理意見」，與「應填具警察行使職權民眾異議紀錄表交予當事人」兩事，此明顯是一個程序兩種功能下的產物。本文以為，若取締一般交通違規作業程序乃執行道交條例的SOP，則不應將「應填具警察行使職權民眾異議紀錄表交予當事人」載入作業程序內，否則不知怎麼解釋給受攔截人理解。上述異議表，理應另在警職法作業程序中記載。

參、警察得以照片逕行舉發，對拒絕酒測者亦得逕行舉發之分析

司法實務既承認警察對拒檢逃逸者得以照片逕行舉發，對個別拒絕酒測者亦得逕行舉發，則「取締酒後駕車作業程序（修正規定）」，實有區分為道交條例測試檢定，與警職法危害攔停，兩種類作業程序之必要。

蓋因依上述作業程序，有「對於已發生危害或依客觀合理判斷易生危害之交通工具予以攔停」之項目，這顯然是受到釋字第699號及台北高等行政法院106年度交上字第247號判決之影響，但依上述警職法第8條規定，可以在道路上設置管制站逐車攔停嗎？想逐車攔停不依同條例第6條第1項第6款行嗎？

倘若不行，那能否依道交條例第7條、第35條執行逐車酒測？倘若是因道交條例上述規定除「測試檢定之處所」外，沒有更為詳細之規定，恐肇致「無行為法怎可擅自執行」之指摘，則警職法相關條款不也是只有一句「管制站」而已嗎？並且誰敢說道交條例不是行為法？故強將兩法溶於一爐，其原因可能只是因為釋字第699號在理由書內的幾句話而已，此實

大可不必。若區分成兩類程序後，法官有其他意見，才是檢驗行政與司法各自功能的時候。

倘若區分成道交條例之作業程序與警職法之作業程序兩類，則前者即可將逕行舉發等較為緩和的程序臚列進去，並將警職法的相關概念全部去除，以便改為純粹執行道交條例取締酒後駕車的作業程序。最多就是強調，在初始階段應以「執行道交條例測試檢定」名目，公開告示而已。

肆、對拒絕酒測之舉發須全程連續錄影之分析

道交條例相關規定對拒絕酒測者有須全程錄影之規定，雖然對於機車騎士是否有同樣適用，有待道交處理細則第19條之2之修正。但既然該處理細則已有相關規定，則執法員警即須遵守程序一步步執行。然而，對於堅決留在車內不願開窗之汽車駕駛人，除逕行舉發外，是否還有其他辦法，諸如報請檢察官依刑事訴訟法第205條之1強制抽血？

署頒「取締酒駕處理作業程序（修正規定）」，可能就是為了因應這類拒測者，而發展出來的作業程序，例如其項目中即有「檢附相關資料通報偵查隊」及「由偵查隊呈報檢察官依職權核發鑑定許可書」等。本文以為，此乃刑事訴訟法相關條文，有無必要改造成道交條例的配合程序，實宜謹慎，否則難杜假道交執法之名行入人於罪之實，蓋因在酒駕現場無人受傷之情形下，警察若說強制抽血是為了「防範將來肇事」，恐怕得不到掌聲。

更何況道交條例第35條第6項，乃規定：「汽機車駕駛人『肇事』拒絕接受或肇事無法實施第一項測試之檢定者，應由交通勤務警察或依法令執行交通稽查任務人員，將其強制移由受委託醫療或檢驗機構對其實施血液或其他檢體之採樣及測試檢定。」亦即，須有肇事並拒檢，才可抽血檢查，怎可僅拒測即取巧請檢察官發鑑定書？故，本文認為宜將本作業程序刪除。

第六節　結論與建議

員警處理交通違規事務，若能有一清楚的作業程序規定，當然較能全國一致、減少糾紛、創造效率，從這一點而言，署頒處理作業程序的確有其積極意義。但作業程序必須一望即知、邏輯清楚、便於記憶，而不宜假借名目、聲東擊西。有鑒於此，本文經由爭議問題及司法實務之分析後，認為本文主要探討的三個作業程序，也許可以作如下的改進。

壹、取締一般交通違規作業程序

「取締一般交通違規作業程序」之名稱，若改為「攔截舉發作業程序」，將「當場舉發」改為「攔截舉發」，並將「攔截舉發、逕行舉發、職權舉發、鑑定舉發、勸導放行」，一併臚列、簡要說明，可能較易讓員警一目瞭然，便於記憶。

此外，宜將「填具警察行使職權民眾異議記錄表」等屬於警職法之事項去除，將「攔截舉發作業程序」改為單純的道交條例執法作業程序，以便與警職法作業程序區分，這應該是去除混亂、釐清爭議的起點。

貳、取締酒後駕車作業程序（修正規定）

現行「取締酒後駕車作業程序（修正規定）」，涵蓋道交條例執法程序與警職法執法程序，導致法官以為警察是假借名目侵害人權，例如以道交條例之名卻行逐車攔停、檢查車輛或任意同行之實，故常見相當程度限縮警察職權之判決。有鑒於此，本文以為是否可將本作業程序依道交條例第35條規定，改造為純粹道交條例執法之作業程序？其法只要將本作業程序內有關警職法之用語及條文均予除去即可。至於警職法之作業程序，則可另定。

參、取締酒駕處理作業程序（修正規定）

　　取締酒駕處理作業程序（修正規定），乃源於道交條例第35條第4項有關「拒絕酒測」的苛刻規定：「汽機車駕駛人有下列各款情形之一者，處新臺幣『十八萬元』罰鍰，並當場移置保管該汽機車、吊銷其駕駛執照及施以道路交通安全講習。」試想有誰能經得起一罰18萬，而沒有上下限的？故只能用盡各種辦法拒絕酒測，法官也願意用盡各種解釋方法為其脫罰。

　　但這種嚴刑峻罰能產生多久的效力？時間一長不會故態復萌嗎？只是辛苦了基層執法員警，必須常與規避酒測者爭執而已。同時，抽血一事在幾個主要法治國家都須取得法官許可，我國為何要單因拒絕酒測，即取巧想要檢察官來抽血勘驗？絲毫不顧慮整個社會重視人權的氣息。故本文以為，是否可將本作業程序刪除，真有拒絕酒測者，依道交處理細則程序，逕行舉發即可。再有必要，亦可將本作業程序改為刑事鑑識作業程序，而不必與交通執法程序混在一起。

第六章
員警處理聚眾活動案例研析

許義寶

第一節　案例事實

一、案例一

2014年3月18日發生**太陽花學運**又稱作318**學運、占領國會事件**，是指在2014年3月18日至4月10日期間，由大學學生與公民團體共同發起的社會運動。這次運動由抗議學生主導，占領位在台北市的立法院，還曾一度嘗試占領行政院。其參與運動理由還包括要求民主程序、反對自由貿易等。太陽花學運是台灣從1980年代以來最大規模的「公民不服從」行動，也是立法院首次遭到民眾占領。2020年4月28日，太陽花攻占行政院案在二審台灣高等法院宣判，共17人有罪，其中魏揚等6人從無罪改判有罪。魏揚被控煽惑他人犯罪，判刑4月[1]。

在太陽花學運中，有一**非法聚眾**妨害公務案件，即蔡○貴為公投護台灣聯盟召集人，向台北市政府警察局中正第一分局申請於民國102年7月31日在台北市中正區濟南路一段立法院郵局大門北側人行道至中山南路口集會獲准後，為達進入立法院之目的，於該日上午9時53分，與群眾共同將立法院大門南側車道圍牆鐵欄杆推倒後，明知警方已在缺口處排成人牆，並手持盾牌阻止群眾進入而執行公務，竟仍基於妨害公務之犯意，先以強暴方式推擠持盾牌之警員，並強力推開在旁未持盾牌、維持秩序之警員涉犯刑法第135條第1項妨害公務罪嫌[2]。

二、案例二

本案為陳某得知新任監察院長等政府官員將於民國103年8月1日上午出席監察院第五屆院長、副院長及監察委員宣誓就職典禮，竟於該日上午10時許，未依法申請集會遊行，率領群眾前往台北市○○區○○○路○段○號監察院側門口人行道上，以「提醒新任監察院院長勿忘許家班好名聲、廢除考試監察、落實三權分立」等為由，佔用該處呼喊口號並發表演

1　太陽花學運，維基百科，https://zh.wikipedia.org/wiki/%E5%A4%AA%E9%99%BD%E8%8A%B1%E5%AD%B8%E9%81%8B-109.12.7。
2　台灣高等法院104年度上易字第1904號刑事判決。

說，經疏導勸離無效，現場總指揮官即台北市政府警察局中正第一分局分局長當場下令，由負責公園路區域之現場指揮官即該分局忠孝東路派出所所長分別於同日上午10時第一次舉牌警告、於同日上午10時20分第二次舉牌警告並命令解散、於同日上午10時52分、10時58分及11時5分第三、四、五次舉牌制止，並告知已違反集會遊行法，要求立即解散群眾並離開現場。惟陳某仍置之不理均未遵從解散集會及停止違法行為，且以麥克風及擴音器等設備率領群眾手持標語、大呼口號、丟球、聚眾而不肯離去。嗣於同日上午11時20分許，監察院長就職典禮活動結束後，陳某始向群眾宣告活動結束，在場群眾方陸續離去[3]。

第二節　爭論焦點

一、案例一

　　太陽花學運占領國會事件，由大學生與公民團體共同發起的社會運動。這次運動由抗議學生主導，占領位在台北市的立法院，還曾一度嘗試占領行政院。抗議運動的主要原因在於《海峽兩岸服務貿易協議》遭強行通過審查，而該協議被反對者視為將損害自身經濟。但此已屬違法聚眾，妨害公共安全與秩序，警察機關有依法執行與蒐證移送法辦之職責。

　　聚眾活動，又稱為集會遊行[4]。因集會自由為表現自由之一種，其所表現思想、信仰之型態，與單獨一人表現方式之著作、言論、出版自由、廣播有所不同，在法規範上亦有不同意義。憲法理論對於言論、出版，因尚未造成立即、明顯危害，所以制度上不得予以事先檢閱，為法治國家保障言論自由之基本原則。集會遊行活動雖與言論表現自由有關，但其表

---

[3]　台灣台北地方法院104年度易字第482號刑事判決。

[4]　相關文獻，請參考陳宗駿，美國集會遊行自由權保障之歷史發展──兼論我國集會遊行與公共秩序之折衝，憲政時代，42卷4期，2017年4月，頁375-434；林佳和，集會遊行上的警察權發動，月旦法學教室第166期，2016年8月，頁9-11；謝榮堂，中央與地方之警察指揮權限劃分──以大型集會遊行為例，警察法學第14期，2015年7月，頁165-191。

現型態、影響公安秩序、地區安寧、所在地人民安全等，二者程度有所不同。因此，法規範上二者有區別規定必要。惟此二者言論自由與集會自由，在憲法上之地位則屬一致，該等自由權利對人民而言，亦佔有非常重要地位。

保障人民集會遊行自由之目的，對於國家政治清明、民主程序、補代議政治不足、保障無法利用媒體之人民、提供資訊、保障群體共同表現自由及集體形式的討論等均有重要意義。因此，各國憲法與集會遊行法律，均明文保障此種人民之權利。如其活動對於公共利益、社會秩序有重大影響，為保護公共利益，一般均會以法律來加以規定、調整其權利行使之要件及程序，以維護公益。

集會遊行為人集合的形態，其表現的方式有多種，一般為人身的表現自由所含括。國家的法規範對於集會遊行之形態，要予以規範，首先必須對集會遊行之外在形態，予以劃分，對於無治安顧慮之活動，則不予以干預；反之對可能形成治安預防上必要者，則須明確予以界定，其活動性質、法律規範限度，以資人民遵循。

一、集會：為多數人聚合，共同表示意見或保障其聚集之人格自由，一般有室內集會與室外集會之分。集會之活動，又有依法令之集會活動，或其他臨時性之聚會活動。

凡人須共同協助，行集體之生活。除家庭生活之外，一般人又常須聚會，共同協議、表達意見、促進意識交流等等，以解決問題，增進人民之生活意義與品質。

二、遊行：動態的集會，則稱為遊行。遊行活動可展現共同意見或集體行動之物理性動的力量，容易造成社會的重視，惟此種共同集體活動，極易影響治安之穩定、和平，因此，從秩序維護之觀點，一般國家法律均對遊行之活動，甚為重視，除依法令之遊行外，一般皆須申請許可或報備，始得舉行。

遊行之行為規範，除與治安有關外，一般對人之正常生活安寧、交通通行秩序，均有很大之影響。在法律規範上，除集會遊行法之外，尚有道路交通管理處罰條例、社會秩序維護法、刑法等法律，亦有相關

之規定。

三、示威活動：我國集會遊行法對於示威活動，並未特別加以規定，一般可歸類在集會、遊行活動之中；而究其意義與性質，示威活動與一般集會、遊行有所不同；因示威活動有目標、有對象之表達不滿意見，其訴求為有特定之對象，而不像一般集會之共同聚會表達意見；或遊行單純之動態之集會，以訴諸一般社會大眾之活動。

民主社會中，人民對於政府施政措施，常藉集會、遊行之方式表達意見，形成公意。集會、遊行具有容易感染及不可控制之特質，對於社會治安可能產生潛在威脅，為維護人民集會、遊行的合法權益，並確保社會秩序安寧，自有制定法律予以合理限制，以兼顧集會自由之保障及社會秩序之維護。

有關聚眾集會之時間、地點及方式等未涉及集會、遊行之目的或內容之事項，為維持社會秩序及增進公共利益所必要，屬立法自由形成之範圍，於表現自由之訴求不致有所侵害，與憲法保障集會自由之意旨尚無牴觸。……集會遊行法第6條規定集會遊行之禁制區，係為保護國家重要機關與軍事設施之安全、維持對外交通之暢通；同法第10條規定限制集會、遊行之負責人、其代理人或糾察員之資格；第11條第4款規定同一時間、處所、路線已有他人申請並經許可者，為不許可集會、遊行之要件；第5款規定未經依法設立或經撤銷許可或命令解散之團體，以該團體名義申請者得不許可集會、遊行；第6款規定申請不合第9條有關責令申請人提出申請書填具之各事項者為不許可之要件，係為確保集會、遊行活動之和平進行，避免影響民眾之生活安寧，均屬防止妨礙他人自由、維持社會秩序或增進公共利益所必要，與憲法第23條規定並無牴觸。集會遊行法第29條對於不遵從解散及制止命令之首謀者科以刑責，為立法自由形成範圍，與憲法第23條之規定尚無牴觸[5]。

5　台灣台北地方法院刑事判決104年度易字第482號。

二、案例二

　　陳某得知新任監察院長等政府官員將宣誓就職，竟於該日上午10時許，未依法申請集會遊行，率領群眾前往台北市○○區○○○路○段○號監察院側門口人行道上，以「提醒新任監察院院長勿忘許家班好名聲、廢除考試監察、落實三權分立」等為由，占用該處呼喊口號並發表演說，經疏導勸離無效，於同日上午10時20分第二次舉牌警告並命令解散等。本案聚眾行為，已違反集會遊行法之規定。警察機關須依法執行，以有效維護社會秩序。

　　對於聚眾活動處理，警察權之行使有其特性；即防止危害與即時制止之特點。集遊法授權警察遇有違法之集會遊行，得採取警告、制止、命令解散職權，該命令解散並得強制為之。警察除有處分權之外，並有直接強制之權限。其重要處，在於維持良好之公共秩序，但相對的會限制集會遊行者之權益。於此，如有執行不當、濫用權限、先入為主的偏見或執法專業品質不佳等，有可能形成執法偏差，而造成任意移送人民追究其刑事責任之結果[6]。

　　對上述案例之聚眾活動處理，本文擬探討警察相關處置作為，包括維護機關安全、舉牌警告、蒐證、命令解散及強制執行等作為與實務執行程序。

第三節　相關規範與處理程序（SOP）

壹、聚眾活動相關規範

一、集會遊行法。
二、警察職權行使法。
三、社會秩序維護法。
四、「民眾抗爭事件處理程序及聯繫作業要點」執行計畫。

---

[6]　許義寶，集會遊行法第25條釋義，李震山、陳正根等著，集會遊行法逐條釋義，五南，2020年7月，頁282。

五、陳抗群眾癱瘓道路之處置及法令依據：

　　（一）有合法申請集會遊行者，視個案狀況依集會遊行法相關規定辦理。

　　（二）未合法申請集會遊行者：

1. 依集會遊行法第25條第1項第1款：「應經許可之集會、遊行未經許可或其許可經撤銷、廢止而擅自舉行者，主管機關得予以警告、制止或命令解散」及同法第29條規定辦理。

2. 刑法第304條：「以強暴、脅迫使人行無義務之事或妨害人行使權利者，處三年以下有期徒刑。」

3. 已造成交通安全之顧慮，當場警察人員應進行勸導指揮，行人不聽從指揮即得依道路交通管理處罰條例第78條予以舉發；汽車駕駛人不聽從指揮則得依道路交通管理處罰條例第60條第2項第1款予以舉發。

4. 占據道路致生往來危險者，可依刑法第185條「妨害公眾往來安全罪」辦理。

5. 可依警察職權行使法第25條至第28條之「即時強制」作為。[7]

貳、警察對聚眾活動處理之具體程序[8]

一、期前

　　（一）策定計畫（規劃表）：依群眾多寡、屬性及地區狀況等因素，評估危安風險高低，據以研擬「安全維護工作計畫（規劃表）」，預擬狀況處置腹案，妥適規劃勤務部署。

　　（二）警力及裝備整備：1.警力依危安預警情資規劃勤務部署，並視狀況編排女警編組，惟警力應撙節使用；2.各項通信、滅火器、擴音器、運輸、阻材等裝備整備事宜；3.分局警力、裝備不足部分，向警察局申請

7　陳抗群眾癱瘓道路之處置及法令依據，https://www.spfh.gov.tw/index.php?catid=148，最後瀏覽日：2020年12月7日。

8　台北市政府警察局執行集會遊行活動標準作業程序〈SOP〉，http://www.laws.taipei.gov.tw/lawatt/SOP/P10000010.pdf-1090623。

支援，支援警力應受現場指揮官之指揮、監督。

（三）指定專責發言人：如發生違法、脫序等事件時，警察局或分局應由專人即時對外發言，說明處置情形。對不實報導，應即澄清，以正視聽。

（四）規劃媒體聯絡員：編排穿著「媒體聯絡」背心之人員，作為警方與現場媒體之聯繫管道，提供媒體相關資訊。

（五）建立聯繫通報窗口：1.三線通報機制：主官、業務、勤指系統；2.與市政府及相關單位（管轄法院檢察署、內政部警政署），建立聯繫通報窗口；3.與活動主辦單位建立聯繫窗口，掌握活動流程進度。

二、期中

（一）成立聯合指揮所（警察局或分局）：成立作業幕僚群，負責通報、聯繫及紀錄等事項，並協助指揮官（局長或分局長）各項狀況處置作為。

（二）落實勤前教育：使各執勤員警了解責任分區、職責、執勤技巧及各項管制作為之法令依據。另提醒員警注意服務態度，避免造成誤解，以符合法令及人權兩公約相關規定。

（三）勤務部署、狀況處置：依照計畫（規劃表）到崗執勤，並視狀況機動調整警力部署。

（四）設置媒體聯絡員：1.主動與現場採訪記者建立聯繫方式；2.做好媒體與指揮官溝通、協調之聯繫工作。

（五）狀況處置及回報：遇有突發狀況應即時處置，全程完整蒐證，確保合法集會遊行活動順利進行，並將處置情形回報聯合指揮所。

三、期後

（一）恢復交通秩序：活動結束，應回復原狀，確保人、車通行安全無虞後，始得收勤。

（二）清點人員裝備：檢視人員有無受傷，車輛及裝備有無耗損後歸建。

（三）狀況結報：活動結束，視狀況結報市政府及內政部警政署。

（四）發布新聞稿（視狀況）：1.警察局或分局適時對出勤警力、群眾活動及狀況處置等，發布新聞稿；2.群眾人數估計僅供勤務調度之參考，不對外公布。

（五）檢討策進（視狀況）：針對勤務執行優缺點，適時召開檢討會議，俾利檢討策進。

四、對重大集會、遊行活動之處理

定義：集會、遊行活動之參加人數預計達2,000人以上，且有具體危安預警情資，或具敏感性及社會矚目事件。

現場狀況升高時：（一）定義：群眾持續聚集，影響政經運作，或明顯妨礙市民生活機能；（二）警察局聯合指揮所提升為府級開設，市長或其指定代理人擔任指揮官、副市長為副指揮官，組員由本府法務局、環保局、消防局、交通局、工務局、觀傳局、秘書處及警察局各相關科、室、中心主官（管）編成，進駐聯合指揮所（開設地點：警察局），依三線系統通報內政部警政署及本府其他相關局處；（三）依據地方制度法第18條第11款及公務人員服務法規定，市長為指揮官，指揮監督集會、遊行活動現場狀況處置（含採取強制力作為及時機等）。[9]

9　台北市政府警察局執行集會遊行活動標準作業程序〈SOP〉，http://www.laws.taipei.gov.tw/lawatt/SOP/P10000010.pdf-1090623。

參、處理程序（SOP）

各警察機關執行聚眾防處活動強制驅離原則

一、執行原則：

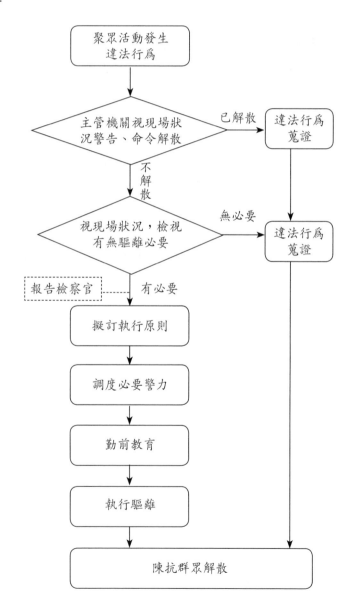

二、參考法條
（一）集會遊行法
第二十五條
有左列情事之一者，該管主管機關得予警告、制止或命令解散：
一、應經許可之集會、遊行未經許可或其許可經撤銷、廢止而擅自舉行者。
二、經許可之集會、遊行而有違反許可事項、許可限制事項者。
三、利用第八條第一項各款集會、遊行，而有違反法令之行為者。
四、有其他違反法令之行為者。
前項制止，命令解散，該管主管機關得強制為之。
第二十六條
集會遊行之不予許可、限制或命令解散，應公平合理考量人民集會、遊行權利與其他法益間之均衡維護，以適當之方法為之，不得逾越所欲達成目的之必要限度。
（二）警察職權行使法
第三條
警察行使職權，不得逾越所欲達成執行目的之必要限制，且應以對人民權益侵害最少之適當方法為之。
警察行使職權已達成其目的，或依當時情形，認為目的無法達成時，應依職權或因義務人、利害關係人之申請終止執行。
警察行使職權，不得以引誘、教唆人民犯罪或其他違法之手段為之。
第九條
警察依事實足認集會遊行或其他公共活動參與者之行為，對公共安全或秩序有危害之虞時，於該活動期間，得予攝影、錄音或以其他科技工具，蒐集參與者現場活動資料。資料蒐集無法避免涉及第三人者，得及於第三人。
依前項規定蒐集之資料，於集會遊行或其他公共活動結束後，應即銷毀之。但為調查犯罪或其他違法行為，而有保存之必要者，不在此限。
依第三項但書規定保存之資料，除經起訴且審判程序尚未終結或違反組織犯罪防制條例案件者外，至遲應於資料製作完成時起一年內銷毀之。
第二十七條
警察行使職權時，為排除危害，得將妨礙之人、車暫時驅離或禁止進入。

第四節　實務判決

壹、案例一

　　法院指出：立法院院區之警備，屬中央政府之中央警政事務，由立法院自有之保安警力（即立法院保六總隊警衛隊）管轄。案發當天適蔡○貴以「公投靜坐」為由，在台北市濟南路一段北側人行道之立法院周遭申請集會遊行，有台北市警局中正一分局核定集會遊行通知書、申請書等。原審針對中正一分局受何單位指派至立法院中山南路廣場維護秩序乙事函詢該分局，中正一分局函覆稱：依集會遊行法第3條、第24條規定，集會、遊行時，警察人員得到場維護秩序；另依警察職權行使法第9條規定，依事實足認集會遊行或其他活動參與者之行為，對公共安全或秩序有危害時，得予錄影……蒐集參與者現場活動資料。

　　當日有民眾以「反對服貿協議、反對核電續建」申請合法集會，惟當日數十名民眾不理會分局員警於立法院圍牆外之制止，攀越立法院圍牆侵入立法院廣場，欲進入立法院議會廳，部分群眾破壞、拆除立法院欄杆……分局警力為維護立法院機關安全及防止民眾危害行為，與立法院保六總隊警衛隊共同部屬於立法院廣場及川堂，全力阻擋滋擾民眾入侵，……分局員警協助排除滋擾群眾，共同完成警察任務。中正一分局對於所核定之集會遊行，基於維護轄區集會遊行及公共秩序安全，在該集會遊行場所部屬警力，維持集會遊行及公共秩序，於法有據，在該場所所為之相關作為要屬執行公務無疑。中正一分局函覆內容所指與立法院保六警衛隊共同部屬警力於立法院廣場及川堂乙節，似指其間有所協調或者奉命指派，經原審函詢立法院於召開本案公聽會時是否商請中正一分局至中山南路廣場負責維安，立法院總務處函覆稱：中正一分局本於轄區責任及職權自行派員至本院中山南路前廣場維護現場秩序及安全[10]。

　　依立法院相關議事等規定，考量服貿協議牽涉之公部門及民間相關

10　台灣高等法院104年度上易字第1904號刑事判決。

產業層面之深度廣度，稽之公聽會內立法委員之程序發言，被告二人主觀上認依法可以進入立法院服貿協議公聽會換證旁聽，然卻遭中正一分局員警阻止，無從至立法院大門會客室服務台詢問旁聽及換證，致不得其門而入，群衆將欄杆推倒後，蔡○貴僅壓住欄杆，並未持以攻擊員警，被告二人係以肉身、徒手推擠方式欲達進入院區查詢處理換證事宜參與公聽會之目的，在推擠過程中，陳○廷跨過圍牆時也確實有朝立法院前進之傾向及動作，凡此均可佐證其等辯解無妨害公務故意等語，應非憑空捏造，尚難僅憑其等客觀上之作爲，遽推認被告二人有妨害公務之主觀犯意。酌以服貿協議攸關我國經濟民生，衝擊影響層面甚爲深遠廣泛，此觀日後服貿協議因審查程序諸多疑慮，致全國輿論譁然，嗣引發太陽花學運等情可見一斑。退步言之，縱認被告二人強行推擠維持秩序員警之行爲客觀上狀似妨害員警執行公務，惟如上述，被告既無妨害公務之主觀犯意，猶不得以妨害公務之罪責相繩[11]。

貳、案例二

　　法院指出集會遊行法第2條明定，稱集會者，係指於公共場所或公衆得出入之場所舉行會議、演說或其他聚衆活動；所稱遊行，係指於市街、道路、巷弄或其他公共場所或公衆得出入之場所之集體行進。訟爭地點爲公衆得出入之場所，被告率衆於此發表演說、呼喊口號，不論其使用之名義爲何，其客觀行爲態樣已屬集會遊行法所稱之集會。再依前揭勘驗筆錄，被告於當天集會之初，即表示：「抱歉，咱今天狀況較多，就不按記者會來進行。」是被告辯稱當天舉行記者會，無需申請云云，難謂有理[12]。

　　室外集會、遊行需要利用場所、道路等諸多社會資源，本質上即易

---

[11] 台灣高等法院104年度上易字第1904號刑事判決。

[12] 台灣高等法院104年度上易字第2262號刑事判決。台灣台北地方法院104年度易字第482號刑事判決。陳峻涵犯集會遊行法第29條之首謀不遵令解散集會罪，處拘役20日，如易科罰金，以新臺幣1,000元折算1日。

對社會原有運作秩序產生影響，且不排除會引起相異立場者之反制舉措而激發衝突，主管機關為兼顧集會自由保障與社會秩序維持（集會遊行法第1條參照），應預為綢繆，故須由集會、遊行舉行者本於信賴、合作與溝通之立場，適時提供主管機關必要資訊，俾供了解事件性質，盱衡社會整體狀況，就集會、遊行利用公共場所或路面之時間、地點與進行方式為妥善之規劃，並就執法相關人力物力妥為配置，以協助集會、遊行得順利舉行，並使社會秩序受到影響降到最低程度。在此範圍內，立法者有形成自由，得採行事前許可或報備程序，使主管機關能取得執法必要資訊，並妥為因應（司法院釋字第445號、第718號解釋理由書意旨參看）；現行集會遊行法亦明定室外之集會、遊行，採原則許可制，原則上均應向主管機關申請許可（集會遊行法第8條第1項參照）。

依司法院解釋意旨，除緊急性及偶發性集會、遊行外，現行集會遊行法對於集會、遊行應申請許可，並就集會、遊行之場所、時間、方式予以合理之限制，以及就違反規定者視情節輕重予以必要之處分，乃為維持社會秩序及增進公共利益所必要，與憲法保障集會自由及第23條之規定並無違背。

司法院釋字第718號解釋，雖宣告集會遊行法第8條第1項關於緊急性及偶發性集會、遊行部分失效，然本件集會遊行，不依法申請集會遊行之緣由，被告於警詢初稱：「集會遊行法部分條文違憲，所以我沒有申請。」於偵查時供稱：「我知道的有點晚，所以沒有提出申請。」於原審準備程序改稱：「我不知道記者會要申請，我不知道群眾集會怎麼認定。」「我有在台灣國辦公室的網路上公開當天的行程，也就是要在監察院召開記者會，有請大家可以到場。」於原審審判程序供稱：「（問：這張通知書是何時製作？）8月1日之前。」「（有無可能是前5天做的？）有可能。」「因為我沒有聲（申）請過，我也不知道要幾天前才可以完成聲（申）請的手續。」依被告陳述，其未申請本次集會之原因，或主觀上認事前申請為違憲，或不知如何申請，或根本未曾申請，其並坦承可能為5日前即已製作通知、公布於網路，足見該次集會並無緊急事由，顯非事起倉卒非即刻舉行無法達到目的之「緊急性集會、遊行」；另被告有前揭

召集群眾、在現場指揮群眾之首謀行為，業如前述，則本次集會亦非群眾因特殊原因未經召集自發聚集，事實上無所謂發起人或負責人之「偶發性集會、遊行」，自仍應受集會遊行法第8條第1項事前申請所規範。被告以違憲為由，指摘原判決不當，非有理由[13]。

第五節　研析（含學者及個人看法）

一、警戒、維護機關安全

聚眾活動易聚集多數人參與，會造成秩序混亂，或所在機關受干擾，因此所在地警察分局，首先須到場加以警戒，維護被陳抗機關之安全。此時與機關之駐衛警之間保持聯繫，確實做好門禁管理。對該聚眾陳抗之負責人、目的、人數、使用方法、是否有快速增加不特定人等加以掌握、了解，研判是否有立即衝突與危害性，即時向上級警察機關報告。

主管機關應派員在聚眾位置所在，加以警戒，防止聚眾陳抗之人，有違法暴力行為。此時或在之前，亦可先行聯絡被陳抗機關之管理者或秘書人員，知悉陳抗之原由，而決定是否出面溝通或接受陳情書面。另在聚眾活動前主管機關可透過各種管道蒐集本次聚眾之情報資訊。如屬於依法申請者，主管機關可與負責人溝通、詢問相關申請事由原委。維護聚眾陳抗所在之機關安全，甚為重要。依聚眾之目的，有一些參與人員會表現出激烈之舉動，可能會造成衝突之事件，或欲強行進入所陳抗機關內部，造成危害事件；須事先予以預防與制止。

在機關安全維護上，須實施限制措施，包括：（一）依據機關環境特性及實際需要，分別制定門禁管制及員工識別證、來賓出入證等管理規定，予以嚴格管制，並透過機關首長及保防教育，培養員工遵守門禁規定；（二）檔案資料應落實管制，並從防火、防竊、防潮、防蝕等規劃各項安全措施細部計畫，確實執行，以期維護；（三）對重要防護目標劃為

13　台灣高等法院104年度上易字第2262號刑事判決。

禁區，工作人員憑證出入，限制其他人員接近或出入；（四）重要防護單位建築物周圍分別設置壕溝、圍牆、鐵絲（刺）網、拒馬、電網等，予以分層隔離；（五）接待參觀應訂定參觀辦法，明定參觀範圍、項目及攝影等有關限制事項，禁區以內，應謝絕參觀；（六）經專案核准進入禁區之特定人士及外籍工作人員，應事先辦理安全查核，並派適當人員陪伴[14]。

陳抗偶發事件處理之重點：（一）機關內部方面注意員工中有無心理、言行不良傾向情事，應責成防諜員提供安全防護情報，保防單位根據情報，召集人事，督察等單位，共同研商，疏導匡正；（二）聚眾事件醞釀時，應根據情況發展，深入了解事件眞相，協請有關權責單位疏處，使之消弭於無形；（三）在了解群眾情緒、動態及情況變化中，尤應發掘首要領導人及幕後有無不法分子操縱指使，並查明其身分、背景、政治陰謀等，迅速處理；（四）防處偶發事件，應避免刺激群眾或與群眾發生衝突，尤應注意併發問題，嚴防擴大變質；（五）對群眾事件之防處，應一面加強戒備，一面依照支援協定，立即申請友軍或警力支援，在避免發生暴力衝突之原則下，盡一切可能，維護機關安全[15]。

禁制區所在之機關安全，有關禁制區之安全距離限制；在集會遊行法修法討論提及禁制區之安全距離，其分爲兩種：（一）總統府、司法院、各級審檢機構、機場港口及重要軍事設施周遭的集會遊行安全距離，由300公尺縮減爲100公尺；（二）行政院、考試院及總統副總統官邸、醫療院所安全距離改爲50公尺。此次會議所討論的重點在於，本法強度較高的第5條第1項第1款至第4款規定，以總統府爲例，須重視禁制區安全距離的問題[16]。

一般警察機關基於安全考量，對所有的狀況都要最大化，但是也會兼顧集會遊行相關的狀況。根據相關統計數據，從民國94年到現在，平均每年有500件到總統府陳情請願，在公凱口也有舉行大型的集會遊行活動，地點就是在公凱口，這都已經行之有年了，人民在配合上，還有警察既定

---

14 各級警察機關安全防護工作實施要點，具體做法（七）。
15 各級警察機關安全防護工作實施要點，具體做法（十四）。
16 立法院公報，第105卷第38期委員會紀錄，頁281-284。

的安全作為上面，都能夠滿足雙方的需要，取得一個平衡點。

安全距離可分成三種，執行上要確立逐一設置安全距離，否則，各機關所處地形不太一樣，若制定集會遊行禁制區的安全距離由300公尺縮減為100公尺，有些單位確實會以機關道路起算來劃定安全距離，所以安全距離範圍的制定，應交由地方政府及所屬機關自行處理。立法院不是行政機關，由警察前往現場會勘的作法也不宜，或總不能前往總統府或司法院會勘，然後建議道路要如何劃定安全距離，所以這屬於行政權之一。但是，所以要制定集會遊行保障法，主要在保障人民集會遊行的權利，這才是最主要扮演的角色，所以還是思考要保留適當的距離不宜太遠，否則，人民前往某機關集會遊行卻距離該機關非常的遙遠，如此一來，人民的意見也無法做某種形式上的展現，所以必須兼顧此一責任。至於應如何劃設禁制區的安全距離？或許考慮的應是制定安全距離的範圍，因此，建議應該依照機關地區周邊道路所處的位置，讓行政機關保留一點彈性，但安全距離不得逾300公尺。[17]

對重大陳抗事件，請求中央調派各縣市警察局機動保安警力支援：（一）依據警察法、內政部組織法及警政署組織法等規定，警政署負有統一指揮、監督全國警察機關，執行警察任務權責；（二）警政署訂頒「機動保安警力支援運用作業規定」，各警察機關應相互支援，有效防處重大聚眾活動：1.依據警察法、內政部組織法及內政部警政署組織法等相關規定；2.內政部警政署辦理全國警察行政事務，統一指揮、監督全國警察機關（構）執行警察任務，遇有重大、突發、緊急案件處理及勤務時，並有指揮、管制、督導、支援及與有關機關之聯繫、協調事項之權限；3.為有效防處重大聚眾活動，強化中央及地方相互密切聯繫與協調配合，警政署訂頒「機動保安警力支援運用作業規定」，明定各直轄市、縣（市）警察局之建制機動保安警力及保安警察第一、四、五總隊所屬之機動保安警力，應相互支援，以利任務遂行[18]。

17　立法院公報，第105卷第38期委員會紀錄，頁284。
18　內政部警政署保安警察第一總隊網頁，https://www.spfh.gov.tw/index.php?catid=148-1090623。

二、警告、蒐證

（一）警告

對於未依法申請之聚眾集會，主管機關依集會遊行法第25條規定，得對負責人與參加人之聚集行為加以警告。使其知悉此行為之禁制性，要求其停止與解散。警告之性質，為一意思傳達，類似行政程序之告知，如不遵告戒，後續將有其他不利之法律效果。

聚眾活動之主管機關，依集會遊行法第3條規定，為舉行所在地之警察分局。因此，所發之警告命令，亦為分局長之意思表達。在執行上會加以分工，由分局組長或派出所所長，加以舉牌。

警察之執法原則；依警察局處理各類聚眾活動相關處理重點：

1.對於合法申准之集會遊行活動應予保障：依「集會遊行法」保障合法申請集會遊行者之規定，並參酌「公民與政治權利國際公約」第21條：「和平集會之權利，應予確認。除依法律之規定，且為民主社會維護國家安全或公共安寧、公共衛生或風化、或保障他人權利自由所必要者外，不得限制此種權利之行使。」警察機關規劃執行集會、遊行活動相關勤務及行使「集會遊行法」各項職權措施，應秉持「依法行政」及「保障合法、取締非法、防制暴力」原則，保障和平集會遊行權利，保護不受他人侵害，並積極促進得以順利進行；惟合法活動如轉為非法時，應即依法警告，並視現場狀況予以約制、究辦。

2.對於未經合法申准之集會遊行活動應予約制：基於「憲法」及人權兩公約保障人民言論自由與和平集會之權利，雖和平集會遊行活動未經合法申准，警察機關仍應就活動現場氛圍及參與群眾特質等，採取柔性處置，完整蒐證，事後再依法辦理；對於長時間非法集會、遊行活動，應審慎考量執法強度，兼顧言論自由、公眾利益與公權力執行，並適時主動對外說明處置作為。

3.對於施以暴力之集會遊行活動應予究辦：如集會遊行活動已達暴力階段，對其他人身安全或公共措施已著手破壞或即將破壞者，應即逮捕現行犯，控制現場秩序，事後再就其餘違法情事究辦。

警察局係依據警察職權行使法、警械使用條例等相關規定執行。驅散違法集會及實施攻擊、破壞行為之群眾，施以必要的警告、制止、防衛與管束作為。警察機關處理聚眾陳抗之作為，均秉持「依法行政」立場，本「保障合法、取締非法、防制暴力」原則，依當時狀況發展，適切執法。審慎考量執法比例原則，以兼顧言論自由及公眾利益；如對其他人身安全或公共措施已著手破壞或即將破壞者，警方絕對會依法究辦[19]。

有關警察舉牌警告，根據集會遊行法第25條，需要進行警告、制止、命令解散後，才能強制驅離以及追訴首謀，舉牌的意義在於具體化這三道手續，並且留下證據。依照集會遊行法第3條規定，舉牌的人必須是分局正副局長。依行政程序法第100、110條，必須要以適當方法使對方知悉，例如用擴音器明白說出首謀者。實務上：舉牌次數與間隔法律沒有明確規定，但現行實務慣例認為至少要舉牌三次，且法院已將之納入比例原則之一環。舉牌間隔法院則是以比例原則和社會相當性原則作為判準，警方必須給予充分的解散時間。在實務上舉牌有時會刺激現場群眾情緒，但有時也會作為緩衝，行動者利用在舉牌第三次之前的時間完成行動，警方也透過舉牌動作宣示立場[20]。

（二）蒐證

警察一般對於未合法申請集會遊行，會舉牌警告，在現場會進行錄影蒐證，後續將視蒐證證據依法辦理。

實務上某「台灣獨立建國大旗隊」團體長年在西門町舉旗宣揚政治理念，卻因未合法申請集會遊行，警察透過動員約30名警力舉牌警告及錄影蒐證，雙方對峙才結束。

對該未申請的集會遊行，長年在北市西門町高舉「獨立建國」旗幟標語的「台灣獨立建國大旗隊」，台北市警察局萬華分局出動約30名警力到場，舉牌警告為非法集會遊行，現場也進行錄影蒐證。雙方持續對峙，下午3時約至晚間8時許才結束，期間並未有進一步動作。警方晚間表示，因

---

19 台北市議會公報第97卷第11期，頁3023-3075。
20 台灣人權促進會2015年冬季號，https://jrf-tw.gitbooks.io/protest-handbook/content/-1090623。

「台灣獨立建國大旗隊」未合法申請集會遊行，所以才舉牌警告，另也提醒他們提出申請卻置之不理，現場也進行錄影蒐證，後續將視蒐證證據依法辦理[21]。

三、制止、命令解散

（一）制止

聚眾集會活動如有重大不法行為，警察經衡量人民集會權益與公共秩序之維護法益後，認為公共秩序之維護，更甚於人民集會權利時，得採取必要的職權。依集會遊行法規定，對於違法的集會，警察得為警告、制止及命令解散[22]。

警察處分係警察機關基於職權之行為，須以現行警察法令為依據，不得超出法令範圍而任意活動，倘不依據現行警察法令，甚至與現行警察法令牴觸者，即是違法。警察處分須為處理具體事件而行使，警察處分是以特定之具體事實為主，而對於一人或多數人決定其法律關係[23]。

制止為要求停止舉行集會遊行活動之意。在制止之前，須先為警告。警告為意思表示之傳達，指出該集會活動已構成違法，被警察機關認定，行為人不得再繼續舉行之意。警告為制止、採取直接強制前之程序行為，如該警告之程序有所瑕疵或不當，行為人得立即要求警察更正，或停止此警告。

「制止」為警察下命處分的執行程序，屬於行政處分的一種過程。行政處分為中央或地方行政機關，對於公法上之具體事件，依法律授權所為之意思表示，對人民自由或權利，發生一定法律上效果的決定。因警察的制止，屬於干預行政的行為，基於侵害法律保留原則，須有法律授權始得為之。警察在為決定制止之具體命令時，須考慮比例原則。依前所述，因國家對於警察職權之授予，無法一一列舉出明確之情狀，及應採取何種職

---

[21] 台獨大旗隊非法集會，北市警舉牌蒐證，中央社，2018年3月26日。

[22] 轉引自許義寶，論集會自由與警察職權—兼論法院對警察解散命令之審查，警察法學第9期，2010年11月，頁113-160。

[23] 陳正根，論警察行政處分之概念與特性，氏著，警察與秩序法研究（一），五南，初版，2010年1月，頁206。

權措施。因為對於社會之各種狀況、違反法規行為、侵害法益之情況等，均非可以預先想像，在集會遊行時，亦是如此。如果法律過度限制警察權限，將使警察無法適時制止危害行為，會使公共利益與社會秩序受到破壞。但另一方面，採取概括或廣泛授權情形，亦容易使警察濫用權限，或忽略行為人的權利。因此，要求警察遵守比例原則，乃為平衡公共秩序與私人權益二者之間法益的共通原則[24]。

（二）命令解散

警察要求違法聚眾集會的人民離去，屬於警察的下命處分之要求效果。為執行法律、維護公共秩序，禁止人民繼續舉行違法集會，其原因為所舉行的集會或該集會有重大違法原因，警察衡量公共利益與人民集會權益的關係後，所為的決定。對具體的個案，所為的判斷決定，須衡量違法的性質、程度、對公共秩序與利益所造成的影響，而依比例原則作判斷。

警察所為的命令解散，其下達的方式與程序，事前亦應盡可能讓參與的人民，可以明確的知悉，而後始有遵守的可能。首先該「命令解散」，亦是警察職權之一種；法律在此狀況下，授權警察在遇有符合法定要件，且達必要情況下，得以實施此職權。對於合法舉行之集會，如有任意變更集會遊行路線、或演變成暴力集會情形，得適時制止、禁止該集會之舉行。因命令解散之下達，要求參加之行為人，不得再集會，對人民集會權利的行使影響過大，應謹慎為之[25]。

警察制止之流程，依序為警告、制止、命令解散；命令解散，為警察執法的第三次程序。在接續警告、制止之後，所為的要求不得再持續舉行集會的下命處分。從參加之人民的權利言，會限制參加人的集會自由。另從首謀不解散人的責任言，其可能構成首謀不解散罪之證據。因此，警察在實施程序及下達的方式上，均應謹慎及明確。

而有關修正草案之命令解散限制，從院版修正草案觀察可知，未報備

---

24 違反比例原則之警察下命，構成違法之行政處分效果。但對於是否違反比例原則之認定，須由法院為實質之審查。
25 警察為警告、制止、命令解散之下命，依其不同階段，會構成認定違法之意思通知、構成行政罰、刑罰等之效果。

並不得作爲警告、制止與命令解散（第24條）之條件；又未報備者，亦僅得處以罰鍰一次（第27條），並無得按次連續處罰，亦不得作爲警告、制止與命令解散之事由。再者，未宣告解散及勸導疏離，負責人亦僅處罰鍰一次（第33條與第21條），並無被命令解散之必要（第24條）規定。因爲院版修正草案第24條規定，僅有違反安全距離（第6條），和平集遊（第13條）及道路雍塞（第15條）等情形，始得警告、制止、命令解散之。因此，在實務運作上，應注意及之[26]。[27]

四、強制解散

（一）強制解散之考量原則

　　警察對於群眾活動處理原則，係以保護人民安全，充分尊重表達意見之權利，同時展現維護社會秩序之決心。針對群眾占據重要道路之違法行爲，警察局採取相關強制作爲前，均先柔性勸離現場民眾，拒不離開者，始以保護架離、噴水方式實施淨空，目的係避免刺激群眾情緒，防止受傷情事發生，過程亦須考量符合比例原則[28]。

1.平等原則

　　公務員執行公務時，公民參與是適當且必要的，特別是在公務員行使自由裁量權時，透過公民參與監督可有效避免因裁量權行使的不公平所帶給人民的傷害。而當公務員執行社區建設時，因事涉公共資源的分配，與人民及社區的利益糾葛既深且廣，如何確保人民的基本權利、維護社會的公平正義、追求社區公共利益的最大化、健全民主政治的實行、進而實現社會富裕、國家長治久安的長遠目標等等，不僅需要公民參與監督，更有賴於公務員執行公務時對「平等原則」正確而有效的堅持[29]。

---

[26] 蔡庭榕，論集會遊行權利與規範，集會遊行與警察執法國際學術研討會，中央警察大學行政警察學系主辦，2009年6月2日，頁224。

[27] 轉引自許義寶，論集會自由與警察職權—兼論法院對警察解散命令之審查，警察法學第9期，2010年11月，頁113-160。

[28] 台北市議會公報第97卷第11期，頁3074。

[29] 蔡明華，平等原則對公務員執行公務的意義，文官制度季刊，2卷1期，2010年1月，頁45。

2.比例原則

「比例原則」是指行政行爲之手段與目的必須合乎比例而言，故又有稱「禁止過度原則」。比例原則內涵上包括三部分：(1)適合性原則：自目的取向判斷能否達到一定之目的；(2)必要性原則：此指自法律效果而言，需判斷該行爲是否爲數種能達到同一目的行爲間，對人民所造成損害最小者，故又稱最小侵害原則；(3)狹義比例原則：自價值衡量角度而言，考量人民因所受損害私益與所達成之公益間，手段與目的價值需成比例。警察執行公權力，以積極、干預性質者較多，由於往往事涉人民權益，尤應注意比例原則之權衡（有關比例原則適用之條款，如：行政程序法第7條、集會遊行法第26條、社會秩序維護法第19條第2項、警械使用條例第6條[30]）。

（二）強制解散之執行個案

實務亦曾發生原告沈某等12人，因警察處理聚眾活動，使用警械所受傷害提出國家賠償請求。從本案發生前後之考量，台北市政府警察局雖爲執行驅離之機關，然下達限時完成驅離行動之命令爲台北市政府。審酌台北市警察局身爲下級機關，直接受台北市政府指揮監督，對要求限時驅離之命令，幾無反駁之空間，自難歸咎於台北市政府警察局。爲免上級機關將責任不當轉嫁於下級機關承擔，尤以警察於街頭執法面臨許多不確定性因素與風險，在現場衝突情境與複雜矛盾互動之心理狀態下，本潛存難以預見風險與危機，集會遊行之現場更是複雜萬端，夾雜許多情緒化與非理性因素，當非局外者或旁觀者所能理解。

台北市政府身爲集會遊行之主管機關及台北市政府警察局之上級機關，面對此等狀況本應尊重警政專業，充分授權第一線警官臨機應變決定以何種作爲因應，縱然最後決定採取強制力驅離，亦可斟酌時機採取最小侵害方法爲之。然台北市政府忽略命令解散處分已存在瑕疵在先，復以恢復交通順暢爲唯一考量，進而命令台北市警察局採取限時驅離之作爲，致台北市警察局在時間壓力下喪失專業裁量空間，爲求速效，受迫採取強力

30　參嘉義市政府警察局第一分局網頁，最後瀏覽日：2016年9月1日。

驅離行動，致台北市警察局發揮專業採取最小侵害方法達成任務，已喪失期待可能，無法採取迴避結果發生之作為。

依行政院函發布之「警察機關配備警械種類及規格表」所示，警棍、高壓噴水車均屬警械，原告沈○柏等12人因此等警械使用所受傷害，自得依警械使用條例第11條第2項規定求償；至警察非持警械（例如徒手）所造成之損害，則必須依國家賠償法第2條第2項前段規定賠償。本件集會遊行進行至夜間時，確已影響當地交通，而原告在核准之集會遊行時間結束後至深夜仍拒不解散，反而採取靜坐、勾手等方式抗拒，集會遊行當地為台北市交通要道，原告抵制之作為確實可能對次日上午之交通狀況造成莫大影響，凡此均為助長被告台北市政府下達限時驅離命令之因素，致員警採取強制力作為驅離之方式，原告沈○柏等12人之行為對損害之發生或擴大，亦應負相當程度之歸責，本院自得減輕賠償金額，而斟酌雙方原因力之強弱與過失之輕重程度予以減輕[31]。

五、管束、依法移送法辦

（一）管束[32]

對於聚眾活動，有暴力行為發生時，警察得依法實施管束。管束係基於特定行政目的，在一定條件下，違反當事人意願或未經其同意，暫時拘束其人身自由之即時措施。我國學者陳立中氏稱人的管束為：「警察機關為排除目前急迫危害之人，以實力暫時拘束其行動之自由。」管束因已對人身自由造成干預，依法治國家原則，非基於特別重大理由及非依形式之法律授權，不得為之。目前我國「行政執行法」規定之管束，有發動構成要件之規定，但卻乏相關程序[33]。

「管束」屬即時強制之一種類型。即時強制與警察任務之間，依我國警察法第2條之規定，警察目的主要在維持公共秩序、保護社會安全、

---

31 司法院105年度重國字第148號國家賠償事件新聞稿，https://www.judicial.gov.tw/tw/cp-1888-158361-48250-1.html-1090618。

32 轉引自蔡庭榕等著，警察職權行使法逐條釋論，五南，2005年，頁369以下。

33 蔡震榮，警察之即時強制，警學叢刊，31卷4期，2001年1月，頁72。

防止一切危害等。解釋上，防止一切危害，應包括人民生命、身體、財產之受到危險侵害。社會上之各種活動，因其狀況錯綜複雜，危害情形不時而生。危害造成之原因，如為人為因素，警察有必要介入，並對該危害之人施以必要之保護或制止措施。對於所肇致危害之原因，不管為人為、動物、天災、事變等，雖各有不同，惟其對公共秩序、人之生命、身體、財產等法益之侵害，則屬一致。警察之「管束」對象，則以相對人為主，至於其他原因之危害，警察所發動之職權，則可透過其他警告、宣傳、禁止進入等方式為之。「管束」含有保護、制止、限制當事人行動自由之意，以預防危害目的之必要，對行為人之人身自由予以暫時限制。在此，並須防止以保護之名，而有其他為特殊目的之濫用職權限制人身自由之情形發生。因此，對於管束之法定要件，必須使予明確。

管束涉及人身自由之剝奪，如依德國基本法第104條第1項，需要一法律依據，依該法同條第2至4項規定，人身自由之剝奪要有特定程序要件。德國依特別法之規定優先於警察職權，此處特別是指對有自殺之虞之精神病患安置法，以及人身自由剝奪法[34]。管束措施之執行，為一時拘束當事人之人身自由。理論上身體行動自由遭受侵犯，主要內涵可分為消極的驅離或禁止入內，係行動方向上受阻，以及積極拘束行動自由，係空間上（Raeumlich）受限，憲法之規定主要係指後者，指違反當事人意願或在其無法表達意願下，而將之留置在一特定狹窄範圍之地，側重在人身自由拘束之結果，至於手段或動機則不在所問。因此，人身自由遭受侵害，非指身體本身遭侵害（Eingriffe die koerperliche Unversehrtheit）或居住遷徙自由（Recht auf Freizuegigkeit）遭受侵害（譬如限制住居或限制出境）[35]。

曾發生一網路叫車平台駕駛自救會發言人李○豪，為要求暫停修訂汽車運輸業管理規則第103條之1，並呼籲行政院出面解決，在行政院大門前舉辦陳情記者會活動，過程中民眾李○達指揮UBER車輛繞行行政院，

---

34 李震山譯，德國警察與秩序法原理，頁128-129。
35 李震山，論行政管束與人身自由之保障，氏著，人性尊嚴與人權保障，元照，增訂再版，2001年11月，頁228-229。

因行政院屬集會遊行禁制區，警察分局除依集會遊行法舉牌警告，並於現場蒐證相關違規車輛。警察分局指出，當日14時20分許，民眾許○璋突自抗議車輛內取出一箱雞蛋，該分局告知為確保現場秩序及群眾安全考量欲予以扣留時，群眾開始推擠警方致雞蛋掉落地面造成污損，並有不理性言論，分局依警察職權行使法對許民予以管束查證身分；另對帶頭者李○達第1次舉牌警告，呼籲群眾理性表達訴求，嗣後有一許姓民眾自稱因與警方推擠造成身體不適，經該分局通知救護車到場初步處理後無大礙，活動於行政院代表接見陳情後結束[36]。

（二）依法移送法辦

1. 聚眾非法占據道路

處理上區分：(1)有合法申請集會遊行者，視個案狀況依集會遊行法相關規定辦理；(2)未合法申請集會遊行者：①依集會遊行法第25條第1項第1款「應經許可之集會、遊行未經許可或其許可經撤銷、廢止而擅自舉行者，主管機關得予以警告、制止或命令解散」及同法第29條規定辦理；②刑法第304條：以強暴、脅迫使人行無義務之事或妨害人行使權利者，處三年以下有期徒刑；③已造成交通安全之顧慮，當場警察人員應進行勸導指揮，行人不聽從指揮即得依道路交通管理處罰條例第78條予以舉發：汽車駕駛人不聽從指揮則得依道路交通管理處罰條例第60條第2項第1款予以舉發；④占據道路致生往來危險者，可依刑法第185條「妨害公眾往來安全罪」辦理；⑤可依警察職權行使法第25條至第28條之「即時強制」作為[37]。

2. 命令解散而不解散之處理

經許可之集會、遊行而有違反許可事項、許可限制事項，依第26條規定：「集會遊行之不予許可、限制或命令解散，應公平合理考量人民集會、遊行權利與其他法益間之均衡維護，以適當之方法為之，不得逾

---

[36] 5月29日警方依法管束UBER自救會不理性成員，警政署網頁，https://www.npa.gov.tw/NPAGip/wSite/ct?xItem=92260&ctNode=11745&mp=28-1090618。

[37] 內政部警政署保安警察第一總隊網頁，https://www.spfh.gov.tw/index.php?catid=148-1090623。

越所欲達成目的之必要限度。」第28條第1項規定：「集會、遊行，經該管主管機關命令解散而不解散者，處集會、遊行負責人或其代理人或主持人新臺幣三萬元以上十五萬元以下罰鍰……。」內政部警政署78警署保字第51615號函釋：「所謂集會，係指於公共場所或公眾得出入之場所舉行會議、演說或其他聚眾活動。如多數人為共同目的，聚集而有持布條、舉標語牌、呼口號、唱歌或其他足以表示其一定意思之行為者，即屬該法條所指『其他聚眾活動』之範圍。如聚眾示威、抗議、或靜坐均屬之……。」[38]

六、保護集會自由

集會遊行為近代憲法所保障個人之權利，依憲法第23條規定，為維持公共秩序、保護社會安全、增進全體國民福祉等具體原因，必要時得以法律限制之。集會遊行意謂集體，一般以三個人以上，為共同目的集合表達意見之行為。其類型有集會、集體行進、示威抗議等。因此，集會遊行與一般個人之表現自由不同。集會遊行因外在形式、集合群眾，形成團體，群眾因言論及表現行為，極易產生情緒不穩、或被刺激，造成即時反應之抗議行動，影響公共治安秩序。因此，近代法治國家對於集會遊行活動，雖然認同其為憲法所保障之個人基本人權，但是均制定相關法律或命令，加以規範，以確保公眾之安全與安寧。

集會遊行法與維護營造物使用之一般行政警察法不同；亦與一般維護道路交通安全之道路交通法傳統思維不同；必須有整體公共安全之治安警察法為依據。近代立憲主義國家，積極強調保障國民之基本權利；因此，人民意見之表達，便成為執政者重要施政之參考。人民為國家主權主體，如我國憲法第2條規定：「中華民國之主權屬於國民全體。」保障無法利用公共媒體人民之意見，憲法與集會遊行法明定其保障範圍。依我國憲法第14條規定：「人民有集會結社之自由。」

憲法第14條固規定人民有集會之自由，且與憲法第11條規定之言論、

講學、著作及出版之自由，同屬表現自由之範疇，而為實施民主政治最重要的基本人權，若以法律限制集會、遊行之權利，必須符合明確性原則與憲法第23條之規定。惟集會遊行法因涉及憲法所保障人民有集會自由之基本權利，就該法之合憲性問題，業經司法院大法官會議釋字第445號著有解釋：「憲法第十四條規定人民有集會之自由，此與憲法第十一條規定之言論、講學、著作及出版之自由，同屬表現自由之範疇，為實施民主政治最重要的基本人權。國家為保障人民之集會自由，應提供適當集會場所，並保護集會、遊行之安全，使其得以順利進行。以法律限制集會、遊行之權利，必須符合明確性原則與憲法第二十三條之規定。集會遊行法第八條第一項規定室外集會、遊行除同條項但書所定各款情形外，應向主管機關申請許可。同法第十一條則規定申請室外集會、遊行除有同條所列情形之一者外，應予許可[39]。」

七、警察處理聚眾活動之相關作為

（一）保障人民和平集會之權利

「許可制」之合憲性，雖經司法院大法官釋字第445號解釋，以「於事前審查集會、遊行之申請時，苟著重於時間、地點及方式等形式要件，以法律為明確之規定，不涉及集會、遊行之目的或內容者，則於表現自由之訴求不致有所侵害」為理由，獲得暫時性部分維持。然而，在現行之「許可制」下，由於係由行政機關行使判斷之權限，往往造成「以法定之不許可理由為藉口，對集會、遊行所欲表達之意見內容進行事前審查」之結果，同時亦欠缺即時有效之救濟途徑，嚴重侵害憲法保障集會、遊行自由之規範意旨。在台灣之實踐經驗下，常有出現透過「時間、地點與方式」的許可控制，空洞化人民藉由集會、遊行所欲主張訴求之實質意義的現象。亦是因為如此，在近年來「許可制」之合憲性，不僅迭為學者所挑戰，其正當性與必要性更廣為人民所質疑，為避免行政機關繼續以形式審查之名、進行言論事前審查之操作，具體落實對人民集會、遊行自由之保

---

[39] 台灣台北地方法院104年度易字第482號刑事判決。

障，自有改採「自願報備制」之必要。

有論者建議採自願報備制，由舉行集會、遊行之人民依其具體情況，自主判斷是否有必要請求政府對其集會、遊行提供積極之協助。人民若欲請求政府履行提供人民集會、遊行相關協助之積極義務，自有事前報備之必要；反之，若集會、遊行之舉行，毋需政府積極協助，人民當得選擇不進行報備，由自己處理安排集會、遊行之相關事宜[40]。

（二）執行之明確法律程序

符合民主法治的警察行為，不應只強調「公權力硬起來」，而是要「硬所當硬，軟所當軟」，而此中的判準，則應是法規而非政治意志。在第一線的警察，當然需要有一定的裁量權，但事前應有授權明確且公開透明的裁量基準；在執勤時，所有作為都應該能釋明清楚的法源依據；事後面對質疑時，則要有具足夠公信力的調查與問責機制。即便遭受政治壓力，也能挺直腰桿，以法置辯。然而，從反年改抗爭即可看出，目前我們在抗爭時給予台灣執「法」人員的，只有空洞的口號、誤用的法規與機密的SOP。在低度法治的現狀下，似乎方便警察行事，不只是抗爭勤務，從用槍、追車到盤查，被質疑就套用口號發個例稿，政治修辭與輿論喧嘩一番，外部始終難以問責。許多人相信，這樣的「執法」環境方便警察隨時隨地「硬起來」，有利於維護治安，以及公權力尊嚴[41]，值得進一步探討。

（三）現場指揮官之權限與判斷

集會遊行屬群體行為，警察機關實務上之舉牌及廣播行為，其主要目的係告知民眾相關行為已違反法令，應即刻停止或自行解散，否則警方將採取強制解散等措施。警方處理聚眾活動係採取暴風圈理論，參與之民眾不特定並隨時有人加入或退出，但主要指揮者如未離去，即可認定具有連貫性。偶發性及緊急性集會遊行皆非處理個人，而是群體的概念。警察同

---

40 立法院第9屆第1會期第20次會議議案關係文書，討152頁。
41 許仁碩，警察為何受盡委屈？──空洞口號、誤用法規與機密SOP，聯合報─鳴人堂，2017年4月21日，https://opinion.udn.com/opinion/story/10004/2417432-1090623。

時需要保障第三者的公共利益及集會遊行者權利。此時警力的多寡、聚眾活動暴力程度，都是執法過程當中需要依比例原則判斷及處理[42]。

警方運用優勢警力，將集會遊行現場抗議群眾圈圍民眾限制其行動自由，再以警備車強制帶離至郊區分頭「丟包」，可將抗爭現場有效地去中心化，適度降低衝突，能短時間弭平抗爭，係近年來警方處理集會遊行常見的方式。依台北市警局於107年訂定之「執行聚眾防處勤務群眾拒不解散之處置作業程序」規定：「圈圍群眾時，應實施現場必要之管制作為」、「如採取帶離手段，由大型警備車載送至指定地點後，於確保被帶離之人身安全無虞下，始離去」、「如採取帶離手段，大型警備車內應派遣適當警力戒護及蒐證；載送至指定地點後（非必要，毋需抄登資料），於確保被帶離之人安全無虞下，始離去。」等措施已多次實施，如106年12月4日中正一分局處理勞工團體在立法院周邊抗議事件，晚間10時10分活動結束後，因部分群眾突採占據道路方式表達訴求，該分局執行勸（抬）離作為[43]。

（四）強力制止之實施與比例原則

集會遊行時警察之行使強制力，主要依集會遊行法第25條規定為之。實務上，對於集會遊行法第25條第1項第1款未經許可或許可經撤銷者，同項第2款違反許可條項者規定，其執行之一般程序如下[44]：

1. 制止之必要性[45]

憲法及法律保障人民自由之程度，如集會自由、結社自由等，警察非為維持公共秩序所必要之範圍，不得行使警察權限，此亦為日本憲法第23條之精神。依此限制人民自由情形應確立「原則自由，例外限制」的觀

---

42 監察院調查意見，台北市政府警察局於106年12月23日執行當日「反對勞基法惡法修法、保障勞工權益」之集會遊行案，頁6-7。監察院，https://cybsbox.cy.gov.tw/CYBSBoxSSL/edoc/download/25425-1080712。

43 監察院調查意見，台北市政府警察局於106年12月23日執行當日「反對勞基法惡法修法、保障勞工權益」之集會遊行案，頁12。

44 許義寶，論未經許可集會遊行之命令解散，中央警察大學學報第31期，1997年，頁113-138。

45 以下引自許義寶，集會遊行法第25條釋義，李震山、陳正根等著，集會遊行法逐條釋義，五南，2020年7月，頁299以下。

念，警察首先必須考慮該措置的必要性。即人民行使該自由對公共秩序所造成危害的性質及狀況，及必須考慮防止該事實危害的警察措置是否為不得已。警察如確信即將發生危害，須以時間、場所、對象等具體的狀況，加以考量所發生危害與限制該人民自由的措置二者間之比例。此為警察之合目的性考量，亦為警察權之限制原則，為裁判例所認定[46]，如違反此原則之警察行為，應被評價為違法。

2.維護治安目的

集會遊行權利為憲法保障，該自由權利，除了「外在自由」外，尚包括得毫無恐懼地遂行其權利之內在自由，故警察人員在執法過程中，不得曲解「消弭犯罪於無形」之概念，假藉「疏導」、「約制」之名，行「阻嚇」參與活動之實，或因過當蒐證，而使當事人無法自在活動[47]。對違反集會遊行法行為的制止，為使參加人停止現場的活動，依其必要包含強制隔離使參加人於一定地點。其他所需要之措施中，包括警告、未及制止的誘導、說服、勸告等及以實力強制解散之措施等。命令集會解散，如以不許可處分情形類推，應限於該集會遊行活動造成公共秩序明顯且現在即時之危險為限；且警告與制止同樣為即時強制，應理解為依日本警察官職務執行法為防止造成公眾的生命、身體、財產有直接的危害之必要，不得已情形警察所具有之權限。

3.制止之發動

為因應集會遊行所發生危害公共秩序[48]之情形，我國集會遊行法賦予警察有警告、制止、命令解散及必要時得強制為之。但如此之規定卻有執

---

[46] 關根謙一，警察の概念と警察權の限界（四），警察學論集，34卷1號，警察大學校編集，立花書房，1981年，頁151-152。

[47] 林漢堂，論基本人權之保障與限制—兼論集會遊行立法之必要性與適切性，警學叢刊，27卷5期，1997年，頁217。

[48] 公共秩序在判例上之地位效果，事實上，立法者不可能在所訂法令中提出其價值判斷，因此「公共秩序」概念的確定，有賴法官審判時，以其見解加以闡明，若司法應有功能無法充分積極發揮，僅強調不確定性法律概念在行政實務上之補漏作用，甚至力陳行政機關（尤其是警察機關）應有行政自治的能力，如此，並無法保證人民之權益會得到充分保障。李震山，警察任務法論，登文書局，1990年，頁94。

行認定、執法尺度之問題，一樣未經許可之集會遊行何種情形可以強制解散？何種情形不宜強制解散？是否以警察之是否具解散實力爲依據？如此將易使人民集會遊行表達意見權利遭漠視，及未以是否危害公共秩序爲考量之依據與警察排除危害目的之警察治安目的之本質亦有不符之問題。

　　警察制止措施並不只限於有造成財產損害的行爲時，才能發動，其亦適用於造成對生命、財產危害的情形。該情形不以造成具體特定人生命、身體危害之虞爲限，間接之情形如有確實、明顯性時，任何人皆有可能被危害時亦得加以發動。例如，未經許可違法的集會遊行之開始行進，示威團體與行人間發生接觸衝突，因爲要預防此時有人因而受傷之必要時，亦得加以制止[49]。制止是否可使用武器等之類，如使用槍械等武器，必須依據使用武器等有關之充分法定要件爲限。集會遊行之制止手段不得使用武器，通常情形以使用少量催淚瓦斯或以噴水車，其放水限度以達行使實力制止之必要程度爲界限[50]。

　　案例一，法院以公投護台灣聯盟召集人，爲集會表現自由之目的，欲進入立法院，雖與群眾共同將立法院大門南側車道圍牆鐵欄杆推倒，仍不能以妨害公務罪論處。惟警察仍得採取制止、管束等作爲，加以執行。

　　案例二，本案法院認爲主管機關所爲警告、命令解散、制止之行爲，不論是舉牌或口頭以麥克風表達，均確實分明傳達予該集會現場之首謀者即被告知悉，被告在客觀上顯具有消極聚眾不解散之不作爲故意，並有違反集會遊行法之主觀故意甚明。行爲人明知警方上開5度舉牌並以擴音器請被告解散群眾，被告猶不解散群眾，亦無任何宣示解散之動作，仍與參與集會遊行之群眾繼續停留系爭地點集會、呼喊口號、丟擲物品、與警方推擠[51]，已構成不遵令解散集會之行爲。

49　奈良地判昭49‧7‧23判時758號，頁119，本件爲未經許可集會遊行之行進，在交通流量大之交叉路口以Z字形行進，對其加以限制爲不得已之措施。參閱田宮裕、河上和雄編，大コンメンタール─警察官職務執行法，青林書院，1993年，頁316。
50　許義寶，論未經許可集會遊行之命令解散，中央警察大學學報第31期，1997年，頁113-138。
51　台灣台北地方法院刑事判決104年度易字第482號，主文陳峻涵犯集會遊行法第29條之首謀不遵令解散集會罪，處拘役20日，如易科罰金，以新臺幣1,000元折算1日。

第六節 結論與建議

聚眾活動為人民對主管機關相關政策之不滿等原因，所為之表達方法。因聚集多數人，易造成治安與秩序之影響，或進而有暴力傷害等違法情事之發生。主管機關所在地警察分局或警察局，遇有聚眾活動之情資或活動，須立即加以因應，以防患未然。事先加以溝通要求主辦人遵守聚眾活動相關法規規定，事先申請或維護集會中之秩序。另主管機關亦須有因應處置之計畫，以為對應。

對於違法之聚眾活動，因屬憲法所保障之集會自由性質，警察機關亦須加以尊重與保護人民此方面之言論自由與表現自由。如屬和平之集會活動，此時以柔性處理為原則，不過度限制與執行驅離。

對一般之違法集會，有暴力傾向或發生滋擾行為，經警告制止不聽從，則主管機關須依聚眾活動處理程序，加以警戒、蒐證、警告、制止、命令解散；依法並得實施強制解散、驅離、管束或加以逮捕。

第七章
員警處理街頭鬥毆案例研析

鄭善印

第一節 案例事實

2020年1月20日聯合報報導：「新修正刑法聚眾鬥毆罪本月17日上路，李姓、石姓男子雙方八人18日凌晨在台北市承德路一家撞球館持球桿、刀械互毆，被警方快打部隊壓制全數帶回，偵詢後依刑法第150條公然聚眾施強暴脅迫罪移送，檢方全數限制住居。這是新法上路後，全國首宗聚眾鬥毆被移送法辦案件。

警方調查，33歲李姓男子和四名朋友，18日凌晨四點多在承德路四段一家撞球館內，遇到19歲石姓男子等3人，雙方細故發生口角，紛紛拿起現場的球桿及隨身攜帶的折疊刀械等互毆，爆發激烈衝突。

警方快打部隊到場，雙方人馬仍持續叫囂，還動腳踹人、大罵三字經，警方以優勢警力壓制氣燄後全部帶回，八人身體均有擦挫傷，其中李男這邊雖然人多，但因對方持刀，有一人背部遭刀械刺傷送醫，幸好沒有大礙。八人經偵詢後移送士林地檢署，檢察官昨天訊後全部請回，但限制住居。」

上述案例說明了，警察處理街頭或公共場所或公眾得出入之場所的聚眾鬥毆案件，已有不同於以往的處理方法。以往警察接獲聚眾鬥毆的報案電話後，雖然一樣到場取締壓制，但帶回派出所問完筆錄後，鬥毆雙方十之八九都不願告訴，警察除將一干人送請治安法庭裁處罰鍰外，別無他法，只能任其離去。這種情形對於社區治安及警察士氣極為不利。因為，聚眾鬥毆案件對社區民心乃一大衝擊，若鬥毆者可以打完架後花個小錢即行離去，則毋寧成本太低；對警察而言，身處險惡境地處理完畢後，竟然不得已要讓肇事者嬉笑離去，毋寧所費太高。有鑒於此，立法者乃修正刑法，將聚眾鬥毆定為輕微犯罪案件，以便提高鬥毆者破壞社區治安的成本，並且要讓警察能扳回一點執法尊嚴。

修正刑法後，聚眾鬥毆的處理程序，有三種法律相競合。一是社會秩序維護法，另一是刑法與刑事訴訟法，再則是警察職權行使法，競合的原因在於聚眾鬥毆符合該三種實體與程序法規。此三種程序究應一併適用或

應分門別類適用，有不同意見。

表7-1　聚眾鬥毆罪三種不同處理程序

項目／程序	社會秩序維護法	刑法、刑事訴訟法	警察職權行使法
時機	§87②相互鬥毆者處三日以下拘留或一萬八千元以下罰鍰	刑法§150聚眾鬥毆罪處六月以上五年以下有期徒刑等§277傷害罪處五年以下有期徒刑等	§19 I ③暴行或鬥毆者
程序	§42制止或強制到場	刑事訴訟法§88逮捕	§19管束
武器	警棍或手銬	刑事訴訟法§89-1戒具，但行政命令尚未訂定	警棍或手銬
界線	必要時	必要時	必要時

第二節　爭論焦點

　　有關聚眾鬥毆入罪化，及其產生的相關議題，可大別分為以下兩項值得爭論的焦點：

一、聚眾鬥毆行為為何會入罪？

二、聚眾鬥毆案件的處理，警察若未依署頒「聚眾強暴脅迫案件處置作業程序」，是否違背法定程序？

　　茲即循序說明如下。

壹、聚眾鬥毆行為為何會入罪？

　　聚眾鬥毆行為的入罪化，有一些社會背景、媒體壓力及政治需求，以下即依序論述。

一、聚眾鬥毆案件逐漸受到重視

2019年3月8日媒體連續報導，全台各地，尤其是新北、高雄及台中市KTV與酒店等夜店，有不法分子聚眾鬥毆，造成附近民眾極度不安。行政院蘇院長於8日乃嚴正表示：「過去事情一再發生，是因為酒店、夜店老闆看不起警方的決心、看政府無能，而經營的老闆都不是一般人，現在我要告訴他們『不要跨越紅線』、『不要低估政府的決心』。」他並說：「我要求酒店、夜店不能販毒殺人、聚眾鬥毆、放任酒駕，這些有哪一點不是人民最深惡痛絕的？為了台灣人民安居樂業，我痛下決心要求治安，我講的話，老闆及警察局長都聽得懂」，「若鬥毆發生在門口，就撤換地方警察局長。」[1]

2019年5月27日行政院長蘇貞昌在主持「108年第2次治安會報」時表示：「……有關內政部警政署『打擊街頭暴力，還安於民』報告，對於鬥毆現行犯、聚眾暴力滋事者或堂口等，請警察機關蒐證明確，使檢察官得以偵辦，遏止滋事者及犯法者，以符合社會期待，也讓在第一線辛苦執法的員警同仁移送法辦後更見成效。……蘇院長指出，今（108）年1月至5月的街頭暴力犯罪，新北市占34%、高雄市占28%，兩直轄市占6成以上，其犯罪場所均習慣性群聚，原已取締的場所透過變更負責人、商號或名目，地方主管機關發予證照後，依然能死灰復燃，除了請經濟部督導台電及台水公司配合斷水斷電措施，另請警政署及地方警察局透過媒體公布各縣市治安情況，讓首長更努力及有效率。」[2]

2019年9月19日台灣各大媒體報導，高雄直播主連某疑因糾紛，3天內接連引發4起聚眾鬥毆、槍擊事件，警政署長陳家欽罕見動怒斥責高雄市警方，並指派刑事局長黃明昭南下壓制；街頭聚眾鬥毆是行政院長蘇貞昌公開宣示的重要治安指標，各地警察均有事前約制、事中快打、事後強制的執法模式，如今連某事件擴大，中央插手，高雄警方被質疑束手無

1　風傳媒，https://www.storm.mg/article/1037210，最後瀏覽日：2019年11月18日。公視新聞網，https://news.pts.org.tw/article/424918ej/，最後瀏覽日：2019年11月18日。

2　行政院第2次治安會報，https://www.ey.gov.tw/Page/9277F759E41CCD91/0150273c-a25a-4d14-a95c-713e629a6a09，最後瀏覽日：2019年11月18日。

策。[3]

　　由上可知，近年台灣民情趨近暴戾，夜店、酒店、KTV等地點，頻傳雙方人馬互看不順，即以社交媒體呼朋引伴聚眾鬥毆，造成附近民眾及媒體觀眾集體不安，政府非予解決不可。

二、聚眾鬥毆的解決方法

（一）行政處理模式

　　誠如蘇院長所言，「老闆及警察局長都聽得懂我講的話」，因為當時只要到各地夜店、酒店、KYV去轉一圈，就會看許多夜店門前立了一個告示：「為配合警察局維護治安，請顧客出示證件及打開手提包供本店查驗。」倘若這些夜店不願與警察配合，作作樣子，則接下來，警察可能會想辦法讓夜店難以做生意，例如站崗查察、入內臨檢、協調稅捐、消防、建築、都發等局處集體行政調查。以往在KTV店或色情酒店猖狂的營業，甚至不聽轄區警察制止時，亦經常出現「站崗」措施，根據警察人員所述經驗，這些作為的確有用。這與美國或澳洲所謂的「第三方警政」，也就是協調經常出現治安顧慮場所的負責人，請其自行處理轄內治安問題的方式，若合符節。

（二）警察現場壓制後移檢

　　聚眾鬥毆的雙方人馬一頓架打下來後，警察大約已到現場，經大批警力吹哨、圍捕、吆喝、壓制、上銬後，大約通通帶回警局。當然，從YouTube中也經常看到，有些氣衝腦門的鬥毆者，連警察來了都不理，仍然互揪續鬥，非將所有怒氣全發洩在對方身上不可。經取締到案後，警察大約只能用傷害、毀損等罪移送檢察署。但上述兩罪都是告訴乃論，雙馬人馬怎麼可能繼續在法庭上文鬥下去？大約都以「撤回告訴」了事。雙方一旦表示「不提出告訴」，則警察只能依社會秩序維護法處理。

（三）以社會秩序維護法處理

　　雙方鬥毆若未出現明顯傷害，或者不提告訴，則警察只能依社會秩序

3　聯合新聞網，https://udn.com/news/story/7315/4056786，最後瀏覽日：2019年11月18日。

維護法處理。該法第87條規定：「有左列各款行爲之一者，處三日以下拘留或新臺幣一萬八千元以下罰鍰：二、互相鬥毆者。」本文於2019年11月15日以「互相鬥毆」爲檢索語詞，進入法學資料檢索系統後查得，全國37個簡易庭，共有2,795件互相鬥毆而由簡易庭裁處拘留或罰鍰之案件。

本文僅以高雄簡易庭前10案爲例，臚列裁定狀況如下表。

表7-2　高雄簡易庭213案中前10案

裁定字號	鬥毆人數	罰鍰（新臺幣）及沒入	事實
108雄秩240	外籍3人	各3,000元，水果刀沒入	不明原因互毆均不提告
108雄秩284	3人	各2,000元，BB彈夾沒入	口角互毆均不提告
108雄秩279	2人	各1,000元	口角互毆均不提告
108雄秩264	4人	各2,000元	口角互毆均不提告
108雄秩266	5人	各2,000元	不明原因互毆均不提告
108雄秩268	2人	各2,000元	不明原因互毆均不提告
108雄秩272	2人	各2,000元	不明原因互毆均不提告
108雄秩250	4人	各3,000元	不明原因互毆均不提告
108雄秩253	3人	各3,000元	KTV前互毆均不提告
108雄秩227	3人	各2,000元	口角互毆均不提告

資料來源：本文自製。

高雄簡易庭之裁定，茲以高雄簡易庭108年度雄秩字第279號刑事裁定爲例，說明其裁定之理由：「……按互相鬥毆者，處3日以下拘留或新臺幣18,000元以下罰鍰，社會秩序維護法第87條第2款定有明文。而社會秩序維護法第87條第2款所謂『互相鬥毆者』，必互有加暴行於他方之行爲，加暴行於人其意涵與刑法第277條第1項普通傷害罪之範圍並非一致，倘若加暴行於人成傷者，即爲刑法之傷害罪，如加暴行於人未成傷者，則屬社會秩序維護法所規範之範圍；又行爲人互相鬥毆行爲致受有傷害時，因普通傷害案件，係屬告訴乃論之罪，如未經合法告訴或因撤回告訴、和

解等原因，致未能追究刑責者，即可援引社會秩序維護法第87條第2款之規定予以處罰。另為維護公共秩序，確保社會安寧，核互相鬥毆係社會之亂象，且在公共場所互相鬥毆行為，已嚴重影響社會安寧秩序，自得依上開規定予以處罰。」

本文又以台北簡易庭前10案為例，臚列裁定如下，以為比較。

表7-3　台北簡易庭483案中前10案

裁定字號	鬥毆人數	罰鍰（新臺幣）及沒入	事實
108北秩547	2人	各3,000元	行車糾紛互毆均不提告
108北秩526	2人	各3,000元	口角互毆均不提告
108北秩562	2人	各2,000元	KTV前互毆均不提告
108北秩492	2人	各2,000元	不明原因互毆均不提告
108北秩473	外籍2人	各2,000元	不明原因互毆均不提告
108北秩512	3人（2人外籍）	各2,000元	不明原因互毆均不提告
108北秩436	2人	各3,000元	不明原因互毆均不提告
108北秩410	2人	各3,000元	不明原因互毆均不提告
108北秩486	3人	各1,000元	不明原因互毆均不提告
108北秩502	2人	1人罰1萬元，另1人罰4,000元	不明原因互毆均不提告

資料來源：本文自製。

台北簡易庭之案件，初視與高雄簡易庭無論在行為類型及裁定罰鍰額度上差異不大，較有差異者毋寧為第10案，今即以該案台北簡易庭108年度北秩字第502號刑事裁定為例，說明其裁定理由：「……按有左列各款行為之一者，處3日以下拘留或新臺幣18,000元以下罰鍰：……二、互相鬥毆者……，社會秩序維護法第87條第2款定有明文。核被移送人傅○華、羅○嘉前揭所為，均係違反社會秩序維護法第87條第2款規定，爰審酌其等違犯情節、年齡智識及違序後之態度，及其中被移送人傅○華前

於108年4月29日即因在台北市○○區○○○路○段○○號SOGO錢櫃KTV
與他人有互相鬥毆之違序行為，並經本院以108年度北秩字第182號裁定
處罰鍰新臺幣3,000元，猶不知警惕悔改等一切情狀，分別量處如主文所
示。」亦即該案之所以裁處高額，乃因違序人之一有累次違序紀錄。

（四）2019年立法院修正刑法第283條，惟尚非純正的街頭聚眾鬥毆罪

法務部基於行政院長對於聚眾鬥毆防治之重視，遂於2019年3月間提
案，請立法院修正刑法第283條「聚眾鬥毆罪」，經立法院於2019年5月10
日修正該條，茲臚列於下。

表7-4　立法院修正刑法第283條新舊條文對照表

版本法名稱	中華民國刑法新條文	中華民國刑法舊條文
版本條文	1080510	1080507
第283條（修正）	聚眾鬥毆致人於死或重傷者，在場助勢之人，處五年以下有期徒刑。	聚眾鬥毆致人於死或重傷者，在場助勢而非出於正當防衛之人，處三年以下有期徒刑；下手實施傷害者，仍依傷害各條之規定處斷。

資料來源：立法院法律系統網站。

立法理由為：「一、聚眾鬥毆之在場助勢之人，若有事證足認其與實
行傷害之行為人間有犯意聯絡及行為分擔，或有幫助行為，固可依正犯、
共犯理論以傷害罪論處。惟若在場助勢之人與實行傷害之行為人間均無關
係，且難以認定係幫助何人時，即應論以本罪。又在場助勢之人如有阻卻
違法事由時，本可適用總則編關於阻卻違法之規定，爰刪除非出於正當防
衛之要件。二、在場助勢之行為，極易因群眾而擴大鬥毆之規模，造成對
生命、身體更大之危害，而現今電子通訊、網際網路或其他媒體等傳播工
具發達，屢見鬥毆之現場，快速、輕易地聚集多數人到場助長聲勢之情
形，除使生命、身體法益受嚴重侵害之危險外，更危及社會治安至鉅，為
有效遏止聚眾鬥毆在場助勢之行為，爰提高法定刑為五年以下有期徒刑。
三、本罪係處罰單純在場助勢者，若其下手實行傷害行為，本應依其主觀

犯意及行為結果論罪。是原條文後段關於下手實施傷害者，仍依傷害各條之規定處斷之規定並無實益，爰予刪除。」

但這次修法實與警政署所需者不符。警政署所需的是，將聚眾鬥毆者入罪，而不是將在場助勢者加重處罰。

（五）2019年12月13日立法院修正刑法第149、150條，成立純正的街頭聚眾鬥毆罪

法務部上述修正案，因聚眾鬥毆須出現致人死亡或重傷，在場助勢之人始有刑責，其處罰範圍尚無法及於聚眾鬥毆僅成立輕傷之人，對於警察處理聚眾鬥毆案件毫無作用，故立法委員乃又修正刑法第149條及第150條，尤其是第150條，俾讓警察能有處理的刑法依據。

表7-5　立法院修正刑法第149、150條新舊條文對照表

版本法名稱	中華民國刑法新條文	中華民國刑法舊條文
版本條文	1081213	1081206
第149條（修正）	在公共場所或公眾得出入之場所聚集三人以上，意圖為強暴脅迫，已受該管公務員解散命令三次以上而不解散者，在場助勢之人處六月以下有期徒刑、拘役或八萬元以下罰金；首謀者，處三年以下有期徒刑。	公然聚眾，意圖為強暴脅迫，已受該管公務員解散命令三次以上，而不解散者，在場助勢之人，處六月以下有期徒刑、拘役或九千元以下罰金；首謀者，處三年以下有期徒刑。
第150條（修正）	在公共場所或公眾得出入之場所聚集三人以上，施強暴脅迫者，在場助勢之人，處一年以下有期徒刑、拘役或十萬元以下罰金；首謀及下手實施者，處六月以上五年以下有期徒刑。 犯前項之罪，而有下列情形之一者，得加重其刑至二分之一： 一、意圖供行使之用而攜帶凶器或其他危險物品犯之。 二、因而致生公眾或交通往來之危險。	公然聚眾，施強暴、脅迫者，在場助勢之人，處一年以下有期徒刑、拘役或九千元以下罰金；首謀及下手實施強暴脅迫者，處六月以上五年以下有期徒刑。

資料來源：立法院法律系統網站。

　　修正第149條之理由為：「一、隨著科技進步，透過社群通訊軟體（如LINE、微信、網路直播等）進行串連集結，時間快速、人數眾多且流動性高，不易先期預防，致使此等以多數人犯妨害秩序案件規模擴大，亦容易傷及無辜。惟原條文中之『公然聚眾』，司法實務認為必須於『公然』之狀態下聚集多數人，始足當之；亦有實務見解認為，『聚眾』係指參與之多數人有隨時可以增加之狀況，若參與之人均係事前約定，人數既已確定，便無隨時可以增加之狀況，自與聚眾之情形不合（最高法院二十八年上字第六二一號判例、九十二年度台上字第五一九二號判決參照）。此等見解範圍均過於限縮，學說上多有批評，也無法因應當前社會之需求。爰將本條前段修正為『在公共場所或公眾得出入之場所』有『聚集』之行為為構成要件，亦即行為不論其在何處、以何種聯絡方式（包括上述社群通訊軟體）聚集，其係在遠端或當場為之，均為本條之聚集行為，且包括自動與被動聚集之情形，亦不論是否係事前約定或臨時起意者均屬之。因上開行為對於社會治安與秩序，均易造成危害，爰修正其構成要件，以符實需。二、為免聚集多少人始屬『聚眾』在適用上有所疑義，爰參酌組織犯罪防制條例第二條第一項及其於一〇六年四月十九日修正之立法理由，認三人以上在公共場所或公眾得出入之場所實施強暴脅迫，就人民安寧之影響及對公共秩序已有顯著危害，是將聚集之人數明定為三人以上，不受限於須隨時可以增加之情形，以臻明確。三、按集會遊行係人民之基本權利，受憲法與集會遊行法之保障，應與本條係處罰行為人具有為強暴脅迫之意圖而危害治安者有所區隔。因此，一般集會遊行之『聚眾』人群行為，本不具有施強暴脅迫之意圖，自無構成本罪情事，併予指明。四、另本條之罰金刑予以提高，以符合罰金刑級距之配置，並酌作文字及標點符號修正。」

　　修正第150條之理由為：「一、修正原『公然聚眾』要件，理由同修正條文第一百四十九條說明一至三。倘三人以上，在公共場所或公眾得出入之場所聚集，進而實行強暴脅迫（例如：鬥毆、毀損或恐嚇等行為）者，不論是對於特定人或不特定人為之，已造成公眾或他人之危害、恐懼不安，應即該當犯罪成立之構成要件，以符保護社會治安之刑法功能。另

提高罰金刑,以符合罰金刑級距之配置,並酌作文字及標點符號修正,將原條文列爲第一項。二、實務見解有認本條之妨害秩序罪,須有妨害秩序之故意,始與該條之罪質相符,如公然聚眾施強暴脅迫,其目的係在另犯他罪,並非意圖妨害秩序,除應成立其他相當罪名外,不能論以妨害秩序罪(最高法院三十一年上字第一五一三號、二十八年上字第三四二八號判例參照)。然本罪重在安寧秩序之維持,若其聚眾施強暴脅迫之目的在犯他罪,固得依他罪處罰,若行爲人就本罪之構成要件行爲有所認識而仍爲本罪構成要件之行爲,自仍應構成本罪,予以處罰。三、參考我國實務常見之群聚鬥毆危險行爲態樣,慮及行爲人意圖供行使之用而攜帶凶器或者易燃性、腐蝕性液體,抑或於車輛往來之道路上追逐,對往來公眾所造成之生命身體健康等危險大增,破壞公共秩序之危險程度升高,而有加重處罰之必要,爰增訂第二項。至新增第二項第二款之加重處罰,須以行爲人於公共場所或公眾得出入之場所聚集三人以上,而施強暴脅迫爲前提,進而致生公眾或交通往來之危險始足該當,亦即致生公眾或交通往來之危險屬本款之結果;此與本法第一百八十五條『損壞或壅塞陸路、水路、橋樑或其他公眾往來之設備或以他法致生往來之危險』之規定,係行爲人以損壞、壅塞、或以他法致生往來危險等行爲,在構成要件上,有所不同,附此敘明。」

至此,聚眾鬥毆的處理,即有明確的刑法法源了。

貳、聚眾鬥毆案件的處理,警察若未依署頒「聚眾強暴脅迫案件處置作業程序」,是否違背法定程序?

雖然聚眾鬥毆雙方皆罰,且爲公訴罪,但處理類似案件警方向有各種作業程序,也就是俗稱的SOP。根據本文作者所知,這類作業程序竟多至151種,其中有「取締違規攤販作業程序」、「護送精神病患就醫作業程序」、「環保犯罪案件查處作業程序」等,亦即有取締行政違規之作業程序,也有純粹執行事實行爲之作業程序,更有偵查犯罪行爲之作業程序。這些作業程序是否皆與該當業務法律,形成一整套行政法規,而具行政命

令之性質，良有爭議之必要。因爲，若是行政命令，則在警察未依該程序逐步進行時，即將出現違背法令規定的最後結果，有無證據能力的問題。蓋因刑事訴訟法第158條之4規定：「除法律另有規定外，實施刑事訴訟程序之公務員因『違背法定程序』取得之證據，其有無證據能力之認定，應審酌人權保障及公共利益之均衡維護。」

茲即舉一例說明。有關台灣台南地方法院108年度交易字第5號刑事判決之研究。

一、爭點

未依警察機關「取締酒後駕車作業程序」規定逐步執行，其所得證據是否無證據能力？

二、事實

被告甲於不詳時間、地點，飲用酒類後，已達不能安全駕駛動力交通工具之程度，竟未待體內酒精成分完全退卻，於民國107年9月17日下午1時24分許，駕駛車牌號碼○○-○○號動力機械吊車上路，行經台南市善化區北園二路時，因不勝酒力，失控自後追撞前方停放路旁，賴○紘所有之車牌號碼○○-○○號動力機械車、林○憲所有之車牌號碼○○-○○號動力機械車、蘇○通所有之車牌號碼○○○-○○號營業用半聯結車等車輛而肇事。嗣經員警據報前往現場處理，並於同日下午1時49分許，對被告施以酒精濃度測試，測得其吐氣所含酒精濃度達每公升0.31毫克。因認被告涉犯刑法第185條之3第1項第1款之駕駛動力交通工具而吐氣所含酒精濃度達每公升0.25毫克以上之罪嫌。

三、相關法條

刑法第185條之3第1項：「駕駛動力交通工具而有下列情形之一者，處二年以下有期徒刑，得併科二十萬元以下罰金：一、吐氣所含酒精濃度達每公升零點二五毫克或血液中酒精濃度達百分之零點零五以上。」

刑事訴訟法第154條第2項：「犯罪事實應依證據認定之，無證據不得認定犯罪事實。」

刑事訴訟法第301條第1項：「不能證明被告犯罪或其行為不罰者應諭知無罪之判決。」

四、正反意見

正方原告：取締員警具結證稱：「我到現場後，聞到被告身上有酒味，決定對被告實施酒測，我對被告實施酒測前，沒有問被告是否有飲用酒類或類似物，也沒有問被告飲用酒類或其他類似物的結束時間，我接獲通報的時間，距離我對被告實施酒測的時間超過15分鐘，我到達現場後，被告沒有在飲用酒類，如果警方接獲通報後，被告仍有飲用酒類或其他類似物，則被告結束飲用酒類或其他類似物的時間距離酒測時間可能不滿15分鐘等語。」又具結證稱：「我沒有告知被告可漱口，因為被告在現場已自行催吐、灌水、漱口，酒測時被告嘴裡已無檳榔殘渣等語。」再則取締員警所屬機關函覆以為：「本案執行員警因密錄器記憶體損壞，致對被告酒測過程未能提供全程錄音錄影畫面等語。」

雖然警察未依規定逐步執行取締酒駕作業，但檢察官仍認為被告犯刑法第185條之3酒後駕車罪。

反方被告：被告辯護人為被告辯稱，被告於酒測前並無喝酒，而是嚼食含高粱酒成分之檳榔，員警於酒測時未全程連續錄影，且於酒測前未告知被告可以漱口或距離服用酒類或其他類似物結束時間達15分鐘後進行檢測，被告酒測值超標，可能是因受測前15分鐘內嚼食檳榔所致等語。

另外，被告自稱：「其自該日上午7時30分許，至警方於下午1時49分許實施酒測前，嚼食檳榔數量逾200顆等語。」又稱：「警察對我實施酒測的時間，距離我結束嚼食檳榔的時間未滿15分鐘等語。」再稱：「我發生車禍後，因為胸悶，覺得喉嚨有東西，所以我有自己灌水，我在灌水前後有吃檳榔等語。」

五、本案判決

被告無罪。理由：

（一）按「……主管機關已依上述法律，訂定取締酒後駕車作業程序，規定警察對疑似酒後駕車者實施酒測之程序，及受檢人如拒絕接受酒

測，警察應先行勸導並告知拒絕之法律效果，如受檢人仍拒絕接受酒測，始得加以處罰。……道路交通管理處罰條例有關酒後駕車之檢定測試，其檢測方式、檢測程序等事項，宜以法律或法律明確授權之規範為之，相關機關宜本此意旨通盤檢討修正有關規定，併此指明」，業經司法院釋字第699號解釋理由書第2段、第6段闡釋明確。交通部會同內政部依司法院釋字第699號解釋意旨，基於道路交通管理處罰條例第92條第4項之授權，於103年3月27日增訂違反『道路交通管理事件統一裁罰基準及處理細則』第19條之2規定，並自103年3月31日施行，將內政部警政署訂定之取締酒後駕車作業程序明文化。按處理細則第19條之2第1項規定：『對汽車駕駛人實施道路交通管理處罰條例第三十五條第一項第一款測試之檢定時，應以酒精測試儀器檢測且實施檢測過程應全程連續錄影，並依下列程序處理：……二、詢問受測者飲用酒類或其他類似物結束時間，其距檢測時已達十五分鐘以上者，即予檢測。但遇有受測者不告知該結束時間或距該結束時間未達十五分鐘者，告知其可於漱口或距該結束時間達十五分鐘後進行檢測；有請求漱口者，提供漱口。』；內政部警政署訂定之『取締酒駕作業程序』亦記載：二、分駐（派出）所流程：『作業內容』三、執行階段：（四）檢測酒精濃度：執行酒精濃度測試之流程及注意事項：1.檢測前：(1)全程連續錄影。(2)詢問受測者飲用酒類或其他類似物結束時間，其距檢測時已達15分鐘以上者，即予檢測。但遇有受測者不告知該結束時間或距該結束時間未達15分鐘者，告知其可於漱口或距該結束時間達15分鐘後進行檢測；有請求漱口者，提供漱口。五、注意事項：（一）操作酒精測試器應注意事項：2.實施檢測，應於攔檢現場為之，且實施檢測過程應全程連續錄影。依上所述，員警對受測者實施酒測過程，應全程連續錄影，且員警對受測者實施酒測前，應詢問受測者飲用酒類或其他類似物結束時間，其距檢測時已達15分鐘以上者，即予檢測。但遇有受測者不告知該結束時間或距該結束時間未達15分鐘者，告知其可於漱口或距該結束時間達15分鐘後進行檢測；有請求漱口者，提供漱口。其規範目的乃在避免受測者甫飲用酒類或其他類似物結束，可能因口腔內仍有酒精成分殘留，影響吐氣酒精濃度檢測結果，故要求與飲用酒類或其他類似物結束時間相

距15分鐘之間隔，使受測者可將該酒精成分殘留物自然吞嚥代謝，或在未達15分鐘之情形下，使受測者得以漱口之方式將該酒精成分殘留物去除，藉此確保檢測所得數值不致受上述殘留口腔而非體內循環系統內之酒精成分所影響。」

（二）員警對被告實施酒測過程並未全程連續錄影，違反上開處理細則第19條之2、取締酒駕作業程序「酒測過程應全程連續錄影」之規定。本院在欠缺酒測過程之全程錄影畫面可供檢視之情況下，本於罪疑利歸被告原則，自無從認定被告在接受酒測前已自行漱口。

（三）依上所述，本件依卷內事證無法排除被告於接受酒測時，因嚼食含有酒類成分檳榔結束時間未滿15分鐘，導致檢測所得數值因受殘留口腔之非體內循環系統內之酒精成分所影響。換言之，本案不能排除被告於接受酒測時，體內循環系統之酒精濃度並未超過法定標準之可能性。

六、本文意見

上述無罪判決，以取締員警未依警政署「取締酒後駕車作業程序」及「道路交通管理事件統一裁罰基準及處理細則」第19條之2規定執行為由，認定「超標之酒測值不能排除可能是由來於檳榔而非酒類」，故宣告被告無罪。此乃「未依法執行者，應負程序不利及結論不利」之後果，完全不顧實質層面。亦即違反警政署「取締酒後駕車作業程序」規定者，應負結論不利之危險。雖然如此，但因該作業程序與「道路交通管理事件統一裁罰基準及處理細則」第19條之2之行政命令相符，違法作業程序等於違反處理細則，而處理細則乃與人民權利義務有關之行政命令，故違反作業程序實質上亦係違反行政命令，從而其之違反尚屬違反法規。但若違反者非行政命令的處理細則，而僅係警政署內部行政規則的「聚眾強暴脅迫案件處置作業程序」時，該作業程序的違反，是否亦然應受程序不利及結論不利之後果？

本文認為行政規則非行政命令，其違反應非「違背法定程序」。例如，前述台南地院判決遭上訴後，台灣高等法院台南分院108年度交上易字第230號刑事判決（上訴法院撤銷一審判決，改判被告有罪，應處有期

徒刑五月）即認為：「本院認為，現行刑事訴訟法並無關於檢測體內酒精濃度程序之特別規定，本應依個案之具體情形為適當之處理，至於違反道路交通管理事件統一裁罰基準及處理細則或警察機關對於取締酒後駕車作業程序訂頒之相關要領規範，旨在促使內部值勤人員注意，並將行政取締流程標準化，仍非屬刑事訴訟程序證據取得法定要件之一環。且實務上酒後駕車的駕駛人常因無法勇於面對取締現實，或因受酒精影響，於遭取締酒測時經常情緒失控抗拒，而員警有時亦疏未注意相關規定，導致無法精準實施酒測程序，導致無法確保酒測結果正確，加上酒測過程全程錄影對於人民的公開活動、個人肖像、個人資料亦有影響，因此上開行政法規或行政命令要求警察於酒測過程應全程錄影的目的，應非單純係在保護受測人這方，主要目的應係在於存證，確保國家公權力的實施正確，兼保護受測人的權利。因此，如果在個案中能夠確認員警實施酒測的程序合法，且不影響實施酒測的結果正確性（例如本案），自不得僅因執勤員警並未適時將酒精測試過程完整攝錄，即可遽認卷附酒精測試值紀錄表並無證據能力（否則，員警如在現場已查獲酒駕現行犯，臨時發現自己未攜帶錄影設備，或錄影設備故障，員警豈能不顧公共大眾的往來安全於不顧，而不當場取締酒駕現行犯！）。」

第三節 相關規範與處理程序（SOP）

壹、一般程序

聚眾鬥毆因屬犯罪行為，故其處理應依刑事訴訟法的程序，以逮捕為最高點，而非依行政程序法的調查程序，以間接強制的罰鍰作為最高點。亦即，處理聚眾鬥毆可用的強制力，比行政調查高出許多。一般而言，警察在接獲報案後均能於短暫時間內抵達現場，並以強勢作為藉人力及裝備進行壓制，甚至可使用辣椒水、電擊槍、震撼彈、手槍或各式軍用裝備，其武力的使用以比例原則為最後界線。

　　例如，台東縣警察局關山分局分局長蔡耀順，即曾親自前往警廣台東台在空中向民眾說明如何以「『警＋法』防制街頭暴力」。蔡分局長說：「因近日中南部一年一度的祈福繞境活動，陣頭中發生細故口角，進而引發數起聚眾鬥毆暴力事件，影片透過網路流傳，不僅讓原本以祈福為目的的活動變了調，也讓社會大眾惶恐不安，為維護公權力及政府執法威信，將採取『警』快打部隊＋『法』加重罰則，雙管齊下的方式，壓制街頭暴力氣焰，以宣示警方維護社會安定之決心。」

　　蔡分局長又說：「現今已進入人手一機的年代，也正因如此，街頭暴力及群體鬥毆的畫面，透過LINE及FB等社群如實的進入民眾眼裡，造成社會大眾的惶恐不安。」有鑒於此，蔡分局長特於專訪中向民眾說明，警方面對「街頭暴力」如何防制及處置。首先在「警力部分」採用「快速打擊犯罪部隊」，也就是「快打部隊」，就是縮短警力調度時間，以優勢警力有效的處理及控制突發犯罪事件，迅速弭平衝突，若遇到當事人攻擊，或口頭警告仍不聽勸阻時，亦可使用防護型的應勤裝備「辣椒水」，達嚇阻及維護執勤人員安全之效果，此舉不僅是展現公權力，主要目的還是要確保民眾生命、身體、財產安全；在「法的部分」為了避免黑幫聚集酒店、KTV門口鬧事或街頭暴力，造成民眾的極度恐慌，針對刑法第149條「公然聚眾不遵令解散罪」修法，將過去沒有定義「公然聚眾」的人數，明確的定義為3人，同時研擬將以往命令解散的3次，縮減為2次，罰金從新臺幣300元，提高到新臺幣10萬元，同時若是有帶凶器、妨礙公眾交通者，直接加重二分之一刑責。[4]

　　除蔡分局長以「聚眾鬥毆罪」為主而敘述的壓制方法外，另有未達三人以上之鬥毆者，僅屬違反社會秩序維護法第87條第2款之「互相鬥毆」違序行為，其之處理，則需依社會秩序維護法第二章調查以下各條程序處理。此外，警察職權行使法第三章的即時強制，亦常被警察機關視為可作為聚眾鬥毆處理之利器，尤其是管束。

4　參閱台東縣政府網站，https://www.taitung.gov.tw/News_Content.aspx?n=E4FA0485B2A5071E&s=34E432806E2DA27B，最後瀏覽日：2020年7月1日。

貳、違反與符合一般程序之案例

2020年4月20日媒體報導，「位於斗六市大學路上的斗六分局公正派出所，19日清晨發生聚眾鬥毆案，兩方人馬在派出所外持棍棒鬥毆，警方因人馬不足一時無法制止，只好對空鳴槍4發制止，在警方快打部隊抵達時一群人已鳥獸散，過程都被民眾錄影，並貼到網路」；「由於處置過程影響警方形象，雲林縣警察局長顏旺盛自請處分，斗六分局長符基強記過2次。到案12嫌已遭檢方聲羈」；「縣警局已針對清晨派出所的人力配置進行檢討，加強員警聚眾鬥毆處理的教育訓練，即日起規劃連續性的擴大臨檢，全面掃蕩轄區容易引發聚眾鬥毆的場所」。

2020年5月20日媒體又報導，「雲林縣北港鎮24日發生聚眾鬥毆事件，1家釣蝦場的顧客因敬酒發生衝突，10餘人大打出手，北港警分局獲報立即調度28名警力在10分鐘內趕抵現場，由分局長王立德擔任現場指揮官，帶回15名滋事分子，另4人通知到案」；「北港鎮某釣蝦場24日清晨突然傳出吵鬧聲，隨後10餘人從室內打到馬路旁，據目擊者表示，打架的雙方人馬用桌椅、酒瓶互砸，有多人掛彩，不到10分鐘警察就趕到現場，將滋事人員全部制伏，後來雙方友人趕來助陣，也被警方強力驅離」；「警方調查，滋事雙方互不認識，卻因敬酒引發口角進而大打出手，員警一趕到現場先隔開雙方人馬，再逐一壓制逮捕，有數人受到撕裂傷送醫治療，並無大礙，現場並沒有發現刀子或槍械」。

同為雲林縣警察局轄下的北港分局，為何能與斗六分局有不同的表現？應與警察局長的治理策略，以及斗六分局的前車之鑑有關。

參、警政署署頒之作業程序

雖然，一般程序並未明確規定在刑事訴訟法的「逮捕」章節上，但警政署基於主責機關地位，仍然邀集署內各業務單位，基於法規精神，分別訂出處理聚眾鬥毆的作業程序規定。該規定重點如下（為因應新冠肺炎疫情，新版有少數修正，但疫情解除後，可能刪除特殊規定回歸原狀，故本文仍援用舊版）：

一、依據

（一）刑法第149條、第150條及第283條。

（二）社會秩序維護法第87條。

（三）警察職權行使法第19條。

（四）內政部警政署函頒「街頭聚眾鬥毆案件處置執行計畫」。

（五）內政部警政署函頒「各警察機關啟動快速打擊犯罪部隊實施計畫」。

二、分駐派出所處理流程

其中作業內容有以下幾項重點：

（一）準備階段

1. 值班人員受理聚眾鬥毆案件，應立即通報所長（代理人）及勤務指揮中心（以下簡稱勤指中心）調派警力前往處置。

2. 線上警力不足時，調派備勤警力迅速趕往支援。

（二）處理步驟

1. 分局偵查隊當日輪值幹部到場協助指導。

2. 構成要件判認：

(1) 無論行為人在何處及以何方式聯絡（包括社群通訊軟體）；係在遠端或當場為之；係自動或被動；係事前約定或臨時起意，均構成「聚集」行為。另僅須人數達3人以上，不受限於須隨時可增加人數之情形。

(2) 刑法第149條（聚眾不解散罪）之違法態樣為聚集之群眾意圖為強暴脅迫，但「尚未施強暴脅迫」之情形，故應強化蒐證意圖為強暴脅迫之事證（如持有凶器或其他危險物品、叫囂或其他依其行為或言詞足認有施強暴脅迫之意圖者）。

(3) 施強暴脅迫者（如鬥毆、毀損、威脅或恐嚇等行為），不論對特定或不特定人為之，皆該當構成要件。

(4) 現場已發生施強暴脅迫或鬥毆情事：

①3人以上者，依刑法第150條或第283條究辦。

②2人互相鬥毆者，依各該違犯法條究辦（未能依相關刑事罪名究責時，如有危害公共秩序或安寧之情形，可依社會秩序維護法第87條第2款查處）。

③2人朝同一對象施強暴脅迫者，依各該違犯法條究辦（未能依相關刑事罪名究責，惟被害人受暴行而未成傷，或已成傷而未告訴時，如有危害公共秩序或安寧之情形，可依社會秩序維護法第87條第1款查處）。

(5) 解散命令：

①應由現場指揮官爲之。

②應全程蒐證，命令下達不拘形式（書面或口頭均可，非如集會遊行案件須舉牌爲之），惟應以在場多數人可得認識之方式爲之，且明確表達要求群眾分散及離去之意思。

③各命令間隔須視現場人數、急迫情形、持械威脅情狀等各種狀況綜合研判，給予解散之適當時間。

④於三次命令解散前解散者，仍得視現場強暴脅迫、妨害社會秩序等情節，依社會秩序維護法或其他法令查處。

三、結果處置

（一）依現場事證，涉嫌違反刑法第149條、第150條或第283條者，即依刑事訴訟法第88條或第88條之1規定處置；違反社會秩序維護法者，即依該法第41條或第42條處置（偵查隊）。

（二）依現場客觀事證，未明顯違反刑法或社會秩序維護法相關規定，而有必要防止犯罪、危害之發生或避免急迫危險者，得依警察職權行使法第19條第1項第3款或第4款等規定，即時實施行政管束（行政組）。

（三）全面清查掌握涉案者背景資料，釐清施強暴脅迫或鬥毆動機，並至本署「街頭聚眾鬥毆資料庫」建檔及分析，俾利後續規劃勤務及警力配置（偵查隊）。

此外，相關流程權責人員之配附等，如「聚眾強暴脅迫案件處置作業程序」。

聚眾強暴脅迫案件處置作業程序

(第一頁,共三頁)

一、依據:
(一)刑法第一百四十九條、第一百五十條及第二百八十三條。
(二)社會秩序維護法第八十七條。
(三)警察職權行使法第十九條。
(四)內政部警政署函頒「街頭聚眾鬥毆案件處置執行計畫」。
(五)內政部警政署函頒「各警察機關啟動快速打擊犯罪部隊實施計畫」。

二、分駐(派出)所流程:

流程	權責人員	作業內容

流程	權責人員	作業內容
受理或接獲通報,於公共場所或公眾得出入之場所,意圖為強暴脅迫或施以強暴脅迫狀況	值班員警	一、準備階段 (一)值班人員受理聚眾鬥毆案件,應立即通報所長(代理人)及勤務指揮中心(以下簡稱勤指中心)調派警力前往處置。
通報勤指中心派員支援 或 啟動快打警力趕赴現場	值班員警	(二)線上警力不足時,調派備勤警力迅速趕往支援。
聚集三人以上 / 二人聚集		二、處理步驟 (一)分局偵查隊當日輪值幹部到場協助指導。
意圖為強暴脅迫 / 施強暴脅迫 / 二人互相鬥毆 / 二人朝一對象同一施強暴脅迫	執勤員警	(二)構成要件判認: 1.無論行為人在何處及以何方式聯絡(包括社群通訊軟體);係在遠端或當場為之;係自動或被動;係事前約定或臨時起意,均構成「聚集」行為。另僅須人數達三人以上,不受限於須隨時可增加人數之情形。
依各違犯法條究辦 / 依各違犯法條究辦		2.刑法第一百四十九條(聚眾不解散罪)之違法態樣為聚集之群眾意圖為強暴脅迫,但「尚未施強暴脅迫」之情形,故應強化蒐證意圖為強暴脅迫之事證(如持有兇器或其他危險物品、叫囂或其他依其行為或言詞足認有施強暴脅迫之意圖者)。
第一次命令解散 — 解散 / 未解散	現場指揮官 / 執勤員警	3.施強暴脅迫者(如鬥毆、毀損、威脅或恐嚇等行為),不論對特定或不特定人為之,皆該當構成要件。
第二次命令解散 — 解散 / 未解散		4.現場已發生施強暴脅迫或鬥毆情事:

(續下頁)

(續)聚眾強暴脅迫案件處置作業程序
(第二頁,共三頁)

流程	權責人員	作業內容

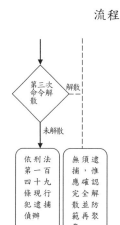

現場指揮官 / 執勤員警

依刑法第一百五十條或第二百八十三條現行犯逮捕偵辦(情節重大者,報請檢察官指揮偵辦)

(1)三人以上者,依刑法第一百五十條或第二百八十三條究辦。

(2)二人互相鬥毆者,依各該違犯法條究辦(未能依相關刑事罪名究責時,如有危害公共秩序或安寧之情形,可依社會秩序維護法第八十七條第二款查處)。

(3)二人朝同一對象施強暴脅迫者,依各該違犯法條究辦(未能依相關刑事罪名究責,惟被害人受暴行而未成傷,或已成傷而未告訴時,如有危害公共秩序或安寧之情形,可依社會秩序維護法第八十七條第一款查處)。

5. 解散命令:

(1)應由現場指揮官為之。

(2)應全程蒐證,命令下達不拘形式(書面或口頭均可,非如集會遊行案件須舉牌為之),惟應以在場多數人可得認識之方式為之,且明確表達要求群眾分散及離去之意思。

(3)各命令間隔須視現場人數、急迫情形、持械威脅情狀等各種狀況綜合研判,給予解散之適當時間。

(4)於三次命令解散前解散者,仍得視現場強暴脅迫、妨害社會秩序等情節,依社會秩序維護法或其他法令查處。

三、分局流程:

勤務指揮中心

執勤員警/偵查隊

偵查隊/行政組

三、結果處置:

(一)依現場事證,涉嫌違反刑法第一百四十九條、第一百五十條或第二百八十三條者,即依刑事訴訟法第八十八條或第八十八條之一規定處置;違反社會秩序維護法者,即依該法第四十一條或第四十二條處置(偵查隊)。

(續下頁)

(續)聚眾強暴脅迫案件處置作業程序

(第三頁,共三頁)

> (二)依現場客觀事證,未明顯違反刑
> 法或社會秩序維護法相關規定
> ,而有必要防止犯罪、危害之發
> 生或避免急迫危險者,得依警察
> 職權行使法第十九條第一項第
> 三款或第四款等規定,即時實施
> 行政管束(行政組)。
> (三)全面清查掌握涉案者背景資料
> ,釐清施強暴脅迫或鬥毆動機,
> 並至本署「街頭聚眾鬥毆資料庫
> 」建檔及分析,俾利後續規劃勤
> 務及警力配置(偵查隊)。

四、使用表單:
(一)受理各類案件紀錄表。
(二)員警出入及領用槍枝彈藥無線電機警用行動電腦登記簿。
(三)e化報案三聯單。
(四)逮捕通知書。
(五)執行管束通知書。
(六)調查筆錄。
(七)陳報單。
(八)移送書。
(九)員警工作紀錄簿。

五、注意事項:
(一)集會遊行係具有特定訴求、主張或其他正當目的之人民基本權利,受憲法及集
　　會遊行法之保障,與刑法第一百四十九條及第一百五十條係處罰行為人基於強
　　暴脅迫之意圖而危害治安者有所區隔,因此,就經申請許可、偶發性或緊急性
　　之集會遊行,均應適用集會遊行法或其相關規定處理。
(二)出勤前妥為整備應勤裝備,包含蒐證型(微型攝影機)及防護型應勤裝備等,
　　並迅速抵達現場,展現嚴正執法態度,貫徹公權力。
(三)得下達解散命令之現場指揮官,於啟動快打警力時,依「各警察機關啟動快速
　　打擊犯罪部隊實施計畫」律定;未啟動時,由勤務表編排之帶班幹部擔任。
(四)涉案人若已逃逸,應即時調閱監視錄影畫面以車追人,通知相關人到案說明,
　　防止後續報復行為;案件情節重大者,如涉及槍擊或殺人案件,應報請檢察官
　　指揮偵辦。

第四節　實務判決

　　立法院於民國108年12月13日將刑法第149條及150條之「公然聚眾」要件，修正為「在公共場所或公眾得出入之場所聚集三人以上」，並經總統於109年1月15日公布後，雖然社會上聚眾鬥毆風氣未嘗稍歇，但是否動用聚眾鬥毆罪，司法實務卻常有不同看法。

　　例如，本文於民國109年4月20日側面所得資料顯示：台灣各地檢署於總統公布該兩條文後處理的聚眾鬥毆案共31件，起訴的僅3件，其餘都不起訴。不起訴理由，最多的就是「被告僅向對方互毆，未波及他人，被告等人難認有妨害秩序犯意」。

　　本文亦曾於民國109年12月14日，以「公眾得出入之場所聚集三人以上」為檢索語詞，進入裁判書查詢網頁，查詢相關聚眾鬥毆判決，共得出各地方法院有關判決23件，其中一件與第149條之罪有關；22件與第150條之罪有關，22件中，判決有罪案件共18件，判決無罪有4件。茲將觸犯第149條之罪一件、第150條之有罪一件、無罪一件臚列於下，俾供參考。

壹、第149條之罪判決（台灣台中地方法院109年度中簡字第2189號刑事判決）

一、犯罪事實

　　李○鵬、李○峻、李○裕及游○武於民國109年2月29日凌晨前往位在台中市○區○○路○○○號超級巨星KTV唱歌。於當日上午5時許，其等走出該KTV之門口時，因細故與亦在該處唱歌之陳○勳及不知名之友人發生口角爭執，經巡邏員警發現後，上前制止並命其等解散，警方恐再生事端，遂於該KTV門口守望預防滋事。

　　惟上開人等又聚集於該KTV門口再度叫囂，李○鵬、李○峻、李○裕及游○武即共同基於在該公共場所聚集3人以上，意圖為強暴脅迫之妨害秩序之犯意聯絡，李○鵬、李○峻、李○裕及游○武均作勢欲衝向已欲離開現場之陳○勳等人，並不斷叫囂。經警方制止無效後，分別於同日5

時22分24秒、同日5時22分28秒、同日5時22分50秒及同日5時23分03秒爲4次解散命令命其等解散,惟其等仍不解散而仍衝上前滋事,嗣經警在現場當場以現行犯逮捕而移送法辦。

二、起訴條文

刑法第149條:「在公共場所或公眾得出入之場所聚集三人以上,意圖爲強暴脅迫,已受該管公務員解散命令三次以上而不解散者,在場助勢之人處六月以下有期徒刑、拘役或八萬元以下罰金;首謀者,處三年以下有期徒刑」。

三、簡易判決處刑

李○鵬首謀公然聚眾,意圖強暴脅迫,已受該管公務員解散命令三次以上而不解散,處有期徒刑二月,如易科罰金,以新臺幣1,000元折算1日。緩刑二年,並應向國庫支付新臺幣3萬元。

李○峻首謀公然聚眾,意圖強暴脅迫,已受該管公務員解散命令三次以上而不解散,處有期徒刑二月,如易科罰金,以新臺幣1,000元折算1日。緩刑二年,並應向國庫支付新臺幣3萬元。

李○裕首謀公然聚眾,意圖強暴脅迫,已受該管公務員解散命令三次以上而不解散,處有期徒刑二月,如易科罰金,以新臺幣1,000元折算1日。

游○武首謀公然聚眾,意圖強暴脅迫,已受該管公務員解散命令三次以上而不解散,累犯,處有期徒刑二月,如易科罰金,以新臺幣1,000元折算1日。

貳、第150條之有罪判決(台灣雲林地方法院109年度訴字第444號刑事判決)

一、犯罪事實

丙等人和未、寅等人存有夙怨,而丙等人於民國109年4月19日清晨某時,偶然在雲林縣斗六市某處巧遇未、寅,其2人因見丙等來勢洶洶,

隨即躲進附近之雲林縣政府警察局斗六分局公正派出所,而丙等人獲悉後,立刻前往公正派出所,並分別為下述行為:

(一)丙、王、卯、戌、庚、午、己、酉、辛、申、丁、乙、子、甲、壬、癸、丑、辰等18人(下稱丙等18人),共同基於在公共場所聚集三人以上施強暴脅迫之犯意聯絡,於同日5時18分許,一同聚集在屬公共場所之公正派出所內,並各以如附表二所示之行為分擔方式,對未及寅施強暴脅迫,致未衣服損壞並受有手部發紅之傷害(所涉毀損、傷害部分,均業經未撤回告訴)。

(二)丙等18人離開公正派出所後,王及乙於同日6時25分許,再次返回公正派出所外,因見未準備離開,竟基於強制之犯意聯絡,由王手持棍棒與乙共同追逐未,嗣未在逃跑時跌倒,王竟持棍棒毆擊倒地之未,並與乙一同拖行未,以此方式阻擋其離去而妨害未離去之權利。

(三)嗣因雙方人馬持續衝突,於過程中,丙在員警廖冠棠之保護下,進入公正派出所內迴避攻擊,惟其進入公正派出所後,見前有對其施暴之戌被廖冠棠推移至公正派出所之門外,不願戌就此脫身,竟基於強制之犯意,推門而出,並徒手攫取戌所持之紅色球棒後,持該紅色球棒往戌之方向揮擊,以此方式阻擋其離去而妨害戌離去之權利。

二、起訴條文

刑法第150條:「在公共場所或公眾得出入之場所聚集三人以上,施強暴脅迫者,在場助勢之人,處一年以下有期徒刑、拘役或十萬元以下罰金;首謀及下手實施者,處六月以上五年以下有期徒刑。」

三、正反意見

(一)有利被告之意見

實務見解有認本條之妨害秩序罪,須有妨害秩序之故意,始與該條之罪質相符,如公然聚眾施強暴脅迫,其目的係在另犯他罪,並非意圖妨害秩序,除應成立其他相當罪名外,不能論以妨害秩序罪(最高法院31年度上字第1513號、28年度上字第3428號判決參照)。

（二）不利被告之意見

然本罪重在安寧秩序之維持，若其聚眾施強暴脅迫之目的在犯他罪，固得依他罪處罰，若行為人就本罪之構成要件行為有所認識而仍為本罪構成要件之行為，自仍應構成本罪，予以處罰。

四、法院判決

論罪：

（一）犯罪事實一之部分，被告丙、王、卯、鍾、庚、午、己、酉、辛、申所為均係犯刑法第150條第1項後段在公共場所聚集三人以上下手實施強暴罪；被告丁、乙、子、甲、壬、癸、丑、辰所為均係犯刑法第150條第1項前段在公共場所聚集三人以上施強暴助勢罪。檢察官雖認被告等18人此部分之犯行，同時構成刑法第305條之恐嚇危害安全罪、刑法第304條第1項之強制罪，惟應認刑法第150條第1項之罪所稱之施強暴脅迫者，應已包括強暴、脅迫或強制等一切不法手段在內，其等於妨害公共秩序之接續過程中，所為之恐嚇、強制等強暴脅迫行為，應屬刑法第150條第1項之部分行為，故不再另論刑法第304條第1項強制罪及第305條恐嚇危害安全罪。

（二）犯罪事實二之部分，被告乙、王所為均係犯刑法第304條強制罪。犯罪事實三之部分，被告丙所為係犯刑法第304條強制罪。檢察官雖認被告乙、王犯罪事實二及被告丙犯罪事實三之犯行，除刑法第304條強制罪外，均同時構成刑法第305條之恐嚇危害安全罪，惟被告乙、王及丙3人於犯罪事實二、三中，係分別對於被害人之生命、身體等，以現實之強暴脅迫手段加以危害要挾，使人行無義務之事或妨害人行使權利，即應構成刑法第304條之強制罪，縱有恐嚇行為，僅屬犯強制罪之手段，無論以恐嚇危害安全罪之餘地，是認不再另論刑法第305條恐嚇危害安全罪。

（三）被告乙、王所犯上開犯罪事實一、二共2罪，犯意各別，行為互殊，應予分論併罰。被告丙所犯上開犯罪事實一、三共2罪，犯意各別，行為互殊，均應予分論併罰。

科刑：

被告等18人各被處處有期徒刑三月至六月，若干數罪併罰之人併處拘役五十日。

參、第150條之無罪判決（台灣台中地方法院109年度訴字第1095號刑事判決）

一、犯罪事實

被告乙、戊與不知情之友人徐○駿於民國109年1月27日凌晨4時5分許，在台中市○○區○○○街○○號「ALTA夜店」內消費，適被告丁、丙亦於該處飲酒，因被告戊認為被告丁對其潑灑香檳，內心已有所不滿，其後被告乙、戊、案外人徐○駿前往台中市○○區○○○街○○號「享溫馨KTV」續攤時，又於該處巧遇被告丁、丙，被告戊與被告丁再度發生口角，被告乙、戊即基於妨害秩序之犯意聯絡，被告丁則與丙基於妨害秩序之犯意聯絡，自「享溫馨KTV」門口推擠毆打至店內，發生強暴脅迫情事〔被告乙、戊、丁、丙（以下逕稱其等姓名，合稱乙4人）所涉傷害罪嫌部分，均未據告訴〕等語。因認乙4人均涉犯刑法第150條第1項後段之公然聚眾施強暴脅迫罪嫌。

二、起訴條文

刑法第150條：「在公共場所或公眾得出入之場所聚集三人以上，施強暴脅迫者，在場助勢之人，處一年以下有期徒刑、拘役或十萬元以下罰金；首謀及下手實施者，處六月以上五年以下有期徒刑。」

三、正反意見

（一）對被告不利之意見

立法者認為過往對於「公然聚眾」之解釋過於限縮，乃將第150條罪之「公然聚眾」要件，修正為「在公共場所或公眾得出入之場所聚集三人以上」，故為符立法原意，本案應認觸犯上述條文。

（二）對被告有利之意見

在解釋「聚集三人以上」此一要件時，因本罪屬對向犯，必需行為人各方朝同一目標共同參與犯罪之實行者均有3人以上，始能該當此項要件。亦即在公共場所或公眾得出入之場所施強暴脅迫者，除須3人以上之外，其等均需朝同一目標共同參與犯罪之實行，倘若該人施強暴脅迫係另有目的，而無與其餘施強暴脅迫者一同完成某項目標之知與欲，自不得算入「三人」之人數內，否則即與本罪聚合犯之本質相違。

四、本案判決

主文：

　　乙、戊、丁、丙均無罪。

理由：

　　（一）刑法規範中存在某些特殊條文，欲實現其不法構成要件，必須2個以上之行為人參與，刑法已預設了犯罪行為主體需為複數參與者始能違犯之，此為「必要共犯」。「必要共犯」依其犯罪性質，尚可分為「聚合犯」，即2人以上朝同一目標共同參與犯罪之實行者，如刑法分則之公然聚眾施強暴、脅迫罪、參與犯罪結社罪、輪姦罪等，因其本質上即屬共同正犯，故除法律依其首謀、下手實行或在場助勢等參與犯罪程度之不同，而異其刑罰之規定時，各參與不同程度犯罪行為者之間，不能適用刑法總則共犯之規定外，其餘均應引用刑法第28條共同正犯之規定。另所謂「對向犯」，則指係2個或2個以上之行為者，彼此相互對立之意思經合致而成立之犯罪，如賄賂、賭博、重婚等罪均屬之，因行為者各有其目的，各就其行為負責，彼此間無所謂犯意之聯絡，當無適用刑法第28條共同正犯之餘地（最高法院109年度台上字第2708號判決意旨參照）。……在解釋「聚集三人以上」此一要件時，與109年1月15日修法前並無不同，仍需行為人朝同一目標共同參與犯罪之實行，始能該當此項要件。亦即在公共場所或公眾得出入之場所施強暴脅迫者，除須3人以上之外，其等均需朝同一目標共同參與犯罪之實行，倘若該人施強暴脅迫係另有目的，而無與其餘施強暴脅迫者一同完成某項目標之知與欲，自不得算入「3人」之人

數內，否則即與此罪聚合犯之本質相違。

（二）又按刑法上的「故意」包含「知」與「欲」，行為人除須對構成犯罪之事實有認識以外（知），並有「希望其發生」或「其發生並不違背其本意」（欲），始具有構成要件故意，而刑法第150條第1項之罪既為故意犯，且規定於刑法妨害秩序罪章內，則不論直接或間接故意，行為人主觀上皆應具備涉犯此罪之「知」與「欲」。基此，行為人不僅須就刑法第150條第1項規定之構成要件行為有所認識，「尚應有妨害秩序之意欲或容任意思」，二者缺一不可，始與此罪立法本相合。

（三）姑不論本案並不符合刑法第150條第1項所定「三人以上」之要件，縱使「享溫馨KTV」之大廳為公眾得出入之場所，且乙4人於該處發生肢體衝突，然以衝突人數僅有4人、衝突地點又係在建築物內而論，乙4人是否已預見其等於「享溫馨KTV」大廳互毆之舉，有可能發生動搖社會安定之結果，且容認此項結果之發生，均屬有疑。

五、本文意見

本文認為本判決將聚眾鬥毆罪認定為對向犯，固不無道理，但對向犯之重點在於對向之一方若無入罪規定，例如買受猥褻物品之人無入罪之明文，則未入罪之一方不能成為入罪方之共同正犯、教唆犯或幫助犯，例如買受猥褻物品者即使有再多的討價還價行為或提供裝載布袋，也不能認定成立販賣猥褻物品罪之共同正犯、教唆犯、幫助犯。然而，聚眾鬥毆罪是鬥毆雙方均為犯罪，明顯與對向犯概念不符，故本判決實有疑慮。

判例雖有「須追究聚眾鬥毆者之意圖，是否為妨害秩序」之意見。但意圖為何，並未明定於條文，同時行為人之意圖可能不只一種，為何聚眾鬥毆者即不能有妨害秩序意圖？假若如此，則迎神繞境隊伍的互毆，難道也沒有妨害秩序之意圖嗎？故本文認為本判決有待商議。

第五節　研析

壹、聚眾鬥毆行爲入罪化之研析

聚眾鬥毆行爲之入罪，原本是爲了要消弭社會暴力風氣，兼及顧慮民眾內心渴求安定之觀感。其入罪若訂於刑法第283條，乃最爲適當之位置，可惜主管刑法增修部會不予認同。其後，在立法委員堅持下，乃改定在刑法第145條及150條，而致使街頭之聚眾鬥毆、集會遊行失序後之聚眾鬥毆、迎神賽會衝突後之聚眾鬥毆、公眾得出入場所內之聚眾鬥毆，皆在該兩條條文之適用範圍內。

本文認爲，在聚眾鬥毆入罪後，不僅鬥毆雙方無論事前或臨時約定鬥毆，均無所謂正當防衛問題，並且本罪與社會秩序維護法的互相鬥毆行爲，亦屬法條的包含關係而非互斥關係，故應以人數區分適用刑法或社會秩序維護法。

若干司法無罪判決或不起訴處分，可能並未正確認識到刑法修正之意旨，故未依法正確處理聚眾鬥毆行爲，警察機關應如何在檢警聯繫會議上提出看法，應屬爾後努力之方向。

貳、警正署頒布處置作業程序之目的

警政署訂頒「處置作業程序」，亦即標準作業程序的目的，應該在於「簡明扼要、全國統一」。這個目的不能忽略也不能偏離，而作業程序的內容主要都應由來於「法規及經驗」，故作業程序種類不宜多，程序不宜繁，內容也不宜有過多文字的描述，這應該是基本原則。

而警察任務涵蓋危害防止與犯行追緝二大層面，簡言之涵蓋行政與司法，兼辦違規與犯罪，而辦理違規與犯罪時的程序，因與人民權利義務相關，故除法律有門檻性的規定外，機關內部亦常有若干作業程序規定，以爲基層執法依據，俾能全國統一。

警察處理聚眾鬥毆，依目前法律有兩大類，一爲「互相鬥毆」的違序

行為，另一為「意圖鬥毆聚眾罪」及「聚眾鬥毆罪」，此為刑法所規定的犯罪行為。相對於這兩大類的實體法，處理程序亦分為兩大類的程序法。一為社會秩序會法第二章的調查，另一為刑事訴訟法第88條相關的逮捕條文，其餘各種作業程序都是機關自加的「內部行政規則」，不能影響人民。例如不能強制要求人民填寫某些單據、要求人民說明某些事實，也不致因疏未履行內部程序，而造成「違反程序規定」的後果。

至於屬行政事實行為的管束等強制行為，則非與上述兩類行為相關，而屬警察為救急而獨立的強制手段，實不必與處理聚眾鬥毆程序一齊出現。例如，以調查違序行為來看，調查時有必要，亦得強制現行違序人前往警所，社會秩序維護法第42條即規定：「對於現行違反本法之行為人，警察人員得即時制止其行為，並得逕行通知到場；其不服通知者，得強制其到場。但確悉其姓名、住所或居所而無逃亡之虞者，得依前條規定辦理。」其中「並得逕行通知到場」本身，意指「強制到場」，實可達成與管束相同的目的，只是用語不同而已;更何況逮捕相關規定，其作用亦如管束，只是不以管束為名而已。從而可知，管束等程序規定，應與上二大類實體違法切割，否則強放一起，會讓基層執法治絲益棼。

對於上述警政署頒的「聚眾強暴脅迫案件處置作業程序」，其中包含未達三人的「互相鬥毆違序行為」的處理，以及「三人以上聚眾鬥毆罪」的處理。違序行為處理部分，依社會秩序維護法調查章之程序規定，至今尚少聽聞有程序上的問題，至於管束亦少聽聞警民糾紛。蓋因既然是互相鬥毆，則警察前往處理予以壓制時，違序人即使受有若干損傷，亦應無何怨言；又或，既然是意圖施強暴脅迫而受警察命令解散，例如繞境搶轎者，則警察於命令三次解散仍不解散時，予以逮捕，亦與和平之集會遊行人遭管束後，被送往偏遠地區放逐者不同，究有何怨可言？

至於聚眾鬥毆罪的處理，例如對於刑法第150條之罪，依署頒作業程序，並未有較詳細的步驟規定，反而在作業內容中有許多文字描述，若以此作為基層員警處理聚眾鬥毆罪的標準作業程序，實屬不宜，因為文不如表、表不如圖。

參、對於警政署所頒「聚眾強暴脅迫案件處置作業程序」規定之建議

警政署所頒上述程序規定，雖然立意良善、程序合理、合法，但本文以為有以下幾項值得改進。

一、各種程序規定逾151種，是否產生備多力分的結果？對於基層執法反而造成困擾。故宜總量管制，限於一定數量的程序規定才好。從而，除本程序外，是否宜刪減比本程序簡易的程序？

二、宜將聚眾鬥毆分為違反社會秩序維護法，及違反刑法兩類，而定頒作業程序，不要將兩者放在一起。因為，社會秩序維護法的調查程序及強制程度，應與刑事訴訟法的偵查程序與強制程度不同。同時，刑事訴訟法的逮捕手段若能涵蓋社會秩序維護法的強制到場手段，則何必另訂一個較輕微之手段？

三、警察職權行使法係純行政事實的措施，其作業程序與社會秩序維護法及刑事訴訟法不同，實不必共冶於一爐，反成困擾。例如，若逮捕手段與管束手段都能達成目的時，究竟要求現場員警對於聚眾鬥毆者，行使逮捕手段或管束手段？

四、署頒作業程序「依據」中的（四）內政部警政署函頒「街頭聚眾鬥毆案件處置執行計畫」、（五）內政部警政署函頒「各警察機關啟動快速打擊犯罪部隊實施計畫」兩項，實不必放在程序規定上，因為這是警政署作業人員的觀點，他們可能認為所有相關規定都要周延放上去，而不是執行人員的觀點，因為執行人員要的就是簡便易行、一目瞭然的程序規定。此外，本程序規定之作業內容中，有構成要件判認的敘述，此與教科書似無不同，本文認為不必將冗長文字置於程序規定上。

五、刑法第149條之處理程序，雖可以與第150條處理程序放在一起規定，本文所舉的實務判決案例一，就能證明處理聚眾鬥毆案件常與處理非法集會遊行案件新牽連。然而，若能分成兩種態樣規定各自程序，應該更能讓基層了解。

六、刑法第283條，不必在本程序規定上出現，因為刑法第283條與刑法第150條，實已分道揚鑣。

第六節 結論與建議

壹、結論

聚眾鬥毆在現代社會已逐漸無法被政府及國人容忍，故將其入罪誠有必要，以一方面維護社會安寧，二方面消弭社會暴戾之氣。惟入罪之後部分檢察官及少數法官仍對其充滿同情，而思運用各種法律解釋方法將之摒棄於犯罪之外，其所產生之結果，乃是法律解釋方法脫離立法目的，這種結果若持續下去不無造成依法行政的崩壞。因為，司法竟然可以靠著解釋，將立法文字做出各種各樣的解釋，而無視於立法理由。例如，擅自將聚眾鬥毆罪解釋成對向犯，而認僅聚眾4人尚非聚眾;或者認為聚眾之4人意在鬥毆，並無妨害秩序之故意，而絲毫不介意「妨害秩序」四字並未規定於構成要件之上。

雖然，聚眾鬥毆罪規定在第149條及第150條，將讓其處罰範圍廣及於集會遊行之脫序鬥毆，或宗教繞境之衝突鬥毆，而未侷限於台灣社會近年常見的一言不合即呼朋引伴互相鬥毆的場景，但為求社會安寧，防止暴戾之氣，此種規範實不得不採。

執法機關警政署，為求員警能有舉國一致的執法程序，特意頒訂「聚眾強暴脅迫案件處置作業程序」規定，其立意良善應可贊同。

貳、建議

一、對於若干司法人員之曲解聚眾鬥毆罪，或尚未充分認識立法理由，或者尚持刑法寧循謙抑之意見，執法機關宜在檢警聯繫會議中提出改善方法，以求檢警執法態度及方向的一致性，否則連檢察官都不支持聚

眾鬥毆之入罪處理，更何況法院？

二、對於署頒「聚眾強暴脅迫案件處置作業程序」規定，本文認為：

（一）程序規定的數量宜總量管制。

（二）宜區分社會秩序維護法調查程序，與刑事訴訟法逮捕程序為兩種程序。

（三）宜將警察職權行使法之管束程序另行規定，不要與社會秩序維護法調查程序、刑事訴訟法逮捕程序放在一起，以免製造基層執法混亂。

（四）不必要的依據及文字敘述不宜放在程序規定上。

（五）刑法第149條之處理程序，與第150條處理程序宜分立。

（六）刑法第283條之敘述，宜去除。

第八章
員警處理互相鬥毆案例研析

許義寶

第一節 案例事實

壹、案例一

丙○○等人和未○○、寅○○等人存有夙怨，而丙○○等人於民國109年4月19日清晨某時，偶然在雲林縣斗六市某處巧遇未○○、寅○○，其2人因見丙○○等來勢洶洶，隨即躲進附近之雲林縣政府警察局斗六分局公正派出所，而丙○○等人獲悉後，立刻前往公正派出所，並分別為下述行為：

一、丙○○、王○霖等18人，共同基於在公共場所聚集三人以上施強暴脅迫之犯意聯絡，於同日5時18分許，一同聚集在屬公共場所之公正派出所內，以暴力行為，對未○○及寅○○施強暴脅迫，致未○○衣服損壞並受有手部發紅之傷害。

二、丙○○等18人離開公正派出所後，王○霖及乙○○於同日6時25分許，再次返回公正派出所外，因見未○○準備離開，竟基於強制之犯意聯絡，由王○霖手持棍棒與乙○○共同追逐未○○，嗣未○○在逃跑時跌倒，王○霖竟持棍棒毆擊倒地之未○○，並與乙○○一同拖行未○○，以此方式阻擋其離去而妨害未○○離去。

三、嗣因雙方人馬持續衝突，於過程中，丙○○在員警廖冠棠之保護下，進入公正派出所內迴避攻擊，惟其進入公正派出所後，見前有對其施暴之戊○○被廖冠棠推移至公正派出所之門外，不願戊○○就此脫身，竟基於強制之犯意，推門而出，並徒手攫取戊○○所持之紅色球棒後，持該紅色球棒往戊○○之方向揮擊，以此方式阻擋其離去而妨害戊○○離去[1]。

---

[1] 台灣雲林地方法院109年度訴字第444號刑事判決。

貳、案例二

謝某於民國103年4月5日下午10時40分許，與其友人羅某等人，前往台北市內湖區內湖路1段387巷底之西湖公園，欲聚眾鬥毆，適台北市警察局內湖分局西湖派出所所長騎警用機車至該公園簽巡邏箱時，發現附近有人聚眾準備鬥毆，隨即呼叫警力到場支援，俟支援警員到達，所長即開始追躡並欲盤查聚眾之人，謝某與眾人見狀即四散逃離。嗣所長發現謝某，即向謝某大聲喝斥「警察！不要動」，表明警察之身分，詎謝○翔明知所長為依警察職權行使法執行盤查職務之警察，為規避盤查，竟基於妨害公務之犯意，以強暴之方式出手猛力推開所長而逃逸，所長及另3名支援警員見狀追向前合力逮捕，謝某雖持續掙扎並與警員發生拉扯，但終為警員合力制伏[2]。

本文擬探討分析警察對於聚眾互相鬥毆行為處理、調查與裁罰等程序作為，及其相關實務認定執行問題，供作參考。

第二節　爭論焦點

有關聚眾鬥毆行為處理、調查與裁罰等程序作為，及其相關實務法律問題；本文提出三個爭論焦點。

其一，社會上常見雙方人馬，只因互看不順眼或酒後口角，就大打出手，甚至在警方到場制止後仍不罷休。在雙方衝突之下，難免有人受傷，更嚴重的是造成重傷或死亡。但因為參與者眾、場面混亂，如果單純用重傷罪或殺人罪來處理，很可能會因為找不出「把人揍到重傷或死亡的人」到底是誰，產生證明上的困難，而難以追究責任。此時，有主張以適用刑法第283條聚眾鬥毆罪，便能克服這個困難[3]。因此，參與鬥毆行為與聚眾

---

[2] 台灣士林地方法院103年度簡上字第150號刑事判決。

[3] 黃博聖，什麼情況適用聚眾鬥毆罪？（上），https://www.legis-pedia.com/article/crime-penalty/149，最後瀏覽日：2020年10月15日。

鬥毆罪二者，如何區別？

其二，社會秩序維護法之立法目的，旨在維護公共秩序，確保社會安寧，與刑法之規範保護目的並非完全相同；核互相鬥毆係社會之亂象，且在公共場所互相鬥毆行為，已嚴重影響社會安寧秩序。[4]

依社會秩序維護法第87條規定：「有左列各款行為之一者，處新臺幣一萬八千元以下罰鍰：一、加暴行於人者。二、互相鬥毆者。三、意圖鬥毆而聚眾者。」另「法院受理違反本法案件，除本法有規定者外，準用刑事訴訟法之規定」、「抗告法院認為抗告無理由者，應以裁定駁回之」，社會秩序維護法第92條、刑事訴訟法第412條有明文規定。互相鬥毆之構成，包括犯意及行為，其應如何認定？

其三，警察任務在維護社會治安，對於聚眾鬥毆行為，此種危害社會安全秩序行為，應強勢執法與案件發生後釐清鬥毆動機。目前警政署已要求各地警察局強勢執法，並於案件發生處置後應釐清鬥毆動機，分析鬥毆背後因素，全面清查掌握所有涉案人背景資料。如涉有幫派活動者應列管蒐報不法事證加以檢肅，也該對滋事分子混跡區域、聚合場所、圍事行業展開臨檢，壓制街頭暴力衍生。街頭聚眾鬥毆滋事除造成滋事雙方傷亡外，亦可能波及無辜用路人並影響當地社會秩序，造成社會大眾治安不佳觀感，一定要以優勢警力迅速到場壓制，將相關涉案人等帶案管束並依法究辦，絕對有信心有能力保護民眾安全、維護社會治安、制裁滋事分子[5]。對此，擬探討實務上警察執行之職權與程序作為？

第三節　相關規範與處理程序（SOP）

壹、鬥毆行為之危害性與規範必要

鬥毆行為，會造成人的傷害，其原因常起於彼此間的紛爭；因一言

4　台灣台北地方法院109年度秩抗字第19號刑事裁定。

5　陳柔瑜，街頭鬥毆事件頻傳，警政署要求全台員警「硬起來」，20190302-https://www.mirrormedia.mg/story/20190302soc005/，最後瀏覽日：2020年10月15日。

不合，遂動手以暴力相向。事後可能引起其他多人互毆等等之集體暴力行為，為民主法治國家所不容[6]。

聚眾鬥毆為近年來社會之亂象，社會秩序維護法第87條第2款禁止互相鬥毆之規定，是為了避免妨害他人身體，本不以實際造成傷害之結果為要件。違反者常僅因細故爭執，相互鬥毆，妨害公共秩序、社會安寧，實有不該。[7]於公共場所或公眾得出入之場所互相鬥毆，當對於公共秩序、社會安寧造成相當程度之危害，有依社會秩序維護法第87條第2款規定加以處罰之必要。被移送人雖互未提出傷害告訴，然考諸社會秩序維護法之立法目的，旨在維護公共秩序，確保社會安寧（社會秩序維護法第1條參照），與刑法保護目的並非完全相同，被移送人之行為，仍應依社會秩序維護法第87條第2款規定予以處罰。[8]

有左列各款行為之一者，處新臺幣1萬8,000元以下罰鍰：一、加暴行於人者；二、互相鬥毆者；三、意圖鬥毆而聚眾者，社會秩序維護法第87條定有明文。普通傷害案件，係屬告訴乃論之罪，如未經合法告訴或因撤回告訴、和解等原因，致未能追究刑責者，其加暴行於人之違反社會秩序維護法部分，應可援引該法第87條第1款予以處罰（司法院81年6月1日司法院第二廳研究意見，及台灣高等法院暨所屬法院95年法律座談會刑事類提案第29號研討結果可資參照）[9]。

6 　相關文獻，請參考蔡庭榕，論行政違規調查與裁處之進程及權限分配——以社會秩序維護法之罰鍰處分為例，中央警察大學法學論集第15期，2008年10月，頁51-83；李翔甫，社會秩序維護法之昔與今——從人權保障觀點談起，警察法學第8期，2009年11月，頁205-239；陳斐鈴，互毆的違序處罰與問題，警專論壇第31期，2019年6月，頁37-46；黎淑慧，從人權角度談《社會秩序維護法》之定位，臺北市立大學通識學報第2期，2015年6月，頁31-53；黃國瑞，口角互毆之正當防衛界限，真理財經法學第13期，2014年9月，頁25-62；余振華，口角互毆之正當防衛界限——評最高法院九十八年台上字第六五五八號刑事判決，月旦裁判時報第3期，2010年6月，頁95-101。

7 　台灣彰化地方法院109年度秩字第134號刑事裁定。

8 　台灣台東地方法院109年度東秩字第55號刑事裁定。

9 　法院受理違反社會秩序維護法案件，除社會秩序維護法有規定者外，準用刑事訴訟法之規定，社會秩序維護法第92條亦有明定。又依刑事訴訟法第300條規定，法院如對被告為有罪之判決者，得就起訴之犯罪事實，變更檢察官所引應適用之法條。準此，法院受理違反社會秩序維護法案件，倘認移送事實應予處罰，而移送機關誤引法條者，自得於不變動移送事實同一性之前提下，依社會秩序維護法第92條規定準用刑事訴訟法第300條之規定，職權變更移送機關所引用之法條（對此，法院辦理社會秩序維護法案件應行注意事項第8條亦明定：

　　街頭鬥毆滋事除造成滋事雙方傷亡外，亦可能波及無辜用路人並影響當地社會秩序，造成社會大眾有治安不佳觀感。依規定警察對聚眾鬥毆滋事案件，應指揮快速打擊犯罪警力迅速到場壓制，對現行犯應以強制力加以逮捕法辦，對在場咆哮或助勢者應依警察職權行使法帶案管束，至於傷害而不提告者仍應依社會秩序維護法第87條究辦，務必嚴正執法，展現公權力、嚇阻再犯，不得有警力到場無作為，甚而觀看或登記後勸離了事。

　　警政署要求各警察局於案件發生處置後應釐清鬥毆動機，分析鬥毆背後因素，全面清查掌握所有涉案人背景資料，如涉有幫派活動者應列管蒐報不法事證加以檢肅，以展現政府打擊不法決心。並指示對滋事分子混跡區域、聚合場所、圍事行業展開臨檢，務必壓制街頭暴力之衍生[10]。

　　實務上常發生兩派人馬為了細故在路上聚集，意圖鬥毆。路人經過看見大批人車聚集，向警方報案。警察分局勤務指揮中心據報後，隨即調派分局警力迅速到達現場。在指揮調度下，優勢警力陸續趕到現場處理。警方清查現場聚集群眾，對於有打架情形，依法處理。[11]對此犯行，警察即會對其壓制帶回，依違反社維法裁處，以維護治安。以2020年五一連假，新北市警方就都出動了快打部隊！一件是朋友談債務破局、當街亮刀，另一件是市場的糾紛，攤商和消費者、大打出手！嫌犯被警察戒護離開現場，氣焰還很囂張，甚至動手，警方團團圍上把他壓制在地[12]。

「簡易庭受理聲明異議之案件及依本法第45條第1項移送之案件暨普通庭受理抗告之案件，如認定行為應予處罰者，得分別於本法第43條第1項或第45條第1項所定案件之範圍內，就移送之事實，變更警察機關所引應適用之法條」）。台灣雲林地方法院109年度六秩字第15號刑事裁定。

10　嚴打街頭聚眾鬥毆滋事，警政署要求各警察機關展現公權力，警政署網頁，2019年3月2日，https://www.npa.gov.tw/NPAGip/wSite/ct?xItem=91119&ctNode=11436&mp=1，最後瀏覽日：2020年10月15日。

11　警方表示，初步調查，聚集現場的兩派人馬是因為5萬元債務糾紛，由洗車廠老闆與對方相約談判。雙方才剛聚集，警力就到場。警方並在現場查獲信號彈、棍棒。警方依社會秩序維護法意圖鬥毆而聚眾罪嫌，將44人分批帶回派出所詢問、調查。另在落網的楊姓男子身上及黃姓男子所騎乘機車查獲信號彈共2支，各依社會秩序維護法偵辦，並於警詢後移請偵查隊裁處。44人聚集意圖鬥毆中和快打部隊壓制，2019年1月23日，中央社。

12　該五股的黃昏市場，大家都忙著做生意，某男子卻把車騎進來還按喇叭，有人看不過去，雙方一言不合就打了起來，警方才出動快打部隊。蘆洲分局偵查隊分隊長說：「現場控制後將雙方帶回，因雙方互不提告，依社會秩序維護法裁處。」快打部隊，不只出現在五股，三峽也有街頭糾紛，朋友原本騎車雙載談債務，談不攏、就當街亮刀，幸好後座的反應夠快、跳

貳、互相鬥毆行為之處理規範

一、處理互相鬥毆法令依據與程序

「社會秩序維護法」第87條、刑法第149、150、283條，以及「少年不良行為及虞犯預防辦法」第3條等。

（一）事前防制：機先掌握情資，指派專人執行「網路巡邏」，透過網路攔截、蒐集相關族群以網路如臉書、傳遞邀眾鬥毆訊息，機先掌握預警情資。

（二）事中有效查緝：發現有聚眾滋事，所轄分局應調派優勢警力執行攔截、圍捕等方式迅速排除鬥毆情事，如涉及他分局轄區，即應啟動「區域聯防」機制，通報鄰近各分局結合警力實施聯合勤務作為，共同執行查緝工作。

（三）事後管制追蹤：

1.針對易聚集滋事或特種營業場所規劃保護查察或實施「春風專案」加強查處少年聚集或深夜遊蕩等行為。

2.偏差行為少年應依個別情形，適用不同輔導機制，除通報就讀學校實施校內輔導外，另委由縣市政府「少年輔導委員會」實施管制、輔導、追蹤並轉介社會局處、衛生局等相關局處，協助少年獲得社福扶助、醫療衛生、就業輔導等資源；對於觸犯法令或虞犯少年，則依法移送少年法院庭、審理，期以不同輔導機制，有效矯正少年偏差行為。利用各種機會至轄區各級學校實施法律教育，加強宣導少年法律觀念[13]。

二、警察快速打擊犯罪部隊

依「警察機關勤務指揮中心作業規定」第五章狀況處置、十九、（二）規定，直轄市、縣（市）政府警察局勤指中心受理民眾110報案，

車逃離，路人幫忙報警，警車立刻就在案發現場周邊搜尋，果然找到嫌犯，嫌犯移送，兩起案件都多虧警方迅速確實，將嫌犯移送法辦。華視新聞，連假警力不鬆懈—快打部隊遏止糾紛，2020年5月3日。

[13] 花蓮縣警察局新城分局網頁，http://www.hlpb.gov.tw/iframcirculatedview.php?menu=2743&typeid=2536&circulated_id=66977，最後瀏覽日：2020年10月15日。

應立即通報所屬分局派員或派遣線上組合（巡邏）警力前往處理，並管制員警到場時間及現況狀況，另依現場狀況，視需要通報相關單位派員支援執行攔截圍捕。分局勤指中心接獲110通報案件，應立即以無線電呼叫線上組合（巡邏）警力或分駐（派出）所前往處理，並管制員警到場時間及現場狀況，視需要派遣警備隊或備勤警力執行攔截圍捕[14]。

快速打擊犯罪部隊在本國及國外是新興名詞，其主要目的是用於控制打架現場，並以迅速反應時間及優勢警力做出回應，有研究指出若快速打擊部隊的作為具有嚇阻力，該區域下次發生街頭暴力事件相隔時間應該更長，反之，則無嚇阻效果。

有研究以2016、2017年度台北市四個行政區域所啟動快速打擊犯罪部隊之次數做檢定比較。成效分析結果：以四個區域比較以及每次案件使用員警數、有無逮捕、每案員警到場反應時間、打架案件類與否，檢驗後再次發生之時間間距相關性，發現五個變項中，只有每次案件使用之員警數增加會與再次發生快打案件之時間增加有高度相關，其餘與再次發生之時間有相關性並無高度相關性。該研究建議：1.區域治安不應全仰賴快速打擊犯罪部隊；2.可以視案件調整到場員警數；3.視派出所勤務調整警力配置時段；4.建立快打案件之危機處理[15]。

出動快打警力時機：警察局或分局勤務指揮中心接獲報案可疑為聚眾滋事案件時，除指揮線上優勢警力前往現場處理外，並應通知案發地轄區分駐（派出）所之（副）所長到場具體研判，有該當下列啟動快打警力要件時，由（副）所長勤務指揮中心啟動快打警力：

下列狀況「應立即」啟動快打警力：

（一）聚眾滋擾人數達5人（含）以上，或突發治安事故時（青少年街頭暴力、隨機鬥毆或隨機殺人等）。

（二）利用交通工具（汽、機飆車、計程車、砂石車）集結，人數達5人以上引發狀況顯有擴大時。

---

14 監察院調查意見，台北市政府警察局信義分局2名休假員警於轄區夜店遭聚眾滋事分子圍毆，造成1死1傷案，頁25-29。

15 張桓維，快速打擊犯罪部隊之嚇阻效果，台北大學碩士論文，2018年，頁1。

（三）於酒店、KTV、PUB等店家發生群集鬥毆、傷害等糾眾滋事案件人數達5人以上時。

下列情形「應視狀況」啟動快打警力：

（一）執行公權力遭受不法分子聚眾威脅、嗆警、辱罵情形，認有必要以快打警力壓制，以防止違法事件發生者。

（二）破壞交通及社會秩序之族群（如飆車族），因不滿遭警方強力取締，而群聚至執法單位叫囂、破壞，認有必要以快打警力壓制、蒐證、逮捕首惡及滋事分子法辦，以維駐地安全者。

在通報聯繫方法上：（一）轄區分駐（派出）所員警到達事故現場應即時處置，案發地轄區分駐（派出）所之正、副所長接獲通知到場研判現場狀況符合啟動快速反應打擊部隊要件時，需立即通報勤務指揮中心，由勤務指揮中心報告（副）分局長後，啟動快打警力；（二）出勤時使用本分局無線電頻道；（三）勤務指揮中心通報順序。

注意事項方面：

（一）分局勤務指揮中心或案發地轄區分駐（派出）所值班人員，如接獲警察局或分局勤務指揮中心通知可疑為聚眾滋事事件時，應即指派線上優勢警力迅速到達現場處置，並報告（副）所長，（副）所長應到場擔任指揮官，研判是否啟動快打警力。

（二）分局勤務指揮中心接獲轄區（副）所長啟動快打警力之報告後，應立即通報偵查隊、督察組、交通組、秘書室主管，並通知快打警力迅速馳赴現場支援，並接受現場指揮官調度。

（三）快打警力之任務編組人員接獲通報後，應即攜帶裝備以最快速度前往指定地點集結；受命出勤沿途、抵達目標區、現場狀況及處置情形，應隨時回報勤務指揮中心，俾便掌握最新狀況。

（四）快打警力抵達現場後，應視現場狀況即時作斷然處置（含區隔、制止、逮捕、留置現場肇事人者、犯罪工具查扣等），事故如持續擴大，帶隊官或指揮官需有強勢壓制作為，不可於事故現場消極等待支援

等[16]。

三、警察對聚眾滋事處置作為

依「警察機關分駐（派出）所常用勤務執行程序彙編」等規定，員警執勤時遇聚眾滋事挑釁，應立即應處並請求警力支援，分別從勤務指管及現場執行二項管道形成現場優勢。依「警察機關強化勤業務紀律實施要點」規定，便衣員警於轄內發現治安事件而制服員警未抵達現場時，應通報警察分局勤務指揮中心、偵查隊或轄區派出所處理，如認有立即處理之必要時，除應表明身分並出示證件，並依「警察偵查犯罪手冊」之「現場處理」章節規定，視現場狀況執行相關作為。依台北市警察局「勤務實施細則」規定，員警變更勤務，應於出入登記簿簽出，如遇突發事故，情況緊急而無法返回單位簽出者，應即時以電話向單位主管報准後實施，並將處理情形詳載於工作紀錄簿備查。警政署並未訂定員警休假期間處理轄內治安狀況之標準作業程序，員警處理案件應依「警察偵查犯罪手冊」、「各級警察機關處理刑案逐級報告紀律規定」、「警察機關強化勤業務紀律規定」及警察機關分駐（派出）所「執行臨檢（場所）身分查證作業程序」等規定辦理[17]。

現今已進入「人手一機」的年代，也正因如此，街頭暴力及群體鬥毆的畫面，透過LINE及FB等社群「如實的」進入民眾眼裡，造成社會大眾的惶恐不安。警方面對「街頭暴力」如何防制及處置，首先在「警力部分」採用「快速打擊犯罪部隊」，也就是「快打部隊」縮短警力調度時間，以優勢警力有效的處理及控制突發犯罪事件，迅速弭平衝突，若遇到當事人攻擊，或口頭警告仍不聽勸阻時，亦可使用防護型的應勤裝備「辣椒水」，達嚇阻及維護執勤人員安全之效果，此舉不僅是展現公權力，主要目的還是要確保民眾生命、身體、財產安全；在「法的部分」為了避免

---

16 內政部警政署104年7月21日警署行字第1040124752號函。台中市政府警察局8月12日中市警行字第1040061430號函。

17 監察院，台北市政府警察局信義分局2名休假員警於103年9月14日凌晨於轄區夜店遭群眾圍毆致一死一傷，糾正案文。

黑幫聚集酒店、KTV門口鬧事或街頭暴力，造成民眾的極度恐慌，針對刑法第149條「公然聚眾不遵令解散罪」修法，將過去沒有定義「公然聚眾」的人數，明確的定義爲3人，同時將以往的命令解散的3次，縮減爲2次，罰金從新臺幣300元，提高到新臺幣10萬元，同時若是有帶凶器、妨礙公眾交通者，加重二分之一刑責；如果有人受傷，可能觸犯到刑法第277條傷害罪、重一點的是第278條重傷害罪，亦可能觸犯第271條殺人罪；且暴力之中，可能也有觸犯到妨害自由、恐嚇的想像競合或妨害名譽的數罪併罰[18]。

　　因爲街頭暴力常觸犯第277條傷害罪，傷害罪是屬於告訴乃論；現場的民眾可能認爲不提告就了事，但警方仍可依據刑事訴訟法第88條規定：「現行犯，不論何人得逕行逮捕之。」如果員警到場，還在存續當中，員警自然可依現行犯逮捕。即便不申告，那是逮捕之後的程序，但因是現行犯，仍可依法逮捕之。如果員警到場，已經沒有現場了，就是沒有鬥毆的現行犯，或也沒有人受傷，員警仍可依社會秩序維護法第64條意圖滋事，任意聚眾，有妨害公共秩序之虞，進行裁處，處1萬8,000元以下罰鍰[19]。

　　有不良分子利用手機社群軟體串連滋事之模式，稱**「跨幫派」**及**「人力鬥毆支援」性質之臨時組合**[20]。對此不良分子利用手機社群軟體串連滋事之模式，已形成治安的重大隱憂。該類集結方式，具有「參與成員不一」、「無法有效事前掌握」、「臨時」、「快速聚集」、「無固定活動場所」等特性。隨著幫派成員認同度下降，不良青少年及外圍幫派分子利用手機軟體串連滋事、打砸、鬥毆之現象愈趨嚴重，且改變幫派動員方式及勢力重整，形成治安之重大考驗。近年來因通訊科技發達，不良分子以手機或社群網站快速集結之群眾暴力活動，漸有普遍之趨勢，形成社會治安極大隱憂。現行監控黑道幫派之偵查技巧、相關規定及計畫，確有與

---

[18] 制止街頭暴力及群體鬥毆宣導，台東縣警察局關山分局，https://www.taitung.gov.tw/News_Content.aspx?n=E4FA0485B2A5071E&s=34E432806E2DA27B-1091208。

[19] 制止街頭暴力及群體鬥毆宣導，台東縣警察局關山分局，https://www.taitung.gov.tw/News_Content.aspx?n=E4FA0485B2A5071E&s=34E432806E2DA27B-1091208。

[20] 監察院查意見，台北市政府警察局信義分局2名休假員警於103年9月14日凌晨於轄區夜店遭聚眾滋事分子圍毆案，104內調0023。

時俱進之檢討空間[21]。

有關強化情資通報及縮短反應時間；各警察機關為因應群眾聚集鬥毆暴力等重大治安事件，定有「快速打擊部隊」之編組。依台北市警察局頒定之「快速機動反能警力編組及運用執行計畫」五、通報聯繫體系規定：「勤務指揮中心應通報轄內線上警力趕赴現場支援做初步處理，如狀況未排除時，復啟動分局快速警力，通報轄區、鄰近派出所、偵查隊、警備隊、交通分隊等支援警力趕赴現場。

分局線上警力，於接獲通報後約3至5分鐘抵達現場；後續調派支援之警力，依案發時間交通狀況及距離遠近等時空因素不同，約10至20分能抵達。各單位勤務指揮中心接獲通報後，立即同步派遣警力支援，以縮短反應時間。

警政署於103年9月23日函請各警察機關注意轄內糾眾滋事及黑道幫派分子群聚場所，主動調查掌握，發現有群聚狀況，應由轄區警察分局立即啟動「快速打擊部隊」或調動相關警網趕赴現場處理。

據媒體報導，104年3月台北市即至少發生4次黑幫以通訊軟體迅速揪眾滋事，警方動員快打部隊還數度鳴槍喝止[22]。台北市警察局近期動用快速機動反應警力，確能有效遏制該類治安事件之擴大，例如：中山警分局於2月25日於大佳河濱公園逮捕移送43人、中正第二警分局於3月7日於水源會館逮捕移送5人、中正第一警分局分別於3月22日及4月5日在中華路錢櫃KTV逮捕移送19人及8人、文山第二警分局於3月29日於羅斯福路好樂迪KTV逮捕移送13人[23]。

---

21 依警方分析，目前可能有139個不良幫派組合所屬之游離分子，具有參加跨幫派活動之傾向。近半年已有20則類似人力支援之滋事案件。監察院調查意見，台北市政府警察局信義分局2名休假員警於103年9月14日凌晨於轄內夜店遭聚眾滋事分子圍毆案，104內調0023。

22 TVBS，吆喝一聲可撂百人，黑幫LINE群搖旗，2015年3月31日。

23 監察院調查意見，台北市政府警察局信義分局2名休假員警於轄區夜店遭聚眾滋事分子圍毆，造成1死1傷案，頁25-29。

四、警察制止與管束職權

（一）警察之制止與管束

1.對現行危害制止，屬即時強制

行政法理論稱「即時強制」之名稱，爲行政的活動形式。例如依日本田中博士的定義爲「並非爲了強制履行義務的目的，而是爲除去當前急迫的危害有必要，且無時間命以義務的情形或該事件在性質上如命以義務，亦難以達成其目的的情形，而採取直接對於人民的身體或財產施以實力的方式，以達成實現行政上必要狀態的作用。」即時強制爲以達成行政上的必要目的，對國民的身體或財產，以行政主體的實力而爲實施之點，與強制執行有共同之處（此點較爲顯著，即傳統行政上強制執行與即時強制之共同性一般概念，而使用「行政強制」的概念）。就法律技術上言，其前提並非爲了特定義務的強制履行爲目的，而是因不可期待對單一之個人課以行政處分等措施，使其能自願性配合，改而直接由行政主體的行使實力。在此，爲與強制執行有所不同之處，爲即時強制與強制執行的實施方法，有很多情形爲類似的在直接強制狀況中使用，惟兩者有理論區別，如前述[24]。

2.警察得採取安全性管束

爲阻止直接將發生之重大危害，及爲防止公共安全之重大干擾，或爲阻止犯罪之實施或重大秩序違反行爲，得對行爲人施以安全性之管束。於此，必須有直接將發生行爲之具體事實存在，以作爲預測之理由，僅憑臆測仍屬不足。安全性之管束會與其他職權結合，譬如於執行驅離，於保護私權以及執行身分確認時。此時，可依法定職權分別執行。

（二）警察之行使強制力

警察對人管束，爲直接對國民之身體施予「實力」，拘束其自由，以實現達成警察行政之必要狀態作用。對於被管束、保護者，如其持有凶器等危險物，亦得暫時保管其物品，在法律上雖無明文規定可實施實力之

---

24 藤田宙靖，第三版行政法Ⅰ（總論）（再訂版），青林書院，2000年3月，頁297。

方式，亦得於必要限度內實施之[25]。「管束」本身即帶有實施強制力、制止之意義，在合乎比例原則之限度內，應為法律所許可之範圍。「制止」之實施範圍，包括「解散、驅散」；依日本警職法規定，「制止」職權所保護之法益，並不包括「人格權」。制止之行使強制力，其適法要件必須嚴格解釋。不過依日本警職法規定，警察人員行使制止的認定權或裁量權時，即使事後檢討認為警察人員有所違誤，如警察人員在執行職務當時，已有足資認定其已盡注意義務之證據時，其制止之行為為合法[26]。

「強制力」之概念，為具體之動作或是法制理論之分野，有不同見解。有學者認為依「警察職權行使法」第2條規定，該法所規定之各種職權乃「公權力之具體措施」。既為公權力之具體措施，則依「秩序行政」、「侵害保留」之原理，各種職權皆有限制人民自由權利之性質，因此，應皆有強制力，只是如何執行之問題[27]。在此，似乎認為在一定限度內，可以容許警察之強制力。「管束」從其字面上意義，可認知在合於情況所必要限度內，實施含有強制力之「管束」措施，應為法律所許，其重點應在該「個案情形」是否已符合管束之法定要件。

一般行政機關依「行政執行法」規定，亦得實施即時強制。其實施之前提除必須就該事項有「法定職權」，並不得逾越其權限範圍而實施；同時，選擇強制方法之種類與強制之範圍或程序，應符合比例原則。即由於即時強制之方法對人民權益影響較大，除必須具備緊急性與必要性之一般要件外，依行政執行法第37條至第40條規定，須具備特別要件，始得實施[28]。在此對人有「管束職權」之機關及從執行力觀點，執行上應以警察機關之情形為多。

依警察法第2條規定：「警察任務為依法維持公共秩序，保護社會安全，防止一切危害，促進人民福利。」在此警察職權之行使，可否解釋為

---

[25] 河上和雄，詳釋警察官職務執行法（全訂版），日世社，1997年1月，頁162。
[26] 王學良，集會遊行事件處理與法律問題，警學叢刊，19卷3期，1989年3月，頁39。
[27] 鄭善印，警察職權行使法解釋架構之研究，「刑事訴訟法與警察職權行使法」研討會論文集，中央警察大學行政警察學系，2003年12月，頁95。
[28] 法務部91年10月8日法律字第0910039713號函。

在任務賦予之同時，便授權管轄機關，有權採取必要之措施，此方能切合實際，不危及警察之效率[29]，依法律保留原則言，應優先適用具體、明確之法律授權規定，如行政執行法、警察職權行使法之相關授權規定；如在詳盡列舉要件仍不能完全涵蓋，始適用概括條款之規定，對此亦不能認為有違反「法律明確性」之原則。適用概括條款之規定，其執行時亦應受比例原則之拘束。

「警察管束目的」與「執行其他行政法規」之間，其執行要件同時可能相互交錯，同時均符合。如於執行管束之時，酒醉之當事人不願配合，拒絕接受管束，可否以強力執行之。因法律上授權未明確，規定其對應措施，亦容易發生問題[30]。或警察取締交通違規行為時，對於酒醉駕駛人，如予以強制留置，因法無明文規定，是否可依警職法之管束，亦易造成困擾。如依具體酒醉情況，已達到非管束不能防止危害時，則應持肯定說。其是否已達到「非管束」不能防止其危害，則應視該危害發生之具體性、可能性而定。

對暴行鬥毆者之管束，其發動目的為安全性管束，在此依各別法律授權之目的、要件、範圍限度內實施。警職法之管束對象，即已達到「非管束不能救護其生命之危害」程度者，得進一步加以「管束」。其強制力之限度，以達成管束目的為已足，不得超過必要之限度。但在此，亦必須注意避免以管束之名，而在達到處罰、發現違法證據目的之實施「留置、檢查、拘束其自由」措施[31]。

---

29 法務部（八四）檢（二）字第一○三七號：「……執勤警察張三於實施交通臨檢時，發現李四面有酒容，欲對李四實施酒精測試，但為李四所拒絕。張三乃使用必要之強制手段，對李四實施酒精測試。則張三之行為是否構成刑法第一百三十四條、第三百零四條第一項強制罪。本件經討論決議認為警察之強制力行為，尚不構成強制罪。因警察行政性質上本具有強制性質，除法律有特別規定外，在達成其任務必要之情形，自得採用強制手段……。」

30 李震山主持，警察職務執行法草案之研究，內政部警政署委託，1999年6月，頁368。

31 轉引自許義寶，警察職務執行法第19條釋論，蔡庭榕等著，警察職務執行法逐條釋論，五南，3版，2020年9月，頁437以下。

參、處理程序（SOP）[32]

聚眾強暴脅迫案件處置作業程序

（第一頁，共三頁）

一、依據：

（一）刑法第一百四十九條、第一百五十條及第二百八十三條。

（二）社會秩序維護法第八十七條。

（三）警察職權行使法第十九條。

（四）內政部警政署函頒「街頭聚眾鬥毆案件處置執行計畫」。

（五）內政部警政署函頒「各警察機關啟動快速打擊犯罪部隊實施計畫」。

二、分駐（派出）所流程：

流程	權責人員	作業內容

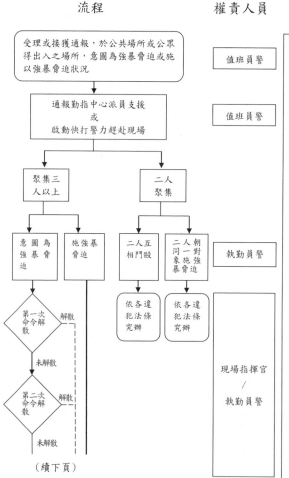

	權責人員	作業內容
	值班員警	一、準備階段 （一）值班人員受理聚眾鬥毆案件，應立即通報所長（代理人）及勤務指揮中心（以下簡稱勤指中心）調派警力前往處置。
	值班員警	（二）線上警力不足時，調派備勤警力迅速趕往支援。
		二、處理步驟 （一）分局偵查隊當日輪值幹部到場協助指導。
	執勤員警	（二）構成要件判認： 1. 無論行為人在何處及以何方式聯絡（包括社群通訊軟體）；係在遠端或當場為之；係自動或被動；係事前約定或臨時起意，均構成「聚集」行為。另僅須人數達三人以上，不受限於須隨時可增加人數之情形。 2. 刑法第一百四十九條（聚眾不解散）之違法態樣為聚集之群眾意圖為強暴脅迫，但「尚未施強暴脅迫」之情形，故應強化蒐證意圖為強暴脅迫之事證（如持有凶器或其他危險物品、叫囂或其他依其行為或言詞足認有施強暴脅迫之意圖者）。
	現場指揮官／執勤員警	3. 施強暴脅迫者（如鬥毆、毀損、威脅或恐嚇等行為），不論對特定或不特定人為之，皆該當構成要件。 4. 現場已發生施強暴脅迫或鬥毆情事：

（續下頁）

---

32 本作業程序由內政部警政署函頒。

(續)聚眾強暴脅迫案件處置作業程序

(第二頁，共三頁)

流程	權責人員	作業內容

流程：

第三次命令解散 → 解散二

未解散 ↓

依刑法第一百四十九條現行犯逮捕偵辦

無須逮捕，惟應確認完全解散並防範再聚集

依刑法第一百五十條或第二百八十三條現行犯逮捕偵辦（情節重大者，報請檢察官指揮偵辦）

三、分局流程：

通報轄區其他分局，防範再聚集或二次鬥毆

↓

釐清動機清查背景

↓

建檔分析重點檢肅

(續下頁)

權責人員：

現場指揮官／執勤員警

勤務指揮中心

執勤員警／偵查隊

偵查隊／行政組

作業內容：

(1)三人以上者，依刑法第一百五十條或第二百八十三條究辦。

(2)二人互相鬥毆者，依各該違犯法條究辦（未能依相關刑事罪名究責時，如有危害公共秩序或安寧之情形，可依社會秩序維護法第八十七條第二款查處）。

(3)二人朝同一對象施強暴脅迫者，依各該違犯法條究辦（未能依相關刑事罪名究責，惟被害人受暴行而未成傷，或已成傷而未告訴時，如有危害公共秩序或安寧之情形，可依社會秩序維護法第八十七條第一款查處）。

5.解散命令：

(1)應由現場指揮官為之。

(2)應全程蒐證，命令下達不拘形式（書面或口頭均可，非如集會遊行案件須舉牌為之），惟應以在場多數人可得認識之方式為之，且明確表達要求群眾分散及離去之意思。

(3)各命令間隔須視現場人數、急迫情形、持械威脅情狀等各種狀況綜合研判，給予解散之適當時間。

(4)於三次命令解散前解散者，仍得視現場強暴脅迫、妨害社會秩序等情節，依社會秩序維護法或其他法令查處。

三、結果處置：

(一)依現場事證，涉嫌違反刑法第一百四十九條、第一百五十條或第二百八十三條者，即依刑事訴訟法第八十八條或第八十八條之一規定處置；違反社會秩序維護法者，即依該法第四十一條或第四十二條處置(偵查隊)。

(續)聚眾強暴脅迫案件處置作業程序
(第三頁，共三頁)

> (二)依現場客觀事證，未明顯違反刑法或社會秩序維護法相關規定，而有必要防止犯罪、危害之發生或避免急迫危險者，得依警察職權行使法第十九條第一項第三款或第四款等規定，即時實施行政管束(行政組)。
>
> (三)全面清查掌握涉案者背景資料，釐清施強暴脅迫或鬥毆動機，並至本署「街頭聚眾鬥毆資料庫」建檔及分析，俾利後續規劃勤務及警力配置(偵查隊)。

四、使用表單：
(一)受理各類案件紀錄表。
(二)員警出入及領用槍枝彈藥無線電機警用行動電腦登記簿。
(三)e化報案三聯單。
(四)逮捕通知書。
(五)執行管束通知書。
(六)調查筆錄。
(七)陳報單。
(八)移送書。
(九)員警工作紀錄簿。

五、注意事項：
(一)集會遊行係具有特定訴求、主張或其他正當目的之人民基本權利，受憲法及集會遊行法之保障，與刑法第一百四十九條及第一百五十條係處罰行為人基於強暴脅迫之意圖而危害治安者有所區隔，因此，就經申請許可、偶發性或緊急性之集會遊行，均應適用集會遊行法或其相關規定處理。
(二)出勤前妥為整備應勤裝備，包含蒐證型（微型攝影機）及防護型應勤裝備等，並迅速抵達現場，展現嚴正執法態度，貫徹公權力。
(三)得下達解散命令之現場指揮官，於啟動快打警力時，依「各警察機關啟動快速打擊犯罪部隊實施計畫」律定；未啟動時，由勤務表編排之帶班幹部擔任。
(四)涉案人若已逃逸，應即時調閱監視錄影畫面以車追人，通知相關人到案說明，防止後續報復行為；案件情節重大者，如涉及槍擊或殺人案件，應報請檢察官指揮偵辦。

第四節 實務判決

壹、案例一

　　法院指出刑法第150條業於109年1月15日修正公布，並自同年月17日生效施行，其立法理由為：「一、修正原『公然聚眾』要件，理由同修正條文第149條說明一至三。倘3人以上，在公共場所或公眾得出入之場所聚集，進而實行強暴脅迫（例如：鬥毆、毀損或恐嚇等行為）者，不論是對於特定人或不特定人為之，已造成公眾或他人之危害、恐懼不安，應即該當犯罪成立之構成要件，以符保護社會治安之刑法功能。另提高罰金刑，以符合罰金刑級距之配置，並酌作文字及標點符號修正，將原條文列為第1項。實務見解有認本條之妨害秩序罪，須有妨害秩序之故意，始與該條之罪質相符，如公然聚眾施強暴脅迫，其目的係在另犯他罪，並非意圖妨害秩序，除應成立其他相當罪名外，不能論以妨害秩序罪（最高法院31年度上字第1513號、28年度上字第3428號判決參照）。然本罪重在安寧秩序之維持，若其聚眾施強暴脅迫之目的在犯他罪，固得依他罪處罰，若行為人就本罪之構成要件行為有所認識而仍為本罪構成要件之行為，自仍應構成本罪，予以處罰。」而該條立法理由所援引之修正刑法第149條說明一至三之立法理由則為：「一、隨著科技進步，透過社群通訊軟體（如LINE、微信、網路直播等）進行串連集結，時間快速、人數眾多且流動性高，不易先期預防，致使此等以多數人犯妨害秩序案件規模擴大，亦容易傷及無辜。原條文中之『公然聚眾』，司法實務認為必須於『公然』之狀態下聚集多數人，始足當之；亦有實務見解認為，『聚眾』係指參與之多數人有隨時可以增加之狀況，若參與之人均係事前約定，人數既已確定，便無隨時可以增加之狀況，自與聚眾之情形不合（最高法院28年度上字第621號判決、92年度台上字第5192號判決參照）。此等見解範圍均過於限縮，也無法因應當前社會之需求。爰將本條前段修正為在公共場所或公眾得出入之場所」有「聚集」之行為為構成要件，亦即行為不論其在何處、以何種聯絡方式（包括上述社群通訊軟體）聚集，其係在遠端或當場

為之,均為本條之聚集行為,且包括自動與被動聚集之情形,亦不論是否係事前約定或臨時起意者均屬之。因上開行為對於社會治安與秩序,均易造成危害,爰修正其構成要件,以符實需。二、為免聚集多少人始屬『聚眾』在適用上有所疑義,爰參酌組織犯罪防制條例第2條第1項及其於106年4月19日修正之立法理由,認三人以上在公共場所或公眾得出入之場所實施強暴脅迫,就人民安寧之影響及對公共秩序已有顯著危害,是將聚集之人數明定為三人以上,不受限於須隨時可以增加之情形,以臻明確。三、按集會遊行係人民之基本權利,受憲法與集會遊行法之保障,應與本條係處罰行為人具有為強暴脅迫之意圖而危害治安者有所區隔。因此,一般集會遊行之『聚眾』人群行為,本不具有施強暴脅迫之意圖,自無構成本罪情事,併予指明。」依上開立法意旨可知,於修法後,不論參與者係事前約定或臨時起意、是否有隨時可以增加之狀況、自動或被動聚集、以有形或無形之途徑聚集,亦不論參與者是否具有另犯他罪之犯意,復不論強暴脅迫之行為是否係對於特定人或不特定人為之,只要該公然聚眾施強暴脅迫之行為,客觀上確已造成公眾或他人之危害、恐懼不安,且行為人主觀上預見其等行為將造成公眾或他人之危害、恐懼不安,即當構成刑法第150條公然聚眾施強暴脅迫罪。

至刑法第150條中,是否須對行為人之強暴、脅迫等強制行為另外評價,考量立法者已確立刑法第150條係以強暴、脅迫之手段為構成要件,是認行為人所為之強暴、脅迫行為應屬刑法第150條之部分行為,無另成立刑法第304條、第305條等罪之餘地。按刑法第305條之恐嚇危害安全罪,係指單純以將來加害生命、身體、自由、名譽、財產之事,恐嚇他人致生危害於安全者而言。如對於他人之生命、身體等,以現實之強暴脅迫手段加以危害要挾,使人行無義務之事或妨害人行使權利,即應構成刑法第304條之強制罪,縱有恐嚇行為,亦僅屬犯強制罪之手段,無更論以恐嚇危害安全罪之餘地(最高法院84年度台非字第194號、93年度台上字第3309號判決要旨參照)。

考量本件被告丙○○、丁○○、子○○之上開犯行,係發生於公正派出所,造成警力癱瘓,無法維持現場秩序,已嚴重破壞公共秩序,對於社

會治安造成之危害甚鉅，且渠等之犯罪情節、手段等均難認輕微，綜觀全情，實不宜對被告等為緩刑之宣告，被告等人及辯護人前開請求，尚難准許，併此敘明[33]。

貳、案例二

　　被告為逃避警員盤查，竟以徒手推開警員之方式，妨害公務員執行職務，影響國家公權力之正當行使，惟念其犯罪後已知坦認犯行，犯後態度尚可，且未造成員警受傷，犯罪所生危害尚非重大，兼衡其高職畢業、現從事外送便當職業之經濟狀況等一切情狀，爰量處如主文所示之刑，並諭知易科罰金之折算標準。

　　被告前未曾因故意犯罪受有期徒刑以上刑之宣告，其因一時失慮，致罹刑章，犯罪後已坦承犯行，尚有悔意，本院衡酌上情，認被告經此偵審程序及前揭刑之宣告後，當能知所警惕，信無再犯之虞，前開所宣告之刑以暫不執行為適當，爰依刑法第74條第1項第1款之規定併予宣告緩刑如主文第2項所示之期間。又為使被告能從本案深切記取教訓，避免其再度犯罪，促其於緩刑期內切實反省，藉以強化法治觀念，茲依刑法第74條第2項第5款之規定，命被告於緩刑期間，應向檢察官指定之政府機關、政府機構、行政法人、社區或其他符合公益目的之機構或團體提供義務勞務如主文第2項所示之時數，並依刑法第93條第1項第2款之規定，諭知於緩刑期間付保護管束，以觀後效，並啟被告自新[34]。

參、其他相關判決

一、相互鬥毆行為人不得主張正當防衛

　　抗告人即被移送人廖某於民國107年3月16日晚上11時20分許，在台北市○○區○○○路○段○○○巷○○弄○○號前，與被移送人李某相互鬥

33　台灣雲林地方法院109年度訴字第444號刑事判決。
34　台灣士林地方法院103年度簡上字第150號刑事判決。

毆，因認抗告人與李某均違反社會秩序維護法第87條第2款之規定，各裁處罰鍰新臺幣（下同）2,000元等語。抗告意旨略以：抗告人於案發時為送子女返回被移送人李某住處，以便子女與前妻一同出遊，其不想麻煩自己父母，遂親自送子女過去，詎料，李某一見抗告人出現，隨即表現激動並出言咆哮，還拉扯其胸口衣物，以為威嚇，又遭連續攻擊頭部與臉部，李某還以腳踢其肚子，遂基於防衛之意回應李某之攻擊，李某之妻見狀亦協助李某，是抗告人上開回應行為，應非屬互毆之舉。

抗告人雖辯稱其所為應屬正當防衛。然按正當防衛必須對現在不法之侵害始得為之，侵害業已過去，即無正當防衛可言；至彼此互毆，又必以一方初無傷人之行為，因排除對方不法之侵害而加以反擊，始得以正當防衛論；故侵害已過去後之報復行為，與無從分別何方為不法侵害之互毆行為，均不得主張防衛權，此有最高法院17年上字第686號、30年上字第1040號判例參照；其次，彼此互毆，必以一方初無傷人之行為，因排除對方不法之侵害而加以還擊，始得以正當防衛論，衡之一般社會經驗法則，互毆屬多數動作構成單純一罪而互為攻擊之傷害行為，縱令一方先行出手，還擊一方在客觀上苟非單純僅對於現在不法之侵害為必要排除之反擊行為，因本即有傷害之犯意存在，故對於互為攻擊之還手反擊行為，自無主張防衛權之餘地，亦有最高法院83年度台上字第4299號判決、84年度台非字第208號判決意旨可參。

本案抗告人既稱其於案發時，子女亦在旁觀看，豈可遭任李某對之拉住胸口衣物，並出言辱罵，無疑對尊嚴有損等語，足見抗告人對於李某之還擊行為，非單純出於排除李某之侵害而來，主觀上顯然出於傷害李某之故意，已非正當防衛之舉。原審援引上開社會秩序維護法第87條第2款規定，對於抗告人互毆部分裁處罰鍰，經核認事用法並無不合，裁處罰鍰金額亦稱妥適，抗告人指摘原裁定不當，難認有理由，應予駁回[35]。

---

[35] 台灣台北地方法院107年度秩抗字第16號刑事裁定。

二、抗告人因發生口角糾紛，因而互相拉扯推擠受傷

李○及周○與抗告人即被移送人林○於下列時、地有違反社會秩序維護法之行為：（一）時間：民國107年3月26日4時22分。（二）地點：台北市○○區○○路○○號B1（星聚點KTV）。（三）行為：抗告人與李○及周○互相鬥毆。認抗告人違反社會秩序維護法第87條第2款之規定，裁處罰鍰新臺幣（下同）2,000元等語。抗告意旨略以：抗告人於案發當時因見李○璇與周○宜發生口角後互相拉扯推擠，旋上前勸架，惟勸架過程中抗告人不慎推擠李○，致李○頭部受傷，抗告人並未參與鬥毆。

抗告人雖矢口否認有互相鬥毆之行為，惟李○於警詢中指稱：伊於107年3月26日凌晨4時22分許，在台北市○○區○○路○○號B1之星聚點KTV內，與周○及抗告人發生口角糾紛，因而互相拉扯推擠，並因此導致伊頭部受傷等語；周○於警詢時亦指稱：伊因喝了酒情緒不穩，與抗告人及李○在上開時、地有以肢體互相推擠拉扯等語，衡以李○及周○均於警詢中稱其等與抗告人並無仇怨等語，則其等應無設詞誣陷抗告人之理，其等指稱抗告人有以肢體推擠李○致其受傷等語，應係實在。

佐以監視器錄影畫面顯示李○璇與周○宜發生肢體衝突時，抗告人確有上前站立在2人中間，之後出手推擠李○，李○並因此整個身體背部朝牆邊貼近，有監視器錄影畫面翻拍照片在卷可參，且李○於3人之肢體衝突後，受有頭部後側傷害等情，亦有李○頭部之傷勢照片附卷可憑，是抗告人確有在上開時、地與李○、周○互相鬥毆等情，應堪認定。原裁定以此為據，認抗告人有與李○與周○互相鬥毆，並無不合。

至抗告人雖於本院訊問時指出有現場監視錄影畫面為證，主張其並未動手鬥毆，僅係勸架，而認原裁定有誤。然查，抗告意旨所指之現場錄影畫面、照片，清楚顯示抗告人有上前推擠李○之行為，且觀之李○頭部傷勢非僅輕微紅腫，可認抗告人出手力道非輕，應非如抗告意旨所述僅是勸架，其應係有互相鬥毆之行為。抗告意旨所指上開證據實無從對其為有利之認定。

綜上，原裁定以李○、周○之指述及卷內事證，認定抗告人有與李

○、周○互相鬥毆，據以裁處抗告人罰鍰2,000元，核無違誤。本件抗告，為無理由，應予駁回[36]。

三、行為人以言語挑釁，致發生肢體衝突

抗告人即被移送人蔡某、黃某（下逕稱其名）於下列時、地有違反社會秩序維護法之行為：（一）時間：民國107年10月17日15時23分許。（二）地點：台北市○○區○○○路○段○○○號6樓。（三）行為：互相鬥毆。認其等均違反社會秩序維護法第87條第2款之規定，各裁處罰鍰新臺幣（下同）3,000元等語。

抗告意旨略以：蔡某以伊與黃○生是對門鄰居，因黃某在住處門上掛八卦鐘，伊請大樓總幹事聯絡黃某房東將之取下，黃某即下樓罵伊三字經，而後雙方起爭執，黃某攻擊伊，伊僅有阻擋防衛，係被動之正當防衛，原審不察，認定伊與黃某鬥毆，並據以裁罰，顯有違誤等語。黃某則以：伊當日係遭蔡某毆打至毫無還手餘地，蔡某將伊壓制在地，打累了才停手，此有監視器錄影可證，蔡某於警詢所述不實，原審據以認定伊與蔡某鬥毆，自有違誤等語。

經查：本件蔡某及黃某雖均矢口否認有互相鬥毆，並均辯稱係出於防衛之行為。惟參蔡某於警詢時指稱：當時黃某在住家門口放一面鏡子，照著伊門口，伊請大樓總幹事聯絡黃某房東後，黃某去找總幹事叫囂，返回住家時有罵三字經，伊下意識聽對方辱罵伊，就進門打電話報警，警察來之後，黃某仍然言語挑釁，後來先伸手推伊一把，才發生肢體衝突等語，核與黃某於警詢所述；蔡某因不滿伊在住家門口掛鏡子，就聯繫大樓總幹事，要求伊取下，伊不同意總幹事干涉伊在住家門口掛東西的自由，故講了總幹事的壞話，蔡某聽聞後就報警，警方到場後，蔡某開始對伊兇，又裝作要衝過來打伊，警察擋在中間，對方一直挑釁，伊先用手碰到對方，對方就打過來，雙手攻擊伊頭部，伊抱住蔡某脖子，蔡某把伊壓在地上攻擊，後來才被員警拉開等語，大致相符；再佐以萬華分局華江派出所違

---

[36] 台灣台北地方法院107年度秩抗字第15號刑事裁定。

反社會秩序維護法案件現場紀錄記載：「……警方到場後請雙方出來詢問……兩造仍不斷叫囂互嗆，後因黃某手有觸碰到蔡某，雙方拉扯徒手扭打。」等語，可知本件由黃某先行出手，蔡某予以反擊後即發生扭打，其等2人所發生之攻擊行爲，應係各基於傷害之犯意而屬互毆無訛。

抗告人2人均不得主張正當防衛阻卻違法，亦甚明確。是抗告意旨各謂其等所爲係在防衛云云，洵非可採。原裁定以此爲據，認抗告人2人均有相互鬥毆行爲，並無不合。原審援引上開社會秩序維護法第87條第2款規定，對於抗告人2人互毆各裁處3,000元罰鍰，經核認事用法並無不合，分別裁處罰鍰金額亦稱妥適，抗告人等指摘原裁定不當，難認有理由，均應予駁回[37]。

四、無客觀事證認定被移送人有主觀鬥毆意圖

本件被移送人於警訊時均否認涉有移送意旨所指於民國103年9月16日18時34分許，在台北市大安區大安森林公園入口（信義路與新生南路口）意圖鬥毆而聚眾之犯行，而依移送意旨及卷內之相關通訊軟體手機截圖資料所示，僅顯示被移送人係經事先聯絡前往現場聚集，但並無任何邀集係前往鬥毆之言詞紀錄，而被移送人林某於警訊時僅稱「來挺汪姓朋友，來幫他撐場面，好像他跟人家吵架，需要找人去助陣等語，所稱幫忙撐場面，找人助陣等情，尚不能認係鬥毆之意，再參酌現場並未查獲何人持有棍棒、刀械等物品，自難認本件被移送人主觀上有何鬥毆之意圖而前往現場聚集。從而，移送機關認被移送人主觀上均有鬥毆之意圖，尚屬不能證明，核與社會秩序維護法第87條第3款規定之構成要件不符，原審即爲被移送人均不罰之裁定。

抗告意旨雖指出由其他未成年人之警詢筆錄中得知此次大批黑衣人聚集之目的係爲「支援打架」，主觀上已有認定鬥毆之意圖而聚眾。且依抗告人之調查報告指出，此次事件係竹聯幫平堂松山會因職棒簽賭利益糾紛，相約大批人馬於大安森林公園談判，現場互相叫囂、肢體衝突必定在

---

37 台灣台北地方法院108年度秩抗字第1號刑事裁定。

所難免，行為人於警詢筆錄中稱「支援打架」、「去相挺」、「去助陣」等，主觀上亦有毆打之意圖。惟查，依抗告理由所檢附之未成年人A之警詢筆錄內容：未成年人A係因未成年人B以Facebook方式聯絡而至上址支援，且未成年人A前往現場而所接觸、認識者，亦均為未成年人B所聯繫之未成年人等5人等語，究此，未成年人A及其一同到場之未成年人，實無證據可證與本件被移送人有何直接聯繫，故尚難以未成年人A等主觀上所認識之情節，直接作為認定被移送人主觀上確有聚眾鬥毆之意圖。

至另一未成年人C之警詢筆錄內容係以：未成年人C因同學聯絡而至現場，然其於上開時地之見聞內容，僅係見到一群都穿黑衣服的年輕人（年約16、17歲），並聽到他們說要打架等語，然查，該等黑衣人士是否即為本件被移送人，依卷附所有證據資料，並無相關證據可資證明，故此情既非無疑，自亦不得遽以未成年人C於現場之聽聞即認本件被移送人於主觀上確有爭鬥毆打之意圖。此外，上開未成年人C於該警詢中亦稱：伊並不知道當時到大安森林公園之原因與目的，僅係因同學聯絡而前往等語，據此，可見當時所有前往大安森林公園之人，並非均具有爭鬥毆打之主觀意圖。綜此，抗告理由雖執上開未成年人A、C之警詢筆錄，以其等在現場所知情節而認被移送人於主觀上已有聚眾鬥毆之意圖，然僅以上開警詢筆錄所示之內容，足見抗告理由之推認實嫌速斷。

抗告人調查報告雖「研判」本件與竹聯幫經營網路職棒簽賭衍生之幫派利益與糾紛等衝突有關，然此仍未能證明被移送人確有聚眾鬥毆之主觀構成要件，是亦不得以此研判報告遽認被移送人有何聚眾鬥毆之目的。綜上所述，依被移送人於警詢所述之內容，及卷附之相關通訊軟體手機截圖資料所示，確實僅能顯示被移送人係經事先聯絡前往現場聚集，而無任何聚眾前往該處欲行鬥毆之言詞紀錄，且無其他客觀事證可認定被移送人主觀上均有鬥毆之意圖，參以前開說明，原審裁定被移送人均不罰，核屬有據。抗告意旨前開所持之理由，應予駁回[38]。

38　台灣台北地方法院103年度秩抗字第10號刑事裁定。

五、須具有鬥毆之意圖

意圖滋事於公共場所任意聚眾，有妨害公共秩序之虞，屬違序行為。本案依查獲員警提出之職務報告稱：「職與莊員擔服晚間6時至8時巡邏勤務，於7時45分許接獲勤務中心通報並聯繫報案店家後，店家稱位在其旁之忠昇公司有人打架，職到場時約晚間7時49分許，見屋內聚集約20名男子，且屋前玻璃破碎滿地，質詢問發生何事，陳某指係壽某破壞。現場人數眾多，雙方情緒激昂，2名警力需控制現場約20名的人數，職便令現場人員到屋內，於等待支援到場過程中，現場仍有10餘名不聽警方勸導，突然陳某衝往對向車道，指著壽某大聲咆哮，該公司人員約5名亦隨之衝往對向人行道，雙方扭打成一團，職邊跑邊大聲制止雙方，但雙方仍不聽警方制止，恐危害人身安全，職見狀況危急立即持槍對空鳴槍喝阻，惟雙方仍繼續扭打職再對空鳴槍第二槍發生嚇阻作用，雙方停止扭打，有效控制現場，斯時支援同仁到場，始將一干人等帶回偵辦。」等語。

本案抗告人李某率同之人壽某朝甲公司玻璃門丟擲玻璃瓶而將之砸毀後，仍逗留現場並未離開，嗣雙方人馬即於公共交通往來之馬路邊發生激烈爭執扭打，已顯有妨害公共秩序之虞，而員警出言喝令渠等停手分開以避免事態擴大後，抗告人李某等人仍均未予置理，經警第一次對空鳴槍示警後猶未停手解散，直至員警第二次對空鳴槍後始罷手停止，是抗告人李某為向證人陳某索討債務，意圖滋事而於公共場所任意聚眾，有妨害公共秩序之虞，已受該管公務員解散命令而仍不解散之違規情節，堪以認定[39、40]。

六、互相鬥毆情節尚輕

審酌曾某、李某、張某因細故發生口角，一言不合即互相鬥毆，行為均已妨害公共秩序及社會安寧，兼衡其等就被移送之事實均已坦承不諱，

---

[39] 本案原審依社會秩序維護法第64條第1款規定，裁處抗告人罰鍰1萬元，經核認事用法俱無不合，量處亦稱允適，抗告人徒憑己意，遽以前詞指摘原裁定不當，為無理由，其抗告應予駁回。台灣桃園地方法院100年度秩抗字第1號刑事裁定。

[40] 引自許義寶，聚眾活動參與者之責任，聚眾活動處理學，中央警察大學出版，2016年，第五章。

及其等之生活狀況、智識程度、素行等一切情狀，分別裁定如主文所示之處罰。至移送機關雖表示曾○雄、張○龍2人爲遊民，李○鈴則以拾荒爲生，若處罰鍰顯難執行且難收懲戒之效，建請裁處拘留等語。惟警詢筆錄上記載曾○雄、張○龍之經濟狀況均爲勉持，李○鈴甚至爲小康，均未達於「貧寒」之程度，且其等鬥毆持續時間約僅2分鐘，有監視器錄影畫面翻拍照片在卷可參，違序情形尙非嚴重，而社會秩序維護法第87條規定之行政罰爲「處新臺幣1萬8,000元以下罰鍰」，依本案情形，若處以被移送人拘留顯有違比例原則[41]。

第五節 研析（含學者及個人看法）

一、相互鬥毆行爲造成危害性

（一）暴行或鬥毆行爲

依警職法第19條第3款規定：「暴行或鬥毆……。」在執行上除管束之外，並須查證其身分，檢查其所攜帶物品，是否有危害物品或器械。對於將實施暴行或鬥毆者，警察應加以制止，以防制其行爲傷害他人。且暴行或鬥毆之行爲，應已違反刑法、社會秩序維護法或少年事件處理法等法律，警察此時之介入調查與實施管束，二種職權產生複合情形。本款之目的，在制止該「暴行」危害之發生或擴大，依一般傳統觀念，警察以管束、訓誡方式，應可達到制止有意實施「暴行或鬥毆」者，打消此念頭或產生嚇阻效果。本款之管束，在實際運用上亦有制止之職權。理論上警察以「管束」措施，實施制止之程序。如對當事人留置或施以其他檢查、限制行動自由，使該可能發生之暴行或鬥毆，弭於無形。

執行上除依警職法之管束規定外，另有社會秩序維護法、少年事件處理法、刑法等相關罰責之規定，警察亦應主動調查。且爲維護警察之

---

[41] 台灣新竹地方法院109年竹秩字第93號刑事裁定。

安全，在管束程序發動前，得檢查行爲人所攜帶物件，查驗是否持有凶器[42]、危害物品，此亦爲必要之措施。依本條第3項規定，管束時得併檢查被管束人之身體，其檢查限度應以查驗是否有攜帶足以危害其本人或他人生命、身體之物品爲主，在此必要範圍限度內，施以檢查。實施時，亦不可濫用本項檢查職權，故爲侵害人民隱私權或有其他目的、超出範圍之檢查。

實務上警察爲制止處理行爲人飲酒打架案件，依狀況對行爲人強制管束、保護，後該人指稱被警察毆打，並檢具診斷書向法院提出告訴，造成警察執行上合法性認定之問題[43]。因此，實務機關對於管束之執行要件、處理程序、實施限度等，必須明確予以遵守，以免衍生合法性之問題[44]。

（二）警察得爲管束

「管束」係指違反當事人意願或未得其同意，以實力暫時拘束其一般行動自由之即時措施。由於此等措施限制、侵害人民之人身自由甚鉅，因此除應遵守憲法規定外，其發動要件必須嚴格解釋，除應斟酌行政法上之「比例原則」外，並應審愼判斷於具體個案中，是否有時間急迫之必要性，始得爲之。此「危害」之判斷須經預估之程序，其時點以警察機關作成決定時所擁有的認知能力爲準，依當時客觀情況判斷可能發生危害，縱使事後並無實際危害產生，亦屬合法。本法規定警察在下列情形得爲管束[45]。

---

[42] 最高法院92年1月9日92年度台上字第96號刑事判決：「……對於現行違反社會秩序維護法之行爲，警察得即時制止其行爲，並得逕行通知到場，其不服通知者，強制其到場；行政官署認爲有違害公安之虞，非管束不能預防危害者，得施以管束；社會秩序維護法第四十二條、行政執行法第七條第一項第四款分別定有明文。A既不服警員制止其行爲，又始終拒絕表明身分，於警察請其到警局說明時，仍置之不理，則具有警察身分之B、C等人施以強制處分權，分別搜查其皮包內有無危險物品，及強制其到警察派出所，以達了解其身分之目的，就其實施手段而言，尚未逾越實施公權力之比例相當性原則，難認被告等有違反社會秩序維護法第四十二條之規定。……警察B、C認A爲共同實施前述違反社會秩序維護法之人，以強制之手段制止其行爲，或爲查明其確實身分之處置，亦未逾越實施公權力之比例相當性原則，難認被告等有違反社會秩序維護法第四十二條之程序規定。」
[43] 李震山主持，前揭警察職務執行法草案之研究，頁368-369。
[44] 轉引自許義寶，警察職務執行法第19條釋論，蔡庭榕等著，警察職務執行法逐條釋論，五南，2020年9月，頁437以下。
[45] 蔡茂寅，警察職權行使法上之即時強制，日新第6期，2006年，頁27。

　　即時強制與行政上之強制執行在概念尚可予以區分。前者乃是為實現一定之狀態或行政目的而有即時予以強制之必要時之制度，在概念上並無義務之賦課（同法第36條參照）；後者則為強制義務履行之手段，因此即時強制雖在行政執行法併為規定，但與行政上之強制執行同屬行政強制之下位概念，因此精確言之，行政執行法在理論上應稱為行政強制法[46]。

二、聚眾鬥毆與傷害罪

　　刑法第149條、第150條修正案，將「公然聚眾」改為「在公共場所或公眾得出入場所聚集3人以上」，警方認為構成要件明確，有助於強勢執法。警政署說，近年聚眾鬥毆透過通訊軟體快速集結，對社會秩序影響甚鉅，司法實務對「公然聚眾」構成要件認定狹隘，警察難以防止危害，修法明確定義場所及人數，有利於實務判斷，將訂定作業流程及規劃教育訓練，讓員警熟悉新法，壓制街頭、夜店、KTV等聚眾鬥毆。現行條文的「公然聚眾」，司法實務認為必須在公然狀態下聚集多數人，或參與的多數人有隨時可增加狀況，若經事前約定已確定人數便不構成，警方不易舉證。刑事局統計，2018年依刑法第150條、第283條移送聚眾鬥毆1,642人次，無人因此被判決有罪，只有5人被依傷害、妨害公務或侮辱公務員罪判刑。受限舉證問題，加上當事人常不提告，警方多依社會秩序維護法第87條「輕輕放下」，2018年移送665人次，法院僅裁罰518人次，其中2人次拘留，其餘裁處罰鍰，金額多在2,000至6,000元，警方認為缺乏嚇阻力[47]。

　　聚眾鬥毆罪參酌刑法283條之規定，「聚眾鬥毆致人於死或重傷者，在場助勢而非出於正當防衛之人，處三年以下有期徒刑，下手實施傷害者，仍依傷害各條之規定處斷。」於探討德國刑事法有關「危險傷害」之規範時，就我國、德國均有課與刑罰之「未必實施傷害之聚眾鬥毆行為」其是否與傷害行為危險有關，與該條規範要件是否有其他爭議，應有討論必要。

---

[46] 蔡茂寅，警察職權行使法上之即時強制，日新第6期，2006年，頁25。
[47] 3人以上算聚眾鬥毆修法通過－警政署：有助強勢執法，聯合報，2019年12月13日。

我國刑法第283條「聚眾鬥毆罪」之制定，根據立法理由可知其乃參酌德國刑法第231條「參與鬥毆」所制定。並就該條規範性質於德國刑事法學界討論上，德國早期學界見解雖有主張其乃針對多數人群毆致人死傷之行爲態樣，難以個別定義參與者之行爲是否對於法益侵害結果產生作用力，而針對參與者行爲「導致結果發生之嫌疑」給予較輕之不法評價，以平衡法益保障、刑事訴訟嚴格證明之兩難，即「一起鬥毆，一起處罰[48]。」，而有「嫌疑刑罰」之爭議。就前述爭議，近代德國刑事法學者本於「罪責原則」、「罪疑唯輕原則」之確保，主張德國刑法第231條「參與鬥毆」宜重新定性爲「危險刑罰」，換言之，參與鬥毆之行爲乃針對不特定多數人產生「侵害身體、生命法益危險」而課與刑罰，並將聚眾鬥毆之死傷結果解釋爲「客觀處罰條件」，以透過「危險犯」、「客觀處罰條件」之組合兼顧刑事政策考量與法益之保障。

刑法第283條「聚眾鬥毆罪」之規範性質、構成要件認定上，受前述德國實務學界「嫌疑刑罰」、「危險刑罰」討論影響深遠，並依我國學界近期見解，其多參酌對德國刑法第231條「參與鬥毆」之立法背景，而將該罪定性爲「危險犯」，並將該條所稱「致人死或重傷者」，解釋爲客觀處罰條件，以適度限縮刑罰發動，並合於本罪避免身體安全危險擴大之本意。

我國學界見解雖已將本罪規範性質解釋爲「危險犯」，並將「在場助勢而非出於正當防衛之人」、「下手實施傷害者」等構成要件，依該罪規範鬥毆危險之意旨給予解釋，而非僅有因應聚眾鬥毆難以追訴實施侵害行爲之人之刑事訴訟考量。惟我國最高法院是否對該罪構成要件判斷一致，應有討論必要。（一）在場助勢之人，與下手實施傷害之人依前述學界見解，該條所稱「在場助勢而非出於正當防衛之人」，宜認爲其乃立法者評價其行爲具有「雖未直接實行傷害行爲，惟產生聚眾鬥毆之侵害生命、身體法益風險」之特性，而有課予刑罰必要，並得認爲其屬我國刑法傷害罪

---

[48] 李聖傑，加重傷害類型之研究，科技部補助專題研究計畫成果報告期末報告，2014年10月，頁5-6。

章處罰非實害結果風險之例外規定。惟就前述學界見解，我國最高法院曾有判例指出，「（舊）刑法第三百條前段所謂在場助勢之人，指參與聚眾鬥毆之情形而言。若因臨時口角發生鬥毆，即與事前以鬥毆之意思而聚眾者有別。凡在場而未下手之人，除確有助勢情事可認為幫助正犯之行為，應依（舊）刑法第44條從犯之規定處斷外，要不得援用（舊）刑法第三百條前段論科。」據此，在場助勢之人似應限於「參與聚眾鬥毆，並已下手」者，換言之，即對身體、生命法益造成實害者，方得就該行為論以聚眾鬥毆罪，而否定「危險犯」之規範解釋可能[49]。

三、鬥毆違序與聚眾鬥毆罪

對於不管是在KTV也好，包括在其他場所裡面，公然聚眾、雙方互毆的結果，沒有人提告，為依社會秩序維護法處理。在通過刑法第149條或第150修正之後，會依情形適用第149條或第150條來處理。[50]

早期刑法第148條條文，爭議點就在於主觀犯意的強暴脅迫跟客觀犯意的公然聚眾，過去在處理這些聚眾鬥毆事件的時候，就是因為客觀要件沒有辦法合致到現在的狀況，所以沒有辦法依第149條來辦理。如改成「三人以上」、「在公共場所或公眾得出入之場所」，但是改成「三人以上」之後，又會有疑慮，就是可能又會涉及到一般的集會遊行，甚至於婚喪喜慶，其當初的目的不是強暴脅迫，但因為中間發生了一些變化而產生施強暴行為的情形。

如擔心這個範圍太廣，所以加上一個前提，把主觀犯意放在最前面，讓這整個過程裡面都必須要存在有施強暴脅迫的犯意，才能夠構成第149條。希望能夠運用第149條來遏止此類妨害社會秩序的案件，而一般的打架，當然包括刑法的傷害罪或者社維法可以去處罰，但它惡性並沒有那麼高，如果像是一開始就糾眾來討債、要做強暴脅迫這種事情，反而依現行條文，惡性高的犯罪我們沒有辦法處理它，而這次修法之後，針對惡性

---

49 李聖傑，加重傷害類型之研究，科技部補助專題研究計畫成果報告期末報告，2014年10月，頁5-6。

50 鍾委員孔炤發言，立法院第9屆第8會期黨團協商會議紀錄，2019年12月3日，頁52-53。

高的聚眾鬥毆案件我們就可以去處理。至於一般比較不具惡性或突發的打架案件，適用一般刑法的傷害、恐嚇、毀損規定或者是社維第87條。[51]

有可能是一開始群眾聚集，如果大家相邀跑去公園，另外call人的話，像有人就用網路直播，從台北call人去高雄聚集起來，造成對社會治安的危害。在這種情況之下，修改法條的時候也考慮很多，要排除集會遊行，所以把「意圖施強暴脅迫」先放在第一個要件，後面怎麼聚集都不是為了施強暴脅迫的話，那就不構成本條，而是不是社會秩序維護法的部分則另當別論。[52]

四、使用必要警械制止

警械使用條例第1條規定：「警察人員執行職務時，所用警械為棍、刀、槍及其他經核定之器械。警察人員依本條例使用警械時，須依規定穿著制服，或出示足資識別之警徽或身分證件。但情況急迫時，不在此限。第一項警械之種類及規格，由行政院定之。」同法第6條規定：「警察人員應基於急迫需要，合理使用槍械，不得逾越必要程度。」同法第9條規定：「警察人員使用警械時，如非情況急迫，應注意勿傷及其人致命之部位。」警察職權行使法第3條第1項規定：「警察行使職權，不得逾越所欲達成執行目的之必要限度，且應以對人民權益侵害最少之適當方法為之。」

目前警械種類，行政院有函頒「警察機關配備警械種類及規格表」，目前警械合計共29種。查各類警棍、刀、槍核屬具殺傷力警械，警察配備應勤固可遂行行政目的與維護秩序，惟同時易造成民眾生命或身體之損傷而牴觸比例原則，此所以警械使用條例第6條、第9條明定僅得於急迫情形使用，且不得必要程度，且勿傷及致命部位。惟實務面上操作不易，因此，國外不乏有採用非致命武器作為警察執勤所得配備之警械。另

---

51 刑事局廖科長慶泰發言，立法院第9屆第8會期黨團協商會議紀錄，2019年12月3日，頁52-53。

52 法務部陳次長明堂發言，立法院第9屆第8會期黨團協商會議紀錄，2019年12月3日，頁52-53。

據諮詢學者專家表示，目前警械種類不足因應社會現況。依內政部查復，民眾曾投書建議增加此類警械。足徵現行警械種類確有在兼顧執法目的與比例原則之架構下，重新檢討之必要。

因時下通訊軟體與社群網站發達，群眾突發性聚集滋事肇生危安等情日益增多，在調派優勢警力到場因應處理前，第一線到場處理員警，確有維護秩序、控制場面並確保自身安全之需求。目前警察所使用之各類警械，係行政院於95年間所公告，迄今已多年未再行檢討，除諮詢學者專家直陳過舊不符現況外，不乏有民眾投書建議增加種類以符實需。警政署允宜了解實務執行勤務之需求，研議是否購置相關器材作為警備用途，並明確律定其使用時機，以確保民眾表達意見自由，同時維護公共秩序與安全之使命與任務[53]。

第六節　結論與建議

相互鬥毆會造成彼此間的傷害，亦會危及他人之安全，也會形成社會安全與安寧之問題。因此，在社會秩序維護法中對於相互鬥毆之行為，處以罰責。人民之間，有何嫌隙或紛爭，一般以相互間之言語溝通或請他人調解，如若不能解決，則可向民事法院或相關行政關請求解決，不能以武力解決。以武力解決，此則會造成彼此間傷害的另一問題。

警察負責社會治安之維護，對於有相互間鬥毆的行為，警察當前往制止、調查、移送處罰。不能任令暴力行為繼續，此將破壞整體社會安全與安寧。因此，近年來政府高層非常重視社會整體治安之維護，不能任令暴力破壞整體社會之安寧。聚眾相互鬥毆行為之構成，一定要有肢體之動作，並已造成他人之傷害。如只言語上之出言不遜或威脅口吻，則尚不能構成違反相互鬥毆之條款。

53　監察院調查意見，台北市政府警察局信義分局2名休假員警於轄區夜店遭聚眾滋事分子圍毆，造成1死1傷案，頁25-29。

造成聚眾相互鬥毆之原因，或有多種，例如多人之間彼此看不順眼或爲小事爭執，無法平和處理，皆有可能引起動手相互鬥毆之行爲。此風不可長，因處於民主法治國家社會，對於各種問題之解決，有其一定之法制可循。不可僅憑血氣之勇而動手動腳，暴力相向。

本文探討聚眾鬥毆行爲之調查與裁罰，警察得知有互相鬥毆行爲後，應攜帶裝備、組合優勢警力前往制止及調查。對於制止不聽者，警察得採取告誡行爲，例如對空鳴槍之警告。接著控制現場、扣留危險物品。後將相關嫌犯或違序人，帶回勤務處所偵訊調查，最後依其行爲事實，移送簡易庭或檢察機關處理。

第九章
警察取締妨害風化案例研析

劉嘉發

第一節　前言

　　警察取締妨害風化（俗）案件，向來是警察機關維護治安、防止危害任務重要的工作之一，而其執行之法律依據主要見於刑法與社會秩序維護法（以下簡稱社維法）中。前者刑法為第十六章之一「妨害風化罪」中的第231條、第231條之1、第233條、第296條之1；後者社會秩序維護法則為第三編分則第二章「妨害善良風俗」中的第80條、第81條、第82條及第四編附則第91條之1等條文。

　　按刑法前揭條文主要在處罰意圖使男女與他人為性交或猥褻之行為，而引誘、容留或媒介以營利者（第231條）。或意圖營利，以強暴、脅迫、恐嚇、監控、藥劑、催眠術或其他違反本人意願之方法使男女與他人為性交或猥褻之行為者（第231條之1）。以及意圖使未滿十六歲之男女與他人為性交或猥褻之行為，而引誘、容留或媒介之者（第233條）。至於從事性交易之兩造，刑法基本上均不再處罰，可謂已「除罪化」或「除刑化」。至於社會秩序維護法上開條文則於2011年11月4日修正公布第80、81條條文，並增訂第91條之1條文規範性交易管理相關事項與指導方針。目前社維法主要在處罰：1.從事性交易者；2.媒合性交易者；3.在公共場所或公眾得出入之場所，意圖與人性交易而拉客者；4.在公共場所或公眾得出入之場所，意圖媒合性交易而拉客者。

　　此外，內政部警政署並頒訂有「取締妨害風化（俗）案件作業程序」（以下簡稱本作業程序），以供警察人員取締是類案件執行過程之參考依據[1]。本作業程序在該署編印之「警察機關分駐（派出）所常用勤務執行程序彙編」中歸屬行政類，而其執行程序規範包括法律依據、執行流程及注意事項等規定不少，另列有「查處涉嫌妨害風化（俗）行為廣告案

---

[1]　查內政部警政署最早於2001年6月編印「警察機關分駐（派出）所常用勤務執行程序彙編」，有關此項執行程序係為「取締妨害風化（俗）案件作業程序」，列於第二類行政類之末，相關規定僅有區區2頁。另其中尚有「妨害風化（俗）檳榔攤取締程序」，即取締俗稱「檳榔西施」之作業程序。參見內政部警政署編印，警察機關分駐（派出）所常用勤務執行程序彙編，初版，2001年6月，頁34-35、41-43。

件作業程序」[2]，可見警政部門對於此類案件取締之重視。本章旨在針對上開刑法與社會秩序維護法有關妨害風化案件之構成要件、法律效果暨相關執行作業程序，提出問題加以探討。並舉司法實務判決與裁定，進一步加以檢討評析。

壹、案例事實

緣行為人張某意圖媒合賣淫（指性交易），於2011年11月26日晚間11時許，在桃園市某路口，招拉桃園分局喬裝淫客之警員，約定每次交易代價新臺幣800元，即可媒合女子與之從事性交易，經喬裝員警表明身分而當場查獲。因認張某有違反社會秩序維護法第81條第2款之行為，而移送桃園地方法院簡易庭審理。案經該院法官裁定行為人不罰[3]。

貳、相關爭點

一、社會秩序維護規定之「性交易」行為，其定義及範圍為何？是否僅及於有對價之性交行為？而不及於有對價之猥褻行為？

二、社會秩序維護規定之「拉客」行為，其定義及範圍為何？如何具體適用於個案中？又在社維法規定之專區內「拉客」之行為是否構成阻卻違法？而不得以社會秩序維護法或刑法加以究責處罰？

三、社會秩序維護法規定之「媒合」性交易及「拉客」與刑法「媒介」之概念是否一致？二部法律規定之行為是否有所區別？其認定適用之基準為何？

四、依現行社會秩序維護法規定，警察人員能否再採取「釣魚」方式執行性交易相關案件之取締？其適法性為何？

2　內政部警政署編製，中央警察大學印行，警察機關分駐（派出）所常用勤務執行程序彙編108年版，2019年5月，頁53-64。

3　100年度台灣桃園地方法院桃秩字第245號裁定參照。李建良，公法類實務導讀，台灣法學雜誌第192期，2012年1月15日，頁96、107。

參、警察取締妨害風化案件之法令規範

一、刑法

　　我國刑法基本上針對自願性從事性交易之雙方行為人，並無處罰之規定，可謂性交易已「除罪化」。而刑法妨害風化罪章處罰管制性交易者，主要著重在於引誘、容留或媒介以營利之行為。按依刑法第231條規定：「意圖使男女與他人為性交或猥褻之行為，而引誘、容留或媒介以營利者，處五年以下有期徒刑，得併科十萬元以下罰金。以詐術犯之者，亦同。公務員包庇他人犯前項之罪者，依前項之規定加重其刑至二分之一。」本條當初立法及修法理由，主要有下列數點：（一）由於妨害風化犯罪樣態多元化，應召站主持人、掮客、保鑣等媒介嫖客與賣淫者於非特定場合為性交或為猥褻之行為，造成色情氾濫，社會風氣敗壞，加上色情行業利潤豐厚，以詐術使人行之者，亦常見，故增列「媒介」及施用「詐術」行為之處罰；（二）舊條文將婦女分為「良家婦女」與「非良家婦女」有違平等原則，又男妓日益普遍，亦妨害風化，故修改「良家婦女」為「男女」；（三）合併舊法第1項與第2項性交與猥褻行為之犯行，以減少本條文之項次；（四）加重刑罰，以遏歪風。

　　又刑法於2005年2月2日增訂第231條之1規定：「意圖營利，以強暴、脅迫、恐嚇、監控、藥劑、催眠術或其他違反本人意願之方法使男女與他人為性交或猥褻之行為者，處七年以上有期徒刑，得併科三十萬元以下罰金。媒介、收受、藏匿前項之人或使之隱避者，處一年以上七年以下有期徒刑。公務員包庇他人犯前二項之罪者，依各該項之規定加重其刑至二分之一。第一項之未遂犯罰之。」本條增訂理由主要在於：（一）增設意圖營利以強制等手段或以藥劑、催眠術使人無法抵抗而使人為性交或為猥褻行為之處罰，以保人身安全，遏止色情犯濫；（二）增列媒介、收受、藏匿、隱避被害人之處罰；（三）常業犯、公務員包庇犯行者相對加重刑罰。

　　另同法第233條規定：「意圖使未滿十六歲之男女與他人為性交或猥褻之行為，而引誘、容留或媒介之者，處五年以下有期徒刑、拘役或五千

元以下罰金。以詐術犯之者，亦同。意圖營利犯前項之罪者，處一年以上七年以下有期徒刑，得併科五萬元以下罰金。」本條修法理由主要考量如下：有鑒於容留、媒介行為與引誘行為惡性相當，爰並增列「容留或媒介」未滿16歲之男女，與他人為性交或猥褻之行為，其惡性較重，且嚴重破壞社會善良風氣，爰增列第2項規定處以較重之刑度，以期遏止。可見刑法就第三人如引誘、容留或媒介以營利者，仍加以處罰，並且針對未滿16歲之男女採取更嚴格的保護措施。

此外，原刑法第285條規定：「明知自己有花柳病或麻瘋，隱瞞而與他人為猥褻之行為或姦淫，致傳染於人者，除處一年以下有期徒刑、拘役或五百元以下罰金。」另依社會秩序維護法第91條之1規定，將會撤銷或廢止其證照。且經健康檢查發現有特定之疾病者，將吊扣其證照，依法通知其接受治療，並於治療痊癒後發還證照。惟刑法第285條業已於108年5月29日修法刪除相關規定，其刪除理由為：本罪之行為人主觀上明知自己罹患花柳病，仍刻意隱瞞與他人為猥褻或姦淫等行為，而造成傳染花柳病予他人之結果，已構成修正條文第277條傷害罪，為避免法律適用之爭議，爰刪除本條規定。因此，社維法第91條之1相關規定是否亦應一併考量修正之，值得檢討。

二、社會秩序維護法

（一）第80條條文解析

社維法第80條規定：「有下列各款行為之一者，處新臺幣三萬元以下罰鍰：一、從事性交易。但符合第九十一條之一第一項至第三項之自治條例規定者，不適用之。二、在公共場所或公眾得出入之場所，意圖與人性交易而拉客。」舊法原條文則規定：「有左列各款行為之一者，處三日以下拘留或新臺幣三萬元以下罰鍰：一、意圖得利與姦、宿者。二、在公共場所或公眾得出入之場所，意圖賣淫或媒合賣淫而拉客者。（第1項）前項之人，一年內曾違反三次以上經裁處確定者，處以拘留，得併宣告於處罰執行完畢後，送交教養機構予以收容、習藝，期間為六個月以上一年

以下。（第2項）」本條條文其修法主要理由如下[4]：

1.為符合司法院釋字第666號解釋所示平等原則之意旨，第1項第1款規定修正為從事性交易者，交易雙方均處罰。另拘留涉及人身自由之限制，對從事性交易或在公共場所或公眾得出入之場所，意圖性交易而拉客者處以拘留，並非最小侵害之手段，有違反比例原則之虞；又舊法第2項送交教養機構習藝之規定，屬處罰性質，實務已不再執行，且依司法院釋字第666號解釋意旨，對意圖得利而為性交易之人，應積極施以職業訓練、輔導就業，使其不再需要以性交易作為謀生工具，爰刪除原處三日以下拘留之規定，並刪除第2項。

2.本於「適度開放，有效管理」之原則，修正條文第91條之1授權地方政府得本自治原則，規劃得從事性交易之區域及其管理。惟於上開特定區域及目前依各地方政府娼妓管理自治條例管理之妓女戶之外，仍不得從事性交易，違反者，性交易雙方皆罰，爰增訂第1款但書。

3.為維護公共秩序與社會安寧，現行第1項第2款於公共場所或公眾得出入之場所意圖進行性交易而拉客者，仍予處罰；至於在公共場所或公眾得出入之場所意圖媒合性交易而拉客之行為，則移列至修正條文第81條第2款規定處罰，爰修正第2款文字。

4.因及兒童少年性交易防制條例對於性交易已有定義，為維法律用語解釋一致性，社維法不再另行定義。

綜上說明可知本條條文修正重點如下：1.針對性交易行為係採「以處罰為原則，不處罰為例外」。即性交易專區外娼嫖均加以處罰；專區內娼嫖皆不罰；2.在公共場所或公眾得出入之場所，意圖與人性交易而拉客者（俗稱站壁仔），仍加以處罰；3.娼嫖者不再處以人身自由罰之拘留，改為僅處三萬元以下罰鍰。因係「專處罰鍰」案件，故依社會秩序維護法第43條案件管轄規定，違反本條文之行為改由警察機關負責處罰。惟仍有論者主張不應將本條案件列為警察自行處分案件，應取消警方自為裁罰的權

4　立法院第7屆第8會期第1次會議議案關係文書，院總第1409號：委員提案第12688號，2011年9月14日。

力，一律移送簡易庭裁定，由法官保留裁定判斷權；為免街頭流鶯淪為警方歲末拼業績的犧牲品，亦應禁止警察機關以性交易案件計算業績點數分配[5]。

（二）第81條條文解析

社維法第81條規定：「有下列各款行為之一者，處三日以下拘留，併處新臺幣一萬元以上五萬元以下罰鍰；其情節重大者，得加重拘留至五日：一、媒合性交易。但媒合符合前條第一款但書規定之性交易者，不適用之。二、在公共場所或公眾得出入之場所，意圖媒合性交易而拉客。」舊法原條文則規定：「媒合暗娼賣淫者，處三日以下拘留或新臺幣三萬元以下罰鍰。」本條條文其修法主要理由如下[6]：

1.「暗娼」用語具有歧視性，爰修正之。媒合性交易者原則上仍處罰，但媒合符合第修正條文第80條第1款但書規定之性交易，包含於符合修正條文第91條之1自治條例規定之性交易場所〔即直轄市、縣（市）政府規劃之特定區域及原有合法之性交易場所〕，與符合上開自治條例規定之合法性交易服務者從事性交易者，例外免罰，爰依第80條體例現行條文為本條序文及第1款。

2.將舊法第80條第2款規定在公共場所或公眾得出入之場所，意圖媒合性交易而拉客之處罰，酌作修正列為第2款。

綜上說明可知本條條文修正重點如下：1.媒合性交易行為係採「處罰為原則，不處罰為例外」。即性交易專區外媒合性交易者，均加以處罰；專區內則不罰；2.在公共場所或公眾得出入之場所，意圖媒合性交易而拉客者（俗稱三七仔），仍加以處罰；3.罰責改為處3日以下拘留，併處新臺幣1萬元以上5萬元以下罰鍰。其情節重大者，尚得加重拘留至5日；4.因係處拘留併處罰鍰案件，為新增列之處罰類型。故依社會秩序維法第43、45條案件管轄規定，違反本條文之行為，仍應交由地方法院簡易庭負

5　蘇芳儀，我國性交易管制：從女性主義與實證研究評析社會秩序維護法，國立交通大學科技法律研究所碩士論文，2014年2月，頁102。

6　立法院第7屆第8會期第1次會議議案關係文書，院總第1409號；委員提案第12688號，2011年9月14日。

責裁定處罰之。

第二節 警察取締妨害風化案件之作業程序

　　查警察「取締妨害風化（俗）案件作業程序」係內政部警政署於2001年6月26日訂頒實施，歷經三次修正，最近一次於2014年6月5日修正。茲為因應嚴重特殊傳染性肺炎（COVID-19）疫情，並配合行政院人事行政總處109.2.27總處培字第1090027684號函頒「因應嚴重特殊傳染性肺炎疫情人力運用及辦公場所應變措施指導原則」，有效防範及因應疫情影響公務運作，或因疫情擴大，導致機關局部辦公場所或人員遭隔離；另因兒童及少年性剝削防制條例於2015年2月4日修正名稱（原名稱：兒童及少年性交易防制條例）及全文，酌作文字修正，爰修正本作業程序，以符實需[7]。

---

[7]　內政部警政署1090415警署行字第1090077450號函。

取締妨害風化（俗）案件作業程序

（第一頁，共六頁）

一、依據：
（一）警察職權行使法（第三條至第七條、第十四條、第十五條、第十九條、第二十條、第二十二條、第二十六條至第二十八條）。
（二）人口販運防制法第二條、第九條、第十一條、第二十條、第二十一條、第三十一條。
（三）刑法第二百三十一條、第二百三十一條之一、第二百三十三條、第二百九十六條之一。
（四）社會秩序維護法第八十條、第八十一條及第八十二條。
（五）刑事訴訟法第一百二十二條、第一百二十三條至第一百二十五條、第一百二十八條、第一百三十條至第一百三十三條、第一百三十七條、第一百三十九條。
（六）兒童及少年性剝削防制條例第三十一條至第三十三條、第四十條。
（七）提審法第二條、第七條、第十一條。
（八）組織犯罪防制條例第二條。
（九）就業服務法第四十四條、第四十五條、第五十七條、第六十二條至第六十四條（外籍人士）。
（十）臺灣地區與大陸地區人民關係條例第十五條、第七十九條、第八十三條、第八十七條（大陸人民）。
（十一）傳染病防治法。
（十二）嚴重特殊傳染性肺炎防治及紓困振興特別條例。

二、分駐（派出）所流程：

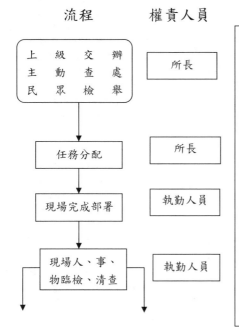

流程	權責人員	作業內容
上級交辦 主動查處 民眾檢舉	所長	一、準備階段： （一）裝備（視需要增減）：如制式裝備（警笛、防彈衣、頭盔、無線電、手槍、警用行動電腦等）、照相機、錄音機、臨檢表、手電筒、印泥與必要文具及器材（如破壞工具）；防疫期間，如與有感染嚴重特殊傳染性肺炎（COVID-19）之虞者接觸時，應配戴口罩、手套等必要之防護裝備。
任務分配	所長	
現場完成部署	執勤人員	（二）勤前教育：依據現場勘查報告與任務目標，確定任務性質與範圍，並對可能發生之狀況（彼、我雙方），研擬處置腹案。
現場人、事、物臨檢、清查	執勤人員	（三）任務分配：就勤務人員各項任務進行分配，如管制、警戒、檢查、蒐證、盤查、報告、解送人犯等。 二、執行階段：

（續）取締妨害風化（俗）案件作業程序

（第二頁，共六頁）

流程	權責人員	作業內容

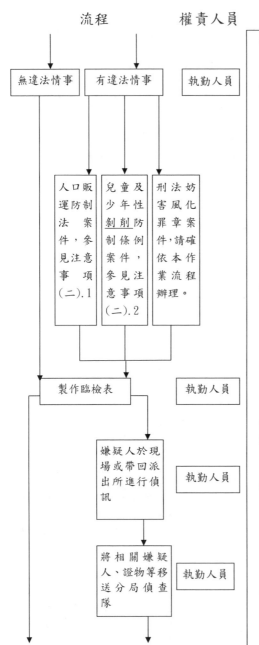

（一）到達現場，除向勤務指揮中心報告，並依勤教任務分工，封鎖各出入口，完成部署。

（二）防疫期間，現場行為人涉有犯罪嫌疑，為現行犯或準現行犯逮捕時，依據本署一百零九年二月二十七日警署刑偵字第一〇九〇〇一一〇七號函辦理。搜索時，由帶班人員出示搜索票（便衣人員同時出示身分證件）並告知搜索事由，且即查核在場人員身分、前科資料等；如知悉現場有罹患嚴重特殊傳染性肺炎（COVID-19）者（下稱罹患者），應即通報勤務指揮中心調派防護衣等必要之防護裝備到場。

（三）遇有違法情事時，查扣帳冊、保險套、潤滑劑、監視器鏡頭、閉路電視螢幕等可為證據或得沒收之犯罪證物。（發現本案應扣押之物為搜索票所未記載者，亦得扣押之；執行搜索時，所有人、持有人或保管人，無正當理由拒絕提出交付或抗拒扣押者，得使用強制力扣押之）。

（四）通知屋主攜帶契約到現場。

（五）全程錄影或照相（含包廂、按摩椅、姦宿地點、密室、秘密通道等）。

（六）執行臨檢後製作臨檢表，並載明包廂空間規劃及裝潢、雇主、媒合（介）者、性交易服務者、性交易服務者相對人、屋主、會計等人數、扣押物品、件數及請現場負責人、管理人於臨檢紀錄表上簽名。

（七）執行搜索、扣押後，應製作搜索、扣押筆錄，將搜索、扣押過程、執行方法、在場之人及所

（續）取締妨害風化（俗）案件作業程序

（第三頁，共六頁）

流程	權責人員	作業內容

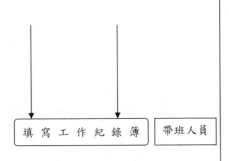

填寫工作紀錄簿　　帶班人員

扣押之物記明於筆錄，附卷移送檢察官或法官，並應製作扣押物品收據或無扣押之證明書，付與扣押物所有人、持有人、保管人或受搜索人。

（八）清點人員，服勤裝備，向勤務指揮中心通報收勤。

（九）防疫期間，現場行為人為罹患者、疑似罹患者或違反居家隔離、居家檢疫者，於勤務結束後，應清消應勤裝備，以保持衛生安全。

三、結果處置：

（一）偵訊重點：

1. 負責人、管理人、保鑣（把風）：有無前科？從事時間？是否逼迫從事性交易？每日營業額？如何分帳？有無刊登廣告？廣告刊載日期、版面？等。

2. 媒合（介）者：抽多少佣金？多少薪水？

3. 屋主：租賃金額多少？是否知情營業項目。

4. 會計：每月（或每日）營業額。

5. 性交易服務者：以何管道應徵？服務內容？最近一次交易時間？價錢？如何分帳？個人人身是否受限制（是否被迫、有無使用藥劑、詐騙等）。

6. 性交易服務者相對人：如何得知前往進行性交易（如報紙分類廣告、宣傳單及其刊登日期等）？媒介人？如何付錢？等。

7. 對否認犯案者，應交叉訊問，製作對質筆錄。

（二）移送分局偵查隊：刑案陳報單、筆錄、現場照片、刑案紀錄表、逮捕人犯通知書、現場證物、人犯、臨檢表。

（三）返所於出入登記簿簽註退勤，帶班（或指定）人員負責將執行情形，填註於工作紀錄簿，並將相關執行情形簽陳所長核閱。

（續）取締妨害風化（俗）案件作業程序
（第四頁，共六頁）

三、分局流程：

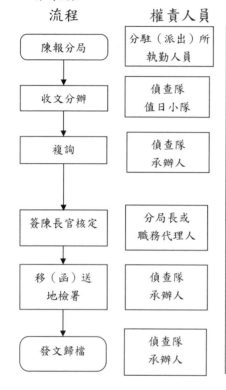

流程	權責人員
陳報分局	分駐（派出）所執勤人員
收文分辦	偵查隊值日小隊
複詢	偵查隊承辦人
簽陳長官核定	分局長或職務代理人
移（函）送地檢署	偵查隊承辦人
發文歸檔	偵查隊承辦人

作業內容

一、陳報分局
　　分駐（派出）所檢齊相關人證、物證、文件後，以陳報單陳報分局（偵查隊）偵辦。
二、收文分辦
（一）分局（偵查隊值日小隊）收到分駐（派出）所陳報單後，立即分辦、複詢。
（二）審核分駐（派出）所陳報資料，檢視各項證物與數量是否相符，缺漏資料時，令其補實；偵詢筆錄之犯罪構成要件不足者，偵查隊實施複詢，並補實相關犯罪事證。
（三）請示檢察官犯罪嫌疑人是否隨案移送，或函送偵辦。
（四）案件彙齊後，逐級審核，簽陳分局長核定後，移（函）送地方檢察署偵辦。
三、發文歸檔
　　刑事案件移送書發文後歸檔。

四、使用表單：
（一）受理各類案件紀錄表。
（二）公務電話紀錄簿。
（三）員警出入及領用槍枝彈藥無線電機行動電腦登記簿。
（四）員警工作紀錄簿。
（五）處理各類案件回報紀錄表。
（六）受理刑事案件報案三聯單。
（七）調閱口卡傳真單。
（八）搜索票聲請書。
（九）臨檢紀錄表。
（十）刑事案件陳報單。
（十一）權利告知書。
（十二）逮捕通知書（告知本人及其指定之親友）。
（十三）搜索／扣押筆錄。
（十四）扣押物品收據／無應扣押之物證明書。
（十五）扣押物品目錄表。

（續）取締妨害風化（俗）案件作業程序
（第五頁，共六頁）

（十六）調查筆錄（詢問犯罪嫌疑人）。
（十七）調查筆錄（詢問關係人）。
（十八）對質筆錄。
（十九）刑事案件移送書。
（二十）不解送人犯報告書。
（二十一）刑案偵查卷宗封面。
（二十二）偵查卷宗目錄。
（二十三）相片黏貼單。

五、注意事項：
（一）執行取締前應視具體個案辦理如下：
　　1.現地探勘：
　　（1）研判線索可信度（如：被檢舉人、處所有無被取締紀錄）。
　　（2）前往被檢舉地點附近監控，並利用刑事器材（如：望遠照相機、攝影機等）不定時（白天、晚上）對進出或徘徊附近之可疑人、車，予以照相及攝影蒐證。
　　（3）藉相關證據確認被檢舉地點仍有繼續從事妨害風化（俗）行為，再檢具相關事證向當地方法院聲請搜索票或報請檢察官親自帶隊執行。
　　2.聲請搜索票應注意事項：
　　（1）指證筆錄：目前法院較重視「人」的指證，因此最好檢附檢舉人指證筆錄。
　　（2）現場資料：如照片（白天、晚上）、勘查報告（附現場位置繪圖）。
　　（3）其他佐證：如以往取締紀錄（涉嫌人、場所）等。
（二）對涉及人口販運防制法、兒童及少年性剝削防制條例等情事，請依下列規定辦理：
　　1.人口販運防制法：依本署「加強查處人口販運仲介及集團專案實施計畫（反奴專案）」相關作業規定辦理。
　　2.兒童及少年性剝削防制條例：依本署「查處兒童及少年性剝削案件作業程序」規定辦理，並注意下列事項：
　　（1）兒童及少年性剝削防制條例第二條規定：本條例所稱兒童或少年性剝削，指有對價之性交或猥褻行為。至所謂「對價」指有相對報酬，且該報酬是不限金錢，尚包括其他金錢以外之利益或相對給付。（如：名貴禮物、衣飾或供養生活等酬庸，亦為對價之一種態樣），另「有對價」係指於性交或猥褻行為前，有對價之合意而言，應不包含於性交或猥褻行為後所為之對價合意（如：甲男與乙女性交前未有對價之合意，而係於姦淫乙女後，為防止事發始給付乙女金錢，則此行為尚非本條例所稱之「性剝削」）。
　　（2）查獲兒童及少年性剝削案件，應確實依「兒童及少年性剝削防制條例」第十五條規定，通知當地直轄市、縣（市）政府社會局（處）指派專業人員（社工）到場陪同兒童或少年進行加害人之指認及必要之訊問。
　　（3）處理兒童及少年性剝削案件，應注意保密，不得洩漏兒童或少年之身分。
　　（4）查獲十八歲以上之人從事性交易者，如適用「兒童及少年性剝削防制條例」第二十一條規定（十八歲以上之人，如遭他人以強暴、脅迫、略誘、買賣、或其他違反本人意願之方法而與他人為性交易者，得請依本條例安置保

（續）取締妨害風化（俗）案件作業程序
（第六頁，共六頁）

護），應主動協助並告知其相關權益。

（三）查獲外籍人士、大陸地區人民從事脫衣陪酒等妨害風化（俗）行為時，並請注意就業服務法第四十四條、第四十五條、第五十七條及臺灣地區與大陸地區人民關係條例第十條、第十五條之適用。

（四）對獲准居留之外籍配偶，於營業場所內單純從事坐檯陪酒，並收取坐檯費用者，雖刑法或社會秩序維護法尚無處罰之規定，仍請檢具臨場檢查紀錄表、照片及現場行為人筆錄等相關資料，函請內政部移民署或其當地專勤隊依權責處理。

（五）各警察局對查獲已移送法辦涉嫌妨害風化（俗）行為仍繼續營業之場所，應彙整清冊陳報警政署轉請各地方政府（聯合稽查小組）列為優先稽查對象，以起訴、尚未起訴、不起訴之先後次序實施複查，依其主管法令規定加強執行裁處，並於改善後持續追蹤列管稽查，以有效淨化社會風氣，營造優質生活環境。

（六）各警察機關妥為運用當地有、無線電視、電臺、報紙等大眾傳媒，持續宣導性交易服務者相對人及猥褻行為納入社會秩序維護法處罰對象，以降低性產業需求，並適時發布新聞成果，讓外界瞭解警察作為並昭示政府持續打擊色情不法行業之決心。

（七）收關人民人身自由法益之提審法業於一百零三年一月八日修正公布，茲將修正條文與本作業程序有關者，摘列如下：

1. 提審法第二條第一項規定，人民被逮捕、拘禁時，逮捕、拘禁之機關應即將逮捕、拘禁之原因、時間、地點及得依本法聲請提審之意旨，以書面告知本人及其指定之親友，至遲不得逾二十四小時。

2. 提審法第七條第一項規定，逮捕、拘禁之機關，應於收受提審票後，二十四小時內將被逮捕、拘禁人解交；如在收受提審票前已將該人移送他機關者，應即回復發提審票之法院，並即將該提審票轉送受移送之機關，由該機關於二十四小時內逕行解交；如法院自行迎提者，應立即交出。

3. 提審法第十一條第一項規定：逮捕、拘禁機關之人員，違反第二條第一項之規定者，科新臺幣十萬元以下罰金。第二項規定：逮捕、拘禁機關之人員，違反第七條第一項之規定者，處三年以下有期徒刑、拘役或科或併科新臺幣十萬元以下罰金。

第三節 案例評析

依據上列有關性交易行為處罰法令與執行程序之規定，並參酌前揭案例事實爭點，本章主要乃在探究性交易與拉客行為之定義，以及在所謂專

區內拉客行為是否處罰？又社維法規定之「媒合」性交易及「拉客」與刑法所稱之「媒介」概念是否一致？警察是否能再用「釣魚」方式辦案等關鍵議題，茲分述如次。

壹、性交易之定義

社維法第80條所稱從事「性交易」，並未於該法相關條文中進一步加以定義其內涵與範圍。惟查本條修法提案理由即指出：因兒童及少年性交易防制條例對於性交易已有定義，為維法律用語解釋一致性，社維法不再另行定義。故社維法所稱「性交易」，即應參照兒童及少年性交易防制條例第2條規定，係指「有對價之性交或猥褻行為」。故新法所稱之「性交易」，不僅包括有對價關係之「性交」行為，亦及於「猥褻」行為。

而所謂「性交」，則又須參照刑法第10條規定：「稱性交者，謂非基於正當目的所為之下列性侵入行為：一、以性器進入他人之性器、肛門或口腔，或使之接合之行為。二、以性器以外之其他身體部位或器物進入他人之性器、肛門，或使之接合之行為。」其中所謂「正當目的」，係指正常婚姻關係中夫妻間之性行為，或如醫生為醫療之目的，以醫療器材進入他人之性器、肛門，而為診察治療之行為。至於「性侵入行為」，則包括以性器進入他人之性器、肛門或口腔，或使之接合之行為；或以性器以外之其他身體部位或器物進入他人之性器、肛門，或使之接合之行為。因此，除一般性器接合外，如口交、肛交、指侵、物侵等皆屬之。且包括男女之間、男對男、女對女等均有可能構成該等行為。

至於所謂「猥褻」，在法律上並未加以明文定義，通常係指客觀上足以刺激或滿足性慾，其內容可與性器官、性行為及性文化之描繪與論述聯結，且須以引起普通一般人羞恥或厭惡感而侵害性的道德感情，有礙於社會風化者為限[8]。通常依照實務見解，「猥褻」係指姦淫以外，有關風化的一切色慾行為，此等行為，在客觀上足以誘起他人之性慾，在主觀上足

8　司法院大法官釋字第407號、第617號解釋參照。

以滿足自己之性慾[9]。因此，只要爲滿足主觀性慾，而爲包括撫摸、親吻身體等均有可能構成「猥褻」行爲的風險。但如此一來，若付費與人擁抱或接吻，撫摸身體，甚至要求他人觀賞自己自慰，或要求他人自慰供其觀賞，進行手交等行爲，甚有可能構成本條「猥褻」行爲，因有其對價性，故即屬違反本條之行爲，而應加以處罰。如此擴張解釋性交易之定義是否妥適，不無檢討之處。

吾人認爲兒童及少年性交易防制條例與社會秩序維護法，兩部法律之立法規範目的畢竟並不相同。查社會秩序維護法之立法目的旨在：「維護公共秩序，確保社會安寧」；至於兒童及少年性交易防制條例則爲「防制、消弭以兒童少年爲性交易對象事件」而定。將兩部規範目的不同、對象有異、性質有別之法律，卻強行套用相同性交易定義以爲適用處罰，如此作法恐怕是有待商榷的。

且揆諸舊法原條文所採「姦淫」用語，對照當時刑法之概念，應限於性交而未包括猥褻行爲在內。新法將性交易定義擴充解釋及於猥褻行爲，未來勢將擴大行爲處罰之範圍，如此擴張解釋適用未來恐怕更加輕易羅織罪行，確有檢討之餘地[10]。事實上，針對性交行爲之取締與採證，在執法實務上已然不易，更何況要就猥褻行爲加以取締舉證，恐怕會製造更多執法的困境，以及司法裁判上之負擔。故本文建議未來修法，應限縮適用範圍，僅處罰有對價關係之「性交」行爲，而不宜及於「猥褻」之行爲。

貳、拉客之定義

本條針對在公共場所或公眾得出入之場所，意圖與人性交易而拉客者（俗稱站壁仔），仍加以處罰。惟何謂「拉客」？未來在專區內自己意圖與人性交易而拉客之行爲，是否得加以處罰？仍須進一步探討。

按所謂「拉客」行爲，有「積極拉客」與「消極拉客」行爲之分，前者係指採取積極性作爲，擅自拉扯客人衣物或身體之行爲，但尚未達妨

9　林東茂，刑法綜覽，一品文化，6版，2009年9月，頁299。
10　劉文仕，情色危機：性交易管理法制新解，元照，初版1刷，2013年7月，頁134。

害其身體自由程度者而言；後者則係採消極性作為，如違反當事人意思，而以堵住其去路、強行糾纏方式而言[11]。而不論「積極拉客」與「消極拉客」行為，均係由「拉客者」主動發動該行為，其最後目的則在於「媒合」性交易。如非由「拉客者」主動發動該行為，而係尋芳客主動探詢後再為介紹，則屬「媒合」之行為，其可罰性相對較低。

事實上，社維法處罰之拉客行為，有為自己意圖與他人性交易而拉客者，亦有為媒合他人性交易而拉客者。前者俗稱「站壁仔」，後者俗稱「三七仔」或「皮條客」。而不論「積極拉客」或「消極拉客」之行為，兩者所用之手段、方法，均不能達到刑法第302條或第304條的剝奪他人行動自由或強制他人的程度，但要之，仍應對他人行動自由已構成某程度的妨礙。如流鶯單純的「站壁」，只用眼神「勾」出他人心火，甚至採「姜太公垂釣」方式靜坐某處，等待「內行人」自動上鉤，並無前述積極或消極的動作，縱其穿著暴露，除非有「放蕩之姿勢，而有妨害善良風俗，不聽勸阻」或「以猥褻之言語、舉動或其他方法，調戲他人」，另以社維法第83條規定處理外，為免茲生無謂爭議，警察執法似不必過度嚴苛[12]。

參、專區內拉客行為應否處罰

至於在性交易專區內之拉客行為是否仍應加以處罰？此一問題容待深究。有論者主張：社維法第80條第2款、第81條第2款雖處罰「在公共場所或公眾得出入之場所，意圖與人性交易或媒合性交易而拉客者。」並無但書不罰之明文。惟解釋上此處「拉客」行為，當屬意圖性交易或媒合性交易前之著手或預備行為，因而所為如係符合但書所定第91條之1第1項至第3項之自治條例規定者，例如性工作場所專區內拉客，自非條文所指「在公共場所或公眾得出入之場所」，仍屬例外不罰，乃當然之理[13]。

---

[11] 曾英哲，社會秩序維護法實用，初版，2005年2月，頁321以下。

[12] 劉文仕，情色危機：性交易管理法制新解，元照，初版1刷，2013年7月，頁134-135。

[13] 100年度台灣桃園地方法院桃秩字第245號裁定參照。李建良，公法類實務導讀，台灣法學雜誌第192期，2012年1月15日，頁96、107。

上開見解雖亦有其部分道理，惟本文認爲此一問題若詳細對照本條2款行爲之處罰規制，並就「拉客」行爲本質之非難性有所了解，以及眞正釐清「公共場所或公眾得出入之場所」之定義，即可得知在性交易專區內之拉客行爲，仍應加以處罰之結論。其理由如下：

一、有關法律「但書」之規定，習法者皆知「但書之前爲原則，但書之後爲例」外。」故本條第1款規定：從事性交易，處新臺幣3萬元以下罰鍰。但符合第91條之1第1項至第3項之自治條例規定者，不適用之。故新法有關從事性交易之行爲，係採「原則處罰，例外不罰」之立法精神。即針對性交易行爲原則上仍應加以處罰，僅於專區內例外地不予處罰。

二、又本條第2款僅規定：在公共場所或公眾得出入之場所，意圖與人性交易而拉客，仍須處新臺幣三萬元以下罰鍰。惟並仿第1款立法例，增列但書於專區內拉客不罰之明文規定。如此相近條款，立法者未在第2款增列但書不罰之規定，應可推論係立法者有意的疏漏，而非過失漏列。亦即如不處罰專區內之拉客行爲，條文應再明文增列「但符合第91條之1第1項至第3項之自治條例規定者，不適用之。」然本條第2款並未明文增列但書規定，應係立法裁量後之結果。

三、事實上，拉客行爲之非難性，乃在於造成進入性交易專區者之一般人，或僅爲行經該專區之路人，甚或好奇的觀光客，有無端受到拉客者騷擾之可能。吾人不能主觀率爾認定：凡是進入性交易專區者，多係尋芳客，故拉客行爲並不具干擾性或侵害性。再者，吾人認爲於性交易專區內從事性交易，宜採「願者上鉤」方式，由尋芳客主動探詢，自動上門來消費。若允許拉客行爲合法化，將有可能誘詔原無消費意願之人，經不起拉客者一再的慫恿糾纏，最後產生性交易之決意，如此一來是否有「陷害教唆」之疑慮。故爲有助於保障其他非尋芳客之行動自由，避免行經專區內之一般人受到此等拉客行爲之騷擾，在性交易專區內仍處罰拉客之行爲，自亦有其理。

四、又上開裁定似乎認爲「性工作場所專區內，均非屬公共場所或公眾得出入之場所」，乃導出在專區內拉客之行爲，自不應加以處罰，如

此論點恐怕是有待商榷的。按所謂「公共場所」係指不特定人無須任何特定條件，得自由進出之場所，如馬路、公園或廣場等；至於所謂「公眾得出入之場所」，則係指不特定人於特定條件下，得自由進出之場所而言，如百貨公司、火車站月站、戲院之放映廳等。故如在性交易專區內之馬路、騎樓或廣場，向往來路人實施拉客之行為，不論是意圖自己與人性交易或媒合他人性交易而拉客者，均已符合本條第2款及第81條第2款：在公共場所，意圖與人性交易或媒合性交易而拉客之構成要件該當，自仍應加以處罰。除非未來各地方自治條例明文規定，進入性交易專區內之人車，一律檢查，且須成年人方得進入該專區內。如此該專區即成為「特定人於特定條件下，始得進出」之場所，方能認定該專區內係屬「非公共場所或公眾得出入之場所」，而適用免予處罰之可能[14]。

肆、社維法「媒合」性交易及「拉客」與刑法「媒介」之概念

社維法第81條條文所稱「媒合」性交易，意圖媒合性交易而「拉客」，其中「媒合」及「拉客」之意義與刑法第231條所稱之「媒介」，三者間之概念與範圍是否一致，或有一定程度之差異，亦有探究之必要。

一般所謂「媒合」，係指「仲介」、「介紹」之意。為兩造雙方以外之第三人，所為居間溝通引介之行為。故社維法條文所稱之「媒合」性交易，應不包括性交易服務者本身所為之介紹媒合行為。因此，本條所謂「媒合」性交易，應係指性交易服務者與消費者以外之第三人，居間傳達性交易之意思表示與信息，進而介紹兩造進行性交易之行為而言。一般俗稱「皮條客」或「拉皮條者」，不論男女皆可當之。其媒合方式，可採文字、圖畫、照片，或以言語為之，但尚未出現拉扯消費者衣物或身體等較為強制之行為。

---

14 劉嘉發，社會秩序維護法性交易法制之研究，106年度警察執法專題研究年報，內政部警政署編印，2017年11月，頁47-48。

　　至於「拉客」，可大別為「積極拉客」與「消極拉客」之行為，前者係指採取積極性作為，擅自拉扯客人衣物或身體之行為，但尚未達妨害其身體自由程度者而言；後者則係採消極性作為，如違反當事人意思，而以堵住其去路、強行糾纏方式而言，已如前述。

　　又刑法第231條規定：「意圖使男女與他人為性交或猥褻之行為，而引誘、容留或媒介以營利者，處五年以下有期徒刑，得併科十萬元以下罰金。以詐術犯之者，亦同。」其中「媒介」用語與社維法第81條「媒合」頗為相近。一般而言，刑法本條所稱之「媒介」，係指就他人間所為之性交或猥褻行為，進行事前之居間介紹行為。媒介他人為性交或猥褻行為，需有藉以營利之情事，始足與本罪相當。是以，若非基於藉由該媒介行為以牟利者，縱有居中撮合行為，亦不成立本罪。

　　由此可見，刑法第231條所稱之「媒介」概念較廣，可包含「媒合」與「拉客」之行為。未來在法律適用上，如符合社維法第81條「媒合」或「拉客」之行為，自亦有可能成立刑法第231條之罪責。其間差異僅在於社維法並無主觀上意圖營利之限制；而刑法則須限於意圖營利方得加以科責。至於如產生法律適用上之競合情形，即同時觸犯刑法第231條與社維法第81條規定時，則應優先適用社維法第38條規定：「違反社維法之行為，涉嫌違反刑事法律或少年事件處理法者，應移送檢察官或少年法庭依刑事法律或少年事件處理法規定辦理。但其行為應處停止營業、勒令歇業、罰鍰或沒入之部分，仍依社維法規定處罰。」加以處理[15]。

伍、警察以釣魚方式取締之適法性

　　按警察職權行使法第3條第3項規定：「警察行使職權，不得以引誘、教唆人民犯罪或其他違法之手段為之。」此項規定係立法院修法時經黨團協商所增列之條文，主要用意在避免警察於偵查犯罪使用釣魚方式，亦即誘導犯罪方式為之。此種情形最常發生於查緝色情、毒品之犯罪，警

---

[15] 劉嘉發，社會秩序維護法性交易法制之研究，106年度警察執法專題研究年報，內政部警政署編印，2017年11月，頁49-50。

察假扮嫖客或毒販，或利用線民，以誘導犯罪嫌疑人從事該項行為後，予以逮捕；警方對於原已具有犯罪故意並已實施犯罪行為之人，以所謂「釣魚」方式之偵查技巧蒐集其犯罪證據之情形，此種方式，即吾人所稱的「釣魚」[16]。

　　惟在此乃有兩個概念應先加以釐清，其一為「陷害教唆」，其二為「誘捕偵查」，兩者在適法性與證據能力方面容有不同。而警察職權行使法上開條文之規定，究竟是同時禁止「陷害教唆」及「誘捕偵查」？或者僅禁止「陷害教唆」而容許「誘捕偵查」之行為？確有必要加以探討。依最高法院歷年來之司法實務見解認為：「所謂『陷害教唆』，係指行為人原不具犯罪之故意，純因司法警察之設計教唆，始萌生犯意，進而實施犯罪構成要件之行為者而言；而刑事偵查技術上所謂之『釣魚』，係指對於原已犯罪或具有犯罪故意之人，以設計引誘之方式，迎合其要求，使其暴露犯罪事證，再加以逮捕或偵辦者而言；此項誘捕行為，並無故入人罪之教唆犯意，更不具使人發生犯罪決意之行為。前者因係以引誘或教唆犯罪之不正當手段，使原無犯罪故意之人，因而萌生犯意並實施犯罪行為，再進而蒐集其犯罪之證據加以逮捕偵辦，其手段難謂正當，且已逾越偵查犯罪之必要程度，侵害人權及公共利益之維護，因此所取得之證據資料，應不認其具有證據能力；而後者純屬偵查犯罪之技巧，且於保障人權及維護公共利益之均衡維護有其必要性，故依『釣魚』方式所取得之證據資料，若不違背正當法定程序，原則上尚非無證據能力[17]。」由此可見，司法實務觀點基本上是容許「誘捕偵查」但禁止「陷害教唆」。故而吾人認為警察職權行使法上述條文規定，宜解為禁止「陷害教唆」，但容許「誘捕偵查」，方為正論。

　　觀諸本章旨揭案例中，警察人員故意喬裝欲性交易之消費者，在常有三七仔出沒拉客之時地經其向員警招拉，喬裝員警乃表明身分而當場查獲，取締究辦。此種情形，究竟是「陷害教唆」或「誘捕偵查」行為，自

---

16 蔡震榮、黃清德等著，警察職權行使法概論，五南，4版1刷，2019年11月，頁113。
17 最高法院96年度台上字第2333號刑事判決。

應先加以釐清，方能進一步探究其證據能力與適法性如何。吾人認爲其判斷之關鍵指標應以取締員警之「主動性」或「被動性」來決定之。蓋若係皮條客主動向員警招拉，警察處於「被動」之地位，此時警察加以取締究辦，乃屬「誘捕偵查」即釣魚之行爲，應認其適法。但如出於警察「主動」不斷地向三七仔探詢是否有在媒合性交易，行爲人據實回應並積極安排，此時即易形成「陷害教唆」之情況，亦不宜認其有構成拉客之行爲。此外，由於新修正之社維法一改過去罰娼不罰嫖之作法，對於從事性交易之雙方均加以處罰。因此，以往在舊法時期，警察喬裝成買春者去消費，事後再加予取締並未受到處罰，但也產生若干白嫖事件之爭議，影響警察形象甚鉅。由於目前從性交易行爲之兩造均須受罰，故警察亦不得再用釣魚方式取締此類案件。

陸、裁定要旨評析

本案桃園地方法院簡易庭法官裁定張某之行爲不罰，其主要理由除認定張某不符合「拉客」行爲之要件外[18]，尚提出下列觀點：（一）社維法第80條第2款、第81條第2款雖處罰「在公共場所或公眾得出入之場所，意圖與人性交易或媒合性交易而拉客者」，並無但書不罰之明文。惟解釋上此處「拉客」行爲，當屬意圖性交易或媒合性交易前之著手或預備行爲，因而所爲如係符合但書所定第91條之1第1項至第3項之自治條例規定者，例如性工作場所專區內拉客，自非條文所指「在公共場所或公眾得出入之場所」，仍屬例外不罰，乃當然之理；（二）在地方政府未依社維法第91條之1規定，設置性交易專區之前，對於娼、嫖及媒合者俱不應處罰，方符立法者爲保障性工作及自主權，而規定但書不罰之意旨。

惟針對本案裁定之見解，本文提出下列觀點加以評析：

一、與該裁定所屬之桃園地方法院簡易庭其他法官，就相同的拉客行爲，卻多數仍爲處罰之裁定，且處罰多爲1日拘留，併處新臺幣1萬2,000

---

[18] 李建良，公法類實務導讀，台灣法學雜誌第192期，2012年1月15日，頁104。

元罰鍰[19]。如此一來，即形成相同構成要件該當之違法事實，卻產生不同的裁定處罰之結果。這明顯已違反大法官第666號解釋所高舉的「平等原則」矣！桃園地方法院法官此一裁定，其他地方法院簡易庭多數法官並不見得認同，如此台北、士林、高雄等地方法院簡易庭，仍就類此拉客行為加以處罰。可見該裁定或許僅係個別法院法官就個案所為之「獨特見解」罷了。

二、進一步分析，倘該裁定理由見解為真，則未來如無任何地方政府制定通過自治條例，設置性產業專區，則所有性交易行為，包括拉客行為，均將自動「除罰化」，如此推論是否妥適，不無商榷之餘地。再者，即便未來有部分縣市通過自治條例，設置性產業專區，則其他未通過自治條例，設置性產業專區之縣市，因未設專區，故在此等縣市如有性交易行為，包括拉客行為，亦均將自動「除罰化」，不得加以處罰。如此是否為社維法此次修正之立法目的，是否符合平等原則，均有待檢討。

三、當然，各別法官在適用法律審判時，依憲法第80條規定：「法官須超出黨派以外，依據法律獨立審判，不受任何干涉」，此乃「司法獨立」之憲法保障。惟各級法官法官並不能恣意解釋法律，包括構成要件、法律效果，及兩者之涵攝連接關係。如在審理案件時，確信法律有違憲之虞，實應依據大法官釋字第590解釋意旨，法院法官於審理案件時，對於應適用之法律，依其合理之確信，認為有牴觸憲法之疑義者，各級法院得以之為先決問題，裁定停止訴訟程序，並提出客觀上形成確信法律為違憲之具體理由，聲請大法官解釋。而非逕行作成裁定不罰之結果。

四、此外，就移送之警察機關而言，依社維法第58條規定，桃園警察分局乃有抗告權人之一方。就該裁定卻不敢提出任何抗告。就此似乎反映出警察機關向來「高度尊重」司法之實務傳統。雖然本案拉客行為，

---

[19] 100年度桃秩字第247號裁定、101年度桃秩字第4號裁定、101年度桃秩字第5號裁定及101年度桃秩字第8號裁定等。

其案件裁處管轄權爲地方法院簡易庭。惟在此類案件中，警察機關乃扮演類似刑事訴訟法檢察官公訴人之角色，如對法院簡易庭之裁定不服，依理自宜向該裁定法院提起抗告。然查本案裁定作成後，原移送之警察機關並未提起抗告，令人對於行政權高度尊重司法權之現象，一則以喜，一則以憂。

第四節　結論與建議

我國針對性交易法制規範面主要包括刑法、社會秩序維護法、人類免疫缺乏病毒傳染防治及感染者權益保障條例、兒童及少年性交易防制條例及人口販運防制法等。吾人從相關理論探討及實務分析得知，我國目前針對性交易制裁之管制模式，首先性交易的雙方，基本上已經是「除罪化」、「除刑化」了，但對第三人——即媒合者尚依刑法加以處罰，即仍予以入罪化。至於「除罰化」方面，依新修正之社會秩序維護法條文規定分析，針對性交易之雙方，仍採「原則處罰，例外不罰」之規範模式。即依社維法規定，性交易行爲之雙方並未完全「除罰化」，反而是原則上均處罰，只有在專區內例外不罰。且不論是性交易服務者或第三人，亦不論專區內外，均禁止有拉客之行爲，並處罰專區外媒合性交易者。社維法同時授權各地方政府得因地制宜，制定自治條例，依該法第91條之1所定之立法指導方針，規劃得從事性交易之區域及其管理。主要包括設置地點應以商業區爲原則，並應與學校、幼兒園、寺廟、教會（堂）等建築物保持適當之距離；性交易場所及性交易服務者，均予以一定之條件管制，並禁止廣告之行爲。

雖然社維法修法已確立了「專區內性交易容許說」，有論者謂具相當前進性而值得嘉許[20]。但性交易當前真正的問題乃在於目前根本沒有任何地方政府有設置專區的意願，更未見具體擬定自治條例來規範相關事項，

---

[20] 蔡茂寅，性交易專區設置的行政法課題，月旦法學教室第113期，2012年3月，頁82。

且因「鄰避情結」使性交易專區設置的可能性幾近於零[21]。故對於性工作者乃至於性產業來說，本法修正條文施行迄今各地方政府未聞有性交易專區之規劃，法條上白紙黑字容許的合法性交易專區猶如「看不到，也吃不到」的法律騙局，「娼嫖俱罰」才是政府執法的現實[22]。

　　傳統上主張性交易應加以處罰之論點，主要不外乎公共衛生之考量、婚姻家庭因素，以及擔心其所衍生的犯罪問題。同時，有人也擔心性交易如果除罪化、除罰化，且不設置專區加以管理，恐怕會造成性交易泛濫，形成「春城無處不飛花」，鶯鶯燕燕飛入尋常百姓家。惟性交易不處罰就會造成性交易泛濫的說法，尚欠缺明顯的具體事證或足夠的研究數據加以證明，故此類說詞恐怕只是主觀、單純的臆測罷了。就如當時廢止檢肅流氓條例，有人也擔心黑幫流氓會因此而坐大，影響社會治安，但數年後的觀察，此一疑慮並非如當年想像的嚴重。

　　綜上所論，本文認為問題應該回歸釋字第666號解釋之核心，亦即對於性交易之行為在法律上應採取「一致性」的評價，方符真正的平等原則。那麼就要在「娼嫖皆不罰」或「娼嫖均罰」兩種的針鋒相對的規範模式，於立法裁量上確定立場，重新作出明確的抉擇。至於在態度上曖昧不明，法制實踐上窒礙難行以自治條例規範性交易專區，應予揚棄。進言之，若吾人認為性交易違反公序良俗，合法化不符國民道德標準乃至社會觀感，則在法制面應廢除社維法如海市蜃樓般的性交易專區條款，並在執行面確保娼嫖皆罰條款的全面執法，而非在取締警力有限下「捉小放大[23]」。反之，若認為性交易產業之性質如同博弈產業，可屬正常成人之商業娛樂活動，則應將性交易處罰條款與性交易專區規定一併廢除，另訂一套「性工作者扶助與保護法」或「成人性交易工作管理法」專法，俾作為中央與地方政府務實規範性交易行為與行業之基礎法律方屬妥適。

21　章光明，娼妓政策與警察娼妓管理業務，2012警察政策學術研討會論文集，2012年5月22日，頁25。

22　羅承宗，色即是空？——社維法性交易專區立法週年之考察，玄奘法律學報第19期，2013年6月，頁3。

23　張國讚、翁旭楓，司法院大法官釋字第666號解釋暨社會秩序維護法第80條之法制與實務分析，警專學報，5卷4期，2012年10月，頁61。

第十章
員警處理家庭暴力案例研析

張維容

第一節　前言

2018年8月31日，蔡英文政府上任二年三個月後，首次由法務部長蔡清祥批准執行李○基（原名李○鵬）的死刑，使李男當年所犯下之罪行再次被媒體大幅報導。法務部認為，死囚李○基殘忍殺害前妻及親生子女，屬情節最重大之罪，且無教化可能，故批准執行死刑[1]。

李男被起訴求處死刑，然一審認定李男情緒管理不佳，與其他殺子女案件不同，故殺妻部分判處十五年有期徒刑，殺長女部分判處無期徒刑。然而李男揚言出獄之後必將報復妻子娘家，法官認為李男毫無悔意，二審、更一審均將其殺害前妻與長女的犯行，改判無期徒刑與死刑，最終最高法院以六大理由於2016年12月判處死刑定讞[2]。

類此攜子自殺[3]的案例在我國社會層出不窮[4]，其產生原因相當多元且

1　李○基殺害妻女法務部執行死刑，2018年8月31日，中央通訊社網站，https://www.cna.com. tw/news/firstnews/201808315004.aspx，最後瀏覽日：2020年8月14日。

2　參照台灣高雄地方法院103年度重訴字第34號判決、台灣高等法院高雄分院104年上重訴字第6號刑事判決及最高法院105年台上字第480號刑事判決，司法院網站，https://law.judicial.gov. tw/FJUD/default_AD.aspx，最後瀏覽日：2020年8月14日。

3　「殺子後自殺」（filicide-suicide）較寬鬆的定義是指父母（含繼父母）或家內照顧者（含祖父母）殺害兒少後自殺。但也有學者採較嚴格的界定：「父母殺其18歲以下親生子女後在24小時內自殺者。」Filicide-Suicide: Common factors in parents who kill their children and themselves, The Journal of the American Academy of Psychiatry and the Law, 33: 496-504。

4　中山醫學大學附設醫院精神科相關研究統計數字顯示，1991年到2001年之間，曾被報紙報導過之攜子自殺案例約為78件，其中有一半以上是發生在最後3年，除在數量有上升的趨勢外，也有時間叢距的效應，也就是說，會在一段時間連續發生好幾起類似事件，產生模仿效應。

攜子自殺—極端的家庭暴力案件新聞稿，2003年12月4日，台北市社會局網站，https://dosw. gov.taipei/News_Content.aspx?n=6CA16D3397A7A302&sms=72544237BBE4C5F6&s=664BC75 32C30DC7F，最後瀏覽日：2020年8月20日。

2004年有12個家庭攜子自殺，造成21個兒少喪生；2005年略降為11個家庭，16個兒少犧牲，到2006年又飆升到22案，共有31個兒少因此失去生命；2007年情況好轉，有13個家庭攜子自殺，造成17個兒少喪生，四年來總計有58個家庭因各種因素，導致父母攜子女走上絕路，共有85個幼兒和青少年因此死亡，平均一年有21個兒少死在最摯愛的父（或母）手中，這個數字令人觸目驚心。在死亡兒少中以6-9歲（小一到小三）組最多，四年高達40位，其次是0-3歲組，共計30位，15-18歲依一般學齡雖已屆高中階段，但仍有6位因父（或母）的自殺事件而陪葬。劉淑瓊、彭淑華主持，兒虐致死及攜子自殺成因探討及防治策略之研究，內政部兒童局委託研究報告，2007年，頁3。

複雜，上述案例乃因婚姻失和所致，其他事件中亦可能因經濟、失業與家庭衝突等問題而促發攜子自殺，亦可能源自行為人本身因素所導致，例如精神疾病。此外，再加上傳統文化的加乘效應，東方的父母常將孩子視為自己的資產，有權決定其生死，當自己走投無路時、考慮自殺的同時，自然連帶地決定孩子的命運。

2007年內政部兒童局研究報告指出，於其所研究14個攜子自殺個案中，除3個舉家自殺及1個未婚生子的單親母親外，其餘10個個案在事發之前，都與伴侶處在相當緊張的關係之中，而且這樣的婚姻衝突狀態已持續相當長的一段時間[5]。亦即，因婚姻關係失調（包括離婚、家庭暴力及經濟與外遇等因素）所導致之攜子自殺個案，比例相當高。

台灣家庭暴力防治法（以下簡稱本法或家防法）[6]於1998年立法施行迄今已逾二十年，由於家暴事件的複雜性，在防治上必須倚重相關政府部門之專業及共同參與，故該法第8條規定：直轄市、縣（市）主管機關應整合所屬警政、教育、衛生、社政、民政、戶政、勞工、新聞等機關、單位業務及人力，設立家暴防治中心，並協調司法、移民相關機關辦理相關事項，建構防治家暴的網絡合作模式。此外，本法第4條第1項規定該法之主管機關如下：在中央為衛生福利部；在直轄市為直轄市政府；在縣（市）為縣（市）政府。同條第2項並律定相關機關之權責範圍，其中警政主管機關部分為：家庭暴力被害人及其未成年子女人身安全之維護及緊急處理、家庭暴力犯罪偵查與刑事案件資料統計等相關事宜。再者，同法第29條賦予警察人員對於家庭暴力現行犯應逕行逮捕，該法第三章規定之刑事程序中，亦要求警察人員應及時制止加害人的危害行為。具體而言，警察機關於家庭暴力領域中的工作職掌為：1.人身安全之維護及緊急處理；2.家庭暴力犯罪偵查；3.刑事案件資料統計。

由於警察人員經常處於家暴案件處理之第一線，於處理時必須同時關

5　劉淑瓊、彭淑華主持，兒虐致死及攜子自殺成因探討及防治策略之研究，內政部兒童局委託研究報告，2007年，頁127-129。

6　大多數研究者將家庭暴力防治法簡稱為「家暴法」，惟為避免諧音「加暴法」之錯誤理解，本研究均簡稱為「本法」或「家防法」。

注到被害人人身安全、並對相對人之暴力適時遏阻及留意家庭中其他應行保護協助之人的需求,再視案件通報連結相關專業網絡,就相關資訊即時傳輸互動,共同介入,以有效回應報案人與求助者之需求,並經由專業積極的警政作為,有效保護人身安全[7]。

以下本文將藉由李○基殺害妻女之案例,除先敘述該案之發生經過與爭論焦點外,並分別說明家防法中重要規範,包括名詞定義及民事保護令之類型、內容、核發與執行,以及違反保護令罪之處置,其次詳列警察機關處理家暴案件相關處理程序,之後再就相關問題探討之,並提出本文之建議。

第二節 案例事實與爭論焦點

李○基(下稱李男)乃陳女之前夫,於2013年4月29日經法院判決離婚確定。2人於婚姻關係存續期間育有小宇(2007年生,為未滿12歲之兒童)、小莉(2009年生,為未滿12歲之兒童)2名女兒,其與陳女、小宇、小莉(以下稱陳女等3人)分別具有家防法第3條第1、3款所定家庭成員關係[8]。

李男在婚姻關係存續期間後期,因與陳女感情生變,且對陳女等3人涉有家庭暴力(下稱家暴)行為,經陳女聲請保護令後,由台灣高雄地方法院於2012年5月8日以101年度司暫家護字第178號核發民事暫時保護令,命李男不得對陳女等3人實施身體或精神上之不法侵害等行為,李男於該時期則大多時間居住於桃園縣(已改制為桃園市)中壢市老家,陳等3人則同住於高雄市。

李男執意認為陳女必有在外結交男友,並認為此乃2人感情生變及陳

---

[7] 內政部警政署,婦幼安全手冊,2016年,頁19。

[8] 參照台灣高雄地方法院103年度重訴字第34號判決、台灣高等法院高雄分院104年度上重訴字第6號刑事判決及最高法院105年度台上字第480號刑事判決,司法院網站,https://law.judicial.gov.tw/FJUD/default_AD.aspx,最後瀏覽日:2020年8月14日。

女要求離婚之原因，遂對陳女心生怨懟而起報復之心，曾於2012年8月間自桃園縣駕車南下高雄市，強行帶走小宇及小莉，幸為警循線查獲而未生憾事，李男此部分違反保護令及故意對兒童預備殺人罪之犯行（下稱前案），經台灣台北地方法院以2012年度易字第964號判決各判處有期徒刑6月，應執行有期徒刑11月確定，於2013年7月3日執行完畢出監。

李男出監後，無法接受陳女向法院訴請判決離婚及取得小宇、小莉監護權之請求均經法院判准，並於2013年4月29日確定之事實，執意認為其係婚姻之被背叛者卻反而一無所有，益加對陳女心生怨恨，為使陳女遭受喪女之慟以逐其報復之心，於2014年4月計畫換車、換刀、準備安眠藥在女兒幼稚園外守候，強擄大女兒並且刺殺陳姓前妻，再開車載大女兒到新竹山區，在餵食長女安眠藥之後密封車窗燒炭，其後李○基送醫之後獲救，大女兒送醫之後傷重不治[9]。

表10-1　李○基殺害妻女案大事記一覽表

日期及重要事件	事件概述
2012年5月8日陳女等3人獲核發民事暫時保護令	李男因與陳女感情生變，且對陳女等3人涉有家暴行為，台灣高雄地方法院於2012年5月8日以101年度司暫家護字第178號核發民事暫時保護令，命令男不得對渠等3人實施身體或精神上之不法侵害等行為。
2012年8月李男違反保護令罪	李男於2012年8月間萌生欲自殺並預謀同時殺害小宇、小莉之犯意，自桃園駕車南下高雄強行帶走小宇及小莉，幸為警循線查獲而未生憾事，經台灣台北地方法院以101年度易字第964號判決各判處有期徒刑6月，應執行有期徒刑11月確定。
2013年4月29日判決離婚確定及陳女獲准小孩監護權	李男與陳女經法院判決離婚確定，陳女取得小宇、小莉監護權之請求均經法院判准並於2013年4月29日確定
2013年7月3日李男出監	李男於2013年7月3日執行完畢出監。

9　維基百科，https://zh.wikipedia.org/wiki/%E6%9D%8E%E5%AE%8F%E5%9F%BA%E6%A1%88，最後瀏覽日：2020年8月14日。

日期及重要事件	事件概述
2014年4月16日7時55分李男殺害陳女並強制帶走小宇	李男預謀殺陳女,至小宇、小莉就讀之幼兒園等候並強行帶走小孩。小宇被李男強行帶走、小莉逃進幼兒園,陳女欲救回小宇,遭李男以尖刀猛刺胸口數刀,陳女倒地不起為止,雖經送醫急救仍於2014年4月16日上午11時45分不治死亡。
2014年4月17日1時45分警方尋獲李男與小宇	2014年4月17日1時45分許,李男、小宇於新竹縣山區為警發現尋獲並送醫急救,李男經急救後即恢復意識。
2014年6月14日1時20分小宇不治死亡	小宇被送往新竹榮民總醫院插管急救,再送往林口長庚紀念醫院,後再轉送高雄長庚紀念醫院急救,於2014年6月14日凌晨1時20分許,因一氧化碳中毒,併發瀰漫性缺氧缺血性腦病變,又併發組織化肺炎及急性腎小管壞死,神經性休克及多重器官衰竭而死亡。

資料來源:作者自行整理,台灣高雄地方法院103年重訴字第34號刑事判決,司法院網站,https://law.judicial.gov.tw/FJUD/data.aspx?ty=JD&id=KSDM,103%2c%e9%87%8d%e8%a8%b4%2c34%2c20150615%2c5,最後瀏覽日:2020年8月14日。

　　從本案之發生經過,本文聚焦於以下幾個重點之說明與探討:

一、家庭暴力之基本概念:包括家庭暴力、家庭暴力罪、目睹家庭暴力、家庭成員、2015年修正第63條之1之準用對象及加害人處遇計畫等。

二、我國家防法所建構之民事保護令,其類型與內容、核發要件、效力及執行為何?

三、警察機關處理家庭暴力案件作業程序、執行保護令案件作業程序及處理家庭暴力罪及違反保護令罪逮捕拘提作業程序,內容為何?

四、就高風險個案,依據網路分工,警察機關應有哪些防治作為?

第三節　家庭暴力防治法重要規範

壹、名詞定義

一、家庭暴力

本法第2條及其施行細則第2條就家庭暴力定義如下：「家庭成員間實施身體、精神或經濟上之騷擾、控制、脅迫或其他不法侵害之行為。」有關精神及經濟虐待係2015年修法所增訂，其理由係鑑於實務上對於「精神上不法侵害」之認定並無明確標準，導致被害人於聲請保護令或請求協助時，常遭受質疑，故參酌其他國家之立法例，具體例示精神上不法侵害行為，並為避免過度放寬精神上侵害行為之認定，而僅限於與「騷擾、脅迫、控制」程度相近者，方屬之[10]。以下具體說明家庭暴力之行為態樣[11]：

（一）**身體上之不法侵害**：以包含毆、捶、推、拉、摑、敲、甩、捏、鞭、踢、踹、扭轉肢體、揪髮、扼喉，或使用器械造成另一方身體成傷或致命之行為，或對於家庭成員有虐待、遺棄、押賣、強迫、引誘從事不正當之職業或行為（如兒少性剝削情事）、濫用親權（管教過度成傷）、利用或對兒童少年犯罪等，或有刑法所定殺人、重傷害、傷害、妨害自由等情況者。

（二）**精神上之不法侵害**：對於被害人之精神情緒造成創傷之行為，如恐嚇、脅迫、侮辱、騷擾、毀損、干涉生活作息或人際互動、自殺意圖等與肢體暴力不同之侵害方式。其行為態樣包含：

1.**言語虐待**：以言詞、語調施予脅迫、恐嚇，企圖控制被害人，如謾罵、吼叫、侮辱、諷刺被害人、恫嚇、威脅殺害被害人或子女，揚言使用暴力等折損自尊心與自信心的行為。

2.**心理虐待**：以竊聽、冷漠以對、鄙視、羞辱、有違人格之不實指控

---

[10] 立法院公報處，立法院公報，104卷11期，2015年，頁213-221。
[11] 內政部警政署，婦幼工作手冊，2017年，頁20。

等行為，或試圖操縱被害人、虐待被害人所有之動（寵）物、破壞物品等足以引起對方精神痛苦或畏怖的不當行為。

（三）**性暴力**：對於被害人施予性侵害等妨害性自主之行為，或有強迫性幻想（例如性愛過程中有不顧他方感受情形、要求不受歡迎的角色扮演等）或逼迫觀賞色情影音出版品等。

（四）**騷擾**：指任何打擾、警告、嘲弄或辱罵他人之言語、動作或製造使人心生畏怖情境之行為（本法第2條第4款）。

（五）**跟蹤**：指任何以人員、車輛、工具、設備、電子通訊或其他方法持續性監視、跟追或掌控他人行蹤及活動之行為（本法第2條第5款）[12]。

（六）**經濟上之騷擾、控制、脅迫及不法侵害**：包括下列足以使被害人畏懼或痛苦之舉動或行為：

1. 過度控制家庭財務、拒絕或阻礙被害人工作等方式。

2. 透過強迫借貸、強迫擔任保證人或強迫被害人就現金、有價證券與其他動產及不動產為交付、所有權移轉、設定負擔及限制使用收益等方式。

3. 其他經濟上之騷擾、控制、脅迫或其他不法侵害之行為。

一般而言，家庭暴力的問題類型，依照被害對象之不同可分為婚姻暴力、兒童虐待（包括少年）、老人虐待及其他。暴力行為的種類則可分為身體虐待、精神虐待、疏忽照顧、剝奪與限制及其他等。而台灣家庭暴力以婚姻暴力居多[13]。

---

[12] 2015年修正理由說明之所以增訂跟蹤定義，係因「實務上經常發現加害人於保護令核發後，有對被害人施予跟蹤之行為，此種特殊行為態樣，解釋上雖可勉強涵蓋於騷擾之範圍，惟一般認知上仍認為有所差異，為避免實務執行上衍生不必要爭議，以利於本法保護被害人之目的得以落實，爰增列第四款有關跟蹤之定義，修正條文第13條等相關條文並將配合增列此種行為態樣」。2015年修正增訂跟蹤之具體行為態樣，擴充跟蹤之使用工具「電子通訊」及行為態樣「掌控他人行蹤或活動」，俾符合實務狀況。因此，形成現行法規定「任何以人員、車輛、工具、設備、電子通訊或其他方法持續性監視、跟追或掌控他人行蹤及活動之行為」。林婉珊，初探家庭與親密關係暴力之法律規制：以臺日民事保護令及其罰則為中心，國立臺灣大學法學論叢特刊期，2018年11月，頁1594。

[13] 簡春安，家庭暴力被害人保護方案之初探研究，內政部委託研究報告，2002年12月，頁3。

二、家庭暴力罪

本法第2條第2款規定，家庭暴力罪係指家庭成員間故意實施家庭暴力行爲而成立其他法律所規定之犯罪，如殺人罪、傷害罪、妨害性自主罪、恐嚇罪、強制罪、妨害自由罪及毀損罪等，若屬非告訴乃論之罪，即應調查偵辦。從而，成立家庭暴力罪之前提，必須其他法律已將同一家庭暴力行爲規定爲犯罪，始有可能成立家庭暴力罪，如其他法律就家防法中之特定家庭暴力行爲並未規定爲犯罪，則不會成立家庭暴力罪[14]。

三、目睹家庭暴力

係指看見或直接聽聞家庭暴力（本法第2條第3款）。2015年修法之增訂理由如下：鑒於家庭暴力不僅直接造成受暴者之傷害，對於身心發展未臻成熟之兒童及少年，目睹家庭暴力亦可能對其造成身心傷害與負面影響，爲加強保護該群潛在被害人，因而予以增訂。

四、家庭成員

依據本法第2條規定，家庭成員包含下列各員及其未成年子女[15]：

（一）**配偶或前配偶。**

（二）**現有或曾有同居關係、家長家屬或家屬間關係等：**例如寄養家庭、因宗教修業有長期共同居住關係。依民法第1123條第2項、第3項規定，同家之人除家長外均爲家屬，另雖非親屬而以永久共同生活爲目的同居於一家者，視爲家屬，故同志關係者，亦同屬本法之適用範圍[16]。另論者認爲，同居關係應從寬解釋，無論同性或異性之伴侶關係，如有居住上及經濟上與感情上之一定倚賴或深度連結者，應盡量使其能受此規範之適用[17]。

---

[14] 林婉珊，初探家庭與親密關係暴力之法律規制：以臺日民事保護令及其罰則爲中心，國立臺灣大學法學論叢特刊期，2018年11月，頁1593。

[15] 內政部警政署，婦幼工作手冊，2017年，頁19-20。

[16] 2007年修法時，經黨團協商，將原本第2款「現有或曾有事實上之夫妻關係、家長家屬或家屬間關係者」改爲「現有或曾有同居關係、家長家屬或家屬間關係者」，即爲現行法就家庭成員之定義。立法院公報，96卷20期，2007，頁150。

[17] 姜世明，民事保護令事件，軍法專刊，61卷5期，2016年，頁13。

（三）現為或曾為直系血親或直系姻親：包含曾祖父母、祖父母、父母、公婆、岳父母、養父母、子女、養子女、孫子女、曾孫子女等，亦包含繼親。

（四）現為或曾為四親等以內之旁系血親或旁系姻親：如兄弟姊妹、伯、叔、姑、舅、姨、堂兄弟姊妹、表兄弟姊妹、姪兒、姪女、外甥、外甥女、姪孫、姪孫女、外甥孫、外甥孫女；兄弟妻、姑丈、伯叔母、舅媽、姨丈、姪婦、姪女婿、外甥婦、外甥女婿、堂兄弟妻、堂姊妹夫、表兄弟妻、表姊妹夫、姪孫婦、姪孫女婿、外甥孫婦、外甥孫女婿等。

五、第63條之1準用規定

2015年2月4日修正公布本法部分條文（至2016年2月4日施行），其中第63條之1擴大民事保護令的聲請及核發對象，將被害人年滿16歲，遭受現有或曾有親密關係之未同居伴侶（即親密伴侶關係）施以身體或精神上不法侵害之情事者（俗稱恐怖情人條款），納入該法之保護對象[18]。亦即，即使非家庭成員，也未曾有過同居關係，只要現有或曾有親密關係之伴侶，亦可根據本法第9條以下之規定向法院聲請民事保護令（包含通常保護令、暫時保護令與緊急保護令）[19]。

本法第63條之1第2項所定被害人年滿16歲，現有或曾有親密關係之未同居伴侶，其親密關係伴侶，得參酌下列因素認定之：1.雙方關係之本質；2.雙方關係之持續時間；3.雙方互動之頻率；4.性行為之有無及頻率；5.其他足以認定有親密關係之事實。

新增訂之第63條之1第1項及第2項規定如下：

---

[18] 2015年2月4日總統華總一義字第0400014251號令修正公布家庭暴力防治法部分條文，除將目睹家庭暴力的兒童少年納入保護令範疇，也將通常保護令的期限延長，而最令各界關注的恐怖情人條款，也在婦女團體以及多位立法委員的努力下，準用家庭暴力防治法民事保護令制度，此為該法施行以來，繼2007年將「同居關係」納入適用該法之後，另一次大突破，參照衛生福利部網站，https://www.mohw.gov.tw/cp-2636-21133-1.html，最後瀏覽日：2019年4月29日。

[19] 王皇玉，跟蹤糾纏行為之處罰：以德國法制為中心，國立臺灣大學法學論叢，47卷4期，2018年12月，頁2352。

「被害人年滿十六歲，遭受現有或曾有親密關係之未同居伴侶施以身體或精神上不法侵害之情事者，準用第九條至第十三條、第十四條第一項第一款、第二款、第四款、第九款至第十三款、第三項、第四項、第十五條至第二十條、第二十一條第一項第一款、第三款至第五款、第二項、第二十七條、第二十八條、第四十八條、第五十條之一、第五十二條、第五十四條、第五十五條及第六十一條之規定。

前項所稱親密關係伴侶，指雙方以情感或性行為為基礎，發展親密之社會互動關係。」

論者認為，擴大適用的對象仍然僅止於以情感或性行為為基礎的親密關係伴侶，也就是現有或曾有男女朋友關係、同性戀人關係之人。對於不屬於以情感或性行為為基礎的親密關係伴侶，仍然不受此法之保護[20]。

六、加害人處遇計畫

係指對於加害人實施之認知教育輔導、親職教育輔導、心理輔導、精神治療、戒癮治療或其他輔導、治療（本法第2條第7款）[21]。

依據衛生福利部發布之「家庭暴力加害人處遇計畫規範」規定[22]，在民事保護令事件審理終結前，由法院請直轄市、縣（市）主管機關所成立之鑑定小組針對家暴加害人進行評估，並提出加害人有無接受處遇計畫必要及其建議之書面資料，如有接受處遇計畫之必要，由法院依評估結果作

---

[20] 王皇玉，跟蹤糾纏行為之處罰：以德國法制為中心，國立臺灣大學法學論叢，47卷4期，2018年12月，頁2353；林婉珊，初探家庭與親密關係暴力之法律規制：以臺日民事保護令及其罰則為中心，國立臺灣大學法學論叢特刊期，2018年11月，頁1599。

[21] 2007年之修正理由如下：「為避免社會造成加害人係有毒癮、酒癮及精神疾病之刻板化印象，致其再犯之危險升高，爰將『精神治療』及『戒癮治療』之順序調整於『心理治療』之後；另依現行家庭暴力加害人處遇計畫規範第二點規定，『認知教育輔導』亦極為重要，爰併予明列。」

2015年修正「加害人處遇計畫」定義為「指對於加害人實施之認知教育輔導、親職教育輔導、心理輔導、精神治療、戒癮治療或其他輔導、治療」。主要係加入「親職教育」，修正理由係指「實務經驗發現，家庭暴力事件有相當高比例屬家長對子女之虐待或子女對長輩之不當對待，究其原因常為缺乏親職功能所致，是以加害人處遇計畫應包含親職教育輔導，俾防止親子間之家庭暴力，爰於原條文第五款加害人處遇計畫增列親職教育輔導項目」。

[22] 衛生福利部2016年5月9日衛部心字第1051760668號修正發布「家庭暴力加害人處遇計畫規範」，植根法律網網站，http://www.rootlaw.com.tw/LawArticle.aspx?LawID=A040040061001900-1050509，最後瀏覽日：2020年8月19日。

成加害人接受認知教育、心理輔導、精神治療、戒癮治療或其他輔導、治療等處遇（時間至少12週）。

貳、民事保護令

家防法規定，對於家庭暴力行為，法官得核發民事保護令，一般又簡稱為「家暴令」。台灣民事保護令的內容相當廣泛，特別是通常保護令之救濟範圍較外國之禁制令制度為廣，補充刑事訴訟制度或刑罰規制所未能處理到的部分，此一制度之設置，彌補了處理家暴案件時原所無法處理的面向。外國法上所謂禁制令，係指法院要求當事人為特定行為或禁止為特定行為之制度，其目的在於預防將來之損害，而非對於過去之損害予以救濟或補償，但我國之保護令並不限於預防家暴之再發等將來之被害預防性質，損害賠償亦為其目的之一，更有積極保護之功能[23]。

一、保護令之類型及內容

依本法第9條規定，民事保護令區分為通常保護令、暫時保護令及緊急保護令三種，具體核發之內容主要規定於第14條通常保護令之中，共有13款，即十三種禁止或誡命規定，範圍較為廣泛。通常保護令乃保護令之一般類型，而暫時保護令及緊急保護令，乃本法第16條第2項、第3項第4項所規定，亦即法院為保護被害人，得於通常保護令審理終結前，依聲請或依職權核發暫時保護令。法院核發暫時保護令或緊急保護令時，得依聲請或依職權核發第14條第1項第1款至第6款、第12款及第13款之命令（計八種，範圍較為狹窄）。亦即，從聲請主體角度觀之，被害人得依據家防法相關規定，向法院聲請通常或暫時保護令。至於檢察官、警察機關及直轄市、縣（市）主管機關得向法院聲請前述三種保護令。保護令聲請後經法院核發，以保護被害人權益及人身安全。

本法第14條所規定之保護令內容，計有以下13款[24]：

---

23 高鳳仙，民事保護令制度之救濟範圍解析，台灣國際法季刊，5卷1期，2008年，頁45-46。
24 就個別保護令之名稱，參照高鳳仙，民事保護令制度之救濟範圍解析，台灣國際法季刊，5卷1期，2008年，頁9-45。

（一）**禁止施暴令**：禁止相對人對於被害人、目睹家庭暴力兒童及少年或其特定家庭成員實施家庭暴力。

（二）**禁止接觸令**：禁止相對人對於被害人、目睹家庭暴力兒童及少年或其特定家庭成員為騷擾、接觸、跟蹤、通話、通信或其他非必要之聯絡行為。

（三）**遷出令**：命相對人遷出被害人、目睹家庭暴力兒童及少年或其特定家庭成員之住居所；必要時，並得禁止相對人就該不動產為使用、收益或處分行為。

（四）**遠離令**：命相對人遠離下列場所特定距離，包括被害人、目睹家庭暴力兒童及少年或其特定家庭成員之住居所、學校、工作場所或其他經常出入之特定場所。

（五）**物品使用令**：定汽車、機車及其他個人生活上、職業上或教育上必需品之使用權；必要時，並得命交付之。

（六）**暫時監護權令**：定暫時對未成年子女權利義務之行使或負擔，由當事人之一方或雙方共同任之、行使或負擔之內容及方法；必要時，並得命交付子女。

（七）**暫時探視權令**：定相對人對未成年子女會面交往之時間、地點及方式；必要時，並得禁止會面交往。

（八）**租金或扶養費令**：命相對人給付被害人住居所之租金或被害人及其未成年子女之扶養費。

（九）**損害賠償令**：命相對人交付被害人或特定家庭成員之醫療、輔導、庇護所或財物損害等費用。

（十）**加害人處遇計畫令**：命相對人完成加害人處遇計畫。

（十一）**律師費令**：命相對人負擔相當之律師費用。

（十二）**禁止查閱資訊令**：禁止相對人查閱被害人及受其暫時監護之未成年子女戶籍、學籍、所得來源相關資訊。

（十三）**概括條款**：命其他保護被害人、目睹家庭暴力兒童及少年或其特定家庭成員之必要命令。

依據司法院統計資料顯示，各地方法院所核發之保護令中，數量最多

者爲「禁止實施家庭暴力」（禁止施暴令），其次爲「禁止騷擾等行爲」（禁止接觸令），再其次爲「強制遠離」（遠離令）[25]。

二、核發要件

不同類型之保護令，其核發要件亦不同。本法第14條規定，法院於審理終結後，「認有家庭暴力之事實且有必要者」，應依聲請或依職權核發包括下列一款或數款之通常保護令。從而，必須相對人確實曾實施家庭暴力（＝有家庭暴力之事實），但不論情節或結果嚴重與否，且有再繼續實施家庭暴力之可能性（＝有必要），即可核發通常保護令[26]。

然於核發暫時保護令或緊急保護令時，則有不同。依照本法第16條第2項，就暫時保護令之核發，僅規定其目的須「爲保護被害人」，即如有保護被害人之必要，則得於通常保護令審理終結前先行核發。另依照第16條第4項規定：「法院於受理緊急保護令之聲請後，依聲請人到庭或電話陳述家庭暴力之事實，足認被害人有受家庭暴力之急迫危險者，應於4小時內以書面核發」，就緊急保護令之核發，必須「足認被害人有受家庭暴力之急迫危險者」，從而必須具有急迫之危險性存在，始得核發緊急保護令[27]。

---

[25] 2014年至2019年數量最多之前三種保護令統計資料如下：

1. 禁止相對人對於被害人、目睹家庭暴力兒童及少年或其特定家庭成員實施家庭暴力：2014年14,333件（占39%）、2015年14,855件（占26.1%）、2016年15,814件（占38.4%）、2017年15,903件（占38%）、2018年15,829件（占38%）、2019年1-5月6,184件（占37.5%）
2. 禁止相對人對於被害人、目睹家庭暴力兒童及少年或其特定家庭成員爲騷擾、接觸、跟蹤、通話、通信或其他非必要之聯絡行爲：2014年13,050件（占35.5%）、2015年13,703件（占35.4%）、2016年14,739件（占35.8%）、2017年14,800件（占35.3%）、2018年14,795件（占35.5%）、2019年1-5月5,759件（占34.9%）
3. 命相對人遠離下列場所特定距離：被害人、目睹家庭暴力兒童及少年或其特定家庭成員之住居所、學校、工作場所或其他經常出入之特定場所：2014年3,232件（占8.8）、2015年3,561件（占9.2%）、2016年3,921件（占9.5%）、2017年3,975件（占9.5%）、2018年3,794件（占9.1%）、2019年1-5月1,588件（占9.6%）

參照司法院統計處網站，https://www.judicial.gov.tw/juds/report/Sf-13.htm，最後瀏覽日：2019年7月25日。

[26] 高鳳仙，民事保護令制度之救濟範圍解析，台灣國際法季刊，5卷1期，2008年，頁11。

[27] 林婉珊，初探家庭與親密關係暴力之法律規制：以臺日民事保護令及其罰則爲中心，國立臺灣大學法學論叢特刊期，2018年11月，頁1600。

三、保護令之效力

本法第15條規定：通常保護令之有效期間為二年以下，自核發時起生效。通常保護令失效前，法院得依當事人或被害人之聲請撤銷、變更或延長之。延長保護令之聲請，每次延長期間為二年以下。檢察官、警察機關或直轄市、縣（市）主管機關得為前項延長保護令之聲請。通常保護令所定之命令，於期間屆滿前經法院另為裁判確定者，該命令失其效力。

同法第20條規定：保護令之程序，除本章別有規定外，適用家事事件法有關規定。關於保護令之裁定，除有特別規定者外，得為抗告；抗告中不停止執行。

四、保護令之執行

本法第21條規定，保護令核發後，當事人及相關機關應確實遵守，並依下列規定辦理：

（一）不動產之禁止使用、收益或處分行為及金錢給付之保護令，得為強制執行名義，由被害人依強制執行法聲請法院強制執行，並暫免徵收執行費。

（二）於直轄市、縣（市）主管機關所設處所為未成年子女會面交往，及由直轄市、縣（市）主管機關或其所屬人員監督未成年子女會面交往之保護令，由相對人向直轄市、縣（市）主管機關申請執行。

（三）完成加害人處遇計畫之保護令，由直轄市、縣（市）主管機關執行之。

（四）禁止查閱相關資訊之保護令，由被害人向相關機關申請執行。

（五）其他保護令之執行，由警察機關為之。

前項第2款（即未成年子女會面交往）及第3款（即完成加害人處遇計畫）之執行，必要時得請求警察機關協助之。

綜上，本法所規定之三種民事保護令，其比較分析如下表：

表10-2　通常保護令、暫時保護令及緊急保護令之比較表

項目	通常保護令	暫時保護令	緊急保護令
聲請人	1. 被害人本人 2. 法定代理人、三親等內親屬 3. 檢察官 4. 警察局（分局） 5. 直轄市、縣（市）主管機關	1. 被害人本人 2. 法定代理人、三親等內親屬 3. 檢察官 4. 警察局（分局） 5. 直轄市、縣（市）主管機關	1. 檢察官 2. 警察局（分局） 3. 直轄市、縣（市）主管機關
聲請方式	聲請狀	聲請狀	1. 聲請狀 2. 言詞 3. 電信傳真 4. 其他科技設備傳送方式
可聲請保護令內容	1. 禁止實施暴力 2. 禁止騷擾、接觸、跟蹤，通話、通信或其他非必要的連絡 3. 命相對人遷出 4. 命相對人遠離特定場所 5. 交付汽、機車等必需品使用權 6. 暫定親權 7. 暫定未成年子女會面交往 8. 給付被害人居住之租金或未成年子女扶養費 9. 給付醫療、輔導、庇護所或財物損害費用 10. 命相對人完成處遇計畫 11. 命負擔律師費 12. 禁止相對人閱覽被害人及未成年子女之戶籍、學籍、所得來源等資訊 13. 其他必要命令	1. 禁止實施暴力 2. 禁止騷擾、接觸、跟蹤，通話、通信或其他非必要的連絡 3. 命相對人遷出 4. 命相對人遠離特定場所 5. 交付汽、機車等必需品使用權 6. 暫定親權 7. 禁止相對人閱覽被害人及未成年子女之戶籍、學籍、所得來源等資訊 8. 其他必要命令	同左

項目	通常保護令	暫時保護令	緊急保護令
具親密關係之非同居伴侶可聲請的保護令內容	1. 禁止實施暴力 2. 禁止騷擾、接觸、跟蹤，通話、通信或其他非必要的連絡 3. 命相對人遠離特定場所 4. 給付醫療、輔導、庇護所或財物損害費用 5. 命相對人完成處遇計畫 6. 命負擔律師費 7. 禁止相對人閱覽被害人戶籍、學籍、所得來源等資訊 8. 其他必要命令	1. 禁止實施暴力 2. 禁止騷擾、接觸、跟蹤，通話、通信或其他非必要的連絡 3. 命相對人遠離特定場所 4. 禁止相對人閱覽被害人戶籍、學籍、所得來源等資訊 5. 其他必要命令	同左
審理方式	開庭審理	得不經審理程序	同左
生效時期	法院核發時生效	1. 法院核發時生效 2. 尚未聲請通常保護令者，視為已聲請	同左
失效原因	1. 期間屆滿 2. 保護令失效前，當事人或被害人聲請撤銷，經法院裁定撤銷 3. 通常保護令所定之命令，於期間屆滿前，經法院另為裁判確定者，該命令失其效力 4. 保護令失效前，當事人或被害人聲請變更，經法院裁定者，被變更部分失效 5. 經抗告法院廢棄、另為裁定	1. 聲請人撤回通常保護令之聲請 2. 法院准許發通常保護令 3. 法院駁回通常保護令之聲請 4. 保護令失效前，法院依當事人或被害人之聲請撤銷之保護令失效前，當事人或被害人聲請變更，經法院裁定者，被變更部分失效 5. 經抗告法院廢棄、另為裁定	同左

項目	通常保護令	暫時保護令	緊急保護令
有效期間	二年以下	失效前均有效	同左
撤銷變更延長	1. 失效前，法院得依當事人或被害人之聲請，撤銷、變更或延長。檢察官、警察機關或直轄市、縣（市）主管機關得為延長保護令之聲請義務人不依保護令內容辦理未成年子女之會面交往時，執行機關（縣市政府）或權利人得聲請法院變更之 2. 延長期間為二年以下，不限次數	失效前，法院得依當事人或被害人之聲請，或依職權為撤銷、變更	同左

資料來源：司法院網站，https://www.judicial.gov.tw/tw/cp-104-4892-04014-1.html，最後瀏覽日：2020年8月19日。

五、違反保護令罪

本法第61條規定：「違反法院依第十四條第一項、第十六條第三項所為之下列裁定者，為本法所稱違反保護令罪，處三年以下有期徒刑、拘役或科或併科新臺幣十萬元以下罰金：一、禁止實施家庭暴力。二、禁止騷擾、接觸、跟蹤、通話、通信或其他非必要之聯絡行為。三、遷出住居所。四、遠離住居所、工作場所、學校或其他特定場所。五、完成加害人處遇計畫。」

亦即，並非所有保護令內容之違反，即論處違反保護令罪，僅限於違反上開五種關於通常或暫時保護令之裁定，始構成犯罪而有該條所規定之刑事責任。

「違反保護令罪」從刑法解釋學之觀點來看，是一種依附於民事裁定的犯罪型態。其犯罪構成要件之成立前提，必須先存在一個民事法院所

為之保護令裁定。犯罪之行為則是違反保護令所要求之禁令內容。這樣的犯罪行為，其性質是採用英美法上所謂的「藐視法庭罪」（contempt of court）作為設計的原型[28]。由於「家暴令」乃民事法院所核發之命令，故其本質為「民事保護令」，對於不遵守法院於裁判程序中為對造之利益所發之民事保護令，則構成「民事藐視」（civil contempt）[29]。

我國家防法制定之初乃參考美國模範家庭法，且因為美國較多數的州將違反保護令之行為認定為藐視法庭罪，亦即不尊重政府司法部門、司法規範，或是干擾司法秩序，因而冒犯法院或是代表行使司法權之人，據此，文獻上多認為，「違反保護令罪」與刑法上所定之傷害罪、恐嚇罪、妨害自由罪等屬侵害個人法益之犯罪不同，而是一種侵害司法審判秩序之具有藐視法庭罪性質之超個人法益犯罪，從而，二者之保護法益並不相同，而我國違反保護令罪在刑事政策上採取非告訴乃論罪，即使所犯之刑法規定係屬告訴乃論之罪，加害人仍應成立違反保護令罪，例如加害行為係傷害行為，且有提出傷害罪告訴者，則係依一行為觸犯數罪名，依刑法第55條規定，從一重處斷[30]。此外，由於違反保護令罪為犯罪行為，以我國刑法係以故意行為之處罰為原則，因此違反保護令罪之成立，亦應以行為人有故意為必要[31]。再者，我國實務見解，也傾向於將「違反保護令罪」定性為「國家或社會之公共利益」之維護[32]。

另家防法第17條之規定：命相對人遷出被害人住居所或遠離被害人之保護令，不因被害人同意相對人不遷出或不遠離而失其效力[33]。法院依法核發之民事保護令，既經公權力之強力介入，而具有公共利益之強制力，顯非被害人所得任意處分；則命相對人遷出住居所之保護令，縱得被

---

[28] 高鳳仙，台灣家庭暴力防治法之刑事保護令解析，萬國法律第190期，2013年，頁51。

[29] 段重民，論藐視法庭罪，政大法學評論第38期，1988年，頁128-129。

[30] 高鳳仙，民事保護令制度之救濟範圍解析，台灣國際法季刊，5卷1期，2008年，頁10-11。

[31] 韋愛梅、王炳煌，論家庭暴力之刑事責任，警察行政管理學報第5期，2009年，頁227。

[32] 台灣高等法院暨所屬法院2012年法律座談會刑事類提案第19號之審查結論。

[33] 家庭暴力防治法第17條：法院對相對人核發第14條第1項第3款（遷出令）及第4款（遠離令）之保護令，不因被害人、目睹家庭暴力兒童及少年或其特定家庭成員同意相對人不遷出或不遠離而失其效力。

害人之同意不遷出或於保護令有效期間內遷回住居所，相對人既就保護令之內容已有認識而仍不遠離或進入被害人之住居所，不問其目的為何，均構成本法第61條第4款之違反保護令罪（最高法院98年度台上字第6320號刑事判決意旨參照）。蓋家防法保護令制度所設之各種限制、禁止、命令規定，本係預防曾有家暴行為者將來可能之不法行為所作之前置性、概括性保護措施。是以，若受保護令拘束之行為人明知有保護令所列之限制存在，仍在該保護令有效期間內故意違反，則不問行為人違反之動機為何、有無造成實害、被害人實際上有無住在該住居所、是否同意被告不遷出及遠離等，均構成違反保護令罪，性質上屬於行為犯[34]。

依據法務部統計資料，2016年迄2019年各地方檢察署辦理違反保護令罪案件之人數，平均每年都有超過2,291人被起訴，其中84.6%被判決有罪。判決所處之刑期主要為拘役及六月以下有期徒刑，分別約占70.2%及25.2%[35]。

再者，依據家防法第21條第1項及第24條，違反保護令時，可能必須接受警察機關、法院、社政機關或其他相關機關強制執行。若違反保護令另構成民事責任，例如法院核發禁止施暴令後，相對人違反該命令仍繼續對被害人施暴，因而致被害人身心受到傷害或財產損害，相對人可能必須負擔侵權行為損害賠償等民事責任[36]。

第四節　警察機關防治家庭暴力作業程序

警察機關處理家暴案件之程序，主要有以下五大重點[37]：

34　參照台灣新北地方法院2014年5月30日102年易字第3015號刑事判決。

35　法務部網站，http://www.rjsd.moj.gov.tw/RJSDWeb/common/WebList3_Report.aspx? list_id=1168，最後瀏覽日：2020年5月25日。

36　鄧學仁，家庭暴力防治法與案例研究，許福生主編，警察法學與案例研究，五南，2019年，頁400。

37　內政部警政署防治組婦幼安全科，婦幼安全專題簡報，2020年6月，中央警察大學警佐班第4類上課講義，未公開。

一、**完成身分識別**：了解當事人關係是否為家防法之家庭成員或年滿16歲以上遭未同居親密關係加害人施暴保護範圍。

二、**查明保護令狀態**：包括有無保護令、保護令之效期及款項，如有違反家防法情事，應依法即時啟動相關保護措施。

三、**案件偵處**：包括家庭暴力罪、違反保護令罪之偵處，現行犯之逮捕及逕行拘提的判斷實施，刑案及違反保護令案件移送檢察官時，應視個案建請羈押，如檢察官或法官認無羈押之必要，應建請其為附條件命令[38]。

四、**啟動安全措施**：包括聲請保護令、護送被害人安置或就醫、查訪告誡相對人及視個案轉介網絡單位進行戒癮治療等其他必要之危害防止措施，

五、**責任通報**：在執行職務時知有疑似家庭暴力，應立即通報當地主管機關，至遲不得逾24小時，如違反通報義務，得處新臺幣6,000元以上3萬元以下罰鍰[39]。

---

38 家庭暴力防治法
第29條：「警察人員發現家庭暴力罪之現行犯時，應逕行逮捕之，並依刑事訴訟法第九十二條規定處理。
檢察官、司法警察官或司法警察偵查犯罪認被告或犯罪嫌疑人犯家庭暴力罪或違反保護令罪嫌疑重大，且有繼續侵害家庭成員生命、身體或自由之危險，而情況急迫者，得逕行拘提之。
前項拘提，由檢察官親自執行時，得不用拘票；由司法警察官或司法警察執行時，以其急迫情形不及報請檢察官者為限，於執行後，應即報請檢察官簽發拘票。如檢察官不簽發拘票時，應即將被拘提人釋放。」
第31條：「家庭暴力罪或違反保護令罪之被告經檢察官或法院訊問後，認無羈押之必要，而命具保、責付、限制住居或釋放者，對被害人、目睹家庭暴力兒童及少年或其特定家庭成員得附下列一款或數款條件命被告遵守：
一、禁止實施家庭暴力。
二、禁止為騷擾、接觸、跟蹤、通話、通信或其他非必要之聯絡行為。
三、遷出住居所。
四、命相對人遠離其住居所、學校、工作場所或其他經常出入之特定場所特定距離。
五、其他保護安全之事項。
前項所附條件有效期間自具保、責付、限制住居或釋放時起生效，至刑事訴訟終結時為止，最長不得逾一年。
檢察官或法院得依當事人之聲請或依職權撤銷或變更依第一項規定所附之條件。」
39 家庭暴力防治法第50條第1項：「醫事人員、社會工作人員、教育人員、保育人員、警察人員、移民業務人員及其他執行家庭暴力防治人員，在執行職務時知有疑似家庭暴力，應立即

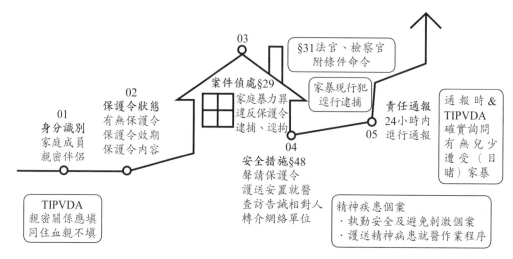

圖10-1　警察機關家庭暴力案件處理作業程序

資料來源：內政部警政署防治組婦幼安全科，婦幼安全專題簡報，2020年6月，
中央警察大學警佐班第4類上課講義，未公開。

　　此外，內政部警政署為指導員警妥適處理家暴案件外，於2016年編印婦幼工作手冊，並訂定相關作業程序，包括處理家庭暴力案件作業程序、執行保護令案件作業程序及處理家庭暴力罪及違反保護令罪逮捕拘提作業程序等三種[40]，以下分別詳加說明之。

通報當地主管機關，至遲不得逾二十四小時。」

第62條：「違反第五十條第一項規定者，由直轄市、縣（市）主管機關處新臺幣六千元以上三萬元以下罰鍰。但醫事人員為避免被害人身體緊急危難而違反者，不罰。」

[40] 內政部警政署2019年5月17日警署防字第1080092541號函頒「家庭暴力案件作業程序」、「執行保護令案件作業程序」及「處理家庭暴力罪及違反保護令罪逮捕拘提作業程序」。

一、處理家庭暴力案件作業程序

處理家庭暴力案件作業程序修正規定

（第一頁，共四頁）

一、依據：

（一）刑事訴訟法第九十二條。

（二）家庭暴力防治法（以下簡稱本法）及其施行細則。

（三）行政機關執行保護令及處理家庭暴力案件辦法。

（四）各級警察機關處理刑案逐級報告紀律規定。

（五）內政部處理大陸或外國籍配偶遭受家庭暴力案件應行注意事項。

二、分駐（派出）所流程：

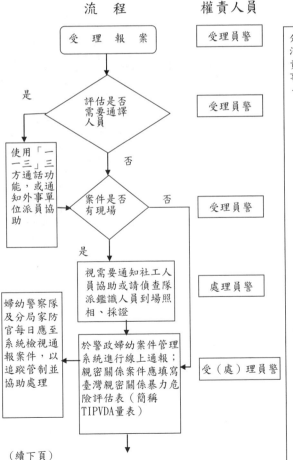

流　　程	權責人員	作業內容

流程／權責人員：

- 受理報案　→　受理員警
- 評估是否需要通譯人員　→　受理員警
  - 是　→　使用「一一三」三方通話功能，或通知外事單位派員協助
  - 否
- 案件是否有現場　→　受理員警
  - 否
  - 是　→　視需要通知社工人員協助或請偵查隊派鑑識人員到場照相、採證　→　處理員警
- 於警政婦幼案件管理系統進行線上通報；親密關係案件應填寫臺灣親密關係暴力危險評估表（簡稱TIPVDA量表）　→　受（處）理員警
- 婦幼警察隊及分局家防官每日應至系統檢視通報案件，以追蹤管制並協助處理

作業內容：

分駐（派出）所社區家庭暴力防治官（以下簡稱社家防官）負責協助受（處）理員警辦理以下事項：

一、受理報案：

（一）派員處理或轉報（通報）轄區分駐（派出）所派員前往處理。

（二）受理報案後，應於二十四小時內至警政婦幼案件管理系統（以下簡稱本系統）通報，協助評估有無聲請保護令之必要；涉及刑事案件，另依處理家庭暴力罪及違反保護令罪逮捕拘提作業程序辦理。

（三）受理非本轄案件，不得拒絕或推諉，應依前項規定辦理，相關案卷資料陳報分局函轉管轄分局處理；已聲請保護令者，應敘明受理單位。

二、處理階段：

（一）應以適當方法優先保護被害人及其家庭成員之安全；發現有傷病時，應緊急協助就醫。

（二）視現場狀況，通知鑑識人員到場照相、採證。

（續下頁）

(續)處理家庭暴力案件作業程序

(第二頁,共四頁)

流程	權責人員	作業內容

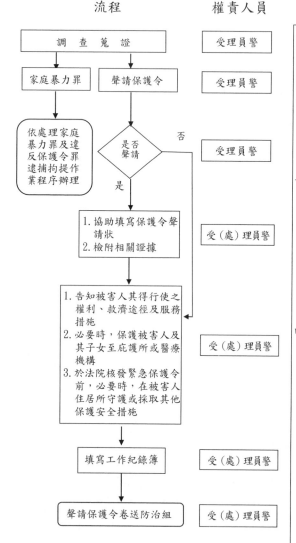

流程 / 權責人員：

調查蒐證 — 受理員警

家庭暴力罪　聲請保護令 — 受理員警

依處理家庭暴力罪及違反保護令罪逮捕拘提作業程序辦理

是否聲請（否／是）— 受理員警

1.協助填寫保護令聲請狀　2.檢附相關證據 — 受(處)理員警

1.告知被害人其得行使之權利、救濟途徑及服務措施　2.必要時,保護被害人及其子女至庇護所或醫療機構　3.於法院核發緊急保護令前,必要時,在被害人住居所守護或採取其他保護安全措施 — 受(處)理員警

填寫工作紀錄簿 — 受(處)理員警

聲請保護令卷送防治組 — 受(處)理員警

作業內容：

(三) 縝密蒐證,製作處理家庭暴力案件現場報告表並填寫工作紀錄簿備查。

(四) 提供被害人家庭暴力事件警察機關通報收執聯單暨被害人安全計畫書,並告知其得行使之權利、救濟途徑及服務措施。

(五) 被害人有安置需求時,應通知社政單位;必要時,保護被害人及其子女至庇護所或醫療機構。

三、協助被害人或依職權聲請保護令:

(一) 依定型稿範例協助被害人填寫通常或暫時保護令聲請書狀。

(二) 被害人有受家庭暴力之急迫危險者,應即通知分局家防官依職權聲請緊急保護令,並得於夜間或休息日為之。

(三) 於法院核發緊急保護令前,必要時,在被害人住居所守護,或採取其他保護被害人或其家庭成員之必要安全措施。

四、結果處置:告訴筆錄、家庭暴力事件通報表、現場報告表、保護令聲請書狀、相片、驗傷單、戶籍資料及TIPVDA量表等相關資料,以陳報單報請分局家庭暴力防治官(以下簡稱分局家防官)聲請保護令。

(續下頁)

(續)處理家庭暴力案件作業程序

(第三頁,共四頁)

三、分局流程:

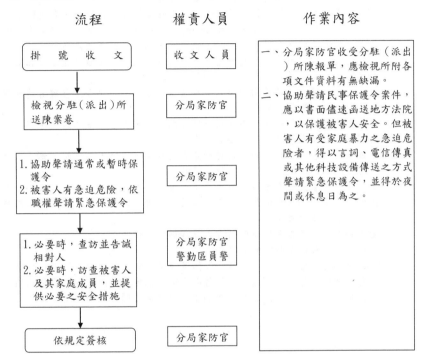

流程	權責人員	作業內容

流程:
- 掛 號 收 文
- 檢視分駐(派出)所送陳案卷
- 1.協助聲請通常或暫時保護令 2.被害人有急迫危險,依職權聲請緊急保護令
- 1.必要時,查訪並告誡相對人 2.必要時,訪查被害人及其家庭成員,並提供必要之安全措施
- 依規定簽核

權責人員:
- 收文人員
- 分局家防官
- 分局家防官
- 分局家防官 警勤區員警
- 分局家防官

作業內容:
一、分局家防官收受分駐(派出)所陳報單,應檢視所附各項文件資料有無缺漏。
二、協助聲請民事保護令案件,應以書面儘速函送地方法院,以保護被害人安全。但被害人有受家庭暴力之急迫危險者,得以言詞、電信傳真或其他科技設備傳送之方式聲請緊急保護令,並得於夜間或休息日為之。

四、使用表單:

(一)受理各類案件紀錄表。

(二)家庭暴力事件通報表。

(三)台灣親密關係暴力危險評估表(TIPVDA量表)。

(四)處理家庭暴力案件現場報告表。

(五)家庭暴力事件警察機關通報收執聯單暨被害人安全計畫書。

(六)保護令聲請書狀。

(七)其他網絡單位提供之關懷宣導資料。

五、注意事項:

(一)家庭暴力,指家庭成員間實施身體、精神或經濟上之騷擾、控制、脅迫或其他不法侵害之行為。

　　1.身體上不法侵害:虐待、遺棄、強迫、濫用親權行為、殺人、重傷害、傷害、妨害自由或妨害性自主權等。

　　2.精神上不法侵害:恐嚇、威脅、侮辱、騷擾、毀損器物或精神虐待等。

　　3.經濟上不法侵害:

(續下頁)

(續)處理家庭暴力案件作業程序

(第四頁，共四頁)

  (1) 過度控制家庭財務、拒絕或阻礙被害人工作等方式。

  (2) 透過強迫借貸、強迫擔任保證人或強迫被害人就現金、有價證券與其他動產及不動產為交付、所有權移轉、設定負擔及限制使用收益等方式。

  (3) 其他經濟上之騷擾、控制、脅迫或其他不法侵害之行為。

(二) 派赴現場處理之員警應具危機意識，不可掉以輕心；出勤時應攜帶相關裝備（微型攝影機、相機等），以利現場蒐證及製作紀錄。

(三) 現場處理員警應注意瞭解被害人或加害人是否持有保護令，發現有違反保護令罪之情形，應立即依法處理。

(四) 受理告訴乃論案件後，仍在告訴有效期間，被害人暫不提告訴，承辦人應儘速將相關卷證簽請主管核定後，妥善保存。

(五) 被害人於偵查中受詢問時，得自行指定其親屬、醫師、心理師、輔導人員或社工人員陪同在場，該陪同人並得陳述意見。

(六) 受（處）理家庭暴力案件，有本法第六十三條之一情形，被害人未滿十八歲者，使用「兒童少年保護通報表」；十八歲以上者，使用「十八歲以上未同居親密關係暴力事件轉介表」。

(七) 受理他轄家庭暴力案件協助被害人聲請保護令作法：

  1. 須依單一窗口原則協助聲請。

  2. 聲請保護令之種類，由家防官依個案評估；有立即急迫危險者，應協助聲請緊急保護令，無者，則協助聲請暫時或通常保護令。上述聲請案件均須副知相關分局，受理分局家防官並得視個案狀況聯繫相關分局辦理防治工作。

二、執行保護令案件作業程序

執行保護令案件作業程序修正規定

（第一頁，共二頁）

一、依據：

（一）家庭暴力防治法及其施行細則。

（二）行政機關執行保護令及處理家庭暴力案件辦法。

（三）內政部警政署函頒警察機關執行家庭暴力加害人訪查計畫。

二、執行流程：

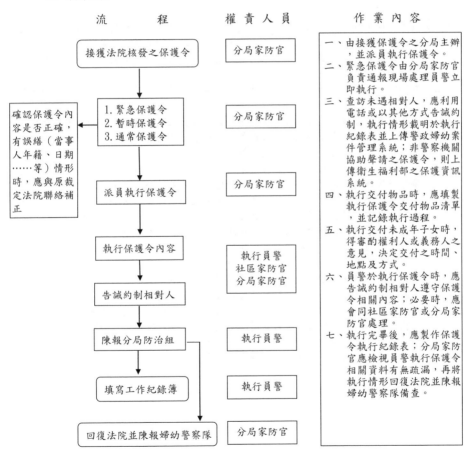

流　　程	權責人員	作業內容
接獲法院核發之保護令	分局家防官	一、由接獲保護令之分局主辦，並派員執行保護令。 二、緊急保護令由分局家防官負責通報現場處理員警立即執行。 三、查訪未遇相對人，應利用電話或以其他方式告誡約制，執行情形載明於執行紀錄表並上傳警政婦幼案件管理系統；非警察機關協助聲請之保護令，則上傳衛生福利部之保護資訊系統。 四、執行交付物品時，應填製執行保護令交付物品清單，並記錄執行過程。 五、執行交付未成年子女時，得審酌權利人或義務人之意見，決定交付之時間、地點及方式。 六、員警於執行保護令時，應告誡約制相對人遵守保護令相關內容；必要時，應會同社區家防官或分局家防官處理。 七、執行完畢後，應製作保護令執行紀錄表；分局家防官應檢視員警執行保護令相關資料有無疏漏，再將執行情形回復法院並陳報婦幼警察隊備查。
1.緊急保護令 2.暫時保護令 3.通常保護令	分局家防官	
派員執行保護令	分局家防官	
執行保護令內容	執行員警 社區家防官 分局家防官	
告誡約制相對人		
陳報分局防治組	執行員警	
填寫工作紀錄簿	執行員警	
回復法院並陳報婦幼警察隊	分局家防官	

確認保護令內容是否正確，有誤繕（當事人年籍、日期……等）情形時，應與原裁定法院聯絡補正

（續下頁）

（續）執行保護令案件作業程序

（第二頁，共二頁）

三、使用表格：
（一）保護令執行紀錄表
（二）家庭暴力事件相對人相關權益說明書
（三）家庭暴力加害人訪查紀錄表
（四）執行保護令交付物品清單
（五）子女限期交付申請書

四、注意事項：
（一）依保護令命相對人遷出被害人之住居所時，應確認相對人完成遷出之行為，確保被害人安全占有住居所。
（二）汽車、機車或其他個人生活上、職業上或教育上必需品，相對人應依保護令交付而未交付者，得依被害人之請求，進入住宅、建築物或其他標的物所在處所解除相對人之占有或扣留取交被害人時，必要時得會同村（里）長為之。相對人拒不交付者，得強制取交被害人。但不得逾越必要之程度。
（三）有關交付子女及子女會面交往之執行，應依家事事件法及家庭暴力防治法相關規定辦理。
（四）義務人不依保護令交付未成年子女時，應依權利人之聲請，限期命義務人交付。屆期未交付者，應發給權利人限期履行而未果之證明文件，並告知得以保護令為強制執行名義，向法院聲請強制執行。
（五）當事人或利害關係人對於執行保護令之方法、應遵行之程序或其他侵害利益之情事聲明異議時，如認其有理由者，應即停止執行並撤銷或更正已為之執行行為；認其無理由者，應於十日內加具意見，送原核發保護令之法院裁定之；未經原核發法院撤銷、變更或停止執行之裁定前，仍應繼續執行。
（六）執行保護令時，對於被害人或子女住居所，應依法院之命令、被害人或申請人之要求，於相關文書及執行過程予以保密。
（七）法院核發之保護令裁定主文包含命相對人遠離未成年子女就讀學校時，家防官應主動告知該校有關保護令裁定之款項及期限等，並提醒應注意之相關事項；就讀學校位於他轄者，應轉請他轄警察機關告知並協助提醒。
（八）對於地址有誤或該址無房屋等無法執行之案件，執行人員應拍照並製成文件檔案，敘明無法執行之原因，陳報分局函復核發保護令之法院，並副知婦幼警察隊。
（九）分局家防官於接獲法院核發或撤銷保護令之司法文書，均應知會分局戶口業務單位，俾進行後續記事人口列管及警勤區訪查事宜。

三、處理家庭暴力罪及違反保護令罪逮捕拘提作業程序

處理家庭暴力罪及違反保護令罪逮捕拘提作業程序
修正規定
（第一頁，共三頁）

一、依據：

（一）家庭暴力防治法（以下簡稱家暴法）第二十九條、第三十條、第三十四條之
一、第三十六條之一及第六十三條之一。

（二）刑事訴訟法（以下簡稱刑訴法）第八十八條及第九十二條第二項。

（三）警察機關處理家庭暴力案件執行逮捕拘提作業規定。

二、分駐（派出）所流程：

流　程	權責人員	作業內容

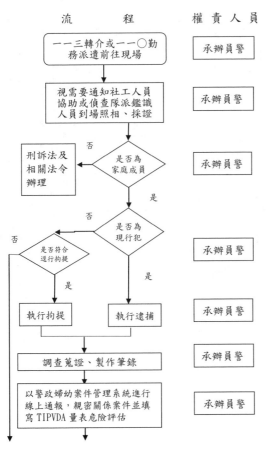

		視現場情況，予以緊急救護、控制現場、維持秩序及適當隔離當事人，依需要通知社工人員或分局現場勘察人員到場協助處理，並採取下列作為：

流程圖內容：

一一三轉介或一一○勤務派遣前往現場 — 承辦員警

視需要通知社工人員協助或偵查隊派鑑識人員到場照相、採證 — 承辦員警

是否為家庭成員 — 否→刑訴法及相關法令辦理；是↓ — 承辦員警

是否為現行犯 — 承辦員警

是否符合逕行拘提 — 否↓

執行拘提／執行逃捕 — 承辦員警

調查蒐證、製作筆錄 — 承辦員警

以警政婦幼案件管理系統進行線上通報，親密關係案件並填寫TIPVDA量表危險評估 — 承辦員警

作業內容：

一、發現家庭暴力罪之現行犯時，不論被害人或有告訴權人是否提出告訴，皆應依家暴法第二十九條第一項規定逕行逮捕之；非屬家暴法第二十九條第一項之現行犯，仍依刑訴法第八十八條規定逕行逮捕。

二、現場狀況控制後，應先查證雙方身分，屬暴法第三條所稱家庭成員時，應視現場狀況逮捕或拘提加害人，並對被害人施以保護作為。

三、遇加害人已逃離現場，經研判其犯家庭暴力罪或違反保護令罪嫌疑重大，且有繼續侵害家庭成員生命、身體或自由之危險，而情況急迫者，得逕行拘提之。

四、承辦員警於製作被害人筆錄時，應詢問其曾受暴次數並載明於筆錄內。

五、家庭暴力事件通報表應於受理案件後二十四小時內於警政婦幼案件管理系統填製完成。

（續下頁）

（續）處理家庭暴力罪及違反保護令罪逮捕拘提作業程序

（第二頁，共三頁）

三、分局流程：

流　　　程　　　　　權責人員　　　　作業內容

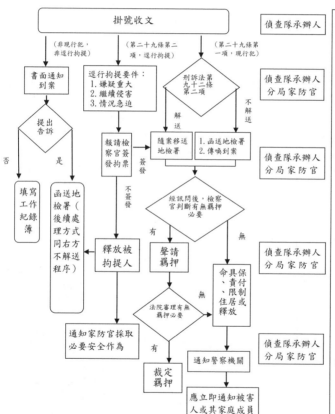

（續下頁）

（續）處理家庭暴力罪及違反保護令罪逮捕拘提作業程序

（第三頁，共三頁）

四、使用表單
（一）執行拘提逮捕告知本人通知書
（二）執行拘提逮捕告知親友通知書
（三）不解送人犯報告書
（四）執行拘提犯罪嫌疑人報告書
（五）解送人犯報告書
（六）加強保護被害人安全通知書
（七）疑似精神疾病患者通報單

五、注意事項
（一）聲請緊急保護令或代為聲請保護令時，遇被害者家中另有未成年子女或其他
　　　應予保護之家庭成員時，亦應列為保護對象。
（二）加害人符合警察職權行使法有關對人之管束、物品之扣留規定者，依該法為
　　　之。符合精神衛生法應護送就醫者，應即通知消防機關派員協助強制送醫，
　　　並依規定通報直轄市、縣（市）政府主管機關。
（三）警察人員對於非屬現行犯之家暴加害人執行逕行拘提時，應注意係以「犯家
　　　庭暴力罪或違反保護令罪嫌疑重大」、「且有繼續侵害家庭成員生命、身體
　　　或自由之危險」及「其急迫情形不及報告檢察官」為限，執行後應即報請檢
　　　察官簽發拘票；另於執行逕行拘提時，應特別注意家暴法第三十條所規定事
　　　項。
（四）對於家庭暴力相對人執行逮捕拘提作為，應依家暴法第二十九條、第三十條
　　　、刑訴法第九十二條及提審法等相關規定辦理。
（五）疑似精神疾患相對人強制送醫後，經醫療院所評估不留院治療者，對於被害
　　　人應輔以安全保護之作為。
（六）家暴法第三十六條之一第一項：「被害人於偵查中受訊問時，得自行指定其
　　　親屬、醫師、心理師、輔導人員或社工人員陪同在場，該陪同人並得陳述意
　　　見。」
（七）所稱「家庭暴力罪」係指家庭成員間故意實施暴力行為而成立其他法律所規
　　　定之犯罪，家暴法第六十三條之一對象（十六歲以上親密關係未同居伴侶）
　　　，非屬上開「家庭成員」範圍，自無違反家庭暴力罪之適用；另其準用條款
　　　僅限於向法院聲請保護令及警察應實施保護措施之部分規定，並未準用家暴
　　　法之刑事程序，爰對其違反保護令之行為執行逮捕拘提作業時，仍應適用一
　　　般刑事案件之「逮捕現行犯作業程序」或「執行犯罪嫌疑人拘提作業程序」
　　　。

第五節 問題討論

壹、警察機關防治家庭暴力之重要性及個案敏感度

從家防法條文分析可知，警察機關於防治家暴網絡中，是明文規定權責項目最多、工作最為繁重的機關，從受理報案、現場處理、製作相關文書紀錄、通報、替被害人聲請保護令、執行保護令內容、告知被害人其得行使之權利、救濟途徑及服務措施、拘提、逮捕加害人、保護被害人、防止暴力行為再犯、協助防治家暴相關人員（團體）及辦理在職教育等等，可知警察人員在防治家暴事件中之責任重大（如表10-3）[41]。

論者亦從處理家庭暴力案件的四大面向：通報、保護、服務及解決問題，分析家防法及該法所授權訂定之「行政機關執行保護令及處理家庭暴力案件辦法」中賦予警察之角色與功能，發現警察之權責屬性為保護角色者居多，其次是通報，且同時擔負犯罪偵查之責[42]。

表10-3　家庭暴力防治法相關法規所列警察職責一覽表

家庭暴力防治法		
條次	條文內容	權責屬性
第4條第2項	警政主管機關權責事項： 1. 家庭暴力被害人及其未成年子女人身安全之維護及緊急處理 2. 家庭暴力犯罪偵查 3. 刑事案件資料統計	保護 偵查 其他
第8條第1項第2款	提供被害人24小時緊急救援、協助診療、驗傷、採證及緊急安置。	保護

---

[41] 翁萃芳，我國警察人員處理婚姻暴力之現況及策進作法，中央警察大學警學叢刊，39卷2期，2008年9月，頁149-150。

[42] 章光明等，內政部警政署「警察機關協助被害人工作之研究」委託研究報告，2019年，頁28-31。

家庭暴力防治法		
條次	條文內容	權責屬性
第10條第2項	1. 警察機關得爲被害人向法院聲請保護令。 2. 被害人有受家庭暴力之急迫危險者，警察機關得以言詞、電信傳眞或其他科技設備傳送之方式聲請緊急保護令，並得於夜間或休息日爲之（第12條第1項）。 3. 法院受理警察人員緊急保護令之聲請後，警察人員得到庭或電話陳述家庭暴力之事實（第16條第4項）。	保護
第21條第1項第5款	由警察機關執行或協助之保護令事項。	保護
第22條	警察機關應依保護令，保護被害人至被害人或相對人之住居所，確保其安全占有住居所、汽車、機車或其他個人生活上、職業上或教育上必需品。 前項汽車、機車或其他個人生活上、職業上或教育上必需品，相對人應依保護令交付而未交付者，警察機關得依被害人之請求，進入住宅、建築物或其他標的物所在處所解除相對人之占有或扣留取交被害人。	保護
第23條第1項	前項（六）所定必需品，相對人應一併交付有關證照、書據、印章或其他憑證而未交付者，警察機關得將之取交被害人。	保護
第24條	義務人不依保護令交付未成年子女時，權利人得聲請警察機關限期命義務人交付，屆期未交付者，命交付未成年子女之保護令得爲強制執行名義，由權利人聲請法院強制執行，並暫免徵收執行費。	保護
第29條	警察人員發現家庭暴力罪之現行犯時，應逕行逮捕之，並依刑事訴訟法第92條規定處理。 檢察官、司法警察官或司法警察偵查犯罪認被告或犯罪嫌疑人犯家庭暴力罪或違反保護令罪嫌疑重大，且有繼續侵害家庭成員生命、身體或自由之危險，而情況急迫者，得逕行拘提之。 前項拘提，由檢察官親自執行時，得不用拘票；由司法警察官或司法警察執行時，以其急迫情形不及報請檢察官者爲限，於執行後，應即報請檢察官簽發拘票。如檢察官不簽發拘票時，應即將被拘提人釋放。	偵查
第35條	警察人員發現被告違反檢察官或法院依第31條第1項、第33條第1項規定所附之條件者，應即報告檢察官或法院。第29條規定，於本條情形，準用之。	通報

家庭暴力防治法		
條次	條文內容	權責屬性
第36條	警察機關於詢問被害人時,得採取適當之保護及隔離措施。	保護
第38條第1項	犯家庭暴力罪或違反保護令罪而受緩刑之宣告者,在緩刑期內應付保護管束。法院為前項緩刑宣告時,應即通知被害人及其住居所所在地之警察機關。 檢察官或法院依第31條第1項、第33條第1項、第38條第2項或前條規定所附之條件,得通知直轄市、縣(市)主管機關或警察機關執行之(第40條)。	保護
第48條	警察人員處理家庭暴力案件,必要時應採取下列方法保護被害人及防止家庭暴力之發生: 一、於法院核發緊急保護令前,在被害人住居所守護或採取其他保護被害人或其家庭成員之必要安全措施。 二、保護被害人及其子女至庇護所或醫療機構。 三、告知被害人其得行使之權利、救濟途徑及服務措施。 四、查訪並告誡相對人。 五、訪查被害人及其家庭成員,並提供必要之安全措施。 警察人員處理家庭暴力案件,應製作書面紀錄;其格式,由中央警政主管機關定之。	保護
第49條	醫事人員、社會工作人員、臨床心理人員、教育人員及保育人員為防治家庭暴力行為或保護家庭暴力被害人之權益,有受到身體或精神上不法侵害之虞者,警察機關得依請求提供必要之協助。	保護
第50條第1項	醫事人員、社會工作人員、教育人員、保育人員、警察人員、移民業務人員及其他執行家庭暴力防治人員,在執行職務時知有疑似家庭暴力,應立即通報當地主管機關,至遲不得逾24小時。	通報
第50條第4項	主管機關或受其委請之機關(構)或團體進行訪視、調查時,得請求警察機關協助,被請求者應予配合。	服務
第59條第2項	警政主管機關應辦理警察人員防治家庭暴力在職教育。	保護

資料來源:整理自章光明等,內政部警政署「警察機關協助被害人工作之研究」委託研究報告,2019年,頁28-31;翁萃芳,我國警察人員處理婚姻暴力之現況及策進作法,中央警察大學警學叢刊,39卷2期,2008年9月,頁149-150。

從上表可知，家防法賦予警察機關相當大之義務與責任，警察人員為第一線執法人員，除原本即負有司法警察犯罪偵查之責，在該法的架構與分工下，並著重被害人之即時保護，且應加強對加害人之訪視、約制、管束等作為，以及判斷是否須協助被害人聲請緊急保護令[43]。緊急保護令最主要之目的，係讓被害人迅速脫離家庭暴力之險境，對於第一線處理家暴案件的員警而言，確為一項實用又有力的利器，以被害人安全為優先考量，警察人員應依專業審慎判斷，積極主動聲請，以落實保護被害人之權益及防止家庭暴力之發生。而後續問題之處理，則仍需交由各專業單位依職權執行，網絡間彼此分工合作並相互支持，如此方能真正達成使命[44]。

此外，在具體個案之處置上，警察人員必須透過充足的教育訓練，使之具備敏感度、判斷能力及專業知能，才能適時、適法依據個案狀況採取必要作為。通報案件時，針對「親密關係」家庭暴力案件，應使用「台灣親密關係暴力危險評估表」（簡稱「TIPVDA」量表）進行危險評估[45]。若當事人係高危險者或情況緊急者，為其人身安全之考量，應聯繫或轉介適當單位協處。加害人若符合警察職權行使法有關對人之管束、物品之扣留規定者，則依該法為之[46]；符合精神衛生法應護送就醫者，應即通知消

---

[43] 斯儀仙、鄒嘉成，從臺北縣金山警察分局「毒子當母面弒老父」案談緊急保護令聲請之積極作為，警光雜誌第645期，2010年4月，頁18-19。

[44] 依家防法第12條第1項規定：「被害人有受家庭暴力之急迫危險者，檢察官、警察機關或直轄市縣市政府主管機關，得聲請緊急保護令。」同法第16條第3項規定：「法院核發暫時保護令或緊急保護令時，得依聲請或依職權核發第十四條第一項第一款至第六款、第十二款及第十三款之命令。」家防法施行細則第5條規定：「檢察官、警察機關或直轄市、縣（市）主管機關依本法第十二條第一項但書規定聲請緊急保護令時，應考量被害人有無遭受相對人虐待、威嚇、傷害或其他身體上、精神上或經濟上不法侵害之現時危險，或如不核發緊急保護令，將導致無法回復之損害等情形。」

[45] 英文全名為：Taiwan Intimate Partner Violence Danger Assessment，簡稱TIPVDA。

[46] 警察職權行使法
第19條：「警察對於有下列情形之一者，得為管束：
一、瘋狂或酒醉，非管束不能救護其生命、身體之危險，或預防他人生命、身體之危險。
二、意圖自殺，非管束不能救護其生命。
三、暴行或鬥毆，非管束不能預防其傷害。
四、其他認為必須救護或有危害公共安全之虞，非管束不能救護或不能預防危害。
警察為前項管束，應於危險或危害結束時終止管束，管束時間最長不得逾二十四小時；並應即時以適當方法通知或交由其家屬或其他關係人，或適當之機關（構）或人員保護。
警察依第一項規定為管束時，得檢查受管束人之身體及所攜帶之物。」

防機關派員協助強制送醫，並依規定通報直轄市、縣（市）政府主管機關[47]。如符合家防法對於家庭暴力相對人執行逮捕拘提作為，應依該法第29條、第30條、刑事訴訟法第92條[48]及提審法等相關規定辦理。

貳、防治策略應兼顧被害人保護與加害人約制

整體而言，警政在婦幼安全扮演的角色，於過去較著重於實害已造成之刑案偵查與處置，隨著婦幼人權日益受到重視，警察危害防止角色益形重要，檢視各項婦幼安全法令，警政主管事項以人身安全維護為主軸，分為被害人保護及加害人約制，並皆賦予警察通報責任，希望藉由警察於各種勤務執行中發掘被害或有被害之虞者進行通報，以利主管機關評估是否啟動網絡整合性服務[49]。從而，以下將進一步就警察機關於家暴案件中被害人保護與加害人約制之防治作為詳加分析：

一、被害人保護

國際警察首長協會（International Association of Chiefs of Police，簡稱IACP）所提出之「強化受害者的執法因應」（Enhancing Law Enforcement

---

第20條：「警察依法留置、管束人民，有下列情形之一者，於必要時，得對其使用警銬或其他經核定之戒具：

一、抗拒留置、管束措施時。

二、攻擊警察或他人，毀損執行人員或他人物品，或有攻擊、毀損行為之虞時。

三、自殺、自傷或有自殺、自傷之虞時。

警察對人民實施查證身分或其他詢問，不得依管束之規定，令其供述。」

第21條：「警察對軍器、凶器或其他危險物品，為預防危害之必要，得扣留之。」

[47] 精神衛生法第32條第1項：「警察機關或消防機關於執行職務時，發現病人或有第三條第一款所定狀態之人有傷害他人或自己或有傷害之虞者，應通知當地主管機關，並視需要要求協助處理或共同處理；除法律另有規定外，應即護送前往就近適當醫療機構就醫。」

[48] 刑事訴訟法第92條：「無偵查犯罪權限之人逮捕現行犯者，應即送交檢察官、司法警察官或司法警察。

司法警察官、司法警察逮捕或接受現行犯者，應即解送檢察官。但所犯最重本刑為一年以下有期徒刑、拘役或專科罰金之罪、告訴或請求乃論之罪，其告訴或請求已經撤回或已逾告訴期間者，得經檢察官之許可，不予解送。

對於第一項逮捕現行犯之人，應詢其姓名、住所或居所及逮捕之事由。」

[49] 內政部警政署防治組婦幼安全科，婦幼安全專題簡報，2020年6月，中央警察大學警佐班第4類上課講義，未公開。

Response to Victims，簡稱ELERV）中[50]，指出7項被害人重要的需求，包括安全（Safety）、支援（Support）、資訊（Information）、可及性（Access）、持續性（Continuity）、發言（Voice）及正義（Justice），並指出執法人員角色功能的回應作為如表10-4。

表10-4　被害人關鍵需求定義及警察角色回應作為一覽表

需求	定義	執法人員之回應作為
安全（Safety）	防止來自加害者威脅的保護、與避免再度被害的協助。	一般而言，成為犯罪受害者的人再次受害的風險較高。執法人員必須保護受害者免於遭受恐嚇，並教育他們如何減少再次受害之可能性，從而幫助社區成員感到越來越安全。執法部門亦須與居民合作共同制定策略，以防止其受到傷害
支援（Support）	協助被害人有能力參與司法系統程序及傷害的修復。	執法部門需要確保受害者獲得有關被害服務專業人員之最新且正確的轉介資料，這些專業人員的角色是提供持續的支持與協助。
資訊（Information）	有關司法程序與被害者服務的簡要而有用的資訊。	作為第一個回應人員，執法人員必須向被害者提供有關其權利及可運用資源的資訊，以及未來刑事司法程序中接觸的時間。若案件有進展，執法部門應協助被害者了解調查及起訴的狀況。若案件後續未實施逮捕及起訴，則應讓被害人知道案件狀況。
可及性（Access）	參與司法程序的機會和獲得資訊與服務。	執法機關必須以各種語言提供社區人口所需要的資訊，並應關注特殊被害人的個別需求與情況，例如身障人士、發育不全或心理疾病者，使其能充分參與調查過程並獲得適合的支持服務。

---

[50] 強化受害者的執法因應係有組織的策略，旨在向執法幹部介紹強化對犯罪受害者之因應所帶來之效益、挑戰、方法及責任。該策略在執法各部門及各層級執行，實施對象為各級執法階層及部門，要求執法人員強化對受害者的因應，而非僅是建立單獨的受害者服務部門。國際警察首長協會網站，https://www.theiacp.org/projects/enhancing-law-enforcement-response-to-victims-elerv，最後瀏覽日：2020年8月21日。

需求	定義	執法人員之回應作為
持續性（Continuity）	刑事司法各單位提供持續性的服務。	執法部門必須與被害者服務提供者及其他刑事司法專業人員合作，以確保被害者於參與司法系統過程中能獲得一致的訊息與支持。
發言（Voice）	讓被害人能對於案件程序議題及大方向的策略提出意見	執法部門應鼓勵受害者發問並傾聽其心聲，邀請被害者和被害者倡導者參與決策過程，以確保政策及規定能有效地指導執法部門滿足受害人的需求。
正義（Justice）	接受必要的治療支援並確認加害者已爲自我行爲負責。	執法部門透過調查、追蹤及善盡責任地追緝應負責的加害人，以直接改善被害者的安全感及身心健康。無論司法是否能完全實現正義，但被害者能看到執法部門爲其最大利益而努力，將會感到更有安全感及得到更好的服務。

資訊來源：Enhancing Law Enforcement Response to Victims: 21st Century Strategy，國際警察首長協會網站，https://www.theiacp.org/projects/enhancing-law-enforcement-response-to-victims-elerv，最後瀏覽日：2020年8月21日。

　　我國被害人保護的政策發展，在學術與實務的共同努力下，從立法、司法及行政等各面向，不斷致力於落實犯罪被害人預防、保護、權利保障、扶助，乃至於加害人再犯之防治等相關機制。在立法上，先後制定與修正「犯罪被害人保護法」、「兒童及少年性交易防制條例」（2015年修正爲「兒童及少年性剝削防制條例」）、「性侵害犯罪防治法」、「家庭暴力防治法」、「證人保護法」、「兩性工作平等法」（2008年修正名稱爲「性別工作平等法」）、「性別平等教育法」、「性騷擾防治法」、「人口販運防制法」及「刑事訴訟法」部分條文[51]。

　　在家暴被害人保護方面，主要規範在家防法第48條，其內容如下：

　　「警察人員處理家庭暴力案件，必要時應採取下列方法保護被害人及防止家庭暴力之發生：

---

[51] 章光明等，內政部警政署「警察機關協助被害人工作之研究」委託研究報告，2019年，頁16。

一、於法院核發緊急保護令前，在被害人住居所守護或採取其他保護被害
　　人或其家庭成員之必要安全措施。

二、保護被害人及其子女至庇護所或醫療機構。

三、告知被害人其得行使之權利、救濟途徑及服務措施。

四、查訪並告誡相對人。

五、訪查被害人及其家庭成員，並提供必要之安全措施」。

　　此外，行政機關執行保護令及處理家庭暴力案件辦法第10條規定：
「警察機關於法院核發本法第十六條第四項之緊急保護令前，爲保護被害
人及防止家庭暴力之發生，必要時應派員於被害人住居所守護或採取下列
方法保護被害人及其家庭成員之安全：一、協助轉介緊急安置。二、緊急
救援。三、安全護送。四、查訪並告誡相對人。五、其他必要且妥適之安
全措施。」

二、加害人之約制

　　對加害人的查訪與告誡，實則亦是保護被害人的方法之一，藉由掌握
加害人行蹤及身心狀況，判斷其危險高低，以採取適當作爲。爲落實家暴
事件危險評估及早辨識高危機個案，防制家暴行爲及保護被害人權益，內
政部於2009年擬定「家庭暴力安全防護網計畫」，2013年移由衛生福利部
主政賡續辦理至今。警察機關配合「家庭暴力安全防護網計畫」，於2010
年訂定「警察機關執行家庭暴力加害人訪查計畫」（下簡稱加害人訪查計
畫），加強家暴加害人訪視及資源轉介等工作，以預防家暴案件加害人再
犯及防處重大家暴事件[52]。

　　2020年1月1日生效之「警察勤務區訪查作業規定」[53]第2點規定，依
家防法第48條規定應實施查訪之相對人（加害人）列爲記事人口；記事
人口係指依法令規定得定期或不定期實施查訪之對象[54]；依家防法第48條

---

[52] 內政部警政署，2018年警政工作年報，2018年，頁95。

[53] 內政部警政署，2019年11月8日警署防字第1080158274號函訂定「警察勤務區訪查作業規
定」，自2020年1月1日生效。

[54] 警察勤務區訪查作業規定第2點：「（二）記事人口：依法令規定得定期或不定期實施查訪
之對象。1.依性侵害犯罪防治法第二十三條規定，應登記、報到之加害人。2.依家庭暴力防
治法第四十八條規定，應實施查訪之相對人（加害人）。」

規定應實施查訪之相對人（加害人），爲記事人口之一。依據上開作業規定，警勤區員警須定期訪查記事人口，以掌握其動態，查訪次數依各警察局婦幼業務主管單位之規劃辦理；記事人口增減時，由業務主管單位循業務系統通知相關單位及人員辦理。記事人口拒絕查訪時，得以側訪或其他方式實施，另查訪資料應登錄於警勤區記事簿。

配合上開訪查作業規定之修正，內政部警政署於2020年2月27日修正加害人訪查計畫爲「警察機關執行家庭暴力相對人查訪計畫」[55]。依該計畫所揭示，警察機關查訪家暴相對人之目的主要有二：一、實施約制告誡，約束相對人不得再犯；二、蒐集資訊及評估風險，擬訂安全計畫，維護個案安全。應實施查訪對象如下：

（一）家暴案件經法院核發保護令之相對人。但暫時及通常保護令之相對人，其所涉案件情節輕微，經分局核准後，得免實施查訪。

（二）前款以外之相對人，有家防法第30條第1項所列情形之一者。但在押或在監者不在此限。

前揭家防法第30條第1項規定執行拘提之家暴案件，其內容如下：

「檢察官、司法警察官或司法警察依前條第二項、第三項規定逕行拘提或簽發拘票時，應審酌一切情狀，尤應注意下列事項：

一、被告或犯罪嫌疑人之暴力行爲已造成被害人身體或精神上傷害或騷擾，不立即隔離者，被害人或其家庭成員生命、身體或自由有遭受侵害之危險。

二、被告或犯罪嫌疑人有長期連續實施家庭暴力或有違反保護令之行爲、酗酒、施用毒品或濫用藥物之習慣。

三、被告或犯罪嫌疑人有利用凶器或其他危險物品恐嚇或施暴行於被害人之紀錄，被害人有再度遭受侵害之虞者。

四、被害人爲兒童、少年、老人、身心障礙或具有其他無法保護自身安全之情形。」

---

55 內政部警政署2010年1月6日警署刑防字第0990000113號函訂定、2020年2月27日警署防字第1090061176號函修正「警察機關執行家庭暴力相對人查訪計畫」。

有關被告或犯罪嫌疑人對於家庭成員之生命、身體或自由之危險情狀判斷，警察人員應參考內政部警政署訂定「警察機關處理家庭暴力案件執行逮捕拘提作業規定」所附之「危險情狀參考表」，作為詢問重點與蒐證要項之參考[56]。

參、強化加害人關懷與處遇作為

論者認為，家防法施行後，在司法實務上，加害人與被害人之地位相差十萬八千里，被害人有政府或民間各機關與救援機制協助，但加害人部分，僅有一紙無情的裁定書，殘酷的告知裁定事項。雖然法律保護弱者、制裁犯罪，是亙古不變真理，然探究家暴事件之所以演變成法律事件，大多數雙方當事人都有其無奈，加害人其中之情緒轉變，目前仍是較被忽略的地帶，若相關單位投注心力予以重視，如何在冰冷無情的裁定書之外，給加害人適時之關懷，找出其失控之原因，給予相對長期的輔導，以降低其再犯之可能性，亦為現今重要之課題[57]。

因此，除一方面關注家暴被害人，強化被害人服務相關需求，提供其充足的保護服務資源，並應積極開發加害人輔導處遇工作，協助加害人改變施暴習性，家暴問題才能得到根本解決。總而言之，要避免受暴者重複受暴並非單方面強化受暴者的自我保護能力即可，施暴一方之改變對於終止暴力絕對具相當關鍵因素，故完整的防治之道亦應強化加害人的處遇措施[58]。

---

[56] 依據家庭暴力防治法第29、30條執行逮捕拘提相關判別與詢問重點，請參考內政部警政署2008年12月16日警署刑防字第0970006717號函頒之「警察機關處理家庭暴力案件執行逮捕拘提作業規定」中，有關「研判犯罪嫌疑人有繼續侵害家庭成員生命、身體或自由之危險情狀參考表」，內政部警政署，婦幼工作手冊，2017年，頁30-31。

[57] 斯儀仙、鄭嘉成，從臺北縣金山警察分局「毒子當母面弒老父」案談緊急保護令聲請之積極作為，警光雜誌第645期，2010年4月，頁19。

[58] 方秋梅、謝臥龍，「家庭暴力加害人簡易型處遇計畫」發展的價值與意義，諮商心理與復健諮商學報第30期，2017年，頁122-129。

肆、保護令之運用與加害者權利侵害之問題

論者指出，台灣在家暴防治的立法上廣開保護之門，顯現出立法的積極性，但由於立法上並未作相當的限定，從而，如於保護令之運用上，如何在加害者與被害者之間利益衡量，核發具有適當性、相當性之保護令，則完全委由司法實務於個案中就保護令之內容與範圍而為判斷，彈性甚大[59]。然而，積極的立法不等於妥適、正當的立法，雖然於規範上未必有違憲的問題，但立法上要件設定不細緻，等於是立法者放棄以條文來限制司法者裁量的空間，反倒就加害者有關照不周的問題存在，裁量的空間很大，反過來說，即有可能被認為立法粗糙。此外，立法或制度規定不明確，亦有可能導致法官對之的消極運用，由此可見，立法者明確的指示目的與設定目標，實有必要[60]。

此外，如前所述，家防法中保護令制度所設之各種限制、禁止、命令規定，具有預防曾有家庭暴力行為者將來可能之不法行為所作之前置性、概括性保護之目的。然而，由於家暴常發生於家庭密閉空間，欲舉證加害人之暴力行為並非易事，故通常保護令事件採取寬鬆的自由證明法則取代嚴格證明；亦即，有超過50%之可能性，法院即應為有利於聲請人之認定，故於部分案件中，保護令似有遭聲請人濫用之疑慮[61]。

再者，又有保護令執行效果有限之批評。論者認為，保護令為民事命令，遏阻作用有限，而且違反保護令罪在實務和司法上的界線模糊，常使被害人難以追究加害人責任，得不到應有的告誡和懲治效果[62]。

---

59 高鳳仙，民事保護令制度之救濟範圍解析，台灣國際法季刊，5卷1期，2008，頁45-46。

60 林婉珊，初探家庭與親密關係暴力之法律規制：以臺日民事保護令及其罰則為中心，國立臺灣大學法學論叢特刊期，2018年11月，頁1621-1622。

61 鄧學仁，家庭暴力防治法與案例研究，許福生主編，警察法學與案例研究，五南，2019年，頁419-420。

62 林美薰、林嘉萍，反制跟蹤騷擾，臺灣大步走，婦研縱橫第105期，2016年，頁13。

第六節 結論與建議

　　過去「法不入家門」、「清官難斷家務事」的傳統觀念，被害人對於家庭成員間的暴力行為，多以「家醜不可外揚」為由不斷隱忍。惟隨著人權意識的高漲，我國家防法於1998年完成立法，施行迄今已逾20年，不論政府相關部門或是社會大眾，對於家暴案件的防治，均應有正確的觀念與作為。由於家暴案件發展的不確定性及可能的潛在危險，使得主管機關進一步制定更細緻的評估作為，以預防特定案件後續可能引發的重大生命、身體或公共安全的危害。例如本案李○基預謀殺害妻女案，過程中受影響的不只是該特定對象，更危及相關親友及其子女，甚至全體幼兒園學童、路人的安危。此外，十多年前發生於新北市蘆洲區大囍市社區的慘痛案例[63]，亦歷歷在目，一起從家門內夫妻失和的案件，而衍生出當事人自焚事件，嚴重波及社區70餘戶、合計100多人，最後導致16人死亡，68人受傷的社會事件。這些死傷慘重的事件在在提醒我們，家暴案件之處理不可小覷，應嚴陣以待，警察人員經常身處個案處理的最前線，如何見微知著、就高風險個案適當處置及通報預警，有賴第一線員警的處理能力及即時反應[64]。

---

[63] 2003年6月，邱○生與徐○琴夫婦遷入大囍市社區。在此之前，徐曾於2002年在先前的住所意圖洩漏瓦斯自殺未遂。2003年8月30日晚，大囍市G棟一樓住戶邱○生與徐○琴夫婦與友人外出至大排檔聚餐飲酒，而後前往KTV唱歌，深夜返回大囍市社區住處。2003年8月31日凌晨，邱、徐兩人在酒後發生激烈爭吵。1時52分，妻子徐○琴試圖點燃松香油自焚，邱○生制止她，奪下松香油放於屋外。55分徐○琴趁邱○生不留意，持大量松香油潑淋在身上，以打火機點燃自焚。

由於縱火者徐○琴數日後傷重過世，無法對其追究責任，受災戶轉向縱火者的丈夫邱○生求償責任。刑事部分，一審因過失致死判處一年十個月，二審改判二年。民事部分，犯罪被害人保護協會主動協助被害人向邱○生求償，但邱與孩子皆拋棄繼承徐之遺產。監察院對內政部及臺北縣政府提起糾正案。

邱○生另於2014年2月因酒後駕車遭警方攔檢，觸犯公共危險罪，臺灣新北地方法院判處三個月徒刑，得易科罰金。維基百科網站，https://zh.wikipedia.org/wiki/%E8%98%86%E6%B4%B2%E5%A4%A7%E5%9B%8D%E5%B8%82%E7%A4%BE%E5%8D%80%E7%81%AB%E7%81%BD，最後瀏覽日：2020年9月4日。

[64] 家暴案件處理之重要性，亦可從近年警察特考「警察情境實務」科目中得知。2020年公務人員特種考試警察人員「警察情境實務」科目申論題第2題之題目如下：

「你是派出所所長，某日值班警員甲接獲民眾乙女報案，指稱其同居人丙因接獲勤區警員送

綜合前揭本文之討論與分析，就警察於防治家暴案件中之功能與角色，提供具體之結論與建議如下：

壹、強化偵查與保護並重的警察功能

類似本案之重大家暴案件發生前，往往有脈絡可循。警察居於家暴案件處理之第一線，若能深入且廣泛的觀察、蒐集相關資訊，再運用自身專業知識及經驗法則加以判斷，將危機徵兆處理在先，以防範事件最後演變成重大刑案之局面，並減少無辜家庭成員，甚或其他人身體傷害或是生命損失。傳統重視績效及刑案偵辦之警察思維應予適當改變，如何預防案件的發生，亦應爲警察主要任務之一。由於家暴事件之特殊性，家防法所建構之防治架構，亦較著眼於事前的預防，警察人員爲善盡該法所賦予之職責，除觀念的修正外，亦應持續接受相關教育訓練，以強化案件預防之技巧與能力，勝任多元之角色期待。

貳、多元運用相關法令防治家暴案件

我國家防法之公布施行，對於政府部門介入並防治家暴事件，提供重要的法依據。然而，家暴事件之處理，從發生前的資料蒐集，可運用警察職權行使法相關規定予以執行，例如第14條通知到場，或是於家戶訪查中蒐集相關資訊。發生時，因應事件之不同，可運用警職法或行政執行法中所授權之即時強制手段，包括對人之管束、凶器或其他危險物品之扣留、因受害者生命、身體、財產有迫切之危害，必要時得進入住宅或其他處所等；此外，亦可依據警械使用條例相關規定使用警械，以控制現場。事件發生後，加害人若有違反刑法、社會秩序維護法或其他法令相關規定，後續則應依規定進行必要之處置。此外，若涉有民事賠償，則有民法相關規

達乙女所聲請的民事保護令通知，丙因心生不滿除再度毆打乙女外，並欲引爆瓦斯桶和乙女同歸於盡。甲因事態緊急，向你請示本案應作如何處置。請問：
(1)針對丙欲引爆瓦斯桶和乙女同歸於盡一節，處理流程爲何？需要特別注意那些事項？
(2)針對丙違反保護令罪一節，處理流程爲何？需要特別注意那些事項？」

定之適用。

　　亦即，除家防法所規定之警察人員權責外，包括從受理報案、現場處理、製作相關文書紀錄、通報、替被害人聲請保護令、執行保護令內容、告知被害人其得行使之權利、救濟途徑及服務措施、拘提、逮捕加害人、保護被害人、防止暴力行為再犯等等，於實際案件處理中，警察人員亦應衡酌現場狀況，適時運用其他法規範之授權，妥適處理及防治家暴事件。

參、兼顧被害人及加害人立場的防治作為

　　傳統思維認為家暴被害人多數是女性，且處於弱勢，政府以公權力介入家門，對於被害人及其子女應多方提供協助及安全保護措施，惟就加害人施暴動機或精神、心理等狀況，相應之關注及資源似較少。為有效防治家暴事件，本文認為應雙管齊下，除強化被害人保護外，加害人之處遇資源，政府亦應挹注相當之人力與資源，以有效提升家暴防治成效，並降低社會成本。

第十一章
員警處理性騷擾案例研析

傅美惠

第一節 案例事實

壹、甲男於108年9月11日16時5分許，在工作之址設新北市泰山區之檳榔
店內，竟基於性騷擾之犯意，見乙女轉身打開冰箱拿取檳榔而背對甲
男時，趁乙女不及抗拒之際，徒手拍打乙女之臀部。嗣經女報警處
理，經警調閱監視器錄影畫面而查悉上情。

貳、案經乙女訴由新北市政府警察局林口分局報告偵辦[1]。

參、本案歷審法院之實務判決情形：

一、台灣新北地方法院109年度審易字第394號判決（109.03.27）：
甲男意圖性騷擾，乘人不及抗拒而為觸摸臀部之行為，累犯，處
拘役30日，如易科罰金，以新臺幣1,000元折算1日。

二、台灣新北地方法院109年度審簡字第341號判決（109.04.22）：
上列被告因違反性騷擾防治法案件，經檢察官提起公訴（108年
度偵字第36144號），而被告自白犯罪，本院認宜以簡易判決處
刑（原審理案號：109年度審易字第394號），並判決如下：甲男
意圖性騷擾，乘人不及抗拒而為觸摸臀部之行為，累犯，處拘役
30日，如易科罰金，以新臺幣1,000元折算1日。

三、台灣新北地方法院109年度簡上字第520號判決（109.12.09）：
上訴駁回。

第二節 爭論焦點

自從媒體大幅報導「摸胸10秒一審判決無罪」後，類似案件層出不
窮[2]，後來的「舌吻5秒無罪案」更是讓民眾疑惑不安，甚至出現「捏臀5

1　請參照台灣新北地方檢察署檢察官108年度偵字第36144號起訴書之「犯罪事實」。

2　2005年11月，彰化員林內衣特賣會上發生女子遭摸胸的事件，檢方依強制猥褻罪起訴後，彰
化地院以10秒鐘無法引起加害人性慾為由，判定無罪。檢方提起上訴後，台中高分院於今年

秒無罪論」之仿效案件。不僅一般民眾不解司法實務之判決，甚至有人開始存著僥倖之心態起而效尤：「反正襲胸10秒無罪，只要不超過10秒，法院便會判決我無罪。」引發各類模仿犯罪、意圖逃避刑責的社會效應。每個人之性自主自由及人身安全，因為這些讀秒式之無罪判決而開始落入不受法律保障之恐懼中。

強制猥褻與性騷擾之問題早期在「摸胸10秒案」、「舌吻5秒案」無罪中鬧得沸沸揚揚，性騷擾防治法（以下稱「本法」）第25條「強制觸摸罪：乘人不及抗拒而為親吻、擁抱或觸摸其臀部、胸部或其他身體隱私處之行為」與刑法「強制猥褻罪：對於男女以強暴、脅迫、恐嚇、催眠術或其他違反其意願之方法，而為猥褻之行為」之區別難以判定之問題，因此浮上檯面。在這些案例中，法律實務的考量標準與判決結果，為何與社會大眾之認知相差如此之遠？為何在1999年刑法從「妨害風化」改成「妨害性自主」罪章後，強調的是考量當事人自主權的新時代視野，為何還有部分實務見解自限於「猥褻罪」幾秒鐘始足以「引起或滿足（加害人）性慾」，法律實務見解確有重新檢討之必要？

刑法第224條之強制猥褻罪和性騷擾防治法第25條第1項之強制觸摸罪，雖然都與性事有關，隱含違反被害人之意願，而侵害、剝奪或不尊重他人性意思自主權法益。但兩者既規範於不同法律，構成要件、罪名及刑度並不相同，尤其前者逕將「違反其（按指被害人）意願之方法」，作為犯罪構成要件，依其立法理由，更可看出係指強暴、脅迫、恐嚇、催眠術等傳統方式以外之手段，凡是悖離被害人之意願情形，皆可該當，態樣很廣，包含製造使人無知、無助、難逃、不能或難抗情境，學理上乃以「低

2月改判「強制猥褻罪」成立，並判處被告有期徒刑三個月。

2007年9月，彰化縣廖姓男子強行「舌吻」前妻13歲的女兒達5秒鐘，彰化地院法官認為並未構成強制猥褻罪，判決廖某無罪。檢方不服，已提上訴。

2007年12月，一名男子躲於速食店廁所中，將手臂自隔間下方空隙伸往隔壁間，強摸女生下體2秒，法院以該行為不構成強制猥褻，此部分判決無罪。

2008年6月，宜蘭林姓男子尾隨一名女子進入電梯，趁機襲胸並試圖不軌。警方逮捕後，嫌犯辯稱自己只摸了6秒，應該不構成犯罪。警方已依觸犯強制猥褻罪將其移送法辦。

2008年6月，彰化葉姓女子在KTV電梯內遭一名男子偷捏臀部，葉姓女子要求道歉，男子竟理直氣壯說道：「我只摸妳一下，又沒超過5秒，要告去告啊！反正法院會判無罪。」

度強制手段」稱之。從大體上觀察，兩罪有其程度上之差別，前者較重，後者輕，而實際上又可能發生犯情提升，由後者演變成前者情形。從而，其間界限，不免產生模糊現象，因此，探討性騷擾防治法第25條「乘人不及抗拒」與刑法「強制猥褻」之區別如何判定？亦即強制猥褻罪與強制觸摸罪之界限爲何等問題？確有重新檢討之必要？本此理念，本文除以最高法院108年度台上字第1800號刑事判決與其歷審裁判爲基礎，探討性騷擾防治法第25條「乘人不及抗拒」與刑法「強制猥褻」之區別如何判定等問題？此外，強制罪之刑度也比本法第25條第1項之強制觸摸罪高。在強制觸摸罪通過後，強制行爲雖構成犯罪，但其法定刑因該罪之創設而降低，顯然並非本法起早者之本意；而且性觸摸行爲本含有妨害自由之強制行爲，其刑度卻遠低於強制猥褻罪或乘機猥褻罪，亦低於強制罪，這樣顯然有刑度失衡之情形。

我國陸續已經施行多年之家庭暴力防治法、性侵害犯罪防治法、性別工作平等法及性別平等教育法後，再訂性騷擾防治專法，就算被害人選擇與加害人對簿公堂、提起告訴，也常會因多種法令之互相競合與混淆，法院判決歧異，難以將加害人定罪。實務判斷可能涉及性騷擾議題之法規，已廣泛地擴張至刑法或社會秩序維護法，因而容易造成多種法令之互相競合與混淆，在缺乏明確評判標準之情形下，縱使在民事訴訟上獲得勝訴判決，賠償數額通常也不多，但訟累讓被害人飽受折磨，甚至導致被害人遭受二次傷害，或是權益受損。

性騷擾防治法對於性騷擾之定義是狹隘的，沒有包括性侵害犯罪，因而造成觀念混淆適用不易，性侵害被害人保護不周等缺失；另性騷擾防治法，第1條但書中有規定：「但適用性別工作平等法及性別平等教育法者，除第十二條、第二十四條及第二十五條外，不適用本法之規定。」依此規定，本法之適用範圍變得相當狹窄無法統一性騷擾之定義，對不適用本法之被害人保護不周。

警察單位對性騷擾認定之抗拒及承受壓力，未有給予雇主性騷擾教育之規範，缺乏對加害者之制裁、矯正以及性騷擾之預防等問題，以上種種爭議問題，都需要進一步思考與釐清。

第三節 相關規範與處理程序

壹、防治性騷擾之法規範

一、性騷擾防治法之主要內容

性騷擾防治法（以下稱「本法」）是一部中華民國法律，於2005年2月5日公布施行，其立法目的是爲了補足性別工作平等法及性別平等教育法之不足[3]。性別工作平等法只處理雇主與受僱者之間之關係，而性別平等教育法則是處理校園內之性騷擾、性侵害問題。雖然社會秩序維護法適用範圍較廣，但也只能進行行政裁罰，社會秩序維護法第83條第3項所規定「以猥褻言語、舉動或其他方法，調戲異性」，其成立要件與性騷擾不盡相同，對被害人保護有限，也缺乏對加害者之制裁、矯正以及性騷擾之預防。爲了讓一般人在工作場所、學校以外之公共場所受到性騷擾時能夠受到保障，以本法擴大保護之領域，保障受害者之權益。

性騷擾事件牽涉多元複雜之個人、社會與文化等因素，需要各相關體系專業人員、社會大眾共同投入防治工作，以建立綿密之防治網絡[4]。本

---

[3] 爲有效處理性騷擾議題，立法院陸陸續續通過了「性別工作平等法第三章性騷擾之防治」、「性別平等教育法第四章校園性侵害或性騷擾之防治」及「性騷擾防治法」，規範雇主事前預防及事後善後責任，希望能透過事前預防、加重雇主責任、採用申訴手段，以快速及減少被害人成本支出之方式來徹底處理性騷擾問題。這三個法律是以性騷擾事件中被害人與加害人間之關係作爲區分點，將發生在不同人之間、不同場域之性騷擾事件加以區別，而有不同處理方式。大體上來說，性別工作平等法從保障員工工作權角度出發，主要處理職場性騷擾；性別平等教育法從保障學生受教權觀點出發，主要處理校園性騷擾；而性騷擾防治法從人身安全角度出發，主要處理前二法以外之性騷擾（如公共場所）。有關性騷擾防治三法間之解釋與適用及相關整合議題之比較，參照性騷擾防治三法整合研修建議計畫，內政部委託研究（計畫主持人：吳志光副教授，協同主持人：陳宜倩副教授），2010年8月24日，頁57、63以下。

[4] 有關性騷擾事件之防處，及建立綿密之防治網絡之詳細敘述，參照內政部手冊/性騷擾防治Q&A手冊（序文），頁3；尤美女、王如玄、張晉芬、嚴祥鸞、劉梅君、陳美華合著，1999催生男女工作平等法手冊，財團法人婦女新知基金會，1999年；徐卿廉、張逸平、陳惠琪、王金蓉、卓玉梅編輯，性別平權之路－台北市職場性別歧視申訴訴願暨行政訴訟案例彙編，台北市政府勞工局，2002年；曹愛蘭、尤美女、林明珠、黃碧芬、賴玉梅編輯，台北縣就業歧視V.S就業場所性騷擾案例實錄，台北縣政府，2002年；黃文鐘、陳爾嘉、林佳慧、鄧懿賢編輯，台北市政府勞工局就業歧視暨性別平等相關實例介紹暨法令研討專輯，台北市政府，2005年；王淑珍，新女性聯合會呂秀蓮策劃出版，葡萄前進——昂首對抗性騷擾，書

法於2006年2月5日正式上路，繼性別工作平等法針對職場性騷擾、性別平等教育法針對校園性騷擾加以規範之後，我國法制對於性騷擾之防治又向前邁進了一大步。本法本於保護人身安全與尊重個人身體自主權之理念，特別對機關、部隊、學校、機構或僱用人課以防治義務，期待透過集體之力量，提升人民對他人身體自主權之尊重，使社會大眾對性騷擾防治與相關議題建立正確、基礎之觀念。另外，本法為嚇阻性騷擾事件之發生，亦新增性騷擾行為之行政制裁與強制觸摸罪之刑事處罰[5]。

現行有關性騷擾防治相關法令主要有性騷擾防治法、性別工作平等法[6]、性別平等教育法，簡稱「性騷擾防治三法[7]」，惟前揭三法就性騷擾（及性侵害）防治而言，其立法目的及防治手段均有所差異。按性別工作平等法主要在於保障受僱者及求職者免於性騷擾之工作或求職環境，以維護其工作權益，並由僱用人負擔主要之防治責任；性別平等教育法主要保

泉，1993年；黃碧芬、莊麗卿、吳湘媚編輯，保護你手冊－職場性騷擾，中華民國新女性聯合會，1999年；行政院勞工委員會中部辦公室編印，就業歧視防制－相關問答彙編；行政院勞工委員會編印，性別工作平等宣導手冊；陳麗娟、陳爾嘉、陳惠琪、陳寶如、林佳慧編輯，職場天秤的擺盪－性別平權與就業平等專刊，台北市政府，2004年；焦興鎧，性騷擾爭議新論，元照，2003年；焦興鎧，向工作場所性騷擾問題宣戰，元照，2002年；焦興鎧，工作場所性騷擾就是就業上性別歧視嗎？台灣高等行政法院91年簡字第851號判決評析，2002年；黃富源，向企業性騷擾說再見——工作場所性騷擾防治手冊，中華民國勞資關係協進會，1997年；焦興鎧，工作場所性騷擾答案問集（雇主篇），財團法人婦女權益促進發展基金會網站；高鳳仙，性騷擾防治法之立法問題探究，全國婦女人身安全會議：引言，財團法人婦女權益促進發展基金會網站；台灣婦女資訊網：女性人身安全、工作場所性騷擾；畢恆達，空間就是性別，心靈工坊，2004年。

5　內政部手冊／性騷擾防治Q&A手冊，2006年11月，頁5。性騷擾行為是否應受法律制裁？美國最早於1986年的 *Meritor Savings Bank, FSB v. Vinson* 一案中，確立了這是民權法案第7條所禁止之性別歧視。但這個規定早期只適用在工作場所，近來才擴及其他生活層面。在我國，「性騷擾防治法」立法，歷時六年，在2005年1月間終於完成三讀立法程序，於2006年2月5日正式上路。參照妳／你有權利說不——性騷擾防治法，網氏／罔市女性電子報：焦點話題「性騷擾防治法上路了」第207期，2006年1月30日；焦興鎧，美國雇主對工作場所性騷擾事件之法律責任及預防之道，歐美研究，27卷4期，1997年12月，頁85；焦興鎧，美國最高法院對工作場所性騷擾事件屋主法律責任之最新判決——Pennsylvania State Police v. Suders一案之評析，國政研究報告，頁197。

6　焦興鎧，兩性工作平等法中性騷擾相關條款之解析，律師雜誌第271期，2002年4月，頁40-56。

7　有關性騷擾防治三法間之規範競合關係、解釋與適用及相關整合議題之比較，參照性騷擾防治三法整合研修建議計畫，內政部委託研究（計畫主持人：吳志光副教授，協同主持人：陳宜倩副教授），2010年8月24日，頁57、63以下。

障學生之受教育權，並由學校負擔主要之防治責任；本法則旨在保障一般人在職場及校園領域外免於性騷擾之人身安全維護，並視行爲人之身分及性騷擾發生之場所，由機關、部隊、學校、機構、僱用人或主管機關負擔主要之防治責任。

本法於中華民國2005年2月5日總統華總一義字第09400016851號令制定公布，全文計28條；並自公布後一年施行。其主要內容包含：第一章「總則」、第二章「性騷擾之防制與責任」、第三章「申訴及調查程序」、第四章「調解程序」、第五章「罰則」、第六章「附則」等。

表11-1　本法之主要內容

項目	內容及條文
名詞解釋	名詞定義（第3條）
性騷擾事件之組織部分	1. 明定各級主管機關（第4條） 2. 明定中央主管機關之掌理事項（第5條） 3. 性騷擾防治委員會之設立及職掌（第6條）
性騷擾之防治與責任範圍部分	1. 相關措施之訂定（第7條） 2. 定期舉辦或參與相關教育訓練（第8條） 3. 故意或過失者之損害賠償責任（第9條） 4. 差別待遇者之損害賠償責任（第10條） 5. 請求回復名譽提供適當協助（第11條） 6. 大眾傳播媒體不得報導或記載被害人身分之資訊（第12條）
性騷擾事件之申訴及調查程序部分	1. 提出申訴、再申訴（第13條） 2. 組成調查小組（第14條） 3. 停止偵查或審判程序（第15條）
性騷擾事件之調解程序部分	1. 申請調解（第16條） 2. 勘驗費核實支付（第17條） 3. 調解書之作成及效力（第18條） 4. 調解不成移送司法機關（第19條）
性騷擾事件之罰則	1. 罰則一（第20條） 2. 罰則二（第21條） 3. 罰則三（第22條） 4. 罰則四（第23條） 5. 罰則五（第24條） 6. 罰則六（第25條）

項目	內容及條文
性騷擾事件之附則	1. 性侵害犯罪準用規定（第26條） 2. 施行細則（第27條） 3. 施行日（第28條）

二、性騷擾防治法及相關法規範

（一）性騷擾防治法第25條「強制觸摸罪」部分

案情摘要：加害人甲男基於性騷擾之犯意，見乙女轉身打開冰箱拿取檳榔而背對甲男時，趁乙女不及抗拒之際，徒手拍打乙女之臀部。嗣經女報警處理，經警調閱監視器錄影畫面而查悉上情。

1. 性騷擾防治法第25條規定

(1)意圖性騷擾，乘人不及抗拒而為親吻、擁抱或觸摸其臀部、胸部或其他身體隱私處之行為者，處二年以下有期徒刑、拘役或科或併科新臺幣10萬元以下罰金。

(2)前項之罪，須告訴乃論。

2. 性騷擾防治準則第7條規定

(1)性騷擾事件被害人向警察機關報案者，警察機關應依職權處理並詳予記錄。知悉加害人所屬機關、部隊、學校、機構或僱用人者，應移請該所屬機關、部隊、學校、機構或僱用人續為調查，並副知該管直轄市、縣（市）主管機關及申訴人。

(2)加害人不明或不知有無所屬機關、部隊、學校、機構或僱用人者，應即行調查。

(3)前項性騷擾事件涉及本法第25條第1項所定情事者，警察機關應即行調查，並依被害人意願移送司法機關。

3. 依性騷擾防治法第13條規定

性騷擾事件被害人除可依相關法律請求協助外，並得於事件發生後一年內，向加害人所屬機關、部隊、學校、機構、僱用人或直轄市、縣

（市）主管機關提出申訴。

前項直轄市、縣（市）主管機關受理申訴後，應即將該案件移送加害人所屬機關、部隊、學校、機構或僱用人調查，並予錄案列管；加害人不明或不知有無所屬機關、部隊、學校、機構或僱用人時，應移請事件發生地警察機關調查。

機關、部隊、學校、機構或僱用人，應於申訴或移送到達之日起7日內開始調查，並應於二個月內調查完成；必要時，得延長一個月，並應通知當事人。

前項調查結果應以書面通知當事人及直轄市、縣（市）主管機關。

機關、部隊、學校、機構或僱用人逾期未完成調查或當事人不服其調查結果者，當事人得於期限屆滿或調查結果通知到達之次日起30日內，向直轄市、縣（市）主管機關提出再申訴。

當事人逾期提出申訴或再申訴時，直轄市、縣（市）主管機關得不予受理。

處理情形：本案加害人甲男基於性騷擾之犯意，見乙女轉身打開冰箱拿取檳榔而背對甲男時，趁乙女不即抗拒之際，徒手拍打乙女之臀部，加害人甲男明顯違反性騷擾防治法第25條，加害人甲男可處二年以下有期徒刑、拘役或科或併科新臺幣十萬元以下罰金，但須告訴乃論，故被害人乙女亦可向警察機關提出告訴，警察機關即會依性騷擾防治準則第7條第2項規定移送司法機關。

此外，員警處理性騷擾防治法第25條「強制觸摸罪」之案件，實務上採申訴、告訴「雙軌」併提制，均由分局防治組受理。申訴事件由防治組辦理，告訴案件由防治組移由偵查隊偵辦移送。

判決情形：本案判決加害人甲男意圖性騷擾，乘人不及抗拒而為觸摸臀部之行為，累犯，處拘役30日，如易科罰金，以新臺幣1,000元折算1日（詳如前述：本案歷審法院之實務判決情形）。

（二）性騷擾防治法第2條「性騷擾」部分

1.性騷擾防治法第2條規定

本法所稱性騷擾，係指性侵害犯罪以外，對他人實施違反其意願而與性或性別有關之行為，且有下列情形之一者：

(1)他人順服或拒絕該行為，作為其獲得、喪失或減損與工作、教育、訓練、服務、計畫、活動有關權益之條件。

(2)以展示或播送文字、圖畫、聲音、影像或其他物品之方式，或以歧視、侮辱之言行，或以他法，而有損害他人人格尊嚴，或造成使人心生畏怖、感受敵意或冒犯之情境，或不當影響其工作、教育、訓練、服務、計畫、活動或正常生活之進行。

2.性騷擾防治準則第7條規定

(1)性騷擾事件被害人向警察機關報案者，警察機關應依職權處理並詳予記錄。知悉加害人所屬機關、部隊、學校、機構或僱用人者，應移請該所屬機關、部隊、學校、機構或僱用人續為調查，並副知該管直轄市、縣（市）主管機關及申訴人。

(2)加害人不明或不知有無所屬機關、部隊、學校、機構或僱用人者，應即行調查。

(3)前項性騷擾事件涉及本法第25條第1項所定情事者，警察機關應即行調查，並依被害人意願移送司法機關。

3.性騷擾防治準則第10條規定

(1)性騷擾之申訴經依本法第13條移由警察機關調查者，警察機關應於申訴或移送到達之日起7日內查明加害人之身分；未能查明加害人之身分者，應即就性騷擾之申訴逕為調查，並於二個月內調查完成；必要時，得延長一個月，並通知當事人。

(2)前項調查結果應通知當事人及直轄市、縣（市）主管機關。警察機關經查明加害人有所屬機關、部隊、學校、機構或僱用人者，應即移送該加害人所屬機關、部隊、學校、機構或僱用人處理，並副知加害人所屬機關、部隊、學校、機構或僱用人所在地之直轄市、縣（市）主管機關。

處理情形：本案甲男之拍打乙女臀部之行為，明顯違反性騷擾防治法第2條。故乙女向警方報案後警方依乙女之意願調查並詳予記錄。本案涉及本法第25條第1項所定情事者，警察機關應即行調查，並依被害人意願移送司法機關。

三、性騷擾防治三法（性平三法）之比較

性別平等教育法與本法分別於2005年、2006年實施，2007年前述之兩性工作平等法更名為性別工作平等法[8]，該三項法律則成為防治性騷擾之重要規範（性騷擾防治三法），是以防治性騷擾之領域含括工作環境、校園以及公共場所。然而，無論綜觀該三項性騷擾法令之實踐，或近年來法院審理、判決之角度，諸多重大爭議已然造成民眾理解上之困難或觀感層面之難以接受。

性騷擾防治三法（性平三法）之比較[9]

	性別工作平等法	性別平等教育法	性騷擾防治法
主管機關	1. 中央：行政院勞工委員會 2. 直轄市：直轄市政府 3. 縣（市）：縣（市）政府	1. 中央：教育部 2. 直轄市：直轄市政府 3. 縣（市）：縣（市）政府	1. 中央：內政部 2. 直轄市：直轄市政府 3. 縣（市）：縣（市）政府
主要規範對象	1. 雇主，即僱用受雇公私立各級學校者之人、公私立機構或機關。代表雇主行使管理權之人或代表	公私立各級學校	政府機關、國防部所屬軍隊及學校、公私立各級學校、法人、合夥、設有代表人或管理人之非法人團體及其他組織。

8 焦興鎧，兩性工作平等法中性騷擾相關條款之解析，律師雜誌第271期，2002年4月，頁40-56。
9 邱美月（台南市女性權益促進會秘書長），性騷擾之相關法規及案例解析，https://www.ccd.mohw.gov.tw/public/news/handouts/2f4caf9af23f94fc864f5bfe535a853a.pdf，最後瀏覽日：2019年11月13日。

	性別工作平等法	性別平等教育法	性騷擾防治法
	雇主處理有關受僱者事務之人，視同雇主。 2. 本法於公務人員、教育人員或軍職人員，亦適用之。		
主要規範對象之防治義務	1. 防治性騷擾行為之發生。 2. 知悉性騷擾之情形時，主管應採取立即有效之糾正與補救措施。 3. 僱用30人以上之雇主，應特別訂定性騷擾防治措施、申訴及懲戒辦法，並在公共場所公開揭示。	1. 設置性別平等教育委員會。 2. 依校園性侵害或性騷擾防治準則訂定防治規定，並公告週知。 3. 積極推動校園性侵害及性騷擾防治教育以提升教職員工生尊重他人與自己性或身體自主之知能。	1. 防治性騷擾行為之發生，採取適當之預防、糾正、懲處及其他措施，並確實維護當事人之隱私。 2. 每年定期舉辦或鼓勵所屬人員參與性騷擾防治相關教育訓練，並予以公差登記及經費補助。 3. 知悉有性騷擾之情形時，應採取立即之糾正及補救措施。 4. 定期舉辦或鼓勵所屬人員參與防治性騷擾之相關教育訓練。 5. 組織成員、受僱人或受服務人員人數達10人以上者，應設立受理性騷擾申訴之專線電話、傳真、專用信箱或電子信箱，並規定處理程序及專責處理人員或單位。 6. 組織成員、受僱人或受服務人員人數達30人以上者，應訂定並公開揭是性騷擾防治措施。
申訴對象（管轄）	被害人之雇主	行為人於行為發生時所屬學校、學校所屬主管機關	申訴時加害人所屬機關、部隊、學校、機構、僱用人或直轄市、縣（市）主管機關

	性別工作平等法	性別平等教育法	性騷擾防治法
申訴程式	被害人得以言詞或書面向雇主提出性騷擾事件申訴	1. 校園性騷擾事件被害人或其法定代理人、檢舉人得以書面向行為人於行為發生時所屬學校申請調查；學校首長為加害人時，應向學校所屬主管機關申請調查；申請調查亦得以言詞為之。 2. 任何人知悉校園性騷擾事件時，得依其規定程序向學校或主管機關檢舉之。	1. 性騷擾事件被害人除可依相關法律請求協助外，並得於事件發生後一年內，向申訴時加害人所屬機關、部隊、學校、機構、僱用人或直轄市、縣（市）主管機關提出申訴。 2. 加害人機關首長、部隊主管（官）、學校校長、機構之最高負責人、僱用人時，應向該機關、部隊、學校、機構或僱用人所在地之直轄市、縣（市）主管機關提出申訴。
申訴時效	事件發生後十年內	無時效限制	事件發生後一年內

貳、處理性騷擾案件之作業程序

處理性騷擾事（案）件作業程序修正規定
（第一頁，共四頁）

一、依據：
（一）性騷擾防治法（以下簡稱本法）第十三條及第二十五條。
（二）性騷擾防治法施行細則第六條及第七條。
（三）性騷擾防治準則（以下簡稱本準則）第五條、第七條、第八條及第十條。

二、分駐（派出）所流程：

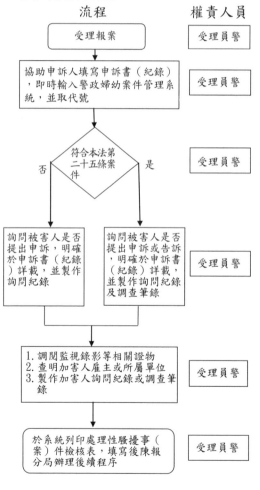

流程	權責人員	作業內容
受理報案	受理員警	一、準備階段： 　依單一窗口受理民眾報案或他單位移送之性騷擾事（案）件。 二、執行階段： （一）協助申訴人填寫申訴書（紀錄）。遇民眾不願申訴及告訴時，依職權製作詢問紀錄，於申訴書（紀錄）及詢問紀錄內詳載不願申訴及告訴，請申訴人簽名或蓋章，並告知事件發生後一年內，向加害人所屬機關、部隊、學校、機構、僱用人或直轄市、縣（市）主管機關提出申訴；或依刑事訴訟法第二百三十七條規定，應自得為告訴之人知悉犯人之時起，於六個月內提起告訴。 （二）受理員警應將申訴書（紀錄）內容輸入警政婦幼案件管理系統列管，並影印一份交申訴人留存。 （三）被害人及未滿十八歲之加害人於系統取代號，並列印真實姓名對照表；製作詢問紀錄或調查筆錄時，其姓名及其他足以辨識身分之資料，應以代號為之。符合本法第二十五條案件，另依規定開立報案三聯單。 （四）七日內查明加害人有無所屬單位。 （五）警察機關調查性騷擾事（案）件，以下列情形為主： 　1.加害人不明。 　2.不知所屬單位。 　3.無法於七日內查明身分。 　4.屬本法第二十五條告訴案件。 （六）於系統列印並填寫處理性騷擾事（案）件檢核表後，檢附申訴書（紀錄）、詢問紀錄、調查筆錄及相關證物等陳報分局防治組。

流程圖文字：
- 受理報案
- 協助申訴人填寫申訴書（紀錄），即時輸入警政婦幼案件管理系統，並取代號
- 符合本法第二十五條案件（否／是）
- （否）詢問被害人是否提出申訴，明確於申訴書（紀錄）詳載，並製作詢問紀錄
- （是）詢問被害人是否提出申訴或告訴，明確於申訴書（紀錄）詳載，並製作詢問紀錄及調查筆錄
- 1.調閱監視錄影等相關證物 2.查明加害人雇主或所屬單位 3.製作加害人詢問紀錄或調查筆錄
- 於系統列印處理性騷擾事（案）件檢核表，填寫後陳報分局辦理後續程序

（續下頁）

（續）處理性騷擾事（案）件作業程序

（第二頁，共四頁）

三、分局流程：

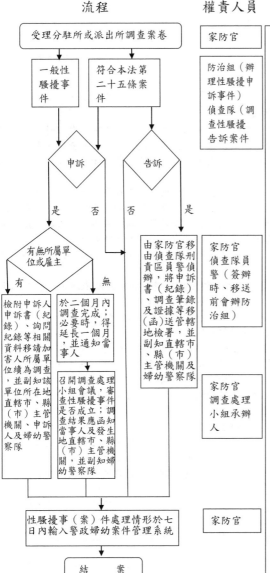

| 流程 | 權責人員 | 作業內容 |

受理分駐所或派出所調查案卷 —— 家防官

一般性騷擾事件 ／ 符合本法第二十五條案件

申訴 ／ 告訴

防治組（辦理性騷擾申訴事件）偵查隊（調查性騷擾告訴案件）

（七）不論申訴事件或告訴案件，或申訴、告訴併提，均由分局防治組受理。申訴事件由防治組辦理，告訴案件由防治組移由偵查隊偵辦移送。

（八）召開調查處理小組會議審查，其小組成員包括副分局長、防治組組長（上述得二選一）、偵查隊副隊長或相當職務人員、業管偵查佐（上述得二選一）、家防官、分駐所或派出所所長，組成以三人至五人為代表。另受理員警為列席人員，不計入代表人數內。

三、結果處置：

（一）加害人明確時，移請加害人所屬單位續為調查，並副知該單位所在地直轄市、縣（市）主管機關、申訴人及警察局（婦幼警察隊）。

（二）加害人不明或無所屬單位者，召開調查處理小組會議，審查性騷擾事件是否成立，調查結果應函知當事人及發生地直轄市、縣（市）主管機關，並副知警察局（婦幼警察隊）。

（三）加害人為所屬單位負責人時，移送該單位所在地直轄市、縣（市）主管機關調查，並副知警察局（婦幼警察隊）。

（四）移送直轄市、縣（市）主管機關處理時，須檢附「性騷擾事件申訴書（紀錄）」、「真實姓名對照表」及「性騷擾事件申訴調查報告書」等相關資料。

（五）遇適用性別工作平等法或性別平等教育法之性騷擾事件時，全案移請該所屬主管機關續為調查，不適用本準則第十條所指「七日內查明加害人之身分」規定。

（續下頁）

（續）處理性騷擾事（案）件作業程序

（第三頁，共四頁）

四、使用表單：
（一）真實姓名對照表
（二）性騷擾事件申訴書（紀錄）（警察機關使用）
（三）性騷擾事件委任書
（四）性騷擾事件申訴調查報告書
（五）處理性騷擾事（案）件檢核表

五、注意事項：
（一）詢問紀錄格式仍沿用調查筆錄格式。
（二）員警接受民眾報案、受理民眾申訴書（紀錄），知悉加害人所屬單位時，檢附相關資料函請其所屬單位調查，並副知該管直轄市、縣（市）主管機關、申訴人及警察局（婦幼警察隊）。上述事件調查中得知涉及本法第二十五條案件，被害人依法提出告訴時，並依刑事案件偵辦移送。
（三）性騷擾事件適用性別工作平等法時，業務主管機關為直轄市、縣（市）政府勞動（工）局（處）；適用性別平等教育法時，業務主管機關為直轄市、縣（市）政府教育局（處）或學校所屬主管機關。員警受理後，檢附申訴人申訴書（紀錄），由分局防治組函送該所屬主管機關續為調查，並副知申訴人。
（四）一行為違反社會秩序維護法及本法義務而應處罰鍰，依行政罰法第三十一條移請主管機關裁處。
（五）警察機關受理性騷擾事（案）件製作相關文書時，被害人及未滿十八歲之加害人真實姓名應以代號稱之；滿十八歲之加害人則顯示之。
（六）警察機關辦理性騷擾申訴事件，為調查加害人所屬機關（構）或僱用人等資料之需要，得向勞工保險局函索勞保投保相關資料。
（七）手機簡訊或網際網路等方式發生性騷擾事件，以事件發生地（即被害人發現騷擾內容之上網或接收簡訊所在地）之警察機關為調查管轄單位，惟遇偶發事件，被害人於遠地出差接收簡訊發生性騷擾事件時，為便利被害人協助調查，得以被害人現住地或戶籍地之警察機關為調查管轄機關，但調查結果仍應函知事件發生地之主管機關。
（八）民眾於國內搭乘交通運輸工具，發生性騷擾事（案）件時，依警察偵辦刑案管轄原則及警察機關受理民眾報案單一窗口原則，民眾至抵達地之警察機關報案，該警察機關受理報案後，依報案人陳述將案件轉給發生地之警察機關辦理。加害人不明或無所屬單位時，由發生地警察機關逕行調查，並將調查結果函知事件發生地之主管機關。
（九）警察機關依單一窗口受理非本轄性騷擾事（案）件時，應請申（告）訴人填寫申訴書，並製作被害人詢問紀錄或調查筆錄，輸入警政婦幼案件管理系統後，再行移轉事件發生地警察機關辦理後續調查事宜，並應即通知該警察機關調閱監視錄影等，以即時保全證據。
（十）性騷擾事（案）件之調查，應以不公開方式為之，並保護當事人之隱私及其他人格法益。處理本法第二十五條之告訴案件，應依檢察及司法警察機關使用錄音錄影及錄製之資料保管注意要點第三點「訊問被告或詢問犯罪嫌疑人時，應依刑事訴訟法第一百條之一全程連續錄音；必要時，並應全程連續錄影。」之規定辦理。

（續下頁）

（續）處理性騷擾事（案）件作業程序

（第四頁，共四頁）

（十一）對於當事人之姓名或其他足以辨識身分之資料，除有調查之必要或基於公共安全之考量者外，應予保密。

（十二）兒童及少年遭受性騷擾事（案）件之通報及協助事宜，應依兒童及少年保護事件處理流程辦理，於二十四小時內至警政婦幼案件管理系統線上通報兒少保護案件。

（十三）性騷擾事（案）件之調查應秉持客觀、公正及專業原則，給予當事人充分陳述意見及答辯機會；被害人之陳述明確已無詢問必要者，應避免重複詢問。

（十四）應注意於期限內完成調查，並將調查結果以合法方式送達（例如：親自送達或以雙掛號郵寄送達）當事人；當事人經合法通知，無正當理由未到時，調查小組就相關事證進行審查，以避免影響案件調查時效及當事人再申訴權益。

（十五）受理本法第二十五條之罪及刑法強制猥褻罪等案件時，應確實詢問被害人或申訴人是否提出告訴（本法第二十五條為告訴乃論罪）並記明筆錄。其告訴條件完備者，檢察官對於司法警察機關移送或法官對於檢察官起訴之強制猥褻案件，認定係犯本法第二十五條性騷擾罪時，檢察官自得逕為適當之起訴或由法官變更起訴法條逕為適當之判決，以確保被害人權益。

（十六）性騷擾申訴案件成立與否，應由分局副分局長、防治組組長、偵查隊副隊長或相當職務人員、業管偵查佐、家防官、分駐所或派出所所長，組成以三人至五人為代表，至少出席三人。另受理員警為列席人員，不計入代表人數內，召開性騷擾申訴案件調查處理小組會議審查並作成調查報告書。

（十七）警察機關（構）、學校處理性騷擾事（案）件後，應依規定期限輸入警政婦幼案件管理系統。「性騷擾事件申訴書（紀錄）」於受理後即時輸入；「性騷擾事件申訴調查報告書」於召開調查處理小組會議後七日內完成輸入。

第四節　實務判決

一、一審[10]及二審[11]判決內容

（一）本案犯罪事實及證據，除下列事項應更正、補充外，餘均引用附件即檢察官起訴書之記載：

10　參照台灣新北地方法院109年度審易字第394號判決（109.03.27），該案件目前繫屬法院或無該案號裁判書；該案件目前上訴到最高法院審理中。

11　參照台灣新北地方法院109年度審簡字第341號判決（109.04.22）。

1. 犯罪事實欄一第1至3行所載之「經台灣桃園地方法院以106年度桃簡字第508號判決判處有期徒刑6月、4月，應執行有期徒刑9月確定」，應更正爲「經台灣桃園地方法院分別以104年度桃交簡字第3481號、106年度桃簡字第508號刑事簡易判決各判處有期徒刑6月、4月，嗣經同法院以106年度聲字第4427號刑事裁定應執行有期徒刑9月確定」。

2. 補充「被告甲男於109年3月26日本院準備程序時之自白（參本院109年度審易字第394號卷所附當日筆錄）」爲證據。

（二）核被告甲男所爲，係犯性騷擾防治法第25條第1項之性騷擾罪。被告前有本院更正如上之科刑及執行紀錄，此觀卷附台灣高等法院被告前案紀錄表1份即明，其於有期徒刑執行完畢5年內，故意再犯本案而構成累犯，然核前案類型爲公共危險及妨害公務案件，在犯罪類型、罪質、侵害法益等面向，概與本案性騷擾罪間欠缺關連性或加重處罰之必要性，復參照司法院大法官會議解釋第775號解釋意旨，認尚無援引累犯規定加重其刑之確切事由，爰不予加重其刑，特予指明。

（三）審酌被告乘告訴人乙女（眞實姓名年籍詳卷）不及抗拒之際，違反告訴人意願而爲觸摸告訴人臀部之行爲，不尊重他人對身體之自主權益，並使受冒犯之告訴人身心受創且蒙受陰影，甚爲不該，惟念其犯後坦承犯行，態度尚可，兼衡其素行、教育程度、家庭經濟與生活狀況，以及迄今未能與告訴人達成和解或成立調解，亦未獲取告訴人之諒解等一切情狀，量處如主文所示之刑，並諭知如易科罰金之折算標準，以資處罰。

（四）依刑事訴訟法第449條第2項、第3項、第454條第2項（本件依刑事判決精簡原則，僅記載程序法條文），逕以簡易判決處刑如主文。

二、三審[12]判決內容

（一）本案經本院審理結果，認原審以上訴人即被告甲男所爲，係犯性騷擾防治法第25條第1項之性騷擾罪，累犯，依刑事訴訟法第449條第2項、第3項、第454條第2項（依刑事判決精簡原則，僅記載程序法條文），逕以簡易判決處刑，量處被告拘役30日，如易科罰金，以新臺幣1,000元折算1日等情，其認事用法及量刑均屬妥適，應予維持。除起訴書犯罪事實欄一、倒數第2行至倒數第1行之「嗣經女報警處理」，應更正爲「嗣經乙女報警處理」；並補充「被告於民國109年7月28日本院準備程序之自白（見本院簡上卷第91頁）」爲證據資料外，餘均引用原審判決記載之犯罪事實、證據及理由。

（二）被告上訴意旨略以：請求從輕量刑云云（見本院簡上卷第89頁）。

（三）按關於刑之量定，係實體法上賦予法院得爲自由裁量之事項，倘其未有逾越法律所規定之範圍，或濫用其權限，即不得任意指摘爲違法，以爲上訴之理由（最高法院75年台上字第7033號判例意旨參照）。經查，被告雖就原審法院科刑裁量權之行使爲爭執，然本案原審量定刑期，已衡酌被告乘告訴人乙女（眞實姓名年籍詳卷）不及抗拒之際，違反告訴人意願而爲觸摸告訴人臀部之行爲，不尊重他人對身體之自主權益，並使受冒犯之告訴人身心受創且蒙受陰影，甚爲不該，惟念其犯後坦承犯行，態度尚可，兼衡其素行、教育程度、家庭經濟與生活狀況，以及迄今未能與告訴人達成和解或成立調解，亦未獲取告訴人之諒解等一切情狀，且未逾越客觀上之適當性、妥當性及必要性之比例原則，核屬妥適。再則，被告於本院準備程序時雖供稱：伊剛出監，伊有請伊兒子找告訴人，告訴人私底下口頭說原諒伊，但還沒有寫和解書等語（見本院簡上卷第89頁），惟並未提出任何相關證據資料供佐，尚難盡信；況且，告訴人經本院電話詢問有無調解意願時，則答稱：伊沒有意願，之前被告也有請被告兒子來找伊，想要跟伊談和解，但伊沒有意願和解

---

12 參照台灣新北地方法院109年度簡上字第520號判決（109.12.09）。

等語,此有卷附本院公務電話紀錄表1份可佐(見本院簡上卷第95頁),適見被告並未與告訴人達成和解,遑論告訴人有何原諒被告本件犯行之可言。從而,原審量刑時已就被告所爲之犯罪情狀,本於被告之責任爲基礎,具體斟酌刑法第57條所列情形而爲量定,並未偏執一端,且所應考量之情事,迄至本案上訴審言詞辯論終結時,與原審並無二致,其量刑要無違法可言,所宣告之刑與被告犯罪情節相衡,亦難謂有過重之不當情形,本院對原審之職權行使,自當予以尊重。是被告提起上訴請求輕判云云,並無理由。

(四)按第二審被告經合法傳喚,無正當之理由不到庭者,得不待其陳述,逕行判決;又對於簡易判決處刑不服而上訴者,得準用上開規定,刑事訴訟法第371條、第455條之1第3項分別定有明文。查被告於審理時並未在監在押,且經本院各於109年9月11日、同年月18日,分別對被告之居所、住所寄存送達審理傳票而合法傳喚,有台灣高等法院在監在押全國紀錄表1份、本院送達證書2份、本院刑事報到單1份(見本院簡上卷第107至109、113至115、121頁)在卷可稽,其於審判期日無正當理由未到庭,爰依上開規定,不待其陳述,逕爲一造辯論判決,附此敘明。

(五)綜上所述,原審認事用法既無不當,是被告猶執詞提起上訴,請求從輕量刑云云,而指摘原審判決不當,核無理由,應予駁回。

第五節 研析

由於本法從開始制定到通過立法之時間過長,長達六年,在此期間立法院已先後通過性別工作平等法與性別平等教育法。因此,在立法期間引起許多爭議,過程中也經過諸多協調,所以,最後通過之法條存有不少瑕疵,以下列出其中較爲重要之規範瑕疵及爭議問題[13],分述如下:

---

13 焦興鎧,性騷擾爭議新論,元照,2003年。

壹、法院判決歧異

　　性騷擾議題逐漸受到重視，其重要內涵之一在於維護個人身體自主權，對於不受歡迎且涉及性或性別之言語或肢體行為有權加以拒絕。依據最高法院判決（最高法院97年度上易字第3276號判決）指出：「所謂其他身體隱私處為不確定之法律概念，其法規範涵攝外延之確定，應依社會通念及被害人個別情狀，並應參酌立法理由關於使人感受『性別冒犯』之立法意旨等，綜合判斷之⋯⋯。」縱使尊重法官獨立審判之原則，法官仍須針對個案狀況予以論理判斷。

　　該案之一審雖為有罪判決，但其中就摸肩、摟腰直接認定為性騷擾防治法第2條中「性騷擾行為」並無說明上述行為與性騷擾間之關聯，相形之下，二審判決不但就「其他身體隱私處」有其論理依據，且該案被告亦否認對原告有摸肩、摟腰之行為。二審判決亦指出，即使真有摸肩、摟腰之事實，不應構成刑事犯罪，頂多觸犯者是行政罰，由於現今社會肢體碰觸之意義相當多元，若逕將所謂「逾矩」之肢體碰觸一律論為刑事制裁，不但將使人際交往動輒得咎，亦有違比例原則。而基於行為態樣所作出之相異判定，即便並非不當，亦有可能與社會大眾期待不盡相符。

　　強制猥褻與性騷擾之問題早期在「摸胸10秒案」、「舌吻5秒案」無罪中鬧得沸沸揚揚，性騷擾防治法第25條強制觸摸罪「乘人不及抗拒」與刑法第224條規定強制猥褻罪「違反意願」之區別難以判定之問題，因此浮上檯面。實務早在最高法院97年度第5次刑事庭決議就試圖對相關犯罪內涵解釋，直至近期一則具有參考價值判決還是討論了這則問題。相關實務、學說，分述如下：

一、最高法院97年第5次刑事庭決議（下稱本決議）

　　當時在性騷擾防治法未施行之情況下，法院認為觸摸被害人胸部之時間相當短暫，被害人還來不及感受到性自主權遭受妨害，侵害行為就已結束，加上接觸時間相當短，客觀上並無法引起加害人之性慾，只能判決被告無罪。

　　爲平息眾怒，最高法院快速做出本決議指出：「修正後所稱其他『違反其意願之方法』，應係指該條所列舉之強暴、脅迫、恐嚇、催眠術以外，其他一切違反被害人意願之方法，妨害被害人之意思自由者而言，不以類似於所列舉之強暴、脅迫、恐嚇、催眠術等相當之其他強制方法，足以壓抑被害人之性自主決定權爲必要，始符立法本旨」。藉此，最高法院放寬對強制猥褻「違反意願」要件內涵之解釋，擴大本罪適用範圍，也忽略法律解釋必須與條文例示「強暴、脅迫、恐嚇、催眠術」相當之原則。

　　有學者亦認爲，本則決議否定了其他違反意願之方式限於「高度強制手段」，也認爲決議相對於「低度強制手段」，所採取者乃是「強制手段不要說」[14]，本則決議如此解釋在邏輯上並不恰當，亦可能使第225條乘機性交猥褻、第228條利用權勢性交猥褻罪成爲具文，而造成只要是非心甘情願都有可能性騷擾防治法第25條與妨害性自主犯罪內涵之混淆。

　　附帶一提，德國刑法之性強制罪及我國刑法強制性交罪之修法，都是爲了解決強暴脅迫手段之認定標準過於嚴格，以及不能抗拒要件之不合理。但由於文化差異，對於性侵害之認定標準仍有不同。德國刑法第177條性強制罪之強制手段，除原先之強暴、脅迫之外，新增第三種強制手段，即「行爲人利用被害人因行爲人之行爲作用而處於無法自我保護之狀態」下，對被害人爲性行爲者，亦成立性強制罪。也就是認爲性強制犯罪是結合「強制手段」與「性自主違反」之「雙行爲犯」。至於我國在民國88年，與德國同樣廢除「致使不能抗拒」之要件，但增加「違反意願」要件。

　　過去關於強制性交罪最大之爭議點在於強制性交罪之成立，是否需「強制手段」要件、「其他違反被害人意願之方法」之範圍，以及如果行爲人以欺瞞之方式而得到被害人之同意，是否能認爲是屬於無效之同意，而符合「違反意願」之要件等。

---

14 蔡聖偉，最高法院關於性強制罪違反意願要素的解釋趨向，月旦法學雜誌第276期，2018年5月，頁10。

　　就我國刑法第221條強制性交罪與第224條強制猥褻罪之成立，究竟需不需要以行為人施以「強制手段」為前提，學說上有「高度強制手段說」、「低度強制手段說」及「強制手段不要說」等三種學說理論。修法後之強制性交或強制猥褻罪，仍必須以存在強制手段為必要，但只需達到「低度強制」程度即可。即行為人對被害人施加強制手段之強制力，並不需達到使被害人「不能抗拒」之程度，只要行為人使被害人處於無助而難以反抗、不敢反抗或難以脫逃之狀態，甚或因害怕而「沒有抗拒」，都屬行使強制手段。強制性交罪或強制猥褻罪都是必須具備「強制手段」與「妨害性自主」二個行為之「雙行為犯」，才能與趁機性交、及性騷擾防制法第25條之意圖性騷擾而不當觸摸罪等「單行為犯」區隔[15]。

二、後續實務、學說發展

　　後續相關實務發展認為強制猥褻係指「性交以外，基於滿足性慾之主觀犯意，以違反被害人意願之方法所為，足以引起一般人性慾，而使被害人感到嫌惡或恐懼之一切行為而言（最高法院102年度台上字第4554號判決），係有一定強制程度之猥褻行為；而性騷擾防治法第25條即在規範被害人不及防備、未能及時反應並抗拒之瞬間、短暫身體碰觸行為，如「對被害人之身體為偷襲式、短暫式、有性暗示之不當觸摸，含有調戲意味，而使人有不舒服之感覺，但不符合強制猥褻之構成要件之行為而言」（最高法院105年度台上字第2115號判決）。前者妨害被害人性意思形成、決定之自由，後者則尚未達於妨害性意思之自由，僅破壞被害人有關性之不受干擾之平和狀態（最高法院102年度台上字第1069號判決）。

　　學者有認為兩者皆屬違反他人意願之性侵害行為，其類型區隔在於所侵害之部位是否具有性象徵意義，如男女之私處、臀部及與私處臀部密接之大腿、女性胸部等[16]。亦有見解指出，此問題根源在於猥褻與性騷擾之

---

[15] 王皇玉，強制手段與強制性交猥褻罪之研究，司法周刊第1742期，2015年4月10日，士林地院邀王皇玉教授談強制手段，士林地院為提升審判效能，日前邀請臺灣大學法律系王皇玉教授主講「強制手段與強制性交猥褻罪之研究」，由林俊益院長主持。

[16] 盧映潔，強制猥褻與性騷擾「傻傻分不清」？——評最高法院九十七年度第五次決議，月旦法學雜誌第171期，2009年8月，頁215-228。

定義及範圍切割錯誤，進而提出「性侵擾行為」概念，認為強制猥褻罪與性騷擾防治法第25條之區別就是在於行為人使用之手段對於被害人意願之壓制或剝奪之方式及程度上之差異，而以強制手段之種類及對身體不同部位之侵害重構侵害性自主之處罰模式，值得參考。

較近期之最高法院107年度台上字第79號判決仍然維持實務一貫對於二者區分之見解，解釋二者構成要件之不同，認為強制猥褻乃是以強制手段行猥褻行為，而侵害被害人之性自主權，即妨害被害人性意思形成、決定之自由；後者則是乘被害人不及抗拒之方法，對其為與性或性別有關之親吻、擁抱或觸摸臀部、胸部或其他身體隱私處之行為，尚未達於妨害性意思之自由，而僅破壞被害人所事有關於性、性別等，與性有關之寧靜、不受干擾之平和狀態。

三、最高法院108年度台上字第1800號判決

此號判決與實務一貫採取之見解並無不同，雖然認為：「刑法第224條之強制猥褻罪和性騷擾防治法第25條第1項之強制觸摸罪，雖然都與性事有關，隱含違反被害人之意願，而侵害、剝奪或不尊重他人性意思自主權法益。但兩者既規範於不同法律，構成要件、罪名及刑度並不相同……從大體上觀察，兩罪有其程度上之差別，前者較重，後者輕，而實際上又可能發生犯情提升，由後者演變成前者情形。」似乎是採取上述學說認為二者僅是性侵擾行為程度差異之說法，但後面所提出二者之區分標準仍以是否「達至剝奪被害人性意思自主權程度」之行為結果進行區分，又引用了實務一貫之見解。

判決另外對長久以來「其他違反意願之方法」構成要件爭議表示看法：「依其立法理由，更可看出係指強暴、脅迫、恐嚇、催眠術等傳統方式以外之手段，凡是悖離被害人之意願情形，皆可該當，態樣很廣，包含製造使人無知、無助、難逃、不能或難抗情境，學理上乃以『低度強制手段』稱之。」。判決認為二罪界線模糊、難以區分，認為應該「自當依行為時、地之社會倫理規範，及一般健全常識概念，就對立雙方之主、客觀因素，予以理解、區辨」，並提出具體判斷方向：

（一）從行為人主觀目的分析，即是否滿足性慾。

（二）自行為手法觀察：強制猥褻罪不以觸摸為必要，亦可成立；強制觸摸行為則為必需。

（三）自行為所需時間判斷：強制猥褻罪通常需時較長，具有延時性特徵；而強制觸摸行為因有「不及抗拒」乙語，特重短暫性、偷襲性，事情必在短短數秒發生並結束。

（四）自行為結果評價：即是否達至被害人性意思自由之行使，遭受壓制之程度。

（五）自被害人主觀感受考量：強制猥褻罪之被害人，因受逼被性侵害，通常事中知情，事後憤恨，受害嚴重；強制觸摸罪之被害人，通常是在事後，才感受到被屈辱、不舒服，程度不若前者嚴重。

（六）自行為之客觀影響區別：即客觀上是否能引起他人之性慾。

最後，判決特別對看似強制觸摸犯情提升為強制猥褻之行為進行解釋：「對於被害人有明示反對、口頭推辭、言語制止或肢體排拒等情形，或『閃躲、撥開、推拒』之動作，行為人猶然進行，即非『合意』，而已該當於強制猥褻，絕非強制觸摸而已。」

有見解指出，此問題根源在於猥褻與性騷擾之定義及範圍切割錯誤，進而提出「性侵擾行為」概念，認為強制猥褻罪與性騷擾防治法第25條之區別就是在於行為人使用之手段對於被害人意願之壓制或剝奪之方式及程度上之差異，而以強制手段之種類及對身體不同部位之侵害重構侵害性自主之處罰模式[17]。

較近期之最高法院107年度台上字第79號判決仍然維持實務一貫對於二者區分之見解，解釋二者構成要件之不同，認為強制猥褻乃是以強制手段行猥褻行為，而侵害被害人之性自主權，即妨害被害人性意思形成、決定之自由；後者則是乘被害人不及抗拒之方法，對其為與性或性別有關之親吻、擁抱或觸摸臀部、胸部或其他身體隱私處之行為，尚未達於妨害性

---

[17] 李佳玟，說是才算同意（Only Yes Means Yes），增訂刑法「未得同意性交罪」之芻議，臺北大學法學論叢第103期，2017年9月，頁53-118。

意思之自由，而僅破壞被害人所事有關於性、性別等，與性有關之寧靜、不受干擾之平和狀態。

按目前實務上認為強制猥褻係指「性交以外，基於滿足性慾之主觀犯意，以違反被害人意願之方法所為，足以引起一般人性慾，而使被害人感到嫌惡或恐懼之一切行為而言」；相對強制觸摸罪即在規範被害人不及防備、未能及時反應並抗拒之瞬間、短暫身體碰觸行為，如「對被害人之身體為偷襲式、短暫式、有性暗示之不當觸摸，含有調戲意味，而使人有不舒服之感覺，但不符合強制猥褻之構成要件之行為而言」。考其犯罪之目的，前者乃以其他性主體為洩慾之工具，俾求得行為人自我性慾之滿足，後者則意在騷擾觸摸之對象，不以性慾之滿足為必要；究其侵害之法益，前者乃侵害被害人之性自主權，即妨害被害人性意思形成、決定之自由，後者則尚未達於妨害性意思之自由，而僅破壞被害人所享有關於性、性別等，與性有關之寧靜、不受干擾之平和狀態。

強制猥褻罪與強制觸摸界限——特別是最高法院108年度台上字第1800號判決指出刑法第224條之強制猥褻罪與性騷擾防治法第25條第1項之強制觸摸罪，雖然都與性事有關，隱含違反被害人之意願，而侵害、剝奪或不尊重他人性意思自主權法益，因而其間界限，不免產生模糊現象。惟兩者既規範於不同法律，且構成要件、罪名及刑度均不相同，自當依行為時、地的社會倫理規範，及一般健全常識概念，就對立雙方之主、客觀因素，予以理解、區辨[18]。尤其是強制猥褻罪將「違反其（按指被害人）意願之方法」，作為犯罪構成要件，故學界多數見解則主張違反意願要素應受本條前導例示概念（強暴或脅迫）所拘束，限於被害人性自主受到強制壓迫情形（所謂「強制性質必要說」）。然在此大方向下，又有不同主張區分為：（一）限於足使相對人陷入不能抗拒之手段，限於與例示概念（強暴或脅迫）強度相當之強制手段（高度強制手段說）；（二）或是類似優越支配之低度強制手段（低度強制手段說）；（三）或是將違反

---

18 有關強制猥褻與強制觸摸界限、及最新實務判決之詳細評析敘述，參照許福生教授，性侵害防治法與案例研究，貳、強拉女子之手碰觸其生殖器案，三、爭論焦點。

意願理解成行為人利用被害人難以逃脫、反抗之無助狀態（利用無助情境說）；（四）或是行為人利用被害人所處之（物理或心理上之）強制狀態來遂行性侵害目的（利用既存強制狀態說）[19]。至於所謂的「違反意願」，應指被害人是否從事該次具體性行為之選擇自由被剝奪而完全沒有選擇之餘地，倘若被害人倘可決定而被評價為自我選擇之結果，該決定即屬自主做成，自然沒有違法其意願可言。如此也可與刑法第228條之規定，做一合理區別[20]。

貳、強制觸摸罪刑罰規定過輕

強制猥褻及乘機猥褻是否包括狼吻、襲胸等，曾引起實務認定上之爭議。強制猥褻罪或乘機猥褻罪為六個月以上五年以下有期徒刑（刑法第224條、第225條第2項），通常無法易科罰金。強制觸摸行為通常較其他強制或乘機猥褻行為之惡性低，但較公然猥褻高，有另定做罪刑之必要。因此，本法明定狼吻及強制觸摸身體隱密處者，構成強制觸摸罪，處二年以下有期徒刑、拘役或科或併科新臺幣10萬元以下罰金。

刑法第224條規定強制猥褻罪：「對於男女以強暴、脅迫、恐嚇、催眠術或其他違反其意願之方法，而為猥褻之行為者，處六月以上五年以下有期徒刑。」刑法第225條第2項規定乘機猥褻罪：「對於男女利用其精神、身體障礙、心智缺陷或其他相類之情形，不能或不知抗拒而為猥褻之行為者，處六月以上五年以下有期徒刑。」由於強制猥褻罪及乘機猥褻罪是否包括狼吻、襲胸、襲臀等行為，在實務上引起爭議，所以在本法中，第25條第1項規定：「意圖性騷擾，乘人不及抗拒而為親吻、擁抱或觸摸其臀部、胸部或其他身體隱私處之行為者，處二年以下有期徒刑、拘役或科或併科新臺幣十萬元以下罰金。」

---

[19] 蔡聖偉，最高法院關於性強制罪違反意願要素的解釋趨向，月旦法學雜誌第276期，2018年5月，頁6-7。

[20] 蔡聖偉，最高法院關於性強制罪違反意願要素的解釋趨向，月旦法學雜誌第276期，2018年5月，頁19。

事實上，在本法未通過前，對於狼吻、襲胸、襲臀等行為之實務見解，有人認為應該構成強制猥褻罪或乘機猥褻罪，縱使有人認為不構成強制猥褻罪或乘機猥褻罪，其亦認為構成刑法第304條之強制罪，強制罪規定：「以強暴、脅迫使人行無義務之事或妨害人行使權利者，處三年以下有期徒刑、拘役或三百元以下罰金。」所以，強制罪之刑度也比本法第25條第1項之強制觸摸罪高。在強制觸摸罪通過後，強制行為雖構成犯罪，但其法定刑因該罪之創設而降低，顯然並非本法起早者之本意；而且性觸摸行為本含有妨害自由之強制行為，其刑度卻遠低於強制猥褻罪或乘機猥褻罪，亦低於強制罪，這樣顯然有刑度失衡之情形。

參、多種法令之互相競合與混淆

實務判斷可能涉及性騷擾議題之法規，已廣泛地擴張至刑法或社會秩序維護法，因而容易造成多種法令之互相競合與混淆，在缺乏明確評判標準之情形下，反而導致被害人遭受二次傷害，或是權益受損[21]。

性騷擾在我國法律有關處罰規定，依社會秩序維護法第83條第3款之規定，以猥褻之言語、舉動或其他方法，調戲異性者，得處新臺幣6,000元以下之罰鍰。有關刑法之規定，性騷擾之程度如達到以強暴、脅迫、藥劑、催眠術或他法，至被害人不能抗拒而為猥褻之行為者，將構成強制猥褻罪（刑法第224條參照）。所謂「猥褻」係指性交（姦淫）以外有關風化之一切色慾行為。此項行為，在客觀上足以誘起他人之性慾，在主觀上足以滿足自己之性慾者而言。

另外對於利用親屬關係、監護關係、救濟關係、教養關係、公務關係、業務關係之優勢而對服從自己監督之人而為性交或猥褻行為者，可能構成「利用權勢或機會性交猥褻罪」。其中師長對學生為因教養關係而為監督之人，另外學校之校長、主任等對老師有因公務關係所生上、下服從之權力服從關係，均屬之（刑法第228條參照）。

---

21 高鳳仙，性騷擾防治法之規範精神與實施願景（上），台灣本土法學雜誌第79期，2006年2月，頁40-4。另於此點，參照該防治準則第6條至第9條之規定。

又猥褻之行為如係足使不特定人或多數人得共見共聞，經告訴權人告訴，可能另構成刑法之公然猥褻罪（刑法第234條參照）。常見之案例如：摸胸、摸大腿、摸臀部、強抱親吻、貼身、裸露生殖器官、雞姦等。比較有爭議的是，講不堪入耳之黃色笑話是否可解釋為猥褻之行為？通說認為猥褻專指動作而言，不包括言語在內，故黃色言語攻擊，在現今刑法下，並不成立猥褻罪。本罪不管是男性對女性，女性對男性，甚或男性對男性，女性對女性亦均可能成立，所以女性亦應注意避免。性騷擾如行動上之毛手毛腳、口頭上之穢言穢語，只有在符合前述法律上猥褻之定義時，刑法才會加以制裁，除此之外，在現行刑法上並無加以處罰之法律依據。

肆、性騷擾定義狹隘

世界各國之法規及學說大多都是將性侵害納入性騷擾定義中，性侵害係性騷擾行為之最嚴重類型。我國原本亦將性侵害定義在性騷擾防治法其中，不過在立法過程之協商與討論之後，把性侵害完全排除在性騷擾之定義之外，原因是性侵害防治法已經規範性侵害犯罪，所以就不重複規範。就因為如此，性騷擾防治法對於性騷擾之定義是狹隘的，沒有包括性侵害犯罪，因而造成觀念混淆適用不易、性侵害被害人保護不周等缺失。

伍、法規適用範圍狹窄

在經過朝野協商所通過之性騷擾防治法，第1條但書中有規定：「但適用性別工作平等法及性別平等教育法者，除第十二條、第二十四條及第二十五條外，不適用本法之規定。」依此規定，本法之適用範圍變得相當狹窄，也產生了無法統一性騷擾之定義、對不適用本法之被害人保護不周等缺失。

陸、條文規定產生適用問題

本法立法過程經過許多協商，而且在本法通過之後，立法院再通過鄉鎮市調解條例，卻未配合修正本法，導致於本法之某些條文會有適用上之問題[22]，例如：性侵害犯罪準用第11條之規定形同具文、調解準用鄉鎮市調解條例條文變更等。

柒、申訴管轄適用上常生混淆及爭議

因全球「Me too」運動之浪潮，許多受害人對於性騷擾事件已願意挺身而出。依本法第13條第1項規定，性騷擾事件被害人除可依相關法律請求協助外，並得於事件發生後一年內，向加害人所屬機關、部隊、學校、機構、僱用人或直轄市、縣（市）主管機關提出申訴。惟實務上，本法所定申訴管轄適用上常生混淆及爭議，例如：應向何單位提出申訴疑義、何為加害人所屬單位疑義、加害人所屬單位法律關係形態多樣、警察單位對性騷擾認定之抗拒及承受壓力等。

警察單位對性騷擾認定之抗拒及承受壓力，性騷擾案件之申訴，理應審酌被害人當時身處之環境，於校園、職場、加害人所屬機關或縣市主管機關直接為之。然而，由申訴案件統計分析，反而有高達87.58%之案件由警察機關調查，而加害人所屬單位調查件數則約占11%，主管機關自行調查者僅為1%；其中由警察機關所受理調查之案件，約有87.8%調查性騷擾申訴事件成立，而由加害人所屬單位受理調查之案件中，僅10.89%調查性騷擾成立。

以目前數據觀察，警察機關傾向成為民眾遭遇性騷擾事件時，首先求助之對象，與前述法令所規範訴求有所不同。然而，依據報載指出：「長期以來，警察單位對性騷擾認定之抗拒及承受壓力[23]……如果認為當事人

---

22 有學者主張透過法律解釋即可擴大本法之適用範圍，參照蔡宗珍，性騷擾事件之法律適用與救濟途徑之分析，第九屆行政法實務與理論學術研討會議論文集，台大法律學院主辦，2009年12月5日，頁232。

23 呂素麗，如何認定性騷擾——教員警太沈重，中國時報A5版，2010年8月2日。

沒有性騷擾事實，又會引起被害人不滿，免不了把警察痛罵一頓，讓警察飽受委屈；其實，性騷擾認定很主觀，警方只能依雙方筆錄初步認定，影響民眾權益很大。」；關於性騷擾申訴案件之成立與否，對於警察機關而言，便必須面對事實真相之釐清以及後續處理方向之選擇，一旦涉及當事人對於還原事件之陳述與警方公正性之質疑，則事件失焦或受到渲染之危險性便可能提升。

捌、未有給予雇主性騷擾教育之規範

性別工作平等法處罰對象是雇主，很多受害人不是想懲罰雇主，而是行為人，但實務上雇主因不予調查而受處罰者不多，建議可以給受害者選擇性，讓他可以選擇到性騷擾防治委員會去申訴。另外也建議除了處罰雇主外，也可設計強制輔導措施，給予雇主性騷擾教育[24]。

玖、缺乏對加害者之制裁、矯正以及性騷擾之預防

近年來，我國在婦女團體之推動之下，陸續通過許多防治性騷擾之法規。包含2002年1月公布施行之「性別工作平等法[25]」、2004年公布施行「性別平等教育法」及2005年制定並自2006年2月施行之「性騷擾防治法」。我國雖於「性別工作平等法」、「性別平等教育法」及「社會秩序維護法」等法律中，針對職場、校園及其他場域性騷擾情形定有防治條文，然因其中仍有若干不足，例如：非僱傭關係之人員並無法適用，或對公共場所性騷擾事件被害人之保護不周等，經各界爭取另立專法作全面性妥善之規範，於多年努力後，本法終於在2005年2月5日公布，並自2006年

---

24 性騷擾在理論上各有不同之定義，惟依性別工作平等法第12條第3項規定所謂：「本法所稱性騷擾，謂下列二款情形之一：一、受僱者於執行職務時，任何人以性要求、具有性意味或性別歧視之言詞或行為，對其造成敵意性、脅迫性或冒犯性之工作環境，致侵犯或干擾其人格尊嚴、人身自由或影響其工作表現。二、雇主對受僱者或求職者為明示或暗示之性要求、具有性意味或性別歧視之言詞或行為，作為勞務契約成立、存續、變更或分發、配置、報酬、考績、陞遷、降調、獎懲等之交換條件。前項性騷擾之認定，應就個案審酌事件發生之背景、工作環境、當事人之關係、行為人之言詞、行為及相對人之認知等具體事實為之。」

25 性別工作平等法於2008年修正更名，修正前為兩性工作平等法。

2月5日起正式施行[26]。

性別工作平等法只處理僱主與受僱者間之關係,性別平等教育法則是處理校園內之性騷擾、性侵害問題。雖然社會秩序維護法適用範圍較廣,但也只能進行裁罰,社會秩序維護法第83條第3項所規定「以猥褻言語、舉動或其他方法,調戲異性」,其成立要件與性騷擾不盡相同,對被害人保護有限,也缺乏對加害者之制裁、矯正以及性騷擾之預防[27]。

第六節 結論與建議

壹、結論

如果遭遇騷擾、性騷擾對所有人來說,不管是男性或女性,絕對都會是一個極不愉快之經驗。以往,許多受害者礙於顏面、成績表現或是害怕可能丟掉工作,飯碗不保,常常選擇忍氣吞聲,息事寧人,默默地將痛苦藏於心中,夜闌人靜時獨自拭淚,形成莫大壓力。就算被害人選擇與加害人對簿公堂、提起告訴,也常會因多種法令之互相競合與混淆,法院判決歧異,難以將加害人定罪。縱使在民事訴訟上獲得勝訴判決,賠償數額通常也不多,但訟累讓被害人飽受折磨,甚至二度傷害。

因此,繼已經施行多年之家庭暴力防治法、性侵害犯罪防治法、性別工作平等法及性別平等教育法後,再訂性騷擾防治專法,無疑象徵我國對人身安全方面之保障又往前邁進一大步。當然,世上沒有一部法律能完美無缺,本法自亦不例外。其間包含之缺失、規範不完備處,仍待政府相關單位去填補法律漏洞,確實執法。

總而言之,除了法律能保護我們外,每個人也應當學習嚴肅面對性騷擾此一議題。究竟什麼是性騷擾?還有自己或是親朋好友不幸遇到性騷擾

---

[26] 民間團體和各黨立法委員共同努力下,歷經長達約六年之立法審議程序後催生出來的。

[27] 本文以上研析部分,請參照傅美惠,性騷擾防治法與案例研究,警察法學與案例研究(第十章),五南,初版1刷,2020年2月,頁468-488。

時，要如何應對，怎麼尋求法律途徑上之救濟等等。由於性騷擾隨時可能發生在我們周遭，不能等閒視之！

貳、建議

按性騷擾防治法第25條規定之「性騷擾」，指對被害人之身體為偷襲式、短暫性、有性暗示之不當觸摸，含有調戲意味，而使人有不舒服之感覺而言（最高法院99年度台上字第2516號判決參照）。而女性之臀部、胸部或其他身體隱私處之行為，為衣著覆蓋遮隱之處，非所得任意碰觸之身體部位，未經本人同意而由他人刻意加以撫摸碰觸，足以引起本人嫌惡之感，應認係身體隱私處無疑。

倘若被害人是兒童及少年，依兒童及少年福利與權益保障法第112條第1項前段規定：「成年人教唆、幫助或利用兒童及少年犯罪或與之共同實施犯罪或故意對其犯罪者，加重其刑至二分之一。」其中成年人對兒童及少年犯罪之加重，係對被害人為兒童之特殊要件予以加重處罰，乃就犯罪類型變更之個別犯罪行為予以加重，即屬刑法分則加重之性質（最高法院92年度第1次刑事庭會議決議、96年度台上字第6128號判決參照）。

倘若行為人係已滿20歲之成年人，而被害人為未滿18歲之少年，行為人係觸犯兒童及少年福利與權益保障法第112條第1項前段、性騷擾防治法第25條第1項之成年人故意對少年犯性騷擾防治法第25條第1項之罪，並應依兒童及少年福利與權益保障法第112條第1項前段規定，加重其刑。

另按所謂接續犯之包括一罪，係指數行為於同時同地或密切接近之時地實施，侵害同一法益，各行為之獨立性極為薄弱，依一般社會健全概念，在時間差距上，難以強行分開，在刑法評價上，以視為數個舉動之接續施行，合為包括之一行為予以評價，較為合理，則屬接續犯，而為包括之一罪（最高法院86年台上字第3295號判例意旨參照）。倘若行為人係於數秒之短時間內對被害人為多次觸摸胸部之性騷擾犯行，所為係在密切接近之時、地實施，並侵害同一法益，各行為之獨立性極為薄弱，依一般社會健全概念，在時間差距上，難以強行分開，在刑法評價上，以視為數個

舉動之接續施行，合為包括之一行為予以評價，較為合理，應論以接續犯之一罪。

另行為人逞一己私欲，乘人不及抗拒而任意觸摸被害人胸部，不尊重他人對於身體之自主權利，造成被害人身心巨大傷害，及被害人心理之不安全感，惡性非輕，且對社會治安亦有不良影響，認為不僅與國家重視性別平權，杜絕性騷擾意旨相違，構成性騷擾防治法第25條第1項之強制觸摸罪。強制觸摸行為本含有妨害自由之強制行為，其刑度卻遠低於強制猥褻罪或乘機猥褻罪，亦低於強制罪，這樣顯然有刑度失衡之情形，未來應修法解決，例如：增訂刑法「未得同意性交罪」[28]。

---

28 李佳玟，說是才算同意（Only Yes Means Yes），增訂刑法「未得同意性交罪」之芻議，臺北大學法學論叢第103期，2017年9月，頁53-118。

第十二章
員警執行拘提逮捕案例研析

傅美惠

第一節　案例事實

被告吳宇祥因違反毒品危害防制條例案件，經檢察官提起公訴（106年度偵字第18661號、第18662號），台灣新北地方法院107年2月27日106年訴字第730號刑事判決，其犯罪事實如下：

壹、案例事實

吳宇祥知悉海洛因、甲基安非他命分別係毒品危害防制條例第2條第2項第1款、第2款所列管之第一、二級毒品，不得非法持有及販賣，竟分別為下列犯行：

一、基於販賣第一級毒品海洛因以營利之犯意，於民國106年1月22日0時55分前之某時，先以其持用之三星手機，透過通訊軟體微信與詹雅雯聯繫毒品交易事宜，約定以新臺幣（下同）3,000元之價格，出售海洛因0.45公克予詹雅雯，並要求詹雅雯先匯款至吳宇祥持用、其母范芳綺於中國信託商業銀行申設之帳號○○○○○○○○○○○○號帳戶內，餘款則待下次毒品交易補齊，嗣詹雅雯依約於106年1月22日0時55分匯款2,000元至上開帳戶後，吳宇祥則於同日3時許，將裝有海洛因之夾鏈袋以黑色膠帶纏繞，置於其租屋處旁之新北市○○區○○路○○○巷○○號門口供詹雅雯撿拾，以此方式販賣海洛因予詹雅雯1次。

二、基於販賣第一級毒品海洛因及第二級毒品甲基安非他命以營利之犯意，於106年1月23日14時55分許，先以其持用之三星手機，透過通訊軟體微信與詹雅雯聯繫毒品交易事宜，約定以連同上開欠款共2萬元之價格，出售海洛因半錢、甲基安非他命1兩予詹雅雯，嗣吳宇祥依約前往位於新北市○○區○○○路○○○號香奈爾汽車旅館之毒品交易地點，即遭埋伏之警員拘提逮捕而未遂，並當場扣得上開三星手機1支、海洛因2包（合計驗前淨重2.06公克、驗餘淨重2.02公克）、甲基安非他命2包（合計驗前淨重46.3980公克、驗餘淨重46.1902公

克），而悉上情。

貳、偵查起訴情形

案經海岸巡防署北部地區巡防局、桃園市政府警察局桃園分局報告台灣桃園地方法院檢察署呈請台灣高等法院檢察署檢察長令轉台灣新北地方法院檢察署檢察官偵查起訴[1]。

參、本案歷審法院之實務判決情形

一、民國107年2月27日台灣新北地方法院106年度訴字第730號判決：
「吳宇祥販賣第一級毒品，處有期徒刑拾伍年陸月，扣案之三星手機壹支沒收，未扣案犯罪所得貳仟元沒收，於全部或一部不能沒收或不宜執行沒收時，追徵其價額；又販賣第一級毒品，未遂，處有期徒刑捌年陸月，扣案之海洛因貳包（合計驗餘淨重貳點零貳公克、含包裝袋貳只）、甲基安非他命貳包（合計驗餘淨重肆拾陸點壹玖零貳公克、含包裝袋貳只）均沒收銷燬之，扣案之三星手機壹支沒收。應執行有期徒刑拾捌年。」

二、民國108年6月12日台灣高等法院107年度上訴字第2176號判決：「上訴駁回。」

三、民國109年5月14日最高法院109年度台上字第2193號判決：「上訴駁回。」

第二節　爭論焦點

偵查程序常因一開始發動偵查時，證據資料尚未明確，所以有可能發生一開始並沒有懷疑證人涉案，在蒐證後才發現證人涉及犯罪之情況，

---

[1] 107年2月27日台灣新北地方法院106年度訴字第730號刑事判決參照。

所以，在偵查實務常會發生「證人轉成被告」之情形。案內證人詹雅雯於
106年3月10日檢察官偵查中以證人身分所爲之陳述，業經依法具結，復於
法院審理時，以證人身分到庭具結，並接受交互詰問，其偵查中所爲之陳
述，是否得作爲本案認定犯罪之證據[2]？

拘提、逮捕之意涵、性質、理由及必要性、類型、法律效果爲何？
109年1月15日新修正之刑事訴訟法，新增之犯罪嫌疑人受拘提或逮捕程
序保障事項爲何？警察偵查犯罪手冊相關規定，執行拘提或逮捕之要領爲
何？執行拘提或逮捕，應注意事項爲何？此外，解送、釋放、訊問、證人
轉成被告等問題？搜索票、傳票、拘票，三票齊發問題？陷害教唆與釣魚
偵查有何區別等問題？以上種種爭議問題，都需要進一步思考與釐清。

第三節　相關規範與處理程序

壹、拘提逮捕之法規範

拘提與逮捕有何區別？拘提與逮捕之意涵、性質、理由及必要性、類
型、法律效果爲何？犯罪嫌疑人受拘提或逮捕程序保障事項爲何？警察偵
查犯罪手冊相關規定，執行拘提或逮捕之要領爲何？執行拘提或逮捕，應

---

2 按被告以外之人於偵查中向檢察官所爲之陳述，除顯有不可信之情況者外，得爲證據，刑事
訴訟法第159條之1第2項定有明文。是以被告以外之人，在檢察官偵查中所爲之陳述，原則
上屬於法律規定爲有證據能力之傳聞證據，於例外顯有不可信之情況，始否定其得爲證據。
又刑事訴訟法規定之交互詰問，乃證人須於法院審判中經踐行合法之調查程序，始得作爲判
斷之依據，屬人證調查證據程序之一環，與證據能力係指符合法律規定之證據適格，亦即得
成爲證明犯罪事實存否之證據適格，其性質及在證據法則之層次並非相同，應分別以觀。基
此，被告以外之人於偵查中向檢察官所爲之陳述得爲證據之規定，並無限縮檢察官在偵查中
訊問證人之程序，須已給予被告或其辯護人對該證人行使反對詰問權者，始有其適用。此項
未經被告詰問之陳述，雖應認屬於未經合法調查之證據，但並非絕對無證據能力，而禁止證
據之使用，若該詰問權之欠缺，業經於審判中，由被告行使而補正，當認已完足，成爲經合
法調查之證據，最高法院107年度台上字第119號判決參照。經查，證人詹雅雯於106年3月10
日檢察官偵查中以證人身分所爲之陳述，業經依法具結，復於本院審理時，以證人身分到庭
具結，並接受交互詰問，依上開說明，其偵查中所爲之陳述，自得作爲本案認定犯罪之證
據。107年2月27日台灣新北地方法院106年訴字第730號刑事判決參照。

注意事項為何？依本法相關規定，分述如下：

拘提與逮捕其相同處為其性質均為對「人」之直接強制處分。至其相異處頗多，拘提之特色有七：一、執行主體：（一）一般拘提或逕行拘提之執行主體為司法警察（官）；（二）緊急拘提之執行主體為檢察官、及司法警察（官）；二、執行對象：被告、通緝犯、證人；三、要式行為：「應」用拘票（本法第77條第1項參照）；四、執行事由：（一）一般拘提：經合法傳喚，無正當理由不到庭者；（二）逕行拘提：犯罪嫌疑重大者；（三）緊急拘提：情況急迫者；五、時間限制：得限制其執行之期間（本法第78條參照）；六、管轄區域執行限制：原則於管轄區域內執行，例外必要時得於管轄區域外執行（本法第81條參照）；七、現役軍人之執行：應以拘票知照該管長官協助執行（本法第83條參照）。

逮捕之特色：一、執行主體：（一）通緝犯之執行主體為檢察官、及司法警察（官）、利害關係人；（二）現行犯之執行主體為任何人；二、執行對象：通緝犯、現行犯、準現行犯；三、要式行為：無須任何令狀；四、執行事由：（一）通緝犯：被告逃亡或藏匿；（二）現行犯：犯罪在實施中或實施後即時發覺者；（三）準現行犯：被追呼為犯罪人者。或因持有凶器、贓物或其他物件、或於身體、衣服等處露有犯罪痕跡，顯可疑為犯罪人者（本法第88條參照）；五、時間限制：無限制；六、管轄區域執行限制：無限制；七、現役軍人之執行：無此規定[3]。

一、拘捕之意涵

拘提與逮捕之強制處分，合稱「拘捕」，皆是在一定期間內，以強制方法拘束被拘捕人自由之直接強制處分，目的在於保全被告、或蒐集保全證據，以利刑事訴訟程序之進行；惟二者之差異在於拘提須要「令狀（拘票）」為之，逮捕則否，逮捕無須令狀（不要式）而直接徑行拘束「被告」人身自由之強制處分，且逮捕僅得對被告為之。至於緊急拘捕（本法第88條之1參照）則是性質上界於二者間之強制處分行為。

---

[3] 朱石炎，刑事訴訟法論，三民書局，修訂9版1刷，2020年9月，頁99-100。

關於拘提與逮捕之概念區分，一般而論，發動拘捕時需有「令狀」為憑者稱之為「拘提」，相對地，無需令狀亦得執行者稱之為「逮捕」。在此以令狀有無為區分之概念下，本法第75條規定「被告經合法傳喚，無正當理由不到場者，得拘提之」與本法第76條規定「被告犯罪嫌疑重大……必要時，得不經傳喚逕行拘提」等所規定之「一般拘提（逮捕）」，屬於拘提；而本法第88條所規定之「現行犯與準現行犯逮捕」，屬於逮捕。至於，本法第88條之1所規定之「逕行拘提」，究屬於何者，其性質為何，有深入探討之必要，有認為此仍需於事後補發令狀之偵查作為，因而亦稱之為「緊急拘提（緊急逮捕）」。惟就規定之內容得知，本法第76條所規定之「逕行拘提」與本法第88條之1所規定之「逕行拘提」之概念完全不同。本法第76條所規定之「逕行拘提」，執行時已取得拘票，且在條件之考量上乃基於被告犯罪嫌疑重大，以及具備「拘捕之理由」與「拘捕之必要性」而對之進行拘提；相對地，本法第88條之1所規定之「逕行拘提」，於執行拘提時並無拘票，且在其條件之要求上，特別重視「情況急迫」之要件。再者，在比較本法第87條第1項就有關通緝之執行規定上亦提及「通緝經通知或公告後，……得拘提被告或逕行逮捕之」，然由於通緝與一般拘提不同，基本上並無拘票為憑藉之要件，但該條仍將「拘提」與「逮捕」並列規定，亦得進行拘提或逮捕，導致拘提與逮捕之概念混淆不清。致使原本拘提與逮捕之概念區分「發動拘捕時需有『令狀』為憑者稱之為『拘提』，相對地，無需令狀亦得執行者稱之為『逮捕』」趨於模糊，對於「拘提」與「逮捕」此二概念，造成認知上之困難，有必要予以釐清。

在所謂「廣義逮捕」觀念下，包括必須有令狀為憑藉之「通常逮捕（即本法第75條之「一般拘提」與第76條之「逕行拘提」）」與處於緊急狀況之「現行犯與準現行犯逮捕」、及緊急逮捕（本法第88條與第88條之1參照）。嚴格而論，拘提與逮捕在概念上之區分，就刑事訴訟程序之運作而言，並無多大意義，徒製造概念上之混淆而已[4]。

---

[4] 有關拘提與逮捕之詳細敘述，請參閱黃朝義，犯罪偵查論，漢興，初版1刷，2004年，頁89-

二、拘捕之性質

關於拘提與逮捕之性質，有三種不同見解：

（一）有認為逮捕行為乃在於為偵訊犯罪嫌疑人而賦予偵查人員得對於犯罪嫌疑人之身體加以拘束之處分。此說見解，將逮捕行為列為純為偵訊目的所為之處分行為時，逮捕期間內強求自白之情形，勢必無法有效加以防止，甚至連個人之緘默權亦將被迫放棄。此將與強調犯罪嫌疑人擁有緘默權保障之理念有所牴觸（本法第95條第2款、第156條第3項參照）。

（二）有認為逮捕行為係為了偵查目的，防止犯罪嫌疑人逃亡或湮滅證據，所為對於犯罪嫌疑人身體拘束之保全處分。此說見解，將逮捕之必要性判斷委由偵查機關判斷，其客觀性之問題（球員兼裁判嫌疑），仍受批評。

（三）有認為逮捕行為乃法官所為之身體保全處分，即確保將來犯罪嫌疑人得以出庭受訊[5]。在此說見解下，拘提逮捕之發動須經司法審查，因而有關「逮捕理由」存在與否之審查，我國由於檢察官仍擁有拘提之決定權，故「拘提逮捕之必要性」判斷，應該交由擁有逮捕權之偵查機關檢察官判斷較妥。拘提逮捕令狀委由司法審查，在權利保障上，似乎是多了一層防護，如完全交付法院審查，在犯罪追訴與處罰之即時性，是否會因程序之延誤，而產生犯罪抗制不能之弊端，而造成司法必須向犯罪妥協之嚴重後果。偵查無可避免地必須高度要求效率、迅速、即時與合目的性，偵查機關在有限之程度內，必須賦予拘捕、搜索、扣押等屬於對「人」與對「物」取證性質之強制處分權限。如將偵查機關之強制取證權限，完全剝奪，可能面臨對犯罪追訴不能之問題。因此，在思考強制取證權限之分配時，必須同時兼顧人民基本權利干預之正當性與追訴處罰之可能性[6]。

91：黃朝義，刑事訴訟法，新學林，5版，2017年9月，頁186-204；黃朝義，概說警察刑事訴訟法，1版1刷，新學林，2015年9月，頁117-129；另張麗卿教授將拘提之類型分為，一般拘提、逕行拘提、緊急拘提三種，請參閱張麗卿，刑事訴訟法理論與運用，五南，15版1刷，2020年9月，頁226-238；盧映潔、李鳳翔，刑事訴訟法，五南，初版1刷，2020年9月，頁162-177；陳運財，偵查與人權，元照，初版1刷，2014年4月，頁252-267。

5　黃朝義，犯罪偵查論，漢興，初版1刷，2004年，頁105-106。

6　柯耀程，刑事訴訟法強制處分部分條文修正擬議（甲案），刑事訴訟法強制處分部分條文修

三、拘捕之理由及必要性

一般拘捕之情形，聲請人需先向簽發拘票之決定者聲請核發令狀，才得拘捕犯罪嫌疑人，此為「令狀原則」下之產物。一般拘捕之前提須審查「拘捕之理由」與「拘捕之必要性」二大要件，分述如下：

（一）拘捕之理由

本法第228條第1項規定：「檢察官因告訴、告發、自首或其他情事知有犯罪嫌疑者，應即開始偵查。」此條文涉及發動偵查之門檻，以「知有犯罪嫌疑」為已足，學說上稱為「簡單之開始嫌疑」，必須有懷疑（suspicion），警察方可發動偵查，即「犯罪嫌疑原則」或「懷疑原則[7]」。拘捕之理由係指犯罪嫌疑人存有「犯罪嫌疑」，基本上係以偵查機關自我主觀嫌疑為依據，若欲對犯罪嫌疑人加以拘捕，必須認定其對於特定犯罪行為存有犯罪嫌疑，方得為之；此所謂的「犯罪嫌疑」，屬於偵查階段所認定之嫌疑，只須偵查機關之主觀嫌疑即可，與審判程序中所要求「超越合理懷疑」（beyond a reasonable doubt）程度之確信不同。

（二）拘捕之必要性

「拘捕必要性」之判斷屬於偵查主體（檢察官）所擁有之權限，於判斷是否有拘捕之必要性時，尚應考量下列各種特殊情況，例如：犯罪嫌疑人之年齡、遭遇、犯罪情節輕重、犯罪型態以及其他特殊情狀（例如：因貧窮而偷竊、生母殺害甫生子女）等。另檢察官於核發拘票時，除應就「拘捕之理由」加以判斷外，對於有無「拘捕之必要性」，亦應同時加以審酌考量；若聲請之理由明顯地未存有拘捕之必要性時，應不得核發拘票。然目前偵查實務之運作上，皆不先作拘捕必要性之審查，而直接交由檢察官依本法第228條第4項之規定命具保，如此一來，不但未對「拘提逮捕之必要性」作具體判斷，且有濫用具保之疑慮[8]。

正研討會，台灣本土法學第19期，2001年2月，頁23。

[7] 蔡庭榕，論警察臨檢之發動門檻——「合理懷疑」與「相當理由」，警察法學，內政部警政署暨內政部警政署警察法學研究中心發行，創刊號，2003年1月，頁39以下。

[8] 黃朝義，犯罪偵查論，漢興，初版1刷，2004年，頁93-94；黃朝義，刑事訴訟法，新學林，5版，2017年9月，頁188-189。

四、拘捕之類型

（一）拘提

拘提是在一定期間內，以強制方法拘束被告或犯罪嫌疑人、證人之自由，使其到一定場所接受訊（詢）問，並保全證據之直接強制處分，目的在於保全被告、或蒐集保全證據，以利刑事訴訟程序之進行。拘提之要件（或法定原因），分成兩種：1.「一般拘提」其要件有二：(1)被告經合法傳喚或通知；(2)無正當理由不到場者（本法第71條之1第1項、第75條參照）；2.「逕行拘提」其要件為「被告犯罪嫌疑重大者」，必要時，得不經傳喚而逕行拘提，「被告犯罪嫌疑重大者」為拘捕之狹義理由；除此之外，並須具有下列情形之一的法定原因；1.被告無一定之住所或居所；2.逃亡或有事實認為有逃亡之虞；3.有事實足認為有湮滅、偽造、變造證據或勾串共犯或證人之虞；4.所犯為死刑、無期徒刑或最輕本刑為五年以上有期徒刑之罪者等情形（本法第76條參照），亦列為拘捕之理由[9]。

拘提之主體分成決定機關及執行機關，採「決定與執行分離模式」。拘票，於偵查中由檢察官簽名，審判中由審判長或受命法官簽名（本法第77條第3項準用第71條第4項參照）。故拘提之決定機關，與多數之強制處分相同，採二分模式，偵查中由檢察官（簽名）決定，審判中由審判長或受命法官（簽名）決定。拘提之執行機關，由司法警察或司法警察官執行，決定機關並得限制執行機關執行拘提之期間。拘票得作數通，分交數人各別執行（本法第78條參照）。

另學界有力學說認為拘提之決定權應全面回歸法院決定，其理由：1.當事人對等原則：檢察官具有拘提決定權，被告無疑論為受其支配之對象，且事後無任何監督機制得以控制，實有違當事人對等原則；2.令狀原則：檢察官有拘提決定權，勢必無法貫徹令狀原則之要求，因此，為求落實令狀原則，應由中立之法院決定是否拘提[10]；3.保障人權：檢察官受檢

---

9 黃朝義，犯罪偵查論，漢興，初版1刷，2004年，頁93；黃朝義，刑事訴訟法，新學林，5版，2017年9月，頁188-189。
10 黃朝義，拘提與逮捕，月旦法學教室第6期，2003年4月，頁132。

查一體原則之拘束，亦即檢察官非中立、超然之司法人員，由其決定是否拘提，勢必無法達成憲法保障人民隱私及人身自由權之目的。為了避免不必要之強制處分，並達成憲法保障人民權利之意旨，故拘提之決定，應由法官為之[11]。

我國近年之刑事訴訟法修正，為保障人權，貫徹令狀原則之要求，羈押、搜索、扣押、鑑定留置等強制處分權限，其令狀簽發之決定權已有逐漸回歸法院之趨勢，固可避免形成「球員兼裁判」之偵查構造，較符合當事人對等之訴訟架構[12]，但偵查具有迅速及時和積極主動等特性，若把搜索、扣押、拘提、逮捕、監聽等屬於取證性質之強制處分權限，全部回歸法院決定，可能相對產生對犯罪追訴不能之情形[13]，因此，為有效且合理之抗制犯罪，檢察官仍應保有搜索、扣押、拘提、逮捕、監聽等屬取證性質之強制處分決定權限，以兼顧「效率」及「正義」之追求，方屬合理。

拘提之客體及對象，其中「一般拘提」須先經傳喚或通知程序，其對象包括犯罪嫌疑人、被告、通緝犯、證人（本法第71條之1第1項、第77條、第87條第1項、第178條第1項參照）。刑事程序中對於人身之強制處分，作用之對象，基本上是以犯罪嫌疑人及被告為主，惟在拘束自由之強制處分手段中，拘提係屬於唯一一個得以擴及被告或犯罪嫌疑人以外之人的強制手段，拘提之對象包括犯罪嫌疑人或被告、受科刑裁判確定應執行而有抗拒執行之人（本法第469條參照），以及在一定條件下對於證人之拘提。雖然對於犯罪嫌疑人、被告或證人都得以為拘提，但在拘提之前提條件與得適用之範圍，仍有所不同[14]。而「逕行拘提」無須先經傳喚或通知程序，對象僅限於被告。

拘提之對象，除被告或犯罪嫌疑人之外，尚有因證明犯罪事實必要之要求，而對於證人亦得以為拘提，當證人受合法之傳喚，無正當理由不

---

11 王兆鵬，刑事訴訟講義，元照，4版1刷，2009年，頁98以下。
12 黃朝義，刑事訴訟法（制度篇），元照，初版2刷，2002年，頁16以下。
13 柯耀程，刑事訴訟法強制處分部分條文修正擬議（甲案），刑事訴訟法強制處分部分條文修正研討會，台灣本土法學第19期，2001年2月，頁22以下。
14 柯耀程，刑事訴訟法（第二講）對人之強制處分，月旦法學教室第79期，2009年5月，頁58-67。

到場者，得以命拘提（本法第178條參照）。惟對於證人之拘提，在前提條件上，不同於對被告或犯罪嫌疑人之拘提，證人之拘提，必須符合之前提要件有二：1.證人須有受合法傳喚，此為證人拘提之絕對必要條件，如無合法傳喚之前提存在，並不得對於證人為拘提。證人並無如被告或犯罪嫌疑人一般，得以未經傳喚而逕行拘提；2.證人必須無正當理由而抗拒合法之傳喚，倘若證人雖受合法傳喚，但其有正當理由無法到場時，也不生拘提之事由。另外，雖然本法對於抗拒合法傳喚而無正當理由不到場之證人，得以拘提，但卻未明確區隔是否任何證人均一體適用？蓋證人之角色在現行法之實務操作中相當多元，在實務及學理中並未區隔證人之屬性，其究竟是屬於核心概念下之證人，亦即對於犯罪事實之發生具有親自見聞之人，或任何屬於當事人以外對於待證事項具有見聞之人？嚴格而言，得以對於證人施以拘提或程序罰緩處分者，必須限定在其不可替代性及不可或缺性之要求，應僅限定在犯罪事實證明之核心概念[15]，始得對證人加以拘提[16]。鑑定人因具有替代性，因此，不得拘提鑑定人（本法第199條參照）[17]。

拘提被告之程式，應用拘票。拘票應記載事項包括：1.被告之姓名、性別、年齡、籍貫及住、居所。但年齡、籍貫、住、居所不明者，得免記載。且被告之姓名不明或因其他情形有必要時，應記載其足資辨別之特徵。被告之年齡、籍貫、住所、或居所不明者，得免記載；2.案由；3.拘提之理由；4.應解送之處所（本法第77條第2至3項參照）。

此外，執行拘提或逮捕，應注意被告之身體及名譽（本法第89條參照）。被告抗拒拘提、逮捕或脫逃者，得用強制力拘提或逮捕之。但不得逾必要之程度（本法第90條參照）。

拘提作為對人之強制處分作為者，主要係因有釐清特定事項必要之

15　對於證人得以適用刑事訴訟法第178條之處分者，應限定在核心之本位證人，不應擴及其他次位性證人，請參閱柯耀程，證人科罰問題之檢討，月旦法學雜誌第146期，2007年7月，頁252以下、頁257。

16　柯耀程，刑事訴訟法（第二講）對人之強制處分，月旦法學教室第79期，2009年5月，頁61。

17　林鈺雄，刑事訴訟法（上冊、總論編），學林，10版，2020年9月，頁328。

前提，而將犯罪嫌疑人或被告等強制其到一定處所之作為，其所以必須到一定之處所，乃作為釐清人別關係或證明特定事項之訊問要求所然，既為應訊之故，在通常之情形下，應先為傳喚，唯有無法達成合法傳喚目的之情形下，方有拘提之作為。然而對於被告或犯罪嫌疑人，亦得在特殊情況下，不經傳喚而逕行拘提。故而對於犯罪嫌疑人與被告之拘提，在形成之條件有二種情形：1.抗拒傳喚之拘提，被告或犯罪嫌疑人受合法之傳喚或通知，無正當理由不到場者，得命拘提或報請拘提（本法第75條、第71條之1參照）；2.逕行拘提，亦即被告犯罪嫌疑重大，或在情況急迫（未及事先報請檢察官核發拘票）之情形下[18]，亦得未經傳喚，逕行拘提被告或犯罪嫌疑人（本法第76條、第88條之1參照）。

由於強制處分行為之合法性要求，主要是採取令狀原則為基礎，對於被告或犯罪嫌疑人之拘提，原則上仍應遵守令狀條件之要求。然因拘提有一般性抗拒傳喚之拘提與逕行拘提之不同方式，在令狀之基本要求上，也有些許之差異，通常對於抗拒傳喚之拘提，會採取簽發拘票之拘提方式；而在逕行拘提之情況下，如被告犯罪嫌疑重大，而有特定具體事由存在，得以不經傳喚而逕行拘提，此時所為拘提之方式，得以逕為簽發拘票之方式拘提，亦得以為無拘票之逕行拘提（本法第76條參照）[19]；如偵查機關於偵查犯罪之際，對於犯罪嫌疑人或被告，因情況急迫，未及或不能先為傳喚，亦無法即時取得拘票者，而有具體之急迫事由，乃得以為無拘票之逕行拘提（本法第88條之1參照）。由於拘提本身屬於令狀要求下之強制處分手段，故而不論持拘票之拘提，或未持拘票之拘提，都必須符合強制處分之監督關係，對於未持拘票所為之逕行拘提，必須於拘提之後，立即作令狀程式之補正（本法第88條之1第2項參照）。

---

[18] 林俊益，刑事訴訟法概論（上），新學林，16版1刷，2020年9月，頁244-263。

[19] 有部分學理之認知，認為刑事訴訟法第76條之逕行拘提，乃屬於令狀前置性之拘提，亦即雖未經傳喚，但應先簽發拘票而逕行拘提，請參閱黃朝義，刑事訴訟法，一品，2006年，頁157、158。

（二）逮捕

1.通緝犯逮捕

逮捕乃不要式逕行拘提被告之直接強制處分，亦即無需令狀而直接拘束被告人身自由之強制處分，僅得對被告為之。依照逮捕之原因，又可分為通緝犯之逮捕與現行犯之逮捕，兩者之要件與方式有別。

通緝意義係指對於逃亡或藏匿之被告，以公告周知之方式，通知檢察官或司法警察（官）予以逮捕之強制處分。通緝要件（或法定原因）包括被告「逃亡」或「藏匿」（本法第84條參照），由於通緝之後，無須拘票即可逮捕，並且通緝具有公告周知之性質，通緝對被告名譽影響甚鉅，故其要件應較拘提更嚴格，拘提既有「犯罪嫌疑重大」之要求，通緝在解釋上自應有之[20]。通緝之決定機關，固然也是採二分模式，但要求之層級更高，於偵查中由檢察長或首席檢察官（簽名）決定，審判中由法院院長（簽名）決定。由於通緝對被告損害嚴重，為求慎重行事，故由首長決定之（本法第85條第3項參照）[21]。

通緝被告之程式，應用通緝書。通緝書應記載事項包括：(1)被告之姓名、性別、年齡、籍貫、住所或居所，及其他足資辨別之特徵。但年齡、籍貫、住所或居所不明者，得免記載；(2)被訴之事實。所謂的被「訴」，泛指被控訴，並不限於起訴，因為偵查中亦可能發布通緝[22]；(3)通緝之理由；(4)犯罪之日、時、處所。但日、時、處所不明者，得免記載；(5)應解送之處所（本法第85條第1、2項參照）。

通緝之公告方式，應以通緝書通知附近或各處檢察官、司法警察機關；遇有必要時，並得登載報紙或以其他方法公告之（本法第86條第1項參照）。

通緝之效力有二：(1)拘提逮捕被告：通緝經通知或公告後，檢察官、司法警察官得拘提被告或逕行逮捕之（本法第87條第1項參照）；(2)

---

20 林俊益，刑事訴訟法概論（上），新學林，16版1刷，2020年9月，頁231；林山田，刑事程序法，五南，5版，2004年，頁272。

21 林俊益，刑事訴訟法概論（上），新學林，16版1刷，2020年9月，頁232。

22 林鈺雄，刑事訴訟法（上冊、總論編），學林，10版，2020年9月，頁330。

利害關係人逕行逮捕被告：利害關係人，得逕行逮捕通緝之被告，送交檢察官、司法警察官或請求檢察官、司法警察官逮捕之（本法第87條第2項參照）。

通緝之撤銷，通緝於其原因消滅或已顯無必要時，應即撤銷（本法第87條第3項參照）。例如：通緝犯已被拘捕歸案或自行到案，或案件因情事變更而無法追訴者，如案件罹於追訴權時效[23]。撤銷通緝之通知或公告，準用前條之規定。

原則上，得以適用逮捕之對象，主要係以犯罪行為人或程序中之被告為基礎，其主要適用之範圍有二：(1)現行犯與準現行犯之逮捕（本法第88條參照），對於此種逮捕，因具有隔絕犯罪及即時確認犯罪行為人之作用，故任何人（不限定在偵查機關）均得以加以逮捕；(2)對於因逃匿之被告，經發佈通緝（本法第84至87條參照），偵查機關得依據通緝之效力，而對於受通緝之人予以逮捕（本法第87條參照）[24]。

2.現行犯與準現行犯逮捕

現行犯或準現行犯，不問任何人，均得逕行逮捕之（本法第88條第1項參照），亦即任何人對於現行犯或準現行犯，均得以強制力將其身體自由加以拘束。稱「逕行逮捕」係指逮捕人無須報告實施刑事程序之公務員或得其允許，而可逕自對其加以逮捕。只要是現行犯或準現行犯，不問任何人，均得逕行逮捕，不以有偵查權人未曾發覺之犯罪為限[25]。

(1) 現行犯逮捕

現行犯並非刑法之犯罪類型，係就刑事追訴之目的性所創設之概念，乃指在犯罪行為實施中或實施後即時被發覺之犯罪行為人而言[26]。本

---

23 林鈺雄，刑事訴訟法（上冊、總論編），學林，10版，2020年9月，頁331。
24 刑事訴訟法第87條規定有拘提或逕行逮捕，嚴格而論，此種經通緝發現被告而加以拘束之行為，係屬於逮捕，而非拘提，蓋其對於受通緝人拘束之正當性，係源自通緝之效力，而非係令狀之要求，故對於受通緝之人所為者，應為逮捕。其剩下之問題，乃在於解送至通緝所指定之處所（本法第91條及92條參照）而已，請參閱柯耀程，刑事訴訟法（第二講）對人之強制處分，月旦法學教室第79期，2009年5月，頁58-67。
25 司法院大法官釋字第90號解釋意旨參照。
26 參照司法院大法官釋字第90號解釋，這裡提到憲法第8條第1項所稱之現行犯，應指廣義之現行犯而言，而刑事訴訟法第88條第2項所稱之現行犯，係指狹義之現行犯，請參閱林山田，

法第88條規定：「現行犯，不問何人得逕行逮捕之。」現行犯之立法理由係爲避免將來蒐證困難、犯人逃匿無蹤、並維護社會治安[27]。現行犯，不問何人，在無令狀之情況下，皆得加以逮捕。此乃基於犯罪事實及犯人皆很清楚明確之情況下，即使對其加以逮捕，將不致產生錯誤而無端地拘束無辜者之自由，亦不會引起濫用逮捕權之疑慮，更有利於證據之保全，使國家司法機關得以順利完成刑事追訴，故在犯罪之現場，對於現行犯逮捕之有其必要性與迫切性。

本法第88條第2項規定：「犯罪在實施中或實施後『即時』發覺者，爲現行犯。」所謂「犯罪在實施中」乃指進行特定犯罪之實行行爲者，其犯罪行爲係在逮捕者之前實施之情形；另「犯罪後即時發覺者」係指完成特定犯罪之實行行爲而被即時發現之犯罪者，而此規定基本上應指犯罪實施後之瞬間，或與此相當接近之時間，始足當之[28]。所謂「即時」係指犯罪實施中或實施後之「當時」而言[29]。又「犯罪實施後之當時」係指緊接於犯罪行爲完成後之時而言，必須具有時間密接性，故若非在此時刻立即被發覺者，除可能成爲準現行犯外，自非現行犯。至於是否爲現行犯僅決定於犯罪被發覺之時間，而與犯罪情狀及所犯罪名無關，且不限於非告訴乃論之罪，即使行爲人所犯者爲告訴乃論之罪，但如實施中或實施後即時被發覺者，亦爲現行犯[30]。

(2) 準現行犯逮捕

依本法第88條第3項規定，以現行犯論之情形有二：①被追呼爲犯罪人者；②因持有凶器、贓物或其他物件或於身體、衣服等處露有犯罪痕跡，顯可疑爲犯罪人者。此爲準現行犯之規定。惟就其內容可發現，準現行犯未對犯罪時間加以規範，關於此問題，在解釋上，準現行犯既然在於準用現行犯之規定，在時間之要求上，應同於現行犯，必須在「犯罪實施

　　刑事程序法，五南，5版1刷，2004年9月，頁275。

27　刑事訴訟法第88條之立法理由參照。

28　黃朝義，犯罪偵查論，漢興，初版1刷，2004年，頁94-95。

29　司法院36年院解字第3395號解釋參照。

30　司法院32年院字第2505號解釋參照，這裡提到告訴乃論罪之現行犯，不問何人，均得依刑事訴訟法第88條第1項規定，逕行逮捕。

不久（接近即時）之時間內發現」者爲限；另因現行犯逮捕屬令狀原則之例外，在正當法律程序原則之要求下，「不久之時間內」之條件要求，必須嚴格限縮解釋方可，否則將產生過度擴張準現行犯逮捕範圍之疑慮。爲避免準現行犯規定可能遭到濫用，應將時間限縮在犯罪發生不久之後[31]，亦唯有做如此嚴格限縮解釋，方與憲法第8條所定之現行犯逮捕概念相近，始符合憲法保障人身自由之精神[32]，並符合令狀原則及正當法律程序之要求。

3. 緊急逮捕

緊急逮捕乃檢察官、司法警察官或司法警察在偵查犯罪中，因情況急迫，而具有法定原因時，在無拘票之情況下，逕行逮捕犯罪嫌疑人之強制處分。爲提高刑事追訴機關追訴犯罪之能力，並確保刑事訴訟程序之進行與成效，假如逮捕犯罪嫌疑人或被告，均須事先取得法院或檢察機關開具之拘票或逮捕令狀，始得爲之，則往往會錯失良機，而使犯罪嫌疑人或被告逃逸無蹤，故各國刑事訴訟法大多設有在急迫情況下無逮捕令狀之緊急逮捕[33]。

民國71年8月4日修正公布之本法增訂緊急逮捕之規定，而賦予檢察官、司法警察官或司法警察於偵查犯罪時之緊急逮捕權，對於既非現行犯或準現行犯，亦非通緝犯之犯罪嫌疑人，由於情況急迫而符合法定要件者，雖無拘票，但亦得暫行逮捕之，並於事後再報請檢察官簽發拘票，假如檢察官拒不簽發拘票時，則應即將逮捕之犯罪嫌疑人釋放[34]。

本法第88條之1在法律用語上，雖使用「逕行拘提」字樣，但卻屬在緊急情況下無須拘票之「不要式之逕行拘捕」，故在法律本質上應屬逮捕，而非拘提；況且增訂之條文係列在本法第88條現行犯與準現行犯之逮捕之後，而非列在第76條之逕行拘提之後，故此等對人之強制處分手段宜稱爲「緊急逮捕」，而不宜稱爲「緊急拘提」，亦不宜稱爲「緊急拘

---

[31] 黃朝義，拘提與逮捕，月旦法學教室第6期，2003年4月，頁125。
[32] 黃朝義，犯罪偵查論，漢興，初版1刷，2004年，頁95-96。
[33] 林山田，刑事程序法，五南，5版1刷，2004年9月，頁279-280。
[34] 林山田，刑事程序法，五南，5版1刷，2004年9月，頁280。

捕」，法條用語上亦宜使用「逕行逮捕」，而不宜使用「逕行拘提」，以免此等強制處分之法律本質與其名稱或用語不符而混淆拘提與逮捕之概念[35]。

憲法第8條第2項規定：「人民因犯罪嫌疑被逮捕拘禁時，其逮捕拘禁機關應將逮捕拘禁原因，以書面告知本人及其本人指定之親友，並至遲於二十四小時內移送該管法院審問。本人或他人亦得聲請該管法院，於二十四小時內向逮捕之機關提審。」本法第88條之1第2項規定：「前項拘提，由檢察官親自執行時，得不用拘票；由司法警察官或司法警察執行時，以其急迫情況不及報告檢察官者為限，於執行後，應即報請檢察官簽發拘票。如檢察官不簽發拘票時，應即將被拘提人釋放。」本法第79條規定：「拘票應備二聯，執行拘提時，應以一聯交被告或其家屬。」依本法第88條之1第2項雖規定，拘提由檢察官親自執行時，得不用拘票，為符合憲法第8條第2項及本法第79條規定之基本精神，拘提即使由檢察官親自執行時，事後仍應補發拘票予被告或其家屬，以免生困擾[36]。

五、拘捕之法律效果

（一）解送指定處所

拘提或因通緝逮捕之被告，「應即」解送指定之處所；如24小時內不能達到指定之處所者，應分別其命拘提或通緝者為法院或檢察官，先行解送較近之法院或檢察機關，訊問其人有無錯誤（本法第91條參照）。

（二）即時訊問

被告或犯罪嫌疑人因拘提或逮捕到場者，應即時訊問（本法第93條第1項參照）。本條項之訊問能否為本案訊問，有二說：1.肯定說：認為

---

[35] 有少數學者稱「緊急拘提」，認為就整體立法而言，前後用語不相一致，而導致法律解釋難以一貫，但仍應就實定法之用語，將此等對人之強制處分稱為「緊急拘提」，而將本法第75條、第76條之拘提稱為「一般拘提」，請參閱褚劍鴻，刑事訴訟法論（上冊），台灣商務，2001年，5次修訂，頁141以下；另大多數的論者主張稱「緊急逮捕」，請參閱黃東熊，刑事訴訟法論，三民，增訂初版，1999年，頁175以下；林山田，刑事程序法，五南，5版1刷，2004年9月，頁280-281。

[36] 林俊益，刑事訴訟法概論（上），新學林，16版1刷，2020年9月，頁229。

本項之訊問不得為與犯罪事實有關之本案訊問，其訊問重點應僅在於審查「拘提逮捕之合法性」及「有無羈押必要性」；2.否定說：羈押要件之審查與本案犯罪事實之審查，時常有牽連而難以明確劃分，倘未經偵訊，檢察官很難判斷究應予以釋放或聲押，因此，似乎很難避免涉及本案偵訊[37]。

（三）有羈押之必要，聲請法院羈押

被告或犯罪嫌疑人因拘提或逮捕到場者，偵查中經檢察官訊問後，認有羈押之必要者，應自拘提或逮捕之時起24小時內，敘明羈押之理由，聲請該管法院羈押之（本法第93條第2項參照）。

六、新法增加程序保障

原本執行拘提逮捕之程序規定僅有本法第89條規定，應注意被告之身體及名譽；本法第90條規定，對抗拒或脫逃者，可以使用強制力，但不能逾越必要範圍。109年1月15日新修正之刑事訴訟法，新法增加了下面幾個程序保障。

（一）不經傳喚逕行拘提，必須符合比例原則。本法第76條規定拘提要件，新法增加了「必要時」三個字，也就是說核發拘票即便合乎法定要件，也要符合比例原則（修正條文第76條參照）。

（二）逕行拘提犯罪嫌疑人時，應即告知本人及其家屬得選任辯護人到場（修正條文第88條之1參照）。

（三）執行拘提或逮捕時，應當場告知相關原因及權利事項，並以書面通知相關原因。執行拘提或逮捕，應當場告知原因及本法第95條第1項所列事項，包括：犯罪嫌疑及所犯所有罪名；保持緘默，無須違背自己之意思而為陳述；得選任辯護人以及得請求法律扶助情形；得請求調查有利之證據等權利。和羈押時相同，新法要求將逮捕拘提原因，書面通知被告或犯罪嫌疑人，以及指定之親友（修正條文第89條參照）。

（四）執行拘提、逮捕或解送而使用戒具時，必須符合比例原則。執

---

37 陳運財，偵訊之法律性質及其規範，東海大學法學研究第11期，1996年12月，頁191以下。

行拘提或逮捕，得使用戒具，但不得逾越必要程度，避免公然暴露戒具，如果沒有使用必要時，應立即解除[38]。關於戒具之事項，新法授權行政院會同司法院制定（修正條文第89條之1參照）。

七、執行拘提或逮捕之要領

（一）執行前須深入了解案情、確認對象、熟悉環境、充分準備；尤須提高警覺、建立敵情觀念、講求執行技術、運用機智、剛柔並濟、掌握狀況及時果敢行動。

（二）於室內執行時，宜運用各種資訊、關係、誘開門戶、埋伏守候或直接破門，掌握機先、迅速行動[39]。

八、執行拘提或逮捕應注意事項

（一）應顧及本身安全，講求團隊合作默契，切忌躁進、退縮或擅離職守。

（二）制伏歹徒應以智取，對付頑抗對象採取組合警力強攻外，亦應視情況運用策略伺機誘捕或策動投案。

（三）執行時，應顧及被拘提或逮捕人之身體名譽，對抗拒拘提或逮捕或脫逃者，得用強制力及依法使用警械，但不得逾必要之程度。

（四）執行時，應同時依法搜索及扣押有關犯罪贓物或證物，防止湮滅證據。

（五）執行後，應立即對受拘提或逮捕者執行附帶搜索，並注意戒護，防止脫逃、自殺或其他意外事端。

（六）對脫逃者，應迅速通報其特徵、逃逸方向、交通工具及注意事項等，請求相關單位支援攔截圍捕[40]。

---

[38] 有關戒具、強制力之使用及其限制，請參閱王兆鵬、張明偉、李榮耕，刑事訴訟法論（上），新學林，5版1刷，2020年3月，頁389。

[39] 警察偵查犯罪手冊第140點規定參照。

[40] 警察偵查犯罪手冊第141點規定參照。

貳、拘提逮捕之作業程序

執行犯罪嫌疑人拘提作業程序

（第一頁，共二頁）

一、依據：

（一）刑事訴訟法第七十六至八十三條。

（二）警察偵查犯罪手冊。

（三）提審法第二條、第七條、第十一條。

二、分駐(派出)所流程：

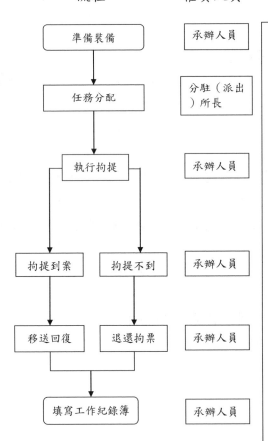

流程	權責人員	作業內容

一、準備階段：

（一）核對資料。

（二）所長執行勤前教育及勤務派遣，交付任務。

（三）勤務人員準備應勤裝備(視需要增減)：手槍、子彈、照相機、錄音機、手銬、防彈衣、防彈頭盔及拘票。

二、執行步驟：

（一）到達拘提對象所在處所，表明身分，出示拘票。

（二）拘票第一聯給當事人或其家屬，第二聯繳交法官或檢察官。

三、結果處置：

（一）勤務人員將被拘提人拘提到案，施予人別詢問後，應即時依提審法規定填寫書面通知書，告知被拘提人本人及其指定之親友，得向地方法院聲請提審。

（二）將被拘提人解送拘留所，由分局偵查隊人員簽收，並取回人犯交付證明，併同拘票第二聯、刑事案件陳報單等送分局偵查隊轉復拘提法院、檢察署。

（三）拘提不到者，於拘票上敘明理由，由執行人簽名，陳報分局偵查隊，退還拘提法院或檢察署。

（四）處理情形應填寫於工作紀錄簿。

（續下頁）

(續)執行犯罪嫌疑人拘提作業程序

(第二頁，共二頁)

三、分局流程：

| 流程 | 權責人員 | 作業內容 |

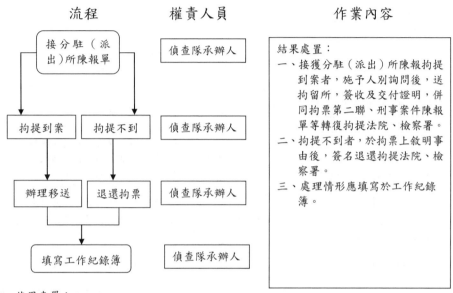

流程

接分駐（派出）所陳報單

拘提到案　　拘提不到

辦理移送　　退還拘票

填寫工作紀錄簿

權責人員

偵查隊承辦人

偵查隊承辦人

偵查隊承辦人

偵查隊承辦人

作業內容

結果處置：
一、接獲分駐（派出）所陳報拘提到案者，施予人別詢問後，送拘留所，簽收及交付證明，併同拘票第二聯、刑事案件陳報單等轉復拘提法院、檢察署。
二、拘提不到者，於拘票上敘明事由後，簽名退還拘提法院、檢察署。
三、處理情形應填寫於工作紀錄簿。

四、使用表單：
(一)員警出入及領用槍枝彈藥無線電機行動電腦登記簿。
(二)員警工作紀錄簿。
(三)人犯交付證明。
(四)逮捕、拘禁告知本人(親友)通知書。
(五)刑事案件陳報單。

五、注意事項：
(一)執行人犯拘提或押解，以二人以上共同執行為原則，並應注意本身安全及當事人之安全、名譽。
(二)拘提到案後，適逢深夜，無法即時解送者，暫時送交拘留所看管。
(三)拘提不到者，應於拘票背面敘明拘提日期、過程，且至少前往拘提二次以上。
(四)若嫌犯所犯符合刑事訴訟法第八十八條之一逕行拘提要件時，得逕行拘提，並於拘提到案後，製作偵訊筆錄，陳報分局偵查隊，由刑事單位向檢察官報告簽發拘票(填報逕行拘提犯罪嫌疑人報告書)及解送地檢署。
(五)提審法於中華民國一百零三年一月八日修正公布全文，並自公布後六個月（一百零三年七月八日）施行。茲摘列相關條文如下：
　1.提審法第二條第一項：「人民被逮捕、拘禁時，逮捕、拘禁之機關應即將逮捕拘禁之原因、時間、地點及得依本法聲請提審之意旨，以書面告知本人及其本人指定之親友，至遲不得逾二十四小時」。
　2.提審法第七條第一項：「逮捕、拘禁之機關，應於收受提審票後，二十四小時內將被逮捕、拘禁人解交；如在收受提審票前已將該人移送他機關者，應即回復發提審票之法院，並即將該提審票轉送受移送之機關，由該機關於二十四小時內逕行解交；如法院自行迎提者，應立即交出」。
　3.提審法第十一條：「逮捕、拘禁機關之人員，違反第二條第一項之規定者，科新臺幣十萬元以下罰金（第一項）」；「逮捕、拘禁機關之人員，違反第七條第一項之規定者，處三年以下有期徒刑、拘役或科或併科新臺幣十萬元以下罰金（第二項）」。

逮捕現行犯作業程序

（第一頁，共三頁）

一、依據：
 （一）刑事訴訟法第八十九條至第九十三條。
 （二）提審法第二條、第七條、第十一條。

二、分駐(派出)所流程：

流程	權責人員	作業內容

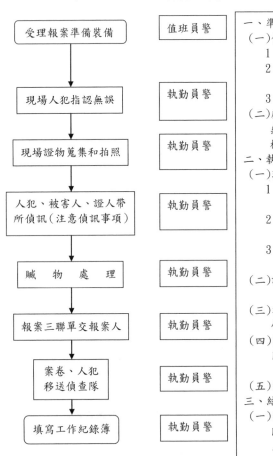

一、準備階段：
 （一）值班受理報案：
　　1、填寫受理各類案件紀錄表。
　　2、有現場派遣巡邏人員至現場；親自到所報案，請備勤人員處理。
　　3、受理報案後報告主管。
 （二）處理人員裝備(視需要增減)：手槍、無線電、子彈，警用行動電腦、照相機、錄音機、警銬、防彈衣。

二、執行階段：
 （一）現場處理：
　　1、現行犯經被害人指認後，逕行逮捕。
　　2、人犯搜身、上手銬，帶所偵訊(發逮捕通知書)。
　　3、現場證物蒐集和拍照，必要時請分局偵查隊人員到場採證。
 （二）證人、被害人請其回所協助調查案情，製作筆錄。
 （三）有贓物時，拍照存證後，填寫被害人領回證物領據，交被害人簽名領回。
 （四）製作報案三聯單交報案人(案件發破同時者，遇民眾未要求時可免開立)
 （五）案件處理過程時注意續報和結報。

三、結果處置：
 （一）案卷移送分局偵查隊辦理【刑事案件陳報單、人犯、筆錄(含嫌疑人、證人、被害人筆錄)、證物、證物照片、領回證物領據、錄音帶、三聯單第一聯、刑案紀錄表等】。
 （二）處理情形登記於工作紀錄簿。

流程方塊（由上而下）：
- 受理報案準備裝備 ─ 值班員警
- 現場人犯指認無誤 ─ 執勤員警
- 現場證物蒐集和拍照 ─ 執勤員警
- 人犯、被害人、證人帶所偵訊(注意偵訊事項) ─ 執勤員警
- 贓　物　處　理 ─ 執勤員警
- 報案三聯單交報案人 ─ 執勤員警
- 案卷、人犯移送偵查隊 ─ 執勤員警
- 填寫工作紀錄簿 ─ 執勤員警

（續下頁）

(續)逮捕現行犯程序(第二頁，共三頁)

三、分局流程：

流程	權責人員	作業內容

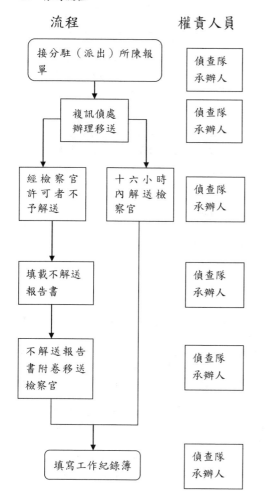

一、逮捕後之處理：
(一)無偵查權者逮捕：
　　無偵查權限之人逮捕現行犯者，
　　應立即送交檢察官或司法警察(
　　官)；對逮捕現行犯之人，應詢其
　　姓名、住所或居所及逮捕之事由
　　。
(二)司法警察(官)逮捕：
　1、訊問：
　　(1)逮捕現行犯應確定身分，進行告
　　　知、核發逮捕通知書等程序。
　　(2)製作筆錄應注意檢警共用二十
　　　四小時之時效，並錄音、錄影
　　　。
　　(3)遇夜間不接受訊問，或請辯護
　　　人及翻譯人員到場，得扣除時
　　　間。
　　(4)犯嫌所犯為本刑五年以上之罪
　　　者，得逕行拘提，於拘提到案
　　　後製作偵訊筆錄，並向檢察官
　　　報告。
　2、解送：
　　除經檢察官許可者不予解送外
　　，應於逮捕或拘提之時起十六
　　小時內，將人犯解送檢察官訊
　　問。
　3、不予解送：
　(1)要件：
　　A、依刑事訴訟法第九十二條第
　　　二項但書：
　　　(A)所犯最重本刑為一年以下
　　　　有期徒刑、拘役或專科罰金
　　　　之罪。
　　　(B)告訴或請求乃論之罪，其告
　　　　訴或請求已撤回或已逾告訴
　　　　期間者。
　　B、經檢察官之許可，得不予解
　　　送者。

流程中的方塊內容：
接分駐（派出）所陳報單
複訊偵處辦理移送
經檢察官許可者不予解送
十六小時內解送檢察官
填載不解送報告書
不解送報告書附卷移送檢察官
填寫工作紀錄簿

權責人員：偵查隊承辦人

（續下頁）

(續)逮捕現行犯程序(第三頁,共三頁)

流程	權責人員	作業內容

> (2)填報告書:
>   填載不解送報告書,以傳真或其他方式報告檢察官許可後,逕行釋放。
> (3)移送:
>   將上述已批示之不解送報告書,附卷移送檢察官。
> 二、處理情形登記於工作紀錄簿。

四、使用表單:
(一)員警出入及領用槍枝彈藥無線電機行動電腦登記簿。
(二)受理各類案件紀錄表。
(三)筆錄。
(四)受理刑事案件報案三聯單。
(五)證物領據。
(六)員警工作紀錄簿。
五、注意事項:
(一)提審法第二條:(第一項)「人民被逮捕拘禁時其執行機關應即將逮捕拘禁之原因,以書面告知本人及其本人指定之親友,至遲不得逾二十四小時」。
(二)提審法第七條第一項:「逮捕、拘禁之機關,應於收受提審票後,二十四小時內將被逮捕、拘禁人解交;如在收受提審票前已將該人移送他機關者,應即回復發提審票之法院,並即將該提審票轉送受移送之機關,由該機關於二十四小時內逕行解交;如法院自行迎提者,應立即交出」。
(三)提審法第十一條:(第一項)「逮捕、拘禁機關之人員,違反第二條第一項之規定者,科新臺幣十萬元以下罰金」。(第二項)「逮捕、拘禁機關之人員,違反第七條第一項之規定者,處三年以下有期徒刑、拘役或科或併科新臺幣十萬元以下罰金」。
(四)執行逮捕時,應注意本身安全,對人犯搜身時,注意有無致命物品,嚴防嫌疑人自殺、攻擊等情事,並視需要,加警銬、腳鐐、戴安全帽(注意不可有警鴿或警徽標誌)等防護器具。

檢核表

「逮捕現行犯程序」檢核表

說明：

一、案件編號請填列分駐(派出)所移送至分局之號碼。

二、已完成之程序請註記☑。

三、本表完成後，請核章。

四、請附於卷宗之首，併案陳核。

案件編號：<u>(請填列移送至分局之號碼)</u> 犯嫌姓名：＿＿＿＿＿＿＿＿＿＿

受理員警(核章)：＿＿＿＿＿＿＿＿＿＿＿＿

□現場人犯指認。

□現場證物蒐集和拍照。

□贓物處理。

□報案三聯單交報案人。

□填寫工作紀錄簿。

逮捕通緝犯作業程序

（第二頁，共二頁）

一、依據：

（一）刑事訴訟法第八十四條至第八十七條。

（二）提審法第二條、第七條及第十一條。

（三）警察機關查捕逃犯作業規定。

（四）法院辦理通緝、協尋案件應行注意事項。

（五）檢察機關辦理通緝案件應行注意事項。

二、分駐（派出）所流程：

流程	權責人員	作業內容

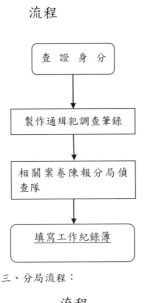

		一、查證身分。

查證身分 — 執勤員警

製作通緝犯調查筆錄 — 執勤員警

相關案卷陳報分局偵查隊 — 執勤員警 偵查隊偵查員（佐）

填寫工作紀錄簿 — 執勤員警 偵查隊偵查員（佐）

作業內容：

一、查證身分。

二、確定身分後，搜身注意有無違禁品，嚴防自殺、攻擊等情事發生，並將嫌疑人帶回分駐（派出）所。

三、製作制式筆錄（通緝犯調查筆錄）：向人犯告知應有權利（權利告知書）、列印通緝資料與前科資料、填寫逮捕通知書。

四、人犯、案卷陳報分局偵查隊（筆錄、各項資料和陳報單）。

五、處理情形登記於工作紀錄簿。

三、分局流程：

流程	權責人員	作業內容

由偵查隊接案人員彙整資料並製作移送書 — 偵查隊偵查員（佐）

陳核 — 分局長或副分局長

作業內容：

一、將案件公文彙整後，製作移送書。

二、陳送分局第一層決行。

三、將人犯移送檢察署或法院。

（續下頁）

(續)逮捕通緝犯作業程序(第二頁,共二頁)

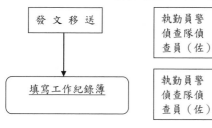

四、使用表單:
(一)權利告知書。
(二)逮捕通知書(通知親友)。
(三)逮捕通知書(通知本人)。
(四)筆錄。
(五)解送人犯報告書。
(六)通緝案件移送書。
(七)員警工作紀錄簿。

五、注意事項:
(一)提審法第二條:(第一項)「人民被逮捕拘禁時其執行機關應即將逮捕拘禁之原因,以書面告知本人及其本人指定之親友,至遲不得逾二十四小時」。
(二)提審法第七條第一項:「逮捕、拘禁之機關,應於收受提審票後,二十四小時內將被逮捕、拘禁人解交;如在收受提審票前已將該人移送他機關者,應即回復發提審票之法院,並即將該提審票轉送受移送之機關,由該機關於二十四小時內逕行解交;如法院自行迎提者,應立即交出」。
(三)提審法第十一條:(第一項)「逮捕、拘禁機關之人員,違反第二條第一項之規定者,科新臺幣十萬元以下罰金」。(第二項)「逮捕、拘禁機關之人員,違反第七條第一項之規定者,處三年以下有期徒刑、拘役或科或併科新臺幣十萬元以下罰金」。
(四)執行逮捕時,應注意本身安全及人犯安全、名譽,並視需要加警銬、腳鐐、戴安全帽(注意不可有警鴿或警徽標誌)等防護器具。

檢核表

「逮捕通緝犯程序」檢核表

說明：
一、案件編號請填列分駐(派出)所移送至分局之號碼。
二、已完成之程序請註記 ☑。
三、本表完成後，請核章。
四、請附於卷宗之首，併案陳核。

案件編號：(請填列移送至分局之號碼) 犯嫌姓名：＿＿＿＿＿＿＿＿＿＿

受理員警(核章)：＿＿＿＿＿＿＿＿＿＿＿＿

□現場人犯指認。

□贓物處理。

□填寫工作紀錄簿。

第四節　實務判決

壹、一審判決摘要（僅節錄跟「拘提、逮捕」有關之內容）

107年2月27日台灣新北地方法院106年度訴字第730號判決

基於販賣第一級毒品海洛因及第二級毒品甲基安非他命以營利之犯意，於106年1月23日14時55分許，先以其持用之三星手機，透過通訊軟體微信與詹雅雯聯繫毒品交易事宜，約定以連同上開欠款共2萬元之價格，出售海洛因半錢、甲基安非他命1兩予詹雅雯，嗣吳宇祥依約前往位於新

北市○○區○○○路○○○號香奈爾汽車旅館之毒品交易地點，即遭埋伏之警員**拘提逮捕**而未遂，並當場扣得上開三星手機1支、海洛因2包（合計驗前淨重2.06公克、驗餘淨重2.02公克）、甲基安非他命2包（合計驗前淨重46.3980公克、驗餘淨重46.1902公克），而悉上情。

貳、二審判決摘要（僅節錄跟「拘提、逮捕」有關之內容）

108年6月12日台灣高等法院107年度上訴字第2176號判決

另基於販賣第一級毒品海洛因及第二級毒品甲基安非他命以營利之犯意，於106年1月23日上午8至9時前之某時，在新北市泰山區某處，先向「胡昆豐」販入第一級毒品海洛因及第二級毒品甲基安非他命，除部分供己施用外，其餘擬販賣予他人以營利，適詹雅雯於106年1月23日下午12時45分許，因涉嫌違反毒品危害防制條例為警查獲，表明願意配合警方查緝其毒品上游，而向警方提供吳宇祥之網路照片，且從同日下午2時55分起，以通訊軟體微信，與吳宇祥使用上開行動電話進行聯繫，佯稱擬向吳宇祥購買第一級毒品海洛因半錢及第二級毒品甲基安非他命1兩，並償還前次交易毒品之欠款，吳宇祥乃告知詹雅雯總計應支付2萬元，並指定交易地點，嗣吳宇祥於同日下午5時32分許，前往新北市○○區○○○路○○○號香奈爾汽車旅館，擬與詹雅雯見面交易之際，為埋伏警員當場執行**拘提**而不遂，並扣得其所攜帶之第一級毒品海洛因2包（合計淨重2.06公克，取樣0.04公克鑑定用罄，驗餘合計淨重2.02公克）、第二級毒品甲基安非他命2包（合計淨重46.3980公克，取樣0.2078公克鑑定用罄，驗餘合計淨重46.1902公克，純度均為99%，合計純質淨重46.3516公克）及其持以聯繫上開交易毒品事宜使用之三星廠牌行動電話1支等物，始偵悉上情。

參、三審判決內容（全錄）

109年5月14日最高法院109年度台上字第2193號判決

按刑事訴訟法第377條規定：上訴於第三審法院，非以判決違背法令為理由，不得為之。是提起第三審上訴，應以原判決違背法令為理由，係屬法定要件。如果上訴理由書狀並非依據卷內訴訟資料，具體指摘原判決不適用何種法則或如何適用不當，或所指摘原判決違法情事，顯與法律規定得為第三審上訴理由之違法情形不相適合時，均應認其上訴為違背法律上之程式，予以駁回。

本件原判決綜合全案證據資料，本於事實審法院採證認事之職權，認定上訴人吳宇祥有其事實欄一之（一）所載販賣第一級毒品海洛因既遂1次，以及有其事實欄一之（二）所載販賣第一級毒品海洛因及第二級毒品甲基安非他命未遂1次之犯行，因而維持第一審論上訴人以販賣第一級毒品罪，以及論上訴人以販賣第一級毒品及第二級毒品未遂罪，並就後者依想像競合犯關係從一重論上訴人以販賣第一級毒品未遂罪，於先均依刑法第59條之規定酌量減輕其刑，再就販賣第一級毒品未遂部分依刑法第25條第2項未遂犯之規定遞減輕其刑後，分別量處有期徒刑15年6月及有期徒刑8年6月，及諭知沒收、追徵暨沒收銷燬，並就上訴人所犯上開2罪所處之有期徒刑，合併定其應執行之刑為有期徒刑18年之判決，而駁回上訴人在第二審之上訴，已詳敘其所憑證據及認定之理由；對於上訴人所辯何以均不足以採信，亦在理由內詳加指駁及說明。核其所為之論斷，俱有卷內資料可資覆按，從形式上觀察，原判決並無足以影響其判決結果之違法情形存在。

上訴人上訴意旨略以：（一）、原判決認定伊有其事實欄一之（一）所載販賣海洛因與詹雅雯既遂之犯行，但本案卷內並無伊與詹雅雯間之通訊監察錄音資料等補強證據，可資佐證詹雅雯於警詢時及偵查中所為不利於伊之證詞為可信。乃原審並未調查本件有無相關之補強證據足以擔保詹雅雯所為不利於伊指證之憑信性，僅憑詹雅雯所為不利於伊之證詞，認定伊有本件被訴販賣海洛因與詹雅雯之犯行，殊有可議。（二）、

原判決認定伊有其事實欄一之（二）所載販賣海洛因及甲基安非他命與詹雅雯未遂之犯行，但警方查獲伊被訴前述犯行之經過，係警方於先查獲並控制詹雅雯後，要求詹雅雯以行動電話同時向多人傳送欲購買毒品之訊息，伊接獲上述訊息後即與詹雅雯約定見面地點，嗣伊依約抵達約定地點後即遭警方**拘提逮捕**，警方查獲伊之方式係屬誘發犯意型之陷害教唆，其依此種違法查緝方式所取得之相關證據，應予以絕對排除，而上開違法取得之相關證據予以排除後，本件即無證據足以證明伊有此部分販賣海洛因及甲基安非他命之犯行，則原審應就上述部分對伊為無罪之諭知。乃原審未詳加查明，遽認警方前揭所為係以「釣魚」之偵查技巧蒐集上訴人販賣毒品之證據，而非屬陷害教唆，並採用上述違法取得之證據而論伊以販賣第一級毒品未遂罪，亦有未洽。（三）、本件警員於**拘提**伊時並未出示拘票，其所踐行之**拘提**程序既非合法，則其因違法**拘捕**所取得伊於警詢時之自白等證據，即不具有適法之證據資格，自不得作為本案判決基礎之證據資料。又依原審勘驗播放伊於警詢時之錄音錄影內容結果，可見警員有以疲勞訊問及威脅利誘等方式對伊非法取供，伊於警詢時之自白並非出於任意性，自不得採為不利於伊認定之證據。乃原審對上情未詳予調查釐清，遽認警方**拘提**伊之程序並無違法，並認伊於警詢時之自白係出於任意性，而採為伊犯罪之證據，殊有欠當。（四）、本件警方於詢問伊時，並未特別製作聯絡律師到場之紀錄文件，無法證明伊之辯護依賴權已獲得充分保障；乃原審未究明實情，遽認本件警方通知辯護人到場之程序並無違法，亦有未合。又證人詹雅雯所為不利於伊之證詞，不僅前後不一，且與常情有悖，顯有瑕疵，自不得遽採為伊犯罪之證據。乃原審未詳加查明釐清，遽援用詹雅雯所為不利於伊之證詞，據以認定伊有本件被訴販賣海洛因與詹雅雯既遂及販賣海洛因及甲基安非他命與詹雅雯未遂之犯行，同有可議。（五）、本案警方函覆原審未能提供詹雅雯之通訊監察錄音資料，係故意隱藏前揭資料拒不提供原審調查；乃原審未查明警方未能提供上述資料之真正原因，遽為不利於伊之認定，亦有未洽云云。

惟查：（一）、證據之取捨與事實之認定，均屬事實審法院之職權，倘其採證認事並未違背證據法則，自不得任意指為違法而執為適法之

第三審上訴理由。原判決認定上訴人有如其事實欄一之（一）所載販賣海洛因既遂1次，以及同上事實欄一之（二）所載販賣海洛因及甲基安非他命未遂1次之犯行，已說明詹雅雯於警詢時及偵查中均明確指證上訴人有前揭犯行，核與卷附上訴人與詹雅雯以行動電話通訊軟體所為對話畫面翻拍照片內容，以及警方在上訴人身上所查扣之簽帳金融卡顯示，確有詹雅雯所稱匯款購買毒品價金其中新臺幣2,000元與上訴人之紀錄相符。又上訴人於警詢時及偵查中並供承：伊於原判決事實欄一之（一）所載時、地，確實有丟1包海洛因給詹雅雯等語（即將海洛因1包置放在與詹雅雯約定之地點，由隨後抵達之詹雅雯自行撿拾而為交付）；於原審審理時亦供承：伊確有以行動電話通訊軟體與詹雅雯進行對話，伊於如原判決事實欄一之（二）所載時、地，被警方所查扣之海洛因、甲基安非他命，是要交給詹雅雯等情明確。此外，並有海洛因2包（驗餘合計淨重2.02公克）及甲基安非他命2包（驗餘合計淨重46.1902公克）扣案可資佐證，堪認詹雅雯所為不利於上訴人之證詞為可信等情綦詳。對於上訴人在原審所為如其本件上訴意旨（二）至（四）所載辯稱：(1)、警方查緝伊所為如原判決事實欄一之（二）所示犯行部分係以「陷害教唆」之方式誘發其販賣毒品之犯意，其以此種違法方式所取得之證據為無證據能力。(2)、警員於**拘提**伊時並未出示拘票，其所踐行之**拘提**程序既非合法，所取得之證據亦不得作為本案判決基礎之證據資料。(3)、警方有以疲勞訊問及威脅利誘等方式對伊非法取供，故伊於警詢時之自白並非出於任意性，自不得採為不利於伊認定之證據。(4)、警方於詢問伊時，並未特別製作聯絡律師到場之紀錄文件，無法證明伊之辯護依賴權已獲充分保障云云，何以均無足採取，亦在理由內逐一詳加指駁及說明（見原判決第2頁倒數第5行至第18頁第11行）；核其採證認事並無違法情形。上訴意旨置原判決明確之論斷於不顧，猶執其不為原審所採信之同一主張及辯解，就原判決已明確認定及詳細論斷說明之事項，再事爭辯，依上述說明，自非合法之第三審上訴理由。（二）、原判決係綜合前揭所述各項證據資料，據以認定上訴人有本件被訴之犯行，並非單憑詹雅雯所為不利於上訴人之證詞，作為上訴人犯罪之唯一證據。且依原判決所引用之卷內其他相關證據資料內容，堪以

補強前述詹雅雯所爲不利於上訴人之指證爲可信。上訴意旨謂原審並未調查其他相關補強證據以查明詹雅雯所爲不利於上訴人之指證是否與事實相符，遽採爲上訴人犯罪之證據爲不當云云，而據以指摘原判決採證違法，依上述說明，要屬誤解，亦非適法之第三審上訴理由。（三）、按所謂有利於被告之證據及應於審判期日調查之證據，係指該證據倘予採納或經調查所能證明者，得據以爲有利於被告或不同之認定者而言。如與待證事實無關，或不足以影響事實之認定或判決之結果者，即欠缺調查之必要性，縱未加以調查或說明，亦與所謂違背法令之情形不相適合。上訴意旨雖指摘原審未調查釐清警方未能提供詹雅雯通訊監察錄音資料之原因，遽爲不利於伊之認定爲不當云云。但原判決認定上訴人有本件被訴販賣海洛因既遂及未遂各1次之犯行，已說明其所憑之證據及理由綦詳，業如前述。而上訴人上訴意旨並未陳明其在原審審理時曾就上情聲請原審再爲如何之調查，且於原審審判期日經審判長訊以：「尚有何證據請求調查？」時，上訴人及上訴人於原審之選任辯護人均答稱：「無」云云，俱未聲請原審就前述事項再爲如何之調查，有卷內筆錄可查（見原審卷第257頁）。是原判決認本件待證事項已調查至臻明確，而上訴人所指之前揭事項與本件待證事實並無重要關係，縱未對上情再爲調查，亦不能指爲違法。上訴意旨指摘原審未就前述事項加以調查爲不當云云，依上述說明，同非合法之第三審上訴理由。至上訴人其餘上訴意旨，均非依據卷內訴訟資料具體指摘原判決不適用何種法則或如何適用不當，徒就原審採證認事職權之適法行使，以及原判決已明確論斷說明之事項，暨其他不影響於判決結果之枝節性問題，漫事爭論，顯與法律規定得爲第三審上訴理由之違法情形不相適合，揆之首揭說明，其上訴均爲違背法律上之程式，應併予駁回。

　　據上論結，應依刑事訴訟法第395條前段，判決如主文。

第五節　研析

壹、解送問題

本法第91條規定：「拘提或因通緝逮捕之被告，應即解送指定之處所；如二十四小時內不能達到指定之處所者，應分別其命拘提或通緝者為法院或檢察官，先行解送較近之法院或檢察機關，訊問其人有無錯誤。」亦即被告或犯罪嫌疑人經拘捕後，應即解送法院或檢察官，以確認其人有無錯誤。此於現行犯之逮捕並無此一問題；然若非現行犯之逮捕，可能會發生被拘提之人非真正之犯罪嫌疑人，例如：會發生小弟頂替大哥之情事。

無偵查犯罪權限之人逮捕現行犯，應即送交檢察官、司法警察官或司法警察；司法警察官、司法警察逮捕或接受現行犯，應即解送檢察官。但所犯最重本刑為一年以下有期徒刑、拘役或專科罰金之罪、告訴或請求乃論之罪，其告訴或請求已經撤回或已逾告訴期間者，得經檢察官之許可，不為解送。但書規定可以免除一些程序上不便之問題，但仍必須檢察官不以具保方式替代釋放犯罪嫌疑人，才能真正達到便民之效果（本法第92條參照）[41]。

貳、釋放問題

拘捕之後，倘情節輕微、嫌疑輕微或顯無羈押之必要，司法警察（官）有無自行決定釋放之權。亦有二說：一、否定說：依本法第93條第3項規定可知，本法僅賦予檢察官有釋放權。檢察官為偵查主體，司法警察（官）僅為偵查輔助機關，故是否予以釋放應由檢察官決定之；二、肯定說：參酌本法第92條第2項規定但書之意旨，應可由司法警察自行決定是否釋放即可，令被告可以及早獲得自由，或得經檢察官之許可事先授

---

[41] 黃朝義，犯罪偵查論，漢興，初版1刷，2004年，頁102-103；黃朝義，刑事訴訟法，新學林，5版，2017年9月，頁197。

權，令司法警察（官）可以自行決定[42]。

參、訊問問題

被告或犯罪嫌疑人因拘提或逮捕到場者，應即時訊問（本法第93條第1項參照）。訊問時，首先應告知其犯罪嫌疑及所犯罪名，若有變更者，應再為告知，以防止突擊性裁判，保障其防禦權；其次，應告知其偵訊中得保持緘默，無須違背自己之意思而為陳述；以及告知其得選任辯護人，且得請求有利於己之證據調查（本法第95條參照）。若違反上述規定所為之訊問及供述，皆不得作為證據，無證據能力[43]。

由本法第93條第3項後段與第101條之2後段等規定加以推論，我國之羈押制度仍存有濃厚之「以羈押為主（押人取供）」之導向。若未能貫徹法官對於「羈押理由與必要性」作全面性司法審查之功能，濫行羈押之流弊將無法完全避免。基於「拘提逮捕前置原則」，在偵查階段，對被告或犯罪嫌疑人應先發動拘提，不可直接羈押，對於人身自由重大限制之拘捕與羈押，應經過拘捕要件與羈押要件之雙重門檻審查，以期對拘捕後之羈押審查作出更為慎重之判斷。

本法第97條所規定之對質，其優點在於有利犯罪事實之調查與爭點之釐清，然對於無必要之對質會拖延訴訟程序，得拒絕之。另外關於訊問之態度尤應注意，亦即訊問被告應出以懇切之態度，不得用強暴、脅迫、利誘、詐欺、疲勞訊問或其他不正之方法（本法第98條參照）；其他若有使用測謊或心理分析作為訊問之方法時，原則上應先取得受測者書面同意[44]；訊問應全程錄音，必要時，並應全程錄影。違反上述規定所取得之證據，皆不得作為證據使用。

司法實務認為警察機關對拘提到案之刑事被告為訊問時，未即時告知

---

42 黃朝義，犯罪偵查論，漢興，初版1刷，2004年，頁103以下。

43 黃朝義，犯罪偵查論，漢興，初版1刷，2004年，頁103；黃朝義，刑事訴訟法，新學林，5版，2017年9月，頁198。

44 黃朝義，刑事證據法研究，元照，2版，2000年，頁215以下。

其得選任辯護人，依本法第88條之1規定[45]，固屬告知義務之違反，但於被告在警察局任意之自白不生影響，仍非無證據能力，如經原審調查與事實相符，自得資為裁判之基礎[46]。

肆、證人轉被告問題

偵查程序常因一開始發動偵查時，證據資料尚未明確，所以有可能發生一開始並沒有懷疑證人涉案，在蒐證後才發現證人涉及犯罪之情況，所以，就證人轉成被告而言，在實務上常會發生，但如果一開始就鎖定犯罪嫌疑人，卻因為不想讓犯罪嫌疑人一開始就能行使身為被告之緘默權，手段上故意以證人身分傳喚訊問（證人沒有緘默權），此時在訴訟程序上由於被告地位已經形成，自應該賦予身為被告之緘默權以及受到辯護人保護之權利。檢方在此情形下所為之偵查手段，已經侵害其緘默權、辯護權。偵查手段當然不合法，所以在偵查實務上，可能出現執法人員先請對方以證人身分作證，問到想問的東西之後，再將這個證人轉換為被告身分[47]。對於這點，最高法院認為若檢察官是蓄意規避告知義務，先故意用證人之身分傳喚，取得對他不利之證據之後再將他轉為被告身分。這種行為根本就是剝奪被告之緘默權還有防禦權，因此在這種情況下取得之證詞，並不能作為證據。但如果不是蓄意規避告知義務，則需要權衡個案情形[48]。

伍、搜索票（通知書）、傳票、拘票，三票齊發問題

按司法實務作法，刑案自立案調查到報請地檢署檢察官指揮偵辦，均全力配合檢察官指揮，為順利執行作為，於案件開辦前，先行完成搜索

---

[45] 刑事訴訟法第88條之1第4項規定：「檢察官、司法警察官或司法警察，依第一項規定程序拘提之犯罪嫌疑人，應即告知本人及其家屬，得選任辯護人到場。」

[46] 參照最高法院72年度台上字第1332號判決：但有學者認為此自白應予排除，不得採為裁判之基礎，請參閱黃東熊，刑事訴訟法論，三民，增訂初版，1999年，頁151以下。

[47] 八個問題看王炳忠被搜索案，極憲焦點（極憲解析），2017年12月20日，http://www.focusconlaw.com/8issues_in_the_wang_search_case/，最後瀏覽日：2020年12月15日。

[48] 最高法院92年度台上字第4003號判決參照。

票、傳票及拘票聲請。執行人員於執行證人查證時，依據本法第196條之1第1項、第175條規定，先後使用證人通知書、傳票通知證人到場查證，惟遭當事人拒絕，經報請承辦檢察官指示，依據本法第178條規定，出示拘票拘提當事人。

民國106年12月19日上午6點多，調查局持約談通知書、傳票、拘票及搜索票搜索了王炳忠等人住所。王之律師到場後，未能進入，警察並要求王不得以行動電話進行直播。王等人被帶回到調查局進行詢問，後由檢察官複訊，在經過了18個小時多後，由檢察官請回。整起事件涉及到諸多刑事程序之相關問題及規範上之闕漏之處，此時或許是予以一一修正之契機。

約談通知書、傳票及拘票之設計。根據目前已經有之新聞報導及法務部之新聞稿，調查局此次使用了證人通知書、檢察官所簽發之傳票及拘票，要求王等人到場接受詢問。依本法第196條之1規定，司法警察官員得簽發通知書，通知證人到場；本法第175條明文，於偵查中，檢察官得簽發傳票，傳喚證人；依本法第178條之準用規定，證人經合法傳喚，無正當理由不到場者，檢察官得簽發拘票拘提之（本法第75條參照）。拘提時，執法機關可以使用必要之強制力（本法第90條）。王案中搜索票（通知書）、傳票、拘票「三票齊發」之作法，是實務上經常使用之方式。亦即，執法官員會同時帶著自身所製作之通知書，檢察官所簽發之傳票及拘票，要求相對人（證人及犯罪嫌疑人都是如此）當場配合，前往偵查機關進行詢問，相對人若表示不欲配合，便出示檢察官之傳票，相對人若還是不願合作，便提出拘票，予以拘提。

從相關條文之文字及相關報導上來看，執法機關在王案之作法似不違法。但是如此使用傳票及拘票，實在大有可議，現行之條文也有修正之必要。依目前之刑事訴訟法規定，檢警機關可以通知無效後，傳喚相對人必須要「立即」到場。一旦相對人表示無法或不願配合，馬上就構成了無正當理由不到場之拘提事由。如此一來，先前之通知及傳喚會完全是虛晃一招，沒有任何之意義可言，也失去了傳喚作為侵害較小手段之意義。檢警機關也因而可以規避逕行拘提規定之法定要件（本法第76條參照）。

另一個問題更嚴重。依現行法,檢察官於偵查中有核發拘票之權限,然而,從檢察官作為偵查機關之屬性,性格上偏向積極、主動偵查犯罪,蒐集及取得相關證據來說,容許其得決定拘提相對人與否,對於人民之人身自由來說,會是很大之隱憂。比較法上來說,美國聯邦最高法院在很早之前就已經判定,檢察官不是中立客觀之司法官員,不得核發令狀。再者,本法第128條規定,搜索票只得由法官核發。如果重要性較低之隱私侵害(搜索)都應該由法官決定,重要性較高之人身自由(拘提)怎麼可以授權由檢察官即可?本法第77條應有修正回歸令狀原則,由法官核發之必要[49]。

目前在檢方指揮偵辦案件實務上,會以通知書、傳票、拘票三票齊發,只有在對犯罪嫌疑人或被告身分上為之,這也是本法所允許。此外,對證人三票齊發強邀到案作證,不無取巧規避被告及犯罪嫌疑人受律師辯護權之保障,釜底抽薪之計,本法第100條之2應修正,明文規定:「任何人經司法警察通知或檢察官、法官傳喚或實施強制處分時,均得委任律師陪同在場。」不再讓偵查機關,巧取偵查對象身分之自我安置,不會因為檢警調認定是犯罪嫌疑人、被告、證人、關係人、告訴人、被害人而有不同之權益保護。**而修法賦予任何人在遭受調查、詢問、訊問或任何強制處分等情況下,只有認為必要時均得以委任律師陪同到場或在場。**如此一來任何人均可以保障自己之司法人權,免除遭受不當詢問或訊問,以及身處強制處分之恐懼與無助[50]。

陸、陷害教唆與釣魚偵查問題

按學理上所稱「陷害教唆」者,係指行為人原不具犯罪之故意,純因司法警察之設計教唆,始萌生犯意,進而實行犯罪構成要件之行為者而

---

[49] 李榮耕觀點:王炳忠事件的刑事程序相關問題,風傳媒,2017年12月28日,https://www.storm.mg/article/377868?page=1,最後瀏覽日:2020年12月15日。

[50] 劉邦繡,阿忠事件啟示——刑訴法這樣修,蘋果即時,2017年12月23日,https://tw.appledaily.com/headline/20171223/LMXN6SCUXZIRX3I4VSIN7KID74/,最後瀏覽日:2020年12月15日。

言；此項犯意誘發型之誘捕偵查，因係司法警察以引誘、教唆犯罪之不正當手段，使原無犯罪意思或傾向之人萌生犯意，待其形式上符合著手於犯罪行為之實行時，再予逮捕，係以不正當手段入人於罪，已逾越偵查犯罪之必要程度，對於公共利益之維護並無意義，其因嚴重違反刑罰預防目的及正當法律程序原則所取得之證據資料，固不具有證據能力。

惟若屬警方對於原已具有犯罪故意之人，以所謂「釣魚」之偵查技巧蒐集其犯罪證據之情形，則與「陷害教唆」有別，其所取得之證據資料，並非無證據能力。本案被告吳宇祥原即有販賣毒品之犯行，且於詹雅雯配合警方向其表示欲購買海洛因半錢、甲基安非他命1兩時，被告並無任何推拖、拒絕，亦無須向他人調貨，即攜帶足供交付數額之毒品至毒品交易地點，益徵被告本即有伺機販賣毒品牟利之犯意，故本案難認被告係因陷害教唆始萌生犯意[51]。

第六節 結論與建議

壹、結論

刑事程序之進行，乃是以案件之形成或存在為基礎，而案件係建構在犯罪事實之發生、存在或可疑其存在之基本認知上。當犯罪事實存在時，必然存在著犯罪行為人，其在刑事程序中，乃成為刑罰權必須加以確認之對象，惟刑事程序所認定之犯罪嫌疑人或被告，未必然即為真正之犯罪行為人，刑事程序對於犯罪事實確認之前提，必須先確認犯罪嫌疑人是否即為犯罪行為人，而判別之基礎任務，乃落在人別確認（刑事訴訟法第94條參照）之作為上[52]。由於人別之確認，攸關刑罰權之發動與實現，故對

---

[51] 107年2月27日台灣新北地方法院106年訴字第730號刑事判決參照。

[52] 刑事訴訟法第94條人別訊問之規定，在具體之意義尚有二：1.確認被告之個人資料，以確認其與認定之人別是否一致；2.確認被告（或犯罪嫌疑人）是否果真為犯罪行為人。就強制處分適用之基本要求而言，得以作為強制之對象，應係以為確認犯罪嫌疑人或被告為犯罪行為人，作為得加以強制處分之基礎思維。請參閱柯耀程，刑事訴訟法（第二講）對人之強制處

於犯罪事實存在時，具有犯罪行為人嫌疑之對象，為確認其是否為真正之犯罪行為人，而在人別確認之作為中，有面臨阻礙或具有可能阻礙之疑慮時，法律乃授權得以為強制性之作為，以確認人別。在對人之即時性強制處分之手段，基礎之類型有二：一、拘提：即強制特定人（主要是以犯罪嫌疑人及被告為主）到一定處所之自由拘束性手段；二、逮捕：主要是對於現行犯、因逃匿而受通緝之人所為之緝捕手段[53]。

刑事訴訟法（以下稱本法）第75條與第76條明定「一般拘提（逮捕）」之要件；本法第88條明定「現行犯與準現行犯逮捕」之要件；本法第88條之1明定「緊急逮捕（情況急迫之逕行拘提）」之要件。綜上所述，本法對於犯罪嫌疑人關於拘束其人身自由之作為有三種，分別為，一般拘提（逮捕）、現行犯與準現行犯逮捕、緊急逮捕，各有不同之要件與法律程序規定。

偵查之作用在於如何確定與確保犯罪嫌疑人，以及如何進行相關證據之蒐集。於偵查之際，為兼顧人權保障，原則上應以任意取證之手段為之，如認為須以強制取證手段進行時，特別是拘提與逮捕，亦應有法律之明文規定方得為之（強制取證法定原則）。

貳、建議

由於偵查中拘提與逮捕偵查作為，其目的係為確定及確保犯罪嫌疑人，防止犯罪嫌疑人逃亡與防止相關罪證受到湮滅，對於犯罪嫌疑人之自由加以拘束，是以，拘提與逮捕乃是干預憲法所保障人民基本權利之公權力措施，拘提與逮捕對自由受到拘束本身，不可否認地需背負著極大之負擔。設若受到懷疑之犯罪嫌疑人，最後經被證實為一無辜之第三者時，在程序上，國家已對該犯罪嫌疑人賦加無法回復之不利益處分。因此，對於

分，月旦法學教室第79期，2009年5月，頁58-67。
[53] 柯耀程，刑事訴訟法（第二講）對人之強制處分，月旦法學教室第79期，2009年5月，頁58-67。

人身自由之拘束，我國憲法[54]與刑事訴訟法[55]皆有嚴格規定，須符合各該規定方得為之，亦即須具備法定原因，且依法定程序始得為之[56]，拘提與逮捕係屬對「人」之強制取證手段，當然也沒有例外。

　　本法第128條規定，搜索票只得由法官核發。舉輕以明重，如果重要性較低之隱私侵害（搜索）都應該由法官決定，重要性較高之人身自由（拘提）怎麼可以授權由檢察官決定？故本法第77條應有修正回歸令狀原則，由法官核發之必要。

　　另本法第100條之2亦應修正，明文規定：「任何人經司法警察通知或檢察官、法官傳喚或實施強制處分時，均得委任律師陪同在場。」修法賦予任何人在遭受調查、詢問、訊問或任何強制處分等情況下，只有認為必要時均得以委任律師陪同到場或在場。

54　憲法第8條第1項規定：「人民身體之自由應予保障。除現行犯之逮捕由法律另定外，非經司法或警察機關依法定程序，不得逮捕拘禁。非由法院依法定程序，不得審問處罰。非依法定程序之逮捕、拘禁、審問、處罰，得拒絕之。」
55　刑事訴訟法第75條、第76條、第88條、第88條之1參照。
56　這個說法參考黃朝義，犯罪偵查論，漢興，初版1刷，2004年，頁88。

第十三章
員警執行搜索扣押案例研析

許福生

第一節 前言

依據我國現行相關法律規定，檢察官為刑事程序上唯一偵查主體，司法警察（官）只不過是偵查輔助機關[1]。但是偵查犯罪可謂結合法律知識、偵查技術與科學知識整合工作，勢必無法全由檢察機關自行配置相當人力與設備自行偵查，仍須其他司法警察機關協助不可。因而現行法律規定，輔助機構的功能，主要在於協助檢察官偵查犯罪，並不及於終結偵查之處分。一、就偵查發動而言，司法警察知有犯罪嫌疑時，係本於追查犯罪職權及偵查法定原則，一方面開始調查犯罪嫌疑，必要時得封鎖現場為即時勘察、並通知犯罪嫌疑人、證人到場詢問；二方面應報告該管檢察官；（二）就強制處分發動而言，除具備特殊要件之例外情形（如現行犯與準現行犯逮捕、逕行拘提、附帶搜索、逕行搜索、同意搜索、附帶扣押、另案扣押、緊急扣押等），司法警察必須事先獲得法官或檢察官之核准；（三）但就強制處分執行而言，司法警察則為主要執行機關（如執行拘提、通緝、逮捕現行犯之解送、犯嫌即時訊問、羈押之執行、搜索之執行、扣押之執行）[2]。

縱使警察人員只是居於輔助的地位協助偵查犯罪，但是實際上警察人員仍任第一線偵查工作，且絕大多數刑事案件，係經由警察人員偵查後，移送該管檢察官。況且警察人員在從事犯罪偵查時，為發現被告（含犯罪嫌疑人）或犯罪證據或其他可得沒收之物，常須執行搜索扣押等強制處分以發現真實；但執行搜索扣押等強制處分時難免會侵害人權，因而為保護人民免受非法之搜索扣押，原則上搜索應用搜索票，搜索票由法官簽

---

[1] 依據現行刑事訴訟法之規定，警政署署長、警察局局長、警察總隊總隊長、憲兵隊長官或依法令關於特定事項得行相當於前者司法警察官之職權者等人員，於其管轄區域內為一級司法警察官，有協助檢察官偵查犯罪之職權。至於警察官長、憲兵隊官長、士官或依法令關於特定事項得行司法警察官之職權者等人員，為二級司法警察官，應受檢察官之指揮，偵查犯罪。此外，警察、憲兵或依法令關於特定事項得行司法警察之職權者等人員，為司法警察，應受檢察官及司法警察官之命令，偵查犯罪。許福生，刑事政策學，元照，3版，2017年2月，頁269。

[2] 林鈺雄，刑事訴訟法，元照，5版，2007年9月，頁145。

發，惟因搜索扣押本質上乃帶有急迫性、突襲性之處分，有時稍縱即逝，若均必待聲請搜索票之後始得行之，則時過境遷，勢難達其搜索之目的，故刑事訴訟法承認有不用搜索票搜索例外情形，稱為無令狀搜索或無票搜索[3]。

由於「無令狀搜索」欠缺公正客觀法官把關，難免會有逾越法定程序發生，造成法院為「遏阻違法偵查」目的排除該等證據，無法實現司法正義且影響民眾對警察支持與信賴。就以桃園地方法院109年審訴緝字第5號刑事判決而言，法官很直白地問說：警專畢業，在校期間曾修讀刑事訴訟法及警察職權行使法等課程，深悉「『搜索』是已經到物的裡面，而『檢查』只有目視外觀或是表面的觸摸，查緝本案當時亦知「『檢查』不等於『搜索』」，「你們這個就是學校教的正確方式不去理會，而跟著學長亂搞便宜行事，反正很少嫌疑人或被告敢對於警察的作為提出質疑，養成你們肆無忌憚、恣意妄為，不顧程序正義的作法及心態，還可自我麻痺、自我催眠，說誤認檢查、檢視等同於搜索？」員警竟然回答：「如法官所述，我畢業之後就沒有精進法律的認知。」如此判決也引來媒體負面報導：「警用奧步搜毒蟲再拿親人威脅他簽自願搜索同意書」[4]。因而員警執行搜索扣押等強制處分權時，應深入了解其合法界限，執法之前，先合法再論方法。

本此理念，本章即以桃園地方法院109年度審訴緝字第5號刑事判決為基礎，探討員警執行搜索扣押時應遵守的法定程序為何？因此，本章在結構上分為如下幾個部分：首先說明本章之動機與構想，接著論述本案例事實及相關爭點、相關執行搜索扣押之規範與作業程序，之後探討此實務判決並提出評析，以作為本章之結論與建議。

3　參照最高法院107年度台上字第2850號刑事判決。
4　聯合報，A10版，2020年4月24日。

第二節 案例事實

甲基於施用第一級毒品之犯意，於某時分為警採尿回溯26小時內，在某不詳處所，以不詳方式，施用海洛因1次。嗣於當日下午4時許，因乘坐其配偶乙所駕駛自用小客車，違規臨停於7-11前紅線上為警盤查，員警請車上人員下車盤查身分，甲配偶乙表示車上有小孩，僅甲與乙下車受檢。

員警請甲自行取出褲子口袋內物品供檢查，檢查無異樣後，員警丙問甲說「車子我們瞄一下就好，我們看一下」，甲回答說「去看、去開」。員警丙就先打開左前門去查看駕駛座情形，看到前座中央扶手上有一零錢包，「就拿來零錢包打開拉鍊翻找零錢包裡面的物品」，翻找之後，再將拉鍊關上，放到座椅上，再將中央扶手上的手機拿下來，「打開中央扶手的蓋子翻找中央扶手下置物箱內之物品」，翻找結束關上蓋子。蹲下身探頭去看駕駛座座椅下有無物品，之後關上左前門，再到車子左後方，打開左後車門，「掀起腳踏墊，查看踏墊底下有無藏放東西」，之後又「打開左後座座椅椅墊上，盒蓋有小叮噹圖案之置物盒，翻找置物盒裡的物品」，關上盒蓋放回座椅上，關上左後車門。再從車後繞到右前門外，此時右前門是開啟的，員警丙請坐在副駕駛座上的小孩下車，此時可看到副駕駛座前方的置物箱箱蓋是緊閉的，員警丙「打開置物箱蓋，從裡面取出一包裝有白色粉末之夾鏈袋」，並問這是什麼，之後將這包夾鏈袋交給另一員警丁，員警丙繼續查看副駕駛座，踏板到置物箱底下的情形，然後從副駕駛座踏板前方拉來壹個沒有蓋子的垃圾桶，「取出垃圾桶內的上層的物品，之後取出壹個塑膠袋，再繼續取出垃圾桶內之物品」，此時可以看到垃圾桶桶底，員警丙隨即說這是什麼、問這是什麼，請甲過來看，之後甲承認針筒及夾鏈袋是他的。

員警問兩人是否施用毒品，乙否認，後警方詢問針筒及夾鏈袋是誰的，乙聲稱是朋友留下的，但甲承認扣案物是自己的，之後員警請甲及同車之乙回去做筆錄，乙質疑警方作為的合法性認為警方這樣做是違法的，

員警丙對乙說搜車子是經過甲同意的，乙說車主有同意嗎？員警丙說有啊並手指向甲，此時甲說「我只有同意看，你們怎麼可以翻」？然員警丙就回說你再跟我「拗」，我們都有錄影，之後員警一再要求甲及乙回警局尿檢，而乙一再質疑警方執法的合法性，員警還是一再的要求乙及甲配合，之後員警丙就跟乙說「不是今天你說不懂不想回去就沒事了」，並手指向甲說「你有做錯該怎麼負責就該怎麼承擔，今天小孩子在場不想給你難看」，員警丙就講說「沒有辦法這是刑案，不是交通違規能勸導就好」，最後甲只好上巡邏車，乙自行駕車一起前往保安警察大隊。復經員警採集尿液送驗，呈現甲有施用一級毒品海洛因事實。

第三節　相關爭點

一、何謂檢查？何謂搜索？兩者有何區別？
二、同意搜索合法界限為何？
三、強制驗尿合法規範為何？
四、違法搜索所獲得證據及衍生證據應否排除？

第四節　相關執行搜索扣押之規範與作業程序

壹、搜索之相關規範

一、搜索之基本概念

搜索係指以發現被告（含犯罪嫌疑人）或犯罪證據或其他可得沒收之物為目的，而搜查被告或第三人之身體、物件、電磁紀錄、住宅或其他處所之強制處分。依照搜索目的，可分為在於發現「犯罪證據或可得沒收之物」的調（偵）查搜索，常緊隨扣押程序；以及在於發現「被告」之拘捕搜索，搜索之後通常緊隨拘捕。又依搜索對象，可區分為對「被告」及

對「第三人」之搜索，對於被告或犯罪嫌疑人之身體、物件、電磁紀錄及住宅或其他處所，「必要時」得搜索之；對於第三人之身體、物件、電磁紀錄及住宅或其他處所，以「有相當理由」可信為被告或犯罪嫌疑人或應扣押之物或電磁紀錄存在時為限，得搜索之。另搜索，以有無搜索票為基準，可分為「有令狀搜索」（有票搜索）與「無令狀搜索」（無票搜索），且以「有令狀搜索」為原則，「無令狀搜索」為例外。

二、有令狀搜索

「有令狀搜索」，搜索應用搜索票，搜索票由法官簽發，法官並得於搜索票上，對執行人員為適當指示，亦即以法院（官）為決定機關，目的在保護人民免受非法之搜索、扣押。搜索票，應記載下列事項：（一）案由；（二）應搜索之被告、犯罪嫌疑人或應扣押之物。但被告或犯罪嫌疑人不明時，得不予記載；（三）應加搜索之處所、身體、物件或電磁紀錄；（四）有效期間，逾期不得執行搜索及搜索後應將搜索票交還之意旨。

檢察官於案件偵查中如認有搜索必要時，除依刑訴法第131條第2項所定情形外，應以書面記載搜索票應記載之事項，並敘述理由，聲請該管法院核發搜索票；又司法警察官因調查犯罪嫌疑人犯罪情形及蒐集證據，認有搜索之必要時，須先報請檢察官許可後，才可向該管法院聲請核發搜索票。

至於法院審查是否符合搜索條件，依據搜索是對被告或第三人為之，審查要件有所不同。對被告以「必要時」即得核發搜索票；若係對第三人搜索，則必須「有相當理由可信為被告或犯罪嫌疑人或應扣押之物或電磁紀錄存在者」為限。法官審查時，只能就合法性審查，而不能就合目的性的審查。檢察官應就搜索條件負舉證責任，但以自由證明為以足，無庸經過嚴格的證據調查程序，縱為傳聞證據，亦可用以證明，亦不以直接審理原則為必要，因此無庸傳訊證人等相關人士，且其程度達於「合理根據」即可，無庸至「確信心證」。「合理根據」具體內涵可細分為三：①「存在」犯罪嫌疑之合理根據；②「存有」搜索標的之合理根據；③「存

於」搜索範圍之合理根據。故搜索被告之「必要時」爲① + ②，搜索第三人之「有相當理由」需① + ② + ③[5]。

最後，法院認該聲請不合法或並無核發搜索票必要時，應駁回之，檢察官或司法警察官對於駁回聲請之裁定，不得聲明不服；倘若法院審查後，認爲聲請合法且有必要時，得裁定准予搜索，並簽發搜索票。至於搜索，除由法官或檢察官親自實施外，由檢察事務官、司法警察官或司法警察執行；檢察事務官爲執行搜索，必要時，得請求司法警察官或司法警察輔助。

三、無令狀搜索

因搜索本質帶有急迫性、突襲性之處分，有時稍縱即逝，若均必待聲請搜索票之後始得行之，則時過境遷，勢難達其搜索目的，故刑事訴訟法乃承認不用搜索票而搜索之例外情形，稱爲無令狀搜索或無票搜索，依該法之規定，可分爲：第130條附帶搜索、第131條第1項逕行搜索、第131條第2項緊急搜索及第131條之1同意搜索等共四種。此種搜索，也應遵守法定程式，否則仍屬違法搜索。

（一）附帶搜索

附帶搜索係指檢察官、檢察事務官、司法警察官或司法警察逮捕被告、犯罪嫌疑人或執行拘提、羈押時，雖無搜索票，得逕行搜索其身體、隨身攜帶之物件、所使用之交通工具及其立即可觸及之處所。本條立法目的乃在維護人身安全及避免被告湮滅隨身證據，故其要件須有合法的拘提或逮捕並限於即時實施，搜索範圍也限於身體、隨身物件、使用之交通工具及立即可觸及之處所，且應受比例原則限制，不可漫無目的搜索，亦即必須是合理懷疑被告或犯罪嫌疑人可能會隨身攜帶犯罪證據及其他違禁物或可能傷害他人之物品，爲保護執法人員或現場第三人之安全，並避免被告湮滅證據，才得搜索。

換言之，附帶搜索之範圍，以被告或犯罪嫌疑人之身體、隨身攜帶

5　林鈺雄，搜索扣押註釋書，元照，2001年9月，頁68。

之物件、所使用之交通工具及其立即可觸及之處所為限。其中所謂「立即可觸及之處所」乙語，自與刑訴法第131條之「住宅」、「其他處所」不同；前者必須是在逮捕、拘提或羈押被告或犯罪嫌疑人所在地附近，而可立即搜索之處所，至於後者，則無此限制。如逾此立即可觸及之範圍而逕行搜索，即係違法搜索[6]。

至於附帶搜索無庸於事後陳報法院，被搜索人對於附帶搜索之合法性有疑義時，僅得於本案中主張搜索不當依刑訴法第416條提起準抗告加以救濟。

（二）逕行搜索

逕行搜索指檢察官、檢察事務官、司法警察官或司法警察，雖無搜索票，得逕行搜索住宅或其他處所之情形，與前述附帶搜索不同者在於附帶搜索是以合法的拘提或逮捕為前提，惟逕行搜索須有下列情形之一始得為之：1.因逮捕被告、犯罪嫌疑人或執行拘提、羈押，有事實足認被告或犯罪嫌疑人確實在內者；2.因追躡現行犯或逮捕脫逃人，有事實足認現行犯或脫逃人確實在內者；3.有明顯事實足信為有人在內犯罪而情形急迫者。此種搜索的範圍僅限住宅或其他處所，目的是在發現「人」的拘捕搜索，並非係扣押物或違禁物的搜索，故不得翻箱倒櫃作地毯式搜索。因此種搜索其目的純在迅速拘捕被告、犯罪嫌疑人或發現現行犯，亦即得以逕行進入人民住宅或其他處所，搜索之對象，在於「人」而非「物」；倘無搜索票，但卻以所謂緊急搜索方法，逕行在民宅等處所搜索「物」，同屬違法搜索[7]。

若於屋內逮捕人犯後，除被告身體或立即可及之處所外，住宅可否搜索？我國實務見解認為：司法警察（官）於逮捕通緝之被告時，若僅係基於發現通緝被告之目的，而對通緝被告之住所或其他處所逕行搜索之情形，其於發現通緝之被告而將其逮捕後，必須基於執法機關之安全與被逮捕人湮滅隨身證據之急迫考量，始得逕行搜索被告身體，又因其逮捕通緝

---

[6] 參照最高法院107年度台上字第2850號刑事判決。
[7] 參照最高法院107年度台上字第2850號刑事判決。

被告逕行搜索之目的已達，除為確認通緝被告之身分以避免逮捕錯誤，而有調查其身分資料之必要外，不得任意擴大範圍，復對被告所在之住宅及其他處所再為搜索，始符刑事訴訟法保障人民不受非法及不當搜索之意旨[8]。另美國判例承認「有限度之搜索」，但只能於屋內各處走動，以目光搜索有無危害警察安全之人或物，如在目光所及之處看到應扣押物，亦能扣押，此即所謂保護性掃瞄搜索（Protective Sweep）。

　　至於其事後審查，若由檢察官為之者，應於實施後3日內陳報該管法院；由檢察事務官、司法警察官或司法警察為之者，應於執行後3日內報告該管檢察署檢察官及法院；法院認為不應准許者，應於5日內撤銷之。搜索執行後未陳報該管法院或經法院撤銷者，審判時法院「得宣告」所扣得之物，不得作為證據，惟其審查標準是依照刑事法第158條之4權衡理論為之。此外，檢察官或檢察官指揮檢察事務官、司法警察（官）所為之逕行搜索，被搜索人得依刑訴法第416條提起準抗告，且對此搜索、扣押經撤銷者，審判時法院得宣告所扣得之物，不得作為證據。

（三）緊急搜索

　　緊急搜索係指檢察官於偵查中確有相當理由認為情況急迫，非迅速搜索，24小時內證據有偽造、變造、湮滅或隱匿之虞者，得逕行搜索，或指揮檢察事務官、司法警察官或司法警察執行搜索，並層報檢察長。其立法目的係為迅速取得證據以便保全，故其要件僅檢察官得為之，且有相當理由認為情況急迫，非迅速搜索，24小時內證據有偽造、變造、湮滅或隱匿之虞方可，至於司法警察（官）應先向檢察官報備，得其核可，基於指揮之性質而為之。

　　本項規定搜索的主體限為檢察官，排除司法警察官、司法警察，然檢察官行偵查時，究有多少機會可能發動緊急搜索？而較有可能發動緊急搜索的警察機關竟然無發動緊急搜索權？立法顯然有未能兼顧偵查實際情況之虞。倘若司法警察（官）執行職務時，面臨必須蒐集、保全證據而緊急搜索之急迫情形，此時應如何處理？就法律解釋而言，檢察官除親自實施

8　參照最高法院91年度台上字第5653號刑事判決。

搜索外,亦得「指揮檢察事務官、司法警察官或司法警察執行搜索」。因而,無須檢察官親自到場「指揮」,司法警察(官)如認有保全證據而緊急搜索之必要,即向檢察官報備,經核可後應得緊急搜索。報備之方式,並無一定要式限制,以電話請求執勤檢察官核准,亦無不可。如同依現行警察機關執行搜索扣押應行注意要點第13點規定:檢察官依本法第131條第2項指揮警察人員執行逕行搜索,應請簽發指揮書,如以言詞為之者,應將其指揮內容詳載於公務電話紀錄簿,執行完竣後應請求補發指揮書。警察人員於偵查中認有本法第131條第2項所定之情事,得主動報請值日檢察官或指揮偵辦該案件之檢察官,指揮執行逕行搜索。

至於事後審查若由檢察官或檢察官指揮檢察事務官、司法警察(官)所為之緊急搜索,被搜索人得依刑訴法第416條提起準抗告,由檢察官指揮檢察事務官、司法警察(官)所為之緊急搜索,應層報檢察長。且由檢察官為之者,應於實施後3日內陳報該管法院;由檢察事務官、司法警察(官)為之者,應於執行後3日內報告該管檢察署及法院,未陳報或經撤銷者,有證據排除法則之適用。

(四)同意搜索

同意搜索係指:「搜索,經受搜索人出於自願性同意者,得不使用搜索票。但執行人員應出示證件,並將其同意之意旨記載於筆錄。」至同意搜索,必須經受搜索人「自願性」地同意,亦即該同意,必須出於受搜索人之自主性意願,非出自執行人員明示或暗示之強暴、脅迫、隱匿身分等不正方法,或因受搜索人欠缺搜索之認識所致,否則,仍非適法。又此同意權限之有無,就「身體」之搜索而言,僅該本人始有同意之權;就物件、宅第而言,則以其就該搜索標的有無管領、支配之權力為斷(如所有權人、占有或持有人、一般管理人等),故非指單純在場之無權人;其若由無同意權人擅自同意接受搜索,難謂合法。況且搜索人員應於詢問受搜索人同意與否前,先行告知其有權拒絕搜索,且於執行搜索過程中受搜索人可隨時撤回同意而拒絕繼續搜索,即受搜索人擁有不同選擇的權利。另執行搜索之書面只能在搜索之前或當時完成,不能於事後補正,否則其搜

索難認合法[9]。

至於同意搜索無庸於事後陳報法院，被搜索人對於同意搜索之合法性有疑義時，僅得於本案中主張搜索不當依刑訴法第416條提起準抗告加以救濟。

四、搜索應注意事項

搜索婦女之身體，應命婦女行之，但不能由婦女行之者，不在此限。搜索應保守秘密，並應注意受搜索人之名譽。政府機關或公務員所持有或保管之文書及其他物件應扣押者，應請求交付；但於必要時得搜索之。軍事上應秘密之處所，非得該管長官之允許，不得搜索；前項情形，除有妨害國家重大利益者外，不得拒絕。有人住居或看守之住宅或其他處所，不得於夜間入內搜索或扣押；但經住居人、看守人或可為其代表之人承諾或有急迫之情形者，不在此限。於夜間搜索或扣押者，應記明其事由於筆錄。日間已開始搜索或扣押者，得繼續至夜間。稱夜間者，為日出前，日沒後[10]。

五、搜索得使用強制力情形

抗拒搜索者，得用強制力搜索之，但不得逾必要之程度。因搜索及扣押得開啟鎖扃、封緘或為其他必要之處分。執行扣押或搜索時，得封鎖現

---

[9] 參照最高法院107年度台上字第2850號、108年度台上字第839號刑事判決。

[10] 有人住居或看守之住宅或其他處所，不得於夜間入內搜索或扣押。但經住居人、看守人或可為其代表之人承諾或有急迫之情形者，不在此限。於夜間搜索或扣押者，應記明其事由於筆錄。刑事訴訟法第146條第1項、第2項定有明文。是欲在上開處所行夜間搜索或扣押，自以已取得「住居人、看守人或可為其代表之人承諾」或「有急迫之情形」者為限。刑事訴訟法對夜間搜索之實施，既有意予以限制在特定情形下始可實施，基於人權之保障，為避免偵查機關實施強制處分之搜索、扣押時，侵害個人之隱私權及財產權，就刑事訴訟法關於搜索、扣押之規定，自不容許任意為擴張解釋，以確保實施刑事訴訟程序之公務員不致違背法定程序實施搜索、扣押，否則對人權之保障自有不同。是以該條第一項規定之「承諾」、「急迫情形」，均應為嚴格之解釋。而該項之「承諾」，亦應以當事人之自願且明示之同意為限，而不包括當事人未為反對表示之情形，亦不得因當事人未為反對之表示即擬制謂當事人係默示同意，否則在受搜索、扣押之當事人因不諳相關法律規定不知可否為拒絕之表示，而執行之公務員復未主動、明確告知所得主張之權利時，偵查機關即可藉此進行並擴大夜間搜索，變相侵害當事人之隱私權及財產權，該規定之保護無異形同具文（參照最高法院96年度台上字第5508號刑事判決）。

場，禁止在場人員離去，或禁止前條所定之被告、犯罪嫌疑人或第三人以外之人進入該處所。對於違反前項禁止命令者，得命其離開或交由適當之人看守至執行終了。搜索或扣押暫時中止者，於必要時應將該處所閉鎖，並命人看守。

六、搜索時在場之人

在有人住居或看守之住宅或其他處所內行搜索或扣押者，應命住居人、看守人或可為其代表之人在場；如無此等人在場時，得命鄰居之人或就近自治團體之職員在場。在政府機關、軍營、軍艦或軍事上秘密處所內行搜索或扣押者，應通知該管長官或可為其代表之人在場。當事人及審判中之辯護人，得於搜索或扣押時在場。但被告受拘禁，或認其在場於搜索或扣押有妨害者，不在此限。搜索或扣押時，如認有必要，得命被告在場。行搜索或扣押之日、時及處所，應通知前2項得在場之人。但有急迫情形時，不在此限。

七、搜索後之處理

經搜索而未發見應扣押之物者，應付與證明書於受搜索人。如有發現應扣押之物，應依扣押程序予以扣押。如發現應拘捕之被告，應依法拘捕；如未發現應拘捕之人，亦應付與證明書予受搜索人。檢察官或司法警察官於聲請核發之搜索票執行後，應將執行結果陳報核發搜索票之法院，如未能執行者，應敘明其事由。

貳、扣押之相關規範

一、扣押之基本概念

扣押係指為保全可為證據或得沒收或得追徵之物，而對其暫時占有之強制處分，與搜索係在尋找犯罪證據或人有所不同[11]。另為保全追徵，必

---

[11] 按刑事訴法第133條所稱扣押者，係保全可得為證據或得沒收之物，而對物之暫時占有或對權利禁止變動之強制處分，解釋上除物以外，權利亦包括之，故凍結帳戶使受處分人對存款禁止提領亦屬之。參照最高法院103年台抗字第720號刑事裁定。

要時得酌量扣押犯罪嫌疑人、被告或第三人之財產。對於應扣押物之所有人、持有人或保管人，得命其提出或交付，應扣押物之所有人、持有人或保管人無正當理由拒絕提出或交付或抗拒扣押者，得用強制力扣押之。扣押不動產、船舶、航空器，得以通知主管機關爲扣押登記之方法爲之。扣押債權得以發扣押命令禁止向債務人收取或爲其他處分，並禁止向被告或第三人清償之方法爲之。依本法所爲之扣押，具有禁止處分之效力，不妨礙民事假扣押、假處分及終局執行之查封、扣押[12]。據此，現行法有兩種扣押原因，一爲「證據扣押」，另一爲「保全執行扣押」。

扣押客體，一是「可爲證據之物」，目的在於保全證據，以利追訴並且防止湮滅；二是「得沒收之物」，目的在於保全將來沒收之執行。扣押通常伴隨搜索程序，原則上於搜索票內會記載應扣押之物，故此時扣押票即等同搜索票，其簽發當由法官決定。扣押執行機關則爲檢察官、檢察事務官或司法警察（官），法院於審理中發現應扣押之物時，亦得爲扣押。

另外，非附隨於搜索之扣押，刑訴法第133條之1規定：「除以得爲證據之物而扣押或經受扣押標的權利人同意者外，應經法官裁定。前項之同意，執行人員應出示證件，並先告知受扣押標的權利人得拒絕扣押，無須違背自己之意思而爲同意，並將其同意之意旨記載於筆錄。法官之裁定，應記載下列事項：一、案由。二、應受扣押裁定之人及扣押標的。但應受扣押裁定之人不明時，得不予記載。三、得執行之有效期間及逾期不得執行之意旨；法官並得於裁定中，對執行人員爲適當之指示。核發第一項裁定之程序，不公開之。」[13]

---

[12] 2016年刑事訴訟法爲配合刑法增訂以追徵爲沒收替代處分之一般性規定，增訂爲保全追徵之扣押規定；並就不動產、船舶、航空器、債權等扣押標的，增訂特殊扣押方法，以應事實上之需求，並明定扣押具有禁止處分之效力（參照刑訴法修正條文第133條）。

[13] 依據2016年所施行的扣押新法，在程序審查上區分爲附隨搜索之扣押及非附隨搜索之扣押。就非附隨搜索之扣押而言，係採取相對法官保留原則，除刑訴法第133條之1第1項之證據扣押、同意扣押及第133條之2第3項之緊急扣押外，應經法院裁定始得爲之。而緊急扣押，係指檢、警於偵查中有相當理由認爲情況急迫，有立即扣押必要時，得逕行扣押，並同時課以陳報法院進行事後審查之義務。

二、有令狀扣押與無令狀扣押

有令狀扣押，包含持搜索票所爲之扣押，通常在搜索票內會記載應扣押之物，其扣押物通常亦係在搜索中發現；以及非附隨於搜索之扣押，除以得爲證據之物而扣押或經受扣押標的權利人同意者外，應經法官裁定。至於無令狀的扣押：係指無搜索票所生之扣押及緊急扣押，其種類包含如下：

（一）附帶搜索之扣押：附帶搜索時，若發現可爲證據或得沒收之物亦得扣押。

（二）附帶扣押：指執行搜索或扣押時，發現「本案」應扣押之物而爲搜索票所未記載者，亦得扣押之。

（三）另案扣押：指實施搜索或扣押時，發現「另案」應扣押之物，亦得扣押之，但其發現應僅限於「意外的、偶然的發現」，且所謂「另案」，則不論案件是在偵查中、審判中均屬之，甚至包括未發覺之案件亦包含在內。

另爲了避免「釣魚式」的搜索扣押，刑訴法就附帶扣押規定準用搜索的事後審查，亦即扣押者必須在扣押後3日內陳報法院，法院並應於5日內撤銷違法的附帶扣押，但就另案扣案並未有相同規定。然目前最高法院的見解認爲：刑事訴訟法第152條規定之「另案扣押」，係源自於「一目瞭然法則」（Plain View Doctrine），亦即執法人員在合法執行本案搜索、扣押時，若在目視範圍以內發現另案應扣押之物，得無令狀予以扣押之[14]。所謂另案，不以已經發覺之案件爲限，以便機動性地保全該證據，

---

[14] 所謂「一目瞭然法則」，其最原始之意係指警察在合法搜索時，違禁物和證據落入警察目視範圍內，警察得無令狀扣押該物，後擴及於警察執行其他合法行爲時，依目視所發現應扣押之物，亦得扣押。美國聯邦最高法院認爲無令狀扣押固然會影響人民權益，惟權衡利害得失，仍認應允准司法警察爲相當範圍之扣押行爲，亦即僅容許警察以「目視」之方式所發現其他證據或違禁品時，始得爲扣押行爲，而不允許警察爲另一次搜索之行爲。且爲免「一目瞭然法則」被濫用，必須符合下列要件：1.限於爲合法的搜索、拘提或其他合法行爲時，發現應扣押之物；2.必須有相當理由相信所扣押之物爲證據或其他違禁物；3.僅得以目光檢視，不得爲翻動或搜索之行爲。「一目瞭然法則」本來僅適用於「扣押」之行爲，惟後來被擴張適用到「一目瞭然搜索」（有相當理由所爲之簡單翻動），並且實務上另以類推適用之方式，承認適用於所謂「一嗅即知」及「一觸即知」等範圍。參照王兆鵬，刑事訴訟法講義，元照，2005年9月，頁202-209。

俾利於眞實之發現及公共利益之維護；但爲避免執法人員假藉一紙搜索票進行所謂釣魚式的搜括，此之扣押所容准者，應僅限於執法人員以目視方式發現之其他證據，而非授權執法人員爲另一個搜索行爲。本條就另案扣押所取得之物，雖僅規定「分別送交該管法院或檢察官」，而無類如同法第137條「附帶扣押」第2項準用第131條第3項之規定，應報由法院事後審查該扣押之合法性，惟鑒於其仍屬事先未經令狀審查之扣押，對扣押物而言，性質上與無票搜索無殊，故案件遇有司法警察機關實施「另案扣押」時，法院自仍應依職權審查其前階段之本案搜索是否合法，苟前階段之搜索違法，則後階段之「另案扣押」應屬第二次違法，所取得之證據應予排除；至若前階段之搜索合法，則應就個案之具體情節，審視其有無相當理由信其係得爲證據或得沒收之物？是否爲司法警察意外的、偶然的發現？以及依扣押物之性質與有無扣押之必要性，據以判斷「另案扣押」是否符合法律之正當性，並有刑事訴訟法第158條之4規定之適用[15]。

又刑事訴訟法第230條、第231條規定，司法警察（官）因偵查犯罪必要時，得封鎖犯罪現場，本有即時「勘察、採證」之權，其執行「勘察、採證」，無須獲得同意，與「搜索、扣押」之權，必須符合法律要件，原則上以獲得法官同意取得搜索票，才得據以執行，固有所不同；惟其有侵害個人隱私權及財產權等情，則無不同，是勘察人員所得扣押爲另案證據者，參照刑事訴訟法第152條規定「另案扣押」採「一目瞭然」法則之意旨，即執法人員在合法執行本案「勘察、採證」時，若在目視範圍以內，發現存有另案犯罪之合理依據而屬於另案應扣押之物，即得無令狀予以扣押之；反之，則應依法定程序向法官聲請令狀始得爲之。又所謂另案，只需爲本案以外之刑事犯罪案件即可，至於是否已經偵查機關所發覺、是否已進入偵查程序或審判程序，在所不問，以便機動性地保全該證據，俾利於眞實之發現及公共利益之維護[16]。

---

[15] 參照最高法院103年度台上字第448號刑事判決。
[16] 參照最高法院108年度台上字第1000號刑事判決。

（四）緊急扣押

刑訴法第133條之2規定：「偵查中檢察官認有聲請前條扣押裁定之必要時，應以書面記載前條第二項第一款、第二款之事項，並敘述理由，聲請該管法院裁定。司法警察官認有為扣押之必要時，得依前項規定報請檢察官許可後，向該管法院聲請核發扣押裁定。檢察官、檢察事務官、司法警察官或司法警察於偵查中有相當理由認為情況急迫，有立即扣押之必要時，得逕行扣押；檢察官亦得指揮檢察事務官、司法警察官或司法警察執行。前項之扣押，由檢察官為之者，應於實施後三日內陳報該管法院；由檢察事務官、司法警察官或司法警察為之者，應於執行後三日內報告該管檢察署檢察官及法院。法院認為不應准許者，應於五日內撤銷之。第一項及第二項之聲請經駁回者，不得聲明不服。」[17]

前開規定賦予檢察官、檢察事務官、司法警察官或司法警察偵查中對於應扣押物（得沒收之物），在未經搜索（有令狀或無令狀搜索）且無扣押裁定下得逕行扣押之緊急處分權。故刑訴法第133條之1第1項（得為證據之物而扣押）、第133條之2第3項、第4項之增訂，可謂明確賦予司法警察（官）獨立之緊急扣押權[18]。

三、對扣押物之處置

扣押，應制作收據，詳記扣押物之名目，付與所有人、持有人或保管人。扣押物，應加封緘或其他標識，由扣押之機關或公務員蓋印。扣押物，因防其喪失或毀損，應為適當之處置。不便搬運或保管之扣押物，得命人看守，或命所有人或其他適當之人保管。易生危險之扣押物，得毀棄之。得沒收之扣押物，有喪失毀損之虞或不便保管者，得拍賣之，保管其

---

[17] 2016年刑事訴訟法修正，認為非附隨於搜索之扣押，亦為對於人民財產權之干預，爰應採令狀與相對法官保留原則，明定應經法官裁定，始得為之，以落實憲法強制處分應符合法律保留原則與正當法律程序要求之意旨。但於情況急迫時，明定得不經法官裁定，逕行扣押，以資因應，惟應於事後陳報法院審查（參照刑訴法增訂條文第133條之1、第133條之2）。另非附隨於搜索之扣押，得命檢察事務官、司法警察官或司法警察執行，自應交與扣押裁定；發現本案應扣押之物為扣押裁定所未記載者，亦得扣押之；執行時，自亦應提示扣押裁定（參照刑訴法修正條文第136條、第137條、第145條）。

[18] 黃朝義，刑事訴訟法，新學林，5版，2017年9月，頁290。

價金。

四、扣押之限制

　　政府機關、公務員或曾爲公務員之人所持有或保管之文書及其他物件，如爲其職務上應守秘密者，非經該管監督機關或公務員允許，不得扣押；前項允許，除有妨害國家之利益者外，不得拒絕。郵政或電信機關，或執行郵電事務之人員所持有或保管之郵件、電報，有左列情形之一者，得扣押之：（一）有相當理由可信其與本案有關係者；（二）爲被告所發或寄交被告者。但與辯護人往來之郵件、電報，以可認爲犯罪證據或有湮滅、僞造、變造證據或勾串共犯或證人之虞，或被告已逃亡者爲限；爲前項扣押者，應即通知郵件、電報之發送人或收受人；但於訴訟程序有妨害者，不在此限。

五、扣押之發還

　　扣押物若無留存之必要者，不待案件終結，應以法院之裁定或檢察官命令發還之；其係贓物而無第三人主張權利者，應發還被害人。扣押物因所有人、持有人或保管人之請求，得命其負保管之責，暫行發還。被告經檢察官不起訴或緩起訴處分後，扣押物應即發還，但法律另有規定、再議期間內或聲請再議中或聲請交付審判中，遇有必要情形，或應沒收或爲偵查他罪或他被告之用應留存者，不在此限。前述應發還被害人之贓物，應不待請求即行發還。如係暫行發還而無他項諭知，於判決後，即視爲已有發還之裁定。扣押物未經諭知沒收者，應即發還。但上訴期間內或上訴中遇有必要情形，得繼續扣押之。扣押物之應受發還人所在不明，或因其他事故不能發還者，檢察官應公告之；自公告之日滿六個月，無人聲請發還者，其物歸屬國庫。

六、扣押物之聲請撤銷扣押

　　得沒收或追徵之扣押物，法院或檢察官依所有人或權利人之聲請，認爲適當者，得以裁定或命令定相當之擔保金，於繳納後，撤銷扣押；又刑訴法第119條之1之刑事擔保金之存管、計息、發還作業規定準用之。

七、留存物準用扣押規定

被告、犯罪嫌疑人或第三人遺留在犯罪現場之物，或所有人、持有人或保管人任意提出或交付之物，經留存者，準用刑訴法第139條至第142條之1之規定[19]。

參、執行搜索扣押作業程序

警政署依據刑事訴訟法第42條、第43條、第88條之1第3項、第122條至第153條之規定，訂定有執行搜索扣押作業程序如下：

---

[19] 本條之法理依據係源自於同意法則，係經由所有人、持有人或保管人本於意思自由任意提出，而由國家機關加以留存占有，故與典型扣押有所不同，才有準用之規定。如同最高法院103年台上字第3029號刑事判決即指出：刑事訴訟法第143條後段規定「所有人、持有人或保管人任意提出或交付之物，經留存者」，乃學理上所稱之「任意提出」，雖與同法第122條以下規定之搜索處分，同為取得證物（或得沒收之物）之手段，惟任意提出係由物之所有人、持有人或保管人在意思自由之下而為自主之提出，並未有國家機關之強制力介入，非屬強制處分，對相關人侵害甚微，實施之社會成本亦較小，核與搜索之要件迥然不同，亦無令狀原則及法官保留原則適用之餘地。倘該證物係經由所有人、持有人或保管人本於意思自由任意提出而留存，且係與本案具有關聯性者，則該證物之取得即與法定程式無違，而有證據能力，自得作為認定本案事實之證據。

執行搜索扣押作業程序

（第一頁，共三頁）

一、依據：

(一)刑事訴訟法第四十二條、第四十三條、第八十八條之一第三項、第一百二十二條至第一百五十三條。

(二)警察偵查犯罪手冊第六章第八節。

(三)檢察官與司法警察機關執行職務聯繫辦法。

(四)警察機關執行搜索扣押應行注意要點。

(五)傳染病防治法。

(六)嚴重特殊傳染性肺炎防治及紓困振興特別條例。

二、分駐(派出)所流程：

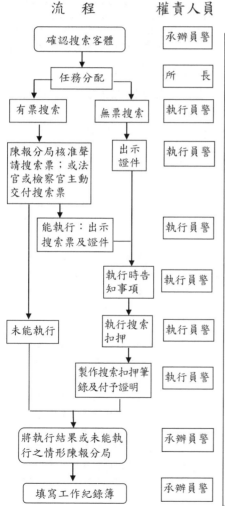

流　程	權責人員	作　業　內　容
確認搜索客體	承辦員警	一、確認搜索客體為身體、物件、電磁紀錄、住宅或其他處所。
任務分配	所　長	二、防疫期間，執行搜索應配戴口罩等防護裝備進入現場；如已先確認現場人員為罹患「嚴重特殊傳染性肺炎(COVID-19)」者(下稱罹患者)，應著護目鏡、隔離衣或防護衣等防護裝備方得執行職務。
有票搜索／無票搜索	執行員警	三、到場後始知悉為罹患者，應即通報勤務指揮中心調派防護衣等必要之防護裝備到場，並通知衛生機關派員到場依法處置。
陳報分局核准聲請搜索票；或法官或檢察官主動交付搜索票／出示證件	執行員警	四、依有票搜索或無票搜索之區分，由所長分配執勤警力。
能執行：出示搜索票及證件	執行員警	五、執行無票搜索應出示證件；執行有票搜索應出示搜索票及證件。
執行時告知事項	執行員警	六、執行搜索時，應告知受執行理由、執行對象、執行範圍、應扣押之物等，並將上揭告知意旨載明搜索筆錄。
未能執行／執行搜索扣押	執行員警	七、執行搜索之方式：
製作搜索扣押筆錄及付予證明	執行員警	(一)搜索婦女之身體，原則上應由婦女為之。
將執行結果或未能執行之情形陳報分局	承辦員警	(二)必要時，得開啟鎖扃、封緘、封鎖現場、禁止有關人員在場或離去，並應注意不得逾越必要程度。
填寫工作紀錄簿	承辦員警	(三)對有人住居或看守之處所搜索，應命住居人、看守人或可為其代表之人在場；無此等人在場者，得命鄰居之人或就近自治團體之職員在場。

（續下頁）

(續)執行搜索扣押作業程序
(第二頁，共三頁)

流　程　　　　權責人員　　　　作業內容

(四)對有人住居或看守之處所，原則上不得於夜間搜索。但經承諾或有急迫情形者不在此限；於夜間搜索或扣押者，應記明其事由於筆錄。日間已開始搜索或扣押者，得繼續至夜間。

八、執行搜索發現本案應扣押之物或另案應扣押之物，均得扣押之。

九、執行搜索、扣押後，應製作筆錄，並請受執行人及在場人簽名、蓋章或按指印。

十、將搜索扣押執行結果或未能執行之情形陳報分局。

三、分局流程：

流　程　　　　權責人員　　　　作業內容

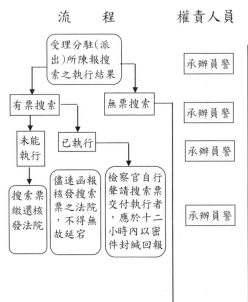

一、受理分駐（派出）所陳報搜索之執行結果。

二、有票搜索未能執行者，應以函文敘明事由，將搜索票繳還核發法院。

三、有票搜索且有執行結果者，應將搜索票正本與搜索扣押筆錄影本連同扣押物品目錄表影本以密件封緘，於信封上註明法院核發搜索票之日期、文號，儘速函報核發搜索票之法院。

四、有票搜索但無查獲應扣押之物者，應將該事由在搜索扣押筆錄內敘明，連同搜索票正本，一併函報核發搜索票之法院。

五、搜索票係由檢察官自行聲請，而交付警察機關執者，應於十二小時內以密件封緘回報。

(續下頁)

(續)執行搜索扣押作業程序

(第三頁，共三頁)

流　　　程	權責人員	作業內容
1.對人之緊急搜索：執行後三日內分別函報該管檢察官及法院 2.附帶搜索：案件移送法院或檢察官時，再附卷移送 3.依八十八條之一第三項準用附帶搜索及對人之緊急搜索：應即陳報檢察官及法院 4.對物之緊急搜索：十二小時內以密件封緘回報檢察官 5.同意搜索：案件移送法院或檢察官時，再附卷移送	承辦員警	六、執行刑事訴訟法第一百三十一條第一項對人之緊急搜索或第一百三十七條第一項附帶扣押者，應於執行後三日內同時分別函報該管檢察署檢察官及法院。 七、執行刑事訴訟法第八十八條之一第三項準用第一百三十條附帶搜索及第一百三十一條第一項對人之緊急搜索者，應即陳報檢察官及法院。 八、執行刑事訴訟法第一百三十一條第二項對物之緊急搜索者，應於十二小時內以密件封緘回報檢察官，俾檢察官陳報法院。

四、使用表單：

(一)搜索票聲請書。

(二)搜索扣押筆錄。

(三)扣押物品收據/無應扣押之物證明書。

(四)扣押物品目錄表。

五、注意事項：

(一)搜索應保守秘密，並注意受搜索人之名譽。

(二)警察機關自行聲請搜索票執行者：應備妥聲請書，由分局長以上之司法警察官具名，並由案件承辦人或熟悉案情之人攜帶警察人員服務證，親自持聲請書及有關事證資料，報請檢察官許可後，再向管轄法院值日法官聲請簽發。

(三)逮捕被告、犯罪嫌疑人或執行拘提、羈押時，雖無搜索票，得逕行搜索其身體、隨身攜帶之物件、所使用之交通工具及其立即可觸及之處所。

(四)依刑事訴訟法第八十八條之一第三項規定，執行逕行拘提者，準用附帶搜索及對人之緊急搜索。

(五)執行搜索時，執行人員應出示證件表明身分，持搜索票執行者，並應先出示搜索票，告知受執行理由、執行對象、執行範圍、應扣押之物等，並將上揭告知意旨載明搜索筆錄。

(六)將搜索扣押執行結果或未能執行之情形陳報分局。

(七)防疫期間，受搜索人或在場人為罹患者、疑似罹患者、居家隔離或居家檢疫者時，勤務結束後，執行搜索及接觸扣押物之人員應使用肥皂水、洗潔液或乾洗手液洗手，並清消應勤裝備，以保持衛生安全。

第五節 實務判決

本案之判決，基本上可拆解為違法搜索、違法逮捕、違法驗尿，是以扣案之證據及據此而衍生之各項證據，基於「遏阻違法偵查」目的應排除，故而主文諭知被告甲無罪[20]。

壹、違法搜索

本案法院認為「檢查」或「搜索」均屬對隱私權之干預，基於法律保留原則，皆須有法律依據方得為之，雖經受檢查或搜索者「同意」情況下，基於基本權之捨棄，固得合法為之，然得執行者自只侷限於經「同意」之範圍內，不得假「檢查」之名，而濫行「搜索」之實，故而所扣海洛因及針筒皆係違法搜索所得。

按「檢查」僅可由外部目視觀察、檢視，非如「搜索」般可翻查、找尋，甚或變更、移動物之儲存方式及除去、破毀物之遮避、掩藏、隱匿外觀，又不論「檢查」或「搜索」咸屬對隱私權之干預措施，基於法律保留原則，皆須有法律依據方得為之。雖在經受檢查或搜索者「同意」情況下，緣於隱私權係屬可處分之基本權，固得合法為之，然得執行者自只侷限於經「同意」之範圍內，殊不得假藉繞道「檢查」之名而曲解其意遂濫行「搜索」之實，否則類此「偷渡」之行徑要難脫免淪沈恣意違法之境！準此，員警丙既僅詢以「車子我們瞄一下就好，我們看一下」等語，並未明確曉示得否「搜索」，則其意顯只尋求同意「檢查」，如是而已。因此，被告甲只說「去看、去開」，是此示以同意之言行，當只針對「檢查」而為，範圍殊無擴及「搜索」之意，此復觀諸被告於當場即執「我只有同意看，你們怎麼可以翻」等語，為此打臉員警之舉益明。

既只同意「檢查」自小客車，惟員警丙竟「就拿來零錢包打開拉鍊翻找零錢包裡面的物品」、「打開中央扶手的蓋子翻找中央扶手下置物箱內

之物品」、「掀起腳踏墊，查看踏墊底下有無藏放東西」、「打開左後座座椅椅墊上，盒蓋有小叮噹圖案之置物盒，翻找置物盒裡的物品」、「打開置物箱蓋，從裡面取出一包裝有白色粉末之夾鏈袋」、「取出垃圾桶內的上層的物品，之後取出壹個塑膠袋，再繼續取出垃圾桶內之物品」，諸此作為都已屬「搜索」，在乏法律依據，更未經被告之同意，員警丙竟逕自恣意如此為之，顯屬「非法搜索」，從而所扣該包海洛因及2支針筒，皆係經違法搜索始起獲扣案之證物。

貳、違法逮捕

法院接著認為因非法所查獲之毒品而逮捕被告甲，屬非法逮捕，是以事後方補簽之「自願受搜索同意書」，絕非出於被告之真摯同意，自不得以此回溯使搜索轉為合法之依據，則此份同意書充其量僅具掩蓋「違法搜索」之「遮羞布」而已。

扣案之海洛因及針筒既獲自非法途徑，並基於「遏阻違法偵查」理由應予排除，則本案亦不得以「有相當理由憑認被告係持有第一級毒品之現行犯」為由加以逮捕，因而此逮捕當屬「不法」。被告既遭員警非法逮捕，自由橫遭剝奪，受人宰制，內心驚恐萬分，事所必然，且被帶回警局經非法剝奪人身自由期間，緣已身處他人矮簷之下，周遭環境形成之震懾、壓迫性暨因此滋生之無助感，勢必遠甚於仍在「檢查」現場之公共場域，是處此險境且更隻身孤立無援情勢下，當只存聽任予取予求乙途，何能猶保有絲毫意思形成及意思實現之自主性而膽敢違逆員警之要求？是以事後方補簽之「自願受搜索同意書」，絕非出於被告之真摯同意，自不得以此回溯使搜索轉為合法之依據。

參、違法驗尿

本案法院接著認為因員警非法逮捕被告甲，故後續對被告尿液採集亦為非法。亦即被告甲既係為警非法逮捕，自猶無刑事訴訟法第205條之2後段所定「對於經拘提或逮捕到案之犯罪嫌疑人或被告，有相當理由認為採

取尿液得作為犯罪之證據時，並得違反其意思採取之」之適用，是以員警對被告之尿液採集同淪為不法。換言之，本件之搜索係屬非法，並將進而累及使逮捕、尿液採集俱成非法。

肆、證據排除——無罪

本案依照訴訟程序來分析，可以拆解成三大重大違失——「違法搜索」、「違法逮捕」、「違法驗尿」，是以扣案之海洛因、針筒及以此為據而衍生之各項證據，包括搜索扣押筆錄、自願受搜索同意書、鑑定書、濫用藥物檢驗報告，率未能通過刑事訴訟法第158條之4所定「權衡原則」之檢驗，或更兼屬「毒樹之果實」，為貫澈「遏阻違法偵查」之目的，這些證據均應排除而無證據能力，均不得援為本案證據。

按「犯罪事實應依證據認定之，無證據不得認定犯罪事實」，「被告或共犯之自白，不得作為有罪判決之唯一證據，仍應調查其他必要之證據，以察其是否與事實相符」，又「不能證明被告犯罪或其行為不罰者，應諭知無罪之判決」。故被告甲固坦誠有本案施用第一級毒品之犯行，唯此僅有單一自白，尚乏其他證據可佐其自白真實性，是以揆諸前開法條說明，自屬不能證明被告犯罪，而應為「無罪」之諭知（如表13-1）。

表13-1　本案法院判決之思維

案例事實	甲某日乘坐其配偶乙所駕駛汽車違停爲警盤查，經「同意」自該車副駕駛座置物處及下方垃圾桶內，扣得其所有之海洛因1包及注射針筒2枝，復經採集尿液送驗有施用第一級毒品海洛因，被移送後起訴。然在法院審理時，甲承認吸毒，但主張員警無搜索票，未徵得他「同意」搜索車子，因他「只有同意看，你們怎麼可以翻」，且事後又逼他簽「自願搜索同意書」，「不然老婆小孩不能回去」。
本案爭點	1. 檢查與搜索之區別？ 2. 符合同意搜索之界限？ 3. 符合強制驗尿之規範？ 4. 違法搜索所獲得證據及引申證據應否排除？
違法搜索	「檢查」或「搜索」均屬對隱私權之干預，雖經受檢查或搜索者「同意」情況下，基於基本權之捨棄，固得合法爲之，然得執行者自只侷限於經「同意」之範圍內，不得假「檢查」之名，而濫行「搜索」之實，又未經被告「同意搜索」情況下，「打開置物箱蓋從裡面取出一包裝有白色粉末之夾鏈袋」，顯屬「非法搜索」，從而所扣該包海洛因及2支針筒，皆係經違法搜索所得之證物。
違法逮捕	因非法所查獲之毒品而逮捕被告甲，屬非法逮捕，是以事後方補簽之「自願受搜索同意書」，絕非出於被告之眞摯同意，自不得以此回溯使搜索轉爲合法之依據，則此份同意書充其量僅具掩蓋「違法搜索」之「遮羞布」而已。
違法驗尿	因員警非法逮捕甲，故後續對被告尿液採集亦爲非法。亦即甲既係爲警非法逮捕，自猶無刑事訴訟法第205條之2後段所定「對於經拘提或逮捕到案之犯罪嫌疑人或被告，有相當理由認爲採取尿液得作爲犯罪之證據時，並得違反其意思採取之」之適用，是以員警對甲之尿液採集同淪爲不法。
證據排除	本案可拆解成三大重大違失——「違法搜索」、「違法逮捕」、「違法驗尿」，是以扣案之海洛因、針筒及以此爲據而衍生之各項證據，率未能通過刑事訴訟法第158條之4所定「權衡原則」之檢驗，或更兼屬「毒樹之果實」，爲貫徹「遏阻違法偵查」之目的，這些證據均應排除而無證據能力，均不得援爲本案證據。
判決結果	無罪。 縱使被告甲坦誠有施用第一級毒品之犯行，惟僅此單一自白，尚無其他證據可佐其自白眞實性下，故判決被告「無罪」。

資料來源：作者自製。

第六節 評析

壹、檢查與搜索之區別

按「檢查」僅能由當事人身體外部及所攜帶物品的外部觀察，就目視所及範圍加以檢視，並對其內容進行盤問，或要求當事人任意提示，並對其提示物品的內容進行盤問，即一般學理上所稱「目視檢查」。警察在一般臨檢盤查時，僅得實施「目視檢查」，但如有警察職權行使法第7條（查證身分之措施）第1項第4款所定要件，「若有明顯事實足認其有攜帶足以自殺、自傷或傷害他人生命或身體之物者，得檢查其身體及所攜帶之物」，在此的「檢查」相當於美國警察實務上所稱「拍搜檢查」（Frisk），即使未得當事人同意，得以手觸摸其身體衣服及所攜帶物品外部。然警察職權行使法所定之「檢查」為警察基於行政權之作用，係指為避免危及安全所為衣服外部或所攜帶物件之拍觸，有別於刑事訴訟法所規範的司法「搜索」，不得進行深入性搜索。因此，檢查時不得有侵入性行為，如以手觸摸身體衣服內部或未得當事人同意逕行取出其所攜帶物品，而涉及搜索行為。另須注意拍觸檢查亦有別於一般為取得犯罪證據或基於證據保全目的之傳統搜索，亦非逮捕後之附帶搜索，因此不得擴大其所允許之目的範圍，而為證物之搜尋[21]。

至於刑事訴訟法之搜索，除具急迫性、突襲性或同意性之無令狀搜索不用搜索票情形外，原則上應依法聲請搜索票，才可進行翻查、找尋，甚或變更、移動物之儲存方式及除去、破毀物之遮避、掩藏、隱匿外觀等「搜索」行為，與「檢查」僅可由外部目視觀察、檢視確實有所不同。故本案員警丙「就拿來零錢包打開拉鍊翻找零錢包裡面的物品」、「打開中央扶手的蓋子翻找中央扶手下置物箱內之物品」、「掀起腳踏墊，查看踏墊底下有無藏放東西」、「打開左後座座椅椅墊上，盒蓋有小叮噹圖案之

---

21 蔡庭榕，警察職權行使法與案例研究，許福生主編，警察法學與案例研究，五南，2020年2月，頁70-2。

置物盒，翻找置物盒裡的物品」、「打開置物箱蓋，從裡面取出一包裝有白色粉末之夾鏈袋」、「取出垃圾桶內的上層的物品，之後取出壹個塑膠袋，再繼續取出垃圾桶內之物品」等行為，均屬「搜索」而非「檢查」，故應依刑事訴訟法有關「搜索」之規定來檢視此等行為是否符合「搜索」之規定。

貳、同意搜索之合法性界限

搜索，以有無搜索票為基準，可分為「有令狀搜索」與「無令狀搜索」，有「有令狀搜索」，應用搜索票。由於本案係因被告甲違規臨停為線上巡邏員警所盤查，並請甲同意其「車子我們瞄一下就好，我們看一下」，甲回答說「去看、去開」後搜索到車上有海洛因及針筒等物，引發後續甲遭員警強制逮捕及強制驗尿，因而本案之爭執重點是員警「無令狀搜索」是否符合「同意搜索」之合法性要件，而屬合法搜索或違法搜索。

依照刑訴法第131條之1同意搜索之規定：「搜索，經受搜索人出於自願性同意者，得不使用搜索票。但執行人員應出示證件，並將其同意之意旨記載於筆錄」，屬於「無令狀搜索」型態之一，其理論依據最主要是「基本權的捨棄」。按搜索原本是國家機關為了干預人民身體、財產與居住自由等基本權的高權行為，但因被搜索人同意而喪失干預基本權性質，被搜索人同意取代國家法律成為發動搜索根據。況且同意搜索能夠免除司法警察聲請搜索票負擔，也讓當事人能提早洗刷自己犯罪嫌疑，然而卻有一定風險，此一風險來自人民與國家權力的差距，在擁有優勢地位的警察徵求同意搜索時，人民可能擔心拒絕同意反而會讓自己顯得有犯罪嫌疑，只好同意其原本不會接受的搜索。因此，同意搜索正當性基礎完全建立在受搜索人有效同意上，所以「同意權限」、「自願性同意」及「同意表示」，成為判斷搜索合法性的關鍵所在[22]。

---

22 薛智仁，同意搜索之基本問題（一），法務通訊第3002期，2020年5月1日，頁3。

一、同意權限

同意權限之有無，就「身體」之搜索而言，僅該本人始有同意之權；就物件、宅第而言，則以其就該搜索標的有無管領、支配之權力爲斷（如所有權人、占有或持有人、一般管理人等），故非指單純在場之無權人，其若由無同意權人擅自同意接受搜索，難謂合法[23]。再者，同意權人應係指偵查或調查人員所欲搜索之對象，而及於被告或犯罪嫌疑人以外之人。又在數人對同一處所均擁有管領權限之情形，如果同意人對於被搜索之處所有得以獨立同意之權限，則被告或犯罪嫌疑人在主客觀上，應已承擔該共同權限人可能會同意搜索之風險，此即學理上所稱之「風險承擔理論」。執法人員基此有共同權限之第三人同意所爲之無令狀搜索，自屬有效搜索[24]。

二、自願性同意

自願性同意，即該同意「以一般意識健全具有是非辨別能力之人，因搜索人員之出示證件表明身分與來意，均得以理解或意識到搜索之意思及效果，而有參與該訴訟程序及表達意見之機會，可以自我決定選擇同意或拒絕，非出於強暴、脅迫、利誘、詐欺或其他公權力之不當施壓所爲之同意爲其實質要件。況且自願性同意之搜索，不以有『相當理由』爲必要；被搜索人之同意是否出於自願，應依案件之具體情況包括徵求同意之地點、徵求同意之方式、同意者主觀意識之強弱、教育程度、智商等內、外在一切情況爲綜合判斷其自願性[25]」。況且，「搜索人員應於詢問受搜索人同意與否前，先行告知其有權拒絕搜索，且於執行搜索過程中受搜索人可隨時撤回同意而拒絕繼續搜索，即受搜索人擁有不同選擇的權利，否則其搜索難認合法[26]」。換言之，「自願性同意」，必須出於受搜索人自主性意願，非出自執行人員明示或暗示之強暴、脅迫、隱匿身分等不正方

---

[23] 參照最高法院107年度台上字第2850號刑事判決。
[24] 參照最高法院105年度台上字第1892號刑事判決。
[25] 參照最高法院106年度台上字第258號刑事判決。
[26] 參照最高法院108年度台上字第839號刑事判決。

法，或因受搜索人欠缺搜索之認識所致，且爲衡平人民與警察之間的資訊與權利落差，並課予搜索人員告知受搜索人有權拒絕之義務。

三、同意之表示

本條但書明定：「執行人員應出示證件，並將其同意之意旨記載於筆錄」，屬於同意表示之程序規範，目前實務認爲執行搜索之書面只能在搜索之前或當時完成，不能於事後補正[27]。換言之，執行人員應於執行搜索場所，當場出示證件，先查明受搜索人有無同意權限，同時將其同意之意旨記載於筆錄（書面）後，始得據以執行搜索，此之筆錄（書面）只能在搜索之前或當時完成，不能於事後補正。倘若受搜索人對其簽署自願受搜索之同意書面有所爭執，攸關是否出於自願性同意之判斷及搜索所取得之證據有無證據能力之認定，法院自應深入調查，非可僅憑負責偵訊或搜索人員已證述非事後補簽同意書面，即駁回此項調查證據之聲請。該項證據如係檢察官提出者，依刑事訴訟法156條第3項之相同法理，法院應命檢察官就該自願性同意搜索之生效要件，指出證明之方法[28]。

是以，本案被告甲只同意員警「去看、去開」之「檢查」而已，不能將其同意範圍任意擴及「搜索」之意，此復觀諸被告於當場即執「我只有同意看，你們怎麼可以翻」等語明顯可知。故員警等任意「打開置物箱蓋從裡面取出一包裝有白色粉末之夾鏈袋」等作爲，在無「搜索票」之情況下，再加上「這份同意書是在搜到東西帶回警局時簽名的」，「當時我有問說可以不簽名嗎，警察說不能不簽名，若我不簽名，我老婆和小孩子不能回去」，是以事後方補簽之「自願受搜索同意書」，不符「同意搜索」要件，顯屬「違法搜索」。所以員警於法院審理爲證時亦不諱言：「在徵詢被告的意見應該是並不太合法」，「只有到得看到的權利不能搜索」，「從打開小錢包開始就已經不合法」，因而所扣案之該包海洛因及2支針筒，皆係經違法搜索始起獲之證物，極爲明顯[29]。

---

27 參照最高法院108年度台上字第839號刑事判決。
28 參照最高法院100年度台上字第7112號刑事判決。
29 倘若本案若是在被告同意員警「去看、去開」，當員警一打開車門，依「目視」即可發現白

參、強制驗尿之合法性依據

民主法治國家，公權力不能隨便對人民採取尿液，必須要符合法律規定。關於偵查中採尿的規定，最主要有依刑事訴訟法第204條之1規定由檢察官核發鑑定許可書，或依刑事訴訟法第205條之2規定：「檢察事務官、司法警察官或司法警察因調查犯罪情形及蒐集證據之必要，對於經拘提或逮捕到案之犯罪嫌疑人或被告，得違反犯罪嫌疑人或被告之意思，採取其指紋、掌紋、腳印，予以照相、測量身高或類似之行為；有相當理由認為採取毛髮、唾液、尿液、聲調或吐氣得作為犯罪之證據時，並得採取之。」

在本案中，警方並沒有向檢察官聲請鑑定許可書，況且被告係為警非法逮捕，自無刑事訴訟法第205條之2所定「對於經拘提或逮捕到案之犯罪嫌疑人或被告，有相當理由認為採取尿液得作為犯罪之證據時，並得違反其意思採取之」此規定之適用。本案被告係以毒品現行犯被強制將其帶回警局採尿，然被告並不符現行犯之逮捕，且亦非經其同意而自願採尿[30]。又本案被告亦非毒品危害防制條例第25條所定得報請檢察官許可強制採驗

色粉末之夾鏈袋及針筒，如此便符合前述所言「一目瞭然法則」，經詢問而無正當理由時，而「有事實足認其有施打毒品犯罪之虞者」，得依警察職權行使法第8條第2項後段進一步「檢查交通工具」，要求其開啟置物箱（含後車箱）接受檢查，且在有相當理由憑認此白色粉末之夾鏈袋為海洛英一級毒品時，便可以持有一級毒品為由，依現行犯逮捕之並帶回驗尿。如同台灣桃園地方法院108年度審訴字第61號刑事判決即引用「一目瞭然法則」，而認同下列案件員警之搜索、扣押程序屬合法。即員警某日在某處盤查證人甲，查獲其持有毒品海洛因1包，由於證人甲當時甫購得該毒品，故員警在證人甲陪同下前往其購買毒品之某套房查緝販賣海洛因之人。因而本有相當理由懷疑屋內涉有販賣毒品犯罪，依據刑事訴訟法第131條第1項第3款之事由，本得即為逕行搜索，並非惡意不為搜索票之聲請。又司法警察在門外以「目視」方式發現屋內茶几處放置扣案之削尖吸管及電子磅秤，並在獲得被告同意打開門讓我們進去，又在不用翻找下發現垃圾桶裡面的殘渣袋後，認被告涉犯施用毒品罪嫌，再將被告逮捕，逮捕後，自得依據刑事訴訟法第130條附帶搜索，並在被告所在之上開套房內再行扣得被告施用毒品所用之海洛因1包、菸頭1枚、注射針筒1支、殘渣袋1只及吸食器1組，且此處之附帶扣押，業已依刑事訴訟法第137條第2項之規定，準用同法第131條第3項，於3日內陳報法院，並經法院准許，是以本案員警之搜索、扣押程序自屬合法，扣案之海洛因等物品，均有證據能力。

30 實務上有判決認為犯罪嫌疑人固得同意採取尿液配合調查，惟此似檢查身體或「侵入性搜索」之概念，因而此處之「同意」，至少應與刑事訴訟法第131條之1同意搜索之要件為相同解釋，亦即必須被告係出於自願性之真摯同意（參照台灣高等法院107年度上訴字第2522號刑事判決）。

之「毒品調驗人口」，自不得違反被告之意願而強制採驗尿液[31]。是以，員警對被告之尿液採集淪為不法甚明。

肆、證據排除法則之權衡基準

一、證據排除法則之基本概念

刑事訴訟禁止「不計代價、不問是非、不擇手段」的眞實發現，其發現眞實，必須在實質正當法律程序下進行，始為法所許可。因而，關於違反法定程序所取得之證據，該證據是否有證據能力，在美國及日本便有發展出證據排除法則，德國即有證據禁止法則，以解決此證據法則。有鑒於此，1995年大法官釋字第384號解釋，提出實質正當法律程序，逐漸改變我國實務之見解，而開始運用這個法則。特別是最高法院87年度台上字第4025號判決從正當法律程序、訴訟基本權之行使及受公平審判權利之保障，針對違反法定程序之通訊監察，指出如符合「違法之重大性」及「抑制違法之相當性」兩項要件者，該通訊監察所得資料不得作為證據，成為最高法院第一件採行證據排除法則之重要判決。之後，立法者為了嚴謹證據法則，乃於2001年增訂刑事訴訟法第416條第2項及2002年增訂刑事訴訟法第131條第4項，規定有關「證據排除法則」，更於2003年9月1日生效之刑事訴訟法第158條之4增訂有關「證據排除法則」之原則性規定，其結果不僅對於供述證據，甚至對於非供述證據，若有違法取得之證據，均可能發生排除之效果，而正式開啓我國刑事訴訟法制採行證據排除法則之新頁。

---

[31] 毒品危害防制條例第25條規定：「犯第十條之罪而付保護管束者，或因施用第一級或第二級毒品經裁定交付保護管束之少年，於保護管束期間，警察機關或執行保護管束者應定期或於其有事實可疑為施用毒品時，通知其於指定之時間到場採驗尿液，無正當理由不到場，得報請檢察官或少年法院（地方法院少年法庭）許可，強制採驗。到場而拒絕採驗者，得違反其意思強制採驗，於採驗後，應即時報請檢察官或少年法院（地方法院少年法庭）補發許可書。依第二十條第二項前段、第二十一條第二項、第二十三條第一項規定為不起訴之處分或不付審理之裁定，或依第三十五條第一項第四款規定為免刑之判決或不付保護處分之裁定，或犯第十條之罪經執行刑罰或保護處分完畢後二年內，警察機關得適用前項之規定採驗尿液。前二項人員採驗尿液實施辦法，由行政院定之。警察機關或執行保護管束者依第一項規定通知少年到場採驗尿液時，應併為通知少年之法定代理人。」

按我國刑事訴訟法第154條第2項規定：「犯罪事實應依證據認定之，無證據不得認定犯罪事實。」明白表示證據裁判原則，因而證據在刑事訴訟程序中即扮演著認定事實的重要角色。然而，在刑事證據之處理上，向來素有爭議者，係違法蒐集之證據，應否認其有證據能力的問題；換言之，即證據在蒐集過程中，其程序存有瑕疵時，該證據應如何處理的問題，向來在證據法則上受到激烈地討論，此即為違法蒐集證據有無證據能力的問題[32]。因此，違法蒐集證據，原則上應否定其證據能力的規範法則，在證據法則上謂之「違法蒐集證據之排除法則」，或稱為「證據排除法則」[33]。

二、證據排除法則之理論依據

證據排除法則之理論依據主要有：（一）憲法保障說：認為使用違法蒐集之證據，是違反憲法正當法律程序；（二）司法廉潔說：認為使用違法蒐集之證據，是司法機關背離了國民的信賴，而損及司法之廉潔性；（三）抑制效果說：認為證據排除法則之目的係在於嚇阻政府不法權力之行使。儘管上述三說皆有其無法圓滿說明之處，但是證據排除法則是根據上述三種理論建立起來的，因此證據排除法則理論依據，本章認為應以抑制效果說為核心，同時考量規範說及司法廉潔說，綜合分析考量。況且就我國刑事訴訟法第158條之4規定：「除法律另有規定外，實施刑事訴訟程序之公務員因違背法定程序取得之證據，其有無證據能力之認定，應審酌人權保障及公共利益之均衡維護。」其立法理由謂：「按刑事訴訟重在發見實體真實，使刑法得以正確適用，形成公正之裁判，是以認定事實、蒐集證據即成為刑事裁判最基本課題之一。然而，違背法定程序蒐集、調查而得之證據，是否亦認其有證據能力，素有爭議。英美法系國家由於判

---

[32] 所謂證據能力係指能夠作為犯罪事實認定資料（即作為嚴格證明之用）的資格，無證據能力之證據，在審判中即不能用以證明被告之犯罪事實。所謂證明力，係指在具有證據能力的前提之下，能影響法官心證形成的證據價值。因此，證據能力是證據的「資格」問題，證明力則是證據的「價值」問題；必須先具備證據的資格，才有證據的評價問題。

[33] 黃朝義，刑事訴訟法，新學林，5版，2017年9月，頁601；田口守一，刑事訴訟法，弘文堂，3版，2001年4月，頁300。

例長期累積而形成證據排除法則（Exclusionary Rule of Evidence），將違法取得之證據事先加以排除，使其不得作為認定事實之依據。然而，反對者則主張『不能因為治安官之錯誤，讓犯人逍遙法外。』亦即無法忍受只有某一小瑕疵，就癱瘓了整個刑事訴訟程序，且因治安之要求及現實之需要，排除法則例外情形之適用有漸廣之趨勢。日本在戰後受美國影響，採『相對排除理論』，德國之『權衡理論』亦為多數主張，亦即法院在裁判時應就個案利益與刑事追訴利益彼此間權衡評估。由此可知當前證據法則之發展，係朝基本人權保障與社會安全保障兩個理念相調和之方向進行，期能保障個人基本人權，又能兼顧真實之發見，而達社會安全之維護。因此，探討違背法定程序取得之證據，是否具有證據能力，自亦不能悖離此一方向。」此種觀點似乎著重在於綜合考量憲法保障說、司法廉潔說及抑制效果說，但對於主體只限於實施刑事訴訟程序之公務員而言，似乎重點在於抑制效果說[34]。

三、證據排除法則之排除標準

證據排除法則之排除標準，主要有：（一）絕對排除說：當違法蒐集之證據被認為違反正當法律程序時，該證據應立即地加以排除；（二）相對排除說：以違法情節之重大性，且從抑制違法偵查的觀點而言，如容許作為證據並不適當者應予掛除；（三）權衡原則說：係指任何違反取證規定的案件中，均須作個案衡量，才能決定證據是否應加以排除[35]。的確，採取絕對排除說確實可實現憲法保障機能，然誠如批判者所言，如果認為程序違法就排除證據，可能會使「罪犯因為偵查人員的疏失，得以逍遙法外」。因此，日本在戰後受美國影響所採「相對排除理論」以及德國所採之「權衡理論」，認為法院在裁判時應就個案利益與刑事追訴利益彼此間權衡評估，藉以調和保障個人基本人權，又能兼顧真實之發見，而達社會安全之維護，不過是彼此間於排除範圍及程度上有所差異罷了。況且在我國的刑事訴訟法上與日本相同，對於證據取得之程序設有多樣規範的狀況

34 許福生，論證據排除法則與警察因應之道，日新第5期，2005年9月，頁79-80。
35 陳運財，違法證據排除法則之回顧與展望，月旦法學雜誌第113期，2004年10月，頁42。

下，所謂違反法定程序的概念本具相對性，依違法情節的差異而區分不同的排除基準，是有其道理[36]。

就我國刑事訴訟法第158條之4立法理由而言，對於法官於個案權衡時，須斟酌：（一）違背法定程序之情節；（二）違背法定程序時之主觀意圖；（三）侵害犯罪嫌疑人或被告權益之種類及輕重；（四）犯罪所生之危險或實害；（五）禁止使用證據對於預防將來違法取得證據之效果；（六）偵審人員如依法定程序有無發現該證據之必然性；（七）證據取得之違法對被告訴訟上防禦不利益之程度等各種情形。此處7項權衡因素，未必係併存之關係，甚者多係「互斥」關係者，很顯然易見的例子：第（三）點所謂「侵害被告權益之輕重」，與第（四）點所謂「犯罪所生之危害」，即係公、私益相互衝突競合，而勢必須利益衡量者，同樣的情形也發生在第（一）、（二）點與第（三）點之權衡如何取捨。至第（五）點則係考量未來有無「抑制違法偵查」之可能性，第（六）點更係引進國外盛行之所謂「假設偵查流程理論」或「必然發現之例外」法理。換言之，7項權衡因素標準係「例示」而非「列舉」之標準，各項因素間亦無先後輕重之排序，更非，也不可能要求法官就所有7項因素均應兼顧。甚至最高法院雖已經開始引用該7項權衡因素，要求事實審法院遵行權衡法則，惟正因為各項因素的具體內涵不明，以及有無先後，或係排他或併存等關係未明，最高法院似仍並未於個案中提出更為具體明確之操作標準，使得雖有標準，卻陷入似無標準的窘境（參見最高法院92年度台上字第6786號判決、93年度台上字第2573號判決、93年度台上字第3854號判

---

[36] 我國刑事法學者王兆鵬教授指出：採相對排除原則最大的缺點為模糊、不明確，會造成法官在裁量的過程中，可能因一己的主觀、喜惡、自我就個案決定證據應否排除，在不同法院，或同一法院之不同法官，因各自行使「裁量權」，而產生不同法律效果。故其主張應以絕對排除為原則，除非證據排除不能達到嚇阻效果時，證據使例外的不予排除。因而建議具體條文為：「違背法定程序致侵害人民權益而取得之證據應予排除。但若排除證據不能達到嚇阻違法取證之目的，不在此限。」參照王兆鵬，刑事訴訟講義（一），翰蘆圖書，2002年8月，頁31-35。王兆鵬教授的見解，其目的無非在限縮法官的裁量權，避免法官因個人好惡適用法律，導致證據取捨標準不一。惟如此的建議，並未為現行刑事訴訟法第158條之4條所採。

決）[37]。

確實，如此權衡的結果，可能會讓法官「跟著感覺走」，導致重罪案件證據幾乎不可能排除的結果。如同林鈺雄教授所言：許多案例中可能根本沒有所謂的權衡，法官或許只是以權衡理論之名，粉飾預先定好的審理結果；認知淺薄的法官，甚至會誤以為，反正是權衡，不免繫於主觀認定，因此量出什麼結果，都不違法。果真如此，則權衡理論只不過替法官「跟著感覺走」的思考方式，提供一個美名。至此，以確定性及法安定性交換而來的「個案正義」，恐怕也只是海市蜃樓[38]。

然而，權衡法則最主要是能給法官就該個案利益與刑事追訴利益彼此間權衡評估，況且所謂「權衡」絕非漫無標準，更非任由法官恣意判斷，如同學說上便有提出所謂「三段審查基準說」，歸納評定之標準及順位如下：（一）法院首先審查，追訴機關是否恣意、惡意違法取證？答案肯定時，該證據應予禁止使用；（二）答案否定時，繼續審查被違反之取證禁止，其法規範目的為何？該目的是否因違法取證行為而終極受損？使用該證據損害，是否會加深或擴大？如果會加深或擴大，則證據應禁止使用；（三）如果不會，或者根本無法探知規範目的時，則得權衡個案，判斷被告個人利益與國家之追訴利益孰先孰後。追訴機關違法程度、被告涉嫌犯罪輕重乃其中關鍵之指標[39]。此外，最高法院87年度台上字第4025號判決，即具體將權衡因素著重於「違法之重大性」及「抑制違法之相當性」兩項要件者，足見所謂權衡法則，絕非漫無方法、標準，而任憑法官主觀感覺之法則。

因此，台灣高等法院107年度上訴字第2522號刑事判決便有參考上述「三段審查基準說」認為：（一）首先應區別偵查機關或審判機關之違法，於偵查機關違法取得之證據，且係惡意違反者，如禁止使用該項證據，足以預防偵查機關將來違法取得證據，亦即得有「抑制違法偵查」

---

37 參照台灣高等法院107年度上訴字第2522號刑事判決。
38 林鈺雄，從基礎案例談證據禁止之理論與發展，刑事訴訟之運作－黃東熊教授六秩晉五華誕祝壽論文集，五南，1997年11月，頁35。
39 林鈺雄，搜索扣押註釋書，元照，2001年9月，頁48。

之效果者，原則上應即禁止使用（權衡第（一）、（二）及（五）項因素）；（二）其次，如非惡意之違反，仍應審究所違反法規範之保護目的，以及所欲保護被告之權利爲何（包括憲法上之基本權，及法律上之實體及程序權），參酌國家機關追訴，或審判機關審判之公共利益（如被告犯罪所生之危險或實害程度），權衡其中究係被告之私益或追訴之公益保護優先，除非侵害被告之權利輕微者，否則仍應禁止使用該項證據，亦即除非極端殘暴的嚴重犯罪而有不得已之例外，絕對不得只因爲被告所犯爲重罪，即不去考量被告被侵害之權利，尤其是被告憲法上權利或足以影響判決結果之程序權受侵害時，仍以禁止使用爲原則（權衡第（三）、（七）及（四）項因素）；（三）最後，始考量「假設偵查流程理論」或「必然發現之例外」法理，視偵審人員同時有無進行其他合法採證行爲，而如依法定程序有無發現該證據之必然性，以作爲原則禁止之唯一例外（權衡第（六）項因素）。

是以，本案係員警假「檢查」之名而濫行「搜索」之實，係屬恣意妄爲，不顧程序正義，並進而累及使逮捕、尿液採集皆成非法，即從員警主觀意圖係假「檢查」之名而濫行「搜索」之實之恣意、惡意違法情節來看，依「三段審查基準說」第一段之觀察，便符合違法所取得之證據應予排除，爲達「遏阻違法偵查」之目的考量，證據應予禁止使用。再者，本案因員警無善意例外及「一目瞭然法則」之適用，已無須另行衡量被告權利侵害及追訴利益，是以本案所扣案之海洛因、針筒及以此爲據而衍生之各項證據，包括搜索扣押筆錄、自願受搜索同意書、鑑定書、濫用藥物檢驗報告均違相當性或更兼屬「毒樹之果實」，應予禁止使用。又以本案員警或檢察官並無其他已合法發動之調查或偵查作爲，更無須再審酌「假設偵查流程理論」或「必然發現之例外」等例外，應有證據能力情形。

第七節　結論與建議

壹、結論

　　本案事實是甲某日載妻子違停爲警盤查，經「同意」自該車副駕駛座置物處及下方垃圾桶內，扣得其所有之海洛因1包及注射針筒2枝，復經採集尿液送驗有施用第一級毒品海洛因，被移送後起訴。然在法院審理時，甲承認吸毒，但主張員警無搜索票，未徵得他「同意」搜索車子，因他「只有同意看，你們怎麼可以翻」，且事後又逼他簽「自願搜索同意書」，「不然老婆小孩不能回去」。最後法院認爲「檢查」或「搜索」均屬對隱私權之干預，基於法律保留原則，皆須有法律依據方得爲之，雖經受檢查或搜索者「同意」情況下，基於基本權之捨棄，固得合法爲之，然得執行者自只侷限於經「同意」之範圍內，不得假「檢查」之名，而濫行「搜索」之實，又未經被告「同意搜索」情況下，「打開置物箱蓋從裡面取出一包裝有白色粉末之夾鏈袋」，顯屬「非法搜索」，從而所扣該包海洛因及2支針筒，皆係經違法搜索所得之證物。接著本案法院認爲因非法所查獲之毒品而逮捕被告甲，屬非法逮捕，是以事後方補簽之「自願受搜索同意書」，絕非出於被告之眞摯同意，自不得以此回溯使搜索轉爲合法之依據，則此份同意書充其量僅具掩蓋「違法搜索」之「遮羞布」而已。又因員警非法逮捕被告甲，是以不能依刑事訴訟法第205條之2後段所定「對於經拘提或逮捕到案之犯罪嫌疑人或被告，有相當理由認爲採取尿液得作爲犯罪之證據時，並得違反其意思採取之」爲之，警方又沒向檢察官聲請鑑定許可書，且亦未經其同意而自願採尿，亦非毒品危害防制條例第25條所定得報請檢察官許可強制採驗之「毒品調驗人口」，自不得違反被告之意願而強制採驗尿液，故員警對被告之尿液採集同淪爲不法。

　　是以，本案基本上可拆解爲違法搜索、違法逮捕、違法驗尿，所扣案之證據及據此而衍生之各項證據，法院最後基於「遏阻違法偵查」目的排除該等證據，導致縱使被告甲坦誠有施用第一級毒品之犯行，惟僅此單一自白，尚無其他證據可佐其自白眞實性下，判決被告「無罪」。

貳、建議

一、認清執法之合法界限

　　刑事訴訟禁止「不計代價、不問是非、不擇手段」的眞實發現，其發現眞實，必須在實質正當法律程序下進行，始爲法所許可。縱使當前犯罪型態，通常隨證據之浮現而逐步演變，可能原先不知有犯罪，卻因行政檢查，偶然發現刑事犯罪，因而員警依警察職權行使法或警察勤務條例等法律規定執行攔檢盤查勤務工作時，若發覺受檢人員行爲怪異或可疑，有相當理由認爲可能涉及犯罪，得依據刑事訴訟法之相關規定執行搜索。惟依據刑事訴訟法，以「有令狀搜索」爲原則，「無令狀搜索」（或稱「無票搜索」）爲例外，即因搜索本質帶有急迫性、突襲性之處分，有時稍縱即逝，若均必待聲請搜索票之後始得行之，則時過境遷，勢難達其搜索目的，故刑事訴訟法乃承認不用搜索票而搜索之例外情形，稱爲「無令狀搜索」，惟此種搜索，也應遵守法定程式，否則仍屬違法搜索。目前實務上執行之搜索，除有符合刑事訴訟法所規定現行犯或準現行犯情形，自可執行逮捕及後續之附帶搜索外，一般以「同意搜索」爲主，惟同意搜索正當性基礎完全建立在受搜索人有效同意上，惟如遇當事人不同意搜索，即無法發現犯罪證據。特別是在我國現行刑事訴訟普遍承認「證據排除法則」後，程序合法與否的爭執與裁定，成爲實體眞實先決條件，對於犯罪嫌疑人或被告的違法取證，法院必須調查並說明其取捨理由，爲了程序正義而可犧牲實體眞實，可謂是刑事訴訟上重大哲學思想改變，從「以發現眞實爲中心的證明力問題」移轉至「以正當程序爲中心的證據能力問題」[40]。

　　面臨現行刑事訴訟重心轉移至「正當法律程序」要求下，員警依警察職權行使法執行攔檢盤查以及依刑事訴訟法執行搜索、扣押、逮捕等強制

---

[40] 面臨現行刑事訴訟重心的轉移，警察今後辦案將會受到一定的影響與衝擊，例如：1.取證程序的合法性，自然成爲最重要的先決條件，成爲審判中新的「訴訟標的」；2.法院成爲「警察的警察」，在決定證據是否排除前，法院必須先裁定警察行爲是否違法，而成爲警察的督導機關；3.執法人員成爲審判中另一個被審判的對象，導致傳統上扮演控訴者的警察或檢察官，變身成爲審判中的被審者。許福生，論證據排除法則與警察因應之道，日新第5期，2005年9月，頁85-86。

處分,均需在嚴謹的法律授權始得執行,且在執行過程中,亦須符合比例原則,不得逾越必要程度。倘若在執勤過程中,如因法治觀念或經驗不足情形,經當事人採取救濟手段,事後檢視發現員警攔檢盤查事由不正當,或以非法程序取得犯罪證據,當事人之處分可能遭撤銷,且為無罪之判決,甚或員警身陷囹圄,殊為不值。故警察今後辦案應更落實程序正義,認清強制處分權之合法界限,並加強實務判決書分析,以作為執法合法性之依據。

倘若司法警察(官)執行職務時,面臨必須蒐集、保全證據而有緊急搜索之急迫情形時,應即向檢察官報備,經核可後得緊急搜索。報備之方式,並無一定要式限制,以電話請求執勤檢察官核准,亦無不可,避免以臨檢之名而來行緊急搜索,畢竟臨檢與緊急搜索之目的、本質、發動要件及程序均不同。本此理念,現行「執行搜索扣押作業程序」有關注意事項,針對無票搜索部分的注意事項,特別是「同意搜索」方面,應在參考實務對於無票搜索應遵守的法定程序,適度加以補充說明之。

二、持續改善績效文化

傳統警察機關對於協助偵查犯罪的心態,幾乎均係發掘線索、布線列偵、鎖定嫌犯、逮捕結案,即大功告成。然而國家賦予警察犯罪調查權之最終目的應不止於此,惟有將犯罪者歷經刑事司法審理終結,並為有罪判決確定,才是社會正義得以伸張的時刻。然長久以來,警察基於績效評比的考量之下,乃著重在警察「移送書」所載罪名與嫌疑犯人數上,而較漠視法庭內所發展出的法治精神與證據法則,而遭受諸多批評[41]。

現行證據排除法則已在我國法制與實務生根發展,法院將成為「警察的警察」,將審查警察的取證程序是否合法?其違背法定程序而取得的證據有無證據能力?縱使違背法定程序而取得的證據,其有無證據能力,仍應審酌人權保障及公共利益之均衡維護,始足資認定。然實務上現也漸

---

[41] 陳瑞仁著,林山田主持,如何由法制面提升警察辦案品質,刑事訴訟法改革對案,元照,2000年10月,頁465;詹德恩,略論刑事訴訟程序之變革對司法警察機關的衝擊,刑事法雜誌,47卷6期,2003年12月,頁87。

將學說上的「三段審查基準說」逐漸帶入個案審查中，倘若員警係恣意、惡意地以違法手段取得證據，基於「遏阻違法偵查」目的是會排除該等證據。因此，警察人員應改變以往以績效導向為辦案的模式，在遂行協助犯罪偵查的過程中，應嚴格遵守程序正義原則，確實踐行法律中對犯罪嫌疑人的人權保障規定，才能落實摘奸發伏、打擊不法，維護社會正義的功能。否則縱使辛苦取得證據，倘若違法取證所違反法定程序之情節甚為嚴重，傷害人民對司法公平公正之信賴，而為抑制偵查機關違法之取證，基於公平正義，該違法取證所得證物或相關證言，將會被排除。

如同彰化地方法院107年訴字第329號刑事判決所言：「本案承辦員警，以『騙票』（拿過去的蒐證照片透過檢察官向法院聲請搜索票）之違法手段取得搜索票，固已接受司法審判而付出代價（犯刑法第216條、第213條之行使公務員登載不實文書罪），然而身為執法人員的警察卻做出如此嚴重的違法行為，可能與警界長期以來的績效文化脫不了關係。……本院仍希望警界高層除了以績效管考基層員警之外，也能真心替這些在第一線辛苦值勤的員警們著想，思考如何為員警提供安全無虞的設備環境、正確完善的法治教育，讓『執法之前，先要守法』的觀念，內化在每位員警的心中」。

又以最近某派出所4名官警栽槍換取績效，犯下假藉職務上之權力故意犯非法搜索、縱放人犯與偽造文書等罪判決確定案（參照最高法院109年台上字第2320號刑事判決），警政署除重申各警察機關應依法行政並落實程序正義，違者嚴懲並追究連帶責任外，署長更語重心長表示「各級幹部應勇於承擔轄區治安責任，嚴禁各單位有匿報案件或績效造假情事，違者將嚴懲不貸，同時追究考監責任，避免影響民眾對警察的支持與信賴」。確實，為改善績效文化及強化警察專業，警政署自2015年4月起對外「減少協辦業務」達20餘項，自2018年起對內「取消專案評比計畫」計52項；警政署強調未來也將持續滾動檢討修正，以減輕警察同仁工作負擔，提高工作效能，更可專注於「治安」與「交通」工作上[42]。因此，持

---

[42] 參照自由時報，2020年8月12日報導。

續改善績效文化、落實程序正義、先合法、再論方法，確實是值得我國警察持續關注的議題。

三、賦予司法警察機關主管長官對物之緊急搜索權

現行緊急搜索規定搜索的主體限為檢察官，排除司法警察官、司法警察，然檢察官行偵查時，究有多少機會可能發動緊急搜索？而較有可能發動緊急搜索的警察機關竟然無發動緊急搜索權？立法顯然有未能兼顧偵查實際情況之虞。為解決此偵查實務之落差，未來應修正刑事訴訟法第131條第2項條文，賦予司法警察機關主管長官對物之緊急搜索權。即現行刑事訴訟法第131條第2項規定，僅檢察官有對物的緊急搜索權，惟實際上負責第一線偵查者為司法警察官或司法警察，遭遇緊急狀況較多，須報請檢察官指揮始得為之，協調聯繫緩不濟急，各項物證可能稍縱即逝，相關證物滅失後，徒留難以回復之憾。又依同條第一項規定，司法警察人員既得對住宅或其他處所執行逕行搜索，依舉重明輕之法理，對於物證之緊急搜索，應無須經檢察官指揮始得執行之。故未來應明定司法警察機關主管長官，對於證據有偽造、變造、湮滅或隱匿之虞者，亦得發動緊急搜索，以應事實需要。

第十四章
員警處理涉外案例研析

張維容

第一節　前言

　　報載2016年7月3日凌晨1時許駐台北土耳其貿易辦事處（下簡稱土耳其辦事處）副代表都庫哈里（Halil brahim Dokuyucu，下簡稱D副代表）在台北市大安區夜店涉嫌性騷擾及妨害公務；同年8月17日經我國媒體大幅報導，D副代表於翌日以休假名義返回土耳其；其後土耳其辦事處於同年月25日正式向我外交部說明，D副代表已結束駐台任務。監察院外交及僑政委員會於2017年6月22日通過監察委員江綺雯、江明蒼所提之調查報告[1]，要求外交部檢討改善，並議處失職人員。該調查報告指出，上開案件因外交部事後耗時查證，延宕檢警機關偵查取證時效，損及受害國人之求償權益及影響我國司法權之行使，外交部與我駐土耳其代表處確有怠失，因此要求外交部應檢討改善，並議處失職人員[2]。

　　上開涉外案件經監察院調查後，雖然認定主要疏失責任在於外交部及駐外代表處，惟依據內政部警政署「警察機關處理涉外治安案件規定」（下簡稱涉外案件規定）[3]及「涉外治安案件處理作業程序」（下簡稱涉外案件作業程序）[4]，警察人員處理涉及駐華使領館、外國機構、國際組織及其人員之涉外治安案件，應向外交部確認其是否具有外交特權及其特權豁免之範圍，後續再依相關國際公約規定、我國法規範及互惠原則處理。遇此特殊類型之涉外案件，警察人員經常居於案件處理之第一線，除對外必須向外交部權責單位確認外，對內亦必須於一定時限內陳報警政業務高層，且由於涉及外交特權暨豁免之案件至為敏感，倘若處理不當則可能影響兩國關係、國際視聽，同時又必須兼顧受害人民之權益，故警察人員於受、處理是類案件之過程中，必須熟稔相關法規範、處理程序、注意

---

[1] 監察院2017年6月2日106外調0002調查報告。

[2] 監察院網站，https://www.cy.gov.tw/News_Content.aspx?n=124&sms=8912&s=7943，最後瀏覽日：2020年6月10日。

[3] 內政部警政署2009年2月18日警署外字第0980060209號函訂定，2014年3月7日警署外字第1030067479號函修正。

[4] 內政部警政署2020年4月22日警署外字第1090079562號函修正。

事項與執行技巧,以妥爲處置。

　　本文將以前揭土耳其辦事處D副代表之案件爲例,首先說明該案件之發生經過、主要爭點,再闡明警察人員處理涉及駐華使領館、外國機構、國際組織及其人員等治安案件相關法規範,包括國際公約、我國憲法、法律及行政命令等主要規定,再說明監察院調查結果與評析,以及本文之結論與建議。

第二節　案例事實與爭點

　　2016年7月3日土耳其辦事處D副代表於台北市大安區轄內酒吧消費與其他客人產生糾紛,經店家趕出後,D副代表於店門口與店家發生口角;台北市政府警察局大安分局安和路派出所獲報後派員到場處理,並通知該局外事服務站同仁到場協助,外事警察人員同時聯繫外交部禮賓處特權科確認D副代表是否享有外交特權及其刑事豁免權之範圍。於解送涉嫌性騷擾及妨害公務之D副代表至台灣台北地方檢察署(下簡稱北檢)時,外交部禮賓處人員依據部分駐處官員證記載逕向北檢告稱D副代表享有刑事豁免權,故北檢並未收案及保全證據。同年8月18日,D副代表因未受限制出境而以請假爲由返回土國,同年月25日土耳其辦事處向外交部告稱D副代表結束駐台任務將不再返台,致受害國人求訴無門,且衍生其他無邦交之駐華外國人未遵守我國法令之疑慮。又北檢於2016年12月4日表示因D副代表傳拘未到案,已發布通緝,時效爲12年6個月(表14-1駐台北土耳其貿易辦事處副代表都庫哈里2016年涉嫌性騷擾及妨害公務案件大事紀一覽表)。

　　警察機關於處理上開案件時,因涉案之D副代表聲稱其具有外交特權暨豁免之身分,故處理員警於第一時間即通報外事警察人員到場協助,並向權責機關外交部加以確認,惟由於外交部就D副代表是否具有外交特權暨豁免項目與範圍之回答前後不一,致影響後續刑事訴追相關作爲。故本案所衍生之幾個主要議題及爭點如下:

一、何謂外交特權及管轄豁免?本案駐台北土耳其貿易辦事處及其人員得否在台享有外交特權及管轄豁免?相關法律依據為何?

二、是否具有外交特權暨豁免項目與範圍之認定權責機關為何?

三、警察機關如何處理涉及外交特權暨豁免之案件,相關法依據、注意事項及執行技巧為何?

四、從本案之發生,檢、警及外交部等機關間之聯繫作為,有否改善之處?

表14-1 駐台北土耳其貿易辦事處副代表都庫哈里2016年涉嫌性騷擾及妨害公務案件大事紀一覽表

時間	發生經過
2016年7月2日	D副代表於台北市安和路餐廳與員警拉扯並疑似性騷擾我國女子。
2016年7月3日 1時44分	台北市政府警察局勤務指揮中心通報台北市政府警察局大安分局（下稱大安分局）:大安區安和路二段100號1樓有外國人酒醉鬧事。
2016年7月3日 1時45分-47分	大安分局安和路派出所獲報後派員到場處理,並通知外事服務站同仁到場協助,站長李○虹聯繫外交部禮賓處特權科,以確認D副代表身分及特權豁免範圍。員警到場後,欲協助D副代表了解案發經過,惟D副代表口出惡言,並向眾人叫囂,且辱罵警察。
2016年7月3日 1時49分	1. 適線上有取締違規勤務警員馬○寧途經該處,獲令到達現場處理,隨後警員林○宇亦抵達現場。 2. 員警到場發現D副代表情緒失控且店外圍觀酒客眾多,恐衍生肢體衝突等事件,為避免事態擴大,遂呼叫警力支援,隨即由安和所所長游○軍率8名警力到場支援處理。 3. D副代表因酒醉失控不聽勸阻,執意再進店內,警方加以攔阻,D副代表遂與員警發生拉扯推擠,員警為保護其安全及避免事態擴大,爰依據警察職權行使法予以上手銬進行管束
2016年7月3日 3時22分	外交部禮賓處特權科林○枝科長獲悉D副代表爛醉。
2016年7月3日 3時30分	外交部亞西及非洲司（下稱亞非司）專員陳○博於3時30分抵達現場協助處理後,表示尊重警方處理程序。

時間	發生經過
2016年7月3日 3時50分	D副代表經警方帶返安和所後,仍失控徒手推擠、攻擊員警成傷,安和所警用裝備及偵訊室設備亦遭損壞,警方遂依妨害公務、毀損公物等罪嫌據以偵辦。(妨害公務、毀損罪)(警方查復)
2016年7月3日 4時20分	D副代表打傷5名警員,安和所凌亂不堪,基於保護D副代表,決定上銬(外有民眾全程錄影存證)。(警方查復)
2016年7月3日 9時	土駐台辦事處副代表(中文名:何○)來電告稱,不應上銬、照相、按指紋
2016年7月3日 11時許	安和所所長游○軍於何○陪同下,將D副代表隨案帶至大安分局偵查隊,市警局外事科林○齡科長亦到場了解,並向何○說明員警執法立場及相關法令。 駐台北土耳其貿易辦事處代表致電林○齡科長請考量國際慣例處理本案,林○齡科長乃多次致電外交部禮賓處特權科要求確認D副代表特權豁免範圍,惟均無具體結果。(警方查復) 亞非司陳○彥司長向檢察官轉達駐台北土耳其貿易辦事處希望不上銬、不按指紋,以及函送處理之意願。
2016年7月3日 14時許	外交部條約法律司陳○翰專委向亞非司轉達法務部國際及兩岸法律司長陳○琪對本案之關切,請亞非司再度確認D副代表有無豁免權。 外交部特權科林○枝科長電話(越洋)詢問駐土范○清組長,經范組長查證後,表示D副代表應享有刑事豁免,林科長遂通知地檢署及警方查證結果。
2016年7月3日 14時50分	北檢主任檢察官張○欽,獲指示本案犯嫌身分特殊,且經該署聯繫法務部兩岸司國際科告以:初步了解土耳其與本國並無司法互惠原則,且當事人酒醉鬧事非屬職務行為,請大安分局即行解送地檢署偵辦。(警方查復)
2016年7月3日 15時10分	大安分局於林○齡科長及黃○師偵查隊長陪同下,解送D副代表至北檢。(警方查復)
2016年7月3日 15時16分	禮賓處特權科科長林○枝告知警方:我駐土耳其之外交官員於該國享有刑事豁免權,基於互惠原則,D副代表亦享有刑事豁免權,乃至北檢當面向檢察官報告後,D副代表經人別詢問後即不予收案請回,檢察官並指示大安分局俟接獲外交部相關卷資後併卷函報該署。
2016年8月18日	D副代表因未受限制出境,請假返回土國,同年月25日土耳其辦事處向外交部通知D副代表結束駐台任務,將不再返台。

時間	發生經過
2016年8月22日	案經報導後，我國女子出面向媒體指控，D副代表於同年7月3日凌晨曾在○○酒吧藉酒意對其搭訕並上下其手，除企圖強吻她之外，並持續以淫語騷擾。該女子稱因日前媒體報導後始知對方身分，故要求土耳其辦事處向其道歉，因未獲回應、氣憤難耐，遂於8月24日赴大安分局安和路派出所提出性騷擾告訴，警方同步受理其申訴及告訴程序，並於9月5日將告訴部分移送地檢署偵辦。
2016年8月23日	外交部（外亞非亞字第○○○○○○號）函知法務部，土政府核發我駐處官員證有三種版本。因外交部3次請駐處洽土耳其外交部以確認雙方之刑事豁免權範圍，皆未獲答復，本案認定雙方不享有刑事豁免權。
2016年12月4日	北檢表示因D副代表傳拘未到案，已發布通緝，時效為12年6月

資料來源：整理自監察院2017年6月2日106外調0002調查報告附表大事記。

第三節 法規範

　　以下就警察人員處理涉及駐華使領館、外國機構、國際組織及其人員等治安案件，國際公約、我國憲法、法律及行政規則相關重要規範加以說明之：

壹、國際公約

　　「特權」一般係指免於法律或規章之實質規範，例如免於有關稅捐或接受國法律執行之程序保障；至於「豁免」則非指免於法律之實質規範，所強調者是接受國法律執行之程序保障。外交人員仍須遵守接受國之法律與規章，若其有任何違反相關法律或規章，因其享有豁免權，是以接受國行政部門不能將其逮捕或拘留，同樣不能將之移交司法部門進行刑事或司

法程序[5]。

概括言之，豁免亦係特權之一部分，二者間界線甚爲模糊、難以區分。簡言之，外交特權（Diplomatic Privilege）是指外國使館及外交人員可以享受之特殊權利，是普通平民官員不能享受之特別優遇。外交豁免（Diplomatic Immunity）是指外交人員免除接受國的管轄，包括民事、刑事及行政管轄。外交代表享有特權及豁免，係因外交代表執行職務之需要，外交代表得經其本國政府之同意拋棄管轄之豁免[6]。

長久以來，外交代表及其財產，即有免於接受外國法院或當局管轄之權利。外交豁免權使各國代表免於受地主國司法程序之管轄，以便執行外交職務，用以促進國家間之友好關係。外交特權與豁免毋寧建立在需要性，蓋若外交代表無法自由地代表本國，將無法達成派遣使節之目的。有關外交豁免之習慣國際法，載於1961年維也納外交關係公約（Vienna Convention on Diplomatic Relations，簡稱VCDR）[7]。

此外，與外交官相同，領事在另一國代表本國，然而與外交官不同之處在於領事並不處理兩國間政治關係。領事多從事非政治性事務，例如簽發護照、簽證，照顧本國船舶及商業利益等。1963年聯合國在維也納召開會議，通過領事關係公約（Vienna Convention on Consular Relations，簡稱VCCR），該公約在相當程度內將領事地位等同於外交官地位[8]。

1961年聯合國維也納外交關係公約第31條第1項規定：「外交代表對接受國之刑事管轄享有豁免。除下列案件外，外交代表對接受國之民事及行政管轄亦享有豁免……。」另1963年聯合國維也納領事關係公約第43條第1項規定：「領事官員及領館雇員對其爲執行領事職務而實施之行爲不受接受國司法或行政機關之管轄。」

---

5 姜皇池，國際公法導論，新學林，3版，2019年，頁668-669。

6 作者不詳，如何處理涉外及駐華外交領事人員及無邦交駐華人員案件，內政部警政署編：警察實務，未出版，2001年。

7 姜皇池，國際公法導論，新學林，3版，2019年，頁666-667。

8 姜皇池，國際公法導論，新學林，3版，2019年，頁691-692。

貳、憲法

依據我國憲法第141條規定：「中華民國之外交，應本獨立自主之精神，平等互惠之原則，敦睦邦交，尊重條約及聯合國憲章，以保護僑民權益，促進國際合作，提倡國際正義，確保世界和平。」

參、法律

一、駐華外國機構及其人員特權暨豁免條例

政府間國際組織及其人員為能有效執行職務，必須享有一定程度的特權與豁免，避免當地司法及行政的干擾而影響職務之行使。這方面在國際慣例並未發展出有關規則，幾乎是由國際公約或條約來規定，而其規定也大都比照外交代表之特權與豁免[9]。亦即，基於功能考量，確保國際組織能有效執行其功能，國際組織亦享有豁免權，習慣法之下，國際組織所享有豁免權範圍並不確定，在具體實踐中，此種豁免權通常是藉由簽署特定條約予以規範[10]。

我國「駐華外國機構及其人員特權暨豁免條例」（下簡稱豁免條例）[11]制定之背景，係因應各國於我國設立代表機構者日益增加，為使該等與我國有實際關係之無邦交國家駐華機構及其人員享有一般使領館及外交領事人員之特權暨豁免，以代表各該國有效執行職務，故制定該部具有國內法律效力之特別立法，俾在法案通過後，雙方能於互惠之基礎上，依法畀[12]予駐華外國機構及其人員若干特權暨豁免條件。

9　丘宏達，現代國際法，三民書局，3版，2020年，頁752。

10　姜皇池，國際公法導論，新學林，3版，2019年，頁697-698。

11　我國「駐華外國機構及其人員特權暨豁免條例」係1982年7月9日總統（71）台統（1）義字第4050號令制定公布全文9條，1997年5月7日總統（86）華總（1）義字第8600104860號令修正公布第9條條文及增訂第7條之1條文，經行政院2001年12月12日（90）台外字第072949號令發布第7-1條，並自2002年1月1日施行。

12　注意：ㄅㄧ丶，賜與、給予之意，教育部重編國語辭典網站，http://dict.revised.moe.edu.tw/cgi-bin/cbdic/gsweb.cgi?ccd=hPg6IG&o=e0&sec1=1&op=sid=%22W00000000363%22.&v=-2，最後瀏覽日：2020年6月22日。

（一）適用及準用對象

適用對象依據豁免條例第1條規定：「駐華外國機構及其人員之特權暨豁免，除條約另有規定者外，依本條例之規定。」亦即，豁免條例是特權豁免之特別法，其適用對象為駐華外國機構及其人員，至於駐華使領館及外交領事人員之特權暨豁免，仍依條約及國際習慣等國際法，無該條例之適用[13]。

準用對象依據豁免條例第7條之1規定：「世界貿易組織駐華機構暨其官員、該組織官員及各會員之代表，就執行與該組織職能有關事項應享受之特權暨豁免，準用第4條至第7條之規定。」該規定之增訂係為配合我國加入世界貿易組織（World Trade Organization，簡稱WTO）之準備，符合WTO設立協定第8條之規定，會員必須給予WTO、其官員及各會員之代表功能性特權暨豁免，故增訂相關準用之規定[14]。

至於駐華外國名譽代表機構及其人員，與駐華代表機構及其人員性質不同，故明定不適用本條例之規定（豁免條例第8條）。

依據外交部統計資料所示，截至2018年底，外國在我國所設機構計有72個，其中駐台大使館計16館、駐華代表處或辦事處計56處，另有駐華國際組織計2處（即亞蔬一世界蔬菜中心及亞太糧食肥料技術中心）[15]。此乃因為我國國際情勢特殊，在外交作為上必須透過各國管道與方式，增進與邦交國並加強與非邦交國間實質往來。因此，邦交國在台設置大使館，非邦交國在台設置代表處或辦事處，基於平等互惠原則共同推展雙邊交流與合作[16]。

（二）核定及認定之主管機關

豁免條例第2條規定：「本條例所稱駐華外國機構之設立，應經外交部核准，其人員應經外交部認定。」

---

[13] 立法院議案關係文書，院總第1136號，政府提案第2157號及第2157-1號，1982年5月26日印發。

[14] 立法院公報，第85卷第68期，2006年。

[15] 經查目前未有外國在台設置領事館。

[16] 外交部，外交部2018年統計年報，尚暐文化，2018年，頁65；外交部，2018外交年鑑，尚暐文化，頁829-848。

（三）互惠原則及特許

豁免條例第3條規定：「駐華外國機構及其人員依本條例享受之特權暨豁免，應基於互惠原則，以該外國亦界予中華民國駐該外國之機構及人員同等之特權暨豁免者為限。但有特殊需要，經外交部特許享受第5條第6款、第7款及第6條第1項第2款之特權者不在此限。」

另同條例第4條規定：「駐華外國機構基於互惠原則，於法令限制內有享受權利、負擔義務之能力。」

（四）駐華外國機構特權暨豁項目及範圍

豁免條例第5條規定駐華外國機構所得享受之特權暨豁免，其項目及範圍，以國際組織在國際法下所得享受之特權暨豁免為原則，必要時經行政院之核定，駐華外國機構亦得享受駐華使領館所享之特權暨豁免。依該條規定，駐華外國機構得享受特權暨豁免項目及範圍如下：

1.館舍不可侵犯，非經負責人同意，不得入內。但遇火災或其他災害須迅速採取行動時，得推定已獲其同意。

2.財產免於搜索、扣押、執行及徵收。

3.檔案文件不可侵犯。

4.豁免民事、刑事及行政管轄。但左列情形不在此限：捨棄豁免、為反訴之被告、因商業行為而涉訟及因在中華民國之不動產而涉訟。

5.電信及郵件免除檢查，並得以密碼之方式行之。其需設置無線電台者，應經外交部及有關機關核可。

6.稅捐之徵免比照駐華使領館待遇辦理。

7.公務用品之進出口比照駐華使領館待遇辦理。

8.其他經行政院於駐華使領館所享待遇範圍內核定之特權暨豁免。

（五）駐華外國機構之人員特權暨豁項目及範圍

豁免條例第6條第1項第1、2款規定，駐華外國機構之人員原則上得享受以下特權暨豁免：

1.豁免因執行職務而發生之民事及刑事管轄：此即學說上之豁免，以別於外交領事人員之一般豁免。

2.職務上之所得、購取物品、第1次到達中華民國國境所攜帶之自用物品暨行李，其稅捐徵免比照駐華外交領事人員待遇辦理：相較於外交領事人員，其免稅項目較少，僅限職務上之所得、購取物品及第1次到達中華民國境內所攜帶之自用物品暨行李。

有鑒於若干國家就雙方機構及其人員之特權暨豁免與我國訂定行政協定，其特權暨豁免之項目及內容非前揭2點所盡能涵蓋，故規定如經行政院核定，亦得享受駐華外交領事人員所享之特權暨豁免（豁免條例第6條第1項第3款）。

此外，豁免條例第6條第1項規定：「前項人員，以非中華民國國民為限。」亦即依本條例所享受特權暨豁免之人員，應以非中華民國國民為限，以避免中華民國國民於中華民國領域內享受特權暨豁免。

同條例第7條規定：「駐華外國機構及其人員依第5條及第6條得享受特權暨豁免之項目及範圍，由外交部核定；其變更亦同。」該規定係因互惠原則之不同，故享受之項目及範圍即有別，實際所得享受者，應由外交部分別判別，其變更亦同。

二、刑法

中華民國刑法第3條規定：「本法於在中華民國領域內犯罪者，適用之。在中華民國領域外之中華民國船艦或航空器內犯罪者，以在中華民國領域內犯罪論。」同法第4條規定：「犯罪之行為或結果，有一在中華民國領域內者，為在中華民國領域內犯罪。」我國刑法採屬地主義，亦即在本國領域內發生的犯罪，不論行為人或被害人是本國人或是外國人，亦或無國籍之人，亦不問行為人違犯何種犯罪與侵害何種法益，基本上都應適用本國刑法追訴處罰[17]。

所謂「領域」又可區分如下[18]：

1.真實（實質）領域：即指一國之領土、領海及領空。按國際公法上

---

[17] 林東茂，刑法總論，一品，2019年，頁58。

[18] 作者不詳，如何處理涉外及駐華外交領事人員及無邦交駐華人員案件，警察實務，內政部警政署，未出版，2001年。

之慣例，領海多以退潮時由海岸計6浬之處為界，然應注意者，我國1998年1月21日總統公布之中華民國領海及鄰接區法第3條係以12海浬計之。

2.想像（浮動）領域：指船、機及駐外使領館等。針對船、機部分，刑法第3條後段設有明文規定：「在中華民國領域外之中華民國船艦或航空機內犯罪者，以在中華民國領域內犯罪論。」於適用上應注意者，此所稱之中華民國船艦或航空機，不論為國有或私有，均包括在內。

至於駐外使領館，刑法則未設規定，考其立法意旨，當係保留而有待國際慣例補充之。最高法院1969年8月25日第一次民、刑庭總會會議決議（二）則補充說明如下：「……。按國際法上對於任何國家行使的管轄權，並無嚴格的限制，在慣例上本國對於本國駐外使領館內之犯罪者，能否實施其刑事管轄權，常以駐在國是否同意放棄其管轄權為斷。是以對於在我國駐外使領館內犯罪者，若有明顯之事證，足認該駐在國已同意放棄其管轄權，自得以在我國領域內犯罪論。」足供參考。由是觀之，任何人於駐華外國機構內，我國對之仍有管轄權，惟於處理之際，應遵守國際公約及駐華外國機構及其人員特權暨豁免條例等相關法令規定。

三、行政罰法

由於規範行政罰之法規亦屬國內法之一種，因此所衍生有關地之效力，原則上與其他國內法並無不同，即在國家主權所及範圍內之人或物，皆有其適用[19]。

行政罰法第6條第1項規定：「在中華民國領域內違反行政法上義務應受處罰者，適用本法。」此即屬地主義之表現，不論行為人之國籍為何，只要依法律或自治條例規定屬處罰對象而應受處罰者，均適用行政罰法。由於現代交通、科技發達，國際間往來頻繁且迅速，跨國違法行為時有耳聞，故行政罰法採屬地主義，以符合實際。

至於在國家領域外之船艦或航空器，只要其屬該國管轄，一般仍將其歸於該國領域，同法第6條第2項規定：「在中華民國領域外之中華民國

---

[19] 洪家殷，行政罰法論，五南，增訂2版，2006年，頁95-97。

船艦、航空器或依法得由中華民國行使管轄權之區域內違反行政法上義務者，以在中華民國領域內違反論。」[20]

另為因應現代社會跨國違法行為之普遍性，避免形成制裁之漏洞，同法第6條第3項規定：「違反行政法上義務之行為或結果，有一在中華民國領域內者，為在中華民國領域內違反行政法上義務。」此係參考刑法第4條屬地犯之規定而來。

四、社會秩序維護法

社會秩序維護法第4條規定：「在中華民國領域內違反本法者，適用本法（第1項）。在中華民國領域外之中華民國船艦或航空器內違反本法者，以在中華民國領域內違反論（第2項）。」

五、集會遊行法

集會遊行法第10條規定：「有左列情形之一者，不得為應經許可之室外集會、遊行之負責人、其代理人或糾察員：二、無中華民國國籍者。」亦即，無中華民國國籍者，不得為應經許可之室外集會、遊行之負責人，違者除主管機關（警察局或警察分局）得駁回該集會、遊行之申請外，移民署得以該外國人從事與許可停留、居留原因不符之活動或工作，將之強制驅逐出國[21]。

---

20 行政罰法第6條第2項參酌我國刑法第3條立法例，擴大適用範圍，蓋依國際公法一向承認船籍國或航空器國籍登記之管轄權，以在中華民國船艦、航空器違反行政法上義務者，縱行為時該船艦、航空器在公海、公之空域中，亦當「以在中華民國領域內違反論」。林錫堯，行政罰法，三民書局，初版，2006年，頁78-79。

21 入出國移民法第29條：「外國人在我國停留、居留期間，不得從事與許可停留、居留原因不符之活動或工作。但合法居留者，其請願及合法集會遊行，不在此限。」
第36條第2項：「外國人有下列情形之一者，入出國及移民署得強制驅逐出國，或限令其於十日內出國，逾限令出國期限仍未出國，入出國及移民署得強制驅逐出國：一、入國後，發現有第十八條第一項及第二項禁止入國情形之一。……四、違反第二十九條規定，從事與許可停留、居留原因不符之活動或工作。……」第4項：「入出國及移民署依規定強制驅逐外國人出國前，應給予當事人陳述意見之機會；……。」

肆、行政規則

　　警察機關處理涉外案件之組織法依據，係規範於警察法第5條第2款，內政部設警政署（司）執行全國警察行政事務並掌理相關全國性警察業務，其中「關於保護外僑及處理涉外案件之外事警察業務」為全國性警察業務之一[22]。另內政部警政署處務規程第8條規定國際組掌理事項，其中第2款「涉外治安案件預防及查察之規劃、督導」為其工作重點之一；為妥為處理涉外案件，該署訂定「警察機關處理涉外治安案件規定」及「涉外治安案件處理作業程序」，並下達各警察機關周知。此外，並訂頒「外交車輛違規處理作業程序」，具體規定員警取締、處理「使」字、「外」字牌照車輛交通違規之流程[23]。

　　此外，依據刑事訴訟法第229條及調度司法警察條例第2條規定，司法警察官於其管轄區域內有協助檢察官偵查犯罪之職權。因此若有外國人於中華民國境內犯罪，警察有協助偵查之責。為妥為處理涉外刑事案件，內政部警政署函頒「警察偵查犯罪手冊」[24]，其中第8章「特殊案件之處理」第6節「涉外及大陸地區案件之處理」訂有相關規範，經審視其內容與前揭「警察機關處理涉外治安案件規定」大致重複，故予以整併說明之。

一、警察機關處理涉外治安案件規定

（一）涉外案件之類型及分工

　　依據涉外案件規定第2點，所稱涉外治安案件，係該案件牽涉外國人（持外國護照入境或無國籍人士）或外國地者。前者在現行分工上，由外

---

[22] 就保護外僑部分，2007年1月2日內政部移民署成立後，該業務已移撥該署，惟警察法最後1次修正係在2002年6月12日以總統華總一義字第09100116950號令修正公布第18條條文，故該款尚未配合修正。
　　王家訓氏認為，外人保護及涉外案件之處理，其性質表面上雖有差異，無法歸為同一類，但該兩項任務卻是一體兩面，如能善加保護外僑，涉外案件之發生數將變少，反之則增加。王家訓，涉外案件之處理，警學叢刊，1卷4期，1971年3月，頁35。

[23] 內政部警政署2014年5月20日警署外字第1030095971號函。

[24] 內政部警政署2019年10月4日警署刑偵字第1080005611號函修正。

事警察（內政部警政署國際組）負責，後者則由刑事警察負責（刑事警察局國際刑警科），故涉外治安規定第18點規定，警察機關處理涉外治安案件，涉及國際刑案者，得請求刑事警察局協助偵辦；需請求內政部警政署駐外警察聯絡官協助者，應洽刑事警察局國際刑警科通報辦理[25]。

　　涉外案件規定第5點進一步將涉外治安案件之類型區分如下：1.第1類（涉外重大刑案）：涉及外國人之重大刑事案件[26]；2.第2類（涉外特殊案件）：涉及駐華使領館、外國機構、國際組織及其人員與足以影響國際視聽、外國政府關係或造成國內矚目之案件；3.第3類（涉外普通案件）：前二款以外之案件[27]。

　　就涉及外國人之治安案件，因該外國人身分之不同，適用之法令依據與流程亦有別。主要可區分為具有外交特權及豁免權身分之人或是一般

---

[25] 犯罪偵查手冊第254點後段：涉及國際刑案者，得請求本署刑事警察局協助偵辦。

[26] 涉外案件作業程序「五、注意事項」：（一）本作業程序所稱第一類涉外案件乃涉及外國人之重大刑事案件，亦即外國人所涉案件為警察偵查犯罪手冊所定之重大刑案者，至於外國人為加害人抑或被害人則在所不論。

[27] 依據內政部警政署2019年10月4日警署刑偵字第1080005611號函修正之「警察偵查犯罪手冊」第24點之規定，將刑案區分為重大刑案、特殊刑案及普通刑案，以兼顧被害人權益並有效運用偵查資源，本文中涉外案件規定及涉外案件作業程序就刑案之區分，亦以此為區分依據，惟尚未配合修正。「警察偵查犯罪手冊」第24點就刑案之區分如下：
　（一）重大刑案：
　1.暴力犯罪案件：(1)故意殺人案件。(2)強盜或海盜案件。(3)搶奪案件。(4)擄人勒贖案件。(5)強制性交（指刑法第221條或第222條）案件。(6)重大恐嚇取財（指已著手槍擊、下毒、縱火或爆炸等手段）案件。(7)重傷害或傷害致死案件。
　2.重大竊盜犯罪案件：(1)失竊物總值新臺幣100萬元以上案件。(2)竊盜槍械、軍火、爆裂物或國防、交通、學術上之重要設施或器材案件。(3)被害人具有外交身分之外籍人員，或來訪之外籍貴賓案件(4)竊盜重要儀器、文件等影響國家安全或社會秩序情節重大案件。
　3.重大毒品犯罪案件：(1)查獲走私毒品或原料。(2)栽種罌粟或大麻。(3)製造毒品案件（工廠）。(4)查獲第一級毒品200公克以上。(5)查獲第二級毒品500公克以上。(6)查獲第三級或第四級毒品1,000公克以上。(7)查獲新興毒品分裝場所案件（不論重量）。(8)查獲新興毒品（咖啡包）500包以上。
　（二）特殊刑案：
　1.犯罪手段殘酷、情節離奇案件。
　2.新發現嚴重犯罪手法，必須迅速偵破，予以遏制之案件。
　3.深切影響社會治安、震撼社會人心之案件。
　4.對物或場所之槍擊案件。
　5.重大縱火、群毆械鬥案件。
　6.於學校、醫院、公共場所或關鍵基礎設施放置炸彈（爆裂物）案件。
　（三）普通刑案：重大刑案及特殊刑案以外之案件。

（普通）外國人。基於國際外交慣例，一國為便利外交人員有效執行職務，基於尊重各國主權平等，維持國際和平與安全及促進國際友好關係，均承認外交代表享有若干特權與豁免，此等特權與豁免權之目的不在於給予個人利益，而在於確保代表國家之使、領館與人員能有效執行職務。所謂特權就是普通人不能享有的特別待遇，所謂豁免權，就是管轄權之不行使[28]。

（二）「涉外特殊案件」通報及查證

涉及駐華使領館、外國機構、國際組織及其人員之案件屬於第2類「涉外特殊案件」[29]；員警如接獲該類案件之報案後，應依規定於2小時內以「涉外治安案件處理報告表」陳報內政部警政署，惟該類案件，為爭取時效，得運用手機簡訊立即初報，並完成續報及結報（涉外治安規定第5點、第6點）[30]。

駐華使領館、外國機構、國際組織及其人員依相關國際公約、我國法律及互惠原則得享有特權及豁免待遇。警察機關對於外交特權及豁免範圍如有認定疑義，應洽詢外交部（禮賓處特權科）（涉外治安規定第3點）。具外交身分之駕駛人或車主，對警察機關交通執法過程，如有異議，得請其逕向外交部（禮賓處特權科）請求協助（涉外治安規定第16點後段）[31]。

---

28 郭春源，涉外案件處理與外交特權暨豁免權之探討，警學叢刊，27卷2期，1996年9月，頁18、21。
29 內政部警政署2014年3月7日警署外字第1030067479號函「警察機關處理涉外治安案件規定」第5點規定，涉外治安案件之類型區分為以下3類：
　　（一）第一類（涉外重大刑案）：涉及外國人之重大刑事案件。
　　（二）第二類（涉外特殊案件）：涉及駐華使領館、外國機構、國際組織及其人員與足以影響國際視聽、外國政府關係或造成國內矚目之案件。
　　（三）第三類（涉外普通案件）：前二款以外之案件。
30 涉外案件作業程序「五、注意事項」：
　　（六）第一類、第二類涉外治安案件，為爭取通報時效，得運用手機簡訊，立即報告警政署國際組承辦人；事後仍應依規定填報涉外治安案件處理報告表傳真警政署國際組備查。
31 涉外案件作業程序「五、注意事項」：
　　（七）外交部禮賓處特權科電話：02-23482603；承辦人電話：02-23482605；傳真電話：02-23821874。

（三）處理涉外治安案件之基本原則[32]

1. 秉持公正立場，依法處理。

2. 偵查不公開。

3. 尊重外交人員得享有之特權及豁免。

進一步言之，有邦交之駐華使領館、駐華外交領事人員及其家屬、使館內之行政及技術職員、事務職員及私人僕役等，依維也納外交關係公約及領事關係公約之規定，享有不同等級之特權與豁免，故渠等在我國犯罪時，我國官警不得任意依我國法律程序處理之，應先判別其特權與豁免之範圍，再作適當處理。因此，對駐華外交領事人員及其家屬之不法行為，我國得經由外交管道通知其所屬國政府處理或要求所屬國召回該員，並將之列入不受歡迎人物（Persona Non Grata）[33]。

此外，我國對於無邦交國家駐華人員及其家屬之特權與豁免範圍則依豁免條例之規定，原則上無邦交國家在我國設立之辦事處，經我外交部同意後，即取得該條例規定之特權與豁免，故該等無邦交國家駐華人員及其家屬在我國犯罪時，處理程序則與前述相同。惟駐華外國機構及其人員得享受特權暨豁免之項目及範圍因各國情況互異，應視個案不同，逐案先知會外交部，並由該部核定，其變更亦同[34]。

（四）對享有外交豁免權館舍之偵查作為

對享有外交豁免權館舍之偵查作為如下（對外交代表之私人寓所之偵查作為，準用之）（涉外治安規定第8點、犯罪偵查手冊第255點）：

1. 警察偵查犯罪，不得任意進入享有外交豁免權之使領館、使館館長寓邸、外國機構或國際組織。

---

32 涉外案件之處理原則尚包括：管制、單純、孤立、秘密、迅速、科學、協調及公正原則。郭春源，涉外案件處理與外交特權暨豁免權之探討，警學叢刊，27卷2期，1996年9月，頁20。

33 外交關係公約第9條第1項規定：「接受國得隨時不具解釋通知派遣國宣告使館館長或使館任何外交職員為不受歡迎人員或使館任何其他職員為不能接受。遇此情形，派遣國應斟酌情況召回該人員或終止其在使館中之職務。任何人員得於其到達接受國國境前，被宣告為不受歡迎人物或不能接受。」

34 作者不詳，如何處理涉外及駐華外交領事人員及無邦交駐華人員案件，載於內政部警政署編：警察實務，未出版，2001年。

2.認有必要進入駐華使領館、使館館長寓邸、外國機構或國際組織者,應事先徵得使領館館長、外國機構或國際組織負責人同意。

3.進入後未經駐華使領館館長、外國機構或國際組織負責人同意,不得搜索、扣押、翻閱、借用或影存文件。

(五)涉外交豁免權刑事案件之通報及執行強制處分之限制(涉外治安規定第9點、犯罪偵查手冊第256點)

警察機關處理涉外治安案件,發現享有外交豁免權之外交人員及其家屬[35]涉有犯罪嫌疑者,**應即報請檢察官指揮偵辦**,並即聯繫外交部或報經警察局陳報內政部警政署轉知外交部,**不得逕予執行詢問、搜索、扣押、逮捕或拘禁等強制處分**。

遇前開情形,員警仍應依據事實、證物、人證製作詳盡調查報告,送請司法機關處理並副知外交部。如無法確定其身分者,得逕向外交部禮賓司特權科求證。但為我國籍之受僱職員者,依一般法定程序處理之。

至於該如何辨識駐華外交領事人員及無邦交國家駐華人員之身分及車輛,為第一線警察人員最為困擾之事,由於駐華外交人員及無邦交國家駐華人員及其家屬在台居留均無須辦理外僑居留手續,如欲區別其身分,可從其所持之護照、簽證或外交部所發給之官員證件及其車輛牌照加以區別[36]。

我國外國簽證護照條例第7條將外國護照之簽證,區分為外交簽證、禮遇簽證、停留簽證及居留簽證等四種。同條例第8條規定:「外交簽證

---

35 內政部警政署2014年3月7日警署外字第1030067479號函「警察機關處理涉外治安案件規定」第10點規定,駐華外交機構人員之身分證明及其使用車輛懸掛牌照區分如下:
  (一)駐華使領館:外交官身分之人員及其眷屬領有外交部核發之「外交官員證」;其公務及自用車輛懸掛「使」字牌照。
  (二)駐華外國機構:主管、副主管、正式官員及其眷屬領有外交部核發之「外國機構官員證」;其公務及自用車輛懸掛「外」字牌照。
  (三)駐華國際組織:主管、副主管、專家及其眷屬領有外交部核發之「國際機構官員證」;其公務及自用車輛懸掛「外」字牌照。
36 郭春源,涉外案件處理與外交特權暨豁免權之探討,警學叢刊,27卷2期,1996年9月,頁18-19;作者不詳,如何處理涉外及駐華外交領事人員及無邦交駐華人員案件,載於內政部警政署編:警察實務,未出版,2001年。

適用於持外交護照或元首通行狀之下列人士：一、外國元首、副元首、總理、副總理、外交部長及其眷屬。二、外國政府派駐我國之人員及其眷屬、隨從。三、外國政府派遣來我國執行短期外交任務之官員及其眷屬。四、政府間國際組織之外國籍行政首長、副首長等高級職員因公來我國者及其眷屬。五、外國政府所派之外交信差。」

　　駐華外交領事人員及其家屬係持用外交護照並獲發外交簽證，同時領有外交部核發之「駐華外交官員證」及其車輛使用「使」字車牌。無邦交國駐華人員及其家屬持用普通護照（或公務護照，少數亦持外交護照），並獲發禮遇簽證（少數持外交護照者則獲發外交簽證，此類人員所屬國均與我國簽有互惠協議），同時領有外交部核發之「駐華外國機構官員證」及其車輛使用「外」字車牌。於處理涉及該類型駐華人員之案件時，為辨別身分均可要求當事人出示護照或外交部所發給之證件，以判別其是否可享有外交特權及豁免所應享受之待遇。惟另須注意者，即使駐華外國機構及其人員得享受特權暨豁免，惟其項目與範圍因各國情況互異、雙方之互惠條件不同，故應視個案逐一向外交部確認。

（六）取締、處理「使」字、「外」字牌照車輛交通違規或交通事故應注意事項（涉外治安規定第11點）

　　1.「使」字、「外」字牌照車輛違規時，均應依法取締，與一般車輛違規之處理方式相同[37]。

　　2.「使」字、「外」字牌照車輛涉及交通事故時，為顧及車輛及駕駛

---

[37] 駐台外交機構及其人員進口車輛處理要點（外交部2007年10月31日外禮三字第09630051930號函修正）「參、車輛牌照／甲、牌照種類」規定如下：

　一、依本要點免稅進口車輛之牌照分為下列三類：「使」字牌照。「領」字牌照。「外」字牌照。

　二、「使」字牌照，係供使館及其人員公務、自用車輛使用，其號次依下列規定：自第1號至第100號，專供使館館長座車懸掛，其號次依各該館長之階級及到任次序編列。自第101號起，供使館及其經外交部認定之外交官員公務、自用汽車懸掛，其號次依申領之先後編列。

　三、「領」字牌照，係供領館及其經外交部認定之領事官員公務、自用車輛使用，其號次除第1號專供領事團團長座車懸掛外，其餘均依申領之先後編列。

　四、「外」字牌照係供第二點第二款所稱機構及其人員公務、自用車輛使用。

　目前台灣因無任何外國駐台領事館，故未製作領字車牌。

人員特殊性，應低調處理；如遇民眾駐足圍觀，應予適切管制。

3.對享有外交豁免權人員，處理過程中不得逮捕、拘禁或扣留其駕照，並應給予適當之禮遇，態度力求懇切。

4.執勤過程中，應全程錄音或錄影採證。

（七）「使」字、「外」字牌照車輛移置保管及通知領回作業程序（涉外治安規定第12點）

1.依法移置保管違規之「使」字、「外」字牌照車輛時，勿開啓車門，並請拖吊場妥為保管。

2.涉及交通事故者，應俟檢察官、警察機關完成蒐證、勘驗後再通知領回。

（八）處理駐華外交人員涉嫌酒後駕車時應注意事項（涉外治安規定第13點）

1.駕駛人主張具外交豁免權時，應即向外交部禮賓處特權科查證身分及豁免範圍。

2.以委婉態度請駕駛人配合接受吐氣酒精濃度測試；如駕駛人同意，則實施吐氣酒精濃度測試，如酒測值達移送法辦標準時，則依本規定第9點辦理；如酒測值未達移送法辦標準時，則依內政部警政署頒訂之取締酒後駕車作業程序辦理。

3.倘駕駛人拒絕接受吐氣酒精濃度測試，依道路交通管理處罰條例第35條第4項規定辦理。

4.執勤過程中，應全程錄音或錄影採證。

（九）一般規定

1.領事通知：警察機關依法逮捕或拘提之一般外國人，於逮捕、拘提、收容或羈押時，**應告知當事人得請求通知該國駐華使領館或代表機構**，並在其提出此項請求後，適時通知其本國駐華使領館或駐華代表機構。但當事人明示反對通知者，不在此限。前項通知應作成書面記錄或載明於筆錄後併案存檔，以利事後查詢（涉外治安規定第14點、犯罪偵查手冊第257、258點）。

2.**涉外刑案應會同外事員警及指派通譯**：警察機關發現**涉外刑事案件**，應先控制、保持現場或爲必要處置後，立即**會同外事警察人員偵辦**，並指派適當人員擔任通譯（涉外治安規定第15點、犯罪偵查手冊第254點前段）。

3.**一般涉外案件視個案通知外事員警協助**：處理涉外治安案件過程中，遇有語言溝通障礙或特殊身分認定等相關需求時，**得通知外事警察**到場協助處理（涉外治安規定第16點）

4.**權利告知**：涉案人相關權利事項之告知，應依下列規定辦理（涉外治安規定第17點）：

(1)涉案人若爲一般外國人，依一般法定程序辦理（犯罪偵查手冊第257點），並依刑事訴訟法第95條規定告知外國人相關權利事項[38]。

(2)涉案人接受訊問之權利事項應以書面告知或載明於筆錄。

---

[38] 刑事訴訟法第95條：「訊問被告應先告知下列事項：一、犯罪嫌疑及所犯所有罪名。罪名經告知後，認爲應變更者，應再告知。二、得保持緘默，無須違背自己之意思而爲陳述。三、得選任辯護人。如爲低收入戶、中低收入戶、原住民或其他依法令得請求法律扶助者，得請求之。四、得請求調查有利之證據。無辯護人之被告表示已選任辯護人時，應即停止訊問。但被告同意續行訊問者，不在此限。」

二、「涉外治安案件處理作業程序」(內政部警政署2020年4月 22日警署外字第1090079562號函修正)

涉外治安案件處理作業程序修正規定

(第一頁,共六頁)

一、依據:

(一)警察機關處理涉外治安案件規定。

(二)維也納外交關係公約。

(三)維也納領事關係公約。

(四)駐華外國機構及其人員特權暨豁免條例。

二、分駐(派出)所流程:

流程	權責人員	作業內容

一、受理階段:

(一)接獲報案後,應先於電話中初步詢問案情類別及涉案人國籍,以利事先準備該國語言之權利告知書(特殊語系則一律準備英文版之權利告知書)。

(二)出發至現場前確認已準備相關蒐證器材,尤其是錄影、錄音設備之正常使用,以利保全相關證據。

(三)防疫期間,勤前應使用肥皂水、洗潔液或乾洗手液洗手,並配戴口罩,已先確認涉案外國人為疑似罹患或罹患「嚴重特殊傳染性肺炎(COVID-19)」者,應著隔離衣或防護衣等防護裝備方得執行職務。

(四)確認已隨身攜帶外事警察人員服務證,以利向涉案人表明執法人員身分。

流程／權責人員：

- 受理報案 ─ 承辦員警或外事員警
- 通知外事員警到達現場協助處理 ─ 承辦員警或外事員警
- 確認是否具有外交豁免權利 ─ 外事員警
  - 否 → 告知外國人刑事訴訟法相關權利並製作筆錄
  - 是 → 依法處理並製作筆錄,不得施以任何方式之逮捕、拘禁

(續下頁)

（續）涉外治安案件處理作業程序

（第二頁，共六頁）

流程	權責人員	作業內容

二、執行階段：

（一）嚴守涉外案件處理基本原則：

1. 公正原則：執勤人員應秉持公正立場，依法處理。

2. 偵查不公開原則：基於無罪推定原則，為維護偵查程序之順利進行及真實發現，兼顧保障犯罪嫌疑人、被害人或其他利害關係人之名譽、隱私、安全，偵查不公開。

是否為涉及國際刑事案件 — 承辦員警

否 → **依法偵查辦理**

是 → **洽刑事局國際刑警科通報辦理** — 承辦員警

詢問是否同意執行領事通知 — 外事員警

是 → **通知其本國駐華使領館或駐華機構** — 外事員警

否 →

（二）外事員警到達現場後，應先確認涉案外國人是否具有外交豁免權利。涉案外國人主張具外交豁免權利者，應請其出示相關證明文件（如外交官員證、外國機構官員證、國際機構官員證），以資佐證；外國人無法當場提出相關證件或所提證件污損不堪辨識，則應致電外交部禮賓處特權科查證其身分及其外交豁免權利範圍。

執行領事通知紀錄或拒絕通知，均應以書面檔 — 承辦員警或外事員警

（三）經確認外國人確具外交豁免權利，則應循下列方式辦理：

1. 對具有外交豁免權利人員處理過程中，不得逮捕、拘禁或暫代保管其駕照，並應給予適當之禮遇，態度力求懇切。

第一類、第二類案件依格式填報後於規定時限內陳 — 承辦員警或外事員警

2. 執勤過程中，須全程錄音或錄影採證。

處理程序完成 — 外事員警

（續下頁）

（續）涉外治安案件處理作業程序

（第三頁，共六頁）

流程	權責人員	作業內容
		3. 製作筆錄過程中，享有外交豁免權利人員主張具相關豁免權利而不願配合製作筆錄時，執勤同仁應委婉請其配合辦理，以利釐清相關事證。
		4. 外交人員所屬車輛涉及交通事故時，應由檢察官或鑑識人員完成蒐證、勘驗後再通知領回。
		5. 因外交官不受任何方式之逮捕、拘禁，現場相關調查程序完成後，應請具外交豁免權利人員留下名片或聯繫方式，以利後續偵查。
		（四）處理不具外交豁免權利之外國人者，其處理程序與國人無異，並應注意下列事項：
		1. 涉案人為一般外國人，依一般法定程序辦理，並依刑事訴訟法第九十五條規定告知外國人相關權利事項。
		2. 涉案人接受偵訊之權利事項，應以書面告知或載明於筆錄。
		3. 依法逮捕或拘提之一般外國人，於逮捕或拘提後，應即時通知其本國駐華使領館或駐華機構。但當事人明示反對通知者，不在此限。
		4. 通知其本國駐華使領館或駐華機構後，應作成書面紀錄，以利查考。

（續下頁）

（續）涉外治安案件處理作業程序

（第四頁，共六頁）

流程	權責人員	作業內容

三、分局流程：無

四、使用表單：

（一）筆錄。

（二）受理各類案件紀錄表。

（三）員警工作紀錄簿。

（四）涉外治安案件處理報告表。

三、通報階段：

（一）涉外治安案件發生後，應通報內政部警政署（以下簡稱警政署）（國際組），通報時限規定如下：

1. 第一類（涉外重大刑案）：涉及外國人或外國地之重大刑事案件，應立即報告，不得逾二小時。

2. 第二類（涉外特殊案件）：涉及駐華使領館、外國機構、國際組織及其人員與足以影響國際視聽、外國政府關係或造成國內矚目之案件，應於接獲報案二小時內陳報。

3. 第三類（涉外普通案件）：第一類、第二類以外之案件，除另有指示外，毋須陳報。

（二）依規定應通報之案件，應以涉外治安案件處理報告表傳真陳報警政署國際組（特勤科），並將處理情形依初報、續報及結報程序陳報。緊急重大事件，可逕電或簡訊告知警政署國際組業務承辦人，即時通報外，餘以傳真為之，傳真電話：〇二－二三四一九九三五。

（三）填報涉外治安案件處理報告表時，發現涉外案件之案情同時涉及其他類別者，一律填報編號較小之類別。例如：同時涉及第一類、第二類者，則填報第一類。

四、結果處置階段：

涉外治安案件通報完成後，有關案件資料電腦登錄作業部分，應依警政署函頒之涉外刑案電腦登錄作業注意事項辦理。

（續）涉外治安案件處理作業程序

（第五頁，共六頁）

五、注意事項：

（一）本作業程序所稱第一類涉外案件乃涉及外國人之重大刑事案件，亦即外國人所涉案件為警察偵查犯罪手冊所定之重大刑案者，至於外國人為加害人抑或被害人則在所不論。

（二）依據警察偵查犯罪手冊關於重大刑案之定義如下：

1.暴力犯罪案件：

（1）故意殺人案件（不含過失致死）。

（2）強盜案件（含海盜罪）。

（3）搶奪案件。

（4）擄人勒贖案件。

（5）強制性交案件。

（6）恐嚇取財案件（係指已著手槍擊、下毒、縱火、爆炸等手段恐嚇勒索財物者）。

（7）重傷害（含傷害致死）。

2.重大竊盜案件：

（1）失竊物總值五十萬元以上竊案。

（2）竊盜保險箱、櫃內之財物總值十萬元以上竊案。

（3）竊盜槍械、軍火、爆裂物，或國防上、交通上、學術上之重要設施、器材。

（4）被竊人員係具外交身分之外籍人員，或來訪之外籍貴賓。

（5）竊盜重要儀器、文件等影響國家與社會安全情節重大之竊案。

3.汽車失竊案。

（三）本作業程序第三類之涉外治安案件，雖毋須陳報，各直轄市、縣（市）政府警察局仍應自行歸檔列管，以利涉外案件資料統計，並作為日後策進作為參考。

（四）關於外國人酒後駕車執法注意事項：

1.一般外國人，不具外交豁免身分，依相關規定辦理。

2.駕駛人主張具外交豁免權利者，應即向外交部禮賓處特權科查證身分及其外交豁免權利範圍。

3.駕駛人主張具外交豁免權利，並經查證屬實之處理作為如下：

（1）以委婉態度請駕駛人配合接受吐氣酒精濃度測試，駕駛人同意，則實施吐氣酒精濃度測試。酒測值達移送法辦標準時，則聯繫外交部或報經警察局陳報警政署轉知外交部，不得逕行執行任何方式之逮捕或拘禁。遇酒測值達移送法辦標準情形時，員警仍應依據事實、證物、人證製作詳盡調查報告，送請司法機關處理並副知外交部；酒測值未達移送法辦標準時，則依警政署訂頒之取締酒後駕車作業程序辦理。

（續）涉外治安案件處理作業程序

（第六頁，共六頁）

（2）駕駛人拒絕接受吐氣酒精濃度測試，依道路交通管理處罰條例第三十五條第四項規定辦理。

4.執勤過程中，須全程錄音或錄影採證。

5.執勤注意事項：

（1）員警到達現場後，請主張具外交豁免權利駕駛人下車配合受檢，駕駛人拒不配合時，員警得請其出示身分證明文件或足以證明外交身分之名片，再
據以查證身分。

（2）對於駕駛人任何情緒反應及不當言語均應從容以對，有妨害公務行為，則應明確告知駕駛人已違反相關法令，並全程錄音、錄影，俾確保執勤員警執法允當及事後函送檢察官偵辦，有所憑據。

（3）筆錄製作完成後，應將相關卷證函送檢察官偵辦。具外交豁免權利駕駛人不願於當下配合製作筆錄，得請示檢察官准予於近日內由員警赴該駕駛人服務之駐華使領館或請該駕駛人逕至警察機關製作筆錄，以利完備程序。

（4）製作筆錄時，受詢問人拒絕回答或拒絕在筆錄上簽名、蓋章或按捺指印時，不得強制為之，應將其拒絕原因或理由記載於筆錄上，仍可發生筆錄之效力（警察偵查犯罪手冊第一百二十七點）。

（五）處理涉外刑案案件，而有逮捕或拘提涉案之外籍人士時，應依刑事訴訟法第九十五條規定，告知外國人下列相關權利事項：

1.犯罪嫌疑及所犯所有罪名。罪名經告知後，認為應變更者，應再告知。

2.得保持緘默，無須違背自己之意思而為陳述。

3.得選任辯護人；依其他依法令得請求法律扶助者，得請求之。

4.得請求調查有利之證據。

（六）第一類、第二類涉外治安案件，為爭取通報時效，得運用手機簡訊，立即報告警政署國際組承辦人；事後仍應依規定填報涉外治安案件處理報告表傳真警政署國際組備查。

（七）外交部禮賓處特權科電話：○二-二三四八二六○三；承辦人電話：○二-二三四八二六○五；傳真電話：○二-二三八二一八七四。

三、外交車輛違規處理作業程序（內政部警政署2014年5月20日警署外字第1030095971號函）

外交車輛違規處理作業程序

（第一頁，共三頁）

一、依據：

（一）維也納外交關係公約。

（二）維也納領事關係公約。

（三）道路交通管理處罰條例。

（四）警察機關處理涉外治安案件規定。

二、分駐（派出）所流程：

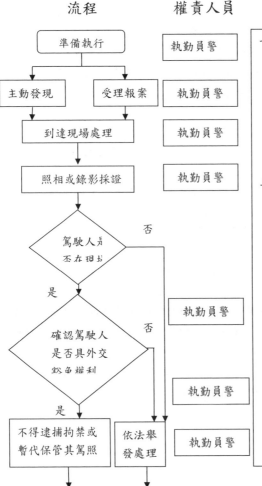

流程	權責人員	作業內容
準備執行	執勤員警	一、準備階段： （一）執勤員警主動發現或民眾檢舉外交車輛（指懸掛「使」、「外」字車牌車輛）違規情事。 （二）詳細記載報案資料或主動發現之違規時間、地點、車牌號碼。 （三）準備錄影或照相等蒐證器材後偕同相關處理人員到達現場勘察處理。
主動發現　受理報案	執勤員警	
到達現場處理	執勤員警	
照相或錄影採證	執勤員警	二、執行階段： （一）現場針對違規車輛照相或錄影採證，並詳加記錄違規車輛所懸掛之使、外字車牌；另詳查車籍資料，確認真實性，以防偽（變）造。
駕駛人員否在現場		（二）車主或駕駛人在現場，則依法要求查驗其行照、駕照及足資證明身分證件，並注意有無偽（變）造或過期等不法情事；發現證件偽（變）造或逾期狀況，應依法舉發。
確認駕駛人是否具外交豁免權利	執勤員警	（三）發現偽（變）造車牌情事，依據違反道路交通管理處罰條例第十二條第一項第三款規定舉發，暫代保管其牌照，並禁止其行駛。
不得逮捕拘禁或暫代保管其駕照　依法舉發處理	執勤員警	

（續下頁）

（續）外交車輛違規處理作業程序

（第二頁，共三頁）

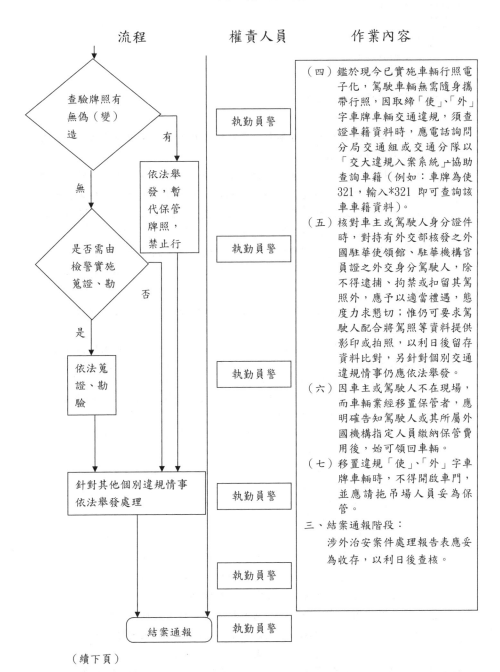

| 流程 | 權責人員 | 作業內容 |

流程

查驗牌照有無偽（變）造 — 無 — 是否需由檢警實施蒐證、勘 — 是 — 依法蒐證、勘驗

有 → 依法舉發，暫代保管牌照，禁止行

否

針對其他個別違規情事依法舉發處理

結案通報

權責人員

執勤員警

執勤員警

執勤員警

執勤員警

執勤員警

執勤員警

作業內容

（四）鑑於現今已實施車輛行照電子化，駕駛車輛無需隨身攜帶行照，因取締「使」、「外」字車牌車輛交通違規，須查證車籍資料時，應電話詢問分局交通組或交通分隊以「交大違規入案系統」協助查詢車籍（例如：車牌為使321，輸入＊321 即可查詢該車車籍資料）。

（五）核對車主或駕駛人身分證件時，對持有外交部核發之外國駐華使領館、駐華機構官員證之外交身分駕駛人，除不得逮捕、拘禁或扣留其駕照外，應予以適當禮遇，態度力求懇切；惟仍可要求駕駛人配合將駕照等資料提供影印或拍照，以利日後留存資料比對，另針對個別交通違規情事仍應依法舉發。

（六）因車主或駕駛人不在現場，而車輛業經移置保管者，應明確告知駕駛人或其所屬外國機構指定人員繳納保管費用後，始可領回車輛。

（七）移置違規「使」、「外」字車牌車輛時，不得開啟車門，並應請拖吊場人員妥為保管。

三、結案通報階段：

涉外治安案件處理報告表應妥為收存，以利日後查核。

（續下頁）

（續）外交車輛違規處理作業程序

（第三頁，共三頁）

三、分局流程：無。

四、使用表單：

（一）筆錄。

（二）受理各類案件紀錄表。

（三）員警工作紀錄簿。

（四）涉外治安案件處理報告表。

五、注意事項：

（一）違規車輛車主及駕駛人是否享有外交豁免權利，對我員警依法執行公務之堅定立場並無任何影響。

（二）超速、違規駕駛及違規停車等嚴重違反交通法規案件，均應依法舉發處理或移置保管，惟依法移置保管外交車輛時，不得開啟車門。對於輕微違規案件，例如：黃線停車，則可依違反道路交通管理事件統一裁罰基準與處理細則第十二條規定施予勸導。

（三）依法執行外交車輛違規移置後，應請拖吊場人員妥為保管，俟駕駛人或其指定之人出具車輛行照及駕照等適當證明文件，繳交移置保管費用後，始可領回車輛。

（四）依據駐臺外交機構人員及其眷屬身分證明發給要點第三點及第四點，證件區分及適用身分如下：

1. 外交官員證：適用於駐臺各國使領館具有外交官身分之人員及其眷屬。
2. 國際機構官員證：適用於駐臺國際機構之主管、副主管、專家及其眷屬。
3. 外國機構官員證：適用於駐臺外國機構之主管、副主管、正式官員及其眷屬。
4. 外籍隨從證：適用於受雇專為各國駐臺使領館館長或駐臺外國機構主管服務，且與雇主同國籍之外籍隨從。

（五）依據駐華外交機構及其人員進口車輛處理要點規定，進口車輛之牌照分類及使用區分如下：

1. 「使」字牌照：供使館及其人員公務、自用車輛使用。
2. 「領」字牌照：供領館及其經外交部認定之領事官員公務、自用車輛使用。
3. 「外」字牌照：依條約、協定或經中華民國政府核准享受特權待遇之外交機構及其人員公務、自用車輛使用。

（六）具外交身分駕駛人或車主所屬駐華使領館、駐華外國機構、國際機構，認定其違規行為係屬執行公務所必要，而盼免予舉發者，鑑於外交車輛或人員之交通違規行為是否為執行公務之必要，涉及外交事務範疇，非屬現場執勤員警認定權責，應請其向外交部請求協助辦理。

（七）第一類、第二類涉外治安案件，為爭取通報時效，得運用手機簡訊，立即報告內政部警政署承辦人；事後仍應依規定填報涉外治安案件處理報告表傳真內政部警政署（國際組）備查。

（八）外交部禮賓處特權科電話：○二-二三四八二六○三；承辦人電話：○二-二三四八二六○五；傳真電話：○二-二三八二一八七四。

第四節　監察院調查結果及評析

壹、雙邊特權禮遇對照表之彙整及查核程序不周

1961年聯合國維也納外交關係公約第31條第1項規定：「外交代表對接受國之刑事管轄享有豁免。除下列案件外，外交代表對接受國之民事及行政管轄亦享有豁免⋯⋯。」1963年聯合國維也納領事關係公約第43條第1項規定：「領事官員及領館雇員對其為執行領事職務而實施之行為不受接受國司法或行政機關之管轄。」豁免條例第6條第1項第1款規定：「駐華外國機構之人員得享受左列特權暨豁免：一、豁免因執行職務而發生之民事及刑事管轄。」第7條規定：「駐華外國機構及其人員依第五條及第六條得享受特權暨豁免之項目及範圍，由外交部核定；其變更亦同。」

關於外國駐華人員於我國所享特權豁免及我駐外人員所享特權豁免事宜，為外交部禮賓處之業務，該處每年10月通電所有我駐外館處就我國與駐在國「雙邊特權禮遇對照表」逐項檢視更新查報，以此作為處理各該駐華機構館長、代表、職員或眷屬於我國境內發生特權豁免爭議之依據。

本案我與土國之間並無邦交關係，但我駐土耳其代表處隨往例行事、未同時檢視所持官員證記載之內容[39]，僅憑土耳其向來不給予我方特權待遇之往例，隨即填報外交部禮賓處，而外交部禮賓處亦未詳予查核各駐處所報內容與實情是否相符，未覈實呈報土耳其給予我國駐該國人員所享之特權豁免，以確實掌握駐外人員所享特權豁免情形，尤其本案我與土國之間並無邦交關係，不應只隨往例行事，更應積極爭取提升雙方之特權禮遇，豈料本案卻於發生時始知駐處人員官員證記載與雙邊特權禮遇對照表不符，因而耗費時日反覆向土國再三查證，外交部禮賓處與駐處未確實

---

[39] 本案發生後，外交部爰請駐處全面檢視該處人員官員證，方始發覺駐處有下列三種不同特權豁免版本，分別為：「不享有個人免責權及司法豁免權」、「享有刑事豁免，不得拘捕，民事豁免則僅限公務」及「根據台土之特權豁免協議而定」。其中，我駐處人員僅范組長及朱秘書享有刑事豁免權。監察院網站，https://www.cy.gov.tw/News_Content.aspx?n=124&sms=8912&s=7943，最後瀏覽日：2020年6月29日。

辦理駐處人員所享特權豁免事宜，貽誤公務並損及政府威信。

貳、D副代表行為顯與執行職務無關，自無從享有刑事豁免

本案D副代表係深夜於酒吧發生疑似性騷擾及後續妨害公務情事，依豁免條例第6條第1項第1款規定，豁免權僅限執行職務所生爭議，D副代表前開行為顯與執行職務無關，自無從享有刑事豁免而應依我國法令辦理。

豁免條例第6條第1項第3款固然規定經行政院核定人員得享等同駐華外交領事之特權暨豁免，然查D副代表於案發當時迄調查時均未經行政院核定。D副代表既未經行政院核定，縱行政院事後核定其享有等同駐華外交領事之特權豁免，亦無從溯及既往，既然無從溯及既往，自應依豁免條例第6條第1項第1款規定，僅止於「因執行職務」所生之民事、刑事責任豁免。

D副代表未經行政院核定享有等同駐華外交領事之特權暨豁免，其於2016年7月2日深夜於酒吧發生疑似性騷擾及後續妨害公務情事，外交部卻未能依豁免條例第6條第1項第1款之明確規定辦理，僅憑部分駐處官員證記載逕向北檢告稱D副代表享有刑事豁免權，卻又同時以「雙邊特權禮遇對照表」與駐處官員證記載不一而反覆向土國查證，遲至2016年8月23日D副代表於我國享有特權豁免疑義始告確定，然前後已費時53日，且D副代表因未受限制出境，早於同年月18日返回土國，受害國人求訴無門，並衍生其他無邦交之駐台外國人員未遵守我國法令之疑慮。外交部應以本案為戒，將駐台人員所享特權豁免情形適時提供權責機關，俾供作為限制出境或其他行政處分之參據。外交部前後矛盾而延宕檢察機關偵查取證時效，導致事態擴大，雖北檢以D副代表傳拘未到案，發布通緝為時12年6個月，本案業已造成民眾誤解且損害政府威信，外交部及駐處均有怠失。

參、駐外館處應注意所享權利義務，愼防駐處人員因不諳派駐國之語言而肇生損及尊嚴或破壞平等互惠原則之情事

按憲法第141條規定：「中華民國之外交，應本獨立自主之精神，平等互惠之原則，敦睦邦交，尊重條約及聯合國憲章，以保護僑民權益，促進國際合作，提倡國際正義，確保世界和平。」豁免條例第3條規定：「駐華外國機構及其人員依本條例享受之特權暨豁免，應基於互惠原則，以該外國亦界予中華民國駐該外國之機構及人員同等之特權暨豁免者爲限。」皆敘明平等互惠之原則。行政院所屬各機關儲備及外派駐外人員行前訓練要點第2點規定：「……加強行政院所屬各機關儲備及外派駐外人員之外語及處理涉外事務能力，以提升其專業素養。」

本案涉及專業不足，貽誤「平等互惠原則」之落實[40]。駐處同仁所獲官員證爲土耳其文記載，卻因駐處大部分同仁不諳土文，而未能主動察覺外觀相同、背面註記內容卻不同之官員證，遲至本案發生後駐處清查所有官員證，始察覺計有三種不同特權豁免註記。然查，駐外人員代表我國於派駐國拓展外交建立關係，攸關國家尊嚴及駐處人員自身權益，實不能因不諳當地語言而未能適當主張權利，因而破壞平等互惠原則並損及國家尊嚴。

經監察院調查及督促，外交部禮賓處已於事件發生後即通電各外館，再度要求確實查報駐在國給予我方的管轄豁免範圍，未來各駐外館處對於原每年檢視查報的「雙邊特權禮遇對照表」，將縮短爲每半年回報一次，並續請駐館積極洽商提升我駐處的特權禮遇項目，同時應隨時將所享

---

[40] 依外交部查復，土國外交部於2010年至2013年核發我駐處所屬之官員證註記皆載明：「證件持有人不享有人身不可侵犯權及司法豁免權」，故根據土國核發駐處官員證慣例，駐處同仁未享管轄豁免權，駐處亦據此呈報雙邊特權禮遇對照表。此外，土國亦未依國際慣例，事先以正式節略或口頭方式通知我方給予我駐處同仁不同特權豁免待遇。復依外交部亞非司相關人員2016年11月9日於本院詢問時稱：「……因爲我們的官員證都是土文註記，會土耳其文的只有2至3位……不會語文的話，所以我們不會去看。也因此，我們會依之前土耳其給我們的資訊來處理，……。」監察院網站，https://www.cy.gov.tw/News_Content.aspx?n=124&sms=8912&s=7943，最後瀏覽日：2020年6月29日。

待遇更新回報外交部，以利及時作相應調整。另我國駐土耳其代表處代表鄭〇〇未積極督導同仁確實掌握該處所享特權禮遇內容，且於相關事件發生後未即時查證回報外交部，外交部已核予口頭告誡處分。

綜上，土耳其與我國並無邦交，其駐華辦事處及其人員是否具有外交特權暨豁免係依據豁免條例之規定。惟外交特權暨豁免之項目及範圍，又必須基於平等互惠原則為之，故外交部及駐外館處為權責機關，負有審核、認定之權責。外交事務向來被視為機敏事項，故不受行政程序法之規範，但本文認為，即使是外交事項，相關作業程序並非毫無規範，仍應有一定的內控及監督機制，以確保相關人員皆善盡職責、確保重要資料之正確性與最新性以及機關間資料傳遞之時效性。若非本案之發生，一般國人或其他行政機關即難以了解外交部有關「雙邊特權禮遇對照表」之彙整、製作程序，以及駐華機構及其人員在台享有之外交特權暨豁免項目與範圍為何。危機即是轉機，藉此案例之深刻經驗，外交部已詳加檢視相關作業流程，避免類似案件再度發生，以維護國家形象、外交關係及國人權益。

本案例中，由於警察人員常居於涉外治安案件處理之第一線，若無正確之資訊，即不能適法且適當地處理涉及外交特權暨豁免之案件。由於外交部於處理過程中提供給檢警之資料前後不一致，導致偵辦時效延誤，並使檢察官無法做出限制涉案人出境之保全措施，致涉案人趁隙離台，相關案件之刑事訴追無法完成。日後就是類案件，應如何建立檢、警及外交部與駐外館處間順暢之聯繫管道，強化相關單位之責任與作為，亦值深思。

第五節　結論與建議

壹、落實行政程序法「職務協助」之規定，建置「外交特權暨豁免資料庫」

行政程序法第19條第1項至第3項規定：「行政機關為發揮共同一體之行政機能，應於其權限範圍內互相協助。行政機關執行職務時，有下列

情形之一者，得向無隸屬關係之其他機關請求協助：……三、執行職務所必要認定之事實，不能獨自調查者。四、執行職務所必要之文書或其他資料，爲被請求機關所持有者。……。前項請求，除緊急情形外，應以書面爲之。」

警察機關爲妥適處理涉外治安案件及掌握涉外重大或特殊案件，於處理案件之第一時間，必須確認該涉案外國人依國際公約及我國豁免條例是否享有外交特權暨豁免?其項目及範圍爲何?憑以決定後續處理流程，而該部分之認定權責係屬外交部，故警察機關應依上開規定請求外交部提供執行職務所必要認定之事實或必要之文書等資料，而外交部如無正當理由，亦應配合之。

爲確保涉外刑事案件偵查取證時效，外交部亦應將駐台人員所享特權豁免情形適時提供權責機關，俾供作爲限制出境或其他行政處分之參據，以確保刑事訴追之進行。因此外交部就其權限範圍職掌之外交特權暨豁免資料（包括外交車輛），應建立完整之資料庫，俾第一時間立即查詢，且應有完善稽核制度，並確保資料之正確性及隨時更新。

貳、訂定檢、警機關與外交部處理涉外交特權暨豁免案件之聯繫要點

警察機關於處理涉外案件常處於第一線，惟其並無認定涉案外國人是否具有外交特權暨豁免之權責，如涉及刑案，於刑事訴訟法中亦非犯罪偵查主體，必須受檢察官之指揮，故就該類案件，本文認爲應訂定相關權責機關間之聯繫要點，強化機關間之合作與配合。就前揭土國案件而言，本文認爲外交部認定D副代表是否具有外交特權暨豁免，除情況急迫外，應以書面通知檢警，若以口頭爲之者，後續應補行書面，以明責任。此外，警察機關遇有該類案件，因非偵查主體，應立即報告檢察官指揮偵辦，此時外交部之回復對象，應係向檢察官爲之，而非警察機關。藉由機關間聯繫要點之訂定，強化外交部及檢警於處理該類案件之角色及責任，亦明定相關聯繫事項之處理時效與方式，實有其必要。

參、修正「警察機關處理涉外治安案件規定」相關規定

警察機關處理涉外治安案件，發現享有外交豁免權之外交人員及其家屬涉有犯罪嫌疑者，其行政作為上除應即聯繫外交部或報經警察局陳報警政署轉知外交部外，並應通報檢察官，故前揭涉外治安規定第9點規定，宜參酌警察偵查犯罪手冊第256點修正之。說明如下：

警察機關處理涉外治安案件規定第9點：「警察機關處理涉外治安案件，發現享有外交豁免權之外交人員及其家屬涉有犯罪嫌疑者，應即聯繫外交部或報經警察局陳報本署轉知外交部，不得逕行執行任何方式之逮捕或拘禁。遇前項情形，員警仍應依據事實、證物、人證製作詳盡調查報告，送請司法機關處理並副知外交部。」

警察偵查犯罪手冊第256點：「發現享有外交豁免權之外國大使、公使、使領館人員及享有與外交人員相當待遇之外國或國際機構人員（持有駐華外國、國際機構官員或職員證者）或其家屬涉有犯罪嫌疑者，應即報請檢察官指揮偵辦，並即陳報本署轉外交部核辦，不得逕予執行詢問、搜索、扣押或逮捕等強制處分；如無法確定其身分者，得逕向外交部禮賓司特權科求證。……。」

由於「警察機關處理涉外治安案件規定」為警察處理涉外治安案件之主要規定，是否享有外交特權暨豁免，亦須透過外事警察人員之聯繫、通報及確認，另為避免相關刑事案件之偵辦時效有所延誤或偵查程序作為有所疏漏，宜於該規定中重申通報檢察官之法定作為。

肆、依外國人為加害人（嫌犯）或被害人之不同，訂定不同之處理流程

查內政部警政署2009年2月18日函頒之「警察機關處理涉外治安案件作業規定」，將涉外治安案件區分為4類，其中第3類案件為「一般外國人被害案件」，例如在我國就學之外籍學生被殺害、性侵害或其他被害，而且就該類案件之通報時效及處理流程等同於當時之第1類案件：「駐華使領館與代表機構及其人員（含家屬）之案件」，以突顯對於外國人在台被

害案件之重視。惟查2014年3月7日修正之涉外治安規定之內容，已刪除第3類之區分。另查涉外案件作業程序「五、注意事項／（一）」內容：本作業程序所稱第1類涉外案件乃涉及外國人之重大刑事案件，亦即外國人所涉案件為警察偵查犯罪手冊所定之重大刑案者，至於外國人為加害人抑或被害人則在所不論。亦即一般外國人在台被害之案件現已整合至「涉及外國人之重大刑事案件」之分類中。因此，若依最新規定，一般外國人被害之案件，如依犯罪偵查手冊之定義，屬重大刑案之暴力犯罪、重大竊盜及汽車失竊等案類，即為第1類涉外重大刑案，如未達重大刑案之標準，則歸屬於第3類涉外普通案件。綜上，實務機關對於涉外治安案件之新、舊區分如下表所示：

表14-2　內政部警政署「警察機關處理涉外治安案件作業規定」涉外治安案件區分表

2009年2月18日函頒「警察機關處理涉外治安案件作業規定」	2014年3月7日函頒「警察機關處理涉外治安案件作業規定」
第三類案件：一般外國人被害案件	第一類（涉外重大刑案）：涉及外國人之重大刑事案件（加害、被害均包括）
第一類案件：涉及駐華使領館與代表機構及其人員（含家屬）之案件 第四類案件：其他足以影響國際視聽、與外國政府關係或造成國內矚目之案件	第二類（涉外特殊案件）：涉及駐華使領館、外國機構、國際組織及其人員與足以影響國際視聽、外國政府關係或造成國內矚目之案件
第二類案件：一般外國人加害或肇事案件	第三類（涉外普通案件）：前二款以外之案件

　　本文認為，加害人、被害人於刑事訴訟法中之角色及相關保護規定不同，如外國人為刑事案件之被害人時，例如，2020年10月長榮大學馬來西亞籍學生命案，宜在現行涉外治安案件規定中規範被害人保護之一般規定及特定案件之處理程序與保護作為。2014年4月16日內政部警政署雖另函頒「警察機關處理涉外人身安全案件注意事項」，惟該注意事項中所稱之

人身安全案件，僅限定於涉及性侵害、性騷擾及傷害人之身體或健康等案類，如對照相關法令中所規定之被害人保護措施仍有明顯不足之處。

查我國於1998年通過「犯罪被害人保護法」，作為補償被害人以及保護被害人的主要法源根據和機構。此外，與被害人保護相關之法令尚有「兒童及少年性剝削防制條例」、「性侵害犯罪防治法」、「家庭暴力防治法」及「人口販運防制法」等。而且，針對特定類型犯罪被害人保護方案或措施有「性侵害案件減少被害人重複陳述作業」、「持續推動處理性侵害案件改進方案」、「性侵害案件整合性團隊服務方案」、「重大犯罪被害人申訴窗口」、「113保護專線」及「家庭暴力事件聯合服務處」等，警察機關於這些被害人保護網絡中均被賦予一定之角色及責任，因此於處理涉外治安案件時，倘涉案外國人為被害人時，宜依案類之不同轉介相關單位後續提供適當之保護及協助。

伍、涉外案件專業能力與技巧之持續提升

涉外治安案件之類型可能涉及行政（含交通、集會遊行及社會秩序維護等）及刑法各領域，而且是否具有外交特權暨豁免，又與相關國際公約、豁免條例之規定有關，故第一線處理之警察人員必須具有一定之專業素養，而且必須留意執行技巧及相關注意事項，倘若遇有語言不通曉之執法對象，如自身無基本之外語溝通能力，則必須另洽通譯人員協助[41]。雖然是類案件發生數量不多，惟一旦發生，稍有處理不慎，恐影響外交關係、國家尊嚴、被害人權益及國際形象等，故相關權責機關應持續加強所屬人員處理該類案件之專業、技巧及語言能力。

---

[41] 2020年1月15日修正刑事訴訟法第99條，自2020年7月1日施行：「被告為聽覺或語言障礙或語言不通者，應由通譯傳譯之；必要時，並得以文字訊問或命以文字陳述。前項規定，於其他受訊問或詢問人準用之。但法律另有規定者，從其規定。」

國家圖書館出版品預行編目資料

警察情境實務執法案例研析／許福生等著；許
福生主編. －－初版.－－臺北市：五南圖
書出版股份有限公司, 2021.02
面； 公分
ISBN 978-986-522-460-8（平裝）

1.警察勤務制度 2.情境教育

575.86 110001386

1RB7

警察情境實務執法案例研析

主　　編 ― 許福生

作　　者 ― 許福生、蔡庭榕（377.2）、劉嘉發、鄭善印
　　　　　　許義寶、張維容、傅美惠（276.4）

發 行 人 ― 楊榮川

總 經 理 ― 楊士清

總 編 輯 ― 楊秀麗

副總編輯 ― 劉靜芬

責任編輯 ― 林佳瑩

封面設計 ― 姚孝慈

出 版 者 ― 五南圖書出版股份有限公司

地　　址：106台北市大安區和平東路二段339號4樓

電　　話：(02)2705-5066　傳　　真：(02)2706-6100

網　　址：https://www.wunan.com.tw

電子郵件：wunan@wunan.com.tw

劃撥帳號：01068953

戶　　名：五南圖書出版股份有限公司

法律顧問　林勝安律師事務所　林勝安律師

出版日期　2021年2月初版一刷

定　　價　新臺幣580元

經典永恆・名著常在

五十週年的獻禮 —— 經典名著文庫

五南，五十年了，半個世紀，人生旅程的一大半，走過來了。

思索著，邁向百年的未來歷程，能為知識界、文化學術界作些什麼？

在速食文化的生態下，有什麼值得讓人雋永品味的？

歷代經典・當今名著，經過時間的洗禮，千錘百鍊，流傳至今，光芒耀人；

不僅使我們能領悟前人的智慧，同時也增深加廣我們思考的深度與視野。

我們決心投入巨資，有計畫的系統梳選，成立「經典名著文庫」，

希望收入古今中外思想性的、充滿睿智與獨見的經典、名著。

這是一項理想性的、永續性的巨大出版工程。

不在意讀者的眾寡，只考慮它的學術價值，力求完整展現先哲思想的軌跡；

為知識界開啟一片智慧之窗，營造一座百花綻放的世界文明公園，

任君遨遊、取菁吸蜜、嘉惠學子！